한 번에 합격,
자격증은 이기적

이렇게 기막힌 적중률

함께 공부하고 특별한 혜택까지!
이기적 스터디 카페

구독자 13만 명, 전강 무료!
이기적 유튜브

자격증 독학, 어렵지 않다!
수험생 합격 전담마크

이기적 스터디 카페

인증만 하면, 고퀄리티 강의가 무료!
100% 무료 강의

STEP 1 이기적 홈페이지 접속하기 > **STEP 2** 무료동영상 게시판에서 과목 선택하기 > **STEP 3** ISBN 코드 입력 & 단어 인증하기 > **STEP 4** 이기적이 준비한 명품 강의로 본격 학습하기

영진닷컴 이기적

1년 365일 이기적이 쏜다!

365일 진행되는 이벤트에 참여하고 다양한 혜택을 누리세요.

EVENT ❶ 기출문제 복원
- 이기적 독자 수험생 대상
- 응시일로부터 7일 이내 시험만 가능
- 스터디 카페의 링크 클릭하여 제보

이벤트 자세히 보기 ▶

EVENT ❷ 합격 후기 작성
- 이기적 스터디 카페의 가이드 준수
- 네이버 카페 또는 개인 SNS에 등록 후 이기적 스터디 카페에 인증

이벤트 자세히 보기 ▶

EVENT ❸ 온라인 서점 리뷰
- 온라인 서점 구매자 대상
- 한줄평 또는 텍스트 & 포토리뷰 작성 후 이기적 스터디 카페에 인증

이벤트 자세히 보기 ▶

EVENT ❹ 정오표 제보
- 이름, 연락처 필수 기재
- 도서명, 페이지, 수정사항 작성
- book2@youngjin.com으로 제보

이벤트 자세히 보기 ▶

N Pay 네이버페이 포인트 쿠폰 20,000원

영진닷컴 쇼핑몰 30,000원

- N페이 포인트 5,000~20,000원 지급
- 영진닷컴 쇼핑몰 30,000원 적립
- 30,000원 미만의 영진닷컴 도서 증정

※ 이벤트별 혜택은 변경될 수 있으므로 자세한 내용은 해당 QR을 참고하세요.

이기적 크루를 찾습니다!

WANTED

저자 · 강사 · 감수자 · 베타테스터 상시 모집

저자 · 강사

- **분야** 수험서 전 분야
  수험서 집필 혹은 동영상 강의 촬영
- **요건** 관련 강사, 유튜버, 블로거 우대
- **혜택** 이기적 수험서 저자 · 강사 자격
  집필 경력 증명서 발급

감수자

- **분야** 수험서 전 분야
- **요건** 관련 전문 지식 보유자
- **혜택** 소정의 감수료
  도서 내 감수자 이름 기재
  저자 모집 시 우대(우수 감수자)

베타테스터

- **분야** 수험서 전 분야
- **요건** 관련 수험생, 전공자, 교사/강사
- **혜택** 활동 인증서 & 참여 도서 1권
  영진닷컴 쇼핑몰 30,000원 적립
  스타벅스 기프티콘(우수 활동자)
  백화점 상품권 100,000원(우수 테스터)

▶ 모집 공고 자세히 보기   이메일 문의하기 ✉ book2@youngjin.com

이기적이 다 드립니다

여러분은 합격만 하세요! 이기적 합격 성공세트

무엇이든 물어보세요,
1:1 질문답변

어려운 리눅스마스터 이론 때문에
고민이신가요?
이기적 스터디 카페에 질문을
올리면 상세히 답변해 드려요.

더 많은 자료를 원한다면,
핵심 명령어 250

시험 전 명령어로
빠르게 학습 마무리!
저자가 엄선하여 정리한 자료도
놓치지 말고 받아보세요.

※ 〈2025 이기적 리눅스마스터〉를 구매하고 인증한 회원에게만 드리는 자료입니다.

자료 받으러 가기 ▶

이렇게 기막힌 적중률

리눅스마스터 1급(1·2차)
1권·이론서

"이" 한 권으로 합격의 "기적"을 경험하세요!

YoungJin.com Y.
영진닷컴

차례

PART 01 리눅스 실무의 이해

| 1권 |

CHAPTER 01 리눅스의 개요
- SECTION 01 운영체제의 개요   1-20
- SECTION 02 리눅스의 기초   1-28

CHAPTER 02 리눅스 시스템의 이해
- SECTION 01 리눅스와 하드웨어   1-50
- SECTION 02 리눅스의 구조   1-61
- SECTION 03 X 윈도우   1-89
- SECTION 04 셸(Shell)   1-101
- SECTION 05 프로세스   1-136

CHAPTER 03 네트워크의 이해
- SECTION 01 네트워크의 기초   1-158
- SECTION 02 네트워크의 설정   1-182

PART 02 리눅스 시스템 관리

CHAPTER 01 일반 운영 관리
- SECTION 01 사용자 관리   1-222
- SECTION 02 파일 시스템 관리   1-254
- SECTION 03 프로세스 관리   1-314
- SECTION 04 설치 및 관리   1-339

CHAPTER 02 장치 관리
- SECTION 01 장치의 설치 및 관리   1-376
- SECTION 02 주변장치 관리   1-385

CHAPTER 03 시스템 보안 및 관리
- SECTION 01 시스템 분석   1-414
- SECTION 02 시스템 보안 및 관리   1-428
- SECTION 03 시스템 백업   1-456

PART 03 네트워크 및 서비스의 활용

CHAPTER 01 네트워크 서비스
- SECTION 01 웹 관련 서비스   1-472
- SECTION 02 인증 관련 서비스   1-530

SECTION 03 파일 관련 서비스	1-539
SECTION 04 메일 관련 서비스	1-558
SECTION 05 DNS 관리 서비스	1-564
SECTION 06 가상화 관리 서비스	1-574
SECTION 07 기타 서비스	1-578

CHAPTER 02 네트워크 보안
| SECTION 01 네트워크 침해 유형 및 특징 | 1-604 |
| SECTION 02 대비 및 대처 방안 | 1-610 |

PART 04 1차 시험 기출문제

| 2권 |

CHAPTER 01 해설과 함께 보는 최신 기출문제
최신 기출문제 01회	2-6
최신 기출문제 02회	2-30
최신 기출문제 03회	2-68

CHAPTER 02 해설과 따로 보는 최신 기출문제
최신 기출문제 01회	2-104
최신 기출문제 02회	2-123
최신 기출문제 03회	2-141
해설과 따로 보는 최신 기출문제 정답 & 해설	2-158

PART 05 2차 시험 기출문제

CHAPTER 01 해설과 함께 보는 최신 기출문제
최신 기출문제 01회	2-198
최신 기출문제 02회	2-214
최신 기출문제 03회	2-230

CHAPTER 02 해설과 따로 보는 최신 기출문제
최신 기출문제 01회	2-252
최신 기출문제 02회	2-268
최신 기출문제 03회	2-281
해설과 따로 보는 최신 기출문제 정답 & 해설	2-292

이 책의 구성

STEP 01
꼼꼼하게 정리된 이론

다년간 분석한 기출문제의 출제 빈도, 경향을 토대로 각 섹션마다 핵심이론을 서술했습니다.

그림 자료

어렵고 방대한 이론을 더욱 쉽게 이해할 수 있도록 상세한 그림자료를 제공합니다.

➕ 더 알기 TIP

더 알아보면 내용을 이해하기가 수월해지는 정보들을 제시하였습니다.

STEP 02

합격을 다지는 예상문제

이론 학습 후 합격을 다지는 예상문제로 이론을
복습하고 자신의 실력을 체크하세요.

STEP 03

최신 기출문제

최신 기출문제 6회분도 알차게 준비했습니다.
실전처럼 풀어보고 감각을 키워보세요.

문제 바로 아래에 배치된 정답과 해설을 확인하며
오답에 대한 풀이도 제대로 점검하세요.

소요 시간에 유의하며 실제 시험처럼 시간을 재고 풀어
보세요.

정답 & 해설 ▶ 2-181쪽

해설과 따로 보는 최신 기출문제는 해당 시험지의 정답
해설이 있는 페이지를 표기하였습니다. 풀이 후 바로
채점해 보세요.

시험의 모든 것

01 리눅스마스터란?
① 리눅스로 운영되는 전세계 80% 이상의 스마트폰, 70% 이상의 클라우드 서버, 세계 상위의 500대 슈퍼 컴퓨터를 비롯해서 5세대 이동통신(5G), 사물인터넷(IoT), 드론, 자율주행차 등 미래성장동력 분야에서 다양한 응용기반기술에 토대가 되는 자격 종목이다.
② 1급 자격은 리눅스 기반 시스템의 관리능력을 평가하는 자격이다.
③ 2급 자격은 리눅스 운영시스템의 프로그램 사용능력을 평가하는 자격이다.
④ 리눅스마스터 1급 자격은 NCS(국가직무능력표준) 등을 바탕으로 SW 기술자의 체계적 역량 가이드라인 ITSQF(IT 분야역량체계)의 IT시스템관리자(L5, L3)로 인정받을 수 있다.

02 도입 및 필요성
① 리눅스 시스템 관리자에게 요구되는 리눅스 OS의 기본 지식 및 리눅스 기반의 서버·네트워크 관리 실무 능력 인증
② 리눅스 기반의 Desktop 활용 및 서버 운영, 시스템의 설계 개발 및 관리, 네트워크 구축 및 서비스 운영 등

03 시행처
① 한국정보통신진흥협회(KAIT)
② 홈페이지 : www.ihd.or.kr
※ 시험 접수 및 시험과 관련된 사항은 시행처에 문의하세요(1899-0628).

04 응시 지역 및 비용
① 응시 지역 : 서울, 부산, 대구, 광주, 대전, 인천, 수원, 제주(8개 시)
② 검정 수수료 : 1차 55,000원, 2차 77,000원
③ 자격증 발급 수수료 : 5,800원(정보이용료 별도)

05 응시 자격
① 1차 : 제한 없음
② 2차 : 1차 시험 합격자에 한해 성적 공개일 기준으로 2년 이내 응시

06 연기 및 환불 규정
① 접수기간~시험 당일 10일 전 : 신청서 제출 시 연기 또는 응시 비용 전액 환불
② 시험일 9일전~시험 당일 : 신청서 및 규정된 사유의 증빙서류 제출 시 연기 및 응시 비용 전액 환불
③ 시험일 이후 : 환불 불가
※ 온라인 1차 시험의 경우 응시 접속이력이 없을 경우 접수 기간 내에의 환불만 신청 가능

07 시험과목

검정과목	차수	검정방법	문항수	시험시간	배점	합격기준
1급	1차	필기 (사지선다)	100문항	100분	100점	60점 이상 (과목당 40% 미만 과락)
	2차	필기(40%) (단답, 서술식)	10문항	100분	100점	60점 이상
		실기(60%) (작업식)	5~7문항	100분		

08 출제기준

등급	과목	검정항목	검정내용
1급	리눅스 실무의 이해	리눅스의 개요	• 운영체제의 개요 • 리눅스 기초
		리눅스 시스템의 이해	• 리눅스와 하드웨어 • 리눅스의 구조 • X 윈도우 • SHELL • 프로세스
		네트워크의 이해	네트워크 기초 및 설정
	리눅스 시스템 관리	일반 운영 관리	사용자 · 파일 시스템 · 프로세스 · S/W 설치 및 관리
		장치 관리	• 장치의 설치 및 관리 • 주변장치 관리
		시스템 보안 및 관리	• 시스템 분석 • 시스템 보안 및 관리
			시스템 백업
	네트워크 및 서비스의 활용	네트워크 서비스	• 웹 · 인증 · 파일 · 메일 · DNS 관리(설치 및 설정) • 가상화 관리 및 기타 서비스
		네트워크 보안	네트워크 침해 유형 및 특징
			대비 및 대처 방안

09 응시자 유의사항

- 시험 준비물
  - 신분증(주민등록증, 청소년증, 운전면허증(국내), 장애인등록증(복지카드), 여권(유효기간 내), 한국정보통신진흥협회(KAIT) 국가공인자격증 및 국가기술자격증 등, 공무원증
  - 필기도구

급수		필기도구	비고
1급	1차	컴퓨터용 사인펜	OMR 카드 작성
	2차	검정색 볼펜	단답식 답안 작성
2차	2차	컴퓨터용 사인펜	OMR 카드 작성

  - 수험표

10 수험 유의사항

- 입실 및 시험시간

급수		입실완료시각	시험시간
1급	1차	13:50	14:00~15:40(100분)
	2차		
2차	2차		

- 시험 진행 중 유의사항
  - 시험 시간 중에는 신분증을 자기 책상의 좌측 상단에 배치하여 놓습니다.
  - 시험 시간의 50%가 지난 시점부터 퇴실할 수 있으며, 다른 응시자에게 방해가 되지 않도록 조용히 퇴실합니다.
  - 시험 시간 중 화장실 이용 등의 외부 출입이 불가합니다.

11 자격 활용 현황

구분	내용	관련 근거
학점은행제 인정	• 1급 : 14학점 • 2급 : 5학점 인정(일반선택)	학점인정 등에 관한 법률 제7조
고등학생 재학 중 취득 학교생활기록부 기재 인정	1급, 2급	초·중등교육법 제25조
현역병 군지원(모병) 대상자 복무선정	1급, 2급	병무청 군지원(모병)안내
육군 학군부사관 모집 가점	1급	육군본부 학군부사관 모집공고

12 자격 활용처

※ 활용처의 사정에 따라 달라질 수 있음

내용	활용처
인사 고과 반영	㈜KT, 네트웍오앤에스㈜, 신한데이터시스템, 에스큐브아이, 에프아이에스시스템㈜, 위니텍, ㈜애드캡슐소프트, ㈜엘에스씨시스템즈, ㈜파인원커뮤니케이션즈
졸업 인증	숙명여자대학교, 경동대학교, 공주대학교, 광안대학교, 국제대학교, 동덕여자대학교, 동서울대학교, 명지대학교, 방송통신대학교, 수원대학교, 유원대학교, 전북대학교, 중부대학교
취득 시 장학금 지급	가천대학교, 경기과학기술대학교, 경기대학교, 경민대학교, 김포대학교, 동덕여자대학교, 동원대학교, 부천대학교, 상지대학교, 성결대학교, 성결대학교, 중부대학교
학점 인정	건국대학교, 경동대학교, 경인대학교, 광안대학교, 동서울대학교, 동양미래대학교, 명지대학교, 상명대학교, 서강대학교, 서일대학교, 성균관대학교, 세명대학교, 세종대학교, 신안산대학교, 신안산대학교, 유원대학교, 인덕대학교, 중앙직업전문학교, 순천대학교, 목포대학교
직무교육 대체	성우전자㈜, 에프아이에스시스템㈜, ㈜디케이테크인, ㈜에이텍티앤, ㈜윈스, ㈜케이아이엔엑스, ㈜티시스, 한기술
채용 우대	한국지역정보개발원, 유앤파트너즈, 국가기상위성센터, ㈜트리피, ㈜엔에이치알커뮤니케이션즈, 인사바른(한국마사회), 국민건강보험공단, 농협중앙회, 한전KDN㈜, 인천공항시설관리㈜, 한국농수산식품유통공사, 중소기업기술정보진흥원, ㈜KT, KTDS, 한국사회능력개발원, 전통건축수리기술진흥재단, 인트로맨, 카카오뱅크, ㈜더좋은생각, 한국과학기술평가원, 인사혁신처, 한국조폐공사, 롯데캐피탈㈜, 한국수목원정원관리원, 전국지방의료원연합회, 한국정보통신진흥협회, ㈜인스코리아, ㈜고고팩토리, SH수협은행, GS네오텍㈜, ㈜제타큐브, ㈜웨슬리퀘스트, ㈜마음AI, ㈜아테나컴퍼니, ㈜인하이브, ㈜백스포트, ㈜케이아이미디어, 대구경북첨단의료산업진흥재단, 한국노인인력개발원, 중앙선거관리위원회, 군인공제회C&C, 한국국방연구원, 서산시농업기술센터, 전쟁기념사업회, 한국특허기술진흥원, 한국해외인프라도시개발지원공사, 잡앤피플연구소, 신용회복위원회, 한국인터넷진흥원, ㈜경신, 한국사회보장정보원, 전력거래소, ㈜아톤
자격증 우대	농협은행, 농협경제지주, 순천대학교, 한국수력원자력, 농협하나로유통

CBT 시험 가이드

CBT란?

CBT는 시험지와 필기구로 응시하는 일반 필기시험과 달리, 컴퓨터 화면으로 시험 문제를 확인하고 그에 따른 정답을 클릭하면 네트워크를 통하여 감독자 PC에 자동으로 수험자의 답안이 저장되는 방식의 시험입니다.

오른쪽 QR코드를 스캔해서 큐넷 CBT를 체험해 보세요!

큐넷 CBT 체험하기

CBT 필기시험 진행방식

본인 좌석 확인 후 착석 → 수험자 정보 확인 → 화면 안내에 따라 진행 → 검토 후 최종 답안 제출 → 퇴실

CBT 응시 유의사항

- 수험자마다 문제가 모두 달라요. 문제은행에서 자동 출제됩니다!
- 답지는 따로 없어요!
- 문제를 다 풀면, 반드시 '제출' 버튼을 눌러야만 시험이 종료되어요!
- 시험 종료 안내방송이 따로 없어요.

FAQ

Q CBT 시험이 처음이에요! 시험 당일에는 어떤 것들을 준비해야 좋을까요?

A 시험 20분 전 도착을 목표로 출발하고 시험장에는 주차할 자리가 마땅하지 않은 경우가 많으므로, 대중교통을 이용하는 것을 추천합니다. 무사히 시험 장소에 도착했다면 수험자 입장 시간에 늦지 않게 시험실에 입실하고, 자신의 자리를 확인한 뒤 착석하세요.

Q 기존보다 더 어려워졌을까요?

A 시험 자체의 난이도 차이는 없지만, 랜덤으로 출제되는 CBT 시험 특성상 경우에 따라 유독 어려운 문제가 많이 출제될 수는 있습니다. 이러한 돌발 상황에 대비하기 위해 이기적 CBT 온라인 문제집으로 실제 시험과 동일한 환경에서 미리 연습해두세요.

CBT 진행 순서

좌석번호 확인 — 수험자 접속 대기 화면에서 본인의 좌석번호를 확인합니다.

↓

수험자 정보 확인 — 시험 감독관이 수험자의 신분을 확인하는 단계입니다.
신분 확인이 끝나면 시험이 시작됩니다.

↓

안내사항 — 시험 안내사항을 확인하고, 다음을 클릭합니다.

↓

유의사항 — 시험과 관련된 유의사항을 확인합니다.

↓

문제풀이 메뉴 설명 — 시험을 볼 때 필요한 메뉴에 대한 설명을 확인합니다.
메뉴를 이용해 글자 크기와 화면 배치를 조정할 수 있습니다.
남은 시간을 확인하며 답을 표기하고, 필요한 경우 아래의 계산기를 이용할 수 있습니다.

↓

문제풀이 연습 — 시험 보기 전, 연습을 해 보는 단계입니다.
직접 시험 메뉴화면을 클릭하며, CBT가 어떻게 진행되는지 확인합니다.

↓

시험 준비 완료 — 문제풀이 연습을 모두 마친 후 [시험 준비 완료] 버튼을 클릭하면 시험 감독관의 지시에 따라 시험이 시작됩니다.

↓

시험 시작 — 시험이 시작되었습니다. 수험자분들은 제한 시간에 맞추어 문제풀이를 시작합니다.

↓

답안 제출 — 시험을 완료하면 [답안 제출] 버튼을 클릭합니다. 답안을 수정하기 위해 시험화면으로 돌아가고 싶으면 [아니오] 버튼을 클릭합니다.

↓

답안 제출 최종 확인 — 답안 제출 메뉴에서 [예] 버튼을 클릭하면, 수험자의 실수를 방지하기 위해 한 번 더 주의 문구가 나타납니다. 완벽히 시험 문제 풀이가 끝났다면 [예] 버튼을 클릭하여 최종 제출합니다.

↓

합격 발표 — CBT 시험이 모두 종료되면, 퇴실할 수 있습니다.

이제 완벽하게 CBT 필기시험에 대해 이해하셨나요?
그렇다면 이기적이 준비한 CBT 온라인 문제집으로 학습해 보세요!

이기적 온라인 문제집 : https://cbt.youngjin.com

이기적 CBT 바로가기

저자의 말

"기출문제 풀이를 반복하고
명령어도 직접 입력하며 연습하세요!"

리눅스마스터 1급 자격시험 합격에 최적의 교재가 되면 좋겠다는 바람과 실제 업무에 도움이 되는 내용을 담고 싶은 마음으로 본 수험서를 집필하였습니다. 이를 위해 다음과 같은 내용으로 구성하였습니다.

1. 리눅스마스터 1급 시험을 주관하는 KAIT(한국정보통신진흥협회)가 제시한 출제기준에 충실하게 구성하였습니다. 리눅스 시스템에 대한 이해, 각종 명령어, 서비스 설치 및 운영, 보안 등 넓이와 깊이가 방대한 학습 범위를 시험이라는 특징을 고려하여 다듬었습니다.
2. 이론을 설명하는 PART 01~PART 03은 시험대비라는 목표와 함께 실무에 도움이 되는 내용을 담고자 노력하였습니다. 출제 동향을 분석 후 출제 예상 주제를 수록하고 실무에서 꼭 알아야 할 내용 중심으로 구성하였습니다.
3. 기출 및 최신 유형문제로 구성한 PART 04~PART 05는 합격을 위한 공부라는 목표에 충실하였습니다. 한 문제를 풀어보더라도 도움이 될 수 있도록 문제와 답에 대한 해설을 담았습니다.
4. 용어와 내용의 정확도를 위해 리눅스 원문 매뉴얼을 기준으로 하였고 가능한 명령어를 직접 입력 후 실행 결과를 확인하여 본문에 담았습니다.

저자들도 리눅스/윈도우 시스템 프로그래밍 현업에 오랫동안 종사하며 자격증 취득을 위해 여러 공부를 하였고, IT 교육과 컨설팅 활동도 겸하고 있기에 조심스레 다음과 같이 학습가이드를 안내 드리고 싶습니다.

먼저, 기출문제를 빠르게 훑어보고 문제의 특징과 학습의 범위를 가늠하면 좋겠습니다. 문제 하나 하나에 대한 세부적인 이해보다는 출제 동향에 대한 느낌을 갖는 것이 중요합니다. 어떤 주제는 명령어의 옵션 하나하나에 대해 자세히 물어보지만 어떤 주제는 개념 정도만 묻습니다.

이러한 감이 형성되면 이론 부분의 학습을 시작하시기 바랍니다. 특히 빈출 주제 영역은 좀 더 자세히 살펴보시고 출제되지 않은 영역은 빠르게 읽고 넘어가시면 좋겠습니다. 그리고 시험 막바지에는 기출 풀이를 반복하고 중요 내용을 암기하면서 마무리하시기 바랍니다.

시간이 허락하는 범위 내에서 직접 명령어를 입력하고 결과를 확인한다면 내용 이해에 큰 도움이 될 것입니다. 참고로 이때 리눅스 명령어, 패키지 설치, 삭제 등에 따라 표시되는 세부 정보는 여러분의 실습 환경에 따라 다르게 표시될 수 있습니다.

리눅스를 학습하고자 하시는 수험생 여러분을 위해 집필하였다고는 하였으나, 집필하는 과정에서 저자들의 부족함을 알게 되고 더 많은 배움을 얻는 기회가 되었습니다.

놀라울 정도로 꼼꼼하게 점검하며 편집해 주신 영진닷컴에 감사하고, 본 수험서를 통해 공부하시는 IT 동료, 후배, 선배분들께 더 큰 감사를 드리며 합격을 기원합니다.

저자 *김윤수, 최정현*

김윤수

IT 인프라와 DevSecOps에 관심이 많은 소프트웨어 개발자이다.
테크노니아(www.technonia.com)의 수석연구원으로 인공지능과 사물인터넷 서비스 개발에 참여하고 있으며, 세종사이버대학교(www.sjcu.ac.kr)의 컴퓨터·AI 공학과 겸임교수로 유닉스/리눅스 시스템 등의 전공 교과목을 담당하고 있다.
한국소프트웨어산업협회, 한국정보통신기술협회, 멀티캠퍼스 등에서 SW 개발, IT 인프라, 정보보안 등을 주제로 강의와 집필을 병행하고 있다.

최정현

보안 업계에서 풍부한 경험을 바탕으로 여러 보안 커널 엔진 개발에 참여했다.
다양한 디바이스와 시스템을 위한 장치 드라이버 및 시스템 프로그램 개발 및 컨설팅도 성공적으로 수행해왔다.
현재 데브구루에서 연구소장으로 재직 중이며, 멋진 팀과 함께 좋은 소프트웨어 개발을 위한 연구와 개발에 집중하고 있다.

PART 01
리눅스 실무의 이해

CHAPTER

01

리눅스의 개요

섹션 차례

SECTION 01   운영체제의 개요
SECTION 02   리눅스의 기초

SECTION 01 운영체제의 개요

1 리눅스의 특징 및 장단점

(1) 운영체제의 정의
① 사용자와 하드웨어 간의 상호작용을 위해 사용자 인터페이스(user interface)[1]를 제공하는 시스템 소프트웨어이다.
② 컴퓨터의 중앙처리장치(CPU : Central Processing Unit), 메모리 및 주변 장치 등 하드웨어를 효율적으로 관리한다.
③ 응용 프로그램이 동작할 수 있는 환경, 즉 프로그래밍 인터페이스를 제공한다.

(2) 운영체제의 목적
① 일정 시간 동안 처리하는 일의 양을 의미하는 처리능력(Throughput)의 향상을 목적으로 한다.
② 작업 의뢰 후 시스템에서 결과가 얻어질 때까지의 시간을 의미하는 반환 시간(Turnaround Time)의 최소화를 목적으로 한다.
③ 주어진 문제를 정확하게 처리하는 정도를 뜻하는 신뢰도(Reliability)의 향상을 목적으로 한다.
④ 이용할 수 있는 시스템의 자원이 어느 정도인가를 의미하는 사용 가능도(Availability)의 향상을 목적으로 한다.

(3) 운영체제의 역할
① 사용자의 하드웨어 접근이 용이하도록 운영체제가 하드웨어 제어, 입력, 출력 등의 관리를 수행한다.
② 한정된 하드웨어 자원을 다수의 이용자가 공유할 수 있는 기능을 수행한다.
③ 프로세스, 메모리, CPU 등의 한정된 자원의 용량을 효율적으로 사용하기 위하여 자원 스케줄링을 제공한다.
④ 응용 프로그램의 작성과 실행이 편리하도록 시스템 호출(system call)[2]을 제공한다.

---

1. 사용자 인터페이스(user interface) : 사람과 시스템이 의사소통을 할 수 있는 수단이며 사용자가 시스템을 조작할 수 있는 입력 인터페이스와 시스템이 처리한 결과물을 사람이 확인할 수 있는 출력 인터페이스로 구분한다. 인터페이스의 종류로는 명령줄 인터페이스(command line interface, CLI), 그래픽 사용자 인터페이스(graphical user interface, GUI), 음성 사용자 인터페이스(voice user interface), 제스처 인터페이스(gesture interface)가 있다.
2. 시스템 호출(system call) : 운영체제에서 제공하는 기능을 응용 프로그램이 사용할 수 있도록 커널에서 제공하는 서비스이다. 예를 들면 프로세스를 새로 생성하려면 운영체제의 프로세스 관리자 기능이 필요한데 커널이 제공하는 fork( ) 시스템 콜을 사용해 프로세스를 생성할 수 있다.

⑤ 예상치 못한 오류가 발생하더라도 시스템을 중단하지 않고 실행할 수 있도록 오류 복구 기능을 제공한다.
⑥ 사용자의 다양하고 수많은 데이터를 조직화하고 저장할 수 있는 파일 관리 및 데이터베이스 기능을 제공하고 원격의 컴퓨터와 연결할 수 있는 네트워크 기능을 제공한다.
⑦ 사용자에게 편리한 사용자 인터페이스를 제공한다.

2 운영체제의 구조와 기능

(1) 운영체제의 구조

① 사용자는 시스템의 기능을 이용하기 위해 필요한 응용 프로그램을 실행하거나 셸(shell), GUI, 배치 작업(batch jobs)[3]를 통하여 운영체제의 기능을 사용한다.
② 응용 프로그램은 시스템 호출을 통하여 커널의 서비스를 이용할 수 있다.
③ 운영체제는 다양한 하드웨어에 대한 이식성을 향상하기 위해 하드웨어 추상 계층(HAL : Hardware Abstraction Layer)[4]을 제공한다.

---

3. 배치 작업(batch jobs) : 작업을 실시간으로 처리하지 않고 특정 시점에 일괄적으로 실행이 필요한 작업을 의미한다.
4. 하드웨어 추상 계층(HAL : Hardware Abstraction Layer) : 하드웨어마다 다른 기능에 적응하고, 소프트웨어를 하드웨어 추상 계층에 의존하여 작성한다면 다양한 하드웨어에 대한 이식성을 향상할 수 있다. 즉, 새로운 하드웨어가 추가되어도 하드웨어 추상 계층만 지원을 해주면 소프트웨어는 수정 없이 동작할 수 있다.

(2) 운영체제의 기능

① 프로세스, 메모리, 장치 I/O, 파일 시스템 등 리소스 관리 기능을 제공한다.

② 자원의 효율적인 사용을 위하여 자원 스케줄링 기능을 제공한다.

③ LAN 카드, USB 장치, 디스크 등 다양한 하드웨어의 관리와 네트워크의 주소 할당, 네트워크 생성, 경로 설정 등 다양한 네트워크 제어 기능을 제공한다.

④ 파일 시스템이나 데이터베이스를 통해 데이터를 생성, 저장, 조회 등 데이터 관리 기능과 파일 및 네트워크와 같은 자원 공유 기능을 제공한다.

⑤ 사용자, 프로세스와 같은 주체가 파일이나 네트워크와 같은 자원에 무분별하게 접근하는 것을 방지하기 위한 자원 보호 기능을 제공한다.

⑥ 디스크 및 파일 시스템과 같은 시스템의 손상이 있는지 점검하기 위한 오류 검사 기능과 오류 발생 시 복구할 수 있는 기능을 제공한다.

⑦ 자원의 유휴 시간을 최소화 하기 위해 물리적 컴퓨터에 가상의 컴퓨터를 여러 대 실행할 수 있는 가상화 기능을 제공한다.

3 운영체제의 운용 기법

(1) 운영체제 운용 기법의 종류

① **일괄 처리 시스템(Batch Processing System)**
- 초기 운영체제의 형태로서 여러 작업을 한 번에 묶어서 처리한다.
- 운영체제가 작업들을 처리하기 시작하면 결과가 나올 때까지 기다려야 한다.
- 작업들이 처리 중일 때 시스템을 이용하지 못하므로 자원 사용의 효율성이 떨어진다.

② **다중 프로그래밍 시스템(Multi Programming System)**
- 일괄 처리 시스템은 작업 처리를 위해 입출력 중일 때 CPU는 유휴 상태(idle)가 된다. '이 시간에 다른 작업을 실행할 수 있다면 효율적이지 않을까?'에서 시작된 개념이 다중 프로그래밍 시스템이다.
- 하나의 작업이 입출력 중일 때 다른 작업을 할당하여 CPU 사용률과 처리량을 향상시키는 운용 기법이다.
- 사용자 입장에서는 하나의 CPU이지만 동시에 여러 프로그램이 실행되는 것처럼 보인다.

③ **시분할 시스템(Time Sharing System)**
- 다중 프로그래밍 시스템이 작업 단위로 CPU 스케줄링을 수행했다면 시분할 시스템은 '타임 슬라이스(time slice)' 또는 '타임 퀀텀(time quantum)'이라 부르는 일정 작업 시간 동안 작업을 실행하고, 이 시간이 모두 만료되면 대기 큐에서 다음 작업을 실행하는 운용 기법이다.
- 다중 프로그래밍 시스템보다 CPU 사용률과 처리량을 더욱 향상할 수 있다.
- 사용자 입장에서는 다중 프로그래밍 시스템보다 더욱 동시에 여러 작업이 실행되는 것으로 보인다.

④ 다중 처리 시스템(Multi-Processing System)
- 지금까지는 하나의 CPU에 대한 운용 방식이었다면 다중 처리 시스템은 여러 개의 CPU를 통하여 동시에 여러 개의 작업을 처리하는 운용 기법이며, 병렬 처리 시스템(Parallel Processing System)이라고도 한다.
- 다중 처리 시스템은 비대칭적 다중 처리(Asymmetric Multi-processing)와 대칭적 다중 처리(Symmetric Multi-processing) 유형으로 나눌 수 있다.
- 비대칭적 다중 처리는 프로세스 간 주종 관계가 있으며 주 프로세스의 명령에 따라 종 프로세스가 작업을 처리한다.
- 대칭적 다중 처리는 다시 SMP(Symmetric Multi-Processing)와 MPP(Massively Parallel Processing)로 나눌 수 있다.

⑤ 실시간 처리 시스템(Real Time Processing System)
- 작업의 요청에서 수행 결과가 나올 때까지 요구한 시간 안에 수행해야 하는 시간적 제약을 갖는 운용 방식이다.
- 시간적 제약의 엄격한 정도에 따라 경성 실시간 처리 시스템(Hard real time processing system)과 연성 실시간 처리 시스템(Soft real time processing system)으로 나눈다.
  - 경성 실시간 처리 시스템은 제한된 시간 안에 반드시 작업을 처리 완료해야 하며 무기 제어, 산업 로봇 등에서 사용된다.
  - 연성 실시간 처리 시스템은 제한된 시간 안에 작업을 완료하지 못하더라도 시스템에 큰 영향을 미치지 않는 시스템으로 동영상 재생 시스템 등이 이에 해당한다.

⑥ 다중 모드 시스템(Multi-Mode System)
- 일괄 처리, 다중 프로그래밍, 시분할, 다중 처리, 실시간 처리 시스템을 모두 혼용하여 사용할 수 있는 운용 시스템을 뜻한다.

⑦ 분산 처리 시스템(Distribute Processing System)
- 개별 프로세서, 하드웨어 자원과 이를 구동하는 운영체제를 갖는 독립적인 시스템들 간에 통신망을 연결하고 시스템이 수행해야 할 작업을 분산하고 각 시스템의 자원을 공유하여 처리량과 응답시간, 가용량을 극대화하기 위한 시스템이다.
- 하나의 운영체제 하에서 여러 개의 프로세서가 하나의 메모리를 공유하는 방식인 강결합(Tightly-Coupled)이 아닌 둘 이상의 독립된 시스템이 통신으로 연결되고 상호작용하는 약결합(Loosely-Coupled) 방식이다.
- 물리적인 시스템 간 연결을 넘어서 유휴 자원의 효율적 활용을 위해 가상화 기술을 기본적으로 내장하거나 커널(Kernel) 단에서 지원함으로써 가상화 시스템 간 또는 가상화 시스템과 물리적 시스템 간의 분산 처리 형태로 진화하고 있다.

(2) 운영체제 운영기법의 발전

- 운영체제 운영기법은 한 번에 하나의 작업을 처리하는 일괄 처리 시스템을 시작으로 지역적으로 분산된 여러 시스템이 동시에 여러 작업을 처리할 수 있는 분산 처리 시스템으로 발전하였다.

4 운영체제의 사례

(1) 데스크톱 및 서버 운영체제

① 윈도우(Windows)
- 1975년 빌 게이츠(Bill Gates)와 폴 앨런(Paul Allen)이 설립한 마이크로소프트에서 제작한 그래픽 사용자 인터페이스 기반 개인용 컴퓨터 운영체제이다.
- 현재 윈도우의 최신 버전은 Windows 10이며 2015년 7월 29일에 190여 개국에 출시했다.
- Windows 10은 출시 이래로 매년 2차례씩 정기적으로 대규모 업데이트를 수행하고 있다. 처음엔 RedStone이라는 코드명을 사용하였으며 RS1~RS5까지 5차례 업데이트가 있었고, 그 후에는 코드명에 출시 시기를 알 수 있도록 직관적으로 19H1이라는 이름으로 2019년 5월 업데이트가 릴리즈되었다.
- Windows 10의 모체가 되는 운영체제는 NT 커널을 탑재하면서 기업용 OS였던 Windows NT 3.1이다. 커널의 안정적 성능을 인정받아 기존의 PC용 OS에도 NT 커널을 탑재하여 Windows XP가 출시되었다. 그 이후 Windows Vista, Windows 7, Windows 8까지 출시한 바 있다.

② macOS
- 스티브 잡스(Steve Jobs)와 스티브 워즈니악(Steve Wozeniak)이 설립한 애플에서 개발한 유닉스/다윈 기반 Mac 기기 전용 운영체제이다.
- 스티브 잡스가 설립했던 NeXT에서 만든 NeXTSTEP 후속 운영체제이다.
- 2016년 6월 13일 WWDC에서 Siera를 발표하면서 운영체제의 명칭이 OS X에서 macOS로 변경되었다.
- 데스크톱 환경에서 윈도우 다음으로 점유율이 높으며 사용자 친화적 인터페이스와 직관적 사용법, 안정성, 무료 업그레이드 등이 장점이다.

③ 리눅스(Linux)
- 핀란드의 헬싱키 대학 학생이었던 리누스 토발즈(Linus B. Torvalds)는 자신의 386 컴퓨터에서 유닉스에 호환되는 운영체제를 개발하였고 1991년 9월 17일에 리눅스 0.01 버전을 개발하였다. 하지만 일반인에게 공개하지는 않았다.
- 1991년 10월 5일에 리눅스 커널의 첫 정식 버전 0.02이 뉴스그룹(comp.os.minix)에 발표되면서 리눅스의 역사가 시작되었다.

- 리눅스 커널은 전세계의 수많은 개발자들이 공동으로 개발하는 공개 프로젝트 형식으로 진행되었다.
- 리차드 스톨만이 진행하고 있던 GNU 프로젝트는 리눅스 커널에서 동작할 수 있는 다양한 애플리케이션을 개발하고 제공하였으며 이를 패키지로 묶은 리눅스 배포판이 릴리즈되기 시작했다. 그 가운데에는 데스크톱용 리눅스도 있었다.
- 데스크톱용 리눅스 배포판으로는 우분투(Ubuntu), 페도라(Fedora), 데비안(Debian), 오픈수세(openSUSE) 등이 있다. 서버 용도로 적합한 배포판으로는 레드햇(Red Hat Enterprise Linux), CentOS, 로키 리눅스(Rocky Linux), 우분투 서버(Ubuntu Server) 등이 있다.

④ 유닉스(UNIX)
- 유닉스는 1969년 미국의 AT&T 사의 벨 연구소의 켄 톰슨(Ken Tompson) 및 데니스 리치(Dennis Ritchie)에 의해 개발된 교육 및 연구개발용 범용 다중 사용자 방식 시분할 운영체제이다.
- 상당수 C언어로 개발되어 있어 새로운 플랫폼에 이식하기가 용이하였고 명령행 인터프리터, 계층적 파일 시스템, 장치와 프로세스 간 통신을 파일을 매개체로 수행하는 특징이 있었으며, 리눅스에 영향을 주었다.
- 유닉스는 AT&T에서 처음에 무료로 여러 연구소 및 대학교에 소스코드와 보급하면서 다양한 버전의 유닉스가 등장한 계기가 되었고 대표적인 것으로 System V 계열과 BSD 계열이 있다.

(2) 모바일 및 임베디드 운영체제

① 안드로이드(Android)
- 안드로이드는 2005년에 안드로이드 사를 구글에서 인수한 후 2007년 11월에 안드로이드 플랫폼을 휴대용 장치 운영체제로서 무료 공개한다고 발표한 이래로 다양한 벤더 사를 통하여 스마트폰 및 모바일 기기를 위한 운영체제로 개발되고 있다.
- 안드로이드는 리눅스 커널과 네이티브 환경에서 구동하는 C/C++ 라이브러리와 안드로이드 런타임을 기반으로 하여 동작하는 애플리케이션 프레임워크와 이를 사용하는 애플리케이션으로 구성된다.
- 안드로이드는 스마트폰 및 모바일 기기를 위한 미들웨어, 사용자 인터페이스, 웹 브라우저, 이메일 클라이언트, 메시지(SMS, MMS) 등의 표준 응용 프로그램을 포함하고 있는 일종의 소프트웨어 스택이기도 하다.
- 안드로이드는 기존의 가상 머신이었던 달빅(Dalvik)을 더 이상 채용하지 않고 안드로이드 런타임이라는 새로운 가상 머신을 제공하며, 이를 기반으로 자바와 코틀린으로 개발된 애플리케이션을 별도의 프로세스에서 실행하는 구조로 되어 있다.
- 2007년 11월에 해당 플랫폼을 휴대용 장치 운영체제로서 무료 공개한다고 발표한 후 48개의 하드웨어, 소프트웨어, 통신 회사가 모여 만든 오픈 핸드셋 얼라이언스(OHA : Open Handset Alliance)에서 공개 표준을 위해 개발하고 있다.

② iOS, watchOS, iPadOS, tvOS
- iOS는 애플이 제작한 iPhone, iPod Touch, iPad를 구동하기 위한 운영체제이다. macOS는 Mac을 겨냥한 운영체제였기 때문에 모바일 기기에는 적합하지 않아 모바일 전용 운영체제를 개발하였다.
- watchOS는 애플이 개발한 Apple Watch를 구동하는 운영체제이다. 작은 화면과 배터리 등 한정된 자원과 다양한 센서를 제어하는 목적으로 개발한 웨어러블용 운영체제이다.
- 애플은 그동안 iOS를 통하여 iPhone과 iPad를 모두 지원하였지만 iPad가 점점 컨텐츠를 소비하는 기기에서 생산하는 기기로 사용자의 관심이 이동하자 이를 충족하기 위하여 iPad 전용 OS를 개발하였고 그것이 iPadOS이다.
- tvOS는 애플 TV 4세대에서 발표한 애플 TV용 iOS 기반 운영체제이다.

③ 타이젠(Tizen)
- 인텔과 삼성의 주도로 리눅스 재단, MeeGo 개발자가 합류하여 개발한 리눅스 기반 오픈소스 모바일, 웨어러블, IVI[1] 기기용 운영체제이다.
- 구글의 안드로이드를 견제하기 위한 목적으로 개발을 시작하고 2014년 6월 2일 타이젠 스마트폰 삼성Z가 공개된 이래로 다양한 스마트폰에 탑재를 수 차례 시도하였으나 2018년 9월 26일 삼성전자는 타이젠폰 개발을 사실상 중단했다.
- 그 이후 삼성전자는 모바일 분야가 아닌 스마트 TV 및 스마트 워치에 타이젠을 탑재하여 플랫폼 확산에 공을 기울이고 있다.

④ 임베디드 리눅스(Embedded Linux)
- 라즈비안(raspbian)은 영국의 라즈베리파이 재단에서 만든 초소형/초저가 오픈소스 하드웨어로서, 라즈베리파이(raspberry pi)용 데비안 리눅스 기반 운영체제이다.
- webOS는 Palm에서 시작하여 LG전자에서 개발 중인 모바일 및 스마트 TV, IoT용 운영체제이다. 2016년 LG전자가 webOS에 대한 모든 권한을 HP로부터 인수받아 개발 중이며, 모바일 분야보다는 스마트 TV, 디지털 사이니지(digital signage)[2], 스마트 냉장고 등 틈새 영역의 디바이스에 탑재하여 확산을 노리고 있다.
- IVI(In-Vehicle Infotainment)에는 MS의 Windows Embedded Automotive, QNX, GENIVI, Android Auto, Apple Carplay와 같은 다양한 IVI용 OS들이 존재한다.

(3) IoT(Internet of Things) 운영체제
① Linux
- Android Things : 2016년 12월 31일에 공개된 안드로이드 기반 사물 인터넷 플랫폼이다. 저전력, 한정된 자원, 센서 중심 디바이스에 맞춰 디자인되어 우리가 일반적으로 생각하는 안드로이드와는 형태가 다르다.

---

1. IVI(In-Vehicle Infotainment, 차량용 인포테인먼트) : 자동차 안에서 제공하는 주행 정보(information)와 컨텐츠(Entertainment)를 의미한다. 기존에는 네비게이션과 DMB 장비를 통한 방송 재생 정도의 단순 기능에서 자율주행을 위한 실시간 운전 환경 및 교통 정보와 스마트 기기와의 연동 등 커넥티드 카(connected car)로서 발전하고 있다.
2. 디지털 사이니지(digital signage) : 공공장소나 상업 공간 등의 공개 공간에서 광고, 홍보, 정보 전달 목적으로 뉴스, 스포츠, 날씨, 교통 정보, 재난 정보 등 다양한 정보를 화면에 보여주는 서비스이다.

- Ubuntu Core : IoT를 위해 보안성을 강화하고 가볍고 안정적으로 동작하도록 우분투를 최적화한 운영체제이다.

② Windows IoT
- 기존의 윈도우 임베디드 운영체제를 IoT에 맞게 최적화한 마이크로소프트 개발 윈도우 계열 운영체제이다.
- Windows IoT는 엔터프라이즈, 모바일 엔터프라이즈, IoT 모바일, 코어 에디션으로 나눈다.

③ RTOS
- FreeRTOS : 소형 저출력 엣지 디바이스를 쉽게 프로그래밍, 배포, 보안, 연결 및 관리할 수 있는 마이크로컨트롤러용 오픈소스 운영체제이다.
- VxWorks : 미국의 윈드리버 시스템 사가 만들어 판매하는 실시간 운영체제(RTOS)이다.
- QNX : 임베디드 시장에서 주로 사용하고 있으며 유닉스 기반 실시간 상업용 운영체제이다. 첫 상용 마이크로 커널 운영체제로 꼽히고 있으며 블랙베리에 QNX가 탑재되었고 자동차 산업에서 주로 사용하고 있다.

④ 경량 OS
- Contiki : 한정된 메모리, 저전력, 무선통신, IoT 디바이스에 초점을 둔 BSD(Berkeley Software Distribution) 라이선스를 갖는 오픈소스 네트워크 운영체제이다. Contiki는 스마트 도시의 여러 시설에 적용되고 있다. 예를 들면 거리의 조명제어, 사운드 모니터링, 방사선 모니터링, 각종 알람 시스템에 사용되고 있다.
- TinyOS : 세계에서 가장 큰 센서 네트워크 커뮤니티를 갖는 UC 버클리에서 개발한 센서 네트워크형 무료 운영체제다. TinyOS는 다양한 하드웨어, MAC 프로토콜, 네트워크 프로토콜, 센서 인터페이스의 소스를 완전 공개하여 지속적으로 플랫폼이 발전하고 있다.
- RIOT : IoT를 겨냥한 실시간 운영체제이다. 리눅스가 접근하기에는 어려운 8, 16, 32bit 플랫폼을 타겟으로 한다. 특히, 32bit 플랫폼의 경우 RAM이 20KB 이하의 매우 작은 하드웨어이다.

운영체제	최소 RAM	최소 ROM	C언어 지원	C++ 지원	멀티쓰레드	모듈	실시간
Contiki	<2kB	<30kB	일부 지원	미지원	일부 지원	일부 지원	일부 지원
Tiny OS	<1kB	<4kB	미지원	미지원	일부 지원	미지원	미지원
Linux	~1MB	~1MB	지원	지원	지원	일부 지원	일부 지원
RIOT	~1.5kB	~5kB	지원	지원	지원	지원	지원

▲ 리눅스 및 경량 OS 비교

SECTION 02 리눅스의 기초

반복학습 1 2 3

1 리눅스 개요

(1) 리눅스의 정의 및 의미

① 리눅스의 정의
- 1991년 리누스 토발즈(Linus Torvalds)에 의해 오픈소스로 개발되었고 개인용 컴퓨터, 서버, 메인 프레임, 모바일 기기, 임베디드 기기를 위한 유닉스 호환 운영체제이다.

② 리눅스의 의미
- 리눅스가 리누스 토발즈에 의해 처음 개발된 당시에는 지금과 같은 파일 관리, 네트워크 관리, X Window, 개발자 도구 등의 다양한 패키지를 포함하는 운영체제의 형태는 아니었고, 단지 리눅스 커널만을 의미했다.
- 현재는 FSF(Free Software Foundation)가 GNU 프로젝트를 통해 리눅스 커널 기반으로 다양한 라이브러리와 애플리케이션이 포함된 리눅스 배포판을 제공하고 있으며, 이를 강조하고자 특별히 GNU/Linux라고도 부른다.

(2) 리눅스의 일반적 특징

① 이식성(Portability)
- 대부분의 코드가 C언어로 작성되어 있고 최소한의 플랫폼에 종속적인 부분만 어셈블리언어로 작성되어 있어 다양한 하드웨어에 쉽게 이식이 가능하다.
- 처음에는 인텔 x86 CPU를 기본으로 지원하였으나 최근에는 인텔 ia64, x64와 PPC, SPARC, ARM, ARM64 등 어떤 운영체제보다 다양한 CPU 아키텍처에 적용되고 있다.

② 자유 소프트웨어(Free software)
- 리눅스는 단일 기업에 의해 운영되는 것이 아니라 전세계 개발자들의 기여(contribution)를 통해 진화하고 있다.
- 리눅스의 소스코드는 자유롭게 사용, 수정, 배포할 수 있다. 단, 수정된 프로그램의 실행 복사본은 언제나 소스코드와 함께 배포되어야 한다.
- 리눅스의 소프트웨어들은 상당수 GPL(General Purpose License)이나 LGPL(Library/Lesser General Purpose License) 라이선스를 따른다.

③ 멀티 유저(Multi-User)
- 다수의 사용자가 네트워크를 통하여 한 시스템의 CPU, 메모리, 저장소 등의 자원에 접근하고 사용할 수 있다.

④ 멀티 프로그래밍(Multiprogramming)
- 다수의 프로그램을 메모리에 적재하고 동시에 실행 가능하다.

⑤ 계층적 파일 시스템(Hierarchical File System)
- 리눅스는 시스템과 사용자를 위한 표준화된 디렉터리 구조를 정의한다.
- 예를 들어, 장치 관련은 /dev에 위치하고 사용자를 위한 파일은 /usr 이하에 위치한다.

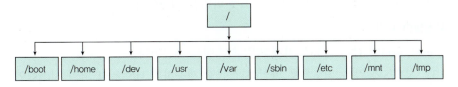

⑥ 셸(Shell)
- 리눅스의 다양한 기능을 수행할 수 있도록 명령어 기반 프로그램을 제공한다. 사용자는 이 프로그램을 통하여 커널에게 명령을 내리고 셸은 명령어를 해석하여 그에 맞는 프로그램을 실행한다.
- 셸은 명령어 해석 기능과 프로그래밍 기능 그리고 사용자 환경설정 기능을 제공한다.

⑦ 보안(Security)
- 유닉스의 보안 모델을 이어 받아 임의접근제어(Discretionary Access Control)[1]를 제공하고 이를 향상한 확장 임의접근제어(Extended DAC) 또한 제공한다.
- 리눅스는 네트워크 정책에 따라서 네트워크상의 노드나 라우터로 동작할 수 있으며 네트워크 인터페이스에서 발생한 트래픽을 서버로 안전하게 전달할 수 있다. 이를 위해 netfilter, iptables, ebtables, arptables 등의 모듈을 제공한다.
- 또한 네트워크 스택은 IPSec을 제공하여 IP 통신할 때 안전하게 데이터를 송수신할 수 있다.
- 강제접근제어(Mandatory Access Control)[2]를 강화한 SELinux(Security Enhanced Linux)가 존재한다.

(3) 리눅스의 기술적 특징

① 모놀리딕 커널(monolithic kernel)
- 파일 시스템, 프로세스 간 통신, 입출력 기능, 장치 관리, 프로세스 처리기 등 운영체제가 제공하는 서비스를 하나의 커널로 구현하여 제공하는 방식을 말한다.
- 단일 커널로 운영체제의 기능이 제공되기 때문에 커널에 포함된 일부 기능을 변경하려면 커널을 다시 컴파일해야 하는 수고스러움이 발생한다.
- 리눅스는 기본적으로 모놀리딕 커널이긴 하지만 동적 로드가 가능한 커널 모듈과 동적 설정을 위한 프로퍼티 기능 제공을 통해 커널의 유연성을 확보하고 있다.

---

1. 임의접근제어(Discretionary Access Control) : 주체마다 객체에 대한 접근 정책을 설정하여 제한하는 접근 통제 모델(access control model)이다.
2. 강제접근제어(Mandatory Access Control) : 주체와 객체에게 각각 보안 등급을 부여하고 주체와 객체의 보안 등급을 서로 비교하여 객체의 접근을 제한하는 접근 통제 모델이다. 예를 들어, 낮은 보안 등급의 주체는 높은 보안 등급을 가진 정보에 접근할 수 없다.

② 장치의 파일화
- 리눅스는 시스템의 자원을 모두 파일로 다룬다. 파일은 디렉터리, 일반 파일, 특수 파일로 나눌 수 있다. 특수 파일은 다시 장치 파일, 파이프, 소켓 등으로 나눈다.
- 장치의 유형에 따라 문자 장치 파일과 블록 장치 파일과 같은 장치 파일을 제공한다.
- 프로세스 간 통신을 위해 파이프 파일을 제공한다.
- 응용 프로그램이 소켓 프로그래밍이 가능하도록 소켓 파일을 제공한다.

③ 다양한 파일 시스템의 지원
- 리눅스는 ext2, ext3, ext4와 같은 리눅스 자체 파일 시스템을 제공한다.
- 리눅스는 FAT32, NTFS와 같은 윈도우용 파일 시스템도 제공하며 네트워크 파일 시스템인 SMB, CIFS의 파일 시스템도 지원한다.
- 시스템 충돌 및 전원 문제로 복구 가능한 저널링 파일 시스템(journaling file system)을 지원한다.

④ 가상 메모리
- 물리적인 메모리의 크기를 극복하기 위한 메모리 관리 기법이다.
- 프로세스들이 접근하는 메모리를 가상 메모리에 매핑하고 가상 메모리는 페이지를 통하여 물리 메모리에 매핑한다.
- 시스템에서 동작 중인 프로세스가 사용하는 메모리만을 물리 메모리에 로드하며, 사용빈도가 낮은 메모리는 디스크에 저장한다. 이를 요구 페이징(Demand Paging)이라고 한다.
- 이러한 가상 메모리는 넓은 주소 공간과 각 페이지에 대한 보호 매커니즘, 이미지와 데이터 파일을 프로세스의 주소 공간에 매핑하는 메모리 매핑, 프로세스 간 공유 메모리 기능을 제공한다.

⑤ 스왑(Swap)
- 물리 메모리 사용량이 가득 차서 프로그램을 메모리에 로드할 수 없는 경우, 메모리에 대한 접근 또는 실행 빈도가 낮은 데이터나 프로그램들을 디스크로 옮기고 물리 메모리를 확보하여 프로그램을 메모리에 다시 로드할 수 있다. 디스크로 옮기는 동작을 스왑 아웃(swap out)이라고 하며 디스크에서 다시 메모리로 옮기는 작업을 스왑 인(swap in)이라고 한다.
- 이때 디스크상의 공간을 특별히 스왑 공간(swap space)라고 부르며 이를 위한 전용 파일이나 전용 파티션이 존재해야 한다.
- 최대 절전 기능을 사용하기 위해서 스왑 파티션(swap partition)이 필요하다. 메모리에 저장된 데이터는 전원 공급이 중단되면 사라지는 휘발적 특성을 갖고 있기 때문에 비휘발성 특성을 갖는 디스크에 데이터를 저장하는 것이 필요하다.
- 스왑 빈도를 변경하기 위해서는 /etc/sysctl.conf의 vm.swapiness를 설정한다. 만약 10으로 설정한다면 메모리의 가용량이 10%일 때 스왑을 시도할 것이다.
- free 명령어로 스왑 영역의 용량을 확인할 수 있다. 물론 메모리의 상태도 확인할 수 있다.
- 물리 메모리의 한계를 극복하고 효율적으로 메모리 공간을 활용할 수 있다는 장점이 있지만, 동적으로 스왑의 크기를 조절할 수 없어 하드디스크의 공간을 차지한다는 단점도 있다.

⑥ 동적 라이브러리와 정적 라이브러리
- 동적 라이브러리를 메모리에 한 번 적재하고 나면 여러 프로세스가 매번 동일한 라이브러리를 로드할 필요 없이 공용으로 라이브러리를 사용할 수 있다.
- 정적 라이브러리는 실행 프로그램이 컴파일될 때 링크되어 프로세스가 실행될 때 정적 라이브러리도 함께 메모리에 로드된다. 동일한 정적 라이브러리를 링크한 서로 다른 프로세스가 실행될 때 각각의 정적 라이브러리는 메모리에 중복으로 적재될 것이다.
- 동적 라이브러리는 메모리 실행 프로그램의 크기가 작고 메모리를 효율적으로 사용할 수 있는 반면 실행 속도가 상대적으로 느리고 배포에 제약이 존재한다.
- 정적 라이브러리는 실행 속도가 빠르고 배포에 제약이 없으나 실행 파일의 크기가 상대적으로 크다.
- 로더는 환경변수 LD_LIBRARY_PATH와 환경설정 파일 /etc/ld.so.conf를 검색하여 동적 라이브러리를 로드한다. 또한 리눅스는 빠른 동적 라이브러리 경로 검색을 위해 /etc/ld.so.cache 파일을 유지하는데 ldconfig 명령을 통해 생성할 수 있다. 즉, /etc/ld.so.conf 파일 변경 시 ldconfig 명령어를 통해 /etc/ld.so.cache 파일의 갱신이 필요하다.

⑦ 파이프(Pipe)
- 프로세스의 표준 출력을 다른 프로세스의 표준 입력으로 보낼 수 있는 프로세스 간 통신 방식이다.
- 터미널에서 사용할 수 있는 파이프 기호는 '|' 이다.

⑧ 리다이렉션(redirection)
- 프로세스의 표준 입출력을 파일, 화면, 장치 등에서 입력을 받거나 출력할 수 있도록 입출력을 재지정할 수 있는 매커니즘이다.

⑨ 가상 콘솔(virtual console)
- 하나의 화면에서 여러 개의 콘솔을 사용할 수 있는 기능을 제공한다. 이 콘솔은 텍스트 기반 터미널일 수도 있고 X 윈도우와 같은 그래픽 화면일 수도 있다.
- 리눅스는 총 6개의 콘솔을 제공하며 Ctrl+Alt+F1~F6을 통해 콘솔을 생성할 수 있다. 특히 X 윈도우의 경우 Ctrl+Alt+F7 단축키를 사용한다.
- 콘솔 간 전환을 위해서는 Alt+각 펑션키(F1~F6)를 눌러 빠르게 이동 가능하다.

(4) 리눅스의 장단점

① 리눅스의 장점
- 오픈소스이기 때문에 상용 운영체제 대비 라이선스 비용이 들지 않아 경제적이다.
- 오픈소스 정신을 지지하는 전세계의 수많은 개발자들이 공개된 리눅스의 커널 소스를 수정하고 개량함으로써 운영체제를 더욱 안정적으로 개선하고 보안성을 강화하고 있다.
- 리눅스는 이더넷(Ethernet), SLIP, PPP 등의 다양한 네트워크 환경을 지원하며 TCP/IP, IPX 등의 네트워크 프로토콜도 지원한다.

- 리눅스는 서버, 개발용, PC용 등 다양한 목적으로 사용할 수 있고, 이에 따른 다양한 배포판이 존재한다. 또한 임베디드 리눅스와 같이 특정 하드웨어에 맞게 커널의 기능을 더하거나 덜어내어 제품에 맞게 커스터마이징(customizing)도 가능하다.

② **리눅스의 단점**
- 전세계의 개발자들이 리눅스를 발전시키고 있지만 리눅스를 사용함에 있어 발생하는 여러 사용자들의 이슈를 해결해 줄 수 있는 체계적인 기술지원 네트워크가 없다.
- 다양한 오픈소스 소프트웨어가 존재하지만 마이크로소프트 오피스와 같은 쓸만한 리눅스용 상용 소프트웨어가 부족한 것도 사실이다.
- 최신 하드웨어 기기에 대한 디바이스 드라이버 지원이 느리다. 하드웨어 제조사에서 리눅스용 드라이버를 제공하는 경우에는 문제가 없지만 그렇지 않은 경우에는 오픈소스 개발자들이 하드웨어 기기를 역분석(reverse engineering)[1]하여 드라이버를 만들어내는 데까지 오랜 시간이 걸린다.

2 리눅스와 GNU 그리고 오픈소스 라이선스

(1) 리눅스와 GNU(GNU's not Unix)

① **GNU GPL 라이선스(General Public License)를 갖는 리눅스**
- 리눅스는 유닉스의 주요 아키텍처에서 아이디어를 얻고 유닉스의 POSIX 표준을 따르고 있으나 진정한 자유 소프트웨어를 구현을 위해 유닉스 소스코드를 일체 사용하지 않고 모든 소스를 새롭게 작성한 것으로 유명하다.
- 리눅스는 GNU GPL 라이선스를 갖는다. 따라서 리눅스의 소스코드는 누구나 자유롭게 사용, 변경, 배포가 가능하다.
- GNU GPL에 따라 배포되는 소프트웨어를 특히 자유 소프트웨어(free software)라고 부른다. 자유 소프트웨어 운동은 1983년에 시작되어 현재는 전세계적인 움직임으로 확산되어 활발하게 진행 중이다.
- GNU GPL에 따라 리눅스를 자유롭게 복제, 개작, 배포할 수 있지만 GPL 라이선스를 갖는 코드를 가져다 쓰는 경우 해당 소프트웨어도 GPL 라이선스로 배포되어야 한다는 제약이 있다. 이것은 개발자들이 서로 기술 공유를 통하여 자유 소프트웨어의 개발과 기술 발전을 추구하기 위한 의도이다.
- 리눅스 운영체제는 가격이 무료인 운영체제를 추구하는 것이 아니며 일반 저작권을 반대하기 위한 것도 아닌 소스코드의 자유로운 공유를 통한 기술 발전 및 소프트웨어 산업 발전을 목적으로 한다.

---

1. 역분석(reverse engineering) : 타사 또는 타인의 소프트웨어를 분해하거나 분석하여 그 소프트웨어의 구현 방법, 제조 방법, 기술 등을 추출하는 활동이다.

② **GNU(GNU's Not Unix)**
- GNU는 재귀적 약어로써 GNU's Not Unix 즉 'GNU는 유닉스가 아니다'라는 뜻을 갖는다.
- 소프트웨어의 상업화에 반대하고 소프트웨어를 자유롭게 사용할 수 있도록 리차드 스톨만(Richard Matthew Stallman)을 주축으로 자유 소프트웨어를 갈망하는 개발자들이 모여 공동체를 형성하였고 그 안에서 다양한 소프트웨어가 개발되었다.
- GNU는 유닉스와 호환된다는 의미와 그렇지만 다른 운영체제라는 이중적 의미를 갖고 있다.
- 1983년 시작된 이래 GNU C 컴파일러(gcc), 문서편집기(GNU Emacs), X 윈도우(GNOME), 파일압축(tar), 셸(bash), 부트매니저(Grub) 등과 같은 다양한 분야의 응용 프로그램을 개발하였다.

③ **자유 소프트웨어(Free Software)의 정의**
- 자유 소프트웨어는 다음과 같은 4가지 종류의 자유를 내포한다.
  - 자유0 : 프로그램을 어떠한 목적을 위해서도 실행할 수 있는 자유
  - 자유1 : 프로그램의 작동 원리를 연구하고 이를 자신의 필요에 맞게 변경시킬 수 있는 자유
  - 자유2 : 이웃을 돕기 위해서 프로그램을 복제 및 배포할 수 있는 자유
  - 자유3 : 프로그램을 향상하고 이를 공동체 전체의 이익을 위해 다시 환원할 수 있는 자유
- 소스코드 없이 자유 1과 자유 3을 지키는 것은 비현실적이기 때문에 소스코드의 제공이 필요하다고 피력하고 있다.

④ **카피레프트(Copyleft)**
- 카피레프트(Copyleft)는 저작권을 뜻하는 카피라이트(Copyright)의 반대 의미를 갖는다.
- 저작물에 대한 저작권자의 권리를 보호하기 위해 카피라이트를 사용한 것처럼 자유 소프트웨어를 사용자가 자유롭게 사용할 수 있도록 법률적 보장을 위해 만들어진 개념이 카피레프트이다.
- 카피레프트를 실제 구현한 라이선스가 GNU GPL 라이선스이다. 카피레프트를 통해 현재는 수많은 자유 소프트웨어를 사용자가 자유롭게 사용할 수 있는 권리가 보장되고 있다.

(2) 오픈소스(Open Source)
① 오픈소스는 소프트웨어나 하드웨어의 저작자 권리를 지키면서 원시 코드를 누구나 열람할 수 있도록 한 소프트웨어를 말한다.
② 1998년 2월 3일 캘리포니아 팔로 알토(Palo Alto, Calilfornia)에서 열린 전략회의에서 넷스케이프 소스코드를 어떤 형태로 공개할까 논의 중 처음 사용된 용어가 오픈소스(Open Source)라고 알려져 있다.
③ 오픈소스 소프트웨어를 장려하기 위해 1998년 2월 오픈소스이니셔티브(OSI : Open Source Initiative)가 브루스 페렌스(Bruce Perens)와 에릭 레이먼드(Eric Raymond)에 의해 설립되었다.

④ 오픈소스와 자유 소프트웨어는 전체적으로는 비슷한 맥락을 가지고 있다. 오픈소스 진영에서도 자유 소프트웨어의 GPL 등 라이선스를 오픈소스 라이선스로 허용하고 있고 자유 소프트웨어 진영에서도 오픈소스가 추구하는 바가 결국 자유 소프트웨어가 추구하는 바와 일맥상통한다고 인정하고 있다. 다만 자유 소프트웨어 진영에서는 오픈소스라는 용어가 주는 의미가 소스를 공개한다는 의미에 치중되어 있고 자유 소프트웨어가 추구하는 모든 소프트웨어는 자유롭게 사용할 수 있다는 취지를 잘 반영하지 못하기 때문에 오픈소스 대신 자유 소프트웨어라는 용어를 사용해 줄 것을 주장하고 있다.

➕ 더 알기 TIP

오픈소스이니셔티브에 등록되기 위한 오픈소스의 10가지 조건

① 자유 배포(Free Redistribution)
② 소스코드 공개(Source Code Open)
③ 2차적 저작물(Derived Works) (허용)
④ 소스코드 수정 제한(Integrity of The Author's Source Code)
⑤ 개인이나 단체에 대한 차별 금지(No Discrimination Against Persons or Groups)
⑥ 사용 분야에 대한 제한 금지(No Discrimination Against Fields of Endeavor)
⑦ 라이선스의 배포(Distribution of License)
⑧ 라이선스 적용상의 동일성 유지(License must not be specific to a product)
⑨ 다른 라이선스의 포괄적 수용(License must not contaminate other software)
⑩ 라이선스의 기술적 중립성(License must be Technology-Neutral)

(3) 다양한 오픈소스 라이선스

① GPL(General Public License) 라이선스

- GPL은 GNU 프로젝트로 배포된 프로그램의 라이선스로 이용하기 위해 자유 소프트웨어 재단에서 만든 자유 소프트웨어 라이선스로 소프트웨어의 실행, 연구, 공유, 수정의 자유를 최종 사용자에게 보장한다.
- GPL은 가장 널리 알려진 카피레프트를 구현한 라이선스이다.
- GPL은 GPLv1, GPLv2, GPLv3 총 3개의 버전이 존재한다.

➕ 더 알기 TIP

소프트웨어에 관련된 다섯 가지 의무

GNU GPL 라이선스는 누구에게나 다음의 다섯 가지의 의무를 저작권의 한 부분으로서 강제한다.
① 컴퓨터 프로그램을 어떠한 목적으로든 사용할 수 있다. 다만 법으로 제한하는 행위는 할 수 없다.
② 컴퓨터 프로그램의 실행 복사본은 언제나 프로그램의 소스코드와 함께 판매하거나 소스코드를 무료로 배포해야 한다.
③ 컴퓨터 프로그램의 소스코드를 용도에 따라 변경할 수 있다.
④ 변경된 컴퓨터 프로그램 역시 프로그램의 소스코드를 반드시 공개 배포해야 한다.
⑤ 변경된 컴퓨터 프로그램 역시 반드시 똑같은 라이선스를 취해야 한다. 즉 GPL 라이선스를 적용해야 한다.

GPL 버전	발표일	주요 내용
GPLv1	1989년 1월	• 바이너리 형태의 프로그램을 GPLv1로 배포할 때는 사람이 이해 가능한 소스코드를 함께 배포해야 한다는 조건 • GPLv1 프로그램을 수정한 프로그램도 원래 프로그램과 마찬가지로 GPLv1 라이선스를 가져야 함
GPLv2	1991년 6월	특정 이유(가령, 특허)로 GPL프로그램 배포 시 소스코드 공개를 불허하려 한다면 프로그램 바이너리 공개도 하지 못하도록 라이선스 보완
GPLv3	2007년 6월 29일	주요 변경사항은 소프트웨어 특허에 대한 대처, 다른 라이선스와의 호환성, 원시 코드의 구성법, 디지털권리관리(DRM : Digital Restrictions Management) 관련 내용 추가

② LGPL(Library/Lesser General Public License) 라이선스

- GNU GPL 라이선스의 강력한 카피레프트 조건과 BSD 라이선스의 사용허가서나 MIT 라이선스의 단순 사용허가를 절충하여 만든 자유 소프트웨어 재단의 자유 소프트웨어 라이선스이다.
- 리처드 스톨만(Richard Stallman)이 이벤 모글렌(Eben Moglen)의 법률 자문을 받아 1991년 작성하고 1999년 LGPL 2.1 버전으로 개정하였다. 명칭도 라이브러리라는 용어가 주는 혼란을 예방하기 위해 Library General Public License에서 Lesser General Public License로 변경하였다.
- LGPL은 프로그램 자체에 카피레프트를 적용하나 이 프로그램을 이용하는 프로그램에게는 카피레프트를 적용하지 않는다.
- LGPL 프로그램을 응용 프로그램에 정적 혹은 동적으로 링크하는 경우 해당 응용 프로그램은 소스코드를 공개할 필요가 없다.
- LGPL 프로그램의 소스코드를 수정하였다면 2차적 파생 저작물에 해당하므로 수정한 LGPL 프로그램의 소스코드도 제공해야 한다.
- LGPL 프로그램의 소스코드를 수정하여 개발하고 GPL 라이선스로 변경하는 것은 가능하나 반대는 불가하다.

③ BSD(Berkley Software Distribution) 라이선스

- 버클리 캘리포니아 대학에서 배포하는 공개 소프트웨어 라이선스이다.
- 아래 표의 각 조항을 준수하는 경우 해당 프로그램을 누구나 개작할 수 있고 수정한 프로그램을 제한 없이 배포할 수 있다.
- 수정본의 재배포는 의무사항이 아니며 따라서 2차적 파생물에 대한 원시 소스코드 비공개가 가능하다.
- 상용 소프트웨어에서 BSD 라이선스를 갖는 프로그램을 이용하여도 소스코드를 공개하지 않아도 된다.

조항	조항 세부 설명
일반 조항	• BSD 라이선스가 적용된 프로그램을 사용하는 경우 해당 저작권자의 이름과 BSD 라이선스의 내용을 같이 배포해야 한다. • BSD 라이선스가 적용된 프로그램으로 인해 발생한 법률상/도의상 피해에 대해 그 책임을 저작권자에게 물을 수 없다.
3조항(3-clause) 이상	저작권자의 이름을 광고에 사용할 수 없다.
4조항(4-clause) 이상	광고에서 BSD 소프트웨어를 사용, 포함한 경우 저작권자를 표기해야 한다.

④ 아파치(Apache) 라이선스

- 아파치 소프트웨어 재단에서 만든 소프트웨어 라이선스이다.
- 아파치 라이선스 1.1은 2000년에 ASF에 의해 승인되었고 2004년 1월에 버전 2.0가 채택되었다.
- 누구나 아파치 라이선스가 적용된 소프트웨어에서 파생된 프로그램을 제작할 수 있고 저작권을 양도, 전송할 수 있다.
- 누구나 자유롭게 아파치 소프트웨어의 소스코드를 다운 받아 부분 혹은 전체를 개인적 혹은 상업적 목적으로 이용할 수 있다.
- 재배포 시에는 원본 소스코드 또는 수정한 소스코드를 반드시 포함할 필요는 없다. 단 아파치 라이선스를 따른다는 사실은 명시해야 한다.

⑤ MPL(Mozilla Public License) 라이선스

- BSD 라이선스와 GPL 라이선스의 혼합적인 성격을 가지고 있다.
- 1.0판은 넷스케이프 커뮤니케이션 코퍼레이션의 변호사, 미첼 베이커(Mitchell Baker)에 의해 작성되었고 1.1판은 모질라 재단이 작성하였다.
- MPL 소스코드 수정 시 수정한 소스코드를 공개해야 한다.
- MPL 소스코드와 혼합하여 다른 프로그램을 개발한 경우 MPL 소스코드 외의 소스코드까지 공개할 필요는 없다.
- 모질라 애플리케이션 스위트, 모질라 파이어폭스, 모질라 선더버드 및 그 외의 모질라 소프트웨어에 적용되었다.

⑥ MIT(Massachusetts Institute of Technology) 라이선스

- 미국 MIT 대학교에서 소프트웨어 공학도를 돕기 위해 개발한 소프트웨어 라이선스이며 X11 라이선스, X 라이선스로 부르기도 한다.
- GNU GPL 라이선스의 엄격함을 피할 수 있어 사용자에게 인기가 있다.
- BSD 라이선스를 기초로 작성되었고 GPL과 달리 카피레프트가 아니며 오픈소스 여부에 관계없이 재사용을 허용하고 있다.

라이선스	필수사항(Required)	허락조건(Permitted)	금지조건(Forbidden)
GPL	• 수정한 소스코드 혹은 GPL 소스코드를 활용한 소프트웨어 모두 GPL로 공개 • 라이선스 및 저작권 명시 • 변경사항 안내	• 상업적 이용 가능 • 배포 가능, 수정 가능 • 특허 신청 가능 • 사적 이용 가능	• 보증책임 없음 • 2차 라이선스
LGPL	• 수정한 소스코드 LGPL로 공개 (단순 활용 시 공개 의무 없음) • 라이선스 및 저작권 명시	• 상업적 이용 가능 • 배포 가능, 수정 가능 • 특허 신청 가능 • 사적 이용 가능 • 2차 라이선스	보증책임 없음
BSD	라이선스 및 저작권 명시	• 상업적 이용 가능 • 배포 가능, 수정 가능 • 사적 이용 가능 • 2차 라이선스	보증책임 없음
Apache	• 라이선스 및 저작권 명시 • 변경사항 안내	• 상업적 이용 가능 • 배포 가능, 수정 가능 • 특허 신청 가능 • 사적 이용 가능 • 2차 라이선스	• 보증책임 없음 • 상표권 침해 금지
MPL	• 수정한 소스코드 MPL로 공개 (단순 활용 시 공개 의무 없음) • 라이선스 및 저작권 명시 • 특허기술이 구현된 프로그램의 경우 관련 사실을 'LEGAL' 파일에 기록하여 배포	• 상업적 이용 가능 • 배포 가능, 수정 가능 • 특허 신청 가능 • 사적 이용 가능 • 2차 라이선스	• 보증책임 없음 • 상표권 침해 금지
MIT	라이선스 및 저작권 명시	• 상업적 이용 가능 • 배포 가능, 수정 가능 • 사적 이용 가능 • 2차 라이선스	보증책임 없음

3 리눅스의 역사와 리눅스 배포판

(1) 리눅스의 역사

① 1984년~1991년도 : 리차드 스톨만의 자유 소프트웨어 운동 시작

- 1984년, 리차드 스톨만은 자유 소프트웨어 운동을 위해 GNU 프로젝트를 시작하면서 GNU 라이선스 개발도 착수하였다.
- 1985년, 리차드 스톨만은 자유 소프트웨어 재단(FSF : Free Software Foundation)을 설립하였다.
- 1989년, 리차드 스톨만과 FSF 재단은 GNU GPLv1을 개발하고 발표하였다.
- 1991년 6월, GNU GPLv2를 발표하였다.

② 1991년 10월~1993년 : 리누스 토발즈의 리눅스 커널 및 배포판 릴리즈
- 1991년 10월 5일, 리누스 토발즈는 리눅스 커널 공식 버전 0.02를 뉴스 그룹에 발표하였고 GNU GPL 라이선스를 사용하였다.
- 1992년 2월, 리눅스 커널과 X 윈도우를 제외한 몇 프로그램을 포함한 최초 리눅스 배포판 MCC interim이 릴리즈하였다.
- 1992년 5월, X 윈도우와 TCP/IP를 포함하는 소프트랜딩 리눅스 시스템(Softlanding Linux System)이 릴리즈되었다.
- 1993년 7월, 현존 가장 오랜 역사를 갖는 슬랙웨어 리눅스가 릴리즈되었다.
- 1993년 8월, Ian Murdock에 의해 데비안이 릴리즈되었다.

③ 1994년 : 리눅스 커널 정식 1.0 버전 출시
- 1994년, 리눅스 커널 1.0이 정식 릴리즈되었다.
- 1994년, 리눅스 커널 1.0 기반 리눅스 배포판 개발을 위해 레드햇(RedHat) 설립되었고, 1994년 10월에는 레드햇 리눅스 할로윈 버전이 릴리즈되었다.

④ 1998년 : 오픈소스 소프트웨어의 태동
- 1998년 2월, 넷스케이프 커뮤니케이터의 소스코드 논의 과정에서 '오픈소스'라는 용어가 탄생하였다.

⑤ 2003년~2005년 : 다양한 배포판의 보급
- 2003년 12월, 대형 엔터프라이즈급 시스템에서도 본격적으로 채용되었던 리눅스 커널 2.6.0 버전이 발표되었다.
- 2003년 12월, 레드햇 리눅스의 개인 사용자 버전 CentOS가 시작되었다.
- 2004년 10월, 데비안 기반 우분투(Ubuntu)의 첫 버전 4.10이 릴리즈되었다.
- 2005년, 2003년에 설립되었던 Android. Inc.가 구글에 인수되면서 안드로이드 개발에 착수하였다.

⑥ 2007년 : GPLv3의 발표로 GPL 라이선스 완성
- 2006년 1월, 초안이 발표되었던 GPL v3가 2007년도에 정식 버전이 발표되었다.

⑦ 2011년 이후 : 전세계 개발자와 함께하는 리눅스 커널의 지속적인 발전
- 2011년 7월 21일, 리누스 토발즈는 리눅스 커널 버전 3.0을 릴리스하였다. 기존의 리눅스 2.6.39 대비 큰 기술적 변화의 의미는 아니며 단지 커널의 20주년을 3.0으로 표현하였다고 한다.
- 2013년 6월, 리눅스 3.10이 출시되었고 15,803,499줄에 다다랐다.
- 2015년 6월, 리눅스 4.1이 출시되었고 약 14,000명의 프로그래머가 컨트리뷰션한 코드를 포함 19,500,000 줄 이상으로 성장하였다.

⑧ **2020년 이후 : CentOS의 개발 중단에 따른 로키 리눅스(Rocky Linux) 등장**
- 2020년 12월 8일, 레드햇은 "CentOS Stream"이라는 새로운 업스트림 개발을 위해 레드햇 리눅스의 다운스트림 버전이었던 CentOS의 개발의 중단을 발표하였다.
- 이에 대응하여 CentOS 창립자인 Gregory Kurtzer는 CentOS의 개발 목표를 지속적으로 달성하기 위해 CentOS 공동 설립자 Rocky McGaugh를 기려 로키 리눅스(Rocky LInux) 프로젝트를 시작하였고 초기 릴리스 버전을 2020년 12월 22일을 목표로 한다고 발표하였다.
- 당초 목표보다 늦어진 2021년 4월 30일 첫 번째 RC 버전을 공식적으로 발표하였고, 2021년 6월 21일에 로키 리눅스(Rocky Linux) 8.4 정식 버전을 출시하였다.
- 로키 리눅스는 Rocky Enterprise Softawre Foundation(RESF) 조직에서 관리한다.

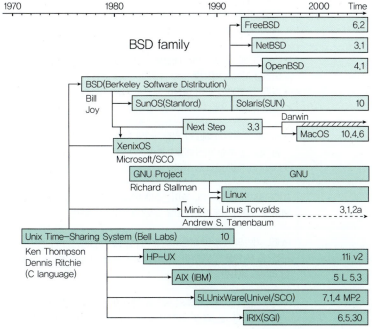

▲ 리눅스의 역사

(2) 리눅스 배포판의 분류 및 특징

(3) 리눅스 배포판 세부 설명

분류	종류	설명
레드햇 계열	RHEL (RedHat Enterprise Linux)	페도라를 기반으로 레드햇에서 개발한 리눅스 배포판이며 안정성을 목적으로 제작되었고 유료 라이선스로 제공되며 레드햇이 기술지원을 제공
	CentOS (Community ENTerprise Operating System)	페도라가 최신기술을 담아내는데 집중한 나머지 RHEL을 제대로 반영하지 못하자 RHEL을 완벽하게 호환하여 무료 기업용 컴퓨팅 플랫폼 제공 목적으로 개발된 리눅스 배포판
	CentOS Stream	• RHEL의 다운스트림 버전이었던 CentOS Linux 8의 지원이 종료되면서 업스트림 버전인 CentOS Stream이 등장 • RHEL의 업스트림 배포판으로서 RHEL의 다음 릴리스에 포함될 변경 사항을 미리 사용할 수 있는 기회를 제공함
	Rocky Linux	• CentOS의 종료에 따라 대안으로 등장한 커뮤니티 기반 엔터프라이즈급 리눅스 배포판 • 기존 CentOS와 같이 여전히 무료로 사용 가능하고 커뮤니티의 지원을 받을 수 있는 RHEL 호환 배포판
	Fedora	• 레드햇의 후원과 페도라 커뮤니티의 지원 아래 범용 목적으로 개발된 것으로, RPM 기반의 소프트웨어가 결합된 리눅스 배포판 • MeeGo, SailFish OS, Tizen
	Oracle Linux	2006년부터 GNU GPL 라이선스에 따라 레드햇 소스코드를 공유하면서 오라클의 어플라이언스에 최적화된 리눅스 배포판
	Scientific Linux	RHEL 기반의 자유 및 오픈소스 운영 체제로서 상용 기업형 배포판에 근접하도록 만들기 위한 목적으로 페르미 국립 가속기 연구소가 개발한 리눅스 배포판
데비안 계열	우분투	• 마크 셔틀워스가 우분투의 보급을 위해 세운 영국의 컴퓨터 소프트웨어 회사인 캐노니컬 유한회사(Canonical Ltd)에서 개발한 리눅스 배포판 • 전세계 사람 누구나 리눅스를 쉽게 사용하자는 미션을 바탕으로 사용자 편의성에 초점을 맞춘 리눅스
	Raspbian	마이크 톰슨과 피터그린이 독립 프로젝트로 시작한 라즈비안은 2012년 6월 처음 완성된 이래로 2015년부터 라즈베리파이 재단에 의해 공식 지원을 받고 있는 라즈베리파이 전용 리눅스
	ChromeOS /Chromium OS	• 크롬OS는 구글이 설계하고 개발한 웹 애플리케이션 전용 운영체제로 사용자 인터페이스는 크롬 브라우저와 유사 • 사용자가 대부분의 시간을 브라우저를 이용하여 인터넷을 탐색한다는 점에 착안을 두어 개발한 리눅스 기반 운영체제

계열	배포판	설명
슬랙웨어 계열	Slackware	• 가장 먼저 대중화된 현존하는 가장 오래된 배포판으로 1993년 패트릭 볼커딩에 의해 개발 • 간결함을 설계 철학으로 하여 유닉스 자체 학습에 적합
	openSUSE	• Slackware 리눅스로부터 파생되었으며 독일에서 제작하였고 유럽에서 많이 사용 • 유료 라이선스인 SUSE Linux Enterprise와 무료 버전인 openSUSE 두 가지로 배포
	Vector Linux	로벨트 S. 란게와 다렐 스타벰에 의해 개발된 SOHO, Standard, Light, Live판을 갖는 슬랙웨어 계열 리눅스 운영체제
안드로이드 계열	안드로이드	• 휴대용 기기에 최적화된 리눅스 기반 모바일 운영체제 • 리눅스 커널을 기반으로 안드로이드 런타임 실행 • 안드로이드 런타임상에는 웹브라우저, 이메일 클라이언트, 단문 메시지 서비스(SMS) 등 다양한 응용 프로그램이 구동하고 이러한 앱을 위한 풍부한 런타임 라이브러리 제공
	AOSP(Android Open Source Project)	• 안드로이드는 구글에 의해 개발되지만 소스코드는 AOSP를 통해 운영 • AOSP를 통해 다양한 디바이스에 최적화된 안드로이드를 포팅 및 커스터마이즈할 수 있음
국내 계열	하모니카	• 2014년, 과기정통부의 전신인 미래창조과학부에서 발표한 "공개 SW 활성화 계획"의 일환으로 정부가 주도로 개발한 리눅스 민트 기반 개방형 운영체제 • 기존 배포된 리눅스 민트보다 한글화가 잘 되어 있음
	넘버원 리눅스	독자적인 토종 리눅스 개발을 목표로 PCLinux 기반 KDE 환경을 제공하는 리눅스 배포판
	구름OS	과학기술정보통신부와 한국전자통신연구원(ETRI) 산하 국가보안기술연구소 및 한글과 컴퓨터가 개발한 개방형 OS

4 리눅스의 활용 분야

(1) 서버, 메인 프레임

① 웹서버를 호스팅하는 대부분의 서버들은 리눅스를 이용하고 있다.

② 메인 프레임에서도 낮은 비용과 오픈소스 모델에 힘입어 리눅스 배포판의 채용이 꾸준히 증가하고 있다.

③ 대부분의 슈퍼 컴퓨터에서도 리눅스 배포판을 이용하고 있다.

(2) 스마트 디바이스

① 스마트폰, 태블릿 컴퓨터, 스마트 TV, IVI(In-Vehicle Infotainment) 시스템 등에 리눅스가 탑재되고 있다.
② 안드로이드는 스마트폰용 운영체제 중 가장 인기 있는 운영체제이며 리눅스 커널을 기반으로 한다.
③ Parm Pre 스마트폰용으로 개발되었던 webOS 또한 리눅스 기반이다.
④ 모질라의 FireFoxOS도 하드웨어 추상계층과 웹 표준 기반 런타임 환경과 사용자 인터페이스를 웹 브라우저와 통합한 리눅스 기반 운영체제이다.

(3) 임베디드 디바이스

① 임베디드 시스템은 하드웨어의 제어를 통해 특정 기능을 수행하며 컴퓨터 시스템 내에 존재하는 전자 시스템이다.
② 임베디드 시스템은 운영체제가 포함되지 않고 펌웨어만으로 동작하는 시스템과 운영체제를 통해 구동되는 시스템으로 나눌 수 있다.
③ 이러한 운영체제에 주로 리눅스 커널을 포팅하고 해당 시스템을 위한 특수 기능을 수행하는 응용 프로그램을 개발하여 디바이스를 완성한다.
④ 소형 임베디드 시스템은 최근 IoT 분야에 활용되고 있다. 각종 센서류와 실시간 스케줄링을 위해 리눅스 기반 전용 운영체제도 선보이고 있으며 Android Things, Ubuntu Core 등이 그 예이다.
⑤ 교육을 목적으로 오픈소스 하드웨어가 널리 보급되어 사용되고 있으며, 데비안 기반 라즈비안이 라즈베리파이를 위한 운영체제로 사용되고 있다.

(4) 게이밍 디바이스

① 2013년 2월 14일 밸브 사는 개인용 컴퓨터에서 게임을 즐길 수 있도록 스팀 리눅스 버전을 출시하였다.
② 수많은 스팀 게임이 리눅스에 포팅되고 있다.
③ 밸브 사는 리눅스 데스크톱에 게임 엔진을 포팅하였고 VOGL과 OpenGL을 개발하였다.
④ 2013년 엔비디아(NVIDIA)는 안드로이드 기반 게임 플랫폼 실드(Shield)를 릴리즈하였다.
⑤ 2018년 밸브 사는 불칸 기반 DirectX 11과 12를 구현하고 스팀 시스템과 통합하는 등 바닐라 와인 기능을 개선한 프로톤(Proton)을 릴리즈하였다.

(5) 리눅스 클러스터

① 고계산용 클러스터(HPC : High Performance Cluster)

- 과학 계산용으로 주로 활용되며 고성능 계산 능력을 제공하기 위한 목적으로 HPC가 사용된다.
- 큰 계산을 위해 고가의 메인 프레임을 사용하기보다는 중소형급 시스템 여러 대를 묶어 효율성을 높이는 기술로서 리눅스가 사용되고 있다.

▲ HPC Cluster

② 부하분산 클러스터(LVS : Linux Virtual Server)

- 로드 밸런서(Load Balancer)를 운영하여 대규모의 트래픽을 여러 대의 서버로 분산하는 기술로 대규모의 서비스를 제공하는 웹서비스에서 널리 사용되고 있다.

▲ Load-Balancing Cluster

③ 고가용성 클러스터(High Availability Cluster)

- 웹서비스를 제공하는 서버가 오류로 인해 정상 서비스를 하지 못한다면 사용자는 불편함을 느낄 것이다. 재난 시스템이나 인명과 연관된 시스템이라면 불편함을 넘어 생명과 연결되는 문제로 고가용성을 갖는 클러스터를 구축하는 것은 중요하다.
- 부하 분산 클러스터와 혼합하여 주 노드(Primary Node)가 부하 분산 처리를 수행하고 부 노드(Backup Node)가 주 노드의 상태를 체크하고 있다가 이상이 발견되면 서비스를 이어 받아 서비스를 지속 가능하게 하는 서버 구축 방법이다.
- 이중화 기술이라고도 하며 시스템의 다운으로 인한 장애 시간을 제로로 만드는 것을 궁극적 목표로 한다.

▲ High-Availability(HA) Cluster

합격을 다지는 예상문제

01 다음 설명으로 알맞은 것은?

> 2015년 이후로 라즈베리파이 재단에 의해 라즈베리파이 단일 보드 컴퓨터 계열을 위한 주 운영체제다. 마이크 톰슨(Mike Thompson)과 피터 그린(Peter Green)이 독립 프로젝트로 개발하였고 최초 빌드는 2012년 6월에 완성되었다. 라즈베리파이 계열의 저성능 ARM CPU에 상당히 최적화되어 있다.

① 라즈비안(Raspbian)
② 타이젠(Tizen)
③ 모블린(Moblin)
④ 안드로이드(Android)

오픈소스 하드웨어인 라즈베리파이(Raspberry pi)를 위한 전용 운영체제이며 데비안 리눅스 기반이다.

02 다음 중 경량 운영체제에 속하지 않는 것은?

① Contiki
② TinyOS
③ RIOT
④ webOS

webOS는 Palm에서 개발을 시작하여 LG전자에서 개발 중인 모바일 및 스마트 TV, 사물인터넷용 운영체제이다.

03 다음 중 운영체제의 목적으로 틀린 것은?

① 처리 능력(Throughput)
② 반환시간(Turnaround Time)
③ 신뢰도(Reliability)
④ 대화형 처리(Interactive Processing)

운영체제의 목적은 처리 능력의 향상, 반환시간의 최소화, 신뢰도의 향상, 사용 가능도의 향상이다.

04 다음 중 모바일 기기에서 사용되는 리눅스 운영체제로 틀린 것은?

① Android
② Mint
③ LiMo
④ Bada OS

Mint는 데비안 리눅스에 기반을 둔 컴퓨터 시스템 운영체제이다.

05 다음 설명으로 알맞은 것은?

> - 리눅스 커널 위에서 동작하며, C/C++ 라이브러리들을 포함하고 있는 모바일 운영체제이다.
> - 기존의 자바 가상머신과는 다른 가상머신인 달빅(Dalvik) 가상머신을 통해 자바로 작성된 응용 프로그램을 별도의 프로세스에서 실행하는 구조로 되어 있다.
> - 2007년 11월에 해당 플랫폼을 휴대용 장치 운영체제로서 무료 공개한다고 발표한 후 48개의 하드웨어, 소프트웨어, 통신 회사가 모여 만든 오픈 핸드셋 얼라이언스(OHA : Open Handset Aliance)에서 공개 표준을 위해 개발하고 있다.

① 바다(Bada) OS
② 마에모(Maemo)
③ 모블린(Moblin)
④ 안드로이드(Android)

안드로이드는 달빅(Dalvik) 가상머신 대신에 안드로이드 런타임이라는 새로운 가상머신으로 변경되었다. 또한 주 언어도 자바(Java) 대신에 코틀린(Kotlin)으로 변경되었다.

정답 01 ① 02 ④ 03 ④ 04 ② 05 ④

06 다음 중 최근 운영체제의 동향으로 틀린 것은?

① 단일 사용자 시스템 기반 다중 작업 시스템을 지원한다.
② 편리한 사용자 인터페이스를 제공한다.
③ 가상화 기술을 지원하여 자원의 효율성을 최대화 한다.
④ 스마트폰과 태블릿 등 모바일 운영체제가 보편화 되었다.

> 운영체제는 동시 사용자 수에 따라 단일 사용자 시스템과 다중 사용자 시스템으로 분류하고 작업처리 방법에 따라 단일 작업 시스템과 다중 작업 시스템으로 분류한다. 현대 운영체제는 다중 사용자 시스템과 다중 작업 시스템을 모두 제공한다.

07 다음에서 설명하는 운영체제로 알맞은 것은?

- 모바일 분야에 처음 적용을 시도하였으나 개발을 중단한 상태이고 현재는 스마트 TV 및 스마트 워치에 탑재하여 플랫폼 확산에 공을 기울이고 있다.
- 인텔과 삼성전자의 주축으로 개발된 오픈소스 운영체제이다.
- HTML5를 기반으로 만들어졌으며 자바 스크립트, CSS와 같은 웹 표준을 지원한다.

① QNX
② LiMo
③ Android
④ Tizen

> 타이젠은 인텔과 삼성의 주도로 리눅스 재단과 MeeGo 개발자가 합류하여 개발한 리눅스 기반 오픈소스 모바일, 웨어러블, IVI 기기용 운영체제이다.

08 다음에서 설명하는 것으로 알맞은 것은?

- 메모리 공간이 가득 차서 프로그램 실행시킬 수 없게 될 경우, 실행할 수 있도록 예비 공간 역할을 하는 영역이다.
- free 명령어로 해당 영역의 용량을 확인할 수 있다.
- 단점으로는 동적으로 크기를 조정할 수 없어 하드디스크의 공간을 차지한다.

① 페이징(Paging)
② 스왑(Swap)
③ 루틴(Routine)
④ 링크(Link)

> 스왑이란 한정적인 물리 메모리를 극복하기 위해 디스크의 공간을 활용하는 기술이다. 메모리에서 디스크로 옮기는 동작을 스왑 아웃(swap out)이라고 하며 반대로 디스크에서 메모리로 올리는 작업을 스왑 인(swap in)이라고 한다.

09 다음 중 운영체제의 특징으로 틀린 것은?

① 운영체제는 커널, 미들웨어, 응용 프로그램 실행환경과 사용자 인터페이스 프레임 워크를 모두 포괄하여 정의될 수 있다.
② 운영체제의 처리 방식은 '단순 순차처리 → 분산 네트워크 → 다중 프로그래밍 → 모바일 및 임베디드' 형식으로 발전되어 왔다.
③ 스마트폰과 태블릿에 설치되는 모바일 운영체제, 웹 브라우저만 있으면 사용 가능한 웹 운영체제도 사용되고 있다.
④ 최근의 운영체제는 유휴 자원의 효율적 활용을 위해 가상화 기술을 기본적으로 내장하거나 커널(Kernel) 단에서 지원하고 있다.

> 운영체제의 처리 방식은 '단순 순차처리 → 다중 프로그래밍 → 시분할 → 다중 모드 → 분산 네트워크 → 모바일 및 임베디드' 형식으로 발전되어 왔다.

정답 06 ① 07 ④ 08 ② 09 ②

10 다음에 제시된 운영체제 관련 기술 중 물리적 메모리의 용량 한계를 극복하기 위한 기술로 가장 알맞은 것은?

① 가상 메모리 ② 가상 콘솔
③ 라이브러리 ④ 파이프

> 물리적 메모리의 용량 한계를 극복하기 위하여 가상의 메모리를 할당한 후, 이를 실제 물리 메모리의 주소와 매핑하여 사용하는 방식이다. 프로그램(Program 혹은 Process)은 가상 메모리 기법을 이용하여 고유의 메모리 공간에서 독립적으로 실행될 수 있다.

11 다음 중 관련 라이선스가 적용된 소스코드를 수정하여 만든 2차적 저작물에 대해 소스코드의 비공개가 가능한 라이선스로 틀린 것은?

① BSD ② Apache License
③ GPL ④ MIT

> GPL 라이선스를 갖는 소프트웨어를 변경할 경우 해당 소프트웨어도 GPL 라이선스로 배포되어야 한다. 따라서 소스코드가 공개되어야 한다.

12 다음 설명에 해당하는 리눅스의 기술적인 특징으로 알맞은 것은?

> 보조기억장치(예 하드디스크)의 일부를 주기억장치(예 메모리)의 확장에 사용하는 가상 메모리 시스템에서, 주기억장치와 보조기억장치의 메모리 영역을 교체하는 관리 기법이다.

① 파이프(Pipe)
② 스와핑(Swapping)
③ 리다이렉션(redirection)
④ 가상 콘솔(Virtual Console)

> 스와핑은 물리 메모리를 효율적으로 사용하기 위해 실행 빈도가 낮은 데이터나 프로그램을 디스크에 보관하고 필요시 메모리에 다시 로드하는 기술이다. 메모리에서 디스크로 데이터를 옮기는 동작을 스왑 아웃(swap out)이라 하고 반대로 디스크의 내용을 메모리로 로드하는 동작을 스왑 인(swap in)이라고 한다.

13 다음 중 리눅스를 활용해서 특수 목적을 위해 개발된 전용 시스템을 구성할 때 가장 알맞은 것은?

① Embedded System
② High Availability Cluster
③ Linux Virtual Server Cluster
④ High Performance Computing Cluster

> 임베디드 시스템은 운영체제가 포함되지 않고 펌웨어로 구동하는 시스템과 운영체제를 통해 구동하는 시스템으로 구분된다.

14 다음 중 ( ) 안에 들어갈 내용으로 알맞은 것은?

> 1991년 6월 FSF의 리처드 스톨먼은 (㉠) 라이선스의 강력한 카피레프트 조건과 단순한 사용 허가를 위한 절충안으로 (㉡)(을)를 발표하였다. (㉠)(은)는 자유 소프트웨어를 만들 때에만 사용하나 (㉡)(은)는 자유 소프트웨어뿐만 아니라 독점 소프트웨어에서도 사용 가능하다.

① ㉠ : LGPL ㉡ : GPL
② ㉠ : GPL ㉡ : MPL
③ ㉠ : MPL ㉡ : GPL
④ ㉠ : GPL ㉡ : LGPL

> GPL에 따라 배포되는 소프트웨어를 특히 자유 소프트웨어(free software)라고 부른다. GPL을 사용하거나 수정한 경우 해당 소프트웨어도 GPL 라이선스를 따라야 하기 때문에 독점 소프트웨어에서 사용하기 어렵다. 반면에 LGPL은 동적 또는 정적으로 라이브러리를 링크하는 경우 소스코드를 공개할 의무가 없기 때문에 독점 소프트웨어에서도 사용 가능하다.

정답 10 ① 11 ③ 12 ② 13 ① 14 ④

15 다음 중 리눅스의 특징으로 틀린 것은?

① 리눅스는 이더넷(Ethernet), SLIP, PPP 등의 다양한 네트워크 환경을 지원하며 TCP/IP, IPX 등의 네트워크 프로토콜도 지원한다.
② 리눅스는 Windows FAT32, NTFS, 네트워크 파일 시스템인 SMB, CIFS 등의 다양한 파일 시스템을 지원하지만, 시스템 충돌 및 전원 문제로 복구 가능한 저널링 파일 시스템은 아직 지원하지 않는다.
③ 리눅스는 서버, 개발용, PC용 등 다양한 목적으로 사용할 수 있고, 이에 따른 다양한 배포판이 존재하며, 유료 버전과 무료 버전이 존재한다.
④ 리눅스는 다른 운영체제에 비해 이식성과 확장성 등이 뛰어나지만, 특정 하드웨어에 설치가 어렵고 모든 플랫폼에서 작동하지는 않는다.

리눅스는 저널링 파일 시스템(journaling file system)을 지원한다.

16 다음 중 리눅스 배포판의 종류와 설명으로 틀린 것은?

① 수세 : 1994년 독일에서 배포된 상용 소프트웨어로 패키지 관리를 위해 YaST 유틸리티를 제공한다.
② 우분투 : 데비안 리눅스를 기초로 만든 리눅스 배포판으로 고유한 데스크탑 환경인 유니티를 사용한다.
③ Rocky Linux : 현재까지 유상으로 배포되고 있으며, RPM 패키지 방식을 사용한다.
④ 데비안 : 패키지의 설치, 삭제 등은 dpkg 명령어로 수행되고 apt를 이용하면 쉬운 설치나 업데이트가 가능하다.

레드햇 리눅스(RHEL)는 상업용 리눅스이지만 Rocky Linux는 개인 사용자용으로 무상으로 배포되고 있다.

17 다음 설명으로 알맞은 것은?

> 라이브러리가 메모리에 한 번 적재되고 나면 여러 프로세스가 매번 동일한 라이브러리를 로드할 필요 없이 한 번만 로드하여 공용으로 사용할 수 있다.

① 계층적인 파일 구조
② 장치의 파일화
③ 가상메모리
④ 동적 라이브러리

동적 라이브러리는 실행 프로그램의 크기를 작게 만들 수 있고 메모리 효율성이 우수하나 실행 속도가 상대적으로 느리고 배포 시 제약이 존재한다.

18 다음 설명으로 알맞은 것은?

> 1985년 자유 소프트웨어의 생산, 보급, 발전을 위해 리처드 스톨만이 세운 비영리 조직이다. 자유 소프트웨어란 무료 프로그램을 의미하는 것은 아니며, '구속되지 않는다'는 관점에서의 자유(Free)로서 프로그램의 변경이나 수정의 자유를 말한다.

① BSD
② FSF
③ GPL
④ GNU

FSF는 1985년 리처드 스톨만이 설립한 자유 소프트웨어 재단(Free Software Foundation)이다.

19 다음 설명으로 알맞은 것은?

> 각종 사물에 센서와 통신 기능을 내장하여 인터넷에 연결하는 기술이다. 즉, 무선 통신을 통해 각종 사물을 연결하는 기술을 의미한다. 인터넷으로 연결된 사물들이 데이터를 주고받아 스스로 분석하고 학습한 정보를 사용자에게 제공하거나 사용자가 이를 원격 조정할 수 있는 인공지능 기술이다.

① 사물인터넷(IoT)
② 클라우드(Cloud)
③ 임베디드 시스템(Embedded System)
④ 빅데이터(Big Data)

사물인터넷은 센서(Sensor), 장치(Device), 컴퓨팅 시스템 등이 인터넷으로 상호 연결되어 데이터를 교환하고 서비스를 제공하는 것을 의미한다.

20 다음 중 데비안 계열의 리눅스 배포판으로 틀린 것은?

① Ubuntu
② Knoppix
③ Corel
④ Fedora

Fedora는 레드햇의 지원으로 개발된 RPM(Redhat Package Manager) 기반의 리눅스 배포판이며, yum을 이용하여 패키지를 설치 및 관리한다.

정답 18 ② 19 ① 20 ④

CHAPTER

02

리눅스 시스템의 이해

섹션 차례

SECTION 01 리눅스와 하드웨어
SECTION 02 리눅스의 구조
SECTION 03 X 윈도우
SECTION 04 셸(Shell)
SECTION 05 프로세스

SECTION 01 리눅스와 하드웨어

1 하드웨어의 이해

(1) 컴퓨터의 구성 요소

① **중앙처리장치(CPU : Central Processing Unit)**
- 외부에서 정보를 입력 받아 컴퓨터 프로그램의 명령어들을 해석하여 연산하고 결과를 반환함으로써 컴퓨터 시스템을 통제하는 컴퓨터 제어장치이다.
- CPU는 레지스터(Register)와 연산장치(ALU : Arithmetic-Logic Unit) 그리고 제어장치(Control Unit)로 구성된다.
  - 레지스터는 CPU가 연산을 처리하기 위한 임시 저장소 역할을 수행하며 작은 데이터만을 저장할 수 있지만 액세스 속도는 빠르다.
  - 연산장치는 데이터들 간의 비교, 판단, 연산을 수행한다.
  - 제어장치는 입력된 명령어를 해석하고 해석한 명령을 연산장치 등으로 보내고 주소를 디코드하여 레지스터에 데이터를 저장하는 역할을 수행한다.

② **주기억장치(Main memory)**
- CPU가 처리할 명령어와 데이터를 저장하기 위한 컴퓨터 하드웨어 장치이다.
- 메모리는 휘발성 메모리인 RAM(Random Acesss Memory)과 비휘발성 메모리인 ROM(Read Only Memory)으로 분류할 수 있다.
  - RAM은 전원의 공급이 중단되면 기록된 정보가 손실되는 특성이 있으며 메모리상 어느 주소에 접근하든지 액세스 시간이 동일하다.
  - RAM은 DRAM(Dynamic Random Access Memory)과 SRAM(Static Random Access Memory)으로 나눌 수 있다.
  - ROM(Read Only Memory)은 전원이 공급이 중단되더라도 ROM에 저장된 데이터를 소멸하지 않는다.
  - ROM은 컴퓨터를 처음 켰을 때 구동하기 위한 BIOS와 같은 프로그램이 적재된다.
  - ROM은 저장 데이터를 변경할 수 없는 MASK ROM, 저장된 데이터를 1회 수정할 수 있는 PROM(Programmable ROM), 메모리에 저장된 데이터를 수회 삭제 및 저장할 수 있는 EPROM(Erasable PROM)으로 구분된다.

③ **입출력장치**
- 컴퓨터의 빠른 연산 능력을 활용하기 위해서는 컴퓨터에 다양한 데이터를 입력할 수 있어야 한다. 반대로 컴퓨터의 연산 결과를 효과적으로 확인하기 위해서는 다양한 방식으로 출력장치를 제공해야 한다.
- 입력장치에는 키보드, 마우스, 카메라, 스캐너, OMR(Optical Mark Reader), OCR(Optical Character Reader), MICR(Magnetic Ink Character Reader), 트랙볼, 터치패드, 바코드, 조이스틱 등이 존재하며 모바일 디바이스에서는 터치스크린, 3DTouch, 제스처, 다양한 센서류 등이 모두 입력장치에 해당한다.
- 출력장치에는 대표적으로 모니터, 프린터 등이 존재한다. 모니터는 LCD, OLED, QLED 등 다양한 재질의 디스플레이 기술이 존재한다. 3차원 공간에 조형물을 만들 수 있는 3D 프린터와 가상세계를 경험할 수 있는 HMD(Head Mount Display) 등도 출력장치로 볼 수 있다.

④ **보조기억장치**
- 주기억장치는 속도가 빠르나 용량이 작고 가격이 비싸다. 모든 데이터를 주기억장치에 적재하려면 비용이 비싸고 전원 공급이 사라지면 데이터가 소멸되기 때문에 보조기억장치가 필요하다.
- 보조기억장치는 주기억장치 대비 속도는 느리나 용량이 크고 가격이 비교적 저렴하다.
- 보조기억장치는 사용자의 데이터를 저장하거나 주기억장치의 메모리가 부족함을 해결하기 위해 가상메모리를 위한 스왑 영역으로 사용된다. 또한 운영체제 및 사용자 프로그램도 보조기억장치에 저장되어 있다가 시스템 구동 시 주기억장치로 적재된다.
- 보조기억장치는 하드디스크, SSD(Solid State Drive), CD-ROM, DVD, BD(Blu-ray Disc) 등이 있다.

(2) 리눅스 설치를 위한 하드웨어 요구사항

① CPU(Central Process Unit)

- 리눅스는 CPU에서 제공하는 어셈블리 언어와 쉽게 이식 가능한 C언어로 개발이 진행되고 있다. 따라서 CPU 종속 특성 부분만 어셈블리 언어로 구현을 하고 나머지의 경우 C언어로 구성되어 있기 때문에 GNU C가 지원하는 CPU 환경이라면 이론적으로는 리눅스를 이식하여 구동할 수 있다.
- 리눅스 배포판의 경우 인텔사의 x86, x64, x86_64와 같은 x86 계열 혹은 AMD 계열 CPU는 기본적으로 구동한다.
- 임베디드나 모바일 등 리눅스가 사용되고 있는 영역을 넓혀 살펴 보면 모토롤라, SPARC, Alpha, PowerPC, ARM, MIPS 등 다양한 CPU를 지원하고 있음을 알 수 있다.
- 최근의 CPU는 32bit CPU보다는 보다 많은 메모리를 주소 지정할 수 있는 64bit CPU를 기본 선택하고 있다.
- 병렬성(parallelism)[1]을 높여 CPU의 최대 성능을 높이기 위해 CPU의 코어의 개수를 고려해야 한다.
- 가상 머신의 성능을 극대화하기 위하여 CPU에서 가상화 기술(VT : Virtualization Technology)을 제공하는지 여부도 고려해야 한다.
- 리눅스 배포판마다 CPU 지원 여부가 상이하므로 선택한 리눅스 배포판의 사양을 살펴봐야 한다.

② 메인 보드

- 리눅스는 거의 대부분의 메인보드를 지원한다. 만약 리눅스가 제대로 설치되지 않는 경우 바이오스를 업그레이드하는 것만으로도 해결되는 경우가 있다.

③ 메모리(RAM)

- 과거에는 SDRAM, RD-RAM, DDR-RAM 등 메모리의 종류에 따라 호환성이 달라지기도 했지만 이제는 거의 모든 메모리를 지원한다.
- 메모리의 크기는 스왑 파티션의 크기와 연관성이 있기 때문에 고려하여 결정해야 한다.
- 과거 32bit CPU에서 4G 이상의 메모리의 사용이 필요한 경우 PAE(Physical Address Extension) 기술을 사용하여 극복하였으나 이제는 64bit CPU의 사용이 보급화 되면서 레드햇 계열 6 기준 64TB까지도 사용할 수 있게 되었다.
- 지원 가능한 최대 메모리 양은 지원하는 리눅스 배포판마다 상이할 수 있음을 상기해야 한다.

---

1. 병렬성(parallelism) : 동시에 많은 계산을 수행하기 위해 비트 수준, 명령어 수준, 데이터 수준, 작업 수준으로 동시에 계산을 수행하는 정도를 의미한다. 하나의 프로세서에서 여러 개의 작업을 동시에 처리하는 정도를 뜻하는 동시성(concurrency)과는 구분된다. 병렬성은 여러 개의 코어나 여러 개의 프로세서 또는 여러 대의 컴퓨터를 통해 동시에 계산을 수행한다.

아키텍처	Rocky Linux 8
x86	아키텍처 미지원
x86_64	64TB

▲ CentOS의 최대 메모리

④ 하드디스크

- 리눅스는 IDE(Integrated Driver Electronics), E-IDE(Enhanced IDE), SCSI(Small Computer System Interface), S-ATA(Serial ATA) 등 대부분의 인터페이스를 지원한다.
- 하드디스크 공간을 효과적으로 나누기 위한 파티션 설정이나 메모리를 효율적으로 사용하기 위한 스왑 설정을 수행할 수 있다.
- 리눅스는 장치를 하나의 파일을 통해서 관리하는 특징을 가지고 있으며 IDE 또는 ATA 인터페이스의 경우 파일 시스템상 /dev/hdX 파일과 매핑되고 S-ATA, USB 메모리, SSD, SCSI 등은 모두 /dev/sdX 파일과 매핑이 된다.

⑤ 모니터와 그래픽 카드

- 대부분의 모니터와 그래픽 카드를 지원하여 리눅스 배포판을 설치하면 별도의 모니터나 그래픽 카드의 드라이버 설치 없이 사용할 수 있다.
- 만약 화면이 제대로 표시되지 않는다면, 제조사의 모니터 또는 그래픽 카드의 드라이버 제공 여부를 확인해봐야 한다.
- 보통 듀얼 모니터를 설정할 때 제대로 되지 않는 경우가 있으며 이때 시스템에 맞는 드라이버를 설치하면 해결되는 경우가 많다.
- 시스템에 장착된 그래픽 카드를 알아보는 명령은 lspci | grep -I vga와 같이 사용할 수 있다.

⑥ LAN 카드

- 리눅스는 Intel, 3COM, Hp, Realtek, Broadcom 등 대부분의 LAN 카드를 기본으로 제공하고 있다.
- 리눅스는 이더넷, 모뎀, SLIP, PPP, ATM, FDDI, USB 등 다양한 네트워크 카드 규격을 지원한다.
- 리눅스는 유선뿐만 아니라 무선을 위한 무선랜 어댑터도 지원한다.
- 만약 네트워크 설정이 제대로 되지 않았다면 제조사의 웹사이트에 방문하여 리눅스 드라이버 제공 여부를 확인해야 한다.
- 네트워크 설정을 위해 IP 주소, 넷마스크, 게이트웨이 주소, DNS 서버 주소 등을 해당 조직이나 기관의 네트워크 관리자를 통해 확인해야 한다.

⑦ 키보드 및 마우스

- 현재 존재하는 거의 대부분의 키보드와 마우스를 지원한다.
- 통신 인터페이스도 PS/2, Serial, USB 방식 등 모두 제공한다.

2 하드웨어의 선택

(1) RAID의 개요

① 하드디스크의 고성능 구현과 신뢰성을 위해 여러 개의 하드디스크를 구성하고 일부에 중복된 데이터를 나눠서 저장하는 복수 배열 독립 디스크(Redundant Array of Independent Disks) 기술이다.

② RAID 0은 고성능 구현을 추구하고, RAID 1은 무정지 구현을 위해 사용된다(RAID 1+0과 RAID 0+1은 이 둘을 혼합한 형태이다).

③ RAID 5와 RAID 6은 고성능과 무정지 둘 다 추구한다.

④ 하나의 RAID는 운영체제에서 논리적으로 하나의 하드디스크로 인식된다.

⑤ 스트라이핑 기술은 디스크의 성능 향상을 위해 연속된 데이터를 여러 개의 디스크에 라운드 로빈 방식으로 기록하는 기술이다.

⑥ 미러링 기술은 무정지를 위한 핵심기술로서, 디스크에 에러 발생 시 디스크 운용 정지를 막기 위해 추가적으로 하나 이상의 장치에 중복 저장하는 기술이다.

(2) RAID의 종류

① RAID 0

- 데이터를 하나의 디스크가 아닌 여러 디스크에 걸쳐 저장하는 스트라이핑 기술을 사용하여 데이터를 디스크에 분산 저장한다.
- 데이터를 저장할 때 여러 디스크에 동시에 쓸 수 있으므로 처리속도가 빠르다.
- 데이터 중복이 없고 패리티 기술[1]을 사용하지 않기 때문에 구성된 디스크 중 하나라도 오류가 발생하면 복구가 불가하다.

---

1. 패리티 기술 : 패리티 비트(parity bit)를 추가하여 데이터가 유실되었는지 손상되었는지 확인하는 기술이다.

② RAID 1

- 패리티나 스트라이핑 없이 미러링 기술을 사용하여 데이터를 두 개의 디스크에 동시에 기록한다.
- 각 디스크의 데이터를 동시에 읽어 들일 수 있어 읽기 속도가 향상된다.
- 하나의 디스크에 쓰기를 하는 것과 양 디스크에 쓰기를 하는 것은 시간 면에서는 동일하므로 미러링 기술이 데이터 쓰기 향상에 도움을 주지는 않는다.
- 동일 데이터가 양 디스크에 존재하므로 디스크 오류 시 미러링된 데이터를 통해 복구할 수 있다.
- 반면 데이터를 중복 저장하기 때문에 디스크의 효율성이 50%로 떨어진다.

③ RAID 2

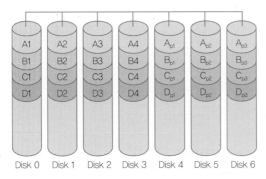

- 비트(bit) 레벨의 스트라이핑을 통하여 최소 3개의 디스크에 데이터를 분산 저장한다.
- 오류 정정 부호(ECC)를 기록하는 전용의 하드디스크를 이용한다.
- ECC를 통해 오류를 복구할 수 있지만 추가 연산이 필요해 입출력 속도가 떨어진다.

④ RAID 3

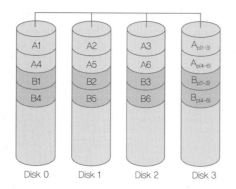

- 바이트(byte) 수준의 스트라이핑을 통해 데이터를 분산 저장한다.
- 한 번 읽거나 쓸 때 각 디스크에 동시에 접근 가능하므로 순차적 쓰기 성능과 순차적 읽기 성능이 우수하다.
- 패리티를 제공하므로 오류 체크 및 복구를 수행할 수 있다.

⑤ RAID 4

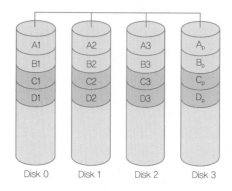

- 블록(block) 레벨의 스트라이핑을 통해 데이터를 분산 저장한다.
- 패리티를 이용하므로 에러 체크 및 정정 기능을 제공한다.
- 블록단위로 데이터가 저장되므로 단일 디스크에서 데이터를 읽어 들일 수 있고 여러 개의 디스크에서 동시에 데이터를 읽어 들일 수 있다.
- 데이터를 쓸 때마다 패리티 디스크도 접근하기 때문에 쓰기 성능이 좋지는 않다.

⑥ RAID 5

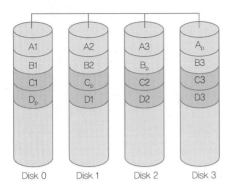

- RAID 4와 같이 블록 수준 스트라이핑으로 저장되며 패리티도 별도의 디스크가 아닌 모든 디스크에 나뉘어 저장된다.
- 성능 면에서 RAID 0보다 부족하지만 성능, 안정성, 용량 세 부분을 모두 고려하여 현장에서 많이 사용한다.

⑦ RAID 6

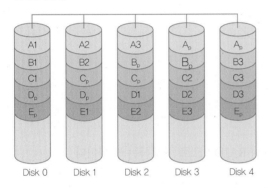

- RAID 5와 유사한 구성이며 추가적으로 2차 패리티 구성을 포함한다.
- RAID 5의 경우 1개의 디스크 오류만 대처 가능하지만 RAID 6은 2개의 디스크 오류에 대처 가능하다.

⑧ **RAID 0+1**

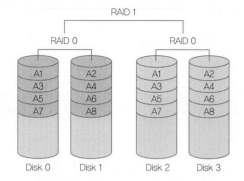

- 디스크 2개를 스트라이핑 기술을 사용하는 RAID 0으로 구성하고 이러한 RAID 0 구성 세트를 다시 미러링 기술을 사용하는 RAID 1로 구성하는 방식이다.

⑨ **RAID 1+0**

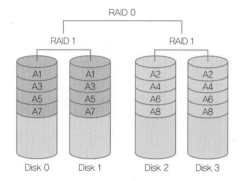

- 디스크 2개를 RAID 1로 구성하고 이 세트를 다시 RAID 0으로 구성하는 방식이다.
- RAID 1보다 높은 성능을 제공하지만 가격이 비싸다.

⑩ **RAID 5+3**

- RAID 3 방식에 스트라이프 어레이(Array)를 구성하는 방식이다.
- RAID 3보다 높은 성능을 제공하지만 가격이 더 비싸다.

(3) 디스크 인터페이스

① **IDE(Integrated Driver Electronics)**
- 가장 오래된 규격으로써 40개의 핀으로 구성된 병렬 인터페이스이다.
- 병렬 전송을 강조하여 PATA(Parallel Advanced Technology Attachment)라고 부르기도 한다.
- 초기형 IDE보다 성능이 향상된 E-IDE(Enhanced IDE)가 있으며 133.3MB/s 속도로 데이터를 전송한다.

② **S-ATA**
- IDE의 성능 한계를 극복하기 위해 직렬로 데이터를 전달하는 인터페이스이다.
- SATA1은 초당 150MB 성능을 내고 SATA2는 초당 300MB의 전송속도를 보인다. 마지막으로 SATA3는 6Gbps의 속도를 제공한다.
- SATA2는 허브를 이용해 하나의 포트에 여러 개의 하드디스크를 연결할 수 있다.

③ **SCSI(Small Computer System Interface)**
- 고성능과 안정성, 신뢰성을 중시하는 워크스테이션 및 서버 시장에서 주로 사용하던 디스크 인터페이스이다.
- IDE와 마찬가지로 병렬 전송 방식이며, 10000RPM에 달하는 고성능 하드디스크 장착으로 최적의 성능을 제공했으나 병렬 방식을 사용한 성능의 한계가 존재한다.

④ **SAS(Serial Attached SCSI)**
- SCSI의 한계를 극복하기 위해 시리얼 방식을 도입한 디스크 인터페이스이다.
- SCSI의 안정성과 확장성, 신뢰성을 이어가면서 시리얼 전송을 통해 속도를 향상하였다.

(4) LVM(Logical Volume Manager)

① **LVM의 개요**
- 블록디바이스를 유연하게 관리하기 위해 여러 블록디바이스를 가상의 Logical Volume에 매핑하고 스토리지를 관리하는 커널 기능이다.
- 기존에는 블록디바이스에 직접 I/O를 수행했지만 LVM 기반 시스템은 블록디바이스 대신 LVM이 매핑한 Logical Volume에 I/O를 수행한다.
- LVM을 통해 유연한 용량, 크기 조절 가능한 스토리지 풀, 온라인 데이터 재배치, 디스크 스트라이핑, 미러 볼륨, 볼륨 스냅샷 기능을 제공할 수 있다.

② LVM의 구성도

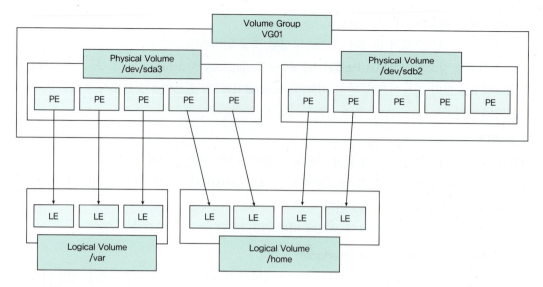

③ LVM의 구성요소

- PV(Physical Volume) : 기존의 블록 디스크를 LVM에서 사용할 수 있도록 변환한 볼륨 형식이다.
- PE(Physical Extent) : PV는 PE라 불리는 일정 크기의 블록으로 구성되며 기본 크기는 4MB이다.
- VG(Volume Group) : 여러 PV를 하나의 VG으로 묶어 통합할 수 있다. VG에 LV를 할당할 수 있다.
- LV(Logical Volume) : VG에서 필요한 만큼 할당하여 만들어지는 공간이며 사용자는 LV를 통해서 하드디스크에 접근한다.
- LE(Logical Extent) : LV를 구성하는 일정 크기의 블록으로 기본 크기는 PE와 마찬가지로 4MB이다.

➕ 더 알기 TIP

LVM 관련 명령어
- PV를 생성하려면 pvcreate 명령어를 사용한다.
- 다수의 PV를 하나의 VG로 묶으려면 vgcreate 명령어를 사용한다.
- LV를 생성하려면 lvcreate 명령어를 사용한다.
- VG 중 PE의 개수 등의 정보를 보려면 vgdisplay 명령어를 사용하고 PV 중 PE의 개수 등의 정보를 보려면 pvdisplay 명령어를 사용한다. 마찬가지로 LV의 LE 개수 등의 정보를 보려면 lvdisplay 명령어를 사용한다.

SECTION 02 리눅스의 구조

1 부트 매니저

(1) 부트 매니저의 개요

① 부트 매니저의 정의
- 부트 매니저(Boot Manager)는 보조기억장치에 위치한 운영체제를 주기억장치로 로드하기 위한 프로그램이며 부트로더(Boot Loader)라고도 한다.

② 부트 매니저의 동작 원리
- 시스템이 켜지면 BIOS는 디스크의 첫 번째 섹터(0번 섹터)인 부트 섹터에서 512바이트의 MBR(Master Boot Record)을 읽는다. MBR은 크기가 제한되기 때문에 IPL(Initial Program Loader)이라 불리는 부트로더의 일부가 먼저 실행된다. IPL은 파티션 테이블을 검사하여 부트로더의 나머지 코드의 위치를 알아내 실행한다.
- 리눅스의 대표적인 부트 매니저 프로그램은 LILO(LInux LOader)와 GRUB(Grand Unified BootLoader), GRUB2가 있다.

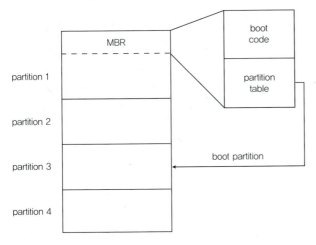

(2) 부트 매니저의 종류

① LILO(LInux LOader)
- 모든 리눅스 배포판의 표준이자 가장 오래된 부트로더로서 리눅스 커뮤니티의 지속적인 지원을 받고 있다. 그 예로 과거에 1,024개의 실린더 인식 한계가 있었던 부분도 현재는 개선이 된 상태이다.
- LILO 설정은 /etc/lilo.conf 설정 파일에서 이루어진다. 설정 파일을 변경 후 LILO stage 1 부트로더를 MBR로 다시 쓰기 위해 lilo 명령을 반드시 수행해야 한다.

② GRUB(Grand Unified Boot Loader)
- GNU 프로젝트에서 만든 부트로더이다.
- LILO와 달리 대화형 명령어 인터페이스를 제공하고 네트워크 부팅을 제공한다.
- 배포판마다 설정 파일명이 다를 수 있는데 일반적으로 /boot/grub/grub.conf 파일이 존재한다. LILO와 달리 GRUB은 설정 파일 변경 후 특별한 조치 없이 적용된다.

③ GRUB2
- 기존의 GRUB의 한계를 해결하기 위해 GRUB2를 완전히 다시 작성하였다. 기존의 GRUB은 GRUB Legacy라고 한다.
- GRUB Legacy는 x86 및 x86-64 아키텍처만을 지원했지만 GRUB2는 이뿐 아니라 PowerPC, SPARC(Scalable Process Architecture)와 같은 다양한 아키텍처를 지원한다.
- BIOS, EFI, OpenFirmware와 같은 다양한 펌웨어 유형을 지원한다.
- GRUB는 공식적으로 MBR을 통한 부트로더 동작만을 지원하고 GPT(GUID Partition Table)은 비공식적으로만 지원하고 있었으나, GRUB2는 정식으로 GPT를 지원한다.
- GRUB2는 RAID 및 LVM(Logical Volume Manager)을 지원한다.
- GRUB2는 GRUB이 지원했던 ext2fs, FAT, JFS, ReiserFS, XFS와 같은 리눅스용 파일 시스템뿐만 아니라 Apple사의 HFS+(Hierarchical File System), 마이크로소프트의 NTFS 파일 시스템, 썬(Sun)의 ZFS 등 다른 벤더의 파일 시스템도 지원한다.
- GRUB2는 리눅스, FreeBSD, NetBSD, OpenBSD와 같은 운영체제뿐 아니라 macOS 및 Darwin 커널과 같은 XNU도 부팅할 수 있다.
- GRUB2의 환경설정 파일의 기본 경로는 GRUB Legacy와 마찬가지로 /boot/grub/grub.cfg이나 일부 리눅스 배포판은 GRUB Legacy와 동시 설치가 가능하도록 /boot/grub2/grub.cfg를 사용하고 있다.
- GRUB2는 대부분의 리눅스 배포판에서 기본 부트로더로 선택하고 있다. 우리에게 익숙한 레드햇 계열 7 및 Ubuntu 9.10 이후의 버전에서 기본 부트로더로 이미 사용되고 있다. 참고로 이전 버전인 레드햇 계열 6 버전의 기본 부트로더는 GRUB이다.

(3) GRUB2 사용해보기

① GRUB2 초기화면
- 부팅하면 GRUB2의 메뉴를 바로 볼 수 있으며 카운트다운이 시작된다. 아무 키도 누르지 않으면 기본 선택된 메뉴 항목으로 부팅이 되고 'ESC' 키를 누르면 카운트다운을 멈출 수 있다.
- 위와 아래 화살표로 부팅하고자 하는 메뉴 항목으로 이동할 수 있다. 'Enter' 키를 누르면 선택한 메뉴 항목으로 부팅을 시작한다.
- 'e' 키를 누르면 선택한 항목에 대해 편집이 가능하다.
- 'c' 키를 누르면 명령 줄 모드로 진입할 수 있다.

② GRUB2 편집화면
- 'e' 키를 누르면 선택한 메뉴 항목에 대한 환경설정이 화면에 표시되며 수정할 수 있다. 이 환경설정은 /boot/grub2/grub.cfg의 정의된 내용과 동일하다.
- 변경을 원하는 항목에 대해 수정 후 'Ctrl-x' 키를 누르면 수정된 내용으로 부팅이 시작된다.
- 이 화면에서 환경설정을 수정하여도 /boot/grub2/grub.cfg 파일에 저장되는 것은 아니다. 즉 영구 적용이 아닌 임시로 수정하는 것이다.

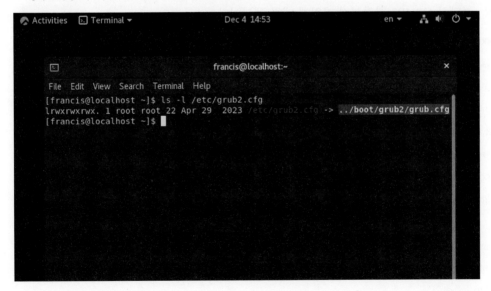

```
load_video
set gfx_payload=keep
insmod gzio
linux ($root)/vmlinuz-4.18.0-477.10.1.el8_8.x86_64 root=/dev/mapper/rl-root ro\
 crashkernel=auto resume=/dev/mapper/rl-swap rd.lvm.lv=rl/root rd.lvm.lv=rl/sw\
ap rhgb quiet
initrd   ($root)/initramfs-4.18.0-477.10.1.el8_8.x86_64.img $tuned_initrd
e_




        Press Ctrl-x to start, Ctrl-c for a command prompt or Escape to
        discard edits and return to the menu. Pressing Tab lists
        possible completions.
```

③ **GRUB2 환경설정 파일**

- GRUB2의 환경설정 파일은 /boot/grub2/grub.cfg이다. 또한 /etc/grub2.cfg 파일이 해당 파일로 심볼릭 링크되어 있다.
- 이 파일은 직접 수정하면 안 되고 grub2-mkconfig 명령어를 사용해야 한다. 이 명령어는 /etc/grub.d 이하의 스크립트로 작성된 템플릿 파일들과 /etc/default/grub에 정의된 GRUB2 메뉴를 위한 설정값을 가지고 /boot/grub2/grub.cfg 파일을 만들어낸다.
- 아래는 간단한 GRUB2 환경설정 파일에 대한 예시이다.

```
set timeout=10
set default=0

menuentry "Rocky Linux" {
    set root=(hd1,8)
    linux16  /vmlinuz-3.10.0-1160.el7.x86_64 root=/dev/mapper/centos-root ro crashkernel=auto spectre_v2=retpoline rd.lvm.lv=centos/root rd.lvm.lv=centos/swap rhgb quiet LANG=en_US.UTF-8
    initrd16 /initramfs-3.10.0-1160.el7.x86_64.img
}

menuentry "Windows 7" {
    set root=(hd1,2)
    parttool (hd0,1) hidden+
    parttool (hd1,5) hidden-
    chainloader +1
}
```

- set 키워드를 통해 각 옵션에 대한 값을 설정할 수 있다.
- default 옵션을 통해 기본 부팅 항목을 설정한다. 여기에서 "0"은 menuentry의 첫 번째 항목을 의미한다.
- timeout 옵션은 사용자가 메뉴 항목을 선택하기를 기다리는 시간이고 default은 기본으로 부팅할 메뉴 항목을 가리킨다. 0은 첫 번째 메뉴 항목을 뜻하고 숫자 대신에 메뉴 항목의 이름을 그대로 설정할 수도 있다.
- 나머지는 menuentry가 연속되며 중괄호 "{}"를 통해 시작과 끝을 알 수 있다.
- root는 루트 디바이스 위치를 설정하며 GRUB 환경설정 파일의 root 항목과 동일한 역할을 수행한다.
- linux16은 커널 이미지 경로를 설정하며 GRUB 환경설정 파일의 kernel 항목과 동일한 역할을 수행한다.
- initrd16은 램디스크 이미지에 대한 경로를 설정하며 GRUB 환경설정 파일의 initrd와 동일한 역할을 수행한다.

④ /etc/default/grub 파일

- grub.cfg가 생성될 때 메뉴 항목에 대한 설정들은 /etc/default/grub 파일의 내용을 취하여 생성한다.
- /etc/sysconfig/grub 파일은 /etc/default/grub 파일에 대한 심볼릭 링크이다.
- 아래는 /etc/default/grub 파일의 내용이며 각 항목 수정 시 grub2-mkconfig 명령을 사용하여 grub.cfg 파일을 갱신해야 한다.

```
GRUB_TIMEOUT=5
GRUB_DISTRIBUTOR="$(sed 's, release .*$,,g' /etc/system-release)"
GRUB_DEFAULT=saved
GRUB_DISABLE_SUBMENU=true
GRUB_TERMINAL_OUTPUT="console"
GRUB_CMDLINE_LINUX="crashkernel=auto resume=/dev/mapper/rl-swap rd.lvm.lv=rl/root rd.lvm.lv=rl/swap rhgb quiet"
GRUB_DISABLE_RECOVERY="true"
```

- GRUB_TIMEOUT은 메뉴 항목이 표시된 후 사용자의 입력을 기다리는 시간이다. 위 설정은 5초로 설정되어 있다.
- GRUB_DISTRIBUTOR 메뉴 항목의 제목(title)을 나타낸다.
- GRUB_DEFAULT는 부팅할 때 기본으로 선택할 항목을 뜻한다. 0은 첫 번째 메뉴 항목, 1은 두 번째 메뉴 항목이다. "saved" 값은 grub2-set-default 명령어와 grub2-reboot 명령어로 설정된 값을 기본 부팅 항목으로 사용하겠다는 의미이다.
- GRUB_DISABLE_SUBMENU는 메뉴 항목 하위에 서브 메뉴로 표시할 것인지 여부를 결정한다.

- GRUB_CMDLINE_LINUX 커널 부트 파라미터를 설정한다.
- GRUB_DISABLE_RECOVERY가 true이면 복구를 위한 메뉴 항목이 기본으로 보여진다.

> **더 알기 TIP**
>
> **기본 부트 항목 변경하기**
>
> - grub2-set-default 명령어를 통해 기본 메뉴 항목을 변경한다. 숫자로 입력도 가능하지만 다음과 같이 메뉴 항목명을 입력할 수도 있다.
>
> ```
> # grub2-set-default "Rocky Linux 8"
> ```
>
> - /etc/default/grub의 GRUB_DEFAULT 변수에 숫자(0부터 시작) 또는 문자열을 입력하여 기본 항목을 변경할 수 있다. 이때 grub2-mkconfig 명령어로 GRUB 환경설정을 갱신해야 한다.
>
> ```
> # grub2-mkconfig -o /boot/grub2/grub.cfg
> ```
>
> - grub2-editenv 명령어를 통하여 잘 적용되었는지 확인해 보자.
>
> ```
> # grub2-editenv list
> saved_entry=Rocky Linux 8
> ```

2 주요 디렉터리 구조

(1) 리눅스 파일 시스템 표준(FHS : File system Hierarchy Standard)

① 리눅스 파일 시스템 표준은 BSD 파일 시스템 계층 구조 기반의 리눅스 디렉터리 구조 표준이다. 이 표준은 비영리 조직인 리눅스 재단이 유지 및 관리를 수행하고 있다. 리눅스 재단은 HP, 레드햇, IBM, Dell과 같은 주요 소프트웨어 및 하드웨어 공급 업체들로 구성되어 있다.

② 최신 버전은 2004년 1월 29일에 발표된 2.3이다.

(2) 리눅스의 주요 디렉터리

디렉터리	설명
/	리눅스 파일 시스템의 최상위 디렉터리이다.
/bin/	모든 사용자가 사용할 수 있는 주요 명령어들이 위치한다. 대표 명령어로 ls, cp, mkdir, mv, rm, cat, tar 등이 있다.
/boot/	커널 파일이나 initrd 등 부팅이 필요한 파일이 위치하는 디렉터리이다. 부트로더인 grub 관련 파일도 이 디렉터리 이하에 위치한다.
/dev/	하드디스크, CPU, 네트워크, 입출력장치 등 디바이스 파일이 존재하는 디렉터리이다.

디렉터리	설명
/etc/	보통 Editable Text Configuration이나 Extended Tool Chest와 같은 약어로 해석이 되고 있다. 이 디렉터리에는 시스템 환경설정 파일과 시스템 초기화 시 수행되는 여러 스크립트 파일들이 위치한다. 가령 init 프로세스가 수행하는 환경설정 파일도 이 위치에 있다.
/home/	로그인한 사용자의 파일, 개인설정, 기타 등을 포함하는 사용자 전용 홈 디렉터리이다. 이 디렉터리 이하에는 각 사용자 계정으로 폴더가 생성되고 그 이하에 사용자별 데이터가 저장된다.
/lib/	시스템에 설치되어 있는 각종 라이브러리가 저장되어 있는 디렉터리이다. 특히 /lib/modules에는 설치된 커널의 모듈이 위치한다.
/media/	CD-ROM이나 이동식 디스크가 시스템에 마운트 시 이 디렉터리를 사용한다.
/mnt/	다양한 디바이스가 마운트할 때 사용하는 임시 디렉터리이다.
/opt/	추가 애플리케이션 소프트웨어 패키지이다.
/proc/	메모리에 존재하는 모든 프로세스들이 파일 형태로 매핑된다. 디스크상에 실재 존재하는 것이 아닌 가상 파일 시스템으로 구현되어 있다. 이 디렉터리를 통해 프로세스의 상태 정보, 하드웨어 정보, 기타 시스템 정보를 확인할 수 있다.
/root/	루트 사용자의 홈 디렉터리이다.
/sbin/	시스템 종료 명령어인 shutdown, 네트워크 인터페이스 관련 명령어인 ifconfig, 시스템 점검과 복구 등 root가 사용하는 시스템 관리 명령어가 포함되어 있다. Sbin은 'system Binary'의 약자이다.
/tmp/	/var/tmp와 같은 공용 디렉터리로서 퍼미션은 1777이고 sticky bit가 설정되어 있다. 각종 프로그램들이 임시 파일을 생성하는 디렉터리이다.
/usr/	사용자들이 사용하기 위해 설치한 주요 명령어들이 위치한다.
/usr/bin/	대부분의 사용자 명령어를 포함한다. 가령 Perl과 같은 명령어도 이곳에 위치한다.
/usr/include/	C, C++ 등 프로그래밍 언어가 사용하는 헤더 파일이 위치한다.
/usr/lib/	/usr/bin/과 /usr/sbin/에 있는 바이너리에 링크하기 위한 라이브러리이다.
/usr/sbin/	주로 시스템 관리자가 사용하는 명령들이나 상대적으로 중요하지 않은 명령어들이 위치한다.
/usr/src/	다양한 바이너리의 소스코드가 위치한다. 리눅스 커널의 소스코드도 이곳에 위치한다.
/var/	로그, 스풀 파일 등 임시로 생성되거나 상황에 따라 생성되거나 삭제될 수 있는 데이터가 보관된다. 가령 로그 파일은 /var/log에 위치하고 메일은 /var/spool/mail에 저장되고 cron의 설정 파일은 /var/spool/cron에 위치한다.
/sys/	핫플러그(hot plug) 장치를 위한 sysfs 가상 파일 시스템을 통해 장치 정보를 제공한다. 프로세스를 위한 정보를 제공하는 /proc과 유사한 방식이다.
/run/	부팅 이후 시스템의 실행 중인 프로세스 또는 로그인한 사용자와 같은 런타임 데이터(runtime data)를 포함하고 있는 디렉터리이다. /var/run은 /run에 대한 심볼릭 링크이다.

3 부팅과 셧다운

(1) 부팅의 개요

① 부팅이란 컴퓨터의 전원이 켜진 후 사용자가 시스템을 사용할 수 있도록 운영체제를 기동하는 절차 혹은 과정을 의미한다.

② 부팅을 위해서는 BIOS는 MBR로부터 부트로더를 실행한다. 부트로더는 지정된 위치에서 커널을 메모리에 읽어 들인 후 초기화 프로세스를 실행한다. 특히 리눅스의 경우 사용자가 지정한 실행 레벨에 따라 지정된 스크립트를 수행하여 운영체제의 나머지 초기화를 완료한다.

(2) 부팅의 상세 절차

① **시스템 시작 및 하드웨어 초기화**
- 컴퓨터 메인보드의 ROM 영역에 저장된 프로그램으로 시스템을 켜면 가장 먼저 실행된다.
- 컴퓨터 하드웨어 인식과 각 장치들의 사용을 위한 준비를 수행하는 등 POST(Power On Self Test)[1] 기능을 수행한다.

---

1. POST(Power On Self Test) : 컴퓨터가 전원이 켜진 후 테스트 과정을 화면에 보여줘야 하기 때문에 그래픽 카드를 먼저 체크한다. 그 다음 메인보드와 각 주변 장치가 정상 동작하는지 테스트하고 그 과정 및 결과를 모니터에 출력한다.

② 1단계 부트로더
- 하드디스크의 0번 섹터를 특별히 MBR이라고 부르며 운영체제 로드를 위한 1단계 부트로더인 boot.img가 위치한다.
- 다음 단계인 2단계 부트로더는 파일 시스템상에 위치한다. 하지만 0번 섹터는 512바이트에 불과하므로 1단계 부트로더가 파일 시스템을 해석할 수 있는 기능을 담기에는 공간이 턱없이 부족하다. 이에 2단계 부트로더를 위해 파일 시스템을 해석할 수 있는 기능을 가진 중간 단계인 1.5단계 부트로더(core.img)가 필요하며 boot.img에서는 1.5단계 부트로더인 core.img로 점프하는 역할까지만 수행한다.
- 1.5단계 부트로더는 0번 섹터 이후 다음 파티션 이전의 공간에 위치한다. 다음 파티션은 63번 섹터에 위치하므로 약 62개의 섹터 공간(약 30킬로바이트)에 걸쳐 1.5단계 부트로더가 위치할 수 있다. 1.5단계 부트로더는 이 공간을 활용해 ext, fat, NTFS와 같은 파일 시스템 드라이버를 포함할 수 있다.

③ 2단계 부트로더
- 1.5단계 부트로더인 core.img는 2단계 부트로더를 로드하고, 2단계 부트로더는 파일 시스템상에 위치한다.
- GRUB legacy 및 GRUB2는 grub.conf의 설정에 따라 선택할 수 있는 운영체제 목록을 표시한다.
- 사용자가 운영체제를 선택하면 해당 운영체제를 위한 커널을 메모리에 로드하고 해당 커널에게 제어권을 전달한다.

④ 커널
- 커널은 하드웨어와 소프트웨어를 관장하는 핵심 모듈이다.
- 커널은 한 번 메모리(RAM)에 로드되면 시스템이 리부팅하거나 종료할 때까지 상주한다.
- GRUB으로부터 제어권을 이어받은 커널은 /sbin/init의 프로그램을 실행한다. 리눅스 배포판에 따라 차이가 있을 수 있는데 레드햇 계열 6에서는 init 프로세스를 그대로 실행하고 레드햇 계열 7 이후로는 심볼릭 링크되어 있는 systemd 프로세스를 실행한다.

⑤ INIT 프로세스

- INIT 프로세스는 부팅을 위해 필요한 초기화 작업을 실제로 수행한다.
- INIT 프로세스는 가장 먼저 모든 시스템의 프로퍼티, 하드웨어, 디스플레이, SELinux, 커널 모듈, 파일 시스템 마운트 등을 체크하기 위해 /etc/rc.d/rc.sysinit 스크립트를 수행한다.
- INIT 프로세스는 /etc/inittab 파일을 읽어 실행 레벨을 확인하고 그에 맞는 스크립트를 실행한다. 가령 실행 레벨이 5인 경우 /etc/rc5.d 디렉터리에 위치한 스크립트가 실행된다.
- 실행 레벨과 관련된 스크립트가 모두 수행되고 나면 INIT 프로세스는 /etc/rc.local에 정의된 프로세스를 마지막으로 실행한다.

레벨	설명
0	시스템의 종료를 의미한다. 실행 레벨을 0으로 설정하면 시스템이 종료된다.
1	단일 사용자 모드(Single user mode) 또는 시스템 복원모드라고 한다. Root 권한 셸을 얻을 수 있다.
2	다중 사용자 모드(Multi user mode)이다. 네트워크 기능을 제공하지 않는 텍스트 기반 유저 모드이다.
3	네트워크 기능을 제공하는 다중 사용자 모드이다.
4	현재 사용되고 있지 않은 모드이다.
5	X 윈도우를 사용하는 다중 사용자 모드이다.
6	시스템을 재부팅할 때 사용하는 실행 레벨이다.

⑥ systemd
- systemd는 유닛(unit)이라는 단위로 시스템 및 서비스를 제어하는 관리자이다.
- 기존에는 /sbin/init 경로에 위치하는 System V 계열의 INIT 프로세스가 PID 1을 가졌지만 레드햇 계열 7부터는 /sbin/init에 심볼릭 링크가 걸려 있는 /usr/lib/system/systemd가 그 역할을 수행한다.
- systemd는 부팅 시 여러 서비스 스크립트를 병렬로 실행할 수 있어 리눅스 부팅 시간을 단축할 수 있다. 단 서비스간의 의존성이 있는 경우는 순차적으로 실행된다.
- systemd는 기존의 System V의 init 스크립트와 호환성을 가지지만 몇 옵션에서 제약이 존재한다.
- systemd는 다양한 유닛을 제공하며 INIT 프로세스의 실행 레벨의 개념에 대응하는 Target 유닛에 대해 알아둘 필요가 있다. systemd는 부팅 시에 default.target 유닛에 심볼릭 링크되어 있는 Target 유닛을 실행한다. 만약 default.target 유닛이 multi-user.target으로 심볼릭 링크되어 있다면 부팅 시 multi-user.target과 연관된 유닛들이 실행될 것이다.

- INIT 프로세스의 각 실행 레벨과 대응하는 Target 유닛을 표로 정리하였다.

레벨	Target 유닛	
	Runlevel	Systemd Target
0	runlevel0.target	poweroff.target
1	runlevel1.target	rescue.target
2	runlevel2.target	multi-user.target
3	runlevel3.target	multi-user.target
4	runlevel4.target	multi.-user.target
5	runlevel5.target	graphical.target

⑦ **사용자 프롬프트(user prompt)**
- 모든 초기화가 완료되면 실행 레벨에 따라 다르지만 X-Window가 표시되거나 terminal을 통해 사용자의 입력을 받을 준비가 완료된다.

(3) 로그인과 로그아웃

① 로그인

- 리눅스는 멀티 유저(multi user)를 지원하는 운영체제이기 때문에 아이디와 패스워드를 통해 사용자를 식별하고 사용자 간 실행환경을 독립적으로 제공한다.
- INIT 프로세스 또는 Systemd 프로세스의 실행 레벨에 따라 단일 사용자 모드, 멀티 유저 모드, X 윈도우를 통한 멀티 유저 모드로 나눌 수 있다.

모드	실행 레벨	내용
단일 사용자 모드	1	시스템에 연결된 화면과 키보드를 통해 단일 사용자 로그인이 가능하다.
멀티 유저 모드(터미널)	2, 3	실행 레벨 2의 경우 네트워크를 통한 로그인이 제공되지 않고, 실행 레벨 3의 경우 네트워크를 통한 로그인이 제공된다.
멀티 유저 모드(X-윈도우)	5	X 디스플레이 매니저를 통해 구현되는 그래픽 화면을 통해 아이디와 패스워드 입력하여 로그인이 가능하다.

🛈 **더 알기 TIP**

로그인 공지 기능

로그인 전, 후 사용자에게 메시지를 보여줄 수 있다.

설정 파일	표시 시점	설명
/etc/issue	로그인 전	로컬에서 접속 시도 시 해당 파일의 내용을 표시한다.
/etc/issue.net	로그인 전	telnet이나 ssh와 같은 프로토콜을 통하여 원격지에서 접속 시도 시 해당 파일의 내용을 표시한다.
/etc/motd	로그인 후	로컬, 원격에 관계없이 로그인에 성공하면 해당 파일의 메시지를 사용자에게 표시한다.

② 로그아웃

- 로그인 후 시스템의 사용이 모두 종료되면 로그아웃을 해야 한다. 로그아웃을 하지 않으면 악의적 사용자에게 시스템이 노출될 가능성이 있다.
- 터미널로 로그인 하였을 경우 logout 명령어를 통해 로그아웃할 수 있다.
- X-Windows에서 터미널을 실행하였을 경우 exit 명령어를 사용하여 로그아웃할 수 있다. 또는 키보드의 Ctrl + d 단축키를 통해서도 로그아웃이 가능하다.

🛈 **더 알기 TIP**

자동 로그아웃 설정하기

- /etc/profile 파일을 열어서 TMOUT에 초단위로 설정한다. 아래는 10초로 설정하였다.

```
# vi /etc/profile
# /etc/profile

TMOUT=10
```

- 설정이 반영되었는지 확인하기 위해 logout하고 다시 login하거나 아래와 같이 source 명령을 통해 설정 파일을 재로드할 수 있다.

```
$ source /etc/profile
```

- 10초간 기다리면 자동으로 로그아웃된다.

(4) 시스템 종료(Shutdown)

① X 윈도우 환경에서 셧다운하기

- 우측 상단의 전원 모양 아이콘을 클릭하여 시스템을 종료하거나 재시작할 수 있다.

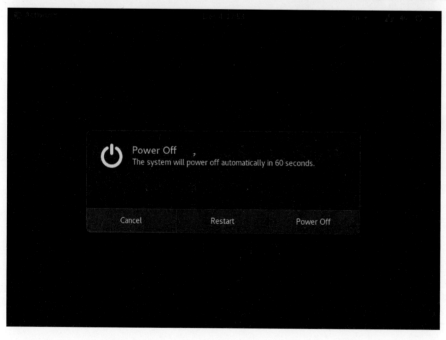

② 시스템 종료 방법
- shutdown, halt, poweroff, init을 통하여 시스템을 종료할 수 있다.

```
# shutdown -h now
또는
# halt
또는
# poweroff
또는
# init 0
```

③ 시스템을 재부팅하는 방법
- 시스템을 재부팅하기 위해 shutdown, reboot, init 명령어를 사용할 수 있다.

```
# shutdown -r now
또는
# reboot
또는
# init 6
```

④ 예약된 시간에 시스템을 종료하거나 재시작(reboot)하는 방법
- 5분 뒤 종료 : # shutdown -h +5
- 특정시간 종료 : # shutdown -h 10:00
- 5분 뒤 재부팅 : # shutdown -r +5

```
$ sudo shutdown -r +5
Shutdown scheduled for Sat 2020-12-19 14:38:03 KST, use 'shutdown -c' to cancel.

Broadcast message from root@localhost.localdomain (Sat 2020-12-19 14:33:03 KST):

The system is going down for reboot at Sat 2020-12-19 14:38:03 KST!
```

(5) GRUB 패스워드 설정 및 복구
① GRUB Legacy 패스워드 설정

- 기본적인 방법은 패스워드를 생성하여 /boot/grub/grub.conf에 password로 시작하는 환경설정 줄을 추가하는 것이다. 패스워드를 생성하는 방식은 3가지가 있다. 첫 번째는 가장 안전한 방법으로 SHA-256 또는 SHA-512로 패스워드를 생성하는 것이다. 두 번째는 MD5 방식이다. 이 방법은 해킹에 취약하기 때문에 현재는 권장되지 않는다. 마지막으로 패스워드의 해시를 생성하지 않고 그대로 사용하는 방법이다. 다음은 각각을 설명한다.
  - SHA-256 또는 SHA-512 알고리즘을 통해 패스워드의 해시 값을 생성하는 방법이다. 해시 생성은 grub-crypt 명령어를 사용하고 grub.conf에는 hiddenmenu 다음 줄에 password --encrypted 뒤에 생성했던 해시값을 입력한다.

```
# grub-crypt
Password:
Retype password:
$6$s01AYPxiNT5Lzci6$VuXmfzG4A0.gJH3gtodemNGRsBxJUoop9gaTIlf8dRytEbYcTDAxXloLemrjDl9dlQfDkotbREC1guACa95L1

# vi /boot/grub/grub.conf
(중간 생략)
hiddenmenu
password --encrypted $6$s01AYPxiNT5Lzci6$VuXmfzG4A0.gJH3gtodemNGRsBxJUoop9gaTIlf8dRytEbYcTDAxXloLemrjDl9dlQfDkotbREC1guACa95L1
(중간 생략)
```

  - MD5 알고리즘을 통해 패스워드의 해시 값을 생성하는 방법이다. 해시 생성은 grub-md5-crypt 명령어를 사용하고 grub.conf에는 hiddenmenu 다음 줄에 password -md5 뒤에 생성했던 해시값을 입력한다.
  - 패스워드를 해시 값으로 지정하지 않고 평문으로 지정한다면 grub.conf의 hiddenmenu 다음 줄에 옵션 없이 password 뒤에 원하는 비밀번호를 입력하면 된다.

```
# vi /boot/grub/grub.conf
(중간 생략)
hiddenmenu
password my-password
(중간 생략)
```

② GRUB Legacy 패스워드 복구
- root 암호를 알고 있다면 부팅하여 /boot/grub/grub.conf의 password 줄을 삭제하면 된다.
- root 암호마저 잊어 버렸다면 설치 디스크를 통해 부팅을 해야 한다. 부팅 후 나타나는 메뉴에서 'Rescue installed system'을 선택한다. 해당 메뉴 진입 시 기본 선택에서 네트워크는 No, 마운트는 Continue를 선택한다. 셸에서 /mnt/sysimage/boot/grub/grub.conf을 편집해 설정했던 password 줄을 삭제하여 GRUB 패스워드를 제거한다.

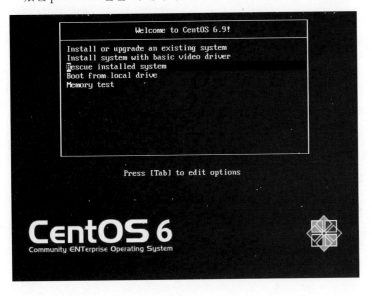

(6) GRUB2 패스워드 설정 및 복구

① GRUB2 패스워드 설정
- GRUB2의 패스워드 설정 또한 GRUB Legacy의 방식과 유사하다.
- grub2-mkpasswd-pbkdf2 명령어를 사용하여 패스워드에 대한 해시를 생성한다.

```
$ grub2-mkpasswd-pbkdf2
Enter password:
Reenter password:
PBKDF2 hash of your password is grub.pbkdf2.sha512.10000.10479EF9336E9F9B0BE733C24FE4B3A1363D26D1218ED1A8EFFFD30E488B56EEC3CB0CA73A144E53D6176007BB8E3BB0BAF819583ECB6BB7907036B42A0281FB.8E239876F5ABCA54A1837FF7B63289A86BA6496B29D3ABD45DE17805A069768FCD2268E248BA50F4FFA515F6D442DF303FCC7BBA96F9D85C22E543635C8AC5D
```

- /etc/grub.d/40_custom에 set superusers="root" 줄을 입력하고 다음 줄에 password_pbkdf2 root 줄 그리고 생성한 패스워드를 이어서 입력한다.

```
# vi /etc/grub.d/40_custom

#!/bin/sh
exec tail -n +3 $0
# This file provides an easy way to add custom menu entries.  Simply type the
# menu entries you want to add after this comment.  Be careful not to change
# the 'exec tail' line above.
set superusers="root"
password_pbkdf2 root grub.pbkdf2.sha512.10000.10479EF9336E9F9B0BE733C24FE4B3A1363D26D1218ED1
A8EFFFD30E488B56EEC3CB0CA73A144E53D6176007BB8E3BB0BAF819583ECB6BB7907036B42A0281FB.
8E239876F5ABCA54A1837FF7B63289A86BA6496B29D3ABD45DE17805A069768FCD2268E248BA50F4FFA
515F6D442DF303FCC7BBA96F9D85C22E543635C8AC5D
```

- grub2-mkconfig 명령어를 통해 grub.cfg를 갱신한다. 잘 갱신되었는지 확인하려면 /boot/grub2/grub.cfg 파일을 열어서 정상적으로 반영되었는지 확인하면 된다.

```
# grub2-mkconfig -o /boot/grub2/grub.cfg
Generating grub configuration file ...
Found linux image: /boot/vmlinuz-3.10.0-1160.el7.x86_64
Found initrd image: /boot/initramfs-3.10.0-1160.el7.x86_64.img
Found linux image: /boot/vmlinuz-0-rescue-eaf9926f43fe4c3fb0a58ba4447b6b34
Found initrd image: /boot/initramfs-0-rescue-eaf9926f43fe4c3fb0a58ba4447b6b34.img
done
```

- 재부팅한 후 GRUB 메뉴에서 'e' 명령을 통해 편집하고자 한다면 GRUB2는 username과 password를 요구할 것이다.

```
Enter username:
root
Enter password:
_
```

- /etc/grub.d/40_custom 파일이 아닌 /etc/grub.d/00_header 파일을 수정할 수도 있지만, 00_header 파일은 GRUB 패스워드 설정 외에도 다양한 설정이 존재하므로 혼란을 피하기 위해 40_custom 파일을 사용하는 것이 좋다.
- 암호화된 패스워드를 사용하지 않는 경우 password_pbkdf2 대신 password를 사용하면 된다.

② GRUB2 패스워드 복구

- root 패스워드를 알고 있는 경우라면 GRUB legacy와 마찬가지로 grub.conf에 설정하였던 항목들을 삭제하면 된다. GRUB2의 경우 grub2-mkconfig 명령어를 통해 grub.conf 파일을 갱신해주는 것만 잊지 않으면 된다.
- root 패스워드를 잊어버린 경우라면 일단 복구 시디로 부팅한 후 "Troubleshooting" 메뉴로 진입하면 GRUB2 환경설정 파일에 접근 가능한 셸로 진입할 수 있다. 그 다음 /etc/grub.d/40_custom에서 GRUB2 패스워드 설정 부분을 제거하고 grub2-mkconfig 명령으로 갱신해 주면 된다.

```
# chroot /mnt/sysimage
# vi /etc/grub.d/40_custom
# grub2-mkconfig -o /boot/grub2/grub.cfg
```

4 systemd

(1) systemd의 개요

① 정의

- systemd는 이전 버전의 리눅스에서 사용하였던 SysV init 시스템을 대체하기 위한 시스템 및 서비스를 위한 매니저 역할을 수행한다.
- 레드햇사의 Lennart Poettering과 Kay Sievers가 처음 개발하였고, LGPL 라이선스이다.

② 특징

- 기존의 SysV init 스크립트와 호환성을 유지하도록 설계되었다.
- 부팅 시 시스템의 서비스들의 병렬로 시작할 수 있는 기능을 제공한다.
- 데몬이 필요한 순간 실행하여 시스템 리소스를 절약할 수 있는 온디맨드 액티베이션(on-demand activation) 기능을 제공한다. 구체적으로 D-Bus, 소켓, 장치, 경로 기반 온디맨드 액티베이션 기능을 제공한다.
- 서비스 간 의존성을 고려하여 서비스의 시작 순서를 제어할 수 있는 기능을 제공한다.
- 시스템 서비스, 소켓상 패킷의 수신 대기, 실행 레벨(run level) 등의 시스템 및 서비스와 관련된 정보를 "유닛(systemd units)"이라는 단위로 추상화하여 관리한다.

(2) systemd의 구조

① 유닛(systemd units)

- systemd는 시스템을 관리하기 위해 Service, Target, Automount, Device, Mount, Path, Scope, Slice, Snapshot, Socket, Swap, Timer 등 다양한 유닛을 제공하며 그 중 대표적인 유닛을 표로 정리하였다.

유닛 유형	확장자	설명
Service unit	.service	시스템상에서 동작하는 서비스 또는 데몬과 연관된 유닛
Target unit	.target	다수의 유닛을 하나의 그룹을 관리할 수 있는 유닛. 대표적인 예로 SysV Init에 존재하였던 실행 레벨(run level)을 Target 유닛으로 관리할 수 있다.
Device unit	.device	커널이 인식 가능한 장치와 연관된 유닛. 가령 특정 USB 장치가 연결될 때 특정 서비스 유닛을 실행할 수 있다.
Mount unit	.mount	파일 시스템의 마운트 포인트를 나타내는 유닛
Path unit	.path	파일 시스템의 파일과 디렉터리와 연관된 유닛
Socket unit	.socket	프로세스 간 통신을 의미하는 IPC(inter-process communication)를 위해 사용하는 소켓과 연관된 유닛
Timer unit	.timer	systemd 타이머와 연관된 유닛

② 유닛을 위한 파일 경로
- 각 경로에 동일한 유닛이 발견된다면 표상 아래에 위치한 경로의 유닛이 우선하게 된다.

경로	설명
/usr/lib/systemd/system/	RPM 패키지로 배포되어 설치된 유닛은 이 경로에 존재한다.
/run/systemd/system/	실행 시 생성된 유닛 파일이 위치하는 곳이며 /usr/lib/systemd/system/ 경로보다 이 경로에 위치한 유닛이 우선한다.
/etc/systemd/system/	systemctl enable 명령을 통해 생성된 유닛이 위치하는 경로이며 /run/systemd/system/ 경로보다 이 경로에 위치한 유닛이 우선한다.

③ 유닛 파일의 구조
- 유닛 파일은 [Unit], [Unit type], [Install]와 같이 3개의 섹션으로 구성된다.

섹션	설명
[Unit]	유닛 공통의 일반적인 사항을 포함하고 있다. Description은 유닛에 대한 설명하고 Documentation은 유닛의 설명이 있는 웹 경로(URIs)를 지정한다. After는 유닛이 시작할 순서를 정의하고 Requires는 유닛의 의존관계를 지정한다. Wants는 Requires보다는 약한 의존성을 지정할 수 있다.
[Unit type]	유닛 유형 마다의 특성을 기술한다. 예를 들어 Service 유닛은 [Service] 라는 섹션 이름을 갖는다. [Service] 섹션의 ExecStart는 유닛이 실행할 때 실행할 명령어나 스크립트를 지정한다. ExecStop은 유닛이 중지할 때 실행할 명령어나 스크립트를 지정한다.
[Install]	systemctl enable 또는 disable 명령어로 유닛을 제어할 때 필요한 정보를 담고 있다. RequireBy는 해당 유닛에 의존하고 있는 유닛의 목록을 지정한다. WantedBy는 유닛에 약한 의존관계를 갖고 있는 목록을 지정한다.

(3) systemd의 주요 명령어

① 서비스 관리

기능	명령어
서비스 시작	systemctl start name.service
서비스 중지	systemctl stop name.service
서비스 재시작	systemctl restart name.service
서비스 실행 중인 경우만 재시작	systemctl try-restart name.service
서비스 설정 갱신	systemctl reload name.service
서비스 상태 확인	systemctl status name.service
서비스 목록 확인	systemctl list-units --type service --all

② 타겟 유닛

기능	명령어
기본 타겟 확인	systemctl get-default
현재 로드된 모든 타겟 확인	systemctl list-units --type target
기본 타겟 변경	systemctl set-default name.target
현재 타겟 변경	systemctl isolate name.target
복구 모드 변경	systemctl rescue
응급 모드 변경	systemctl emergency

③ 전원 관리

기능	명령어
시스템 끄기(halt)	systemctl halt
시스템 전원 끄기(power off)	systemctl poweroff
시스템 재시작	systemctl reboot
시스템을 서스펜드하기	systemctl suspend
시스템을 하이버네이트하기	systemctl hibernate
시스템을 하이버네이트 및 서스펜드하기	systemctl hybrid-sleep

④ 원격 제어
- 원격 시스템에 실행 중인 sshd 서비스에게 명령어를 전달하여 원격 시스템의 서비스를 제어할 수 있다. systemctl의 --host 또는 -H 옵션을 사용하여 원격지의 sshd 서비스에 연결할 수 있다.

```
$ systemctl -H root@linuxserver.example.com status httpd.service
```

5 파일 시스템의 이해

(1) 파일 시스템의 개요

① 파일 시스템이란 디스크에 사용자의 데이터를 효율적으로 저장하기 위한 파일과 디렉터리를 조직화한 체계를 말한다.
② 디스크에 포맷 작업을 한다는 의미는 A4 종이에 글씨를 쓰기 좋도록 미리 줄을 긋는 것과 비슷하다. 포맷은 디스크를 일정한 크기로 분할하고 주소를 설정하여 사용자의 자료를 조직적으로 보관할 수 있게 해준다.
③ 사용자의 데이터는 파일 단위로 관리가 되며 디스크에 저장할 때에는 레코드 단위 혹은 블록 단위로 저장이 된다. 각 파일은 디렉터리에 속하여 그룹을 생성할 수 있기 때문에 많은 파일을 체계적으로 관리할 수 있다.
④ 파일 시스템은 파일 입출력 시 발생하는 오류에 대하여 복구할 수 있는 기능도 제공한다.
⑤ 디스크 입출력은 메모리에 비해 속도가 느리기 때문에 파일 시스템은 캐시 기능을 제공하여 디스크의 입출력을 최소화한다.

(2) 리눅스 파일 시스템의 구조

① ext2의 파일 시스템 개요
- ext3와 ext4는 모두 ext2를 근간으로 발전하였다. ext2 파일 시스템의 구조를 이해하면 리눅스 파일 시스템이 어떻게 파일을 조직화하고 관리하는지 이해하는데 도움이 될 것이다.

② 부트 섹터(boot sector)와 블록 그룹(block group)
- ext2 파일 시스템은 부트 섹터와 그에 뒤따르는 여러 개의 블록 그룹들로 구성된다.
- 블록 그룹은 모두 같은 블록 개수를 가진다. 단, 마지막 블록 그룹은 예외이다.

0	2			
	블록 그룹 0	블록 그룹 1	블록 그룹 2	블록 그룹 n

↑ 부트 섹터

③ 블록 그룹
- 블록 그룹은 여러 개의 블록으로 구성된다. 한 파일이 여러 블록에 나누어서 저장되어야 하는 경우 단편화를 최소화하기 위해 동일 블록 그룹에 위치하려고 스케줄링한다.
- 블록 그룹은 슈퍼 블록(super block), 그룹 디스크립터 테이블(group descriptor table), 블록 비트맵(block bitmap), 아이노드(i-node) 그리고 실제 사용자의 데이터를 담고 있는 블록(block)으로 구성된다.
- 슈퍼 블록과 그룹 디스크립터 테이블은 0번 블록 그룹에만 포함되어도 기능상 문제가 없으나 손상이 되면 파일 시스템 접근이 불가능하므로 다른 블록 그룹에도 사본이 보관되어 있다.
- 블록 비트맵은 그룹 내의 각 블록이 할당되어 있는지 여부를 비트(bit)로 표현한다. 즉 4KB 크기의 블록이라면 한 바이트는 8개의 비트로 구성되므로 총 32,768개의 블록 할당 여부를 표현할 수 있다.

④ 슈퍼 블록(super block)
- 파일 시스템의 전체 내용을 담고 있는 블록으로 1KB만 사용한다. 즉 4KB의 블록을 사용하더라도 1KB만 사용하고 나머지 3KB는 비워 둔다.
- 슈퍼 블록에는 블록의 크기, 총 블록의 개수, 블록 그룹의 개수, 아이노드의 개수, 그룹 내 블록의 개수, 그룹 내 아이노드의 개수 등에 대한 정보가 포함되어 있다.

⑤ 그룹 디스크립터 테이블(group descriptor table)
- 블록 그룹에 대한 정보를 담고 있으며 32bytes 크기인 그룹 디스크립터의 목록이다. 만약, 블록 크기가 1KB라면 총 32개의 그룹 디스크립터가 포함될 수 있다.
- 그룹 디스크립터 테이블은 블록 비트맵의 블록번호, 아이노드 비트맵의 블록번호, 첫 번째 노드 테이블의 블록 번호, 그룹 안에 있는 빈 블록 수, 그룹 안에 있는 아이노드 수, 그룹 안에 있는 빈 디렉터리 수이다.

⑥ 블록 비트맵(block bitmap)
- 블록 비트맵은 블록의 할당 여부를 비트로 표현한다.
- 각 비트에 해당하는 블록이 사용 중이면 1, 사용 중이지 않으면 0으로 나타낸다.

⑦ 아이노드 비트맵(i-node bitmap)
- 아이노드의 할당 여부를 비트로 나타낸다.

⑧ 아이노드 테이블(i-node table)
- 단일 블록이 아닌 연속된 블록으로 이루어져 있으며 각 블록은 미리 정의된 아이노드 개수를 포함한다.
- 아이노드의 첫 번째 블록의 번호를 그룹 디스크립터 테이블에 저장한다.
- 모든 아이노드의 크기는 128바이트로 동일하다. 예를 들어 아이노드 테이블 블록이 1,024byte라면 아이노드를 8개 포함할 수 있다.

⑨ 아이노드(i-node)
- 아이노드는 실제 파일과 디렉터리의 데이터 위치를 알고 있는 자료구조이다.
- 아이노드는 Inode Number, 파일모드, 하드링크 수, 소유자 ID, 파일 크기, 마지막 접근, 마지막 수정, Inode 수정, 데이터 블록 수의 정보를 가지고 있다.
- 모든 파일과 디렉터리는 각 1개의 아이노드를 가지고 있고 고유한 주소를 가지고 있다.
- 아이노드의 주소를 알고 있다면 해당 아이노드가 가리키는 블록 그룹을 찾아갈 수 있다.
- 아이노드 1번은 슈퍼 블록, 2번은 루트 디렉터리 등 10번까지 예약이 되어 있다.

🟢 더 알기 TIP

아이노드를 통한 파일 블록 찾아가기

가령 디렉터리 블록에서 파일이 속한 아이노드 번호를 안다면 아이노드 테이블에서 해당 아이노드를 찾아 실제 파일을 찾아갈 수 있다.

⑩ Ext2 내부는 15개의 포인터가 있는 구조이며, 그 중 처음부터 12번까지는 직접 블록을 위한 것이다. 13번 포인터는 간접 블록을, 14번째 블록은 이중 간접 블록을, 그리고 15번째 포인터는 삼중 간접 블록을 가리킨다.

(3) 리눅스 로컬 파일 시스템(Local Filesystems)

① ext
- minix 파일 시스템을 개선하기 위해 레미카드(Remy Card)는 최대 2기가의 파티션과 255까지의 파일명을 지원하는 ext 파일 시스템을 개발하였다.
- 파일 접근에 대한 타임스탬프 기능, 아이노드 수정 기능의 부재와 조각화 이슈가 있었다.

② ext2
- ext의 한계를 극복하기 위해 만들어진 파일 시스템이다.
- 타임스탬프 기능, 아이노드 수정 기능, 쓰면 쓸수록 느려지는 조각화 이슈를 해결하였다.
- 파일 시스템에 데이터를 쓰는 동안 전원이 끊어지면 데이터가 제대로 저장되지 않는 문제가 있다. 문제가 발생하면 관리자는 fsck 명령어를 사용하여 복구해야 하는데, 시간이 오래 걸렸다.
- 파일 시스템의 크기는 블록 단위에 따라 2TiB~32TiB이다.
- 파일 크기도 블록 단위에 따라 16GiB~2TiB이다.

③ ext3
- 커널 2.4.15 버전부터 포함된 리눅스의 대표 저널링 파일 시스템이다.
- 파일 시스템에 데이터를 쓰는 동안 전원이 끊어지더라도 복구할 수 있는 기능을 제공하기 위해 로그를 통해 파일 시스템을 복구하는 저널링 기술을 채용하였다.
- 저널링에는 저널 모드(journal mode), 순서 모드(ordered mode), 쓰기 저장(writeback mode) 모드가 있다.
- 온라인 파일 시스템 증대, 큰 디렉터리를 위한 HTree 인덱싱 기능, ACL을 통한 접근 제어를 제공한다.
- 단점으로는 온라인 조각모음 프로그램이 없다.
- ext2와 마찬가지로 최대 파일 크기는 16GiB~2TiB이고 최대 파일 시스템의 크기는 2TiB~32TiB이다.

④ ext4
- ext2와 ext3를 호환하면서 기능을 확장하였으며 48비트 블록 주소 지정을 통하여 1EiB까지의 디스크 볼륨과 16TiB까지의 파일을 지원한다.
- 큰 파일 처리를 개선하고 단편화 현상을 줄이기 위해 ext2, ext3의 간접 블록 매핑(indirect block mapping) 방식 대신 Extents 방식을 사용한다. 간접 블록 매핑 방식은 하나의 블록을 가리키기 위해 하나의 엔트리가 필요한데 반해, 물리적으로 연속된 블록들의 묶음인 Extents 방식을 사용하면 하나의 엔트리로 여러 블록을 가리킬 수 있게 된다.
- ext2, ext3를 ext4 방식으로 마운트하여 성능이 향상된 상태로 사용할 수 있으며, ext4는 ext3 방식으로 마운트될 수 있다. 그러나 Extents를 사용하는 ext4 파티션은 ext3 방식으로 마운트될 수 없다.
- 파일 시스템 손상 가능성을 줄여주는 저널 체크섬 기능을 제공한다.
- ext3의 32,000개 서브 디렉토리 제약을 극복하고 64,000개로 늘어났다.
- XFS, ZFS, btrfs, Reiser4와 같은 현대 파일 시스템에서 사용되는 지연된 할당 기능(Delayed allocation)을 제공한다. 이는 프로세스가 write를 호출하더라도 즉시 디스크에 블록을 할당하지 않고 캐시에 보관하는 것이다. 이는 디스크에 대한 I/O를 최소화하고 mballoc 할당자를 통해 한 번에 여러 블록을 할당할 수 있으므로 성능 개선에 도움이 된다.
- ext3의 블록 할당자는 한 시점에 하나의 블록(4KiB)만 할당할 수 있으나 ext4는 여러 블록을 동시에 할당할 수 있는 멀티 블록 할당자(mballoc)를 제공한다. 이는 하나의 호출 시점에 여러 블록을 할당할 수 있기에 성능 개선에 도움이 되며 지연 할당과 Extents를 동시에 사용할 때 더욱 성능 개선 효과가 크다.
- 나노초 단위의 파일 스탬프를 제공한다.
- ext2, ext3, ext4의 매직넘버는 0xEF53이다.

⑤ btrFS
- 2007년 오라클에 재직 중이던 크리스 메이슨이 개발한 B-Tree 파일 시스템이다.
- 전체 파일 시스템이 아닌 특정 파일, 볼륨, 하위 볼륨의 스냅샷 찍기 기능을 제공한다.
- 저렴한 디스크의 RAID를 제공한다.
- 역참조는 파일 시스템 개체에 I/O 오류를 매핑한다.
- 자동 압축 기능을 제공한다.
- 데이터 및 메타 데이터의 체크섬을 제공한다.

⑥ ZFS
- 유닉스의 파일 시스템을 대체하기 위해 SUN에서 개발한 파일 시스템으로 Solaris 10에서 소개되었다.
- 단순한 파일 시스템을 넘어 볼륨 매니저 역할까지 수행한다.
- 단일 파일 시스템에 여러 개의 개별 저장장치를 처리하는 볼륨 관리 기능, 블록 수준 암호화, 데이터 손상 탐지 기능, 자동 손상복구, 신속한 비동기 증분 복제, 인라인 압축 등 많은 기능을 제공한다.

⑦ Reiserfs
- 독일의 한스 라이저가 개발한 저널링 파일 시스템이다.
- 커널 2.4.1에 포함되었다.

⑧ XFS
- 1993년 실리콘 그래픽스가 만든 고성능 64비트 저널링 파일 시스템으로 커널 2.4.20에 포함되었다.
- XFS는 64비트 파일 시스템이며 최대 파일 시스템의 크기는 8EiB −1이다. 하지만 32비트 리눅스 시스템의 경우 파일과 파일 시스템의 최대 크기를 모두 16TiB로 제한하고 있다.
- Extents 기반 할당을 사용하며 조각화를 줄이면서 성능 향상을 위한 사전 할당(explicit pre-allocation) 및 지연 할당(delayed allocation) 등과 같은 다양한 할당 방법을 제공한다.
- 빠른 복구를 가능하게 하는 메타데이터 저널링(metadata journaling)을 제공한다.
- 마운트가 활성화되어 있는 상태에서도 조각 모음이 가능하고 볼륨의 확장이 가능하다.
- XFS는 b-트리 알고리즘을 사용하여 모든 사용자 데이터 및 메타데이터를 인덱스하여 우수한 I/O 확장성을 제공한다.

⑨ JFS
- IBM에 의해 개발한 64bit 저널링 파일 시스템으로 커널 2.4.24에 포함되었다.

(4) 클러스터 파일 시스템(Clustered Filesystems)

① Raw Partitions
- 파일 시스템이 설정되어 있지 않은 상태를 뜻한다.
- 운영체제의 버퍼캐시를 사용하지 않으므로 고성능의 입출력이 가능하다.
- 파일 시스템을 통하는 오버헤드가 없다.
- 파일 시스템을 이용하지 않기 때문에 숙련된 관리자의 관리가 필요하다.

② Oracle Cluster FilesSystem(OCFS)
- Raw Partition의 다루기 어려운 문제를 해결하면서 RAC(Real Application Cluster)의 사용 목적을 위해 설계된 파일 시스템이다.
- Raw Partition보다 단지 2~5% 정도 속도가 느린 것으로 알려져 있다.
- OCFS의 다음 버전인 OCFS2는 POSIX를 호환하는 범용 클러스터 파일 시스템으로 개발되었다.

(5) 기타 리눅스 파일 시스템

① minix
- 1987년 앤드류 태넌바움(Andrew S. Tanenbaum)이 교육 목적으로 minix 운영체제를 개발하였고 minix 파일 시스템이 포함되어 있었다. Tanenbaum의 책을 구매하면 69달러에 소스코드까지 구매할 수 있어서 매우 인기가 좋았다.
- 토발즈도 초기 리눅스 개발 시 MINIX를 파일 시스템으로 채용했었다.
- 파티션 사이즈가 64MB 제한이 있고 파일 이름도 14자까지 지원한다.
- 단일 타임스탬프를 사용한다.

② xiafs
- Minix 파일 시스템의 기초가 되었고 프랭크 시아(Frank Xia)가 개발한 리눅스 커널을 위한 파일 시스템이다.

③ vfat
- 마이크로소프트의 FAT32 파일 시스템 호환을 목적으로 개발한 파일 시스템이다.

④ isofs
- ISO 기준을 따르는 표준 CD-ROM 파일 시스템이다.

⑤ nfs
- 네트워크상에서 파일 시스템을 공유하기 위한 파일 시스템이다.

⑥ proc
- 프로세스 등 커널의 정보를 표현하는 리눅스의 가상 파일 시스템이다.

⑦ smb
- SMB 프로토콜을 지원하는 네트워크 파일 시스템으로 최근 CIFS로 확장되었다.

SECTION 03 X 윈도우

1 X 윈도우의 개념

(1) X 윈도우의 정의

① X 윈도우란 플랫폼 독립적으로 작동하는 GUI 환경을 구현하기 위해 서버 클라이언트 구조를 기반으로 X 프로토콜을 통해 디스플레이 장치에 윈도우를 그려주고 마우스 및 키보드 등 입력장치를 통한 사용자와의 상호작용을 가능하게 하는 플랫폼으로 유닉스 및 리눅스의 윈도우 시스템이다.

(2) X 윈도우의 역사

① 1984년, IBM과 MIT, DEC 공동의 아데나 프로젝트를 통하여 밥 쉐이플러(Bob Scheifler)와 짐 게티스(Jim Gettys)가 처음 개발하였다.

② 1986년, 밥 쉐이플러가 누구나 자유롭게 X를 사용하고 배포할 수 있도록 오픈소스화 하기 위한 디자인을 수행하였다.

③ 1987년, 오픈소스 프로젝트하에 X11을 발표하였다.

④ 1988년, 수많은 컴퓨터 제조업체로 이루어진 X 컨소시엄이 조직되어 X11R2가 릴리즈되었다.

⑤ 1996년, X 컨소시엄은 X11R6.3 버전을 발표하면서 해체되었다.

⑥ 1996년, 오픈 소프트웨어 재단과 X/Open으로 형성된 오픈 그룹이 X11R6.4 버전을 발표하였다. 그러나 오픈 그룹의 기존 공개 배포 라이선스 정책을 무시하고 XFree86와 같은 수많은 프로젝트와 일부 상용 제조업체들의 참여를 가로막는 새로운 라이선스 정책이 환영 받지 못한 채 그 해 가을 X11R6.4를 기존 배포 라이선스 정책으로 다시 배포하였다.

⑦ 1999년, 오픈 그룹은 X.org를 만들었고 X11R6.5.1이 릴리즈되었다.

⑧ 2004년, X.org 재단이 만들어졌고 XFree86 4.4RC2와 X11R6.6을 기반으로 X11R6.7 버전을 개발하였다. 그리고 그 해 9월 투명창 지원, 체계적인 시각 효과 및 해상도 변경 기능, 3차원 가상 현실 디스플레이 장치 도구 지원, 썸네일 기능 등 다양한 시각적 기능과 효과를 지원하는 X11R6.8 버전도 발표하였다.

⑨ 2012년 6월, 현재까지 가장 최신 버전인 X11R7.7이 발표되었다.

⑩ 2019년 현시점 기준, X11R7.8의 개별 컴포넌트의 개발은 모두 완료되었고 릴리즈 매니저를 맡아줄 자원자를 기다리고 있는 상태이다.

(3) X 윈도우의 특징

① X 프로토콜이라 불리는 네트워크 프로토콜을 사용하고 서버 클라이언트 모델을 사용하여 네트워크로 연결될 수만 있다면 X 윈도우를 이용할 수 있다.

② X 서버는 X 클라이언트의 요청에 대하여 처리 후 응답하거나 이벤트를 직접 X 클라이언트에게 보낼 수 있다.

③ X 클라이언트는 원격지의 X 서버 시스템에서 동작하는 응용 프로그램을 실행할 수 있다. 즉 X 클라이언트를 사용하는 사용자가 응용 프로그램을 직접 설치할 필요가 없다.

④ X 윈도우는 사용자 인터페이스에 독립적이다. 즉 KDE, GNOME, XFCE 등의 데스크톱환경은 X 윈도우 환경에서 구현된 X 클라이언트일 뿐이다.

⑤ 서버 클라이언트 모델을 사용하므로 이론적으로 X 프로토콜만 준수할 수 있다면 어떤 시스템이든 쉽게 X 윈도우 이식이 가능하다.

2 X 윈도우의 구조

(1) X 서버

① 키보드, 마우스, 화면과 같은 디바이스와 직접 통신을 수행하고 관리한다.

② 특히 디스플레이 장치를 제어하여 X 클라이언트에게 디스플레이 서비스를 제공한다.

③ X 서버는 로컬의 X 클라이언트와 통신하기 위해 /tmp/.X11-unix/X0이라는 유닉스 도메인 소켓(Unix Domain Socket)을 사용한다.

④ X 서버는 원격지의 X 클라이언트와 통신하기 위해 TCP 포트 6000번을 사용한다.

⑤ 로컬 및 원격지의 다수의 X 클라이언트 연결을 허용한다.

⑥ 대표적 오픈소스 프로젝트로 XFree86과 X.org가 있다.

(2) X 클라이언트

① Xlib을 사용하여 작성된 일종의 응용 프로그램이다.

② '윈도우를 생성하라'와 같은 디스플레이 관련 서비스를 X 서버에게 요청한다.

③ 마우스 입력과 같은 X 서버에서 발생한 이벤트를 받아 처리한다.

(3) X 프로토콜

① X 프로토콜이란 X 서버와 X 클라이언트가 정보를 주고 받기 위한 메시지 형식을 정의한 통신 규약이다.

② X 프로토콜의 기본 메시지는 Request, Reply, Event, Error로 구성된다.

③ X 서버와 X 클라이언트는 X 프로토콜의 메시지를 처리하기 위해 request queue, event queue를 운용한다.

④ X 프로토콜을 통해 X 서버와 X 클라이언트는 높은 이식성을 갖게 되었고 원격지에서도 로컬에서 접속하는 것과 같은 동일한 사용자 경험을 갖는 것이 가능하게 되었다.

(4) Xlib/XCB

① Xlib은 1985년 C 언어로 작성된 X 윈도우 시스템 프로토콜 클라이언트 라이브러리이다.

② 개발자는 X 프로토콜에 대한 상세 내용을 알지 못해도 Xlib에서 제공하는 API를 통해 X 클라이언트를 개발할 수 있다.

③ 또한 Xlilb 기반으로 강력한 라이브러리가 제공되고 있다. 예를 들면 Xt(X Toolkit Intrinsic), XaW(Athena widget set), Motif, FLTK, GTK+, Qt, Tk, SDL, SFML 등이 모두 Xlib 기반 라이브러리들이다.

④ XCB는 Xlib을 대체하기 위해 2001년 바트 매시(Bart Massey)에 의해 시작된 프로젝트로 X.org에서는 XCB를 직접 사용하고 있다.

(5) XToolkit

① Xt라고도 불리는 XToolkit은 X 윈도우 시스템에서 GUI 프로그램 개발을 위해 C/C++로 개발된 API 프레임워크를 뜻한다.

② Xlib는 X 클라이언트용 X 프로토콜을 구현한 라이브러리이지만 버튼, 메뉴와 같은 그래픽 요소와 연관된 기능은 제공하고 있지 않아 XToolkit이 등장하였다.

③ XToolkit은 그래픽 요소를 지원하지만 직접 제공하지 않고 XaW, Motif, OLIT와 같은 다른 라이브러리를 통해 구현되어 제공된다.

④ 반면, FLTK, GTK+, Qt와 같은 최근 툴킷은 Xlib/XCB 기반으로 구현되었고 XToolkit을 사용하지 않는다.

3 XFree86과 X.org

(1) XFree86

① IBM 호환 시스템을 사용하는 리눅스 및 유닉스 계열 오픈소스 X 서버 프로젝트이며 1992년에 시작되었고 2004년 초기까지 가장 널리 사용되었다.

② 2004년 2월에 발표된 4.4.0 버전이 GPL 라이선스와 호환되지 않으면서 X.org 프로젝트를 더 많이 사용하기 시작했다.

(2) X.org

① XFree86의 4.4RC2 버전과 X11R6.6 버전을 기반으로 X.org 파운데이션과 freedesktop.org에서 개발하였고 2004년에 시작되었다.

② XFree86이 회사 주도로 프로젝트가 진행된 반면 X.org는 커뮤니티 주도 프로젝트를 운영하였고 누구나 참여가 쉽도록 하였다.

4 X 윈도우의 계층

(1) 디스플레이 매니저

① X11R3에서 처음 선보였으며 윈도우 매니저가 표시되기 전에 그래픽으로 구성된 로그인 유저 인터페이스를 사용자에게 제공하는 역할을 수행한다. 이 때문에 로그인 매니저(Login Manager)라고도 불린다.

② 디스플레이 매니저는 getty 또는 login을 대체하며 사용자의 userid와 password를 그래픽 방식으로 입력받는다.

③ 원격지의 윈도우 매니저를 실행시키는 역할도 수행한다.

④ 대표적 디스플레이 매니저로는 X11R3부터 사용하던 XDM(X Display Manager), GNOME에서 사용하는 GDM(GNOME Display Manager), KDM(KDE Display Manager)이 있다.

▲ XDM

▲ GNOME

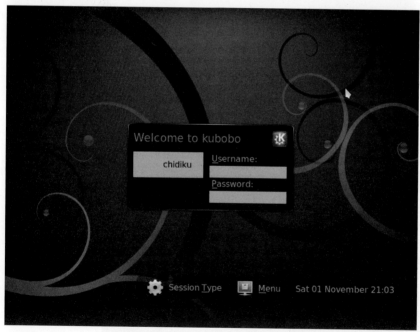

▲ KDE

(2) X 세션(X session)

① X 서버에 X 클라이언트가 연결되면 X 세션이 형성된다.

② 생성된 X 세션을 통해 X 프로토콜에 맞춰 메시지가 송수신될 수 있다. 때로는 X 서버에서 발생한 마우스 입력과 같은 이벤트가 X 클라이언트에게 전달되기도 한다.

(3) 윈도우 매니저(Window Manager)

① X 윈도우상에서 윈도우의 생성 위치, 윈도우의 이동/크기 변경, 윈도우의 외관(Look and feel) 등 윈도우의 그래픽 요소를 관리하는 매니저 프로그램이다.

② 도크(Dock), 태스크 바(Task Bar), 프로그램 런처(Program Launcher), 데스크톱 아이콘(Desktop Icon), 바탕화면(Wallpaper) 등과 같은 유용한 유틸리티를 제공한다.

③ 윈도우 매니저의 유형

유형	설명	사례
스택형(Stacking)	책상 위 종이들처럼 윈도우 위에 여러 다른 윈도우를 쌓는 형태로 관리하는 방식	Amiwm, Blackbox, Enlightenment, Fluxbox, FVWM, IceWM, MWM, Openbox, Window Maker
타일형(Tiling)	윈도우와 윈도우가 서로 겹쳐지지 않고 부엌의 타일과 같이 화면이 분할되어 관리되는 방식	Awesome, dwm, ion, larswm, ratpoison, Stumpwm, wmii, i3, xmonad, XWEM
복합형(Compositing)	스택형과 유사하나 각 윈도우는 자신의 버퍼를 가지며 렌더링되고, 그 결과 각 윈도우 간의 시각 효과를 가질 수 있게 되는 방식	GNOME의 Mutter 및 Metacity, Xfce의 Xfwm, Unity의 Compiz, KDE의 Kwin
가상형(Virtual)	디스플레이 장치가 가진 해상도보다 더 높은 해상도를 가질 수 있는 다수의 가상 스크린을 사용할 수 있는 방식	FVWM, Tvtwm, HaZe

(4) 데스크톱환경(Desktop Environment)

① 마이크로소프트 윈도우와 같은 사용자환경을 제공하기 위하여 윈도우 매니저뿐만 아니라 계정 관리, 디바이스 관리, 시작프로그램 관리, 네트워크 관리, 문서 관리 등 데스크톱 구성을 위한 모든 애플리케이션을 포함한 패키지 형태를 말한다.

② 대표적인 사례로 GNOME, KDE, XFCE, LXDE 등이 데스크톱환경에 해당한다.

5 데스크톱환경 구성 사례

(1) KDE의 구성

① 1996년, 튀빙겐 대학교 학생이었던 마티아스 에트리히(Matthias Ettrich)가 Qt 라이브러리 기반 데스크톱환경 개발을 시작하였다.

② Qt 라이브러리가 자유 소프트웨어 라이선스를 사용하지 않았기 때문에 이를 걱정하는 개발자들은 GNOME 프로젝트를 시작하기도 하였다.

③ 1998년 11월, Qt 라이브러리는 QPL 라이선스를 채용하고 오픈소스로 공개되었지만 GPL과 호환성 논의는 계속 이어졌다.

④ 2000년 9월, 트롤테크(Trolltech)는 Qt 라이브러리의 유닉스용은 GPL로 공개하였다.

⑤ Qt 4.0부터 공개용 버전에 대한 지원을 사용 버전과 같은 수준으로 지원하면서 KDE 프로그램 또한 리눅스뿐 아니라 FreeBSD, Solaris, macOS, Windows 플랫폼을 모두 지원하게 되었다.

⑥ 디스플레이 매니저는 KDM을 사용한다.

⑦ 파일관리자는 Konqueror을 사용하고 윈도우 매니저는 Kwin(KWM)을 사용한다.

(2) GNOME(GNU Network Object Model Environment)의 구성

① GNU에서 개발한 공개형 데스크톱환경이다.

② GPL라이선스가 아닌 Qt 라이브러리를 사용하였던 KDE의 대안으로 개발되었다.

③ 디스플레이 매니저는 GDM을 사용하였다.

④ GNOME은 LGPL 라이선스를 갖는 GTK+ 라이브러리 사용. LGPL 라이선스였기 때문에 GNOME용 응용 프로그램이 활발히 개발되었다.

⑤ 파일관리자는 nautilus를 사용하였고 윈도우 매니저로는 GNOME2에서는 Metacity가 사용되고 GNOME3에서는 Mutter가 사용되었다.

6 X 윈도우 실행

(1) 시스템 시작 시 X 윈도우 실행하기

① systemctl 명령어를 통해 시스템 시작 시 X 윈도우를 시작할 수 있다. 다음 명령어와 같이 시스템 시작 시 기본 타겟을 graphical.target으로 설정하고 재부팅한다.

```
# systemctl set-default graphical.target
```

② 기본값이 잘 변경되어 있는지 확인하려면 get-default 옵션을 사용한다.

```
$ systemctl get-default
graphical.target
```

③ 추가로 터미널 모드에서 X 윈도우를 바로 실행하고 싶다면 isolate 옵션을 사용한다.

```
# systemctl isolate graphical.target
```

④ graphical.target 대신에 runlevel5.target을 사용하여도 동일한 결과를 얻을 수 있다.

(2) 터미널에서 X 윈도우 실행하기

① 실행 레벨이 3으로 설정되어 있다면 터미널 모드로 부팅된다.

② userid와 password를 입력하고 로그인한다.

③ 로그인이 완료되면 startx 명령어를 통해 X 윈도우를 실행한다.

④ startx 명령은 ――을 통해 인자값(argument)을 전달할 수 있다.

startx ― ―depth 16 (하이컬러 모드로 X 윈도우 실행)

startx ― ― :1 (두 번째 윈도우 터미널에 X 윈도우 실행)

```
[francis@localhost ~]$ startx
xauth:  file /home/francis/.serverauth.3317 does not exist

X.Org X Server 1.20.4
X Protocol Version 11, Revision 0
Build Operating System:  3.10.0-957.1.3.el7.x86_64
Current Operating System: Linux localhost.localdomain 3.10.0-1160.el7.x86_64 #1 SMP Mon Oct 19 16:18
:59 UTC 2020 x86_64
Kernel command line: BOOT_IMAGE=/vmlinuz-3.10.0-1160.el7.x86_64 root=/dev/mapper/centos-root ro cras
hkernel=auto spectre_v2=retpoline rd.lvm.lv=centos/root rd.lvm.lv=centos/swap rhgb quiet LANG=en_US.
UTF-8
Build Date: 01 April 2020  05:04:29AM
Build ID: xorg-x11-server 1.20.4-10.el7
Current version of pixman: 0.34.0
        Before reporting problems, check http://wiki.x.org
        to make sure that you have the latest version.
Markers: (--) probed, (**) from config file, (==) default setting,
         (++) from command line, (!!) notice, (II) informational,
         (WW) warning, (EE) error, (NI) not implemented, (??) unknown.
(==) Log file: "/var/log/Xorg.0.log", Time: Sat Dec 19 14:44:44 2020
(==) Using config directory: "/etc/X11/xorg.conf.d"
(==) Using system config directory "/usr/share/X11/xorg.conf.d"
VMware: No 3D enabled (0, Success).
                              xinit: connection to X server lost

waiting for X server to shut down (II) Server terminated successfully (0). Closing log file.
```

(3) 원격지에서 X 윈도우 실행하기

① xhost 명령어

- xhost를 통하여 X 서버에 접근할 수 있는 클라이언트를 지정하거나 해제할 수 있다.
- 사용 형식

xhost [+|-] [address|hostname]

- 현재 설정된 접근 목록을 출력한다.

xhost

- 모든 클라이언트의 접속을 허용한다.

xhost +

- 모든 클라이언트의 접속을 차단한다.

xhost -

- 특정 IP의 접속을 허용한다.

xhost + 192.168.100.39

- 특정 IP의 접속을 차단한다.

xhost - 192.168.100.39

② DISPLAY 환경변수
- X 클라이언트 프로그램이 윈도우를 표시할 서버의 주소를 설정하는 환경변수이다. ' : 0.0'은 기본값으로서 현재 시스템의 첫 번째 X 윈도우의 첫 번째 모니터를 뜻한다.
- X 클라이언트 프로그램의 화면 출력을 특정 IP로 보낸다.

```
# export DISPLAY="192.168.100.41:0.0"
```

- X 클라이언트 프로그램의 화면 출력을 특정 IP의 두 번째 모니터로 보낸다.

```
# export DISPLAY="192.168.100.41:0.1"
```

③ xauth
- .Xauthority 파일에 쿠키 내용을 추가, 삭제, 리스트를 출력하는 유틸리티이다.
- xhost가 호스트 기반 인증 방식이라면 xauth는 MMC(MIT Magic Cookie)[1] 기반 인증 방식이다.
- 설정된 값을 보기 위해서는 xauth list 명령을 사용하고 설정을 추가하기 위해서는 xauth add를 사용한다.

7 X 윈도우 응용 프로그램

① 이미지 편집, 미디어 재생기, 문서관리 프로그램 등 다양한 응용 프로그램이 존재한다.

구분	X 윈도우 응용 프로그램
이미지 편집	• GIMP(GNU Image Manipulation Program) • ImageMagick • Eog(Eye of GNOME) • kdegraphics
미디어 재생	• Totem • KMid
음악 재생	Rhythmbox
문서관리	• evince • LibreOffice

1. MMC : 메사추세츠 공과대학교(Massachusetts Institute of Technology)에서 개발한 인증 프로토콜(authorization protocol)이다. 서버를 시작하면 매직 쿠키(magic cookie)가 생성되며, 사용자가 서버로 패킷을 전송할 때 사용자의 매직 쿠키가 포함된다. 서버가 사용자의 패킷을 수신 후 패킷에 포함된 사용자의 매직 쿠키가 서버의 매직 쿠키와 동일한지 비교하여 접속 승인 여부를 결정한다.

SECTION 04 셸(Shell)

1 셸의 이해

(1) 셸의 개념

① 일반적인 셸의 정의

- 셸(Shell)은 사용자가 커널의 서비스 기능을 사용할 수 있도록 하기 위한 통로 또는 사용자 인터페이스이다.

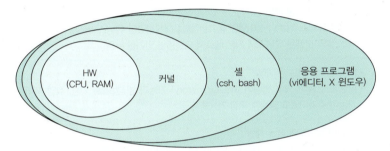

- 셸은 명령줄 인터페이스 방식(CLI : Command-Line Interface)과 그래픽 유저 인터페이스 방식(GUI : Graphical User Interface)으로 구분된다. Windows나 macOS는 파일 탐색기나 Finder와 같은 주로 GUI 방식 셸을 사용한다. 물론 Linux에서도 X 윈도우를 통한 GUI 셸을 사용할 수 있지만 전통적으로 리눅스에서의 셸이라고 하면 CLI 방식을 주로 떠올린다. 이 책에서는 리눅스의 CLI 방식 셸 중심으로 설명하도록 한다.

② 리눅스 셸의 역사

- 1971년, 최초 버전의 유닉스에 도입된 최초의 유닉스 셸은 켄 톰프슨(Kenneth Lane Thompson)이 작성한 톰프슨 셸(Thompson shell)이다.
- 1977년, 유닉스 버전 7에 포함된 기본 유닉스 셸은 본셸(Bourne shell, sh)이며 AT&T 벨 연구소의 스티븐 본(Stephen Bourne)이 개발했다.
- 1970년대 후반, 캘리포니아 버클리 대학의 빌 조이(Bill Joy)가 C언어를 기반으로 강력한 셸 프로그래밍 기능을 가진 C셸을 개발하였다.
- 1983년대, 벨 연구소의 데이비드 콘(David G. Korn)이 본셸과 하위 호환하면서 벨 연구소의 사용자들이 요청하였던 C셸의 수많은 기능을 포함한 콘셸(Korn shell)을 개발하였다.
- 자유 소프트웨어 진영에서 특허권이 없는 셸을 추구하였고 그 당시 인기 있던 셸과 본셸을 개선하여 bash셸(Bourne Again Shell)이 등장하였다. 리눅스 시스템에는 다양한 셸이 포함되었지만 기본 셸은 bash이다.

③ 리눅스 셸의 특징
- 사용자로부터 명령어를 입력 받고 해석하여 내장 및 외장 명령어를 처리하는 대화형 사용자 인터페이스이다.
- 사용자가 직접 커널에게 명령을 내리는 것은 어렵기 때문에 셸을 통해서 쉽게 파일 관리, 프로세스 관리, 배치 프로세싱, 성능 모니터링, 환경설정 등 커널의 기능을 사용할 수 있다.
- 셸은 특별한 방식으로 작성된 응용 프로그램이 아니라 일반 응용 프로그램과 같이 커널이 제공하는 시스템 콜을 통해 구현되었다. 즉 사용자가 커널에게 쉽게 명령을 내릴 수 있는 목적으로 만들어진 기본 탑재 응용 프로그램이다.

(2) 셸의 유형

구분	셸	설명
본셸 계열	sh (bourne shell)	• 1977년 스티븐 본 개발 • 1971년 유닉스 최초의 셸이었던 톰프슨 셸을 대체하였던 유닉스 버전 7의 기본 유닉스 셸인 본셸은 유닉스의 기본 셸로서 오랫동안 인기를 누림
	ksh (korn shell)	• 1983년 데이비드 콘 개발 • 본셸과 호환이 되며 명령어 히스토리(history) 기능과 별칭(alias) 기능, 작업 제어 기능이 추가되었고 명령행 편집 기능을 제공
	bash (bourne again shell)	• 1989년 브라이언 폭스 개발 • 리눅스에서 가장 많이 사용하는 셸이며 GPLv3 라이선스를 따름 • 리눅스, macOS, Windows 등 다양한 운영체제에 이식됨 • bash의 명령어 문법은 sh와 호환되며 ksh와 csh에서 많은 영향을 받아 명령 히스토리, 디렉터리 스택, 명령어 치환, 명령어 자동완성 기능 등을 제공
C셸 계열	csh (C shell)	• 1978년 빌 조이 개발 • C언어를 기반으로 강력한 프로그래밍 기능을 제공하고 히스토리, 별명, 작업 제어 등의 기능을 제공
	tcsh (TC shell)	• 1981년 켄 그리어 개발 • 티넥스(Tenex) 시스템의 명령줄 완성 기능과 명령줄 편집 기능의 영향을 받아 tcsh가 개발되었고 csh와 호환

(3) 셸의 설정 및 확인

① 현재 셸의 확인
- 환경변수 SHELL을 통하여 현재 로그인한 사용자의 셸을 확인할 수 있다.

```
$ echo $SHELL
/bin/bash
```

② 시스템이 지원하는 셸 목록 확인-1

- chsh 명령어의 -l, --llist-shells 옵션을 사용하여 시스템이 지원하는 셸 목록을 확인할 수 있다.

```
$ chsh -l
/bin/sh
/bin/bash
/sbin/nologin
/bin/dash
/bin/tcsh
/bin/csh
```

③ 시스템이 지원하는 셸 목록 확인-2

- 또 다른 방법으로 /etc/shells 파일에 시스템이 지원하는 셸 목록이 기록되어 있으므로 이 파일을 확인하는 방법이 있다.

```
$ cat /etc/shells
/bin/sh
/bin/bash
/sbin/nologin
/bin/dash
/bin/tcsh
/bin/csh
```

④ 셸의 변경

- chsh 명령어의 -s 옵션을 사용하여 셸을 변경할 수 있다.

```
$ chsh -s /bin/csh
Changing shell for francis.
Password:
Shell changed.
```

⑤ 특정 사용자의 셸 확인

- /etc/passwd 파일의 7번째 필드에 해당 사용자가 사용하는 셸이 무엇인지 기입되어 있다. 내가 원하는 사용자의 셸만 필터링하기 위해서 grep 명령어를 활용할 수 있다.

```
$ cat /etc/passwd | grep francis
francis:x:500:500:francis:/home/francis:/bin/csh
```

⑥ 환경변수를 통한 설정 확인
- 대표적인 환경변수 리스트를 표로 정리하였다.

구분	환경변수	설명
시스템 정보	HOSTNAME	시스템의 호스트명
	OSTYPE	실행 중인 시스템의 운영체제 유형에 대한 정보
	DISPLAY	X 윈도우 트래픽을 처리할 X 디스플레이 서버의 위치
	PATH	실행 파일이 위치한 디렉터리의 집합
	LANG	셸 사용 시 기본으로 지원되는 언어
셸 정보	PS1	PS는 Prompt Statement 또는 Prompt String의 약자이며 그 중 PS1는 기본 프롬프트 표시명을 뜻함
	PS2	PS2는 하나의 명령어를 여러 줄로 입력할 때 표시하는 프롬프트 표시명
	SHELL	로그인한 사용자의 셸을 보여줌
	HISTFILE	history 정보가 저장되어 있는 파일 경로
	HISTFILESIZE	history 파일의 크기
	HISTSIZE	history 파일의 명령어 개수
사용자	UID	로그인한 사용자의 UID
	USER	로그인한 사용자의 계정명
	HOME	로그인한 사용자의 홈 디렉터리
	PWD	로그인한 사용자의 현재 작업 디렉터리의 경로
응용 프로그램	TERM	로그인한 사용자의 터미널 종류
	MAIL	수신한 메일이 저장되어 있는 경로

- 대표적인 환경변수의 실제 예를 set 명령어로 확인해 보았다.

```
$ set
DISPLAY=:0.0
HISTFILE=/home/francis/.bash_history
HISTFILESIZE=1000
HISTSIZE=1000
HOME=/home/francis
HOSTNAME=localhost.localdomain
LANG=en_US.UTF-8
```

```
MAIL=/var/spool/mail/francis
OSTYPE=linux-gnu
PATH=/usr/lib/qt-3.3/bin:/usr/local/bin:/bin:/usr/bin:/usr/local/sbin:/usr/sbin:/sbin:/home/francis/bin
PS1='$ '
PS2='> '
PWD=/home/francis
SHELL=/bin/bash
TERM=xterm
UID=500
USER=francis
```

⑦ 환경변수를 통한 환경설정 예제

- 환경변수값 확인 : echo 명령어와 printenv 명령어를 통해 환경변수의 값을 확인할 수 있다.

```
$ echo $HOME
/home/francis
$ printenv PWD
/home/francis
```

- 환경변수값 설정 : export 명령어를 통해 환경변수를 추가 정의할 수 있다.

```
$ export MYENV=this-is-my-environment-variable
$ echo $MYENV
this-is-my-environment-variable
```

- 환경변수값 변경 : export 명령어를 통해 기존 환경변수의 값에 새로운 값을 추가할 수 있다.

```
$ export PATH=/mypath:$PATH
$ echo $PATH
/mypath:/usr/lib/qt-3.3/bin:/usr/local/bin:/bin:/usr/bin:/usr/local/sbin:/usr/sbin:/sbin:/home/francis/bin
```

(4) 셸의 시작과 종료

① 로그인 셸과 비로그인 셸

- 로그인 셸(Login Shell)은 사용자가 uesrid와 passwd를 입력하여 셸에 진입하는 방식을 뜻한다. 예를 들어 putty와 같은 터미널에서 원격 서버에 ssh로 접속하거나 X 윈도우에서 userid와 passwd를 입력하여 로그인하는 것도 이에 해당한다.
- 비로그인 셸(Non-Login Shell)은 말 그대로 로그인 없이 셸을 실행하는 것을 말한다. 가령, 이미 셸에 로그인한 상태에서 bash 명령어를 사용하여 셸을 다시 실행하거나 X 윈도우에서 터미널을 실행하는 것 등이 이에 해당한다.

② 인터랙티브 셸과 비인터랙티브 셸
- 인터랙티브 셸(Interactive Shell)은 사용자가 대화형으로 셸을 통해 명령을 입력하고 결과를 받을 수 있는 상태의 셸을 의미한다.
- 비인터랙티브 셸(Non-Interactive Shell)은 셸 스크립트에서 셸을 실행하는 경우이다. 가령 스크립트의 가장 첫 줄에 #!/bin/bash를 기입하면 스크립트를 해석할 때 #! 다음에 나오는 경로의 셸을 실행한다.

③ 리눅스 셸의 시작
- 로그인 셸 유무와 인터랙티브 셸 유무에 따라 읽어 들이는 환경설정 파일이 다르다.
- 로그인 셸인 경우 시스템 전역 설정 파일인 /etc/profile과 /etc/profile.d/*을 읽어 실행하고 각 사용자별 실행 파일인 ~/.bash_profile이나 ~/.bash_login 그리고 ~/.profile 순서대로 먼저 존재하는 파일의 설정을 읽어 들여 적용 및 실행한다.
- 로그인 셸이 아니라면 인터랙티브 셸 유무를 확인한다. 인터랙티브 셸인 경우 시스템 전역 설정 파일인 /etc/bashrc 파일을 읽어 들이고 사용자 설정 파일인 ~/.bashrc를 실행한다.
- 인터랙티브 셸 또한 아니라면 환경변수 $BASH_ENV에 설정되어 있는 스크립트를 source 명령어를 통해 실행한다.

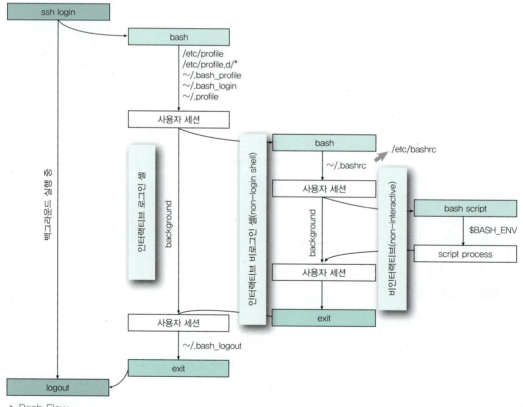

▲ Bash Flow

④ 리눅스 셸의 종료
- logout 명령, exit 명령, 혹은 Ctrl+D 조합키를 통해 로그아웃을 하면 사용자용 ~/.bash_logout 설정 파일이 실행된다.

⑤ 리눅스 셸의 설정 파일

구분	설정 파일	설명
시스템 설정 파일	/etc/profile	시스템 전역으로 설정할 수 있는 셸 설정 파일이다.
	/etc/profile.d/*	사용자가 로그인할 때 /etc/profile.d 디렉터리 안에 있는 모든 셸 스크립트를 실행한다.
	/etc/bashrc	시스템 전역의 성격을 갖고 있으며 셸에서 또 다른 셸을 실행하는 비로그인 셸을 실행할 때마다 로드되는 파일이다.
사용자 설정 파일	~/.bash_profile ~/.bash_login	• 사용자가 시스템에 로그인할 때마다 실행된다. 개별 사용자마다 설정이 필요한 내용이 있을 때 이 파일에 기재한다. • 한 번 로그인되면 로그아웃될 때까지 유지된다. • 만약 설정이 변경되었다면 source 명령어를 통해 즉시 반영이 가능하다.
	~/.profile	• 사용자가 시스템에 로그인할 때마다 실행된다. • 주로 bash와는 직접 관련이 없는 사항을 기재한다.
	~/.bashrc	• 비로그인 셸에서 실행된다. • 즉 로그인한 상태에서 새로운 터미널을 열 때마다 이 파일이 로드된다. • 보통 alias 설정이나 함수를 저장한다.
	~/.bash_logout	• 로그인한 셸을 로그아웃할 때마다 실행하는 설정 파일이다. • 꼭 필요한 파일은 아니지만 사용자 계정의 임시 파일을 제거하는 등의 사용자 관리 목적으로 유용하게 사용할 수 있다.

(5) 셸의 기능

① 자동완성 기능(bash-completion)
- 사용자의 입력을 줄이기 위해 입력한 문자와 매칭되는 명령 후보를 자동으로 보여준다.
- 가령 현재 경로에 .profile이라는 파일이 있을 때 cat .p까지만 입력하고 [TAB]을 입력하면 현재까지 입력한 스트링과 매칭되는 파일명이 유일할 경우 바로 자동완성을 해준다.
- 만약 매칭되는 파일명이 여러 개라면 Tab 을 여러 번 눌러서 각 후보를 확인할 수 있다.

② 히스토리(history) 기능
- 사용자가 입력한 명령어는 지정한 개수만큼 보관이 되고 저장한 명령어를 열람하거나 특정 명령어를 실행할 수도 있다.
- 저장한 명령어를 확인하기 위해서는 history 명령을 옵션 없이 사용하면 된다.

```
$ history
   1  history
   2  echo $SHELL
   3  ls -l
   4  ls
   5  history
```

- 특정 명령어를 실행하기 위해서는 history 명령을 통해 열람한 명령어의 번호를 !와 붙여 사용하면 된다.

```
$ !2
echo $SHELL
/bin/bash
```

- 사용자가 입력한 명령어는 홈 디렉터리의 .bash_history 파일에 저장되므로 사용자가 로그아웃하여도 히스토리는 유지된다.
- 지금까지 입력했던 명령어 이력을 지우기 위해서는 -c 옵션을 사용한다.

```
$ history -c
$ history
   1  history
```

- 바로 직전 명령어를 실행하기 위해서는 !!를 입력한다.

```
$ !!
echo $SHELL
/bin/bash
```

- 가장 최근 3개의 히스토리만 보고 싶을 경우 history 3을 입력한다.

```
$ history 3
    5  history
    6  echo $SHELL
    7  history 3
```

③ alias 기능

- 입력하기 복잡하거나 기억하기 어렵거나 자주 사용하는 명령어는 alias로 별칭을 만들면 손쉽게 입력할 수 있다.
- 가령 /etc/passwd 파일을 자주 열람하는 사용자가 있다면 아래와 같이 'show-me-passwd'라는 alias를 만들어 사용하면 편리할 것이다.

```
$ alias show-me-passwd='cat /etc/passwd'
$ show-me-passwd
root:x:0:0:root:/root:/bin/bash
bin:x:1:1:bin:/bin:/sbin/nologin
daemon:x:2:2:daemon:/sbin:/sbin/nologin
adm:x:3:4:adm:/var/adm:/sbin/nologin
lp:x:4:7:lp:/var/spool/lpd:/sbin/nologin
sync:x:5:0:sync:/sbin:/bin/sync
```

- 이미 지정된 alias를 확인하려면 아래와 같이 간단히 alias라고 입력하면 되고 alias를 해제하기 위해서는 unalias 명령어를 사용하면 된다.

```
$ alias
alias l.='ls -d .* --color=auto'
alias ll='ls -l --color=auto'
alias ls='ls --color=auto'
alias show-me-passwd='cat /etc/passwd'
alias vi='vim'
alias which='alias | /usr/bin/which --tty-only --read-alias --show-dot --show-tilde'
$ unalias show-me-passwd
$ alias
alias l.='ls -d .* --color=auto'
alias ll='ls -l --color=auto'
alias ls='ls --color=auto'
alias vi='vim'
alias which='alias | /usr/bin/which --tty-only --read-alias --show-dot --show-tilde'
```

④ 셸 키보드 단축키

- 키보드 단축키를 이용해 셸의 화면, 커서의 움직임, 텍스트의 복사와 붙이기 그리고 삭제를 할 수 있다.

구분	단축키
화면 제어하기	- Ctrl+L : 화면을 모두 지움 - Ctrl+S : 화면의 출력을 멈춤 - Ctrl+Q : Ctrl+S로 멈추었던 화면을 다시 재개함
커서 움직이기	- Ctrl+A : 줄의 맨 앞으로 이동 - Ctrl+E : 줄의 맨 끝으로 이동 - Alt+B : 왼쪽으로 한 단어 이동 - Ctrl+B : 왼쪽으로 한 글자 이동 - Alt+F : 오른쪽으로 한 단어 이동 - Ctrl+F : 오른쪽으로 한 글자 이동
자르고 붙이기	- Ctrl+W : 커서 위치 이전의 단어를 잘라 클립보드에 복사함 - Ctrl+K : 커서 위치 이후의 줄을 잘라 클립보드에 복사함 - Ctrl+U : 커서 위치 이전의 줄을 잘라 클립보드에 복사 - Ctrl+Y : 클립보드의 내용을 붙여넣음
텍스트 삭제하기	- Ctrl+D : 커서 위치의 글자를 삭제 - Alt+D : 현재 커서 이후의 한 단어 삭제 - Ctrl+H : 커서 이전의 글자 삭제

⑤ 명령어 치환 기능(Command substitution)

- 명령어의 실행 결과를 명령어의 인자로 바로 넘길 수 있는 기능이다. 명령어를 아래와 같이 역따옴표(command)나 $(command) 형식으로 작성하면 명령어 치환 기능이 수행된다.

```
$(command)
또는
`command`
```

- 예제 : touch 명령어를 통해 현재 시각을 파일명으로 갖는 파일이 생성되었다.

```
$ touch "$(date)"
$ ls
Thu Aug 29 18:55:32 KST 2019
```

⑥ 표준 입출력 기능

- 리눅스 커널은 사용자로부터 기본으로 입력 받을 장치와 사용자에게 결과를 출력할 장치라는 개념을 통해 사용자의 입력을 프로그램에게 전달하고 프로그램의 결과를 사용자에게 보여준다.

구분	약어	파일 디스크립터	설명
표준 입력 (standard input)	stdin	0	• 프로그램에게 데이터를 전달할 때 사용하는 기본 장치를 의미 • 기본 표준 입력은 키보드로부터 받음
표준 출력 (standard output)	stdout	1	• 프로그램의 출력을 표시한 기본 장치를 의미 • 기본 표준 출력은 모니터로 설정되어 있음
표준 에러 (standard error)	stderr	2	• 프로그램에서 오류가 발생했을 때 출력할 기본 장치를 의미 • 기본 표준 에러는 모니터로 설정되어 있음

- 아래의 그림을 보면 프로세스 A의 표준 입력은 키보드이고, 표준 출력과 표준 에러는 화면으로 설정되어 있다.

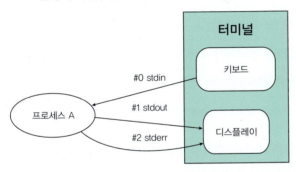

- echo 명령어에게 문자열 hello를 출력하라고 지시하면 표준 출력인 화면으로 결과가 나타난다.

```
$ echo hello
hello
```

- cat 명령어를 옵션 없이 사용하면 표준 입력으로부터 데이터를 기다린다. 사용자가 'this is stdin'이라고 입력하면 cat은 이 데이터를 받아 표준 출력인 화면으로 'this is stdin'을 출력한다. cat을 종료하려면 단축키인 Ctrl + D 를 입력한다.

```
$ cat
this is stdin
this is stdin
output is twice
output is twice
[ctrl+d]
```

- cat 명령어의 인자로 존재하지 않는 파일을 지정하면 다음과 같이 오류 메시지가 출력된다. 하지만 표준 출력과 표준 에러가 모두 화면으로 표시되기 때문에 구분이 되지 않는다. 아래 예제와 같이 표준 출력만을 리다이렉션하는 파이프로 sed 명령어를 사용하여 스트링 치환을 적용해 보면 여전히 스트링 치환이 되지 않음을 알 수 있다. 즉 cat 명령어의 오류 메시지는 표준 출력이 아닌 표준 에러로 출력되고 있음을 알 수 있다.

```
$ cat not-exist-file
cat: not-exist-file: No such file or directory
$ cat not-exist-file | sed 's/No such/NO SUCH/'
cat: not-exist-file: No such file or directory
```

⑦ 리다이렉션 기능

- 프로그램의 표준 입력 및 표준 출력을 다른 장치로 재지정하는 것을 말한다. 표준 출력과 관련하여 '〉', '〉〉'가 있고 표준 입력과 관련하여 '〈', '〈〈'가 있다.

종류	설명
〉	프로그램의 출력을 표준 출력에서 지정한 출력으로 변경한다.
〉〉	프로그램의 출력을 표준 출력에서 지정한 출력으로 변경하고 추가한다.
〈	프로그램의 입력을 표준 입력에서 지정한 입력으로 변경한다.
〈〈	프로그램의 입력을 여러 줄 받을 때 사용하며 지정한 문자열을 입력하면 입력이 종료된다.

- ls -l 의 출력 결과를 listing-file 파일로 표준 출력을 재지정하였다. cat 파일로 확인해 보면 ls 명령어의 출력 결과가 정상적으로 저장되어 있음을 확인할 수 있다.

```
$ ls -l > listing-file
$ cat listing-file
total 4
drwxrwxr-x. 3 francis francis 4096 Aug 29 20:30 abc
-rw-rw-r--. 1 francis francis    0 Aug 29 21:47 listing-file
```

- 음악 파일의 재생을 표준 출력이 아닌 오디오 장치로 재지정하였다.

```
$ cat kpop.mp3 > /dev/audio
```

- 표준 입력을 파일로 재지정하여 sort 프로그램에게 데이터를 전달하였다. sort 프로그램이 전달 받은 데이터를 정렬하여 표준 출력인 화면으로 표시하였다.

```
$ sort < listing-file
drwxrwxr-x. 3 francis francis 4096 Aug 29 20:30 abc
-rw-rw-r--. 1 francis francis    0 Aug 29 21:47 listing-file
total 4
```

- cat 명령어의 옵션에 존재하지 않는 파일을 지정하면 에러가 표준 에러로 발생한다. 이 에러를 표준 에러에서 파일로 재지정하였다.

```
$ cat no-file 2>errorsfile
$ cat errorsfile
cat: no-file: No such file or directory
```

- 표준 에러의 재지정은 사용자가 스크립트를 실행할 때 에러만을 따로 파일로 저장할 수 있고 화면 출력에는 에러 없이 정보만을 전달할 수 있어 유용하다.

```
# tmp 디렉터리에 존재하는 파일을 먼저 확인한다.
$ ls /tmp
gconfd-francis      ssh-tunztG6627        virtual-francis.kb3kln
gconfd-gdm          virtual-francis.2g1k8v   virtual-francis.ovXx02
gconfd-root         virtual-francis.4unsw9   virtual-francis.Tkv1uE
keyring-IH9z68      virtual-francis.8tDKDS   virtual-francis.Ts87dR
keyring-zBmtpS      virtual-francis.au9lDf   virtual-francis.WPuCy3
orbit-francis       virtual-francis.DfHfuR   virtual-francis.xyPZnm
pulse-9UACuUNpJG3o  virtual-francis.DS9xX4   virtual-francis.yUYk1P
pulse-aPtHWnnB6di0  virtual-francis.H3qQiz
pulse-fC6j774VGVtc  virtual-francis.ioFO3P

# tmp 폴더에 'pulse'로 시작하는 파일을 찾고 표준 에러는 error.log 파일로 재지정하였다. 그 결과 찾은 파일은 표준 출력인 화면에 잘 표시되었다.
$ find /tmp -name 'pulse*' 2>error.log
/tmp/pulse-9UACuUNpJG3o
/tmp/pulse-aPtHWnnB6di0
/tmp/pulse-fC6j774VGVtc

# 파일을 찾다가 에러가 발생했다면 error.log에 저장되었을 것이다. 확인해 보니 일부 디렉터리는 권한이 없어 찾기 실패하였다.
$ cat error.log
find: '/tmp/gconfd-gdm': Permission denied
find: '/tmp/pulse-9UACuUNpJG3o': Permission denied
find: '/tmp/gconfd-root': Permission denied
find: '/tmp/pulse-aPtHWnnB6di0': Permission denied
```

- 프로그램의 에러에 관심이 없을 경우 null 장치[1]로 보낼 수도 있다.

```
$ no-exist-command 2> /dev/null
```

- 리눅스 관리자가 어떤 명령어의 실행 결과와 에러를 모두 한 파일로 표준 출력을 재지정하고 싶어 할 수도 있다. 아래는 그 예제이다. 특히 표준 에러를 의미하는 파일 디스크립터 2를 '&'를 통해 표준 출력을 의미하는 파일 디스크립터 1로 재지정하였다.

```
# 존재하지 않는 디렉터리 Deskto와 존재하는 디렉터리 Documents의 출력 결과와 에러를 모두 dirlist 파일로 재지정하였다.
$ ls Deskto Documents > dirlist 2>&1
# cat 명령어를 사용하여 dirlist의 내용을 보면 존재하지 않는 디렉터리 Deskto에 대한 오류와 Documents 디렉터리 내의 파일이 무엇이 있는지 보여주고 있다.
$ cat dirlist
ls: cannot access Deskto: No such file or directory
Documents:
myfiles
```

⑧ 파이프 기능

- 여러 프로그램의 기능을 하나의 명령줄로 효과적으로 구성할 수 있도록 프로그램의 출력 결과를 또 다른 프로그램의 입력으로 전달할 수 있는 일종의 프로세스 간 통신 기술(Inter Process Communication)이다.
- '|'를 통하여 파이프 기능을 사용할 수 있고 아래의 예처럼 파이프를 중첩하여 사용할 수도 있다.

```
command1 | command2 | command3
```

- 아래와 같이 ls -l 명령어의 출력이 한 화면을 넘어간다면 파이프를 통해 그 결과를 less 명령어로 넘겨 마우스 스크롤이나 키보드로 결과를 살펴볼 수 있다.

```
$ ls -l | less
```

➕ 더 알기 TIP

tee
- tee 명령어는 표준 입력으로부터 데이터를 읽어 표준 출력으로 출력하거나 또는 이와 동시에 파일에 저장할 수 있다.
- tee는 표준 출력과 파일 저장을 동시에 수행할 수 있기 때문에 하나의 파이프라인을 양 갈래로 나누어 보낼 수 있다.

---

1. null 장치 : 실제 존재하지 않는 논리적 장치이다.

- tee 명령은 단독으로 사용 가능하고 파일명을 지정한 경우 표준 출력과 파일에 동시에 보낼 수 있다. 또한 다른 프로그램의 출력 결과를 표준 입력으로 받을 수도 있다.

```
# tee 명령만 단독으로 사용하면 표준 입력(stdin), 즉 키보드 입력을 기다리고 입력이 들어오면 표준 출력(stdout)인 화면에 표시된다.
$ tee
Hello
Hello

# tee 명령 뒤에 파일명을 적으면 표준 출력과 동시에 파일도 저장된다.
$ tee hello-file
hello
hello
$ ls -l | grep hello
-rw-rw-r--. 1 francis francis   6 Aug 30 15:53 hello-file

# 파이프('|')를 사용해서 ping 명령의 출력 결과를 표준 입력으로 받아 화면과 동시에 파일에 저장할 수 있다.
$ ping google.com -c 1 | tee result.txt
PING google.com (172.217.161.78) 56(84) bytes of data.
64 bytes from nrt20s09-in-f14.1e100.net (172.217.161.78): icmp_seq=1 ttl=53 time=34.7ms

--- google.com ping statistics ---
1 packets transmitted, 1 received, 0% packet loss, time 37ms
rtt min/avg/max/mdev = 34.767/34.767/34.767/0.000ms
$ ls result.txt
result.txt
```

- tee에 -a 옵션을 사용하고 파일명을 기재하면 파일이 새로 생성되는 것이 아니라 파일 맨 끝에 추가된다.

```
$ ping google.com -c 1 | tee -a result.txt
```

⑨ **그룹 명령 기능**

- 제어 연산자(control operator)[1]인 ';'와 '||' 그리고 '&&'를 통해 한 번에 여러 개의 명령어를 입력할 수 있다.
- ';'는 나열한 순서대로 명령어를 실행하고자 할 때 사용한다.

```
$ echo "first" ; echo "second" ; echo "third"
first
second
third
```

- '||'은 앞의 명령어의 실행이 성공하면 그 결과를 출력하고 실패하면 그 다음 명령어를 실행한다. '||'은 여러 번 사용할 수 있다.

```
$ rm abc || echo "second"
rm: cannot remove 'abc': No such file or directory
second
```

- '&&'은 앞의 명령어의 실행이 성공한 경우에만 다음 명령어를 실행한다. '||'과 마찬가지로 여러 번 사용할 수 있다. 아래의 예제를 보면 ls 명령어에 잘못된 옵션을 넣은 경우 'succeed'가 출력되지 않았지만 올바른 옵션인 '-l'을 입력한 경우에는 'succeed'가 출력되었다.

```
$ ls invalidoption && echo 'succeed'
ls: cannot access invalidoption: No such file or directory

$ ls -l && echo 'succeed'
total 4
drwxrwxr-x. 3 francis francis 4096 Aug 29 20:30 abc
succeed
```

- ( )를 사용하여 명령어 그룹의 출력 결과를 파일로 리다이렉션할 수도 있다.

```
$ (date; pwd; ls) > result.txt
```

⑩ **작업 제어 기능(Job Control Command)**

- 셸에서 실행하는 프로세스를 잡(job) 혹은 작업이라고 부른다.
- 작업은 각각 포어그라운드(foreground), 백그라운드(background), 멈춤(Stopped)의 3가지 상태를 갖는다.

---

1. 이전 명령어의 종료코드를 확인하기 위한 '$?'과 프로세스를 백그라운드로 보내 실행하기 위한 '&' 그리고 주석을 의미하는 '#'이 모두 제어 연산자이다. 그 외에 제어 연산자를 무효화하거나 여러 줄의 명령어를 사용하기 위한 '\'와 리다이렉션을 위한 '|'도 제어 연산자이다.

- 작업을 백그라운드로 실행할 땐 '&'를 사용한다.
- 작업 간 전환을 위해 fg, bg 명령을 사용한다.
- 현재 셸에서 실행한 작업의 목록은 jobs 명령어로 알 수 있다.

⑪ 산술 논리 연산 기능

- expr 명령어를 통해 산술, 논리 연산을 수행할 수 있다.
- expr 명령어에 산술 논리 연산 시 연산자와 피연산자는 공백으로 반드시 구분되어야 한다.

```
# 공백을 주지 않으면 연산이 아닌 스트링 입력으로 간주한다.
$ expr 1+2
1+2
```

- expr를 위한 기호가 특수문자에 해당하면 \, " ", ' ' 등을 사용해야 한다.

```
$ expr 2 * 2
expr: syntax error
$ expr 2 \* 2
4
$ expr 2 '*' 2
4
$ expr 2 "*" 2
4
```

- '|'은 OR 논리 비교를 수행한다. 앞의 피연산자가 0이거나 ' '이면 뒤의 피연산자를 출력한다. 그렇지 않으면 앞의 피연산자를 출력한다.
- '&'는 AND 논리 비교를 수행한다. 앞 또는 뒤의 피연산자가 0이거나 ' '이면 0을 리턴한다. 그렇지 않으면 앞의 피연산자를 출력한다.

구분	기호	설명	예제
산술	+	더하기	$ expr 1 + 2 3
	−	빼기	$ expr 3 − 1 2
	*	곱하기	$ expr 2 * 3 6
	/	나누기	$ expr 4 / 2 2
	%	나머지	$ expr 5 % 2 1

논리	|	OR	$ expr 2 '|' 3
			2
			$ expr 0 '|' 3
			3
			$ expr 'a' '|' 3
			a
			$ expr ' ' '|' 3
			3
			$ expr ' ' '|' ' '
			0

	&	AND	$ expr 0 '&' 2
			0
			$ expr ' ' '&' 'a'
			0
			$ expr 'a' '&' 0
			0
			$ expr 'a' '&' ' '
			0
			$ expr 1 '&' 3
			1
			$ expr 5 '&' 3
			5

더 알기 TIP

expr 명령어의 스트링 연산과 정규식 기능

- expr 명령어는 /usr/bin에 위치하지만 bash에서는 내장된 expr을 사용한다.
- expr 명령어는 산술 논리 연산뿐 아니라 스트링 길이 계산, 서브스트링(substring), 스트링 매칭과 같은 스트링 연산과 정규식 계산이 가능하다.
- expr 명령어에 length 옵션을 사용하여 스트링의 길이를 구할 수 있다.

```
$ expr length "hello"
5
```

- expr 명령어의 substr 옵션을 통해 서브스트링을 구할 수 있다.

```
$ expr substr 'hello world!!!' 7 5
world
```

- ":"를 통해 두 스트링이 몇 글자 매칭되는지 알 수 있다.

```
$ expr helloworld : hello
5
```

⑫ **프롬프트 제어 기능**
- 환경변수 PS1, PS2, PS3, PS4를 통하여 셸 프롬프트를 변경할 수 있다. 다음 예제는 셸 프롬프트를 $에서 dollar로 변경한다.

```
$ export PS1="dollar"
dollar
```

⑬ **확장된 내부 명령어**
- 외부 명령어가 아닌 셸 자체적으로 수행 가능한 빌트인(built-in) 명령어, 즉 내부 명령어를 다양하게 제공한다.

구분	명령어	설명
입출력	echo	변수나 표현식을 표준 출력으로 출력함
	printf	형식화된 출력을 수행 예 $ printf "%s %s/n" hello world hello world
	read	변수값을 표준 입력에서 읽어 들임
파일 시스템	cd	디렉터리를 변경
	pwd	현재 디렉터리를 표시
	pushd, popd, dirs	디렉터리를 스택에 푸시, 팝하거나 현재 스택의 목록을 볼 때 사용
변수	let	변수에 대해 산술 연산 수행
	eval	인자를 명령어로 변환
	set	내부 스크립트의 변수값을 변경
	unset	스크립트의 변수를 null로 지움
	export	변수에 값을 설정
스크립트	source	지정한 파일을 스크립트로 실행
	exit	스크립트를 종료함
	exec	프로세스를 실행할 때 포크(fork)[1]하지 않고 셸 자체에서 실행함

---

1. 포크(fork)는 프로세스 실행 방식의 하나로 셸에서 프로세스를 실행할 때 새로운 자식 프로세스로 실행하여 셸과 자식 프로세스를 분리하는 방식을 의미한다. 반면 exec는 새로운 프로세스를 실행하지 않고 프로세스를 실행한 그 자신의 프로세스가 수행된다.

(6) 셸과 메타문자

- 하나의 명령은 명령어와 명령어 인자 그리고 명령어 옵션과 옵션 인자로 구성되어 있고 공백(space)으로 구분한다.
- 셸이 명령어에게 명령어 인자, 옵션 인자 등을 전달하기 전에 특별히 해석하는 특수문자가 있는데 이를 메타문자(Metacharacters)라고 한다.

기호	설명
>	표준 출력 리다이렉션이다.
>>	표준 출력 리다이렉션(데이터 끝에 추가)이다.
<	표준 입력 리다이렉션이다.
<<	표준 입력 리다이렉션(여러 줄 입력)이다.
*	파일 매칭을 위한 와일드카드이며 0개 이상의 글자와 매칭된다
?	파일 매칭을 위한 와일드카드이며 단 1개의 글자와 매칭된다.
[ ]	파일 매칭을 위한 와일드카드이며 브라켓(bracket) 사이에 열거한 글자들과 매칭한다.
`cmd`	명령어 치환 기능(Command substitution)을 위해 사용한다.
$(cmd)	명령어 치환 기능(Command substitution)을 위해 사용한다.
|	파이프 기능을 위해 사용한다.
;	그룹 명령 기능을 위해 사용하며 순차적으로 명령어들을 실행한다.
||	그룹 명령 기능을 위해 사용하며 앞 명령어의 실행 결과가 실패하면 다음 명령어를 실행한다.
&&	그룹 명령 기능을 위해 사용하며 앞 명령어의 실행 결과가 성공하면 다음 명령어를 실행한다.
( )	여러 개의 명령어들을 그룹화할 수 있고 연산자의 우선순위 조절에도 사용할 수 있다.
&	명령어를 백그라운드에서 실행한다.
#	셸은 이 기호에 대하여 아무런 해석도 하지 않는다. 명령어에 대한 설명을 하기 위한 주석으로 사용한다.
$	셸에서 사용하는 변수를 의미하며 변수가 담고 있는 값을 반환한다.
\	• 탈출(escape) 문자이며 해당 기호 다음 특수문자의 해석을 하지 않도록 셸에게 지시한다. • 명령어 입력 시 여러 줄로 입력하고자 할 때 줄 끝에 입력하기도 한다.

2 셸 프로그래밍

(1) 셸 프로그래밍의 개요

① 셸 프로그래밍의 개념

- 셸 프로그래밍(shell programming)이란 특정 목적을 달성하기 위한 셸 스크립트를 작성하는 활동을 의미하며 셸 스크립팅(shell scripting)이라고도 한다.
- 셸 스크립트(shell script)란 셸에서 제공하는 여러 명령어를 나열한 일종의 파일이다. 이 셸 스크립트를 실행하면 여러 명령어를 일일이 입력할 필요 없이 한 번에 일련의 명령어를 실행할 수 있다.
- 셸 스크립트를 통해 주기적인 백업, 시스템 모니터링 등 반복 작업을 자동화할 수 있다.
- 셸 스크립트는 프로그래밍 언어[1]에 비해 문법이 간단하여 작성하기 쉽고 빠르게 작성할 수 있다. 또한 인터프리터[2]가 명령어 해석을 바로바로 하기 때문에 디버깅이 쉽다.

② 셸 스크립트의 형식

- 첫 번째 줄에는 해당 스크립트가 사용할 셸을 '#!'를 통하여 명시한다.
- 두 번째 줄부터는 일련의 명령어를 기술한다.

```
#!/bin/bash
echo "Hello World!"
```

> **더 알기 TIP**
>
> **#! (shebang)**
> - 실행 파일은 바이너리 형태이거나 스크립트처럼 텍스트 형태일 수 있는데 프로그램 로더(program loader)[3]는 '#!' 매직넘버(magic number)[4]를 통해 해당 실행 파일인지 바이너리인지 스크립트인지 구분할 수 있다.
> - '#!' 이후에 실행할 셸 종류를 지정하기 때문에 프로그램 로더는 지정한 셸을 통하여 스크립트를 실행할 수 있게 된다.

③ 셸 스크립트의 실행

- 셸 스크립트를 실행할 때 별도의 프로세스로 실행하는 방법과 현재 셸에서 바로 실행하는 방법이 있다.
- 별도의 프로세스로 실행하기 위해서는 스크립트 파일의 퍼미션에 실행 권한을 주고 실행한다. 이때 현재 경로를 의미하는 "./"를 꼭 붙여야 한다.

```
$ chmod +x hello.sh
$ ./hello.sh
Hello World!
```

---

1. 프로그래밍 언어 : 시스템을 구동하기 위해 컴퓨터에 명령을 내리기 위한 일련의 명령 집합을 뜻한다. 프로그래밍 언어는 컴파일과 인터프리터 방식으로 실행될 수 있다. 컴파일 방식 프로그래밍 언어에는 대표적으로 C, C++, Java, Swift, Kotlin 등이 있고 인터프리터 방식 프로그래밍 언어에는 lisp, basic, python 등이 있다.
2. 인터프리터 : 프로그래밍 언어의 소스코드를 바이너리로 변환하는 과정 없이 텍스트 구문을 해석하여 바로 실행하는 방식을 말한다.
3. 프로그램 로더(program loader) : 하드디스크와 같은 외부기억장치에서 메모리와 같은 주기억장치에 프로그램을 적재하고 실행하는 역할을 수행하는 시스템 프로그램이다.
4. 매직넘버(magic number) : 프로그램이 대상을 식별하기 위한 개발자가 지정한 고유한 값이다. 프로그램 로더는 바이너리인지 스크립트인지 구분하기 위해 파일의 시작이 '#!'의 Hex값인 0x023, 0x21로 시작하는지 확인한다.

➕ 더 알기 TIP

셸스크립트 실행할 때 "./"를 붙이는 이유

셸은 환경변수 PATH에 지정된 경로에서만 실행 파일을 찾기 때문에 "./"를 꼭 붙여야 한다.

```
$ echo $PATH
/usr/lib/qt-3.3/bin:/usr/local/bin:/bin:/usr/bin:/usr/local/sbin:/usr/sbin:/sbin:/home/francis/bin
```

- 실행할 때 셸의 인자로 스크립트 파일 경로를 넘겨서 직접 실행할 수도 있다.

```
$ bash hello.sh
Hello World!
```

- 현재의 셸에서 바로 실행하기 위해서는 source 명령어나 dot(.) 명령어를 이용하여 실행한다.

```
# source를 사용하여 실행하기
$ source hello.sh


# .을 사용하여 실행하기
$ . hello.sh
```

➕ 더 알기 TIP

셸의 스크립트 실행 방식

- 셸이 스크립트를 별도의 프로세스로 분리하여 실행하는지 현재 셸상에서 실행하는지 확인하기 위해 다음 스크립트를 만들어보자.

```
#!/bin/bash
exit
```

- bash로 실행해보자. 독립된 프로세스에서 스크립트가 실행되기 때문에 아무런 일도 일어나지 않는다.

```
$ bash exit.sh
$
```

- source로 실행해보자. 현재 셸에서 exit 명령어를 사용하였으므로 보고 있던 터미널이 종료될 것이다.

```
$ source exit.sh
```

(2) 셸 스크립트의 기본 문법

① 주석

- 주석은 프로그램의 이해를 돕기 위한 설명을 의미한다. 셸 스크립트에서는 '#'을 사용하여 주석을 작성할 수 있다.
- 다음 예제를 보면 $1, $2, $3가 무엇인지 모르더라도 주석을 읽어보면 첫 번째 인자, 두 번째 인자, 세 번째 인자 각각에 대응하는 위치 매개변수(positional parameter)를 알 수 있다.

```
#!/bin/bash
# 스크립트 첫 번째 인자, 두 번째 인자, 세 번째 인자를 사용하여 메시지를 출력한다.
echo "My first name is $1"
echo "My surname is $2"
echo "Total number of arguments is $#"
```

② 변수

- 변수는 스크립트의 동작을 위해 필요한 데이터를 저장하거나 읽어오거나 조작할 수 있는 메모리상 저장 공간이다.
- 사용하는 형식은 VAR=value이며 공백을 허용하지 않는다. 보통은 변수 이름은 대문자로 표기한다. VAR는 변수 이름이고 value는 변수에 저장될 값이다.

  - var.sh

  ```
  #!/bin/bash
  MSG="Hello World"
  echo $MSG
  ```

  - var.sh의 실행

  ```
  $ bash var.sh
  Hello World
  ```

- 변수의 형식은 스트링만 제공한다. expr 명령어를 사용하여 변수 x에 1을 더해보지만 오류가 발생한다.

  ```
  $ x="hello"
  $ expr $x + 1
  expr: non-numeric argument
  $
  ```

- 변수에 값을 할당할 때 다양한 방법이 존재한다.
  - var2.sh

```sh
#!/bin/sh

# 변수값 초기화
name="Choi Jung Hyun"

# 변수값 출력
echo "\${name} =${name}"

# 스트링의 길이를 출력한다.
echo "length=${#name}"

# ${name:offset}
# 변수의 특정 오프셋 이후 반환한다.
echo "offset=${name:5}"

# ${name:offset:length}
# 변수의 특정 오프셋 이후 길이만큼 반환한다.
echo "length from offset=${name:5:4}"

# ${name:+value}
# name 변수값이 null 아니면 값을 반환하지만 변수에 할당하지는 않는다.
echo "\${name} =${name:+Hello}"
echo "\${name} =${name}"

# ${name:-value}
# name 변수값이 null이면 value 값을 출력한다. 그렇지 않으면 원래 값을 출력한다.
echo "name =${name:-123456}"
echo "name2=${name2:-123456}"

# ${name:?value}
# name 변수값이 null이 아니면 name 값을 출력하고 null이면 value 값을 출력 후 오류를 발생시킨다.
echo "name3=${name3:?123456}"
```

- 변수에 값을 할당할 때 다양한 방법이 존재한다.
  - var2.sh의 실행 결과

  ```
  $ bash var2.sh
  ${name} =Choi Jung Hyun
  ${name} =Choi Jung Hyun
    length=14
    offset=Jung Hyun
    length from offset=Jung
  ${name} =Hello
  ${name} =Choi Jung Hyun
    name =Choi Jung Hyun
    name2=123456
  var2.sh: line 32: name3: 123456
  ```

- 현재 셸의 모든 변수와 환경변수를 확인하고자 할 때는 set 명령어를 사용하고 오직 export된 변수만 출력하고자 할 때는 env 명령어를 사용한다.

더 알기 TIP

변수의 범위(scope)

변수를 선언하면 선언한 셸에서만 유효하다. 셸을 벗어나면 해당 변수에 접근할 수 없다. 이를 지역(Local) 변수라고 한다. 지역변수를 선언할 때 VAR=value 형식도 가능하지만 export 명령어를 사용할 수도 있다. 선언한 변수를 해제할 때는 unset 명령어를 사용한다.

- 변수 NAME에 francis 값을 설정하고 my-name-is.sh 스크립트를 한 번은 bash로 별도의 프로세스에서 실행하고 다른 한 번은 현재 셸에서 실행할 수 있도록 dot(.) 명령어로 실행해보았다. 그 결과 bash로 실행한 경우 변수에 접근할 수 없어 공란으로 출력된다.
  - my-name-is.sh

  ```
  #!/bin/bash
  echo My Name is $NAME.
  ```

  - my-name-is.sh 사용 예제

  ```
  # export NAME=francis와 같이 선언할 수도 있다.
  $ NAME=francis
  $ bash my-name-is.sh
  My Name is.
  $ . my-name-is.sh
  My Name is francis.
  $
  ```

- 셸에 관계없이 접근 가능한 변수를 선언하고자 할 때는 사용자 환경변수나 시스템 환경변수를 선언해서 사용해야 한다. 사용자 환경변수는 .bashrc에 선언해서 사용하고 시스템 환경변수는 /etc/bash.bashrc에 선언해서 사용한다.

③ **위치매개변수**
- 명령줄에 지정된 인자의 위치를 나타내는 특별한 변수이다. $0은 명령어를 나타내고 $1, $2는 첫 번째 인자와 두 번째 인자를 나타낸다. $@ 또는 $*은 모든 위치매개변수를 뜻한다.

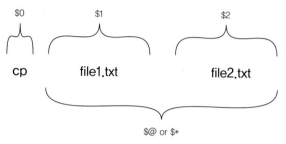

- 그 외에도 인자의 개수를 갖고 있는 $#과 셸 스크립트의 PID를 담고 있는 $$와 스크립트 실행 결과 값을 가지고 있는 $?와 셸의 옵션 플래그를 갖고 있는 $-가 있다.

➕ 더 알기 TIP

$@와 $*의 차이점(1)
- $@은 환경변수 $IFS 설정된 구분자를 통해 위치 매개변수를 분리하여 보관한다.
- $*은 모든 위치 매개변수를 하나의 스트링으로 보관한다.

➕ 더 알기 TIP

$@와 $*의 차이점(2)
- pos-param.sh

```
#!/bin/sh
# $@를 for 구문을 통해 출력한다.
echo "exam: \$@=$@"
for pos_param in "$@"
do
      echo $pos_param
done
# $*를 for 구문을 통해 출력한다.
echo "exam: \$*=$*"
for pos_param in "$*"
do
      echo $pos_param
done
```

- pos-param.sh의 실행

```
$ bash pos-param.sh first second third
exam: $@=first second third
first
second
third
exam: $*=first second third
first second third
$
```

④ echo문

- echo 명령은 스트링을 화면에 출력한다.
- echo 명령에 -e 옵션을 사용하면 '\n'과 같은 특수문자를 사용할 수 있다.

```
$ echo "Hello\nWorld"
Hello\nWorld
$ echo -e "Hello\nWorld"
Hello
World
$
```

- echo 명령에 사용할 수 있는 특수문자는 다음과 같다.

특수문자	설명
\b	백스페이스(backspace)를 입력한다.
\f	폼피드(formfeed)를 입력한다.
\n	새로운 줄(newline)을 입력한다.
\r	캐리지리턴(carriage-return)을 입력한다.
\t	탭(tab)을 입력한다.
\\	백슬래시(backslash)를 입력한다.

⑤ **다양한 조건식**

- 두 개의 숫자를 비교하여 더 큰지, 같은지, 작은지 등을 비교할 수 있다.

num1 -eq num2	num1과 num2가 같으면 참이다.
num1 -ge num2	num1이 num2보다 크거나 같으면 참이다.
num1 -gt num2	num1이 num2이 보다 크면 참이다.
num1 -le num2	num1이 num2보다 작거나 같으면 참이다.
num1 -lt num2	num1이 num2보다 작으면 참이다.
num1 -ne num2	num1과 num2가 다르면 참이다.
!num1	num1이 참이면 거짓이고 반대로 거짓이면 참이다.
num1 -a num2	num1과 num1을 AND한다. 즉 모두 참이어야 참이다.
num1 -o num2	num1과 num2를 OR한다. 즉 둘 중 하나만 참이어도 참이다.

- 두 문자열을 비교하여 같은지 다른지 어느 쪽이 큰지 또는 길이를 비교할 수 있다.

var1 = var2	var1과 var2가 같으면 참이다.
var1 != var2	var1과 var2가 다르면 참이다.
var1 < var2	var1보다 var2가 크면 참이다.
var1 > var2	var1이 var2보다 크면 참이다.
-n var1	var1의 길이가 0보다 크면 참이다.
-z var1	var1의 길이가 0이면 참이다.

- 파일이 블록 디바이스인지 문자 디바이스인지 디렉터리인지 파일인지 등을 비교할 수 있다.

-b file	file이 블록 디바이스이면 참이다.
-c file	file이 문자 디바이스이면 참이다.
-d file	file이 디렉터리이면 참이다.
-e file	file이 존재하면 참이다.
-x file	file이 존재하고 실행 가능하면 참이다.
-r file	file이 존재하고 읽기 가능하면 참이다.
-w file	file이 존재하고 쓰기 가능하면 참이다.
-f file	file이 존재하고 정규 파일이면 참이다.
-g file	file에 Set-GID(Set Group ID bit)가 있으면 참이다.

➕ 더 알기 TIP

명령행에서 2가지 비교법

- '[' 와 ']' 사이에 표현식을 넣어 비교할 수 있다.

```
$ \[ hello != hello \]
$ echo $?
1
$ [ 2 -gt 1 ]
$ echo $?
0
```

- test 명령어 다음에 표현식을 넣어 비교할 수 있다.

```
$ test 1 -eq 2
$ echo $?
1
$ test -c /dev/console
$ echo $?
0
```

(3) 셸 스크립트의 조건문

① if문

- if문의 표현식이 참이면 then 구문의 명령문이 실행된다. 그렇지 않으면 fi 구문 이후의 명령문이 실행된다. if 구문의 표현식은 '[' 과 ']' 사이에 공백을 둬야 한다.

```
if [ 표현식 ]
then
    명령문
fi
```

- if-else문의 표현식이 참이면 then 구문의 명령문을 실행하고 그렇지 않으면 else 구문의 명령문을 실행한다.

```
if [ 표현식 ]
then
    명령문
else
    명령문
fi
```

- if-elif-else-fi문은 if 구문의 표현식이 참이면 then 이하의 명령문을 실행하고 그렇지 않으면 elif 구문 이하의 표현식이 참인지 확인한다. 참이면 then 구문 이하의 명령문을 실행하고 그렇지 않으면 else 구문 이하의 명령문을 실행한다.

```
if [ 표현식 ]
then
    명령문
elif [ 표현식 ]
then
    명령문
else
    명령문
fi
```

- if-then-else-if-then-fi-fi문(중첩 if문)은 if의 표현식이 참이면 then 이하의 명령문을 실행하고 그렇지 않으면 else 이하의 구문을 실행한다. 그리고 그 명령문은 동일한 if 구문을 중첩하여 실행할 수 있다.

```
if [ 표현식 ]
then
    명령문
else
  if [ 표현식 ]
  then
      명령문
  fi
fi
```

- if 구문에서 첫 번째 인자가 "cool"이라면 then 이하의 구문 "Cool wind"를 화면에 출력한다. 그렇지 않다면 첫 번째 인자가 "warm"과 같은지 확인하고 같다면 then 이하의 구문 "warm wind"를 출력한다. 그렇지 않으면 "Not warm wind"를 출력한다.

```
#!/bin/bash

if [ "$1" = "cool" ]
then
    echo "cool wind"
elif [ "$1" = "warm" ]
then
    echo "warm wind"
else
    echo "Not warm wind"
fi
```

② case문
- case문은 $ 변수와 상응하는 패턴의 명령문을 실행한다.

```
case  $변수 in
패턴1)
명령문
패턴2)
명령문
*)
명령문
esac
```

- $NOW가 'Mon'이라면 "Full backup"을 출력하고 Tue, Wed, Thu, Fri 중에 하나라면 "Partial backup"을 출력한다. Sat인 Sun이라면 "No Backup"을 출력한다. 그 외라면 "Error"를 출력한다.

```
#!/bin/bash
NOW=$(date +"%a")
case $NOW in
   Mon)
        echo "Full backup";;
   Tue|Wed|Thu|Fri)
        echo "Partial backup";;
   Sat|Sun)
        echo "No backup";;
   *)
echo "Error";;
esac
```

(4) 셸 스크립트의 반복문

① for문

- 변수에 값1을 할당하고 명령문을 실행하고, 변수에 값2를 할당하고 명령문을 실행한다. in 구문 이하의 값을 모두 순차적으로 할당할 때마다 명령문을 실행한다.

```
for $변수 in 값1, 값2
   do
       명령문
   done
```

- 변수 i에 1을 할당하고 "Loop … number $i"를 출력하고 변수 i에 2를 할당하고 "Loop … number $i"를 출력한다. 순차적으로 i에 3, 4, 5를 할당하고 마찬가지로 echo문을 실행한다.

```
#!/bin/sh
for i in 1 2 3 4 5
do
  echo "Looping ... number $i"
done
```

② while문
- 표현식이 참일 동안 do와 done 사이의 명령문을 실행한다. 표현식이 거짓일 경우 반복문을 종료한다.

```
while 표현식
do
    명령문
done
```

- INPUT_STRING 변수에 bye가 입력될 때까지 "You typed : $INPUT_STRING"을 출력한다. bye가 입력되면 반복문이 종료된다.

```
#!/bin/sh
INPUT_STRING=hello
while [ "$INPUT_STRING" != "bye" ]
do
  echo "Please type something in (bye to quit)"
  read INPUT_STRING
  echo "You typed: $INPUT_STRING"
done
```

③ until문
- 표현식이 만족할 때까지 명령문을 실행한다.

```
until 표현식
do
    명령문
done
```

- 변수 i가 6보다 클 때까지 "Welcome $i times."를 출력한다.

```
#!/bin/bash
i=1
until [ $i -gt 6 ]
do
        echo "Welcome $i times."
        i=$(( i+1 ))
done
```

• 다음은 위의 셸 스크립트의 실행 결과이다.

```
Welcome 1 times.
Welcome 2 times.
Welcome 3 times.
Welcome 4 times.
Welcome 5 times.
Welcome 6 times.
```

④ select문

• 메뉴 중 숫자로 항목을 선택하고 그에 대응하는 명령어를 수행하기 위한 반복문이다.

```
select $변수 in 메뉴1 메뉴2 메뉴3 ...
do
    수행할 명령어
done
```

• who 또는 whoami 메뉴 항목을 숫자로 선택하면 해당 명령어를 실행하고 quit 메뉴 항목의 숫자를 선택하면 셸을 종료한다.

```
#!/bin/bash
select menu in who whoami quit
do
    case $menu in
    who) who;;
    whoami) whoami;;
    quit) break;;
    *) echo "wrong menu item";;
    esac
done
```

(5) 셸 스크립트의 함수

① 함수 구문 문법

• 함수의 정의는 function 지시어를 통해 함수 이름을 선언하고 함수가 수행할 명령문을 기술한다.

```
function 함수 이름
{
    명령문
}
```

- 함수의 호출은 함수 이름을 명시하여 호출한다.

```
#!/bin/bash
함수 이름
```

- "Oh! actually, it works"를 출력하는 myfunction을 정의하였고 호출할 때는 함수 이름을 그대로 사용하였다.

```
myfunction( )
{
    echo "Oh! Actually, it works"
}
myfunction
```

(6) 셸 스크립트의 부분 문자열 제거(Substring removal)

① 스트링과 패턴을 비교하여 매칭된 문자열을 소거하는 4가지 방법이 있다.

${string#pattern}	맨 앞부터 패턴과 가장 짧게 매치된 문자열을 지운다.
${string##pattern}	맨 앞부터 패턴과 가장 길게 매치된 문자열을 지운다.
${string%pattern}	맨 뒤부터 패턴과 가장 짧게 매치된 문자열을 지운다.
${string%%pattern}	맨 뒤부터 패턴과 가장 길게 매치된 문자열을 지운다.

② 문자열의 앞부터 A로 시작해서 1로 종료하는 패턴 중 가장 짧은 매칭을 삭제하거나 가장 긴 매칭을 삭제한다.

```
STR=ABC123abc123ABC
#    |--|              가장 짧은 문자열 (#)
#    |--------|        가장 긴 문자열 (##)
echo ${STR#A*1}    # 23abc123ABC
echo ${STR##A*1}   # 23ABC
```

③ 문자열의 뒤부터 3으로 시작해서 C로 종료하는 패턴 중 가장 짧은 매칭을 삭제하거나 가장 긴 매칭을 삭제한다.

```
STR=ABC123abc123ABC
#                |--|        가장 짧은 문자열 (%)
#           |--------|       가장 긴 문자열 (%%)
echo ${STR%3*C}    # ABC123abc12
echo ${STR%%3*C}   # ABC12
```

SECTION 05 프로세스

1 프로세스의 개요

(1) 프로세스의 개념

① 프로세스의 정의
- 프로세스는 디스크의 프로그램을 메모리에 적재하고 실행한 상태이다.
- 하나의 프로그램은 여러 개의 프로세스로 중복 생성될 수 있기 때문에 프로세스는 프로그램의 인스턴스라고 정의할 수 있다.

② 프로세스의 특징
- 프로세스는 생성, 실행, 대기, 중지, 좀비, 종료 등의 라이프 사이클을 갖는다.
- 프로세스는 고유의 아이디(PID)를 갖고 부모 프로세스와 자식 프로세스의 관계를 맺으며 실행 우선순위와 프로세스의 상태를 갖는다.
- 프로세스는 생성 시간, 시스템 실행 시간, 사용자 실행 시간 등의 시간 정보와 주기적인 이벤트 발생을 위한 타이머를 가질 수 있다.
- 프로세스는 사용 가상 메모리, 프로세스 컨텍스트, 파일 핸들 정보 등의 리소스 정보를 갖는다.

(2) 프로세스의 유형

① 최상위 프로세스
- 시스템상의 모든 프로세스의 부모 프로세스이다.
- 부트로더에 의해 리눅스의 초기화를 위해 가장 먼저 실행하는 프로세스이며 커널이 직접 시작한다.
- 최상위 프로세스의 부모 프로세스는 존재하지 않고 프로세스 ID(PID)는 항상 1이다.
- 레드햇 계열 6의 최상위 프로세스는 init 프로세스이며 파일 위치는 /sbin/init이고, 레드햇 계열 7 이후는 systemd이며 파일 위치는 /usr/lib/systemd/systemd이다.
- 특히 systemd는 init 프로세스의 단점을 보완하기 위해 레나토 포터링(Lennart Poettering)과 케이 세바스(Kay Sievers)에 의해 개발되었다. systemd는 최소한의 필요한 서비스로만 시작하고 실제 필요한 시점에 서비스를 실행하는 on-demand 방식을 제공한다. 또한 최대한 병렬로 서비스를 시작해 부팅시간을 단축한다.

➕ **더 알기 TIP**

init 프로세스의 PID 확인하기

pidof 명령어의 프로세스 이름을 인자로 넘기면 PID를 확인할 수 있다.

```
$ pidof systemd
1
```

② 부모 프로세스와 자식 프로세스

- 현재 실행 중인 프로세스 A가 특정 실행 파일을 실행하여 프로세스 B가 생성되었다면, 프로세스 A를 부모 프로세스라 하고 프로세스 B를 자식 프로세스라고 한다.
- 자식 프로세스의 프로세스 ID를 PID라고 하고 부모 프로세스의 PID를 PPID라고 한다.

③ 고아 프로세스와 좀비 프로세스

- 자식 프로세스가 부모 프로세스를 잃어버렸을 때 고아 프로세스가 된다. 잃어버린다는 의미는 부모 프로세스가 강제 종료되어 없어졌다는 의미이다. 고아 프로세스의 부모 프로세스는 Init 프로세스로 변경된다.
- 자식 프로세스가 종료될 때 부모 프로세스가 wait( ) 시스템 콜 등으로 자식 프로세스의 종료 코드를 회수하지 못한 경우 좀비 프로세스가 된다. 프로세스가 사용하던 파일 핸들, 메모리 등 리소스는 모두 반환되었지만 프로세스 테이블상에 자식 프로세스는 아직 지워지지 않은 상태로 남아 있다. 부모 프로세스가 wait( ) 시스템 콜을 통해 자식 프로세스의 종료 코드를 회수하면 프로세스 테이블에서도 PID가 삭제된다.

➕ **더 알기 TIP**

좀비 프로세스 확인해보기

- 터미널에서 zombie.sh를 실행하고 약 5초 후에 ps 명령어로 확인해 보면 프로세스의 상태(STAT)가 좀비 상태('Z')가 되었음을 확인할 수 있다.
- 부모 프로세스에게 SIGCONT 시그널을 보내 상태를 실행으로 변경하면 wait( ) 시스템 콜을 통해 자식 프로세스의 종료 코드를 회수하게 되어 좀비 프로세스가 사라짐을 확인할 수 있다.

– zombie.sh

```
#!/bin/bash
# 부모 프로세스가 될 현재 프로세스의 PID를 변수에 저장한다.
OUR_PID=$$

# 자식 프로세스를 생성한다. 자식 프로세스는 5초간 실행하다 종료한다.
sleep 5 &

# 자식 프로세스가 실행될 때까지 약간 기다린다.
sleep 1
```

```
# 부모 프로세스의 상태를 정지로 변경한다.
echo "parent process stopped: PID is $OUR_PID"
kill -SIGSTOP $OUR_PID
```

- zombie.sh의 실행 결과

```
$ bash zombie.sh
chiled process created, but they will be died after 5 seconds
parent process stopped: PID is 11623


[2]+  Stopped                 bash zombie.sh
$ ps aux | grep 'Z'
USER       PID %CPU %MEM    VSZ   RSS TTY      STAT START   TIME COMMAND
francis  11624  0.0  0.0      0     0 pts/0    Z    21:19   0:00 [sleep] <defunct>
francis  11627  0.0  0.0   4424   772 pts/0    S+   21:19   0:00 grep Z


$ kill -SIGCONT 11623


$ ps aux | grep 'Z'
USER       PID %CPU %MEM    VSZ   RSS TTY      STAT START   TIME COMMAND
francis  11629  0.0  0.0   4424   768 pts/0    S+   21:19   0:00 grep Z
[2]+  Done                    bash zombie.sh
```

④ 데몬
- 시스템 부팅 시 대부분 자동으로 시작되며 백그라운드로 실행한다.
- 데몬은 사용자가 직접 제어하지 않고 보통 특정 이벤트나 상태와 같은 주기적이고 지속적인 서비스의 요청을 처리하기 위해 데몬의 관련 핸들러가 실행하는 방식이다.
- 작업 예약(cron), 파일 전송(ftpd), 프린터(lpd), 원격 접속(rlogind), 원격 명령(rshd), 텔넷(telned) 등이 데몬의 좋은 예이다.

➕ 더 알기 TIP

다양한 프로세스 유형
- 프로세스가 실행하는 메모리 공간에 따라 사용자 메모리에서 실행하는 프로세스는 사용자 프로세스, 커널 메모리에서 실행하는 프로세스는 커널 프로세스라고 한다.
- 프로세스의 성격에 따라 터미널이나 X 윈도우와 같은 사용자와 직접 반응하는 프로세스를 대화형(Interactive) 프로세스, 미리 정해진 작업을 순서에 따라 실행하면 배치(batch) 또는 자동(automatic) 프로세스라고 한다.

(3) 프로세스와 식별자

① PID(Process Identifier)
- 시스템에서 실행 중인 프로세스를 각각 구분하기 위해 시스템에서 유일한 아이디를 부여받는데 이를 PID라고 한다.

② PPID(Parent Process Identifier)
- 생성된 프로세스의 부모 프로세스의 아이디를 특별히 PPID라고 한다.

③ UID(User Identifier) 또는 GID(Group Identifier)
- 생성된 프로세스가 속한 사용자 또는 그룹의 아이디를 말한다. 보통 부모 프로세스로부터 상속받는다.

2 프로세스의 동작 원리

(1) 프로세스 생성하기

① exec 방식
- exec( ) 시스템 콜은 현재 프로세스의 이미지를 새로운 프로세스의 이미지로 교체한다.
- 셸에서도 명령어 앞에 exec를 붙여서 exec 방식으로 프로세스를 실행할 수 있다.

```
$ exec ls -l
```

② fork 방식
- 프로세스가 fork( )를 호출하여 프로세스를 생성할 수 있다. fork( )를 호출한 프로세스를 부모 프로세스라 하고 생성된 프로세스를 자식 프로세스라고 한다. 자식 프로세스는 시스템상 유일한 PID를 할당 받으며 자식 프로세스의 부모 프로세스는 fork( )를 호출한 프로세스의 PID가 된다.
- fork( )는 프로세스를 생성할 때 호출한 프로세스를 복제하는 방식으로 새로운 프로세스를 생성한다. 그러나 부모 프로세스의 메모리 락과 세마포어와 비동기 I/O 등은 상속되지 않는다.

③ fork( )와 exec( )를 통한 프로세스 생성 과정
- 프로세스가 생성하고 종료하는 과정을 보면 fork( )를 통해 부모 프로세스를 복제하여 자식 프로세스가 생성되고 exec( ) 호출을 통해 자식 프로세스의 프로그램으로 교체가 된다. 자식 프로세스가 exit( )를 호출하면 부모 프로세스는 wait( ) 시스템 콜을 통해 자식 프로세스의 종료 코드를 회수한다.

더 알기 TIP

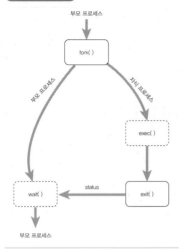

더 알기 TIP

pstree를 통한 프로세스 구조 확인

pstree 명령어를 통해 프로세스의 관계를 확인할 수 있다. init 프로세스가 fork( )와 exec( )를 통해 다양한 데몬과 프로세스를 실행하고 있고, 각 프로세스가 생성한 자식 프로세스들도 확인할 수 있다.

```
$ pstree
init─┬─NetworkManager
     ├─2*[VBoxClient───VBoxClient───{VBoxClient}]
     ├─VBoxClient───VBoxClient
     ├─VBoxClient───VBoxClient───2*[{VBoxClient}]
     ├─VBoxService───7*[{VBoxService}]
     ├─abrtd
     ├─acpid
     ├─atd
     ├─auditd───{auditd}
     ├─automount───4*[{automount}]
     ├─bonobo-activati───{bonobo-activat}
     ├─certmonger
     ├─clock-applet
     ├─console-kit-dae───63*[{console-kit-da}]
     ├─crond
     ├─cupsd
     ├─2*[dbus-daemon───{dbus-daemon}]
```

(2) 프로세스 제어하기

① 포어그라운드 프로세스(Foreground processes)
- 사용자가 명령어나 프로그램을 실행하면 프로세스가 실행되는 사이에 셸은 블록이 되는데 이러한 프로세스를 포어그라운드 프로세스라고 한다.
- 포어그라운드 프로세스는 사용자의 입력을 받을 수 있고 그 실행 결과를 터미널이나 그래픽 유저 인터페이스를 통해 확인할 수 있다.

② 백그라운드 프로세스(Background processes)
- 명령어의 수행 결과를 받을 때까지 오랜 시간이 걸릴 경우 백그라운드에서 프로세스를 실행할 수 있다.
- 백그라운드에서 프로세스를 실행하려면 명령어 뒤에 '&'를 붙인다. '['와 ']' 사이의 숫자는 작업 번호(Job number)이며 그 뒤 숫자는 PID이다.

```
$ ls ch*.ppt &
[1] 12131
```

③ 포어그라운드 프로세스와 백그라운드 프로세스 전환
- 포어그라운드 프로세스를 백그라운드 프로세스로 전환하기 위해서는 [Ctrl]+[Z]를 입력하여 프로세스를 서스펜드(suspend)한 후 bg 명령어로 백그라운드로 실행한다.

```
$ find / -ctime -1 > /tmp/changed-file-list.txt

$ [CTRL^Z]
[2]+  Stopped              find / -ctime -1 > /tmp/changed-file-list.txt

$ bg
```

- 현재 실행 중인 작업의 정보를 보기 위해서는 jobs 명령어를 사용한다.

```
$ jobs
[1]   Running              bash download-file.sh &
[2]-  Running              evolution &
[3]+  Done                 nautilus .
```

- 백그라운드 프로세스를 다시 포어그라운드 프로세스로 돌리기 위해서는 fg 명령어를 사용한다.

```
$ fg %1
```

④ 우선순위의 설정
- 리눅스 커널에 의해 관리되고 설정되는 PR(Priority)과 사용자가 우선순위를 조절할 수 있는 NI(Nice)가 있다.
- 특히 NI는 nice 명령어를 통해 프로세스 시작 시 설정할 수도 있고 renice 명령어를 통해 프로세스 실행 중 조절할 수도 있다.
- PR은 0부터 139의 값을 가지며 그 중 0부터 99는 실시간(real time) 태스크에게 할당되고 사용자를 위해서는 100부터 139의 값이 할당된다.
- NI는 -20부터 19까지 할당될 수 있지만 음수 값은 root 사용자만이 설정할 수 있다.

(3) 프로세스 중지하기

① 키보드 단축키 [Ctrl]+[C]
- [Ctrl]+[C]는 SIGINT 시그널을 해당 프로그램에 보내는 동작이다.
- 터미널에서 다음과 같이 명령어를 입력하면 10초마다 "I'm alive!" 메시지를 출력하는 프로세스가 실행된다. 프로세스를 종료하기 위해 키보드를 통해 [Ctrl]+[C]를 입력하면 프로세스가 종료된다.

```
$ while true; do echo "I'm alive!"; sleep 10; done
```

② kill 명령어 사용하기
- kill 명령어의 인자에 프로세스의 PID를 지정하면 해당 프로세스를 종료할 수 있다.
- 사용자는 사용자가 직접 생성한 프로세스만 kill할 수 있다.
- 오직 root 사용자만이 시스템 프로세스를 kill할 수 있다.
- 오직 root 사용자만이 다른 사용자가 생성한 프로세스를 kill할 수 있다.
- 해당 프로세스가 다양한 수준으로 적절히 종료할 수 있도록 kill 명령어의 특정 시그널을 옵션으로 지정할 수 있다.

```
$ kill -SIGKILL 50123
```

➕ 더 알기 TIP

시그널(signal)

- 프로세스가 다른 프로세스에게 어떤 의미를 담은 신호를 주기 위한 방식이다.
- 운영체제에서 제공하는 시그널은 kill -l 옵션을 통해 확인할 수 있다.
- kill 명령을 통해 시그널을 전달할 수도 있고 키보드 입력을 통해 시그널을 전달할 수도 있다. 예를 들어, Ctrl + C 를 입력하면 해당 프로세스에게 SIGINT 시그널을 보낸다.

시그널 번호	시그널 이름	설명
1	SIGHUP	터미널의 접속이 연결이 끊어질 때 보내는 시그널
2	SIGINT	Ctrl + C 를 통해 인터럽트 발생 시
3	SIGQUIT	Ctrl + \ 를 입력 시
9	SIGKILL	프로세스를 강제 종료 시
15	SIGTERM	프로세스를 정상 종료 시
18	SIGCONT	STOP 시그널을 통해 정지된 프로세스를 다시 재개할 때
19	SIGSTOP	프로세스를 중지할 때
20	SIGTSTP	프로세스를 대기(suspend)하기 위해 Ctrl + Z 를 입력 시

(4) 프로세스의 상태

① 프로세스는 실행해서 종료할 때까지 R, D, S, Z, T와 같은 다양한 프로세스 상태 코드를 갖는다.

② 이러한 상태 코드는 ps 명령어나 top 명령어를 통해 프로세스의 상태를 확인할 수 있다.

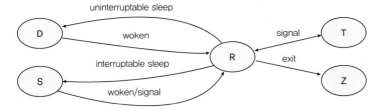

③ 프로세스 상태 코드

상태 코드	설명
R	프로세스가 현재 실행 중
D	I/O와 같은 인터럽트할 수 없는 슬립(sleep) 상태
S	특정 이벤트가 시그널될 때까지 기다리기 위한 인터럽트 가능한 슬립 상태
Z	좀비 프로세스
T	중지 상태

(5) 프로세스의 구조

① PCB(Process Control Block)

- 프로세스를 실행하고 스케줄링하고 상태가 변경될 때마다 그 정보를 저장하기 위해 커널에서는 PCB라고 불리는 자료구조로 프로세스에 대한 정보를 관리하고 있다.

> - Pointer – 프로세스의 스택 포인터
> - Process State – 프로세스의 상태
> - Process Number – 프로세므스의 PID
> - Program Counter – 프로세스가 실행할 다음 명령어의 주소
> - Register – CPU 레지스터
> - Memory Limits – 메모리 관리에 대한 정보
> - Open File Lists – 프로세스가 열고 있는 파일 목록

```
┌─────────────────┐
│     Pointer     │
├─────────────────┤
│  Process State  │
├─────────────────┤
│ Process Number  │
├─────────────────┤
│ Program Counter │
├─────────────────┤
│    Registers    │
├─────────────────┤
│  Memory Limits  │
├─────────────────┤
│ Open File Lists │
├─────────────────┤
│ Misc. Accounting│
│ and Status Data │
└─────────────────┘
```

PCB(Process Control Block)

(6) 프로세스 간 통신

① 프로세스 간 통신의 개념

- 프로세스 간 통신(IPC, Inter-Process Communication)은 서로 다른 프로세스들이 데이터를 주고 받거나 실행 순서를 조정하는 등의 동기화 작업을 위해 시스템에서 제공하는 매커니즘이다. 각 프로세스는 독립된 주소 공간에서 실행되기 때문에 이러한 매커니즘 없이는 다른 프로세스의 데이터를 읽거나 상호 동기화 작업을 수행할 수 없다.

② 프로세스 간 통신의 유형

- 프로세스 간 통신 방법은 다음과 같으며 lsipc 또는 ipcs 명령어를 사용하여 관련 정보를 조회할 수 있다.

구분	설명
파이프 (Pipe)	두 개의 프로세스 간에 파이프를 연결하여 단방향 통신을 수행한다. 하나의 프로세스가 데이터를 파이프에 쓰면 다른 프로세스는 파이프로부터 데이터를 읽을 수 있다.
메시지 큐 (Message Queue)	FIFO(First-In, First-Out)의 자료구조를 갖는 메모리 공간을 통해 여러 프로세스 간에 데이터를 주고받을 수 있다.
공유 파일 (Shared File)	여러 프로세스 간 동일 파일에 데이터를 읽기, 쓰기를 함으로써 프로세스 간 통신을 구현하는 방법
공유 메모리 (Shared Memory)	여러 프로세스 간 동시에 데이터를 읽고 쓸 수 있는 메모리 영역을 공유하는 통신 방법
세마포어 (Semaphore)	다수의 프로세스 간 실행 순서를 조정하고 임계 영역을 보호하기 위한 동기화 객체
소켓 (Socket)	네트워크 연결의 양 끝단을 소켓이라 부르고, 소켓은 IP주소와 포트 번호 등 속성을 가진다. 소켓을 통해 통신 채널을 형성할 수 있으며 이를 통해 프로세스 간 통신도 가능하다.
시그널 (Signal)	특정 이벤트나 상태를 다른 프로세스에 전달하는 비동기적 통신 방법

② **프로세스 테이블(Process Table)**
- 시스템에 실행하고 있는 모든 프로세스를 관리하기 위한 프로세스 테이블이 존재한다.
- 프로세스 테이블은 현재 실행 중인 프로세스의 PID와 프로세스의 정보를 담고 있는 PCB를 담고 있다.
- 프로세스가 종료하면 프로세스 테이블에서도 삭제된다.

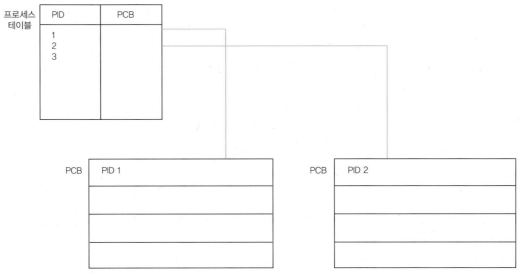

프로세스 테이블과 PCB

3 데몬

(1) 데몬의 실행 방식

① standalone 방식
- 사용자의 요청 없이 시스템 시작 시 자동으로 시작하여 백그라운드에서 대기한다. 클라이언트에서 요청 발생 시 즉각적으로 서비스를 제공한다.
- 데몬이 항상 실행되고 있기 때문에 사용자의 서비스 요청에 즉각적으로 응답할 수 있지만 사용하지 않을 때도 시스템의 메모리를 점유하고 있기 때문에 비효율적이다.
- 서비스의 요청이 빈번하게 있는 경우에 적합한 방식이다.
- /etc/systemd/system에 파일 이름이 .service로 끝나는 데몬 스크립트가 위치한다. 스크립트의 [Install] 섹션을 통해 시스템 시작 시 실행할 타겟을 명시할 수 있다.

```
[Unit]
Description = Example service

[Service]
ExecStart = /path/to/example/sbin/start-all.sh

[Install]
WantedBy = multi-user.target
```

② xinetd 방식(eXtended InterNET)
- 시스템 시작 시 xinetd를 standalone 방식으로 실행하고 사용자의 서비스 요청이 있을 때만 관련 데몬을 시작하여 서비스를 제공한다. 사용자의 접속이 종료되면 데몬도 자동으로 종료된다.
- 데몬이 필요할 때 로드되기 때문에 자원 효율이 좋으나 사용자의 서비스 요청에 대하여 standalone 방식 대비 상대적으로 느리다.
- 커널 2.2 버전까지는 inetd 데몬이 서비스를 관리하였으나 커널 2.4 버전부터는 xinetd 데몬이 이 역할을 수행하고 있다.
- 서비스의 요청이 빈번하지 않을 때 유리하다.

③ systemd의 온디맨드(on-demand) 방식
- systemd는 xinetd 방식과 같은 데몬 실행 방식을 제공하며, 이를 온디맨드(on-demand) 방식이라고 한다.
- systemd에서 온디맨드로 데몬을 실행하기 위해 소켓 파일(*.socket)과 서비스 파일(*.service)이 필요하다. 소켓 파일은 프로토콜이나 포트번호와 같은 소켓 정보를 가지고 있고, 서비스 파일은 해당 소켓에서 요청이 발생할 경우 시작할 데몬의 실행 파일과 관련된 정보를 가지고 있다.

(2) 데몬 시작하기

① systemd를 통해 데몬 시작하기

- systemd는 유닛 단위로 서비스를 관리한다. 시스템에 로드된 모든 유닛을 확인하려면 list-units 명령을 사용한다. 서비스 타입의 유닛만을 확인하려면 -t 옵션을 사용하고 로드되지 않은 유닛까지 확인하려면 --all 옵션을 사용한다.

```
$ systemctl list-units -t service
UNIT                      LOAD     ACTIVE   SUB       DESCRIPTION
abrt-ccpp.service         loaded   active   exited    Install ABRT coredump hook
abrt-oops.service         loaded   active   running   ABRT kernel log watcher
abrt-xorg.service         loaded   active   running   ABRT Xorg log watcher
abrtd.service             loaded   active   running   ABRT Automated Bug Reporting
accounts-daemon.service   loaded   active   running   Accounts Service
alsa-state.service        loaded   active   running   Manage Sound Card State (rest
atd.service               loaded   active   running   Job spooling tools
```

- 설치된 모든 유닛 파일을 보려면 list-unit-files 옵션을 사용한다.

```
$ systemctl list-unit-files -t service | grep httpd
httpd.service                          disabled
```

- 데몬의 실행을 중지한다.

```
# systemctl stop httpd.service
```

- 데몬의 실행을 시작한다.

```
# systemctl start httpd.service
```

- 데몬을 재시작한다.

```
# systemctl restart httpd.service
```

- 데몬의 환경설정 파일을 갱신한다.

```
# systemctl reload httpd.service
```

- 데몬의 환경설정 파일을 갱신 후 재시작한다.

```
# systemctl reload-or-restart httpd.service
```

- 데몬의 상태를 확인한다.

```
$ systemctl reload-or-restart httpd.service
$ systemctl status httpd.service
● httpd.service - The Apache HTTP Server
   Loaded: loaded (/usr/lib/systemd/system/httpd.service; enabled; vendor preset: disabled)
   Active: active (running) since Sat 2021-01-02 14:49:28 KST; 19min ago
     Docs: man:httpd(8)
           man:apachectl(8)
 Main PID: 5570 (httpd)
   Status: "Total requests: 0; Current requests/sec: 0; Current traffic:   0 B/sec"
   CGroup: /system.slice/httpd.service
           ├─5570 /usr/sbin/httpd -DFOREGROUND
           ├─5912 /usr/sbin/httpd -DFOREGROUND
           ├─5913 /usr/sbin/httpd -DFOREGROUND
           ├─5914 /usr/sbin/httpd -DFOREGROUND
           ├─5915 /usr/sbin/httpd -DFOREGROUND
           └─5916 /usr/sbin/httpd -DFOREGROUND
```

② **systemd를 통해 원하는 타겟 실행 시 데몬 시작하기**

- 부팅 시 서비스가 시작할 수 있도록 서비스를 등록한다. 서비스 파일의 설정에 따라 /etc/system/system 디렉터리 이하에 지정한 서비스에 대한 심볼릭 링크가 생성된다.

```
$ sudo systemctl enable httpd.service
Created symlink from /etc/systemd/system/multi-user.target.wants/httpd.service to /usr/lib/systemd/system/httpd.service.
```

- 서비스를 해제한다. 생성되었던 심볼릭 링크도 함께 삭제된다.

```
$ sudo systemctl disable httpd
Removed symlink /etc/systemd/system/multi-user.target.wants/httpd.service.
[francis@localhost ~]$ sudo systemctl enable httpd
```

- 서비스의 시작 타겟을 변경하기 위해 service 파일의 [Install] 섹션을 수정한다. 수정 후 systemctl 명령어를 통해 enable하면 변경된 설정으로 service를 등록할 수 있다.

```
$ sudo vi /usr/lib/systemd/system/httpd.service
(중간 생략)
[Install]
#WantedBy=multi-user.target
WantedBy=graphical-user.target
```

(3) 데몬 실행 설정 도구

① systemctl

- 앞에서 systemctl을 통해 데몬을 시작, 중지, 재시작, 상태 확인하는 방법 및 데몬의 등록, 해제 등의 기본적인 사용법에 대해 살펴보았다. systemctl은 그 외에도 다양한 시스템 및 서비스 제어 옵션을 제공한다.
- 원격지에 있는 서비스를 재시작한다.

```
# systemctl -H root@192.168.100.100 restart httpd.service
```

- 원격지에 있는 서비스의 상태를 확인한다.

```
# systemctl -H root@192.168.100.100 status httpd.service
```

- 서비스의 CPU 사용량 및 메모리 사용량을 제한한다. 일시적으로 적용하려면 -runtime 옵션을 추가로 사용한다.

```
# systemctl set-property httpd.service CPUShares=600 MemoryLimit=400M
```

- 현재 연결 대기 중인 소켓 목록을 확인한다.

```
$ systemctl list-sockets
```

- 지정한 유닛에 대한 의존 관계를 출력한다.

```
$ systemctl list-dependencies httpd.service
httpd.service
● ├──.mount
● ├──system.slice
● └──basic.target
●   ├──microcode.service
●   ├──rhel-dmesg.service
●   ├──selinux-policy-migrate-local-changes@targeted.service
●   ├──paths.target
●   ├──slices.target
●   │ ├──.slice
●   │ └──system.slice
●   ├──sockets.target
```

- 부팅하면서 시작 실패한 데몬을 확인한다.

```
$ systemctl --failed
```

② **systemd-cgtop**

- 이 명령어는 cgroup(control groups)에 속한 데몬에 대한 CPU 사용률, 메모리 사용량, I/O입출력에 대한 실시간 정보를 제공한다.

Path	Tasks	%CPU	Memory	Input/s	Output/s
/	215	3.8	1.5G	–	–
/system.slice	–	0.5	2.5K	–	–
/system.slice/gdm.service	2	0.4	–	–	–
/system.slice/vmtoolsd.service	1	0.1	108.0K	–	–
/system.slice/tuned.service	1	0.0	–	–	–
/system.slice/rngd.service	1	0.0	–	–	–
/system.slice/httpd.service	6	0.0	–	–	–
/system.slice/rsyslog.service	1	0.0	8.0K	–	–
/system.slice/polkit.service	1	0.0	84.0K	–	–
/system.slice/ModemManager.service	1	–	–	–	–
/system.slice/NetworkManager.service	2	–	–	–	–
/system.slice/abrt-oops.service	1	–	–	–	–
/system.slice/abrt-xorg.service	1	–	–	–	–
/system.slice/abrtd.service	1	–	–	–	–
/system.slice/accounts-daemon.service	1	–	–	–	–
/system.slice/alsa-state.service	1	–	–	–	–
/system.slice/atd.service	1	–	–	–	–
/system.slice/auditd.service	3	–	4.0K	–	–
/system.slice/avahi-daemon.service	2	–	–	–	–
/system.slice/bluetooth.service	1	–	–	–	–

➕ 더 알기 TIP

cgroup(control groups)

- cgroup이란 시스템상에서 계층적으로 정렬된 프로세스 그룹에 대하여 CPU 사용률, 메모리 사용량, 네트워크 대역폭과 같은 리소스를 할당할 수 있는 리눅스 커널 기능이다.
- cgroup을 사용하여 시스템 관리자는 시스템 리소스에 대하여 할당, 할당 거부, 우선순위화, 모니터링 등 미세한 제어가 가능하게 된다.
- 기존에는 시스템상의 실행 중인 프로세스의 niceness 값을 통해 제어를 하였다. 그 결과 더 많은 프로세스를 가지고 있는 애플리케이션이 시스템 자원을 확보하기 유리했다. 하지만 cgroup을 통해 리소스 관리의 단위를 프로세스가 아닌 애플리케이션 수준으로 관리하여 이러한 불균형을 해소하였다.

③ **systemd-cgls**

- cgroup에 대한 정보를 계층적으로 출력한다. 하나의 유닛에 여러 프로세스가 포함될 수 있음을 확인할 수 있다.

```
$ systemd-cgls

(중간 생략)
```

```
└─system.slice
  ├─httpd.service
  │ ├─11335 /usr/sbin/httpd -DFOREGROUND
  │ ├─11336 /usr/sbin/httpd -DFOREGROUND
  │ ├─11337 /usr/sbin/httpd -DFOREGROUND
  │ ├─11338 /usr/sbin/httpd -DFOREGROUND
  │ ├─11339 /usr/sbin/httpd -DFOREGROUND
  │ └─11340 /usr/sbin/httpd -DFOREGROUND
  ├─fwupd.service
  │ └─3187 /usr/libexec/fwupd/fwupd
  ├─geoclue.service
  │ └─2697 /usr/libexec/geoclue -t 5
  ├─colord.service
  │ └─2372 /usr/libexec/colord
  ├─wpa_supplicant.service
  │ └─2286 /usr/sbin/wpa_supplicant -u -f /var/log/wpa_supplicant.log -c /etc/wp
  ├─packagekit.service
  │ └─2284 /usr/libexec/packagekitd
  ├─bolt.service
  │ └─2277 /usr/libexec/boltd
  ├─upower.service
  │ └─2104 /usr/libexec/upowerd
  │   ├─ 2504 /usr/libexec/gvfsd-fuse /run/user/1000/gvfs -f -o big_writes
  │   ├─ 2586 /usr/bin/ssh-agent /bin/sh -c exec -l /bin/bash -c "env GNOME_SHEL
  │   ├─ 2604 /usr/libexec/at-spi-bus-launcher
  │   ├─ 2609 /usr/bin/dbus-daemon --config-file=/usr/share/defaults/at-spi2/acc
  │   ├─ 2615 /usr/libexec/at-spi2-registryd --use-gnome-session
  │   ├─ 2641 /usr/bin/gnome-shell
  │   ├─ 2651 /usr/bin/pulseaudio --start --log-target=syslog
  │   ├─ 2669 ibus-daemon --xim --panel disable
  │   ├─ 2673 /usr/libexec/ibus-dconf
```

④ systemd-analyze

- systemd-analyze 명령어를 통해 부팅 시 걸린 시간을 확인할 수 있다.

```
$ systemd-analyze
Startup finished in 1.469s (kernel) + 3.011s (initrd) + 29.736s (userspace) = 34.217s
```

- blame 옵션을 통해 각 서비스의 시작 시간을 확인할 수 있다.

```
$ systemd-analyze blame
        14.495s kdump.service
        10.867s tuned.service
         7.242s postfix.service
         6.413s vmware-tools.service
         5.585s vmware-tools-thinprint.service
         4.090s systemd-udev-settle.service
         3.221s NetworkManager-wait-online.service
         2.922s lvm2-monitor.service
         2.838s vdo.service
```

합격을 다지는 예상문제

01 다음 ( ) 안에 들어갈 내용으로 알맞은 것은?

```
[root@localhost ~]# cat sample
#!/bin/bash
var=0
cnt=$0
while [ "$var" -le ( ㉠ ) ]
do
var=`expr $var + 1`
done
echo $var
[root@localhost ~]# ./sample
( ㉡ )
```

① ㉠ ${#cnt} ㉡ 9
② ㉠ "$cnt" ㉡ 9
③ ㉠ ${#cnt} ㉡ 10
④ ㉠ "$cnt" ㉡ 10

${#변수}는 변수에 저장된 문자열의 길이를 반환한다. $0은 실행한 스크립트의 전체 경로명을 담고 있다.

02 다음에서 설명하는 데몬 관련 유틸리티로 알맞은 것은?

리눅스 서비스의 시작, 정지, 재시작 등을 제어하는 명령어로 레드햇 계열 7부터 기본 명령어로 사용된다.

① systemctl
② chkconfig
③ ntsysv
④ service

service 명령어는 레드햇 계열 6까지 기본 명령어로 사용되었으며, 레드햇 계열 7부터는 systemctl 명령어를 기본 명령어로 사용한다.

03 다음 설명에서 두 명령어를 실행한 것과 동일한 결과를 한 번의 명령으로 실행시키고자 할 때 알맞은 것은?

```
# which groups
/usr/bin/groups
# ls -l /usr/bin/groups
-rwxr-xr-x. 1 root root 27992 Jun 20  2018 /usr/bin/groups
```

① ls -l && which groups
② ls -l grep which groups
③ ls -l $(which groups)
④ ls -l "which groups"

'$(명령어)'의 형식을 이용하며 리눅스 명령어의 표준 출력을 변수처럼 사용할 수 있다.

04 다음 중 X 윈도우에 관한 설명으로 틀린 것은?

① 현재 리눅스를 비롯하여 유닉스 대부분이 X11 기반의 X 윈도우 시스템을 사용하고 있다.
② 디스플레이 장치에 의존적이지 않고 서로 다른 기종을 함께 사용할 수 있다.
③ 윈도 매니저는 그래픽으로 구성된 로그인 유저 인터페이스를 사용자에게 제공하는 역할을 수행한다.
④ X 윈도우는 서버와 클라이언트가 독립적으로 동작하는 네트워크 지향 시스템이다.

윈도 매니저는 X 윈도우 환경에서 윈도의 배치와 표현을 담당하는 시스템 소프트웨어이다. ③의 설명은 디스플레이 매니저에 대한 설명이다.

정답 01 ① 02 ① 03 ③ 04 ③

05 systemd에 대한 설명으로 틀린 것은?
① /etc/inittab에서 실행 레벨을 변경할 수 있다.
② 리눅스 커널이 실행하는 첫 번째 프로세스이다.
③ 온디맨드 액티베이션 기능을 제공한다.
④ Service, Target, Socket와 같은 유닛 단위로 시스템 및 서비스를 관리한다.

SysV init에 존재하였던 실행 레벨은 Target 유닛을 통해 제공한다.

06 다음 중 ( ) 안에 들어갈 내용으로 알맞은 것은?

(㉠)(은)는 RAID-0의 단점인 결함 허용을 지원하지 않는 점과 RAID-1의 저장 공간의 비효율성을 보완한 레벨로 디스크의 개수를 늘릴수록 저장공간의 효율성이 좋아진다. (㉡)(은)는 2개의 패리티를 사용하여 2개의 디스크 오류에도 데이터를 읽을 수 있고 최소 4개의 디스크로 구성해야 한다.

① ㉠ RAID-1   ㉡ RAID-2
② ㉠ RAID-3   ㉡ RAID-4
③ ㉠ RAID-5   ㉡ RAID-6
④ ㉠ RAID-7   ㉡ RAID-8

RAID-5는 순환식 패리티 어레이를 포함하며 3개 이상의 디스크 어레이가 필요하고, RAID-6은 2차 패리티 정보를 분산 저장하고 2개의 저장장치에 문제가 발생한 경우에도 복구할 수 있다.

07 다음 중 프로세스에 대한 설명으로 틀린 것은?
① 실행(executing) 중인 프로그램을 말한다.
② TCB(Thread Control Block)를 지닌 프로그램을 말한다.
③ 사용자가 실행한 프로세스는 중간에 중지시킬 수 있다.
④ 백그라운드 프로세스와 포어그라운드 프로세스로 나눌 수 있다.

프로세스는 PCB(Process Control Block)를 지닌 프로그램이다.

08 다음에서 설명하는 내용으로 알맞은 것은?

이것은 X 서버에 접근할 수 있는 클라이언트를 지정하거나 해제할 수 있는 명령어이다.

① init
② xauth
③ startx
④ xhost

xhost +는 특정 클라이언트 또는 모든 클라이언트의 접속을 허용하고 xhost -는 특정 클라이언트 또는 모든 클라이언트의 접속을 거부한다.

정답 05 ① 06 ③ 07 ② 08 ④

09 다음 중 리눅스에 관한 설명으로 틀린 것은?

① 최근 리눅스 운영체제는 SSD(Solid State Drive)를 지원한다.
② 리눅스는 이더넷(ethernet) 등 대부분의 네트워크 인터페이스를 지원한다.
③ 최근 64비트 리눅스 운영체제는 물리적 메모리 용량을 64TB까지 지원한다.
④ 대부분 리눅스 배포판에서는 인텔사의 x86 계열 CPU만을 기본적으로 지원한다.

인텔사의 x86, x64, x86_64와 같은 x86 계열 혹은 AMD 계열 CPU는 기본적으로 구동된다. 또한 임베디드나 모바일 등 리눅스가 사용되고 있는 영역을 넓혀 보면 모토롤라, SPARC, Alpha, PowerPC, ARM, MIPS 등 다양한 CPU를 지원하고 있다.

10 다음 중 시그널(Signal)에 대한 설명 중 틀린 것은?

① SIGKILL은 프로세스를 강제로 종료시킨다.
② SIGINT는 키보드로부터 오는 인터럽트 시그널로 실행을 중지시킨다.
③ SIGQUIT는 터미널에서 입력된 정지 시그널로 Ctrl + \ 입력 시 보내진다.
④ SIGSTOP은 실행 정지 후 다시 실행하기 위해 대기시키는 시그널이다.

SIGSTOP은 프로세스를 중지할 때 발생시키는 시그널이다.

11 다음 중 원격지에서 사용자 기반 인증 X 클라이언트를 이용하기 위해 관련된 명령어 또는 환경변수로 틀린 것은?

① xhost
② xauth
③ DISPLAY 환경변수
④ startx

startx는 로컬에서 X 윈도우를 시작할 때 사용하는 명령어이다.

12 다음 중 아래의 파일을 실행하는 방법으로 틀린 것은?

① #sh script.sh
② #./script.sh
③ #. script.sh
④ #source script.sh

script.sh는 실행권한이 없으므로 실행파일을 실행하는 방법으로는 실행할 수 없다.

13 현재 터미널에서 아파치 웹 서버 데몬(httpd)을 실행하기 위한 명령으로 틀린 것은?

① /etc/rc.d/init.d/httpd start
② service httpd start
③ /etc/init.d/httpd start
④ ntsysv httpd on

ntsysv는 터미널에서 부팅 시 실행할 데몬을 설정할 수 있는 유틸리티이다.

정답 09 ④ 10 ④ 11 ④ 12 ② 13 ④

14 다음 중 ( ) 안에 들어갈 정규표현식 내용으로 알맞은 것은?

```
# ls
a.txt b.txt c.txt d.txt

# ls (    ).txt
b.txt c.txt d.txt
```

① [bd] ② [!bcd]
③ [b-d] ④ [b~d]

a.txt~d.txt 파일 중 b.txt~d.txt 파일만 출력해야 하므로 대괄호 '[ ]' 안에 알파벳 b~d 범위를 지정할 수 있는 'b-d' 패턴을 사용한다.

15 다음 중 저널링(Journaling) 기술의 특징으로 틀린 것은?

① 데이터를 디스크에 쓰기 전에 별도의 로그에 데이터를 남겨 놓는 기술이다.
② 저널링 기술이 적용된 파일 시스템은 ext3, JFS, ReiserFS 등이 있다.
③ 전원 공급 문제나 시스템 오류와 같은 상황에 복구가 불가하다.
④ fsck로 복구하는 것보다 속도가 빠르고, 복구의 안정성도 뛰어나다.

저널링 시스템은 파일 시스템에 데이터를 쓰는 동안 전원이 끊어지더라도 복구할 수 있는 기능을 제공하기 위해 로그를 통해 파일 시스템을 복구하는 기술을 채용하였다.

16 다음 중 LVM의 구성 요소에 대한 설명으로 틀린 것은?

① VG(Volume Group) : PV들의 집합(Group)이며 LV를 할당할 수 있다.
② PE(Physical Extent) : 실제 디스크에 물리적으로 분할한 파티션, /dev/sdb1, /dev/sdc1 등이 이에 해당한다.
③ PV(Physical Volume) : 블록 장치 전체 혹은 파티션들을 LVM에서 사용할 수 있도록 변환한 것을 의미한다.
④ LV(Logical Volume) : VG에서 사용자가 필요한 만큼 할당하여 만들어지는 공간, 물리적 디스크에서 분할하여 사용하는 파티션이다.

PE는 PV를 구성하는 일정한 크기의 블록으로 LVM2에서 기본 4MB의 크기를 갖는다.

17 다음 중 셸(Shell)의 특징으로 틀린 것은?

① bash(배시셸)는 [Tab] 키를 이용한 자동 완성 기능을 제공한다.
② 사용자의 로그인 셸 정보는 /etc/passwd 파일의 7번째 필드에 기록되어 있다.
③ ksh은 history 명령어를 이용하여 최근 사용한 명령어를 검색하고, 'r [옵션]' 형식으로 재실행할 수 있다.
④ 리눅스에서는 sh(본셸)를 기본으로 bash(배시셸)와 csh(C셸) 계열의 장점만 결합한 ksh(콘셸)을 표준으로 하고 있다.

리눅스의 표준 셸은 bash셸이다.

정답 14 ③ 15 ③ 16 ② 17 ④

CHAPTER

03

네트워크의 이해

섹션 차례

SECTION 01   네트워크의 기초
SECTION 02   네트워크의 설정

SECTION 01 네트워크의 기초

1 OSI 7 계층

(1) OSI 7 계층의 개요

① OSI 7 계층의 정의
- OSI 7 계층(Open Systems Interconnection Reference Model)은 이기종 시스템 간 상호 통신을 위하여 국제표준화기구(ISO)에서 컴퓨터 네트워크 프로토콜 디자인과 통신 계층을 구성하여 개발한 네트워크 모델이다.

② OSI 7 계층의 특징
- OSI 7 계층은 개념적 모델만 존재할 뿐 실제 구현에 대한 언급은 없으며 실제 네트워크 구현 시 참조 모델로 사용한다.
- 각 계층은 하위 계층이 제공하는 서비스를 이용하고 상위 계층에게 서비스를 제공한다.
- 상위 계층에서 하위 계층으로 데이터를 전달할 때 헤더와 트레일러를 추가하여 데이터에 대한 캡슐화를 수행한다. 반대로 데이터를 수신할 경우 헤더와 트레일러를 제거하고 분석하여 상위 계층으로 전달하는 역캡슐화를 수행한다.
- OSI 7 계층은 물리적 연결과 맞닿아 있는 물리 계층, 데이터 링크 계층, 네트워크 계층, 전송 계층, 세션 계층, 프레젠테이션 계층, 응용 계층으로 구성한다.

(2) OSI 7 계층 세부 설명

① 1 계층 : 물리 계층(Physical Layer)
- 네트워크의 전기적이고 물리적 연결을 담당한다.
- 유선의 경우 케이블의 종류, 무선의 경우 무선 주파수 링크가 여기에 해당한다.
- 그 밖에 핀 배치, 전압, 물리 요건 등을 정의하고 사용자의 디지털 데이터를 물리 계층의 매체가 전달할 수 있는 신호로 변환하여 비트 단위로 전송한다.
- 네트워크 연결 장애 발생 시 물리적 연결이 제대로 되어 있는지 확인하기 위해 모든 케이블의 단선은 없는지 라우터나 스위치 등 네트워크 장비에 전원은 제대로 공급되는지 등의 확인이 필요하다.
- 관련 네트워크 장비로는 허브와 리피터가 있다.

② 2 계층 : 데이터 링크 계층(Data Link Layer)
- 2개의 노드가 직접 연결되어 있을 때 프레임 단위로 데이터 전송을 수행한다. 그리고 각 노드는 식별 가능하도록 MAC(Medium Access Control) 주소를 가지고 있다.
- 수신 노드의 수신 속도에 맞추기 위해 송신 노드가 데이터를 느리게 보내는 흐름제어를 수행하며, 대표적 방법으로 정지-대기(Stop-and-wait)와 슬라이딩 윈도우(Sliding window)가 있다.
- 신호 간의 충돌현상이 발생하지 않도록 회선제어 기능을 제공한다.
- 오류 검출과 재전송 기능을 수행하는 오류제어 기능을 제공한다. 수신 측에서 오류를 감지하면 NAK를 반환하고 전송 측에서는 패킷을 재전송한다. 이러한 재전송 과정을 ARQ(Automatic Repeat Request)라고 한다. 대표적 기법으로 정지-대기(Stop-and-wait) ARQ, Go-Back-N ARQ, SR(Selective repeat) ARQ가 있다. 재전송하지 않고 직접 오류를 정정하는 방법을 FEC(Forward error control)라고 한다.
- 좀 더 세부적으로 매체접근제어(MAC) 계층과 논리연결제어(LLC) 계층으로 나눌 수 있다.
- 관련 네트워크 장비는 브리지(bridge)와 스위치(switch)가 있다.

③ 3 계층 : 네트워크 계층(Network Layer)
- 2개의 노드가 여러 네트워크를 거쳐 연결되어 있을 때 데이터를 패킷(packet) 단위로 분할하고 논리적 주소를 설정하여 정확하게 전송하는 역할을 수행한다.
- 송신 노드와 수신 노드 사이에는 여러 노드가 존재하고 이들 사이의 경로 설정, 즉 라우팅 기능을 제공한다.
- 그 외에 혼잡 제어(congestion control), 패킷의 분할 및 병합, 인터네트워킹 기능을 제공한다.
- 관련 네트워크 장비는 라우터(router)가 있다.

④ 4 계층 : 전송 계층(Transport Layer)
- 송신 측의 프로세스와 수신 측의 프로세스 간 연결을 제공하고 이들 간 신뢰성 있는 통신이 가능하도록 역할을 수행한다.
- 신뢰성 있는 통신을 위해 프로세스를 위한 주소 및 포트 지정, 연결제어, 오류 복구, 흐름제어 기능을 제공한다.

- 전송 계층에서는 세그먼트 단위로 데이터를 전송하고 네트워크 계층은 이를 다시 패킷으로 나누어 전송한다.
- 보통 커널의 시스템 콜을 통하여 상위 계층에게 기능을 제공한다.
- 가장 잘 알려진 전송 계층의 구현 사례가 TCP/IP이다.

⑤ 5 계층 : 세션 계층(Session Layer)
- 연결된 노드 간에는 메시지 단위로 데이터를 전송하며 세션 설정 및 유지, 동기 기능, 대화 기능을 제공한다.
- 동기 기능은 통신 양단에서 논리적으로 상호 데이터 전송이 잘 되었다는 의미로 동기점(synchronization point)을 설정하고 이후에 데이터 전송에서 전송 오류가 발생하면 동기점 후의 데이터만 복구한다.
- 대화 기능은 데이터 전송 기능을 의미하고 신뢰성 있는 전송을 보장하기 위해 시간 경과에 따라 순차적으로 동기점을 부여하면서 단계적으로 데이터를 전송한다.

⑥ 6 계층 : 표현 계층(Presentation Layer)
- 송신자와 수신자가 서로 다른 표현 방식을 사용하면 데이터를 받았어도 그 의미를 해석할 수가 없다. 표현 계층은 다양한 표현 방식을 제공하고 송신 측과 수신 측이 동일한 표현 방식을 사용할 수 있는 기능을 제공한다.
- 유니코드로 인코딩된 파일을 ASCII로 변환하여 형식을 맞추는 기능을 포함한다.
- 데이터 암호화와 해독 기능, 압축 및 압축 해제 기능도 제공한다.

⑦ 7 계층 : 응용 계층(Application Layer)
- 사용자에게 편리한 응용 환경을 제공하는 기능을 수행한다.
- 전자우편(SMTP), 웹서비스(HTTP), 원격접속(TELNET), 파일전송(FTP) 등이 응용 계층에 해당한다.

(3) OSI 7 계층의 전송 단위 및 프로토콜

① OSI 7 계층의 전송 단위

계층	계층 이름	전송 단위	설명
7 계층	응용 계층	메시지	사용자가 전송하고자 하는 데이터를 메시지 단위로 전송
6 계층	프레젠테이션 계층	메시지	
5 계층	세션 계층	메시지	
4 계층	전송 계층	세그먼트	메시지를 전송에 최적화한 세그먼트 단위로 나누어 전송
3 계층	네트워크 계층	패킷	세그먼트를 패킷 단위로 나누어 전송하며 논리적 송수신 주소 및 정보를 담고 있는 헤더 추가

계층	계층 이름		내용
2 계층	데이터 링크 계층	프레임	패킷을 프레임 단위로 나누어 전송하며 송수신 측의 물리적 주소 및 오류 검출을 위한 CRC 값을 포함한 헤더 및 트레일러 추가
1 계층	물리 계층	비트	프레임을 물리 매체에 따라 비트 단위로 전송

② OSI 7 계층의 프로토콜

계층	계층 이름	프로토콜
7 계층	응용 계층	HTTP, SMTP, POP3, IMAP, DNS, NFS, FTP, TELNET, SSH
6 계층	프레젠테이션 계층	SMB, AFP, ASN.1
5 계층	세션 계층	SSL, TLS, NetBIOS
4 계층	전송 계층	TCP, UDP, RTP
3 계층	네트워크 계층	IP, ICMP, ARP, RARP, IGMP, BGPG, RIP, IPX
2 계층	데이터 링크 계층	Ethernet, Token Ring, FDDI, ATM
1 계층	물리 계층	RS-232, USB, I2C, IEEE802.15.4, 10BASE-T, 100BASE-T, 1000BASE-T, Bluetooth

2 네트워크 장비

(1) LAN 구성 장비

① 네트워크 카드(Network Card)

- 컴퓨터를 네트워크에 연결 가능하게 하는 네트워크 장치이다.
- NIC(Network Interface Controller)라고도 하고 네트워크 아답터(Network Adapter)라고도 한다. LAN(Local Area Network) 환경에서 연결하는 네트워크 카드는 보통 LAN 아답터, LAN 카드라고 부르고, 이더넷 방식으로 연결하는 경우에는 이더넷 카드라고도 부른다.
- OSI 7 계층 중 1 계층과 2 계층의 기능을 수행하고 맥(MAC) 주소라는 고유한 주소 지정 기능을 제공한다.
- 네트워크 카드는 ISA 방식, PCI 방식을 지원하였으나 인터넷의 대중화와 가격 절감을 위해 마더보드에 온보드되어 제공되는 경우가 많았다. 그 외에도 PCIe, Firewire, USB, Thunderbolt 등 다양한 방식의 인터페이스의 네트워크 카드들이 제작되고 있다.
- 이더넷 카드는 연결 속도에 따라 10Mbit/s, 100Mbits/, 1000Mbit/s 이더넷까지 선보이고 있다.

② **케이블**
- 케이블은 네트워크 신호를 전달하는 물리적인 전송 매체이다.
- 이더넷을 구성하는 케이블로는 꼬임선(Twisted Pair Wire), 동축 케이블(Coaxial cable), 광섬유(Optical fiber cable) 등이 있다.
- 꼬임선 케이블은 신호의 변형을 최소화하기 위해 두 개의 선이 서로 꼬여진 형태의 케이블이다. 가격이 저렴하고 설치가 쉬우나 약 100미터 정도의 거리 제약이 있고 잡음에 약하다.
- 동축 케이블은 가정에 들어오는 케이블 TV의 안테나 선을 생각하면 된다. 중심 도체에 절연체를 감싸고 그 위에 다시 외부 도체를 넣고 다시 외부 피복으로 감싸는 케이블이다. 대역폭이 넓고 데이터 전송률이 높기 때문에 광대역 전송에 적합하다. 외부 간섭이나 누화 영향이 적고 아날로그와 디지털에 모두 사용 가능하다. 케이블 TV 분배망이나 LAN과 초기의 장거리 전화 등에 사용되었다.
- 광섬유는 매우 가느다란 유리 섬유나 플라스틱 섬유 등을 이용해 정보를 보낸다. 약 3.3GHz의 넓은 대역폭을 갖고 전송속도는 1Gbps 이상으로 매우 빠르다. 또한 빛을 이용해 정보를 보내기 때문에 전기적 간섭에서 자유롭고 오류 발생도 적다. 광섬유의 한쪽 끝은 광원이 위치하고 다른 한쪽 끝은 광탐지기가 존재한다.

③ **허브**
- 허브는 다수의 장치를 LAN에 접속할 수 있도록 한 장치에서 전송한 데이터 프레임을 모든 장비에게 전송하는, 즉 플러딩(flooding)하는 네트워크 장치이다.
- 허브에 다수의 장치를 연결할 때 허브를 중심으로 장치들을 스타(star)형으로 연결한다.
- 허브는 리피터와 마찬가지로 신호를 증폭하는 역할도 수행하기 때문에 전송 거리를 연장하는 효과가 있다.
- 간편하게 네트워크를 확장할 수 있다는 장점이 있지만 하나의 장치에서 보낸 패킷을 허브의 모든 포트로 브로드캐스트하기 때문에 데이터의 충돌이 발생할 가능성이 높고 그에 따라 네트워크의 성능도 떨어진다. 따라서 어느 정도 규모가 있는 기업에서는 허브 대신에 스위치를 사용하고 있다.

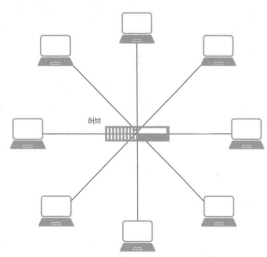

(2) 인터네트워크 장비

① 리피터
- 케이블을 통해 데이터가 전송될 때 감쇄(attenuated) 현상으로 인해 신호가 약해지는데 이를 증폭하고 재생하여 전송하는 OSI 1 계층 네트워크 장비이다.
- 리피터는 최대 4개까지 사용할 수 있으며 만약 10Base5 케이블을 이용한다면 최대 전송거리는 500M이므로 이론적으로 전송거리는 2.5KM까지 연장될 수 있다.

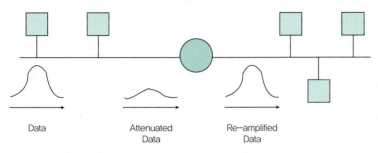

② 브리지
- 여러 개의 네트워크 세그먼트를 연결하기 위하여 데이터 프레임의 MAC 주소를 보고 해당 포트로 데이터를 포워딩하는 OSI 2 계층 데이터 링크에서 동작하는 네트워크 장비이다.
- 모든 포트로 플러딩하지 않기 때문에 효과적으로 프레임을 전달할 수 있다. 데이터 프레임을 전송할 포트를 빠르게 찾기 위해 브리지 테이블을 관리한다.

③ 라우터
- 각기 독립된 네트워크를 서로 연결하고 송신 측의 패킷을 목적지까지 전달하기 위해 가장 효과적인 경로를 찾아 데이터를 포워딩하는 네트워크 장비이다.
- 라우터는 네트워크를 서로 연결해 주고 한 포트의 패킷을 다른 포트로 전달하는 포워딩 기능을 제공하며 라우팅 테이블을 통해 경로 설정 기능을 제공한다.
- 일반적으로 IP 패킷을 라우팅하기 때문에 OSI 3 계층에서 동작하고 사전에 라우팅 정보를 설정하는 정적 라우팅과 실시간으로 라우팅 정보를 설정하는 동적 라우팅이 있다.

④ 게이트웨이
- 일반적으로 서로 다른 프로토콜이나 통신망을 사용하는 네트워크를 연결하기 위해 두 네트워크의 이종 프로토콜의 변환 기능을 수행하는 네트워크 장비이다.
- 예를 들면 랜이나 무선랜을 인터넷이나 다른 통신망에 연결하기 위해 중간에 게이트웨이가 필요하다.

3 데이터 통신의 기본 이해

(1) 네트워크 토폴로지

① 스타(star)형

- 중앙의 노드와 사용자의 노드는 point-to-pint 방식으로 연결하면서 다수의 사용자 노드와 연결하는 네트워크 구조이다. 이더넷 네트워크에서는 보통 중앙에 허브가 위치한다.
- 확장이 비교적 용이하고 사용자의 노드가 결함이 발생하더라도 다른 노드에는 영향을 주지 않는 결함 허용 능력을 제공한다.
- 사용자의 노드 수가 증가하면 패킷이 충돌 가능성이 높아지고 중앙 노드가 고장 나면 전체 네트워크가 중단된다.

② 버스(bus)형

- 단일 회선(bus)에 사용자 노드가 T자 모양으로 연결하고 회선의 끝에는 종단기(Terminator)를 설치하여 신호의 반사를 방지하는 네트워크 구조이다.
- 한 시점에 하나의 사용자 노드만 회선을 점유할 수 있도록 CSMA/CD나 토큰 패싱(token passing)과 같은 전송 방식을 사용한다.
- 구조가 간단하여 사용자의 노드를 추가하거나 제거가 용이하고 스타형과 마찬가지로 결함 허용 능력을 제공한다.
- 버스의 대역폭을 공유하기 때문에 사용자의 노드의 수가 증가하면 네트워크 성능이 저하된다는 단점이 있다.

③ 링(ring)형

- 네트워크의 노드가 원형으로 연결되어 앞의 노드에서 받은 데이터를 다음 노드로 데이터를 전달하는 네트워크 구조이다.
- 버스형과 같이 하나의 회선에 연결되기 때문에 설치 비용이 저렴하고 토큰 패싱을 통해 데이터 충돌을 방지할 수 있고 넓은 지역에도 설치가 가능하다는 장점이 있다.
- 통신 효율성이 낮고 한 노드에 장애가 발생하면 전체 네트워크가 중단되고 넓은 지역에 구축 시 비용이 많이 든다.

> **더 알기 TIP**
>
> **토큰 패싱(token passing)**
> - 토큰을 소유한 노드만이 데이터 전송을 할 수 있다. 데이터 전송을 완료 후 토큰도 다음 노드에 전달해 데이터를 전송할 기회를 준다.
> - 충돌 발생을 억제할 수 있고 성능 저하가 적은 방식이나 설치 비용이 비싸고 구현이 복잡하다. 또한 노드가 많아지지만 성능이 떨어지고 토큰 분실의 위험이 있다.

④ 망(mesh)형
- 네트워크에 연결된 모든 노드가 서로 개별적으로 그물처럼 연결된 네트워크 구조이다.
- LAN을 구성할 때보다는 라우터를 이용하여 LAN과 LAN을 연결하거나 백본(backbone)망을 구성 시 사용한다.
- 특정 사용자 노드에 장애가 발생해도 다른 경로로 데이터 전송이 가능하고 가용성이 높고 효율성이 우수하다.
- 네트워크의 설치, 관리, 재구성이 어렵고 많은 링크가 필요하기 때문에 설치 비용이 많이 든다.

➕ 더 알기 TIP

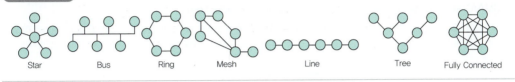

(2) 네트워크 통신 방식

① 이더넷(Ethernet)
- 이더넷은 LAN, MAN, WAN을 구축하기 위해 일반적으로 사용하는 네트워크 기술이며 1983년에 IEEE 802.3으로 표준화되었다.
- 통신을 시작하기 전에 연결 설정이 불필요한 비연결 모드이며 프레임이 전송 중 손상되더라도 이를 검출하고 복구하는 오류 제어는 상위 계층의 프로토콜에서 수행한다.
- 버스 혹은 스타형 네트워크 토폴로지를 구성하여 네트워크를 단순하게 구성할 수 있기 때문에 비용이 경제적이다.
- 전송속도는 기본 10Mbps에서 기가비트까지 지원하고 비동기식 직렬 통신과 부호화 방식으로 맨체스터 인코딩을 사용한다.
- 네트워크상 각 노드를 유일하게 식별할 수 있도록 48비트 고정된 MAC 주소를 갖는다. 데이터는 이더넷 프레임 형식으로 전달되며 송수신 MAC 주소를 포함하는 헤더는 14바이트이고 최대 전송 크기는 1500바이트이다. 마지막에는 FCS(Frame Check Sequence)가 붙는다.
- 전송 매체는 동축(BNC), UTP, STP 등이 사용되고 네트워크에 기기를 연결하기 위해 허브, 스위치, 리피터 등의 장치를 사용한다.
- 이더넷은 반이중통신(half duplex)을 지원하고 CSMA/CD(반송파 감지 다중 접속 및 충돌 탐지)로 데이터를 전송한다.
- 전송속도는 10Mbps, 100Mbps, 1Gbps를 지원한다.
- 2, 5는 동축 케이블을 의미하는데 약 200m, 500m의 전송거리를 의미한다.
- T, TX, FX, SX, LX는 전송 매체를 의미한다. T는 Twsited 케이블, TX는 UTP-5또는 STP, FX는 광케이블, SX는 단파장 광섬유, LX 장파장 광섬유를 의미한다.
- 특히 SX는 최대 220~550M의 전송거리를 갖고 LX는 다중모드일 경우 550M, 단일 모드인 경우 5KM까지 전송거리를 갖는다.

Baseband : 주파수 변경 없이 디지털 신호를 전송매체에 그대로 실어서 전송함
Broadband : 여러 개의 다른 주파수들로 변조 전송하여 신호를 많이 보냄

➕ 더 알기 TIP

CSMA/CD(Carrier Sense Multiple Access with Collision Detection)

네트워크에 데이터가 전송 중인지 반송파를 확인하고 전송 중이 아닌 경우 전송을 시작한다. 전송 시 충돌이 발생하면 충돌을 알리는 jam 신호를 보내 다른 노드가 충돌을 감지할 수 있도록 한다. 그 후 다시 반송파를 감지하고 네트워크에 데이터가 없으면 다시 전송을 시작한다.

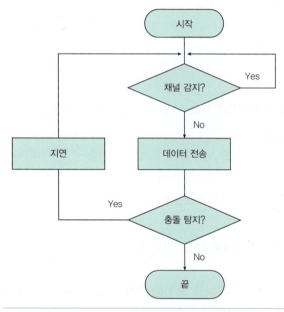

② 토큰링(Token Ring)

- LAN을 구축하기 위해 토큰을 획득한 노드만 데이터를 전송할 수 있는 네트워크 기술이다.
- 1980년대 초반 IBM이 개발하였고 IEEE 802.5로 표준화되었다.
- 전송속도는 4Mbps에서 16Mbps 수준이며 동축 케이블이나 광 케이블을 매체로 한다.
- 3바이트의 토큰이 링을 순환한다. 데이터를 보내고자 하는 노드는 토큰을 다음 노드로 보내지 않고 대신에 데이터를 보낸다. 이 데이터는 링을 순환하다가 목적지 노드에 도착하면 데이터를 복사하고 그 다음 노드로 데이터를 보낸다. 데이터를 보냈던 노드에 데이터가 다시 도착하면 이 데이터는 폐기하고 토큰링을 다시 내보낸다.
- 토큰링은 이더넷보다 이론적으로 빠르고 안정적 기술로 각광받았으나 스위치 이더넷이 개발 및 보급되면서 급격하게 쇠퇴하였다.

③ FDDI(Fiber Distributed Data Interface)
- LAN들을 연결하는 백본(backbone)망을 구성하기 위해 주 링(primary ring)과 부 링(secondary ring)으로 구성된 이중 링(dual ring)에 스테이션이 연결하여 약 100Mbps의 대역폭을 갖는 네트워크 기술이다.
- 링에는 최대 1000개 정도의 스테이션 연결이 가능하고, 링의 최대 전송길이는 단일 모드 회선인 경우 100~200km 정도이고 다중 모드 회선인 경우 약 2km 정도이다.
- IEEE 802.5 토큰링 프로토콜과 유사하지만 IEEE 802.4 타임드 토큰(timed token) 프로토콜을 사용하고 있고 광섬유 케이블을 매체로 한다.

(3) 네트워크의 유형

① LAN(Local Area Network)
- 한정된 지역에서 컴퓨터와 여러 전자 기기 간의 자유로운 정보 교환을 위한 네트워크이다.
- 유선 방식으로는 이더넷과 TCP/IP를 통하여 네트워크 구축을 하는 것이 일반적이며 무선 방식으로는 IEEE 802.11 표준에 따라 무선랜을 구축한다.
- LAN은 OSI 7 계층 중 데이터 링크 계층과 물리 계층에 해당한다. 특히 IEEE 802.11에서 데이터 링크 계층을 MAC(Media Access Control) 계층과 LLC(Logical Link Control)로 나누어 설명하고 있다.

② MAN(Metropolitan Area Network)
- LAN보다는 범위가 크고 WAN보다는 작은 규모에서 컴퓨터 간 연결하거나 네트워크 간 연결하여 데이터, 음성, 화상을 통합 전달하는 도시권 통신망이다.
- 도시 내의 여러 LAN 사이를 이어주는 백본(backbone network)을 의미하기도 한다.
- MAN의 표준은 IEEE 802.6에 정의된 DQDB(Distributed Queue Dual Bus) 토폴로지 기법을 사용한다. 두 개의 단방향 버스를 사용하는 이중 버스(dual bus) 토폴로지를 사용하고 전송 매체로는 광섬유 혹은 동축 케이블이 사용된다. 속도는 45Mbps~622Mbps를 제공하고, 전송거리는 통상적으로 50~100km이다.

③ WAN(Wide Area Network)
- 거리, 장소의 제약을 극복하면서 넓은 지역을 연결할 수 있는 광역 통신망이다.
- WAN은 전세계를 연결할 만큼 거리의 제약은 없지만 다양한 경로 설정이 필요하고 전송거리가 길기 때문에 LAN보다 속도가 느리고 전송 에러율도 높다.
- WAN의 구성 방식에는 전용 회선 방식과 교환 회선 방식이 있다. 전용 회선 방식은 통신 사업자가 계약을 체결한 사용자 간에 전용 선로를 제공하고 연결하므로 안정성이 우수하나 비용이 높다.

(4) 교환 방식

① 회선 교환 방식(Circuit Switched Network)

- 데이터 통신을 할 사용자 간에 미리 연결을 설정하고 회선을 점유하여 데이터를 송수신하는 방식이다.
- 사용자끼리 연결되어 있는 사이에는 대역폭을 온전히 연결된 사용자끼리만 사용할 수 있으므로 안정적인 성능을 기대할 수 있으나 통신이 없는 사이에도 연결이 유지되기 때문에 낭비가 발생할 수 있다.
- 사용자가 연결되어 있는 사이 다른 사용자는 해당 회선이 사용 중이 아닐 때까지 기다려야 한다.
- 대표적 회선 교환 방식으로 전통적인 전화 연결이나 PSTN이 있다.

▲ Circuit Swithched Network

② 패킷 교환 방식(Packet Switch Network)

- 회선 교환 방식의 대역폭 낭비를 최소화하기 위해 데이터를 일정 크기로 분할한 패킷을 송수신하는 교환 방식이다.
- 여러 사용자의 패킷이 동시에 회선을 공유하여 전달할 수 있기 때문에 대역폭 이용 효율을 극대화할 수 있다.
- 특정 사용자를 위해 회선을 점유하지 않으므로 이론적으로는 무제한 사용자 연결이 가능하고 패킷마다 우선순위를 부여하여 중요한 패킷이 먼저 도달할 수 있게 만들 수 있다.
- 회선 교환 방식에 비해 패킷을 생성하기 위한 헤더가 추가되므로 오버헤드로 인한 성능 저하와 지연 현상이 발생할 수 있다.

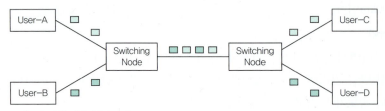

▲ Packet Switsh Network

- 패킷 교환 방식은 데이터그램(datagram) 방식과 가상 회선(virtual circuit) 방식으로 다시 구분된다.
  - 데이터그램 방식은 논리적 연결 설정 없이 패킷이 독립적으로 전송된다. 하나의 메시지에서 분할된 패킷들은 여러 라우터를 거칠 때마다 경로 설정을 수행하여 전달하고 따라서 도착 순서도 뒤바뀔 수 있다. 짧은 메시지의 일시적 전송일 때 적합하다.

- 가상 회선 방식은 논리적 연결을 먼저 설정하고 데이터를 전송한다. 또한 경로 설정을 한 번만 수행하므로 메시지에서 파생된 여러 패킷은 동일 경로를 통하여 전달이 되고 따라서 도착 순서도 보장이 된다. 다량의 데이터를 연속적으로 전송할 때 적합하다.

(5) 패킷 교환 기술

① X.25
- 초기 컴퓨터 통신망은 전화망을 이용하였는데 원거리의 고품질 데이터를 서비스하기에는 부적합하여 통신회사들마다 독자적인 프로토콜을 사용하여 패킷 네트워크를 구축하고 서비스를 시작하였다. 그러나 이렇게 설치된 네트워크 간에는 호환성 문제가 생겨 ITU-T에 의해 표준화된 통신 규약이 개발되었는데, 그것이 X.25이다.
- X.25는 DTE(Data Terminal Equipment)와 DCE(Data Circuit-terminating Equipment) 간의 점대점 인터페이스를 정의하고 있다.
- X.25는 연결 지향 프로토콜로서 가상 회선(Virtual circuit) 기능을 제공한다.

② 프레임 릴레이
- LAN 및 광 케이블의 사용이 일반화됨에 따라 고속망에 대한 사용자 요구에 대응하기 위해 개발한 패킷 교환 기술이다.
- X.25와 동일하게 가상 회선 기능을 제공하나 통계적 다중화(Statistical Multiplexing) 기능을 제공하여 효율적인 대역폭 사용을 제공한다. 또한 통신 기술의 발달로 오류 제어 기능을 단순화하고 데이터 재전송과 같은 오류 복구 기능을 상위 프로토콜에 일임하였다.
- X.25는 OSI 7 계층 중 1, 2, 3 계층에서 동작하나 프레임 릴레이는 1, 2 계층에서 동작하여 성능을 향상시켰다.

③ 셀 릴레이(ATM : Asynchronous Transfer Mode)
- 셀 릴레이는 ATM(비동기 전송 모드) 기술을 사용하여 프레임 릴레이보다 고속의 데이터 통신 서비스를 제공할 수 있는 방식이다.
- ATM은 모든 정보를 48바이트씩 구분하여 블록을 생성하고 각각에 5바이트의 헤더를 붙인 셀을 만들어 전송, 교환하는 방식이다. ATM 셀의 전달은 가상 경로와 가상 채널을 설정하는 연결성 통신 방식에 기초를 두고 있다.
- 전송속도는 보통 56kbit/s에서 초당 수 기가비트에 이르며 흐름제어나 오류제어 기능이 없고 OSI 7 계층 중 1, 2 계층만 제공한다.

4 TCP/IP 및 네트워크 프로토콜의 이해

(1) 프로토콜

① 프로토콜의 개요
- 프로토콜(protocol)이란 컴퓨터나 통신 장비 사이에 메시지를 주고 받는 양식 혹은 규칙의 체계이다.

- 프로토콜은 형식(Syntax), 의미(Semantic), 타이밍(Timing)으로 구성된다. 형식(Syntax)은 데이터의 구조나 형식을 말하고, 의미(Semantic)는 형식에 따라 담긴 데이터를 어떻게 해석할 것인가 어떤 기능을 수행하는가를 말한다. 타이밍(Timing)은 이러한 형식에 맞춘 의미를 담은 데이터가 어떤 순서로 오고 가야 하는지 어떤 속도로 전달되어야 하는지 정의한 것이다.

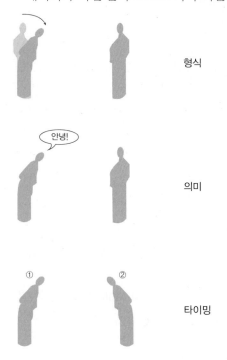

② **프로토콜의 기능**

기능	설명
에러제어(error control)	데이터 전송 중 에러 검출 및 에러 정정을 정의한다.
캡슐화(encapsulation)	통신 계층상에서 각 계층마다의 특정 제어 정보를 정의한다.
연결제어(connection control)	연결 지향 통신에서 연결의 설정, 데이터 송수신, 연결 종료의 절차를 정의한다.
순서제어(sequence control)	패킷의 순서의 역전과 중복 패킷 발생을 방지한다.
흐름제어(flow control)	보낼 데이터의 양을 조절한다.
혼잡제어(congestion control)	대기하고 있는 패킷의 양을 조절하여 패킷이 혼잡해지지 않도록 조절한다.
동기화(synchronization)	데이터 송신 측과 수신 측의 타이머 값, 윈도우 크기 등 매개변수 정보를 일치하는 방법을 제공한다.
주소지정(addressing)	여러 개체 중 하나의 개체를 식별할 수 있는 방법을 제공한다.
단편화 및 재조정 (fragmentation and reassembly)	데이터를 분할 전송하고 다시 재조립하는 방법을 제공한다.
데이터의 형식화(data formatting)	전송하는 데이터의 형식이 무엇인지 방법을 제공한다.

③ 표준 제정 위원회

구분	설명
국제표준기구 (ISO, International Standards Institute)	• 1947년에 창설하였고 각 국의 표준제정위원회에서 선정된 위원들로 구성된 다국적 기구 • OSI 참조 모델과 OSI 프로토콜에 관련한 업무를 담당하였고 상호 호환성, 품질 개선, 생산성 향상, 가격 저하를 위한 모델 제공 • 과학, 기술, 경제 분야 공헌
미국국립표준협회 (ANSI, American National Standards Institute)	• 사립 비영리 법인으로 미국 및 미국 시민의 복리를 위해 수행 • ISO 내에서 미국을 대표하는 구성원
국제전기통신연합 (ITU-T, International Telecommunications Union)	• UN 산하기구로 CCITT(Consultative Committee for International Telegraphy and Telephony)를 전신으로 운영하고 있음 • 일반 전기 통신, 전화, 데이터 통신 시스템 표준
전기전자공학회 (IEEE, Institute of electrical and electronic engineers)	• IEEE 802.3과 IEEE 802.5와 같은 LAN의 접속 규격과 처리에 대한 표준 제정 • 전기공학, 전자공학, 무선공학, 컴퓨터와 통신의 국제 표준 개발을 하는 세계에서 가장 규모가 큰 전문공학학회
전자산업협회 (EIA, Electronic Industries Association)	• 전자산업발전 촉진을 위한 제조업체 중심의 비영리 기관 • 데이터 통신의 물리적인 연결 인터페이스와 전자신호 규격 규정
한국정보통신기술협회 (TTA, Telecommunications Technology Association)	• 1988년 12월에 설립하였고 통신 사업자, 산업체, 학계, 연구기관 및 단체 등의 상호 협력과 유대 강화를 목적으로 함 • 국내외 정보통신분야의 최신 기술 및 표준에 관한 각종 정보 수집, 조사 연구 및 보급 활용하고 정보통신 산업 및 기술 진흥과 국민 경제 발전에 기여

(2) TCP/IP

① TCP/IP의 개요

- 근거리 통신망이나 인터넷에서 네트워크를 구현하기 위해 임의의 서브 네트워크에 접속한 장비들과 종단 호스트 간의 연결과 라우팅을 제공하는 인터넷 프로토콜이다.
- 컴퓨터 기종에 관계 없이 정보 교환을 목적으로 1960년대 말 미국방성(DARPA)에서 연구를 시작하였고 1980년대 초 공개된 프로토콜이다. 1980년대 초 유닉스에 TCP/IP를 기본 포함하기 시작하였고 1983년 인터넷의 전신인 ARPANET이 기존의 NCP(Network Control Program)의 사용을 폐지하고 TCP/IP로 대체하며 지금의 인터넷으로 발전하였고 이와 동시에 TCP/IP도 대중화되었다.
- TCP/IP 프로토콜을 구성하는 주요 프로토콜은 TCP와 IP이나 보통 UDP(User Data Protocol), ARP(Address Resolution Protocol), RARP(Reverse ARP) 등 관련된 프로토콜도 아우른다.

② TCP/IP의 구조

- TCP/IP는 네트워크 액세스 계층(network access), 인터넷 계층(internet), 전송 계층(transport), 응용 계층(application) 등 총 4개의 계층으로 구성되어 있다.
- 네트워크 액세스 계층
  - 실제 통신을 수행하는 하드웨어 인터페이스이다.
  - dial-up 회선, LAN, X.25, 위성 통신 등이 네트워크 액세스 계층이 될 수 있다. 특히, CSMA/CD와 MAC 프로토콜을 사용하는 이더넷이 네트워크 액세스 계층으로서 가장 널리 사용되고 있다.
  - 인터넷 계층에서 전달한 패킷을 프레임으로 구성해 물리적 매체에 싣고 반대로 물리적 매체에서 프레임을 받아 상위 계층으로 패킷을 전달하는 역할을 수행한다.
- 인터넷 계층
  - 전송 계층에서 전달한 패킷을 서브 네트워크와 무관하게 목적지 주소까지 효율적으로 전달하는 역할을 수행한다.
  - 패킷이 정확히 도착하였는지 손상되었는지 여부를 확인하지 않고 상위 계층에 위임한다.
  - 추가적으로 네트워크 상태를 진단하거나 IP 주소와 MAC 주소 간의 변환을 수행하는 기능을 수행한다.
  - 관련 프로토콜로 IP, ICMP, ARP, RARP가 있다.

- 전송 계층
  - 응용 계층에서 전송한 데이터를 연결 지향 데이터 스트림 지원, 신뢰성, 흐름제어, 다중화 같은 네트워크 서비스를 제공하기 위해 세그먼트(segment)나 데이터그램(datagram)으로 구성해 전송한다.
  - 대표적 프로토콜로 TCP와 UDP가 있다.
- 응용 계층
  - 응용 프로그램 간 통신 접속을 위한 통신 프로토콜을 보유한 추상 계층이다.
  - 응용 계층의 프로토콜들은 전송 계층의 프로토콜을 기반으로 호스트 간 연결을 수행한다.
  - 대표적 응용 계층 프로토콜로 HTTP, SMTP, POP3, IMAP, DNS, NFS, FTP, TELNET, SSH 등이 있다.

③ TCP와 UDP

프로토콜	설명
TCP	• 연결을 먼저 설정하고 데이터를 주고 받는 연결 지향(connection oritented) 전송 프로토콜이며 가상 회선 방식을 제공한다. • 3-way handshake 과정을 통해 연결을 설정하고 4-way handshake를 통해 해제한다. • 패킷이 원활히 전달될 수 있도록 흐름제어 및 혼잡제어를 제공한다. • 패킷 재전송을 통해 높은 신뢰성을 보장한다. • 패킷 전송 후 ACK 패킷 수신 여부를 확인하기 때문에 UDP보다 속도가 느리다. • 전송과 수신을 동시에 수행할 수 있는 전이중(Full-Duplex) 방식이며 호스트와 호스트 간 점대점(Point to Point) 연결을 제공한다.
UDP	• 비연결형 서비스로 데이터그램 방식으로 사용자의 데이터를 전달한다. • 사용자의 데이터를 주고 받을 때 데이터가 제대로 전송되었는지 확인하는 절차가 없다. • UDP 헤더의 CheckSum 필드를 통해 최소한의 오류만 검출한다. • 데이터가 정확히 전달되었는지 확인하는 메커니즘이 없기 때문에 신뢰성이 낮다. • TCP보다 속도가 빠르다.

더 알기 TIP

TCP의 3-way handshaking

- 클라이언트가 SYN 패킷을 전달하면 서버는 SYN-ACK 패킷을 응답한다. 클라이언트는 연결을 확실히 하기 위해 다시 ACK를 전달해 연결을 설정(establish)한다.

④ 포트 번호

- 전송 계층의 TCP와 UDP 프로토콜은 상위 응용 계층의 다양한 프로그램을 다중화 하기 위해 각각의 포트를 부여하며, 포트는 0~65535 사이의 정수값이다.
- 그 중 0~1023번은 잘 알려진 포트(well known port)로 이미 시스템에서 사용하는 포트들이다.
- /etc/services 파일에서 주요 포트 번호를 확인할 수 있으며 그 중 주요 포트는 아래와 같다.

포트	TCP	UDP	설명
0		UDP	예약됨: 사용하지 않음
13	TCP	UDP	DAYTIME 프로토콜
20	TCP		FTP (파일 전송 프로토콜) – 데이터포트
21	TCP		FTP – 제어포트
22	TCP		SSH(Secure Shell) – ssh scp, sftp같은 프로토콜 및 포트 포워딩
23	TCP		텔넷 프로토콜 – 암호화되지 않은 텍스트 통신
25	TCP		SMTP(Simple Mail Transfer Protocol) – 이메일 전송에 사용
37	TCP	UDP	TIME 프로토콜
53	TCP	UDP	DNS(Domain Name System)
67		UDP	BOOTP(부트스트랩 프로토콜) 서버, DHCP로도 사용
68		UDP	BOOTP(부트스트랩 프로토콜) 클라이언트, DHCP로도 사용
80	TCP	UDP	HTTP(HyperText Transfer Protocol) – 웹 페이지 전송
110	TCP		POP3(Post Office Protocol version 3) – 전자우편 가져오기에 사용
123		UDP	NTP(Network Time Protocol) – 시간 동기화
143	TCP		IMAP4(인터넷 메시지 접근 프로토콜 4) – 이메일 가져오기에 사용
161		UDP	SNMP(Simple Network Management Protocol) – Agent 포트
443	TCP		HTTPS-SSL 위의 HTTP(암호화 전송)
873	TCP		rsync 파일 동기화 프로토콜

⑤ 소켓

- 네트워크 프로그램이 데이터 통신을 하기 위한 접점(endpoint)이다.
- 네트워크 프로그램은 데이터 통신을 위해 소켓을 생성하고 상대방 소켓에 접속하여 상호 간 데이터를 교환한다.
- 소켓은 인터넷 프로토콜, 로컬 시스템의 IP 주소 및 포트번호, 원격 시스템의 IP 주소와 포트 번호로 구성된다.

(3) IP 주소(internet protocol address)

① IP 주소

- 컴퓨터 네트워크에서 장치들이 서로 통신하기 위해 노드를 식별하기 위한 특수한 번호이다.
- IP 주소를 통하여 발신지와 송신지를 명시하고 데이터를 네트워크상 원하는 곳으로 전달할 수가 있다. IP 주소를 통하여 라우터는 최적의 경로를 계산하여 전달할 수 있는 근간이 된다.
- IP 주소를 할당하는 방식은 DHCP 서버에 의한 동적 할당과 미리 설정하는 고정 할당이 존재한다.
- IP 주소의 크기는 32비트로 보통 0~255 사이의 값을 사용하고 십진수로 표기하여 .(dot)으로 구분한다. 따라서 IP 주소가 가질 수 있는 값은 0.0.0.0부터 255.255.255.255까지가 된다. 이론적으로 42억9496만7296개의 IP가 존재한다.
- 중간의 일부 번호들은 특별한 용도를 위해 예약되어 있다. 예를 들면 127.0.0.1은 localhost(로컬 호스트)로 자기 자신을 가리키는 의미로 예약되어 있다.
- IP 주소는 첫 번째 1바이트의 값에 따라 A, B, C, D, E 클래스로 나눌 수 있다. 클래스 A~C 클래스는 일반 목적으로 사용하고 D, E 클래스는 특수 목적으로 사용한다.

② IP 주소의 클래스

| Class A | 네트워크 | 호스트 | 호스트 | 호스트 |

첫 번째 Octet이 0으로 시작함 (0NNNNNNN, 1~126, 127은 예약된 주소)

| Class B | 네트워크 | 네트워크 | 호스트 | 호스트 |

첫 번째 Octet이 10으로 시작함 (10NNNNNN, 128~191)

| Class C | 네트워크 | 네트워크 | 네트워크 | 호스트 |

첫 번째 Octet이 110으로 시작함 (110NNNNN, 192~223)

Class D 멀티캐스트

첫 번째 Octet이 1110으로 시작함 (1110NNNN, 224~239)

Class E 연구 목적

첫 번째 Octet이 1111로 시작함 (1111NNNN, 240~255)

- A 클래스는 첫 번째 바이트 중 첫 번째 비트가 0으로 시작한다. 나머지 1~126은 주소로 사용할 수 있고, 127은 예약되어 있는 주소이다.
- B 클래스는 첫 번째 바이트 중 앞선 두 비트가 10이다. 나머지 128~192은 주소로 사용한다.
- C 클래스는 첫 번째 바이트 중 앞선 세 비트가 110이다. 나머지 192~223은 주소로 사용한다.
- D 클래스는 첫 번째 바이트 중 앞선 네 비트가 1110이다. 나머지 224~239은 주소로 사용할 수 있으며 다중방송통신(multicast)용으로 예약되어 있다.
- E 클래스는 첫 번째 바이트 중 앞선 네 비트가 1111이다. 연구용으로 예약되어 있다.

③ IP 주소의 범위와 호스트 수, 네트워크 수

클래스	첫 번째 Octet IP	최상위 비트	범위	호스트 수	네트워크 수	블록
Class A	0~126	0	0.0.0.0~127.0.0.0	16,777,216	128	/8
Class B	128~191	1	128.0.0.0~191.255.0.0	65,536	16,384	/16
Class C	192~223	11	192.0.0.0~223.255.255.0	256	2,097,152	/24
Class D	224~239	111	224.0.0.0~239.255.255.255	N/A(268,435,456)		N/A
Class E	240~255	1111	240.0.0.0~247.255.255.255	N/A(268,435,456)		N/A

④ 특수 목적 IP 주소

- 인터넷 연결을 위한 일반적 목적 외에 특별한 용도만으로 사용하는 IP 주소가 있다. 대표적으로 내부 네트워크를 구축하기 위한 사설 IP 주소(private ip address)와 자기 자신을 가리키는 루프백 IP 주소(loopback ip address)가 있다.
- 사설 IP 주소는 A 클래스에 1개의 네트워크, B 클래스에 16개 네트워크, C 클래스에 256개의 네트워크가 할당되어 있다.
- 루프백 IP 주소는 A 클래스의 127.0.0.0~255.255.255.255 범위를 사용한다.

(4) 서브넷(subnetting)

① 서브넷의 필요성

- 서브넷은 호스트 주소 중 일부를 서브넷의 네트워크 주소로 사용하여 네트워크를 분할하는 기법이다.
- 브로드캐스트의 크기를 작게 하고 주소를 절약하며 라우팅 정보의 크기를 감소하기 위해 서브넷이 필요하다. B 클래스를 사용한다면 호스트의 수가 65,536개나 되고 C 클래스를 사용하면 호스트의 수가 256개밖에 되지 않는다. 그러나 서브넷을 사용하면 B 클래스와 C 클래스 사이의 호스트 수를 가진 네트워크를 구축할 수 있다.

② 서브넷마스크(subnet mask)

- 서브넷마스크는 넷마스크(netmask)라고도 부르는데 IP 주소를 네트워크 주소와 호스트 주소로 분리하는데 사용된다. 서브넷마스크와 IP 주소를 AND 연산하면 네트워크 주소를 분리할 수 있고 IP 주소 중 서브넷마스크의 0에 해당하는 부분이 호스트 주소가 된다.

```
11000000.10101000.01111011.10000100 - IP 주소(192.168.123.132)
11111111.11111111.11111111.00000000 - 서브넷마스크(255.255.255.0)
11000000.10101000.01111011.00000000 - 네트워크 주소(192.168.123.0)
00000000.00000000.00000000.10000100 - 호스트 주소(000.000.000.132)
```

- 일반적으로 A 클래스는 네트워크 주소가 상위 1바이트이므로 서브넷마스크는 255.0.0.0이고 B 클래스는 네트워크 주소가 상위 2바이트이므로 서브넷마스크는 255.255.0.0이다. 마찬가지로 생각해보면 C 클래스는 255.255.255.0이 된다.
- 동일한 IP 주소를 서로 다른 서브넷마스크를 적용했을 때 네트워크 주소와 호스트 주소가 어떻가 달라지는지 예시를 들어 보았다.

IP 주소	서브넷마스크	네트워크 주소	호스트 주소
13.13.10.2	255.0.0.0	13.0.0.0	13.10.2
13.13.10.2	255.255.0.0	13.13.0.0	10.2
13.13.10.2	255.255.255.0	13.13.10.0	2

③ 서브넷마스크와 호스트의 개수
- 서브넷마스크가 255.255.255.0일 때 IP 192.168.123.132의 네트워크 주소는 192.168.123.0이 되고 해당 네트워크가 가질 수 있는 호스트의 수는 192.168.123.0~192.168.123.255까지 총 256개이다.
- 총 256개 중 192.168.123.0은 네트워크 주소로 예약되어 있고 192.168.123.255는 브로드캐스트 주소로 예약되어 있다. 추가로 192.168.123.1 또는 192.168.123.254는 게이트웨이 주소로 예약되어 있어 실제 호스트의 개수는 253개가 된다.

④ C 클래스 기준 서브넷 구성해보기
- 서브넷마스크를 이용하여 할당 받은 네트워크를 더 작은 서브넷으로 나눌 수 있다. 가령 C 클래스의 서브넷마스크 255.255.255.0을 사용하는 경우 하나의 네트워크만 운영할 수 있지만 서브넷마스크를 255.255.255.192로 설정하면 4개의 서브넷으로 나누어 운영할 수 있다.
- 아래는 C 클래스였던 네트워크의 호스트 주소 부분 중 2비트를 서브넷의 네트워크 주소로 활용하면 4개의 서브넷으로 나눌 수 있다. 예시로 192.168.123.0 네트워크에 서브넷마스크 255.255.255.192를 적용하여 4개의 서브넷으로 나누는 과정을 표로 정리하였다.
- C 클래스의 호스트 주소 중 2비트를 서브넷의 네트워크 주소로 활용하였다. 2비트는 00, 01, 10, 11 총 4개의 네트워크 주소를 만들어 낼 수 있다.

서브넷 네트워크 주소	서브넷 네트워크 주소	유효한 호스트 주소
11111111.11111111.11111111.00000000	192.168.123.0	192.168.123.1~62
11111111.11111111.11111111.01000000	192.168.123.64	192.168.123.65~126
11111111.11111111.11111111.10000000	192.168.123.128	192.168.123.129~190
11111111.11111111.11111111.11000000	192.168.123.192	192.168.123.193~254

> **더 알기 TIP**
>
> **접두어 길이 표기(prefix length notation)**
> - 서브넷마스크는 .(dot)으로 구분하는 10진수 4자리로 표기할 수도 있지만 '/24'와 같이 서브넷마스크의 비트 길이로 표기할 수 있다.
> - 예를 들어 255.255.255.0과 /24는 동일한 의미이다. 즉 192.168.100.100/24와 같이 IP 주소와 서브넷마스크를 동시에 표기할 수 있다.
> - IP 주소 192.168.123.100과 서브넷마스크 255.255.255.192를 같은 요령으로 표기하면 192.168.123.100/26으로 표기할 수 있다.

(5) 도메인(domain)

① 도메인네임(Domain Name)
- 도메인네임이란 숫자로 구성한 IP를 사람이 기억하기 쉽도록 이름을 부여하는 메커니즘이다.
- 도메인네임은 국제인터넷주소자원관리기관(ICANN)에서 새로운 도메인을 계속적으로 발행하는 등 관리하고 있고 영어 이외에 한글, 중문 등 다양한 언어도 제공하고 있다.

② 도메인 체계
- 도메인 체계는 .(dot)으로 구분하는 다단계 계층 트리 구조이다. 루트 도메인(root domain)은 도메인 이름(name)과 최상위 도메인(TLD : top-level domain)으로 구성되고 그 앞에는 서브 도메인(sub-domain)이 올 수 있다. 프로토콜(protocol)은 통신 시 사용하는 규약을 의미한다.

- 1단계 도메인인 최상위 도메인(TLD)은 일반 최상위 도메인(gTLD : generic TLD)과 국가코드 최상위 도메인(ccTLD : country code TLD)으로 나눌 수 있다. 일반 최상위 도메인은 com, net, org, edu, gov, mil, int 등이 해당한다. 국가코드 최상위 도메인은 ISO-3166에 따라 kr, cn, us 등이 해당한다.

- 2단계 도메인은 co, go, or과 같이 기관 이름이나 기관 종류가 오고 논리적으로 3단계, 4단계 도메인으로 확장 기술할 수 있다.

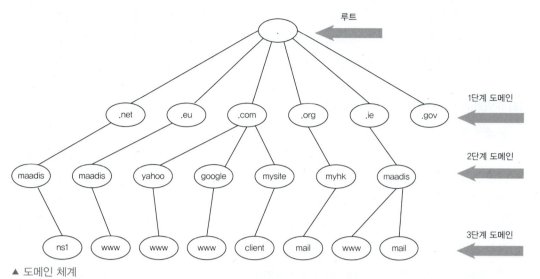

▲ 도메인 체계

③ **도메인네임 시스템(DNS : Domain Name System)**
- 도메인네임 시스템이란 호스트의 도메인네임을 IP 주소로 변환해주는 시스템을 말한다.
- ARPANET 시절 HOSTS.TXT 이름의 텍스트 파일을 통해 도메인네임과 매핑하는 IP 주소를 관리하였던 것이 그 시작이며, 단순 파일로 관리하기에는 인터넷의 사용자의 증가와 발전으로 체계적인 시스템의 도입이 필요하게 되었다.
- 인터넷 사업자가 제공하는 DNS 서버에 도메인네임을 질의하면 IP 주소를 반환한다. DNS 서버에 질의하는 과정은 도메인네임의 계층 구조에 따라 단계별로 질의할 수 있다.

④ ICANN(Internet Corporation for Assgined Names and Numbers)
- 인터넷 DNS의 기술적 관리, IP 주소 공간 할당, 프로토콜 파라미터 지정, 루트 서버 시스템 관리 등의 업무를 조정하는 역할을 수행하기 위해 1998년에 설립한 국제인터넷주소관리기구(Internet Corporation for Assigned Names and Numbers, ICANN)이다.
- 인터넷의 비즈니스, 기술계, 학계 및 사용자 단체 등 회원으로 구성된 비영리 기관이다.

(6) IPv6(Internet Protocol version 6)

① IPv6의 개요
- IPv6는 IPv4의 주소 고갈 문제를 해결하기 위해 주소의 길이를 128비트로 확장한 차세대 인터넷 프로토콜이다.
- IPv6 주소는 16비트 단위로 8자리로 구성되고 각각은 콜론(:)으로 구분된다. 보통 16진수 값으로 표기되고 0값은 생략될 수도 있다.

16진수 표기 IP주소

② IPv6의 특징
- IPv4에서 중요도가 떨어졌지만 기본으로 제공했던 헤더를 확장 헤더로 옮김으로써 기본 헤더에서 포함하는 필드가 12개에서 8개로 줄어드는 등 헤더 구조를 단순화하였다.
- 주소의 길이를 128비트로 확장하여 인터넷상 모든 기기에 주소를 할당할 수 있게 되었고 더 이상 IPv4는 NAT(Network Address Translation) 기술이 불필요하게 될 것이다.
- ISP에서 상위 ISP가 할당 받은 주소의 일부분을 할당 받도록 하는 계층적 체계를 갖는다.
- 호스트의 주소를 자동으로 할당 받을 수 있다.
- 패킷 출처 인증, 데이터 무결성 및 비밀 보장 기능을 IPv6 확장 헤더를 통해 기본으로 인증 및 보안 기능을 제공한다.
- 흐름 레이블(flow label) 필드를 통하여 트래픽을 구분하고 라우터에 의해 QoS 처리가 가능하게 되었다.
- 기본 헤더뿐 아니라 확장 헤더를 추가함으로써 다양한 상황에 대한 확장성이 높아졌다.
- IPv6 호스트는 물리적 위치에 영향을 받지 않고 동일한 주소를 유지하면서 자유롭게 이동할 수 있다.

③ IPv4와 IPv6의 비교

구분	IPv4	IPv6
주소 길이	32비트	128비트
주소 개수	약 43억개	약 (43억)^{4}개
품질 제어	품질 보장 곤란(QoS 일부 지원)	등급별, 서비스별 패킷을 구분할 수 있어 품질 보장 용이
보안 기능	IPsec 프로토콜 별도 설치	확장 기능으로 기본 제공
자동 네트워킹	곤란	가능(Auto-configuration)
이동성 지원	곤란(비효율적)	용이(효율적)

SECTION 02 네트워크의 설정

1 환경설정

(1) 리눅스 네트워크 환경설정의 개요

① 리눅스 네트워크의 호환성
- 대부분의 리눅스는 네트워크 디바이스의 호환성을 제공한다. 리눅스 배포판에서 가지고 있는 네트워크 디바이스가 호환되는지 확인하기 위해서는 리눅스 배포판에서 운영하고 있는 사이트를 참조하면 된다.
- 예를 들면 레드햇(redhat) 리눅스는 http://hardware.redhat.com/hcl/ 링크[1]를 통해 호환하는 하드웨어가 무엇인지 확인할 수 있다.

② 리눅스 네트워크의 다양성
- 리눅스는 다양한 네트워크 프로토콜과 다양한 네트워크 디바이스를 기본적으로 제공한다. 모든 네트워크의 기본이 되는 ethernet은 기본으로 제공하면서 ppp, slip, x.25, atm, wlan, can, fddi, bluetooth, zigbee, 6lowpan 등의 다양한 네트워크 기능을 제공한다.
- 만약 리눅스에서 제공하지 않는 네트워크 디바이스라면 해당 디바이스의 제조사 사이트를 참조하여 사용하고 있는 리눅스 배포판 버전이나 커널 버전과 호환되는 모듈 파일을 다운로드 받아 설치해야 한다.

(2) 인터넷 접속을 위한 이더넷 카드(Ethernet card) 설치하기

① 대부분의 이더넷 카드 드라이버는 리눅스 배포판에 포함되어 있어서 별도의 작업이 필요 없다. 하지만 최신 이더넷 카드의 경우 드라이버가 포함되어 있지 않을 수도 있는데 그럴 경우 제조사의 사이트에서 적합한 드라이버를 다운로드 받아 설치해야 한다.

② 드라이버를 다운로드 받은 후 modprobe나 insmod를 통해 드라이버를 시스템에 로드해야 하며 시스템을 재부팅 시 드라이버가 자동 로드될 수 있도록 /etc/modprobe.d 디렉터리 안에 설정이 필요하다.

---

1. 링크는 해당 업체에서 수정하여 달라질 수 있다.

> **➕ 더 알기 TIP**
>
> **이더넷 카드 드라이버 설치하기**
> - 제조사의 사이트에서 다운받은 소스코드를 압축 해제한다.
>
> ```
> $ tar e1000e.tar.gz
> ```
>
> - 압축 해제된 디렉터리로 이동 후 소스코드를 빌드하고 드라이버를 시스템에 설치한다.
>
> ```
> $ make clean
> $ sudo make install
> ```
>
> - 시스템에 드라이버를 로드한다.
>
> ```
> $ sudo modprobe e1000e
> ```

(3) 인터넷 접속을 위한 네트워크 인터페이스 설정 방법

① GUI 기반 네트워크 설정

- 방법 1 : X 윈도우의 상단 패널에서 [Applications] 〉 [System Tools] 〉 [Settings] 〉 [Network]를 선택하여 네트워크 설정에 진입한다.

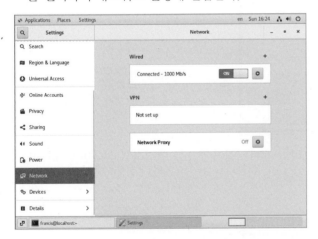

- 방법 2 : 터미널에서 다음과 같이 입력한다.

```
$ nm-connection-editor &
```

- 현재 설치되어 있는 네트워크 인터페이스 목록을 확인할 수 있으며, 설정하고자 하는 네트워크 인터페이스를 선택하고 [Edit…] 버튼을 선택한다.

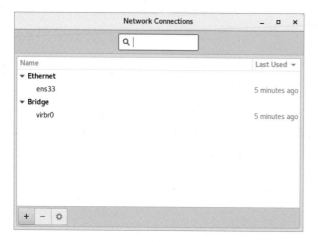

- DHCP 서버에서 IP 주소를 자동으로 받아오고 싶다면 [Automatic(DHCP)]를 선택한다.

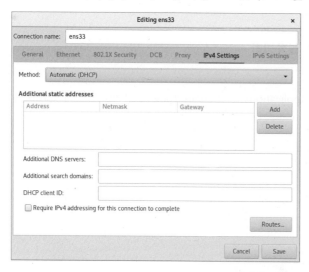

- 사용자가 직접 IP 주소와 넷마스크 그리고 게이트웨이 주소를 입력하고 싶다면 [Manual]을 선택한다.

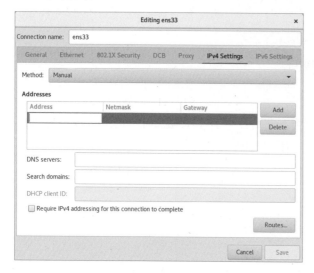

② 텍스트 기반 네트워크 설정

- nmtui 명령어를 사용하여 Network Manager를 실행하고 'Edit a connection'을 선택한다.

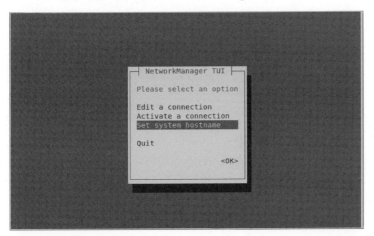

- 원하는 네트워크 인터페이스로 커서를 움직인 후 〈Edit...〉를 선택한다.

- 텍스트 화면에서도 DHCP 서버로부터 IP주소 자동 할당하거나 수동으로 설정할 수 있다.

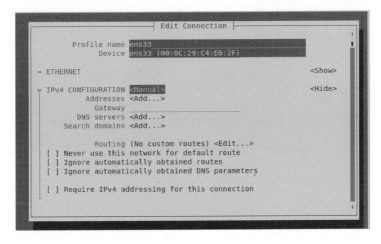

- 설정화면에서 빠져 나와 다음과 같이 네트워크 서비스를 재시작해야 반영된다.

```
# systemctl restart network.service
```

- service 명령어를 사용하여 네트워크 서비스를 재시작하여도 무방하다.

```
# service network restart
Restarting network (via systemctl):        [  OK  ]
```

③ 명령어를 통한 IP 수동 설정
- ifconfig 명령어를 사용하여 IP를 수동 설정할 수 있다.
- 아래 예시는 ens33 인터페이스에 IP 주소 192.168.100.100을 설정한다. 넷마스크와 브로드캐스트의 주소는 기본으로 입력된다.

```
# ifconfig ens33 192.168.100.100
```

- 아래 예시는 ens33 인터페이스에 IP 주소 및 넷마스크, 브로드캐스트 주소를 함께 입력한다.

```
# ifconfig ens33 192.168.100.100 netmask 255.255.255.0 broadcast 192.168.100.255
```

- 접두어 길이 표기법으로 간단히 입력할 수도 있다.

```
# ifconfig ens33 192.168.100.100/24
```

- 네트워크 인터페이스가 활성화 되어있지 않다면 아래와 같이 활성화 해야 네트워크 통신이 가능하다.

```
# ifconfig ens33 up
```

- 설정한 값은 영구적이지 않으며 시스템을 리부팅하거나 아래와 같이 네트워크 서비스를 재시작하면 수동 설정값은 지워진다.

```
# service network restart
```

- 아직까지 게이트웨이 주소를 입력하지 않았기 때문에 현재 네트워크 외부로 패킷이 전송될 수 없다. 다음과 같이 라우팅 테이블에 게이트웨이 주소를 추가해야 한다.

```
# route add default gw 192.168.100.1
```

④ 네트워크 설정 파일을 통한 IP 수동 설정
- 네트워크 설정 파일을 통해 IP 주소 및 넷마스크, 게이트웨이 주소, 호스트 이름, DNS 등의 설정을 수행할 수 있다. 설정 변경 후 "systemctl restart network"를 통해 서비스를 재시작해야 반영이 된다.

네트워크 설정 파일	설명

/etc/sysconfig/network-scripts/ifcfg-ens33	– 네트워크 인터페이스마다 환경설정을 수행할 수 있다. 첫 번째 이더넷 카드는 ifcfg-ens33, 두 번째 이더넷 카드는 ifcfg-ens34 등의 파일명으로 저장된다.
	– 디바이스명, 프로토콜, IP 주소, 넷마스크, 게이트웨이, DNS 주소, 부팅 시 활성화 여부 등 다양한 IP 설정을 수행할 수 있다.
	
	# 설정 대상이 되는 이더넷 인터페이스
	DEVICE = ens33
	# IP 할당 방법을 설정한다. 수동 설정은 static, 동적 설정은 dhcp를 기입한다.
	BOOTPROTO=static
	# 이더넷 카드의 Mac 주소
	HWADDR=xx:xx:xx:xx:xx:xx
	# 브로드캐스트 주소
	BROADCAST=
	# IP 주소
	IPADDR=
	# 넷마스크 주소
	NETMASK=
	# 네트워크 주소
	NETWORK=

/etc/sysconfig/network-scripts/ifcfg-eth0	# 게이트웨이 주소
	GATEWAY=
	# 시스템 시작 시 자동 활성화 여부
	ONBOOT=yes
	# dhcp 서버의 dns 정보를 resolv.conf 파일에 저장 여부를 설정
	PEERDNS=yes
	# 1차 DNS 서버의 주소
	DNS1=
	# 2차 DNS 서버의 주소
	DNS2=
	# 일반 계정 권한으로 제어 가능 여부
	USERCTL=no
	# 네트워크 매니저(network manager) 사용 여부
	NM_CONTROLLED=yes

/etc/sysconfig/network	– 시스템 전체에 적용할 기본 게이트웨이 주소, 호스트명, 네트워크 연결 허용 여부, 게이트웨이 장치 파일 설정, NIS 도메인 이름을 설정한다. # 네트워크 연결 허용 여부 NETWORKING= # 호스트명 HOSTNAME= # 게이트웨이 GATEWAY= # 게이트웨이 장치명 GATEWAYDEV= # NIS 도메인 이름 NISDOMAIN=

/etc/resolv.conf	– 네임 서버 설정과 기본으로 사용할 도메인명을 설정한다. # 호스트가 속한 도메인을 설정한다. search # DNS 서버의 IP 주소를 입력한다. nameserver
/etc/hosts	IP 주소와 도메인 이름 간의 매핑 테이블이다. 해당 시스템에서만 사용하는 정보를 미리 입력할 수 있다.

- /etc/sysconfig/network-scripts/ifcfg-ens33을 편집하여 IP 주소, 브로드캐스트 주소, 게이트웨어 정보 등을 입력한다.

```
# vi /etc/sysconfig/network-scripts/ifcfg-ens33

DEVICE=eth0
BOOTPROTO=static
NM_CONTROLLED="yes"
ONBOOT=yes
IPADDR=192.168.100.152
BROADCAST=192.168.100.255
GATEWAY=192.168.100.1
```

- /etc/sysconfig/network는 시스템 전역으로 적용할 정보를 입력한다.

```
vi /etc/sysconfig/network

NETWORKING=yes
HOSTNAME=francis.com
GATEWAY=192.168.100.1
```

- /etc/resolv.conf는 DNS 서버 주소와 기본으로 사용할 도메인 이름을 설정한다.

```
vi /etc/resolv.conf

# Generated by NetworkManager
search francis.com
nameserver 192.168.100.2
nameserver 192.168.100.3
```

- /etc/hosts를 통해 issue.francis.com 도메인 이름이 192.168.100.150에 매핑됨을 설정하였다. 브라우저에 my.francis.com을 입력하면 hosts 파일을 통해 192.168.100.150에 접속할 것이다.

```
$ cat /etc/hosts
127.0.0.1       localhost
192.168.100.150 my.francis.com
```

2 네트워크 설정 명령어

(1) ifconfig

① 설명
- 네트워크 인터페이스에 대한 환경설정을 수행하는 역할을 한다.
- 보통 시스템이 시작된 후 네트워크 설정을 조절하기 위해 사용한다.
- 아무런 옵션 없이 사용하면 현재 활성화된 네트워크 인터페이스에 대한 정보를 보여준다.
- 네트워크 인터페이스명을 옵션으로 주면 해당 인터페이스에 대한 설명만 볼 수 있다.
- -a 옵션을 주면 모든 네트워크 인터페이스에 대한 설명을 볼 수 있다.
- 만약 ifconfig 명령어가 기본 탑재되어 있지 않다면 'yum install net-tools' 명령어를 통해 관련 패키지를 설치하면 된다.

② 형식

```
ifconfig [interface]
ifconfig interface options | address ...
```

③ 네트워크 설정 보기
- 아무런 옵션 없이 명령어를 입력하면 활성화된 네트워크 인터페이스의 설정을 보여준다.

```
$ ifconfig
ens33: flags=4163<UP,BROADCAST,RUNNING,MULTICAST>  mtu 1500
        inet 192.168.0.113  netmask 255.255.255.0  broadcast 192.168.0.255
        inet6 fe80::93b4:7ee0:3b31:9767  prefixlen 64  scopeid 0x20<link>
        ether 00:0c:29:c4:e0:2f  txqueuelen 1000  (Ethernet)
        RX packets 108  bytes 23239 (22.6 KiB)
        RX errors 0  dropped 0  overruns 0  frame 0
        TX packets 103  bytes 14793 (14.4 KiB)
        TX errors 0  dropped 0 overruns 0  carrier 0  collisions 0
```

```
lo: flags=73<UP,LOOPBACK,RUNNING>  mtu 65536
        inet 127.0.0.1  netmask 255.0.0.0
        inet6 ::1  prefixlen 128  scopeid 0x10<host>
        loop  txqueuelen 1000  (Local Loopback)
        RX packets 384  bytes 33408 (32.6 KiB)
        RX errors 0  dropped 0  overruns 0  frame 0
        TX packets 384  bytes 33408 (32.6 KiB)
        TX errors 0  dropped 0 overruns 0  carrier 0  collisions 0
```

- ifconfig가 보여주는 각 출력 정보 설명

항목	설명
Link encap	네트워크 인터페이스의 유형
Hwaddr	이더넷 카드의 MAC 주소
inet addr	IP 주소
Bcast	브로드캐스트 주소
Mask	넷마스크 주소
UP	인터페이스 활성화 상태
BROADCAST	브로드캐스트 사용
RUNNING	인터페이스 동작 중
MULTICAST	멀티캐스트 사용 가능
MTU	MTU(Maximum Transmission Unit) 설정값
Metric	라우팅 정보로서 거리값
RX/TX	RX는 수신 패킷이고, TX는 송신 패킷
Collisions	충돌 패킷 개수

④ **모든 네트워크 인터페이스의 설정 보기**

- -a 옵션을 통해 모든 네트워크 인터페이스의 설정을 볼 수 있다.

```
$ ifconfig -a
```

⑤ **특정 네트워크 인터페이스의 설정 보기**

- 네트워크 인터페이스 이름을 지정하면 해당 네트워크 인터페이스의 설정만 볼 수 있다.

```
$ ifconfig eth0
```

⑥ 특정 네트워크 인터페이스 활성화 및 비활성화하기
- 네트워크 인터페이스가 비활성화되어 있으면 해당 인터페이스를 통해 아무런 데이터도 송수신되지 않는다. 네트워크 인터페이스가 활성화되면 그 시점부터 통신을 시작할 수 있다.
- 네트워크 인터페이스를 활성화려면 네트워크 인터페이스와 up 키워드를 사용한다.

```
# ifconfig eth0 up
```

- 네트워크 인터페이스를 비활성화려면 네트워크 인터페이스와 down 키워드를 사용한다.

```
# ifconfig eth0 down
```

⑦ 네트워크 설정하기
- 고정 IP를 설정하기 위해서는 인터페이스 이름과 IP 주소를 입력한다.

```
# ifconfig wlan0 192.168.100.100
```

- 넷마스크를 설정하기 위해서는 netmask 키워드를 사용한다.

```
# ifconfig wlan0 netmask 255.255.255.0
```

- 브로드캐스트 주소를 설정하기 위해서는 broadcast 키워드를 사용한다.

```
# ifconfig wlan0 broadcast 192.168.100.253
```

- IP 주소, 넷마스크, 브로드캐스트 주소를 한 번에 변경할 수도 있다.

```
# ifconfig wlan0 192.168.100.100 netmask 255.255.255.0 broadcast 192.168.100.253
```

- IP 주소, 넷마스크, 브로드캐스트 주소를 한 번에 변경하면서 인터페이스를 활성화한다.

```
# ifconfig wlan0 192.168.100.100 netmask 255.255.255.0 broadcast 192.168.100.253 up
```

(2) nmcli

① 설명
- nmcli 명령어를 사용하여 Network Manager를 실행하고 'Edit a connection'을 선택한다.

② 형식

```
nmcli [OPTIONS] OBJECT { COMMAND | help }
```

- OBJECT에는 g, cn, d 등이 올 수 있다. g는 NetworkManger의 전체 정보를 의미하고 cn은 네트워크 연결을 의미하며 connection이라고 사용할 수도 있다. d는 NetworkManager가 관리하는 장치를 의미하며 device라고 사용할 수도 있다.

③ **NetworkManager의 정보**

- NetworkManager의 전체적인 정보를 출력한다.

```
$ nmcli g
STATE       CONNECTIVITY    WIFI-HW    WIFI       WWAN-HW    WWAN
connected   full            enabled    enabled    enabled    enabled
```

④ **네트워크 장치**

- 네트워크 장치 목록을 출력한다. 'nmcli d'로 줄여서 입력할 수도 있다.

```
$ nmcli device
DEVICE        TYPE        STATE        CONNECTION
ens33         ethernet    connected    ens33
virbr0        bridge      connected    virbr0
lo            loopback    unmanaged    --
virbr0-nic    tun         unmanaged    --
```

- -f 옵션을 사용하여 원하는 필드만 출력할 수 있다.

```
$ nmcli -f DEVICE,IP4-CONNECTIVITY d
DEVICE        IP4-CONNECTIVITY
ens33         full
virbr0        limited
lo            unknown
virbr0-nic    none
```

⑤ **네트워크 연결**

- 현재 활성화되어 있는 연결을 출력한다. 'nmcli connection'으로 풀어서 입력할 수 있다.

```
$ nmcli c
NAME      UUID                                      TYPE        DEVICE
ens33     efffd62d-d8ec-48bc-8d05-c2f0d3f24eed      ethernet    ens33
virbr0    6486d9f5-5de2-479d-bb62-6454d35b5402      bridge      virbr0
```

- -f 옵션을 주고 'all'을 입력하면 모든 필드를 출력한다.

```
$ nmcli -f all c
NAME      UUID                                      TYPE        TIMESTAMP     TIMESTAMP
ens33     efffd62d-d8ec-48bc-8d05-c2f0d3f24eed      ethernet    1609663833    Sun 03 Ja
virbr0    6486d9f5-5de2-479d-bb62-6454d35b5402      bridge      1609663833    Sun 03 Ja
```

- 지정한 네트워크 장치를 IP 자동 설정하고 부팅 시 자동 연결하도록 설정한다. m은 modify를 의미하며 ens33은 네트워크 장치이다. IP 자동 설정하기 위해 ipv4.method를 auto로 설정하고 부팅 시 자동 연결하도록 connection.autoconnect를 yes로 설정한다.

```
$ nmcli c m ens33 ipv4.method auto connection.autoconnect yes
```

- ip를 수동 설정하기 위해서 ipv4.method를 manual로 설정하고 ipv4.addresses에 IP를 입력한다. 게이트웨이 설정을 위해 ipv4.gateway를 이용하고 dns 설정을 위해 ipv4.dns를 사용한다.

nmcli c m eth0 ipv4.method manual connection.autoconnect yes ipv4.addresses 10.20.30.41/24 ipv4.gateway 10.20.30.254 ipv4.dns "168.126.63.1 168.126.63.2"

(3) route
① 설명
- 시스템에 설정된 라우팅 테이블을 표시하거나 수정한다.
- 패킷의 목적지 주소와 넷마스크(netmask)를 AND 연산하여 알아낸 네트워크 주소와 라우팅 테이블에 매칭되는 경로가 있다면 해당 경로에 설정된 네트워크 인터페이스를 통해 패킷을 라우팅한다.

② 형식

```
route
route  add [-net|-host] target [netmask Nm] [gw Gw] [[dev] If]
route  del [-net|-host] target [gw Gw] [netmask Nm] [[dev] If]
```

③ 라우팅 테이블 출력하기
- 아무런 옵션 없이 명령어를 입력하면 시스템의 라우팅 테이블 정보를 보여준다.

```
$ route
Kernel IP routing table
Destination     Gateway         Genmask         Flags   Metric  Ref     Use Iface
10.0.2.0        *               255.255.255.0   U       1       0       0 eth0
default         10.0.2.2        0.0.0.0         UG      0       0       0 eth0
```

- -n 옵션을 사용하면 심볼을 출력하지 않고 있는 그대로 숫자로 표시한다. 예제를 보면 Destination의 default 대신에 0.0.0.0을 표시하고 있고 Gateway의 * 대신에 0.0.0.0을 있는 그대로 숫자로 표시하고 있다.

```
$ route -n
Kernel IP routing table
Destination     Gateway         Genmask         Flags   Metric  Ref     Use Iface
10.0.2.0        0.0.0.0         255.255.255.0   U       1       0       0 eth0
0.0.0.0         10.0.2.2        0.0.0.0         UG      0       0       0 eth0
```

- 라우팅 테이블의 각 정보에 대한 설명은 다음과 같다.

항목	설명
Destination	목적지 호스트나 네트워크의 주소이다.
Gateway	외부 네트워크와 연결되어 있는 게이트웨이 주소이다.
Genmask	패킷의 목적지 주소에서 네트워크 주소를 계산하기 위한 넷마스크 주소이다. '0.0.0.0'이나 '*'인 경우 내부 네트워크임을 뜻한다.
Flags	라우팅 경로의 플래그 • U : 라우팅 정보가 유효함 • H : 목적지가 호스트 • G : 목적지로 가려면 게이트웨이 경유 필요 • D : 데몬 또는 ICMP 리다이렉트 메세지를 통해 설치된 상태 • M : 데몬 또는 ICMP 리다이렉트 메시지를 통해 수정된 상태
Metric	목적지 호스트나 네트워크까지 도달하기 위한 비용을 숫자로 환산한 특정 값을 의미한다. 결국 라우터는 최적의 경로를 찾기 위해 Metric이 작은 값을 선택한다.
Ref	경로를 참조한 횟수
Use	경로를 탐색한 횟수
Iface	목적지 네트워크나 호스트로 패킷을 내보낼 네트워크 인터페이스

④ **디폴트 게이트웨이 추가 및 삭제하기**

- add 옵션을 사용하고 default gw 옵션을 사용하여 디폴트 게이트웨이 추가하기

```
# route add default gw 10.0.2.2 dev eth0
```

- del 옵션을 사용하여 디폴트 게이트웨이 삭제하기

```
# route del default gw 10.0.2.2
```

- 디폴트 게이트웨이를 추가한 후 라우팅 정보를 보면 Destination에 default가 설정되고 Flags에는 G 플래그가 설정됨을 확인할 수 있다.

⑤ **특정 네트워크에 대한 라우팅 정보 추가 및 삭제하기**

- -net 옵션과 netmask 옵션을 사용하여 특정 네트워크를 목적지로 하는 라우팅 정보 추가하기

```
# sudo route add -net 10.0.2.128 netmask 255.255.255.128 gw 10.0.2.2 dev eth0
```

- del 옵션을 사용하여 디폴트 게이트웨이 삭제하기

```
# sudo route del -net 10.0.2.128 netmask 255.255.255.128 gw 10.0.2.2 dev eth0
```

⑥ 특정 호스트에 대한 라우팅 정보 추가 및 삭제하기

- -host 옵션을 사용하여 특정 호스트를 목적지로 하는 라우팅 정보 추가하기

```
# route add -host 10.0.2.50 dev eth0
```

- del 옵션과 -host 옵션을 사용하여 특정 호스트를 목적지로 하는 라우팅 정보 삭제하기

```
# sudo route del -host 10.0.2.50 dev eth0
```

- -host 옵션을 사용하여 라우팅 정보를 추가하면 Flags에 'H'가 표기됨을 확인할 수 있다.

(4) arp

① 설명

- 이더넷 기반 IP 통신을 위해서는 호스트 주소를 랜카드의 HW 주소, 즉 MAC 주소로 변환하는 것이 필요하다.
- 호스트 주소에 대한 MAC 주소를 알아내기 위해 ARP 프로토콜을 사용하는데 이때 알아낸 MAC 주소를 ARP 캐시에 저장한다.
- 이후 또다시 동일한 컴퓨터에 통신을 시도할 경우 이미 ARP 캐시에 호스트 주소에 대한 MAC 주소가 보관되어 있기 때문에 다시 ARP 프로토콜을 수행할 필요가 없게 된다.

② 형식

```
arp [-a] [hostname]
arp -s hostname hwaddr
arp -d hostname
```

③ arp 캐시 보기

- 옵션 없이 arp 명령을 사용하면 ARP 캐시를 확인할 수 있다. -e 옵션을 사용하여도 동일한 결과를 얻을 수 있고 BSD 스타일로 표시된다.

```
$ arp
Address           HWtype  HWaddress           Flags Mask    Iface
10.0.2.2          ether   52:54:00:12:35:02   C               eth0
```

- -a 옵션을 사용하면 BSD 스타일이 아닌 리눅스 스타일로 ARP 캐시를 살펴볼 수 있다.

```
$ arp -a
? (10.0.2.2) at 52:54:00:12:35:02 [ether] on eth0
```

- -a 옵션에 IP 주소를 입력하여 특정 호스트의 MAC 주소를 확인할 수도 있다.

```
$ arp -a 10.0.2.2
```

④ arp 캐시에 정보 추가 및 삭제하기
- -s 옵션을 사용하여 ARP 캐시에 직접 IP 주소와 MAC 주소를 입력할 수 있다.

```
$ arp -s 10.0.2.3 11:22:33:44:55:66
```

- -d 옵션을 사용하여 ARP 캐시에서 특정 IP 주소의 정보를 삭제할 수 있다.

```
$ arp -d 10.0.2.3
```

⑤ 그 밖의 옵션
- -n 옵션은 출력 정보를 도메인 주소 대신에 IP 주소로 출력한다.
- -v 옵션은 관련 정보를 자세하게 출력한다.

3 네트워크 진단 명령어

(1) ethtool

① 설명
- ethtool은 네트워크 인터페이스 카드(NICs)를 위한 유틸리티 또는 설정 도구이다.
- 네트워크 속도(speed), 포트(port), 자동 설정(auto-negotiation)과 같은 네트워크 카드의 설정을 변경할 수 있다.

② 형식

```
ethtool [options] interface
```

③ 예제
- 네트워크 인터페이스의 정보 보기

```
$ ethtool ens33
```

- 네트워크 인터페이스의 디바이스 드라이버 정보 보기

```
$ ethtool -i eth0
driver: e1000
version: 7.3.21-k8-NAPI
firmware-version:
bus-info: 0000:00:03.0
supports-statistics: yes
supports-test: yes
supports-eeprom-access: yes
supports-register-dump: yes
supports-priv-flags: no
```

- 네트워크 인터페이스의 통계 정보 보기

```
# ethtool --statistics eth0
NIC statistics:
     rx_packets: 47
     tx_packets: 59
     rx_bytes: 7407
     tx_bytes: 5598
     rx_broadcast: 0
     tx_broadcast: 5
```

- 네트워크 인터페이스의 설정 변경하기(아래 예제는 speed, duplex, autoneg의 값을 변경하고 있음)

```
# ethtool --change eth0 speed 100 duplex full autoneg off
```

(2) ip

① 설명
- 시스템의 네트워크 인터페이스에 주소를 할당하거나 파라미터 설정 기능을 수행하는 ifconfig를 대체하는 명령어이다.

② 형식

```
ip [options] [command] [address] [dev interface]
```

③ 주요 옵션

옵션	설명
route	라우팅 테이블에 항목을 추가하거나 삭제한다.
addr	네트워크 인터페이스의 IP 정보를 출력한다.
link	네트워크 인터페이스에 상태를 설정한다.
neighbor	ARP 캐시를 관리한다.

④ 네트워크 인터페이스의 정보 출력
- 모든 네트워크 인터페이스의 정보를 출력한다.

```
$ ip addr
또는
$ ip addr show
또는
$ ip addr list
```

⑤ **IP 할당 및 제거**
- 네트워크 인터페이스에 IP를 할당한다.

```
# ip addr add 192.168.100.100 dev eth0
```

- 네트워크 인터페이스에 IP와 넷마스크를 할당한다.

```
# ip addr add 192.168.100.100/255.255.255.0 dev eth0
또는
# ip addr add 192.168.100.100/24 dev eth0
```

- 네트워크 인터페이스에 브로드캐스트 주소를 할당한다.

```
# ip addr add broadcast 192.168.100.255 dev eth0
```

- 네트워크 인터페이스에서 IP 주소를 삭제한다.

```
# ip addr del 192.168.100.100/24 dev eth0
```

⑥ **네트워크인터페이스 상태 및 파라미터 변경**
- 네트워크 인터페이스를 비활성화한다.

```
# ip link set dev eth0 down
```

- 네트워크 인터페이스를 활성화한다.

```
# ip link set dev eth0 up
```

- 네트워크 인터페이스의 MTU(Maximum Transfer Unit)를 변경한다.

```
# ip link set mtu 9000 dev eth0
```

⑦ **네트워크 인터페이스의 ARP 캐시 관리**
- 네트워크 인터페이스의 ARP 캐시 정보를 출력한다.

```
$ ip neighbor show
```

- 네트워크 인터페이스의 ARP 캐시 정보를 추가한다.

```
# ip neighbor add 192.168.101.10 lladdr 11:22:33:44:55:66 dev eth0 nud perm
```

- 네트워크 인터페이스의 ARP 캐시 정보를 삭제한다.

```
# ip neighbor del 192.168.101.10 dev eth0
```

⑧ 라우팅 정보 관리

- 라우팅 정보를 출력한다.

```
$ ip route
또는
$ ip route list
```

- 라우팅 정보를 추가한다. 특정 IP 주소에 대한 라우팅 정보를 추가하려면 IP 주소를 명시하고 기본 게이트웨이를 지정하고 싶은 경우 default 키워드를 사용한다.

```
# ip route add 10.0.2.128/25 via 10.0.2.130 dev eth0
```

- 라우팅 정보를 삭제한다.

```
# ip route del 10.0.2.128/25
```

더 알기 TIP

ifconfig와 ip 비교

Old command(Deprecated)	New command
ifconfig -a	ip a
ifconfig enp6s0 down	ip link set enp6s0 down
ifconfig enp6s0 up	ip link set enp6s0 up
ifconfig enp6s0 192.168.2.24	ip addr add 192.168.2.24/24 dev enp6s0
ifconfig enp6s0 netmask 255.255.255.0	ip addr add 192.168.1.1/24 dev enp6s0
ifconfig enp6s0 mtu 9000	ip link set enp6s0 mtu 9000
ifconfig enp6s0:0 192.168.2.25	ip addr add 192.168.2.25/24 dev enp6s0
netstat	ss
netstat -tulpn	ss -tulpn
netstat -neopa	ss -neopa
netstat -g	ip maddr

route	ip r
route add -net 192.168.2.0 netmask 255.255.255.0 dev enp6s0	ip route add 192.168.2.0/24 dev enp6s0
route add default gw 192.168.2.254	ip route add default via 192.168.2.254
arp -a	ip neigh
arp -v	ip -s neigh
arp -s 192.168.2.33 1:2:3:4:5:6	ip neigh add 192.168.3.33 lladdr 1:2:3:4:5:6 dev enp6s0
arp -i enp6s0 -d 192.168.2.254	ip neigh del 192.168.2.254 dev wlp7s0

(3) ping

① 설명

- ping은 ICMP(Internet Control Message Protocol)을 이용한 네트워크 상태 진단 도구이다.
- 원격의 호스트가 네트워크에 연결된 상태인지 확인하고 네트워크 지연시간도 측정할 수 있다.

② 형식

```
ping options hostname|address
```

③ 주요 옵션

- 호스트 이름이나 IP 주소만 입력하여도 ping을 보낼 수 있지만 다양한 옵션을 사용하여 ping 전송 횟수, ping 전송 간격, ping 데이터 크기 등을 설정할 수 있다.

옵션	설명
-c count	ping을 보낼 횟수(기본 값은 무제한)
-i interval	ping을 보낼 시간 간격(기본값은 1초)
-s size	ping을 보낼 데이터의 크기(최대 65507)
-f	• ping을 최대한 많이 보낸다(flood ping). • -i 옵션을 지정하지 않는다면 0 값으로 기본 설정되며 가능한 많은 ping 요청을 전송한다.
-w seconds	ping 시작 후 몇 초 뒤에 실행을 멈출지 결정
-I interface	네트워크 인터페이스가 다수일 경우 ping을 보낼 인터페이스를 지정함

④ ping 전송하기

- -c 옵션을 사용하여 ping을 10번 보낼 때마다 -s 옵션으로 설정한 데이터를 1000 바이트씩 보낸다. -i 옵션을 통해 0.2초(200ms)마다 8.8.8.8 주소로 ping을 전송한다.

```
$ ping -c 10 -s 1000 -i 0.2  8.8.8.8
PING 8.8.8.8 (8.8.8.8) 1000(1028) bytes of data.
76 bytes from 8.8.8.8: icmp_seq=1 ttl=53 (truncated)
76 bytes from 8.8.8.8: icmp_seq=2 ttl=53 (truncated)
76 bytes from 8.8.8.8: icmp_seq=3 ttl=53 (truncated)
76 bytes from 8.8.8.8: icmp_seq=4 ttl=53 (truncated)
76 bytes from 8.8.8.8: icmp_seq=5 ttl=53 (truncated)
76 bytes from 8.8.8.8: icmp_seq=6 ttl=53 (truncated)
76 bytes from 8.8.8.8: icmp_seq=7 ttl=53 (truncated)
76 bytes from 8.8.8.8: icmp_seq=8 ttl=53 (truncated)
76 bytes from 8.8.8.8: icmp_seq=9 ttl=53 (truncated)
76 bytes from 8.8.8.8: icmp_seq=10 ttl=53 (truncated)

--- 8.8.8.8 ping statistics ---
10 packets transmitted, 10 received, 0% packet loss, time 1846ms
rtt min/avg/max/mdev = 34.422/34.992/37.421/0.858 ms
```

⑤ 정한 시간 동안 ping하기

- -w 옵션을 사용하여 8.8.8.8 주소로 3초간 ping을 수행한다.

```
$ ping -w 3 8.8.8.8
PING 8.8.8.8 (8.8.8.8) 56(84) bytes of data.
64 bytes from 8.8.8.8: icmp_seq=1 ttl=53 time=34.3 ms
64 bytes from 8.8.8.8: icmp_seq=2 ttl=53 time=35.7 ms
64 bytes from 8.8.8.8: icmp_seq=3 ttl=53 time=136 ms

--- 8.8.8.8 ping statistics ---
3 packets transmitted, 3 received, 0% packet loss, time 3000ms
rtt min/avg/max/mdev = 34.341/68.806/136.368/47.777 ms
```

- icmp_seq를 통하여 ping 순서를 알 수 있고 ttl(time to live)을 통하여 라우터를 얼마나 거쳤는지 알 수 있다.
- time은 응답시간을 의미한다. 이 시간이 짧을수록 네트워크 상태가 좋거나 거리가 가깝다는 의미이다.

> **더 알기 TIP**
>
> **TTL(time to live)값의 의미**
> - ping을 전송하면 ICMP 패킷이 여러 라우터를 거쳐 상대방에 도달할 것이다. 이때마다 TTL값이 하나씩 감소한다. 가령 TTL 기본값이 64인 시스템에서 ping을 전송했을 때 TTL이 53이라면 11개의 라우터를 거쳤다는 의미가 된다.
> - TTL은 OS마다 기본값이 다르다. 가령 윈도우의 경우 128이고 리눅스는 64이다. 기본값은 아래와 같은 명령어로 변경도 가능하다.
>
> ```
> # sysctl net.ipv4.ip_default_ttl=129
> ```
> 또는
> ```
> # echo 129 | tee /proc/sys/net/ipv4/ip_default_ttl
> ```

(4) netstat

① 설명

- 네트워크 연결, 라우팅 테이블, 인터페이스의 통계 정보, 마스커레이드 연결, 멀티캐스트 멤버십 등 다양한 네트워크 정보를 출력한다.

② 형식

```
netstat options
```

③ 주요 옵션

- 옵션 지정 시 첫 번째 옵션은 다음과 같다.

옵션	설명
옵션 지정 안 함	열려 있는 소켓의 모든 정보를 출력한다.
--route, -r	라우팅 테이블을 조회한다.
--groups, -g	IPv4와 IPv6를 위한 멀티캐스트 그룹 멤버십 정보를 조회한다.
--interfaces, -i	모든 네트워크 인터페이스에 대한 정보를 출력한다.
--masquerade, -M	마스커레이드 연결의 정보를 출력한다.
--statistics, -s	각 프로토콜의 통계 정보를 출력한다.

- 첫 번째 옵션 지정 후 그 다음은 아래의 옵션들이 올 수 있다.

옵션	설명
-v, --verbose	풍부한 정보를 제공한다.
-n, --numeric	심볼릭 호스트, 사용자, 포트 대신 숫자로 표기한다.
-A, protocol=family	주소 패밀리(address family)를 지정한다. inet, inet6, ax25(AMR AX.25), netrom(AMPR NET/ROM), ipx(Novell IPX), d에(appletalk DDP), x25(CCITT X.25)를 지정할 수 있다. inet은 raw와 udp 그리고 tcp 프로토콜의 소켓을 포함한다.
-c, --continuous	매초마다 계속적으로 정보를 출력한다.
-p, --program	소켓과 연관된 프로그램 이름과 프로세스 아이디(PID)를 출력한다.
-l, --listening	Listen 소켓에 대한 정보를 출력한다.
-a, --all	Listen 소켓과 Listen 소켓이 아닌 경우 모두 정보를 출력한다.
-t	TCP 소켓의 정보를 출력한다.
-u	UDP 소켓의 정보를 출력한다.
-g	멀티캐스트 그룹 멤버십의 정보를 출력한다.

④ 연결되어 있는 모든 소켓 정보 출력하기

- -a 옵션을 통해 연결되어 있는 모든 소켓 정보를 출력하고 -n 옵션을 통해 호스트명이나 포트명과 같은 심볼릭 이름을 사용하지 않고 숫자로 출력한다.

```
$ netstat -an
```

⑤ 라우팅 정보 출력하기

- -r 옵션을 사용하여 라우팅 정보를 출력한다.

```
$ netstat -rn
Kernel IP routing table
Destination    Gateway      Genmask         Flags   MSS Window  irtt Iface
10.0.2.0       0.0.0.0      255.255.255.0   U       0   0       0    eth0
0.0.0.0        10.0.2.2     0.0.0.0         UG      0   0       0    eth0
```

⑥ 특정 주소 패밀리(address family)에 대한 정보만 출력한다.

- --inet 또는 -A inet 옵션을 통하여 IPv4 관련 정보를 출력한다.

```
$ netstat -A inet
```

- --inet6 또는 -A inet6 옵션을 통하여 IPv6 관련 정보를 출력한다.

```
$ netstat -A inet6
```

더 알기 TIP

netstat의 소켓 상태(state) 자세히 살펴보기

- netstat 명령을 입력하면 가장 끝 열에 State 정보를 볼 수 있다. 이 State는 소켓의 연결 상태를 보여주는 것인데 클라이언트의 연결을 기다리는 중이라면 LISTEN 상태가 되고 클라이언트와 연결이 완료되었다면 ESTABLISHED가 표시된다.

```
Active Internet connections (servers and established)
Proto   Recv-Q Send-Q    Local Address       Foreign Address     State
tcp         0      0     0.0.0.0:111         0.0.0.0:*           LISTEN
tcp         0      0     0.0.0.0:6000        0.0.0.0:*           LISTEN
tcp         0      0     0.0.0.0:22          0.0.0.0:*           LISTEN
tcp         0      0     127.0.0.1:631       0.0.0.0:*           LISTEN
```

- State의 의미는 연결과 연결 종료 시의 각 소켓의 상태를 의미한다. 가령 3-way handshake 시 State 변화에 대해 알아보자. 서버는 LISTEN 상태에서 클라이언트가 SYN 패킷을 보내면 클라이언트는 SYN_SENT 상태가 된다. 서버가 SYN을 받았다면 SYN_RECEIVED 상태가 된다. 서버가 SYN과 ACK 패킷을 클라이언트에게 전달하면 클라이언트는 ESTABLISHED 상태가 된다. 클라이언트는 다시 ACK 패킷을 서버에게 보내면 서버도 비로소 ESTABLISHED 상태가 된다.

(5) traceroute

① 설명
- 네트워크의 장애 분석을 위하여 패킷이 어떤 경로로 전송되는지 추적하기 위한 명령어이다.

② 형식

```
traceroute hostname | address
```

③ 특정 사이트에 어떤 경로로 패킷이 전달되는지 추적하기
- www.google.com에 대한 라우팅 과정을 출력한다.

```
$ traceroute www.google.com
```

- 8.8.8.8에 대한 라우팅 과정을 출력한다.

```
$ traceroute 8.8.8.8
```

④ 다양한 방식을 통해 경로 추적하기
- -I 옵션을 사용해 icmp 방식으로 경로 추적하기

```
# traceroute -I www.google.com
[sudo] password for francis:
traceroute to www.google.com (216.58.197.228), 30 hops max, 60 byte packets
 1  10.0.2.2 (10.0.2.2)  0.191 ms  0.129 ms  0.191 ms
 2  * * *
 3  100.71.26.129 (100.71.26.129)  3.765 ms * *
 4  * * *
 5  * 10.222.18.134 (10.222.18.134)  8.259 ms *
 6  * 10.222.19.65 (10.222.19.65)  7.107 ms *
 7  * * 10.222.14.131 (10.222.14.131)  6.093 ms
 8  10.222.6.59 (10.222.6.59)  3.280 ms  3.215 ms  3.215 ms
 9  74.125.51.146 (74.125.51.146)  35.854 ms *  37.609 ms
10  108.170.242.161 (108.170.242.161)  49.609 ms  43.124 ms  40.213 ms
11  72.14.237.223 (72.14.237.223)  41.743 ms  36.677 ms  45.758 ms
12  nrt13s49-in-f228.1e100.net (216.58.197.228)  85.022 ms *  35.437 ms
```

- -T 옵션을 통한 TCP 방식이나 -U 옵션을 통한 UDP 방식으로 경로 추적하기

```
# traceroute -T 8.8.8.8
또는
# traceroute -U 8.8.8.8
```

(6) mii-tool

① 설명
- mii-tool(media independent interface tool)은 네트워크 인터페이스의 연결 상태를 확인하고 설정을 변경하는 데 사용하는 도구이다.

② 형식

```
mii-tool [option] interface
```

③ 네트워크 인터페이스 정보 출력
- -v 옵션을 사용하여 네트워크 인터페이스의 상세 정보를 출력한다.

```
# mii-tool -v eth0
[sudo] password for francis:
eth0: no autonegotiation, 100baseTx-FD, link ok
  product info: vendor 00:50:43, model 2 rev 4
  basic mode:    autonegotiation enabled
  basic status: autonegotiation complete, link ok
  capabilities: 100baseTx-FD 100baseTx-HD 10baseT-FD 10baseT-HD
  advertising:  100baseTx-FD 100baseTx-HD 10baseT-FD 10baseT-HD flow-control
  link partner: 100baseTx-FD 100baseTx-HD 10baseT-FD 10baseT-HD
```

④ 네트워크 인터페이스 정보 출력
- -r 옵션을 사용하여 네트워크 인터페이스를 재시작한다.

```
# mii-tool -r eth0
restarting autonegotiation...
```

⑤ 네트워크 인터페이스 설정 변경
- -F 옵션 또는 --force 옵션을 사용하여 네트워크 인터페이스의 정보를 강제로 변경한다.

```
# mii-tool -v -F 100baseTx-FD eth0
```

(7) ss

① 설명
- 소켓에 대한 정보를 제공해 주는 도구이다.

② 형식

```
ss [options] [filter]
```

③ 옵션

옵션	내용	설명
-n	--numeric	서비스 이름 대신 숫자로 표기한다.
-r	--resolve	숫자 형태의 IP 주소나 포트를 이름으로 표기한다.
-a	--all	모든 소켓의 정보를 출력한다.
-l	--listening	Listen 소켓의 정보를 출력한다.
-o	--options	타이머의 정보를 출력한다.
-e	--extended	확장된 소켓 정보를 출력한다.
-m	--memory	소켓 메모리 사용량을 출력한다.
-p	--processes	소켓을 사용하고 있는 프로세스를 출력한다.
-i	--info	내부 TCP 정보를 출력한다.
-s	--summary	소켓의 요약 정보를 출력한다.
-4	--ipv4	IPv4 소켓 정보만 출력한다.
-6	--ipv6	IPv6 소켓 정보만 출력한다.
-0	--packet	PACKET 소켓 정보를 출력한다.
-t	--tcp	오직 tcp 소켓 정보만 출력한다.
-u	--udp	오직 udp 소켓 정보만 출력한다.
-f	--family=FAMILY	해당하는 주소 패밀리의 소켓만 출력한다.

④ 주요 예제

- 현재 연결된 소켓 정보를 출력한다.

```
$ ss
```

- 모든 소켓 정보를 출력한다. 예를 들면 listen 소켓은 기본으로 출력하지 않는다 -a 옵션은 listen 소켓 포함하여 모든 정보를 출력한다.

```
$ ss -a
```

- listen 소켓의 정보를 출력한다.

```
$ ss -l
```

- TCP 소켓의 정보를 출력한다.

```
$ ss -t
```

- 특정 상태의 소켓만 출력한다. 아래 예제는 established 상태의 소켓만 출력하고 있다.

```
$ ss -t state established
```

- 필터링 기능을 제공한다. 아래는 송신지 포트 500과 같거나 작은 소켓만 출력한다.

```
$ ss -ltn sport le 500
```

4 DNS 명령어

(1) nslookup

① 설명
- 네임 서버의 정보를 조회하거나 IP를 통해 도메인명을 질의할 수 있는 명령어이다.

② 형식

```
nslookup [option] hostname|address [dns]
```

③ 대화형으로 네임 서버 질의하기
- 옵션 없이 nslookup을 입력하면 '>' 표시가 나타나며 사용자의 입력을 기다린다. 원하는 도메인 주소를 입력하고 엔터를 누르면 네임 서버의 정보가 출력된다.

```
$ nslookup
> www.google.com
Server:          192.168.100.151
Address:         192.168.100.151#53

Non-authoritative answer:
Name:    www.google.com
Address: 172.217.25.68
```

- exit를 입력하면 대화모드를 종료할 수 있다.

④ 옵션으로 네임 서버 질의하기
- 옵션으로 도메인명을 입력하면 된다.

```
$ nslookup www.google.com
```

- 옵션으로 IP 주소를 입력하면 된다.

```
$ nslookup 8.8.8.8
```

⑤ DNS 중 MX(Mail Record) 조회하기

- google.com의 메일 서버 설정에 대한 정보를 조회한다.

```
$ nslookup –type=mx google.com
```

⑥ CNAME과 NS 레코드 조회하기

- CNAME 조회하기

```
$ nslookup –q=cname example.com
```

- NS 레코드 조회하기

```
$ nslookup –type=ns google.com
```

⑦ 조회할 네임 서버를 변경하기 위해서는 마지막 옵션에 DNS 서버의 주소를 입력한다.

```
$ nslookup redhat.com 8.8.8.8
Server:            8.8.8.8
Address:   8.8.8.8#53

Non-authoritative answer:
Name:    redhat.com
Address: 209.132.183.105
```

(2) dig

① 설명

- nslookup과 기능적으로는 큰 차이가 없다. 다만 사용이 간결하고 출력이 풍부하며 셸 스크립트에서 사용하기 용이하다.

② 형식

```
dig [@nameserver] hostname|address [querytype]
```

③ dig을 통해 다양한 정보 조회하기

- www.google.com의 IP 주소 조회하기

```
$ dig www.google.com
```

- www.google.com의 메일 서버 정보 조회하기

```
$ dig www.google.com MX
```

- www.google.com의 네임 서버 정보 조회하기

```
$ dig -t ns www.google.com
```

- 지정한 네임 서버를 통해 질의하기

```
$ dig @8.8.8.8 www.google.com
```

(3) host

① 설명
- 네임 서버에 질의하여 호스트의 정보를 얻을 수 있는 가장 간단한 도구이다.

② 형식

```
host [option] hostname
```

③ 주요 옵션

옵션	설명
-t type	지정한 type의 정보를 얻음 • A : 호스트 IP 주소 • NS : 검색한 호스트의 네임 서버 호스트명 • MX : 메일 서버 • ANY : 타입의 모든 정보
-v	자세한 정보 출력
-a	-v -t ANY와 동일

④ 주요 예제

- 호스트의 IP 주소를 출력한다.

```
$ host www.google.com
www.google.com has address 172.217.26.4
www.google.com has IPv6 address 2404:6800:4004:809::2004
```

- 호스트의 상세 정보(verbose)를 조회한다.

```
$ host -v www.google.com
```

- 호스트의 NS 레코드를 조회한다.

```
$ host -t NS www.google.com
```

(4) hostname

① 설명
- 시스템의 호스트 이름을 조회하거나 설정할 때 사용하는 도구이다.

② 형식

hostname [option] [hostname]

③ 주요 옵션

옵션	설명
-a	호스트명에 대한 별칭(alias)을 출력
-d	도메인명을 출력
-f	완전한 FQDN을 출력
-i	호스트의 IP 주소를 출력
-s	FQDN 정보에서 첫 번째 점까지의 정보만 출력
-v	호스트 설정이나 호스트명을 자세히 출력

④ 주요 예제

- 호스트명을 출력한다.

```
$ hostname
localhost.localdomain
```

- 호스트의 FQDN을 조회한다.

```
$ hostname -f
localhost
```

- 호스트명을 변경한다.

```
# hostname francis.localdomain
```

- 호스트의 IP 주소를 출력한다.

```
$ hostname -i
127.0.0.1 127.0.0.1
```

(5) hostnamectl

① 설명
- 리눅스의 호스트이름을 변경하기 위해 systemd가 제공하는 명령어이다. 이 명령어를 사용하면 /etc/hostname 파일을 직접 수정할 필요가 없어 편리하다.

② 형식

```
hostnamectl [OPTIONS...] COMMAND ....
```

- COMMAND는 status, set-hostname, set-icon-name, set-chassis 등이 올 수 있다. status는 현재 호스트 이름 설정을 확인한다. set-hostname은 지정한 호스트 이름으로 변경하고 set-icon-name은 호스트를 위한 아이콘 이름을 설정한다. 마지막으로 set-chassis는 호스트를 위한 섀시 이름을 설정한다.

③ 예제
- 현재 호스트명을 출력한다. hostnamectl status라고 입력해도 된다.

```
Static hostname: localhost.localdomain
      Icon name: computer-vm
        Chassis: vm
     Machine ID: 1335b3e1682b465cabe40d25e8a21141
        Boot ID: bd8bf6d089c6407eb43abd0a0c8e93ef
 Virtualization: vmware
Operating System: Rocky Linux 8.8 (Green Obsidian)
    CPE OS Name: cpe:/o:rocky:rocky:8:GA
         Kernel: Linux 4.18.0-477.10.1.el8_8.x86_64
   Architecture: x86-64
```

- 지정한 호스트명으로 설정한다.

```
# hostnamectl set-hostname francis.localdomain
```

5 네트워크 응용 프로그램

(1) telnet

① 설명
- telnet 프로토콜 기반 대화형 통신을 위한 텔넷 서버에 접속하기 위한 명령어이다.

② 형식

```
telnet [options] addresss
```

③ 주요 예제
- mysite.com에 텔넷 접속을 수행한다.

```
telnet mysite.com
```

- 192.168.100.80에 텔넷 접속을 수행한다.

```
telnet 192.168.100.80
```

- mysite.com의 6666 포트를 통해 텔넷 접속을 수행한다. -l 옵션을 통해 사용자 계정을 myusername으로 설정하였다.

```
telnet -l myusername mysite.com 6666
```

- 대화형으로 텔넷 접속을 한다.

```
$ telnet
telnet> open mysite.com
```

(2) ftp

① 설명
- 파일 전송을 위한 FTP 서버에 접속하기 위한 명령이다. FTP서버에 파일을 업로드하거나 다운로드할 수 있다.

② 형식

```
ftp hostname | addres
```

③ 예제
- IP 주소를 통해 ftp 서버에 접속한다.

```
$ ftp 192.168.100.77
```

- 호스트 이름을 통해 ftp 서버에 접속한다.

```
$ ftp ftp.my.com
```

합격을 다지는 예상문제

01 다음 중 OSI 7 계층의 상위 계층부터 하위 계층 순으로 사용하는 전송 단위를 알맞게 나열한 것은?

① 비트-프레임-패킷-세그먼트-메시지
② 비트-프레임-세그먼트-패킷-메시지
③ 메시지-세그먼트-패킷-프레임-비트
④ 메시지-패킷-세그먼트-프레임-비트

- 물리 계층은 비트(bit) 단위, 데이터 링크 계층은 프레임(frame) 단위, 네트워크 계층은 패킷(packet) 단위, 전송 계층은 세그먼트 단위, 세션/프리젠테이션/응용 계층은 메시지(message)를 전송 단위로 사용한다.
- 하위 계층에서 상위 계층으로 전달될 때마다 각 계층을 위한 헤더가 추가되며 이를 캡슐화(encapsulation)라고 한다.

02 다음 중 리눅스 시스템에 설정된 게이트웨이의 주소 값을 확인하는 명령으로 틀린 것은?

① ip
② route
③ arp
④ netstat

arp는 IP 주소를 MAC 주소로 변환하는 명령어이다.

03 다음 설명과 같을 때 설정하는 서브넷마스크 값으로 가장 알맞은 것은?

> C 클래스에 속한 1개의 네트워크를 할당 받은 상태이다. 이 네트워크 대역을 사용하는 부서가 8곳이라 8개의 서브넷을 구성하려고 한다.

① 255.255.255.8
② 255.255.255.64
③ 255.255.255.192
④ 255.255.255.224

C 클래스 네트워크 대역이므로 255.255.255.0이 기본 서브넷마스크가 되는데, 이를 비트로 표시하면 11111111.11111111.11111111.00000000이 된다. 여기서 8개의 서브넷을 구성한다고 하였으므로, 마지막 값이 11100000이 되어 255.255.255.224가 서브넷마스크가 된다.

정답 01 ③ 02 ③ 03 ④

04 다음 설명에 해당하는 네트워크 관련 파일로 알맞은 것은?

> 시스템 전체에 네트워크 연결 허용 여부, 호스트명, 기본 게이트웨이 주소를 설정하기 위한 파일이다.

① /etc/hosts
② /etc/resolv.conf
③ /etc/sysconfig/network
④ /etc/sysconfig/network-scripts

시스템 전체에 적용할 기본 게이트웨이 주소, 호스트명, 네트워크 연결 허용 여부, 게이트웨이 장치 파일 설정, NIS 도메인 이름을 설정하는 네트워크 환경설정 파일이다.

05 다음 설명에 해당하는 관련 기구로 알맞은 것은?

> 이기종 시스템 간 상호 통신을 위하여 컴퓨터 네트워크 프로토콜 디자인과 통신 계층으로 나눠 설명한 네트워크 참조 모델이다.

① ISO
② EIA
③ IEEE
④ ICANN

OSI 참조모델에 대한 설명이며 국제표준화기구(ISO)에서 개발하였다.

06 다음 (   ) 안에 들어갈 내용으로 알맞은 것은?

> 하나의 B 클래스 주소 대역을 할당 받아서 서브넷마스크 값을 255.255.192.0로 할당하였다. 이 경우에 생성되는 서브네트워크의 개수는 (㉠)이다. 또한 인터넷 연결이 되도록 설명한다면 한 개의 서브네트워크당 사용 가능한 IP 주소 개수는 (㉡)이다.

① ㉠ 2 ㉡ $2^{16}-2$
② ㉠ 2 ㉡ $2^{16}-3$
③ ㉠ 4 ㉡ $2^{14}-2$
④ ㉠ 4 ㉡ $2^{14}-3$

- 서브넷마스크 값인 255.255.192.0를 이진수 형식으로 표현하면 11111111.11111111.11000000.00000000가 되며, 각 2^{14}개의 IP 주소로 이루어진 4개의 서브네트워크로 구성된다.
- 2^{14}개의 IP 주소 중, 첫 번째 IP는 네트워크 주소로 마지막 IP는 브로드캐스팅 주소로 예약되고 마지막으로 Gateway 주소용으로 1개를 남겨둬야 한다. 따라서, 사용 가능한 IP 주소는 $2^{14}-3$개가 된다.

정답 04 ③ 05 ① 06 ④

07 다음 설명에 해당하는 LAN 구성 방식으로 알맞은 것은?

> 단일 회선(bus)에 사용자 노드가 T자 모양으로 연결하고 회선의 끝에는 종단기(Terminator)를 달아 신호의 반사를 방지하는 네트워크 구조이다. 한 시점에 하나의 사용자 노드만 회선을 점유할 수 있도록 CDMA/CD나 토큰 패싱(token passing)과 같은 전송 방식을 사용한다.

① 망형
② 링형
③ 버스형
④ 스타형

버스형은 각 네트워크 장비가 하나의 전송 라인(bus)을 공유하는 네트워크 구성 방식이다.

08 다음 설명에 해당하는 OSI 7 계층으로 알맞은 것은?

> 양 끝단 간 신뢰성 있는 데이터 전송을 수행한다. TCP, UDP와 같은 프로토콜과 게이트웨이 등의 장비가 있다.

① 네트워크 계층
② 전송 계층
③ 세션 계층
④ 표현 계층

전송(Transport) 계층은 종단 간 데이터 전송을 위한 제어와 에러를 관리한다. TCP, UDP 등의 프로토콜과 게이트웨이(Gateway) 장비가 포함되고 TCP는 세그먼트(segment), UDP는 데이터그램(datagram) 단위로 데이터를 전송한다.

09 다음 중 설정된 IP 주소를 확인하는 명령으로 알맞은 것은?

① ip addr show
② ip show addr
③ ip show
④ ip list

리눅스에서 네트워크 장치의 정보와 IP 주소를 확인할 수 있는 명령어는 ip addr show와 ifconfig가 있다.

10 다음 중 OSI 7 LAYER의 애플리케이션 계층과 거리가 먼 것은?

① HTTP
② FTP
③ TCP
④ SNMP

TCP는 전송 계층과 연관이 있다.

정답 07 ③ 08 ② 09 ① 10 ③

11 다음에서 설명하는 장치의 이름으로 가장 알맞은 것은?

> 각기 독립된 네트워크를 서로 연결하고 송신측의 패킷을 목적지까지 전달하기 위해 가장 효과적인 경로를 찾아 데이터를 포워딩하는 네트워크 장치

① Repeater
② Bridge
③ Gateway
④ Router

라우터는 여러 개 네트워크 인터페이스를 갖고 있어 각 목적지에 따라 최적의 경로로 패킷을 전송하는 네트워크 장치이다.

12 route 명령의 실행 결과가 다음과 같을 때 169.254.0.0/16 대역의 라우팅 테이블을 삭제하려고 한다. ( ) 안에 들어갈 내용으로 알맞은 것은?

```
[ihd@www ~]$ route -n
Kernel IP routing table
Destination   Gateway       Genmask        Flags Metric Ref Use Iface
192.168.259.0 0.0.0.0       255.255.255.0  U     1      0   0   eth0
169.254.0.0   *             255.255.0.0    U     0      0   0   eth0
0.0.0.0       192.168.159.2 0.0.0.0        UG    0      0   0   eth0
[ihd@www ~]$ cat << __EOF__ >> /etc/sys-
config/network
> (        )
> __EOF__
```

① NOZEROCONF=no
② NOZEROCONF=yes
③ ZEROCONF=no
④ ZEROCONF=yes

Zero Configuration Networking 서브넷을 제거하려면, /etc/sysconfig/network 설정 파일에 NOZEROCONF=yes를 추가한 후 네트워킹 서비스를 재시작한다.
단, systemd를 탑재한 레드햇 계열의 7 버전 이상에서는 "NOZERO-CONF" 항목이 더이상 유효하지 않다. 대신, Zero Configuration Networking을 수행하는 avahi-daemon을 비활성화하는 방법을 사용할 수 있다. 아래 명령어를 통해 avahi-daemon을 중지하고, 시스템 리부팅 후에도 자동으로 시작되지 않도록 설정할 수 있다.
- sudo systemctl stop avahi-daemon
- sudo systemctl disable avahi-daemon

13 다음 ( ) 안에 들어갈 내용으로 알맞은 것은?

> ( )(은)는 루프백(loopback) 주소라고도 하며, 보통 localhost로 정의되어 프로세스 간 데이터 통신 혹은 테스트 서버 구동 등에 사용한다.

① 127.0.0.0
② 169.254.0.0
③ 127.0.0.1
④ 0.0.0.0

127.0.0.1은 루프백 주소이다. 0.0.0.0은 BOOTP 서버에 초기 요청을 보낼 때 자체 IP 주소를 모를 때 사용하는 IP 주소이다.

14 다음은 nslookup 명령어 결과이다. www.ihd.or.kr 도메인에 대한 HOST IP를 출력하기 위해 수정해야 할 파일로 알맞은 것은?

> [ihd@www ~]$ nslookup www.ihd.or.kr
> ;; connection timed out; trying next origin
> ;; connection timed out; no servers could be reached

① /etc/dnsmasq.conf
② /etc/host.conf
③ /etc/hosts
④ /etc/resolv.conf

지문의 nslookup 명령어의 결과를 보면 DNS를 쿼리하기 위한 네임 서버에 접속하지 못하고 있다. 따라서, 네임 서버를 지정하는 설정 파일인 /etc/resolv.conf 파일을 수정한다.

정답 11 ④ 12 ② 13 ③ 14 ④

15 다음에서 설명하는 OSI 7 계층에 해당하는 프로토콜로 알맞은 것은?

> - 전송 계층에서 받은 패킷을 목적지까지 효율적으로 전달하는 역할을 한다.
> - 라우팅, 흐름 제어, 세그멘테이션, 오류 제어 등의 역할을 수행한다.
> - 이 계층에서 동작하는 장치에는 라우터(Router)가 있다.

① TCP
② AFP
③ FTP
④ ICMP

네트워크 계층에 대한 설명으로 IP, ICMP, ARP 등의 프로토콜이 이에 해당한다.

16 다음 중 ( ) 안에 들어갈 내용으로 알맞은 것은?

> 각각의 응용 프로그램은 할당된 포트를 이용해 통신할 데이터를 주고받는다. 포트는 번호로 관리되고, 0번부터 (㉠)번까지는 잘 알려진 포트(Well-Known Port)라 하여 주로 시스템에서 사용하고 있다. 리눅스에서는 (㉡) 파일에서 주요 포트 번호를 확인할 수 있다.

① ㉠ : 128   ㉡ : /etc/protocols
② ㉠ : 1024   ㉡ : /etc/protocols
③ ㉠ : 65536   ㉡ : /etc/services
④ ㉠ : 1023   ㉡ : /etc/services

잘 알려진 포트(Well-Known Port)는 0번~1023번까지의 번호로 HTTP(80), TELNET(23)과 같은 주요 프로토콜에 할당되어 있다.

17 다음과 같은 조건일 때 최대로 사용 가능한 호스트 IP 주소 개수로 알맞은 것은?

> - C클래스 IP 주소 대역을 사용한다.
> - 넷마스크 값은 255.255.255.0이다.
> - 인터넷에 연결시키려 한다.

① 252
② 253
③ 254
④ 256

C클래스 대역은 총 256개의 IP 주소를 가지며 그 중 예약된 네트워크 주소, 게이트웨이 주소, 브로드캐스트 주소를 제외하면 총 253개의 호스트 IP 주소를 사용할 수 있다.

18 네트워크 장애 발생으로 통신 여부를 확인하기 위해 특정 호스트까지 패킷이 도달하는지 여부와 서버의 응답 시간 등을 확인할 수 있는 진단 도구는?

① ping
② route
③ nslookup
④ traceroute

ping은 ICMP 프로토콜을 사용하여 네트워크를 진단할 수 있는 명령어이다.

정답 15 ④ 16 ④ 17 ② 18 ①

19 다음 OSI 7 계층 중 응용 계층에 해당하는 프로토콜과 포트번호 조합으로 틀린 것은?

① Telnet : 20
② SSH : 22
③ POP3 : 110
④ FTP : 21

Telnet의 프로토콜 번호는 23번이다. Telnet, SSH, POP3, FTP 모두 응용 계층에 해당한다.

20 다음 중 netstat의 state 결과 값에 대한 설명으로 틀린 것은?

① LISTEN : 서버로 들어오는 패킷을 위해 소켓을 열고 기다리는 상태
② CLOSE-WAIT : 원격 호스트가 종료되고 소켓도 종료된 상태
③ ESTABLISHED : 3way-handshaking이 완료 후 서버와 클라이언트가 서로 연결된 상태
④ TIME-WAIT : TCP 프로토콜의 연결 종료 과정에서 마지막 FIN 신호에 대한 ACK 전달 후 최종 Close까지 2MSL(Maximum Segment Life Time) 동안 대기하는 상태

CLOSE-WAIT는 원격 호스트가 종료되어 소켓이 종료되기를 기다리는 상태이다.

정답 19 ① 20 ②

PART 02

리눅스 시스템 관리

CHAPTER

01

일반 운영 관리

섹션 차례

SECTION 01 　사용자 관리
SECTION 02 　파일 시스템 관리
SECTION 03 　프로세스 관리
SECTION 04 　설치 및 관리

SECTION 01 사용자 관리

1 사용자의 분류

(1) 사용자의 종류

① 리눅스의 사용자는 크게 3가지로 분류할 수 있다.
- 루트(root) 계정
- 시스템 계정
- 사용자 계정

② 루트 계정은 시스템에 대한 모든 권한을 가진 특별한 사용자이고, 시스템 계정은 리눅스 설치 시 기본적으로 생성되는 계정이며 각 역할별로 제한적인 권한을 갖는다. 사용자 계정은 실제 리눅스 사용자를 위한 계정이다.

2 루트(root) 계정 관리

(1) 루트(root) 계정 설명

① 설명
- 시스템 접근에 대한 제한을 받지 않고 완전한 권한을 갖는 사용자로서 슈퍼유저(superuser)라고도 불린다. 루트 계정은 제한 없이 어떤 명령어이든 사용할 수 있다. 보통 누구나 루트 계정을 갖는 것은 아니고 해당 시스템의 대표 관리자가 루트 계정을 보유한다.

② UID
- 루트 계정의 UID는 0이다.

(2) 루트 계정 권한 획득 방법

① root 사용자로 로그인
- 기본적으로 root 사용자는 로그인할 수 없도록 설정되어 있다. 아래와 같이 root의 패스워드를 설정하여 root로 로그인할 수 있다.

```
$ sudo passwd root
[sudo] password for francis:
Changing password for user root.
New password:
Retype new password:
passwd: all authentication tokens updated successfully.
```

- su 명령어를 사용하여 root 사용자로 전환하여 로그인할 수 있다. su 명령어만 사용하면 root로 로그인만 되지만 su -를 사용하면 root 사용자의 환경변수도 로드하면서 로그인된다.

```
$ su
또는
$ su -
```

- root 사용자로 한 번 로그인되면 시스템의 제약 없이 어떤 작업도 가능하므로 보안에 유의해야 한다.

② root 사용자로 임시 전환
- 일반 사용자이지만 명령어를 실행할 때마다 필요시 root 사용자의 권한으로 실행할 수 있다.
- root 권한을 필요로 하는 명령어를 실행할 때마다 비밀번호를 입력해야 하고 해당 명령이 종료되면 root 권한도 사라진다.
- sudo 명령어를 통하여 root 권한으로 해당 명령어를 실행한다.

```
$ sudo vi /etc/passwd
```

③ 현재 사용자를 root 사용자로 지정
- root 사용자의 UID가 0이라는 점에 착안하여 /etc/passwd 파일에서 사용자의 UID를 0으로 입력하면 해당 사용자는 root 권한을 갖게 된다.

(3) 루트 계정 관리 방안

① root 사용자는 시스템의 초기 환경설정 시에만 이용하고 SSH(secure shell)를 통해 root 사용자 로그인이 되지 않도록 설정해야 한다.
② 시스템상 root 계정은 유일해야 한다. /etc/passwd를 조사하여 UID가 0인 다른 사용자가 없도록 해야 한다.
③ PAM(Pluggable Authentication Modules)를 통하여 root 사용자로 로그인할 수 없도록 설정한다.
④ root 계정으로 부득이 로그인하더라도 환경변수 TMOUT을 설정하여 자동 로그아웃되도록 설정한다.
⑤ root 계정으로 로그인하는 것은 지양하고 필요시 sudo 명령을 사용하여 명령어를 실행하는 것이 좋다.

(4) 루트 패스워드 분실 대응하기

① GRUB2 부트 메뉴에서 환경설정을 변경하기 위해 'e'를 입력한다.

② linux16 의 옵션 중 "ro" 부분을 "rw"로 변경하고 "init=/sysroot/bin/sh"를 추가로 입력한다.
   • 〈변경 전〉

```
        linux16 /vmlinuz-3.10.0-1160.el7.x86_64 root=/dev/mapper/centos-root r\
o crashkernel=auto spectre_v2=retpoline rd.lvm.lv=centos/root rd.lvm.lv=centos\
/swap rhgb quiet LANG=en_US.UTF-8
```

   • 〈변경 후〉

```
        linux16 /vmlinuz-3.10.0-1160.el7.x86_64 root=/dev/mapper/centos-root r\
w init=/sysroot/bin/sh crashkernel=auto spectre_v2=retpoline rd.lvm.lv=centos/\
root rd.lvm.lv=centos/swap rhgb quiet LANG=en_US.UTF-8
```

③ Ctrl+X를 눌러 단일 사용자 모드로 부팅을 시도한다.

```
[    0.293868] [Firmware Bug]: the BIOS has corrupted hw-PMU resources (MSR 189
 is 40003c)
[    2.563796] sd 0:0:0:0: [sda] Assuming drive cache: write through

Generating "/run/initramfs/rdsosreport.txt"

Entering emergency mode. Exit the shell to continue.
Type "journalctl" to view system logs.
You might want to save "/run/initramfs/rdsosreport.txt" to a USB stick or /boot
after mounting them and attach it to a bug report.

:/# _
```

④ 시스템에 접근하기 위해 아래의 명령을 입력한다.

:/# chroot /sysroot

⑤ root의 패스워드를 변경한다.

:/# passwd root

⑥ selinux 정보를 갱신한다.

:/# touch /.autorelabel

⑦ chroot를 종료한다.

:/# exit

⑧ 시스템을 재부팅한다.

:/# reboot

> **더 알기 TIP**
>
> **ssh 서비스의 root 로그인 막기**
>
> - sshd_config 파일을 root 권한으로 수정한다.
>
> ```
> $ sudo vi /etc/ssh/sshd_config
> ```
>
> - 파일 내용 중 PermitRootLogin 항목을 no로 설정한다(주석이 되어 있다면 주석을 해제한다).
>
> ```
> # Authentication:
>
> #LoginGraceTime 2m
> PermitRootLogin no
> #StrictModes yes
> #MaxAuthTries 6
> #MaxSessions 10
> ```
>
> - sshd 서비스를 재시작한다.
>
> ```
> $ sudo systemctl restart sshd
> OR
> $ sudo service sshd restart
> ```

3 시스템 계정 관리

(1) 시스템 계정 설명

① 설명

- 시스템 계정은 메일 관리, SSH 연결 등 시스템의 특정 서비스에 대한 권한을 행사할 수 있는 계정이다.
- bin, daemon, adm, lp, sync, shutdown, halt, mail과 같은 계정들이 시스템 계정이며 /etc/passwd 파일에서 uid가 1~499를 갖는 계정을 살펴보면 된다.

```
$ vi /etc/passwd
root:x:0:0:root:/root:/bin/bash
bin:x:1:1:bin:/bin:/sbin/nologin
daemon:x:2:2:daemon:/sbin:/sbin/nologin
adm:x:3:4:adm:/var/adm:/sbin/nologin
lp:x:4:7:lp:/var/spool/lpd:/sbin/nologin
sync:x:5:0:sync:/sbin:/bin/sync
shutdown:x:6:0:shutdown:/sbin:/sbin/shutdown
```

```
halt:x:7:0:halt:/sbin:/sbin/halt
mail:x:8:12:mail:/var/spool/mail:/sbin/nologin
uucp:x:10:14:uucp:/var/spool/uucp:/sbin/nologin
operator:x:11:0:operator:/root:/sbin/nologin
games:x:12:100:games:/usr/games:/sbin/nologin
gopher:x:13:30:gopher:/var/gopher:/sbin/nologin
ftp:x:14:50:FTP User:/var/ftp:/sbin/nologin
```

② UID
- 시스템 인스톨 시 기본으로 설정되는 시스템 계정은 보통 0~99(root 계정 포함)의 범위를 갖는다. 시스템 관리자에 의해 시스템 운용하면서 추가될 수 있는 시스템 계정은 레드햇 계열인 경우 100~499를 갖고 데비안 계열인 경우 100~999의 범위를 갖는다. 이 범위는 사용하고 있는 배포판마다 상이할 수 있으므로 확인이 필요하다.

(2) 시스템 계정 관리 방안

① 서비스별로 권한을 분리하여 시스템 계정을 생성해야 한다.
② 리눅스를 설치하면 기본으로 설치되는 시스템 계정을 보면 메일 관리는 mail 사용자가 담당하고, ssh 서비스 관리는 ssh 계정이 담당하고 있음을 알 수 있다.

4 사용자 계정 관리

(1) 사용자 계정 설명

① 설명
- 일반적인 사용자들은 일반 사용자 계정으로 생성된다. 시스템 파일과 디렉터리에 제한적으로 접근하도록 설정하여 시스템을 보호한다.
- 일반 사용자 계정은 그룹에 속할 수 있고 리눅스는 그룹 단위로 파일 접근 권한설정과 프로세스 관리를 수행할 수 있다.

② UID
- 레드햇 계열 6 버전의 UID는 500 이상의 값을 갖는다. 그러나 레드햇 계열 7 이후의 버전과 오픈수세, 데비안의 UID는 1000 이상의 값을 갖는다.
- 일반 사용자 계정의 UID 범위는 /etc/login.defs에 정의되어 있다.

```
$vi /etc/login.defs
#
# Min/max values for automatic uid selection in useradd
#
```

UID_MIN	500
UID_MAX	60000

(2) 사용자 생성하기

① useradd를 통한 사용자 계정 생성

- 사용자를 생성하기 위해서는 useradd 명령어나 adduser 명령어를 사용한다.

② 형식

useradd [options] username

③ 옵션

옵션	설명
-d, --home	• 홈 디렉터리를 지정한다. • 홈 디렉터리의 기본값은 기본 경로에 사용자이름으로 생성한다. • 지정한 홈 디렉터리의 상위 경로가 존재해야 한다.
-D, --defaults	사용자 생성 시 사용하는 기본값을 보거나 설정할 수 있다.
-e, --expiredate	• YYYY-MM-DD 형식으로 계정의 만기일을 지정한다. • 지정한 날짜가 지나면 계정은 비활성화된다. • 지정되어 있지 않으면 만기일은 없다. • 만약 지정하지 않으면 /etc/default/useradd의 EXPIRE 필드를 따른다.
-f, --inactive	• 패스워드 만료일 이후 유효기간을 설정한다. • 1 이상의 숫자이면 해당 일수만큼 패스워드가 유효하고, 0이면 패스워드가 만료되자마자 패스워드가 잠기고, -1이면 해당 기능을 사용하지 않는다. • 설정하지 않는다면 /etc/default/useradd의 INACTIVE값을 따른다.
-g, --gid GROUP	• 사용자의 그룹을 설정한다. 그룹은 이미 존재하는 그룹이어야 한다. • 만약 설정하지 않으면 /etc/login.defs의 USERGROUPS_ENAB 변수를 보고 yes로 설정되어 있으면 사용자이름과 동일한 그룹에 설정한다. no로 설정되어 있다면 /etc/default/useradd의 GROUP을 지정한다.
-G, --groups	기본 그룹 외에 추가로 그룹을 설정할 때 사용하고 ,를 통해 여러 그룹을 지정할 수 있다.
-k, --skel SKEL_DIR	-m 옵션을 통해 홈 디렉터리 생성할 때 복사할 기본 파일을 지정할 때 사용한다.
-m, --create-home	• 홈 디렉터리를 지정할 때 사용하고 디렉터리가 없으면 생성한다. • -k 옵션과 같이 사용해서 홈 디렉터리 생성 시 복사할 기본 파일 경로도 지정한다. • 기본적으로 이 옵션을 사용하지 않고 /etc/login.defs에 CREATE_HOME 변수도 지정되어 있지 않으면 홈 디렉터리를 생성하지 않는다.

옵션	설명
-M	CREATE_HOME가 설정되어 있더라도 홈 디렉터리를 생성하지 않는다.
-N, --no-user-group	• 사용자와 동일한 이름으로 그룹을 생성하지 않는다. • 그러나 -g 옵션이나 /etc/default/useradd의 GROUP 변수에 지정된 그룹으로 사용자가 추가될 수 있다.
-p, --password PASSWORD	• 평문이 아닌 암호화된 패스워드를 설정할 수 있다. • 이 옵션은 사용자에게 패스워드 노출이 가능하므로 사용을 권장하지 않는다.
-r, --system	• 시스템 계정을 생성한다. • -m 옵션을 사용하지 않는 한 홈 디렉터리를 생성하지 않는다.
-s, --shell SHELL	• 사용자가 사용할 셸을 지정한다. • 지정하지 않는다면 /etc/default/useradd의 SHELL 변수를 사용한다.
-u, --uid UID	• 사용자의 유일한 UID값을 설정한다. • 값은 음수이면 안 되고 UID_MIN보다는 크고 UIX_MAX보다는 작은 값이어야 한다.

④ 주요 예제

- 사용자를 생성한다.

```
# useradd blue
```

- 홈 디렉터리를 지정하여 생성한다. /home/color 경로는 미리 생성되어 있어야 한다.

```
# useradd -d /home/color/blue
```

- UID와 그룹을 지정하여 사용자를 생성한다. color 그룹은 미리 생성되어 있어야 한다.

```
# useradd -u 999 -g color blue
```

- 사용자 계정의 만료일을 지정하면서 생성한다.

```
# useradd -e 2019-12-25 blue
```

- 사용자 생성 시 기본 옵션을 열람한다.

```
$ sudo useradd -D
[sudo] password for francis:
GROUP=100
HOME=/home
INACTIVE=-1
EXPIRE=
SHELL=/bin/bash
SKEL=/etc/skel
CREATE_MAIL_SPOOL=yes
```

> **더 알기 TIP**
>
> **useradd와 adduser의 차이**
> - 레드햇 계열에서는 adduser는 useradd에 대한 링크이기 때문에 useradd와 adduser는 차이가 없지만 Ubuntu에서는 차이가 존재한다.
> - Ubuntu에서 useradd 명령을 사용할 경우 -m 옵션으로 홈 디렉터리를 지정하고 passwd를 통한 패스워드 지정이 필요하다. 그러나 adduser를 사용하면 대화식으로 사용자 정보를 입력하여 생성할 수 있다.
>
> ```
> $ ls -l /usr/sbin/adduser
> lrwxrwxrwx. 1 root root 7 Aug 11 17:00 /usr/sbin/adduser -> useradd
> ```

(3) passwd를 통한 패스워드 설정하기

① 설명
- useradd 명령어를 통해 사용자를 생성하고 나면 패스워드를 설정하기 전까지 로그인할 수 없으므로 passwd를 통하여 패스워드를 설정해야 한다.
- 패스워드를 입력 후 사용자의 패스워드를 삭제하거나 변경 기간을 설정하는 등의 관리 목적으로 사용할 수 있다.

② 형식

```
passwd [options] [username]
```

③ 옵션

옵션	설명
-d, --delete	패스워드를 삭제한다. 비밀번호 없이 로그인할 수 있다.
-e, --expire	사용자의 패스워드를 만료한다. 사용자는 다음 로그인할 때 패스워드를 변경해야 한다.
-i, --inactive	사용자의 패스워드가 만료된 이후로 사용자 계정을 비활성화할 때까지 유예기간을 일수로 지정한다.
-l, --lock	사용자의 패스워드에 락(LOCK)을 걸어 로그인을 막는다.
-n, --mindays	비밀번호를 변경할 수 있을 때까지 유지해야 할 일수를 설정한다. 0으로 지정하면 언제든지 패스워드를 변경할 수 있다.
-q, --quiet	아무런 화면 출력 없이 명령을 수행한다.
-S, --status	사용자의 로그인명, 패스워드 상태, 패스워드 설정 여부, 마지막으로 변경한 날짜, 패스워드 변경까지 남은 기간 등 다양한 정보를 얻을 수 있다.
-u, --unlock	-l 옵션으로 락(LOCK)을 걸었던 패스워드를 다시 해제한다.
-w, --warndays	패스워드 만료 전 경고 날짜를 지정한다.
-x, --maxdays	패스워드 최대 사용기간을 설정한다.

④ 주요 예제

- root 사용자만이 사용자의 패스워드를 설정할 수 있다.

```
$ sudo passwd blue
```

- 현재 사용자의 패스워드를 변경한다.

```
# passwd
```

- 지정한 사용자의 패스워드를 만료한다. 다음 로그인 시 패스워드를 재지정해야 한다.

```
$ sudo passwd -e test
[sudo] password for francis:
Expiring password for user test.
passwd: Success
```

- 지정한 사용자의 패스워드 상태를 출력한다.

```
$ sudo passwd -S blue
```

- 지정한 사용자의 패스워드에 락(LOCK)을 건다. 관리자가 -u 옵션을 사용하여 언락(UN-LOCK)할 때까지 로그인할 수 없다.

```
$ sudo passwd -l blue
```

- 지정한 사용자의 패스워드를 삭제한다. /etc/shadow의 2번째 필드인 패스워드를 삭제한다. 이 경우 아이디만 입력하여도 로그인할 수 있다.

```
$ sudo passwd -d blue
```

- 패스워드를 변경한 후 7일간 다시 변경할 수 없다. 패스워드는 365일간 사용할 수 있고 5일 전부터 패스워드 변경 경고를 한다. 패스워드 만료 후 10일의 유예기간이 있다.

```
$ sudo passwd -n 7 -x 365 -w 5 -i 10 blue
```

(4) su 명령어로 사용자 전환하기

① 설명

- su는 substitute user 또는 switch user의 약자로서 현재 로그인 세션에서 다른 사용자의 권한으로 실행하고자 할 때 사용한다.
- 보통 root 권한이 필요한 경우 일반 사용자로 로그인했다가 su 명령어를 사용하여 root 사용자로 전환하여 필요한 작업을 수행하고 exit 명령어로 원래 사용자로 돌아오는 방법을 많이 사용한다.

② 형식

su [options] username

③ 옵션

옵션	설명
-c, --command	지정한 사용자로 셸이 실행할 명령어를 지정한다.
-, -l, --login	사용자가 직접 로그인했을 때와 동일하게 환경변수 등이 설정되고 홈 디렉터리로 이동한다.
-s, --shell	명시된 셸을 사용한다.

④ 주요 예제

- root 사용자로 전환한다. 로그인 환경은 기존의 로그인 사용자의 환경을 따른다.

```
$ su
```

- root 사용자로 전환한다. root 사용자의 환경변수 등 root 사용자의 로그인 환경을 설정한 후 전환한다. 로그인 후 현재 경로를 보면 root의 홈 디렉터리로 이동한 것을 확인할 수 있다.

```
$ su -
또는
$ su -l
또는
$ su -login

# pwd
/root
```

- 사용자 전환을 하지 않고 일시적으로 지정한 명령을 실행한다.

```
$ su root -c "vi /etc/passwd"
```

- 지정한 사용자로 전환을 한다. root 사용자의 경우 패스워드 입력이 필요 없으나 일반 사용자는 패스워드를 입력해야 한다.

```
# su - blue
```

(5) usermod를 사용하여 사용자 설정 변경하기

① 설명
- 사용자 셸, 홈 디렉터리, 그룹, UID, GID 등 사용자 설정을 변경한다.
- useradd 명령어에서 할 수 있는 설정 대부분을 수정할 수 있으며 동일한 옵션은 간추려 설명하였다.

② 형식

```
usermod [options] username
```

③ 옵션

옵션	설명
-a, --append	사용자에게 그룹을 추가하기 위해 -G 옵션과 함께 사용한다.
-c, --comment	사용자에 대한 간단한 정보를 입력한다.
-d, --home	사용자의 홈 디렉터리를 변경한다. 만일 -m 옵션을 함께 사용한다면 현재의 홈 디렉터리의 내용이 새로운 홈 디렉터리로 복사되고 디렉터리가 존재하지 않는다면 생성도 해준다.
-e, --expiredate	YYYY-MM-DD 형식으로 지정한 날짜 이후로 사용자 계정은 비활성화될 것이다.
-f, --inactive	패스워드가 만료된 이후 며칠 동안 유효할 것인지 지정한다.
-g, --gid	존재하는 그룹의 이름이나 GID를 입력하여 변경한다.
-G, --groups	현재 지정된 그룹에 추가할 그룹을 지정한다. 복수 개로 지정할 수 있다.
-l, --login	사용자의 로그인 이름을 변경한다.
-L, --lock	사용자의 패스워드에 락(LOCK)을 걸어 로그인을 막는다.
-m, --move-home	사용자의 홈 디렉터리의 내용을 새로운 홈 디렉터리로 옮긴다. -d 옵션과 함께 사용한다.
-p, --password	암호화된 패스워드를 설정한다.
-s, --shell	사용자의 새로운 셸을 지정한다.
-u, --uid UID	사용자의 UID를 지정한다.
-U, --unlock	사용자의 패스워드에 걸린 락(LOCK)을 해제한다.

④ 주요 예제
- 사용자의 홈 디렉터리를 변경한다. -m 옵션까지 입력하면 내용도 복사한다.

```
# usermod -d /home/whiteblue blue
```

- blue 사용자의 그룹을 photo 사용자 그룹으로 변경한다.

```
# usermod -g photo blue
```

(6) userdel을 사용한 사용자 계정 삭제하기

① 설명
- 사용자 계정을 삭제한다.

② 형식

```
userdel [option] username
```

③ 주요 예제
- 사용자 계정을 삭제한다. 그러나 홈 디렉터리 및 그 안의 파일들은 그대로 남아 있다.

```
# userdel blue
```

- -r 옵션을 통해 사용자 계정을 삭제한다. 홈 디렉터리 및 사용자 계정과 관련된 메일도 모두 삭제된다.

```
# userdel -r blue
```

- -f 옵션을 통해 사용자 계정을 삭제한다. 사용자가 로그인되어 있더라도 강제로 삭제한다.

```
# userdel -f blue
```

(7) chage를 통한 패스워드 관리하기

① 설명
- 사용자의 패스워드 만료 정보를 설정한다.

② 형식

```
chage [options] username
```

③ 옵션

옵션	설명
-d, --lastday	패스워드를 변경해야 할 날짜 수를 지정한다.
-E, --expiredate	계정이 만료되는 날을 설정한다.
-I, --inactive	계정 만료 후 패스워드가 비활성화될 때까지 유예기간을 설정한다.
-l, --list	계정의 패스워드 만료 정보를 보여준다.
-m, --mindays	패스워드를 변경할 때까지 최소 날짜를 지정한다.
-M, --maxdays	패스워드를 변경할 때까지 최대 날짜를 지정한다.
-W, --warndays	패스워드 만료에 대한 경고 메시지를 보여줄 날짜를 지정한다.

④ 주요 예제

- 지정한 사용자의 패스워드 만료 정보를 보여준다.

```
$ sudo chage -l test
[sudo] password for francis:
Last password change                                    : Sep 23, 2019
Password expires                                        : never
Password inactive                                       : never
Account expires                                         : never
Minimum number of days between password change          : 0
Maximum number of days between password change          : 99999
Number of days of warning before password expires: 7
```

- test 계정의 패스워드 최소 사용 날짜는 7일이다. 최대 사용 날짜는 365일이다. 만료 5일 전부터 경고 메시지를 보여준다. 만료 후 3일까지는 비활성화되지 않는다.

```
$ sudo chage -m 7 -M 365 -W 5 -I 3 test
```

- test 계정의 만료일을 2019-12-24로 지정한다.

```
$ sudo chage -E 2019-12-24 test
```

- test 계정의 패스워드 변경일을 10000으로 설정한다.

```
$ sudo chage -d 10000 test
```

➕ 더 알기 TIP

복잡한 패스워드 만료 설정

- 마지막 패스워드 변경일을 기준으로 계산한다. 마지막 패스워드 변경일은 -d 옵션을 통하여 강제 지정할 수도 있다.
- -m 옵션을 사용하여 적용한 날짜 이후로 패스워드를 변경할 수 있고 -M 옵션으로 지정한 날 수 이후에는 패스워드가 만료된다.
- -W 옵션으로 지정한 날 동안 경고 메시지를 출력하며 -I 옵션을 사용한 기간만큼 패스워드 비활성화를 유예한다.

5 그룹 계정 관리

(1) 그룹(group)의 개요

① 그룹이란 사용자를 하나로 묶어 관리 가능하게 하는 메커니즘으로, 모든 사용자는 그룹에 속하도록 되어 있다. 즉 모든 사용자는 사용자에 대한 식별자인 UID와 그룹에 대한 식별자인 GID를 갖는다.

② 사용자를 그룹을 통하여 관리하면 각 그룹에게 보안 설정, 접근 설정, 권한 등을 주고 일괄적으로 그룹에 속한 사용자에게 적용할 수 있으므로 편리하다. 또한 파일, 디렉터리, 장치에 대한 접근도 그룹 단위로 설정할 수 있다.

③ 레드햇 계열은 사용자를 생성할 때 사용자 이름과 동일한 그룹을 생성하여 포함시키는데, 이는 시스템 관리자가 의도하지 않게 사용자를 기본 그룹에 추가하여 기본 권한을 갖는 것을 방지하기 위해서이다.

(2) groupadd를 통한 그룹 생성

① 설명
- groupadd는 새로운 그룹을 생성하기 위한 명령어이다. GID값을 지정하여 특정 값으로 설정할 수도 있다. 그렇지 않으면 기본값으로 설정된다.

② 형식

```
groupadd [options] groupname
```

③ 옵션

옵션	설명
-f, --force	• 그룹을 생성할 때 이미 생성되어 있더라도 성공으로 간주한다. • -g 옵션을 사용하여 이미 존재하는 GID를 설정하면 다른 유일한 GID가 대신 선택된다.
-r, --system	• 시스템 그룹을 생성한다. • GID_MIN~GID_MAX값 대신에 login.defs 파일에 정의되어 있는 SYS_GID_MIN~SYS_GID_MAX 사이의 GID가 선택된다.
-g, --gid GID	• 그룹의 양수의 GID를 지정한다. • -o 옵션을 선택하지 않는다면 유일한 값을 설정해야 한다.
-o, --non-unique	그룹을 생성할 때 중복된 GID값을 허용한다.

④ 주요 예제
- 그룹을 생성한다.

```
$ sudo groupadd colors
```

- GID를 지정하여 그룹을 생성한다.

```
$ sudo groupadd -g 550 colors
```

(3) groupmod를 통해 그룹 정보 변경하기

① 설명
- groupmod는 그룹 관련 설정 파일인 /etc/group, /etc/gshadow, /etc/passwd에서 그룹 관련 속성을 변경한다.

② 형식

```
groupmod [options] groupname
```

③ 옵션

옵션	설명
-g, --gid	• 변경할 GID를 설정한다. • -o 옵션을 주지 않는다면 유일한 정수값이어야 한다.
-n, --new-name	그룹의 이름을 변경한다.

④ 주요 예제
- 그룹의 이름을 변경한다. colors 그룹을 newcolors 그룹으로 변경한다.

```
$ sudo groupmod -n newcolors colors
```

- colors 그룹의 GID를 567로 변경한다. 이 값은 정수이면서 유일한 값이어야 한다.

```
$ sudo groupmod -g 567 colors
```

(4) groupdel을 통해 그룹 삭제하기

① 설명
- groupdel은 지정한 그룹을 삭제한다.
- 주 그룹에 존재하는 사용자가 없어야 하고, 있다면 사용자를 삭제한 이후에 그룹을 삭제할 수 있다. 또한 파일 중 그룹이 설정된 파일이 없어야 한다.
- groupdel은 자동으로 그룹 설정되어 있는 파일을 체크하지 않으며 사용자가 직접 찾아 다른 그룹으로 설정해야 한다.

② 형식

```
groupdel [options] groupname
```

③ 주요 예제
- 그룹을 삭제한다.

```
$ sudo groupdel colors
```

(5) gpasswd를 통해 그룹 패스워드 변경하기

① 설명
- gpasswd는 그룹의 패스워드를 변경한다. 그룹의 패스워드 정보는 /etc/group과 /etc/gshadow에 저장되어 있다.

② 형식

```
gpasswd [options] groupname
```

③ 옵션

옵션	설명
-a, --add user	그룹에 사용자를 추가한다.
-d, --delete user	그룹에서 사용자를 삭제한다.
-r, --remove-password group	• 그룹의 패스워드를 제거한다. • 그룹 멤버는 newgrp 명령어를 사용해 그룹에 참가할 수 있다.
-R, --restrict group	• 그룹의 접근을 제한한다. • 패스워드를 가진 그룹 멤버만 newgrp를 통해 그룹에 참가할 수 있다.
-A, --administrators user,...	관리자로 지정할 사용자를 설정한다.
-M, --members user,...	그룹 멤버를 설정한다.

④ 주요 예제

- 그룹에 사용자를 추가한다. colors 그룹에 blue 사용자를 추가한다.

```
$ gpasswd -a blue colors
```

- 그룹에 사용자를 삭제한다. colors 그룹에서 blue 사용자를 삭제한다.

```
$ gpasswd -d blue colors
```

- 그룹에 패스워드를 설정한다. colors 그룹에 패스워드를 지정한다.

```
$ gpasswd colors
```

- 그룹에 패스워드를 제거한다. colors 그룹의 패스워드를 제거한다. 패스워드는 빈 값이 입력된다.

```
$ gpasswd -r colors
```

- 그룹의 접근을 제한한다. colors 그룹의 접근을 제한한다. 패스워드는 "!" 값이 입력된다.

```
$ gpasswd -R colors
```

- colors 그룹의 관리자로 blue를 설정한다.

```
$ gpasswd -A blue colors
```

- colors 그룹의 멤버로 red, blue를 설정한다.

```
$ gpasswd -M red, blue colors
```

(6) newgrp으로 그룹 참여하기

① 설명

- newgrp는 현재 로그인되어 있는 세션의 GID를 변경한다. '-'(하이픈)이 인자에 포함되어 있다면 로그인할 때와 마찬가지로 사용자 환경이 초기화되고, 포함되어 있지 않으면 현재 로그인 환경을 그대로 따른다. newgrp는 지정한 그룹의 GID로 현재 GID를 변경하며, 지정하지 않는다면 /etc/passwd에 명시된 그룹으로 변경한다.
- root 사용자가 이 명령어를 사용하면 그룹 패스워드를 요구하지 않는다. 해당 그룹에 소속된 일반 사용자의 경우 패스워드 입력 없이 가능하다. 그룹 패스워드가 존재하는데 그룹에 속하지 않은 사용자가 이 명령어를 사용하려면 패스워드 입력이 필요하다.

② 형식

```
newgrp groupname
```

③ 주요 예제

- 현재 그룹 대신 colors 그룹으로 전환한다.

```
$ newgrp colors
```

6 사용자 환경설정 파일

- 사용자 계정과 그룹 정보는 /etc 디렉터리 이하에 존재한다.
- 또한 useradd를 통해 사용자 추가 시 기본 설정이나 홈 디렉터리 구성이 필요한 정보를 담고 있는 설정 파일도 존재한다.

구분	파일명	설명
계정 및 그룹 설정 파일	/etc/passwd	사용자 계정의 아이디, 그룹 정보 등 계정 정보
	/etc/shadow	암호화된 패스워드 및 정책 설정 정보
	/etc/group	사용자 그룹의 기본 정보
	/etc/gshadow	사용자 그룹의 암호화된 패스워드 정보
계정 환경설정 파일	/etc/default/useradd	useradd 명령을 사용할 때 기본 설정
	/etc/login.defs	로그인 수행 시 기본 설정
	/etc/skel	홈 디렉터리 생성 시 기본으로 제공할 파일

(1) /etc/passwd

① 설명

- 로그인할 때 필요한 UID, GID, 홈 디렉터리, 셸 등의 사용자의 계정 정보를 포함하고 있다.
- 기본적으로 모든 사용자에 대하여 읽기 권한을 가진 환경설정 파일이다.
- 루트 사용자나 루트 권한을 획득한 사용자만이 쓰기가 허용된다.

```
$ vi /etc/passwd
root:x:0:0:root:/root:/bin/bash
bin:x:1:1:bin:/bin:/sbin/nologin
daemon:x:2:2:daemon:/sbin:/sbin/nologin
adm:x:3:4:adm:/var/adm:/sbin/nologin
```

```
lp:x:4:7:lp:/var/spool/lpd:/sbin/nologin
sync:x:5:0:sync:/sbin:/bin/sync
shutdown:x:6:0:shutdown:/sbin:/sbin/shutdown
halt:x:7:0:halt:/sbin:/sbin/halt
mail:x:8:12:mail:/var/spool/mail:/sbin/nologin
uucp:x:10:14:uucp:/var/spool/uucp:/sbin/nologin
operator:x:11:0:operator:/root:/sbin/nologin
games:x:12:100:games:/usr/games:/sbin/nologin
```

② /etc/passwd의 파일 구조

```
ftp : x : 14 : 50 : FTP User : /var/ftp : /sbin/nologin
 ⓐ   ⓑ   ⓒ   ⓓ      ⓔ           ⓕ           ⓖ
```

- ⓐ 사용자명 : 로그인할 때 사용하는 사용자 이름이며 1에서 32의 길이를 갖는다.
- ⓑ 비밀번호 : x는 암호화된 패스워드를 /etc/shadow에 보관하고 있다는 의미이다. 이를 변경하기 위해서는 passwd 명령어의 사용이 필요하다.
- ⓒ UID : 사용자에게 할당된 사용자 ID이다.
- ⓓ GID : /etc/group 파일에 보관된 주 그룹 ID이다.
- ⓔ 사용자 설명 : 사용자에 대한 추가 설명을 할 수 있는 필드이다.
- ⓕ 홈 디렉터리 : 사용자에게 할당된 기본 디렉터리이며 절대 경로로 설정한다.
- ⓖ 셸 : 셸의 위치를 절대 경로로 지정한다.

(2) /etc/shadow

① 설명
- 사용자 패스워드를 해시 알고리즘으로 암호화한 값과 패스워드와 연관된 여러 속성을 담고 있는 파일이다.
- /etc/passwd 파일의 각 사용자들에 대한 암호 정보를 담고 있다.

② /etc/shadow의 구조

- ⓐ 사용자명 : 로그인 사용자 이름이다.
- ⓑ 패스워드 : 암호화된 사용자의 패스워드이다. 패스워드의 형식은 idsalt$hashed이다. $id는 암호화 알고리즘이다. 또한 암호화 해독을 어렵게 하기 위한 솔트를 의미하는 $salt와 실제 사용자 패스워드의 해시값인 $hashed로 구성된다.
- ⓒ 마지막 변경일 : 마지막으로 패스워드를 변경한 날짜를 1970년 1월 1일 이후 계산한 값이다. 만약 1이라면 마지막 패스워드 변경 일은 1970년 1월 2일이 된다.

- ⓓ 패스워드 최소 사용일 : 패스워드 변경 후 최소 유지해야 하는 일수이다. 1이라면 최소 하루는 패스워드를 유지해야 하고 바꿀 수 없으며 이틀째 패스워드 변경이 가능하다.
- ⓔ 패스워드 최대 사용일 : 패스워드가 유효한 최대 일수이다. 이 기간이 넘으면 패스워드를 변경해야 한다. 99999이면 패스워드를 변경할 필요가 없다.
- ⓕ 패스워드 만료 경고일 : 패스워드가 만료되어 사용자에게 패스워드를 변경하라고 경고하는 일수이다.
- ⓖ 유예기간 : 패스워드 만료 후 계정이 비활성화될 때까지의 일수이다.
- ⓗ 만료일 : 사용자의 계정의 비활성화 날짜를 1970년 1월 1일 이후로 계산한 값이다.

더 알기 TIP

패스워드 필드 중 $id의 의미

사용자의 패스워드를 암호화하기 위해 사용한 해시 알고리즘을 의미한다.

항목	해시 알고리즘
1	MD5
$2a$	Blowfish
$2y$	Blowfish
5	SHA-256
6	SHA-512

(3) /etc/default/useradd

① 설명

- useradd 명령으로 사용자 생성 시 사용되는 기본 설정 값이 저장된 환경설정 파일이다.

② 기본값

- /etc/default/useradd 파일을 직접 열어보거나 useradd 명령어의 -D 옵션을 사용하여 파일의 내용을 확인할 수 있다.

```
# sudo vi /etc/default/useradd
또는
# useradd -D
GROUP=100
HOME=/home
INACTIVE=-1
EXPIRE=
SHELL=/bin/bash
SKEL=/etc/skel
CREATE_MAIL_SPOOL=yes
```

③ 항목 설명

항목	설명
GROUP	사용자가 속할 기본 그룹의 GID이다.
HOME	사용자의 홈 디렉터리를 생성한 기본 디렉터리이다.
INACTIVE	비밀번호가 만료되고 계정이 비활성화될 때까지의 일수이다. -1은 제한이 없음을 의미하므로 계정이 항상 활성화되어 있다.
EXPIRE	계정이 만료일을 YYYY-MM-DD 형식으로 지정한다.
SHELL	기본 로그인 셸을 지정한다.
SKEL	사용자 홈 디렉터리 생성 시 기본으로 필요한 파일이 들어 있는 위치이다.
CREATE_MAIL_SPOOL	사용자 생성 시 메일 파일 생성 여부를 지정한다.

(4) /etc/login.defs

① 설명
- 쉐도우 패스워드 스윗(shadow password suite)를 위한 읽기 전용 환경설정 파일이다.
- 패스워드 최대 사용일(PASS_MAX_DAYS), 패스워드 최소 사용일(PASS_MIN_DAYS), 패스워드 만료 경고일(PASS_WARN_AGE) 등을 설정할 수 있다.

② 형식
- 한 줄에 하나의 환경설정을 기재할 수 있다. 환경설정은 '이름'과 '값'의 쌍으로 구성되고 공백으로 구분된다.

```
$ cat /etc/login.defs
#
# If useradd should create home directories for users by default
# On RH systems, we do. This option is overridden with the -m flag on
# useradd command line.
#
CREATE_HOME     yes


# The permission mask is initialized to this value. If not specified,
# the permission mask will be initialized to 022.
UMASK           077
```

```
# This enables userdel to remove user groups if no members exist.
#
USERGROUPS_ENAB yes


# Use SHA512 to encrypt password.
ENCRYPT_METHOD SHA512
```

③ 환경설정

- /etc/login.defs에서 설정할 수 있는 대표적인 환경설정 항목은 아래의 표와 같다.

환경설정	내용
MAIL_DIR	사용자의 메일 보관함 위치이다.
PASS_MAX_DAYS	패스워드를 사용할 수 있는 최대일이다.
PASS_MIN_DAYS	패스워드를 기본적으로 유지해야 하는 최소일이다.
PASS_MIN_LEN	패스워드의 최소 길이이다.
PASS_WARN_AGE	패스워드 만료 전 경고 일수이다.
UID_MIN	useradd 명령어를 통해 UID 자동 생성 시 최소값이다.
UID_MAX	useradd 명령어를 통해 UID 자동 생성 시 최대값이다.
GID_MIN	groupadd 명령어를 통해 GID 자동 생성 시 최소값이다.
GID_MAX	groupadd 명령어를 통해 GID 자동 생성 시 최대값이다.
CREATE_HOME	• useradd 명령어 사용 시 홈 디렉터리 생성 여부를 지정한다. • useradd의 -m 옵션을 사용한다면 이 설정보다 우선한다.
UMASK	• 사용자의 umask값을 설정한다. • 설정값이 없으면 022로 설정된다.
USERGROUPS_ENAB	Yes로 설정되어 있다면 userdel을 통해 사용자 삭제 시 그룹도 삭제된다. 단 그룹에 속한 사용자가 없어야 한다.
ENCRYPT_METHOD	• 패스워드 암호화를 위한 기본 알고리즘을 설정한다. • DES, MD5, SHA256, SHA512 등의 값을 가질 수 있다.

더 알기 TIP

쉐도우 패스워드 스위트(shadow password suite)

- 사용자와 그룹 관리와 관련된 명령어의 모음이다.
- 각 명령어를 사용하여 /etc/login.defs의 관련 설정을 변경할 수 있다.

명령어	설명	관련 환경설정
chfn	사용자의 정보를 설정한다.	CHFN_AUTH, CHFN_RESTRICT, LOGIN_STRING
chgpasswd	배치(batch mode)에서 그룹의 패스워드를 갱신한다.	ENCRYPT_METHOD, MAX_MEMBERS_PER_GROUP, MD5_CRYPT_ENAB SHA_CRYPT_MAX_ROUNDS, SHA_CRYPT_MIN_ROUNDS
chpasswd	배치(batch mode)에서 사용자의 패스워드를 갱신한다.	ENCRYPT_METHOD, MD5_CRYPT_ENAB SHA_CRYPT_MAX_ROUNDS, SHA_CRYPT_MIN_ROUNDS
chsh	리눅스의 셸을 변경한다.	CHSH_AUTH, LOGIN_STRING
gpasswd	그룹의 패스워드를 설정한다.	ENCRYPT_METHOD, MAX_MEMBERS_PER_GROUP, MD5_CRYPT_ENAB, SHA_CRYPT_MAX_ROUNDS, SHA_CRYPT_MIN_ROUNDS
groupadd	그룹을 추가한다.	GID_MAX, GID_MIN MAX_MEMBERS_PER_GROUP, SYS_GID_MAX, SYS_GID_MIN
groupdel	그룹을 삭제한다.	MAX_MEMBERS_PER_GROUP
groupmems	루트 권한 없이 사용자가 그룹을 관리할 수 있는 명령어이다.	MAX_MEMBERS_PER_GROUP
groupmod	그룹의 정보를 수정한다.	MAX_MEMBERS_PER_GROUP
grpck	그룹의 무결성을 검증한다.	MAX_MEMBERS_PER_GROUP
grpconv	그룹의 패스워드 정책을 셰도우로 변경한다(/etc/gshadow 생성).	MAX_MEMBERS_PER_GROUP
grpunconv	셰도우 패스워드 정책을 사용하지 않는다(/etc/gshadow 삭제).	MAX_MEMBERS_PER_GROUP
login	특정 호스트에 로그인한다.	CONSOLE, CONSOLE_GROUPS, DEFAULT_HOME, ENV_HZ, ENV_PATH, ENV_SUPATH, ENV_TZ, ENVIRON_FILE, ERASECHAR FAIL_DELAY, FAILLOG_ENAB, FAKE_SHELL, FTMP_FILE, HUSHLOGIN_FILE, ISSUE_FILE, KILLCHAR, LASTLOG_ENAB, LOGIN_RETRIES, LOGIN_STRING, LOGIN_TIMEOUT, LOG_OK_LOGINS, LOG_UNKFAIL_ENAB, MAIL_CHECK_ENAB, MAIL_DIR, MAIL_FILE, MOTD_FILE, NOLOGINS_FILE, PORTTIME_CHECKS_ENAB, QUOTAS_ENAB, TTYGROUP, TTYPERM, TTYTYPE_FILE ULIMIT, UMASK, USERGROUPS_ENAB

newgrp	현재 세션의 그룹을 변경한다.	SYSLOG_SG_ENAB
newusers	파일을 통해 사용자를 생성한다.	ENCRYPT_METHOD, GID_MAX, GID_MIN, MAX_MEMBERS_PER_GROUP, MD5_CRYPT_ENAB, PASS_MAX_DAYS, PASS_MIN_DAYS, PASS_WARN_AGE, SHA_CRYPT_MAX_ROUNDS, SHA_CRYPT_MIN_ROUNDS, SYS_GID_MAX, SYS_GID_MIN, SYS_UID_MAX, SYS_UID_MIN, UID_MAX, UID_MIN UMASK
passwd	패스워드를 변경한다.	ENCRYPT_METHOD, MD5_CRYPT_ENAB, OBSCURE_CHECKS_ENAB, PASS_ALWAYS_WARN, PASS_CHANGE_TRIES, PASS_MAX_LEN, PASS_MIN_LEN, SHA_CRYPT_MAX_ROUNDS, SHA_CRYPT_MIN_ROUNDS
pwck	사용자 계정의 무결성을 검증한다.	PASS_MAX_DAYS, PASS_MIN_DAYS, PASS_WARN_AGE
pwconv	패스워드를 위한 셰도우 파일을 사용한다.	PASS_MAX_DAYS, PASS_MIN_DAYS, PASS_WARN_AGE
su	사용자를 변경한다.	CONSOLE, CONSOLE_GROUPS, DEFAULT_HOME, ENV_HZ, ENVIRON_FILE, ENV_PATH, ENV_SUPATH, ENV_TZ, LOGIN_STRING, MAIL_CHECK_ENAB, MAIL_DIR, MAIL_FILE, QUOTAS_ENAB, SULOG_FILE, SU_NAME, SU_WHEEL_ONLY, SYSLOG_SU_ENAB, USERGROUPS_ENAB
useradd	사용자를 추가한다.	CREATE_HOME, GID_MAX, GID_MIN, MAIL_DIR, MAX_MEMBERS_PER_GROUP, PASS_MAX_DAYS, PASS_MIN_DAYS, PASS_WARN_AGE, SYS_GID_MAX, SYS_GID_MIN, SYS_UID_MAX, SYS_UID_MIN, UID_MAX, UID_MIN, UMASK
userdel	사용자를 삭제한다.	MAIL_DIR, MAIL_FILE, MAX_MEMBERS_PER_GROUP, USERDEL_CMD, USERGROUPS_ENAB
usermod	사용자를 수정한다.	MAIL_DIR, MAIL_FILE, MAX_MEMBERS_PER_GROUP

(5) /etc/group

① 설명

- 그룹에 속한 사용자를 관리하는 파일이다. 그룹에는 여러 사용자가 속할 수 있고, 한 사용자는 여러 그룹에 속할 수 있다.
- /etc/passwd에 기재되어 있는 GID는 사용자의 주 그룹(primary group)을 의미하고 /etc/group은 사용자의 보조 그룹(secondary group)에 대한 정보가 포함되어 있다.

② /etc/group의 구조

```
mail : x : 12 : mail,postfix
 ⓐ    ⓑ   ⓒ      ⓓ
```

- ⓐ 그룹명 : 그룹의 이름이다.
- ⓑ 패스워드 : 그룹의 암호화된 패스워드이다. 'x'는 섀도우 파일(/etc/gshadow)을 사용한다는 의미이다.
- ⓒ GID : 그룹을 식별하기 위한 유일한 숫자이다.
- ⓓ 멤버 목록 : 그룹에 속한 사용자를 의미한다.

(6) /etc/gshadow

① 설명

- 그룹의 암호화된 비밀번호 정보를 포함하고 있다. 일반 사용자는 읽을 수 없고 루트 권한 사용자만이 접근이 가능하다.

② /etc/gshadow의 구조

```
test : $6$ej.bQ/asp$ADcO/RhQljkso25GvrFnpbi78fwHwSKR/OPq : test : francis
 ⓐ                              ⓑ                          ⓒ      ⓓ
```

- ⓐ 그룹명 : 그룹의 이름이다.
- ⓑ 패스워드 : 그룹의 암호화된 패스워드이다. 패스워드 형식은 /etc/passwd와 동일하게 idsalt$hashed이다.
- ⓒ 그룹 관리자 : 그룹의 관리자이다. 여러 사용자가 관리자가 될 수 있고 관리자는 그룹의 패스워드를 변경하거나 그룹의 멤버를 관리할 수 있다.
- ⓓ 멤버 목록 : 그룹에 속한 사용자를 의미하며, 다수의 사용자가 속할 수 있다.

7 사용자 및 그룹 정보 관련 명령어

(1) users

① 설명

- 현재 호스트에 로그인되어 있는 모든 사용자를 출력한다.

② 형식

```
users
```

③ 주요 예제
- 현재 로그인하고 있는 사용자는 francis, eve, adam 총 3명이다.

```
$ users
francis eve adam
```

(2) who
① 설명
- 현재 호스트에 로그인되어 있는 모든 사용자의 정보를 출력한다.
- 터미널 종류, 로그인 시각 등이 기본적으로 출력된다.

② 형식

```
who [options]
```

③ 옵션

옵션	설명
-a, --all	-b -d --login -p -r -t -T -u 옵션을 모두 준 것과 같다.
-b, --boot	시스템의 마지막 부팅 시간을 출력한다.
-d, --dead	좀비 프로세스를 출력한다.
-H, --heading	출력하는 각 컬럼의 헤더를 출력한다.
-l, --login	시스템 로그인 프로세스를 출력한다.
-m	표준 입력과 관련된 사용자만 출력한다.
-p, --process	init 프로세스가 생성한 프로세스를 출력한다.
-q, --count	로그인한 모든 사용자의 이름과 개수를 출력한다.
-r, --runlevel	현재 실행 레벨(run level)을 출력한다.
-t, --time	마지막으로 시스템 시간이 변경되었던 시간을 출력한다.
-T, -w, --mesg	터미널의 연결 상태를 의미하는 기호를 출력한다. '+'는 터미널이 쓰기 가능하다는 의미이고 '-'는 그렇지 않다는 의미이다. '?'는 터미널이 현재 오류 상태라는 의미이다.
-u, --users	각 사용자의 유휴시간(idle time)과 프로세스 ID를 출력한다.

④ 주요 예제
- 현재 로그인한 모든 사용자의 정보를 출력한다.

```
$ who
francis  tty1       2019-09-26 16:49
francis  pts/0      2019-10-07 17:55 (:0.0)
```

- 현재 로그인한 사용자의 정보를 출력한다. -m 옵션을 사용한 것과 동일하다.

```
$ who am i
francis  pts/0      2019-10-07 17:55 (:0.0)
```

- 사용자에 대한 모든 정보를 각 컬럼에 헤더와 함께 출력한다.

```
$ who -aH
```

NAME	LINE	TIME	IDLE	PID	COMMENT	EXIT
	system boot	2019-09-26 16:49				
	run-level 3	2019-09-26 16:49				
LOGIN	tty2	2019-09-26 16:49		2322	id=2	
francis	+ tty1	2019-09-26 16:49	old	2320		
LOGIN	tty3	2019-09-26 16:49		2324	id=3	
LOGIN	tty4	2019-09-26 16:49		2326	id=4	
LOGIN	tty5	2019-09-26 16:49		2330	id=5	
LOGIN	tty6	2019-09-26 16:49		2332	id=6	
francis	+ pts/0	2019-10-07 17:55	.	25528	(:0.0)	
	pts/1	2019-10-07 17:54	0		id=/1	term=0 exit=

(3) whoami

① 설명
- 현재 로그인한 사용자의 사용자명을 출력한다.
- id 명령어에 -un 옵션을 사용한 것과 동일하다.

② 주요 예제
- 현재 로그인한 사용자는 francis이다.

```
$ whoami
francis
```

(4) w

① 설명

- 현재 로그인한 사용자가 어떤 시스템에서 로그인했는지 어떤 프로세스를 실행하고 있는지 출력한다.

② 형식

```
w [options] [user]
```

③ 옵션

옵션	설명
-h, --no-header	각 컬럼의 헤더를 출력하지 않는다.
-s, --short	정보를 간략히 출력한다. 즉, LOGIN@, JCPU, PCPU를 출력하지 않는다.

④ 주요 예제

- 현재 시각은 18시 25분 10초이며 부팅한지 5일 13시간 32분이 경과되었다. 로그인한 사용자는 총 2명이다.

```
$ w
 18:25:10 up 5 days, 13:32,  2 users,  load average: 0.00, 0.00, 0.00
USER     TTY      FROM           LOGIN@       IDLE   JCPU   PCPU    WHAT
francis  tty1     -              26Sep19 11days 0.04s 0.00s  /bin/sh /usr/bi
francis  pts/0    :0.0           17:55         0.00s 0.02s  0.00s   w
```

- 로그인 사용자 중 francis에 대한 정보를 출력한다.

```
$ w francis
 18:27:53 up 5 days, 13:35,  2 users,  load average: 0.00, 0.00, 0.00
USER     TTY      FROM           LOGIN@       IDLE   JCPU   PCPU    WHAT
francis  tty1     -              26Sep19 11days 0.04s 0.00s  /bin/sh /usr/bi
francis  pts/0    :0.0           17:55         0.00s 0.03s  0.00s   w francis
```

(5) logname

① 설명

- 현재 로그인한 사용자의 로그인 이름을 출력한다.

② 주요 예제

- 현재 로그인 사용자는 francis이다.

```
$ logname
francis
```

(6) id

① 설명
- 지정한 사용자의 사용자 정보와 그룹 정보를 출력하거나 현재 사용자의 정보를 출력한다.

② 형식
id [options] [username]

③ 옵션

옵션	설명
-Z, --context	현재 사용자의 보안 컨텍스트 정보를 출력한다.
-g, --group	이펙티브 그룹 ID(effective group ID)를 출력한다.
-G, --groups	모든 그룹 ID를 출력한다.
-n, --name	-u, -g, -G 옵션을 사용할 때 숫자 대신 이름으로 출력한다.
-r, --real	-u, -g, -G 옵션을 사용할 때 이펙티브 ID(effective ID) 대신에 리얼 ID(real ID)를 출력한다.
-u, --user	이펙티브 사용자 ID(effective user ID)를 출력한다.

④ 주요 예제
- 현재 사용자의 UID와 GID 등의 정보를 출력한다.

```
$ id
uid=500(francis) gid=500(francis) groups=500(francis),501(test) context=unconfined_u:unconfined_r:unconfined_t:s0-s0:c0.c1023
```

- francis 사용자가 속한 그룹의 GID 대신 그룹 이름으로 출력한다.

```
$ id -Gn francis
francis test
```

(7) groups

① 설명
- 특정 사용자나 현재 로그인한 사용자가 속한 그룹을 표시한다.

② 주요 예제
- 현재 로그인한 사용자는 francis, test 그룹에 속해 있다.

```
$ groups
francis test
```

- francis 사용자는 francis, test 그룹에 속해 있다.

```
$ groups francis
francis : francis test
```

(8) lslogins

① 설명
- wtmp 및 btmp 로그를 바탕으로 시스템의 전체 사용자를 출력한다.
- 정보 취득을 위해 필요한 경우 /etc/shadow와 /etc/passwd 파일도 참조한다.

② 형식

```
lslogins [options]
```

③ 옵션

옵션	설명
-a, --acc-expiration	마지막 패스워드 변경일과 만료날짜를 출력한다.
-g, --groups	지정한 그룹의 정보를 출력한다.
-L, --last	사용자의 마지막 로그인 정보를 출력한다.
-u, --user-accs	시스템 사용자를 제외한 사용자의 정보를 출력한다.

④ 주요 예제
- 모든 사용자의 정보를 출력한다.

```
$ lslogins
  UID   USER      PWD-LOCK   PWD-DENY      LAST-LOGIN     GECOS
    0   root                 Aug26/16:48   root
    1   bin                                bin
    2   daemon                             daemon
    3   adm                                adm
    4   lp                                 lp
    5   sync                               sync
    6   shutdown             Sep25/19:24   shutdown
    7   halt                               halt
    8   mail                               mail
   10   uucp                               uucp
```

11	operator		operator
12	games		games
13	gopher		gopher
14	ftp		FTP User
29	rpcuser		RPC Service User
32	rpc		Rpcbind Daemon
38	ntp		
42	gdm		
48	apache		Apache
68	haldaemon		HAL daemon
69	vcsa		virtual console memory owner
72	tcpdump		
74	sshd		Privilege-separated SSH
81	dbus		System message bus
89	postfix		
99	nobody		Nobody
113	usbmuxd		usbmuxd user
170	avahi-autoipd		Avahi IPv4LL Stack
173	abrt		
496	vboxadd		
497	saslauth		Saslauthd user
498	pulse		PulseAudio System Daemon
499	rtkit		RealtimeKit
500	francis	18:28:21 francis	
501	test	Aug26/17:09	
65534	nfsnobody		Anonymous NFS User

- 시스템 사용자를 제외한 사용자의 정보를 출력한다.

```
$ lslogins -u
```

UID	USER	PWD-LOCK	PWD-DENY	LAST-LOGIN	GECOS
0	root			Aug26/16:48	root
500	francis			18:28:21	francis
501	test			Aug26/17:09	
65534	nfsnobody				Anonymous NFS User

(9) pwconv, pwunconv, grpconv, grpunconv

① 설명

- pwconv는 /etc/passwd로부터 /etc/shadow를 생성한다.
- pwunconv는 /etc/passwd와 /etc/shadow를 통해 /etc/passwd를 생성하고 /etc/shadow를 삭제한다.
- grpconv는 /etc/group로부터 /etc/gshadow를 생성한다.
- grpunconv는 /etc/group과 /etc/gshadow를 통해 /etc/group을 생성하고 /etc/gshadow를 삭제한다.

② 예제

- pwunconv를 하면 /etc/shadow는 지워지고 /etc/passwd의 패스워드 항목에 암호화된 패스워드가 설정된다.

```
$ sudo cat /etc/passwd |grep francis
francis:x:500:500:francis:/home/francis:/bin/bash
$ sudo pwunconv
$ sudo cat /etc/shadow
cat: /etc/shadow: No such file or directory
$ sudo cat /etc/passwd |grep francis
francis:$6$fKtHS4HcZAWFPX60$AddoPJ4TuiAVziJnPauQTpACfvhnielDgJ0aMo6mRLjiL91L4JhFnqzcroms7TKWzY
wjfMgc4AYtcU9Xtp4tn0:500:500:francis:/home/francis:/bin/bash
```

(10) pwck, grpck

① 설명

- pwck는 /etc/passwd에 잘못된 내용이 있는지 점검하는 명령어이다.
- grpck는 /etc/group에 잘못된 내용이 있는지 점검하는 명령어이다.

SECTION 02 파일 시스템 관리

1 파일 및 디렉터리 관리

(1) 소유권(ownership)과 허가권(permission)

① 소유권과 허가권 확인하기

- 파일이나 디렉터리의 소유권과 허가권을 확인하기 위해서는 ls -l 옵션이나 ls -n 옵션을 사용한다.

```
$ ls -l loop.sh
-rw-rw-r--. 1 francis francis 68 Sep  2 21:22 loop.sh
```

- 출력 결과의 첫 번째 항목은 파일 유형이다. 일반 파일인지, 디렉터리인지 등이 표시된다. 그 다음은 허가권이 표시된다. 허가권은 소유자(owner) 허가권, 그룹(group) 허가권, 다른 사용자(other) 허가권으로 구분하여 설정할 수 있다. 허가권은 각 소유자, 그룹, 다른 사용자에 대하여 파일이나 디렉터리를 읽기(r)할 수 있는지, 쓰기(w)할 수 있는지, 실행 가능(x)한지 세분화하여 권한을 설정할 수 있다. 그 다음은 소유권에 대하여 표시가 되는데 사용자 소유권과 그룹 소유권으로 나누어 표시된다.

```
# ls -l file
```

② 파일 유형

파일 유형	설명
-	일반 파일
d	디렉터리
l	심볼릭 링크

b	블록 디바이스
c	캐릭터 디바이스
p	FIFO
s	소켓

③ 허가권(permission)

- 허가권은 소유자 허가권, 그룹 허가권, 다른 사용자 허가권으로 구분된다.

허가권	설명
소유자 허가권	파일이나 디렉터리를 소유한 사용자의 허가권을 의미한다.
그룹 허가권	파일이나 디렉터리를 소유한 그룹의 허가권을 의미한다. 즉 그룹에 속한 사용자에 대한 허가권이다.
다른 사용자 허가권	소유자나 그룹에 속하지 않은 사용자에 대한 허가권이다.

- 소유자, 그룹, 다른 사용자에게 읽기, 쓰기, 실행 권한을 부여할 수 있다.

허가권	파일	디렉터리
읽기 권한(r)	파일의 내용을 확인하거나 복사할 수 있다.	ls 명령어 등으로 디렉터리 내에 포함된 파일과 디렉터리를 확인할 수 있다.
쓰기 권한(w)	파일의 내용을 수정할 수 있다.	디렉터리가 포함하고 있는 파일 등을 수정할 수 있다. 즉 파일을 생성하거나 삭제할 수 있다.
실행 권한(x)	실행 가능한 파일이라면 파일을 실행할 수 있다. 가령 읽기 권한과 실행 권한을 셸 스크립트에 부여하면 해당 스크립트를 실행할 수 있다.	디렉터리 안으로 접근할 수 있는 권한이다. 실행 권한이 없다면 cd 명령어로 디렉터리 안으로 들어갈 수 없다.

④ 소유권(ownership)

- 리눅스는 다수의 사용자가 공동으로 사용할 수 있는 멀티 유저 시스템이다. 따라서 각 파일이나 디렉터리를 소유할 사용자나 그룹을 지정함으로써 다수의 사용자 가운데 시스템의 리소스를 보호할 수 있다.

소유권	설명
사용자 소유권	파일이나 디렉터리를 소유한 사용자이다.
그룹 소유권	파일이나 디렉터리를 소유한 그룹. 즉 그룹에 속한 사용자가 소유권을 갖는다.

⑤ 허가권 변경하기

- 파일이나 디렉터리에 대한 허가권을 변경하기 위해 chmod 명령어를 사용할 수 있다. chmod는 기호(symbolic)를 통하거나 8진수 숫자(octal number)를 통해 허가권을 변경할 수 있다.

모드	설명
기호(symbolic)	• 읽기는 'r', 쓰기는 'w', 실행은 'x'로 표기한다. • 권한의 추가는 '+', 삭제는 '-', 지정은 '='으로 표기한다. • 사용자 허가권은 'u', 그룹 허가권은 'g', 다른 사용자 허가권은 'o'로 표기한다. 특별히 'a'는 사용자, 그룹, 다른 사용자 모두를 의미한다.
8진수 숫자(octal number)	• 읽기는 '4', 쓰기는 '2', 실행은 '1'로 표기한다. 권한을 주지 않으려면 '0'으로 표기한다. 이들은 조합으로 표현할 수 있는데, 예를 들어 읽기 및 쓰기 퍼미션은 4+2=6이 된다. • 8진수 중 4번째 자리는 특수 권한이고 3번째 자리는 사용자 허가권, 2번째 자리는 그룹 허가권, 1번째 자리는 다른 사용자 허가권을 의미한다. 예를 들어 755라면 사용자 허가권은 읽기, 쓰기, 실행 권한을 모두 갖고 그룹과 다른 사용자 허가권은 읽기, 실행 권한을 가짐을 의미한다.

• 형식

chmod [option] mode file(s)

• 옵션

옵션	의미
-R, --recursive	특정 디렉터리 내의 파일과 디렉터리에 대하여 재귀적으로 허가권을 변경한다.
-C, --changes	변경된 파일이나 디렉터리에 대한 자세한 정보를 출력한다.
-f, --silent, --quite	대부분의 에러 메시지의 출력을 제한한다.
--reference	모드 대신에 파일에 지정한 모드를 사용한다.

• 예제
- myfile.txt의 사용자는 읽기, 쓰기 권한을 부여하고 그룹과 다른 사용자는 읽기 권한만 부여한다.

```
$ chmod 644 myfile.txt
```

- myfiles 디렉터리 이하의 모든 파일과 디렉터리에 대해 사용자는 읽기, 쓰기, 실행 권한을 부여하고 그룹과 다른 사용자는 읽기 및 실행 권한을 부여한다.

```
$ chmod -R 755 myfiles
```

- myfile.txt에 대하여 사용자에 대해 읽기 및 쓰기 권한을 부여한다.

```
$ chmod u=rw myfile.txt
```

- myscript.sh에 대하여 사용자는 읽기, 쓰기, 실행 권한을 부여하고 그룹과 다른 사용자는 읽기 및 실행 권한을 부여한다.

```
$ chmod 755 myscript.sh
```

- file.txt에 대하여 사용자, 그룹, 다른 사용자 모두에게 읽기, 쓰기 권한을 부여한다.

```
$ chmod a=rw file.txt
```

⑥ 사용자 및 그룹 소유권 변경하기

- 파일이나 디렉터리의 사용자 및 그룹의 소유권을 변경하기 위해 chown 명령어를 사용할 수 있다. 소유권 변경은 오직 루트 사용자만이 가능하다.
- 사용자 및 그룹의 소유권은 이름뿐 아니라 UID, GID를 의미하는 숫자로 지정이 가능하다.
- 형식

```
chown [options] owner[:group] file(s)
```

- 옵션

옵션	설명
-R, --recursive	특정 디렉터리 내의 파일과 디렉터리에 대하여 재귀적으로 소유자를 변경한다.
-C, --changes	변경된 파일이나 디렉터리에 대한 자세한 정보를 출력한다.
-f, --silent, --quite	대부분의 에러 메시지의 출력을 제한한다.
--reference	지정한 파일에 설정되어 있는 사용자와 그룹으로 소유자를 설정한다.

- 예제
    - myfile.txt에 대하여 사용자 소유자를 myuser로 변경한다.

```
$ sudo chown myuser myfile.txt
```

    - myfile1.txt myfile2.txt myfile3.txt에 대하여 소유자를 myuser로 변경한다.

```
$ sudo chown myuser myfile1.txt myfile2.txt myfile3.txt
```

    - myfile.txt에 대하여 사용자는 myuser, 그룹은 mygroup으로 소유자를 변경한다.

```
$ sudo chown myuser:mygroup myfile.txt
```

    - myfiles 디렉터리 이하의 모든 파일 및 디렉터리에 대하여 사용자는 myuser, 그룹은 mygroup으로 소유자를 변경한다.

```
$ sudo chown -R myuser:mygroup myfiles
```

    - myfile.txt에 대하여 그룹 소유자만 mygroup으로 변경한다. 사용자 소유자는 변경되지 않고 유지된다.

```
$ sudo chown :mygroup myfile.txt
```

    - myfile.txt에 대하여 사용자는 UID가 2000으로 변경되고 그룹은 GID가 2001로 소유자가 변경된다.

```
$ sudo chown 2000:2001 myfile.txt
```

⑦ 그룹 소유권만 변경하기

- 파일이나 디렉터리의 그룹 소유권만 변경할 때는 chown 대신에 chgrp을 사용한다. chown은 루트 사용자만이 사용 가능했지만 chgrp는 본인이 소유한 파일에 대해 본인이 속한 그룹 내에서 소유권을 변경 가능하다.
- 형식

```
chgrp [options] group file(s)
```

- 옵션

옵션	의미
-R, --recusive	특정 디렉터리 내의 파일과 디렉터리에 대하여 재귀적으로 그룹 소유자를 변경한다.
-c, --changes	변경된 파일이나 디렉터리에 대한 자세한 정보를 출력한다.
-f, --silent, --quite	대부분의 에러 메시지의 출력을 제한한다.
-h, --no-dereference	심볼릭 링크 자체의 파일 및 그룹의 소유권을 변경한다. 이 옵션을 설정하지 않으면 심볼릭 링크가 가리키는 파일의 소유권을 변경한다.

- 예제
  - blue.txt에 대하여 그룹을 colors로 변경한다.

  ```
  $ chgrp colors blue.txt
  ```

  - color_files 디렉터리 이하 모든 파일과 디렉터리에 대하여 그룹을 colors로 변경한다.

  ```
  $ chgrp -R colors color_files
  ```

⑧ 기본 허가권 변경하기

- 시스템상에 파일이나 디렉터리를 생성할 때 기본 허가권을 지정하기 위해 umask 명령을 사용한다. 리눅스의 기본 허가권 값은 파일의 경우 666(rw-rw-rw-)이고 디렉터리의 경우 777(rwxrwxrwx)이다. 파일이나 디렉터리 생성 시 이 값에서 umask에 설정된 마스크(mask)값을 뺀 결과값을 허가권으로 지정한다. 예를 들면 umask가 022라면 파일 생성 시 644(rw-r--r--)가 기본 허가권이 되고 디렉터리의 경우 755(rwxr-xr-x)가 된다.
- 형식

```
umask [option] [mask]
```

- 옵션

옵션	의미
-S	umask 값을 숫자 대신 문자(symbolic)로 표기한다.

- 예제
  - 시스템상의 현재 umask값을 확인하기 위해서는 옵션 없이 명령어를 입력한다. 또는 -S 옵션을 사용하여 문자로 확인할 수 있다. 파일의 기본 허가권인 666에서 002를 뺀 664가 기호로 표기된다.

```
$ umask
0002
$ umask -S
u=rwx,g=rwx,o=rx
```

  - umask 설정 시 문자를 사용하여 설정할 수 있다. u는 사용자, g는 그룹, o는 다른 사용자를 뜻한다. 설정된 값을 umask로 다시 확인하면 0022와 동일함을 알 수 있다. 또한 임의의 파일을 생성하면 파일의 기본 허가권 666에서 설정된 umask값인 022를 뺀 644(rw-r--r--)가 설정되어 있음을 확인할 수 있다.

```
$ umask u=rwx,g=rx,o=rx
$ umask
0022
$ ls -l myfile
-rw-r--r--. 1 francis francis 0 Oct 22 08:56 myfile
```

(2) 특수 권한(special permission)

① 특수 권한의 개요

- 지금까지 설명하였던 소유자 허가권, 그룹 허가권, 다른 사용자 허가권, 사용자 소유권, 그룹 소유권 그리고 읽기, 쓰기, 실행 권한만으로는 시스템을 운영할 때 한계가 있다. 이를 위해 Set-UID 권한 비트, Set-GID 권한 비트, 스티키 비트라는 특수 권한이 존재한다.

② Set-UID 권한 비트(Set User ID bit)

- 파일에 Set-UID 비트가 설정되면 사용자가 파일을 실행했을 때 해당 사용자의 권한이 아닌 파일의 소유자 권한으로 실행된다.
- 대표적인 예로 /usr/bin/passwd 프로그램은 root만이 읽기 가능한 /etc/shadow 파일에 접근할 수 있도록 설정되어 있다. 이 설정대로라면 일반 사용자는 passwd 프로그램을 사용하지 못한다. 그러나 passwd는 일반 사용자도 패스워드 변경을 위해 필요한 프로그램이기 때문에 Set-UID 비트를 설정하여 passwd를 실행할 때 임시로 루트의 권한으로 실행할 수 있도록 한다. ls 명령으로 확인해 보면 소유자 허가권에 'x' 대신 's'로 표기되어 있어 Set-UID 비트가 설정되었음을 알 수 있다.

```
$ ls -l /usr/bin/passwd
-rwsr-xr-x. 1 root root 25980 Nov 24  2015 /usr/bin/passwd
$ ls -l /etc/shadow
-r--------. 1 root root 1208 Oct  7 19:16 /etc/shadow
```

- 만약 실행 권한이 없는 파일에 Set-UID 비트를 설정하면 'S'로 표기된다.

```
$ ls -l select.sh
-rwSrw-r--. 1 francis francis 80 Sep  1 00:22 select.sh
```

- Set-UID 비트를 설정하기 위해서는 소유자 허가권(g)에 's'를 추가(+)하거나 문자 또는 숫자 방식으로 설정할 수 있다. 숫자 방식으로 설정할 때는 가장 앞에 '4'를 붙여준다.

```
$ chmod u+s hello.sh
$ chmod u=srwx,g=r,o=r hello.sh
$ chmod 4744 hello.sh
```

③ Set-GID 권한 비트(Set Group ID bit)
- 파일이나 디렉터리에 Set-GID 비트를 설정할 수 있다. 파일에 Set-GID를 지정하면 Set-UID와 비슷한 의미로 사용자의 그룹이 아닌 해당 파일의 그룹으로 실행한다.
- 디렉터리에 Set-GID를 지정하면 하나의 디렉터리를 두고 여러 사용자가 공동작업하기 편리하다. 만약 Set-GID를 지정하지 않으면 여러 사용자가 공용 디렉터리에 파일이나 디렉터리를 생성할 경우 각 사용자의 소유자와 그룹을 따르기 때문에 공동작업을 하기 어렵다. 그러나 공용 디렉터리에 Set-GID를 지정하면 해당 디렉터리에 파일이나 디렉터리를 생성하더라도 공용 디렉터리의 그룹으로 생성되기 때문에 공동작업이 가능해진다.
- Set-GID 비트를 설정하기 위해서는 그룹 허가권(g)에 's'를 추가(+)하거나 문자 또는 숫자 방식으로 설정할 수 있다. 숫자 방식으로 설정할 때는 가장 앞에 '2'를 붙여준다. Set-GID도 Set-UID와 마찬가지로 실행 권한이 없는 파일이나 디렉터리에 설정할 경우 'S'로 표기된다.

```
$ chmod g+s hello.sh
$ chmod u=rwx,g=sr,o=r hello.sh
$ chmod 2744 hello.sh
```

④ 스티키 비트(sticky bit)
- 스티키 비트는 디렉터리에만 적용 가능하다. 모든 사용자가 모두 접근 가능하도록 특정 디렉터리에 모든 권한(rwxrwxrwx)을 지정할 수 있다. 하지만 이런 경우 사용자 누구라도 해당 디렉터리를 지울 수 있기 때문에 보안 결점이 발생한다. 이때 누구나 접근 가능한 디렉터리이지만 삭제는 원하지 않을 때 스티키 비트를 사용한다. 스티키 비트를 디렉터리에 지정하면 누구나 그 안에 디렉터리나 파일을 생성할 수는 있지만, 삭제는 오직 그 파일을 소유한 사용자만 가능하다.

- 스티키 비트의 가장 대표적인 예로 /tmp 폴더가 있다. 권한이 모든 사용자, 그룹, 다른 사용자에게 읽기, 쓰기, 실행 권한이 있지만 스티키 비트 't'가 설정되어 있다. 따라서 /tmp 디렉터리 내의 디렉터리나 파일은 각 파일이나 디렉터리의 소유자만 삭제할 수 있고 다른 사용자는 삭제할 수 없다.

```
$ ls -ld /tmp/
drwxrwxrwt. 19 root root 4096 Oct 22 23:14 /tmp/
```

- 스티키 비트를 추가하기 위해서 문자 방식인 경우 't'를 사용하고 숫자 방식인 경우 '1'을 사용한다.

```
$ chmod o+t dir1
$ chmod 1777 dir1
```

(3) 파일 링크(File link)

① 파일 링크 개요

- 리눅스에는 윈도우의 바로가기 기능과 같이 시스템에 이미 존재하는 파일에 대한 포인터를 갖는 파일 링크 기능을 제공한다.
- 리눅스의 파일 링크는 크게 하드 링크(Hard link)와 심볼릭 링크(Symbolic link)가 있다.
  - 하드 링크는 해당 파일의 아이노드를 가리키고 심볼릭 링크는 해당 파일의 경로를 가리킨다.
  - 하드 링크의 경우 대상 파일이 사라지더라도 해당 파일에 대한 참조가 0이 아니기 때문에 삭제되지 않으므로 링크를 통해 실제 파일에 접근이 가능하다.
  - 심볼릭 링크는 소프트 링크(Soft link)라고도 한다.
  - 심볼릭 링크의 경우 단순히 경로만을 참조하므로 대상 파일이 삭제되면 심볼릭 링크는 존재하지 않는 파일을 가리키게 된다.
- 스티키 비트를 설정하지 않으면서 디렉터리를 공용으로 사용하고자 한다면 하드 링크를 사용하는 것도 하나의 방법일 수 있다. 하드 링크의 특성상 대상 파일을 삭제하더라도 하드 링크가 동일한 아이노드를 가리킴으로써 실제 대상 파일에 접근할 수 있기 때문이다.
- 심볼릭 링크는 라이브러리의 업그레이드 시 용이하다. 아래 lib 디렉터리의 libudev.so.0을 보면 실제 libudev.so.0.5.1을 가리키고 있다. 애플리케이션이 libudev.so.0.5.1을 직접 가리키는 것보다 libudev.so.0이라는 파일 링크를 참조한다면, 라이브러리를 libudev.so.0.6.0으로 업데이트하더라도 애플리케이션의 수정이 불필요하다. 단순히 libudev.so.0의 파일 링크를 libudev.so.0.6.0으로 변경하면 되기 때문이다.

```
$ ls -l /lib/libudev*
lrwxrwxrwx. 1 root root     16 Aug 11 16:59 /lib/libudev.so.0 -> libudev.so.0.5.1
-rwxr-xr-x. 1 root root 60160 Sep  6  2016 /lib/libudev.so.0.5.1
```

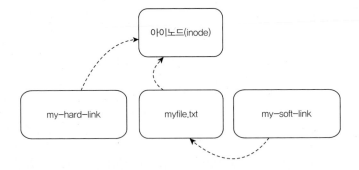

② 하드 링크(Hard link)
- 동일한 파일 시스템 내에서만 하드 링크를 생성할 수 있다.
- 디렉터리를 링크할 수 없다.
- 하드 링크는 대상 파일과 동일한 아이노드 번호와 허가권을 가진다.
- 대상 파일의 허가권을 변경하면 하드 링크의 허가권도 변경된다.
- 하드 링크는 대상 파일과 동일한 아이노드 번호를 갖기 때문에 대상 파일을 옮기거나 삭제하더라도 대상 파일을 참조할 수 있다.
- ln 명령어를 통하여 하드 링크를 생성할 수 있다. ls -lia 명령어를 사용하여 대상 파일과 하드 링크의 아이노드값이 675802로 동일한 것을 확인할 수 있다.

```
$ln source.file hardlink.file
$ ls -lia *.file
675802 -rw-rw-r--. 2 francis francis 0 Oct 23 20:47 hardlink.file
675802 -rw-rw-r--. 2 francis francis 0 Oct 23 20:47 source.file
```

③ 심볼릭 링크(Symbolic link)
- 심볼릭 링크를 생성할 때 원본 파일과 대상 파일이 서로 다른 파일 시스템에 위치하여도 무방하다.
- 디렉터리에 대한 심볼릭 링크를 생성할 수 있다.
- 심볼릭 링크와 대상 파일은 아이노드 번호와 파일 허가권이 다르다.
- 심볼릭 링크의 허가권이 변경되더라도 대상의 허가권이 변경되지 않는다.
- 심볼릭 링크는 대상 파일의 아이노드가 아닌 대상 파일의 경로만을 참조한다.
- ln -s 명령어를 사용하여 심볼릭 링크를 생성할 수 있다. softlink.file과 sorce.file의 아이노드 번호가 다름을 알 수 있고 '->' 기호를 통하여 심볼릭 링크가 어떤 파일을 가리키는지 정보도 출력하고 있다. 마지막으로 생성한 심볼릭 링크의 허가권은 rwxrwxrwx이지만 실제 대상 파일의 허가권은 이와 다른 rw-rw-r--이다.

```
$ ls -lia *.file
675802 -rw-rw-r--. 2 francis francis  0 Oct 23 20:47 hardlink.file
675801 lrwxrwxrwx. 1 francis francis 11 Oct 23 20:49 softlink.file -> source.file
675802 -rw-rw-r--. 2 francis francis  0 Oct 23 20:47 source.file
```

(4) 디렉터리 관리

① pwd

- 현재 파일 시스템상 어떤 디렉터리에 있는지 출력한다. 이 디렉터리를 보통 작업 디렉터리(working directory)라고 부른다.
- pwd는 셸에 내장된 명령어와 bin 디렉터리에 위치한 외부 명령어, 2가지가 있다. 현재 사용하고 있는 pwd가 무엇인지 알기 위해서는 type 명령어를 사용한다.

```
$ type pwd
pwd is a shell builtin
$ type /bin/pwd
/bin/pwd is /bin/pwd
```

- 현재 작업 디렉터리를 확인하기 위해서는 옵션 없이 명령어를 입력하면 된다.

```
$ pwd
/home/francis
```

② cd

- 작업 디렉터리를 변경하기 위해 사용한다. 디렉터리 변경 시 상대 경로, 절대 경로, 현재 경로, 부모 경로, 홈 디렉터리, 이전 디렉터리 등으로 이동할 수 있다.
- '/'는 루트 디렉터리를 뜻한다. 디렉터리가 '/'로 시작하면 루트 디렉터리를 기점으로 생성된 경로를 의미하고 이를 절대 경로라 부른다. 절대 경로를 통해 디렉터리 변경이 가능하다.

```
$ pwd
/tmp
$ cd /home/francis/Documents
$ pwd
/home/francis/Documents
```

- '/'로 시작하지 않으면 현재 디렉터리를 기점으로 경로를 생성한다. 이를 상대 경로라고 한다. 상대 경로를 통해 디렉터리 변경이 가능하다.

```
$ pwd
/home
$ cd francis/Documents
$ pwd
/home/francis/Documents
```

- '..'는 부모 디렉터리를 의미한다. 만약 /home/francis/Documents에서 cd .. 명령을 사용하면 /home/francis가 된다.

```
$ pwd
/home/francis/Documents
$ cd ..
$ pwd
/home/francis
```

- '.'는 현재 디렉터리를 의미한다. 명령을 수행하더라도 현재 디렉터리에서 현재 디렉터리의 이동이므로 변화가 없다.

```
$ pwd
/home/francis/Documents
$ cd .
$ pwd
/home/francis/Documents
```

- '~'는 현재 로그인한 계정의 홈 디렉터리를 나타낸다. 다음과 같이 홈 디렉터리를 일일이 타이핑할 필요 없이 간단히 홈 디렉터리로 이동 가능하다.

```
$ cd ~/Documents
$ pwd
/home/francis/Documents
```

- '-'은 이전 디렉터리를 나타낸다.

```
$ pwd
/home/francis
$ cd Documents
$ pwd
/home/francis/Documents
$ cd -
/home/francis
```

③ mkdir
- 파일 시스템상 디렉터리를 생성하는 명령어이다.
- 형식

```
mkdir [option] directory …
```

- 옵션

옵션	설명
-m, --mode	• 디렉터리 생성 시 설정할 허가권을 지정한다. • 허가권의 형식은 chmod 명령어의 허가권 설정 방식과 동일하다.
-p, --parents	디렉터리 생성 시 상위 디렉터리도 필요하다면 생성한다.

- 예제
  - photos 디렉터리를 생성한다.

  ```
  $ mkdir photos
  ```

  - photos, papers, data 디렉터리를 한 번에 생성한다.

  ```
  $ mkdir photos papers datas
  ```

  - photos 디렉터리를 생성할 때 albums 디렉터리가 존재하지 않으면 함께 생성한다.

  ```
  $ mkdir -p ./albums/photos
  ```

  - photos 디렉터리를 생성할 때 파일 허가권은 777로 지정한다.

  ```
  $ mkdir -m 777 photos
  또는
  $ mkdir -m u=rwx,g=rwx,o=rwx photos
  ```

④ rmdir
- 파일 시스템상 비어있는 디렉터리를 삭제하는 명령어이다. 디렉터리가 비어있지 않다면 삭제되지 않고 디렉터리 내의 다른 빈 디렉터리만이 삭제된다. rm -d 명령어와 기능상 동일하다. 만약 비어있지 않은 디렉터리를 삭제하고 싶다면 rm 명령어에 -r 옵션을 사용한다.
- 형식

```
rmdir [option] directory …
```

- 옵션

옵션	설명
-p	지정한 경로 중 가장 아래 디렉터리부터 상위 디렉터리로 거슬러 올라가면서 삭제한다. 디렉터리가 비어있으면 삭제하고 비어있지 않으면 삭제하지 않고 멈춘다.

- 예제
  - mydir1 디렉터리를 삭제한다. 이 디렉터리는 비어있어야 한다.

  ```
  $ rmdir mydir1
  ```

  - mydir1과 mydir2 디렉터리를 모두 삭제한다.

  ```
  $ rmdir mydir1 mydir2
  ```

  - mydir3, mydir2, mydir1 순서로 디렉터리를 제거한다. 단 디렉터리는 비어있어야 하고 비어있지 않으면 해당 디렉터리는 삭제되지 않고 멈춘다.

  ```
  $ rmdir -p mydir1/mydir2/mydir3
  ```

(5) 파일 관리

① ls

- 지정한 경로에 존재하는 파일과 디렉터리의 리스트를 출력한다. 또한 파일의 크기, 소유자, 수정한 시간 등 다양한 정보도 함께 보여준다. 옵션을 지정하지 않으면 현재 디렉터리에 존재하는 파일 및 디렉터리를 알파벳 순으로 목록을 출력한다.
- 형식

```
ls [option] file …
```

- 옵션

옵션	설명
-a, --all	숨겨진 파일 즉 '.'으로 시작하는 파일도 모두 출력한다.
-F, --classify	각 파일명마다 파일의 유형을 뜻하는 문자를 붙여 준다. '@'는 심볼릭 링크, '*'는 실행 파일, '='는 소켓, '│'는 파이프(named pipe), '/'는 디렉터리를 의미한다.
-l	파일이나 디렉터리 각각 한 줄씩 자세한 정보를 출력한다.
-d, --directory	디렉터리에 포함된 파일이나 디렉터리가 아닌 디렉터리 자체에 대한 정보를 출력한다.
-t	마지막 수정 시간을 최신 기준으로 정렬하여 출력한다.
-u	-lt 옵션과 주로 함께 사용하며 마지막 수정 시간 대신 접근 시간을 출력한다.
-i, --inode	각 파일의 아이노드 번호를 출력한다.
-r, --reverse	정렬 순서를 반대로 한다. 가령 알파벳 순서로 정렬되고 있다면 알파벳 역순으로 출력할 것이다. 마지막 수정 시간의 최신 기준으로 정렬되고 있다면 오래된 항목부터 출력할 것이다.
-R, --recursive	목록 중 디렉터리가 존재한다면 그 안의 파일 목록도 출력한다.
-S	파일 크기 기준으로 정렬한다.
-1	한 줄에 하나의 항목만 출력한다.

- 예제
  - 현재 경로의 파일과 디렉터리를 모두 출력한다. 각 파일과 디렉터리의 허가권, 디렉터리 내의 파일 개수, 소유자, 그룹, 파일 크기, 마지막 수정 시간, 파일명 또는 디렉터리명이 출력된다.

  ```
  $ ls -l
  -rwxr-xr-x. 1 francis francis   30 Aug 31 21:49 hello.sh
  -rwxr-xr-x. 1 francis francis   68 Sep  2 21:22 loop.sh
  -rwxr-xr-x. 1 francis francis   35 Aug 31 21:57 my-name-is.sh
  -rwxr-xr-x. 1 francis francis   32 Aug 31 18:59 run.sh
  -rwxr-xr-x. 1 francis francis   80 Sep  1 00:22 select.sh
  drwxr-xr-x. 2 francis francis 4096 Aug 11 17:52 Videos
  ```

  - 숨겨진 파일을 포함한 모든 파일을 출력하고 각 파일과 디렉터리는 파일 유형을 뜻하는 문자를 붙여준다. 아래의 예제를 보면 파일 유형인 경우 '*'로 표시하고 디렉터리인 경우 '/'로 표시한다.

  ```
  $ ls -alF
  drwxr-xr-x. 36 francis francis 4096 Oct 23 22:11 ./
  drwxr-xr-x.  5 root    root    4096 Sep 23 18:32 ../
  -rwxr-xr-x.  1 francis francis   30 Aug 31 21:49 hello.sh*
  -rwxr-xr-x.  1 francis francis   68 Sep  2 21:22 loop.sh*
  -rwxr-xr-x.  1 francis francis   35 Aug 31 21:57 my-name-is.sh*
  -rwxr-xr-x.  1 francis francis   32 Aug 31 18:59 run.sh*
  -rwxr-xr-x.  1 francis francis   80 Sep  1 00:22 select.sh*
  drwxr-xr-x.  2 francis francis 4096 Aug 11 17:52 Videos/
  ```

  - Videos 디렉터리 자체의 정보를 보여주고 있다. '-d' 옵션을 주지 않으면 해당 디렉터리 내부의 파일과 디렉터리 항목을 출력한다.

  ```
  $ ls -ld Videos
  drwxr-xr-x. 2 francis francis 4096 Aug 11 17:52 Videos
  ```

  - '-i' 옵션을 사용하면 Videos의 아이노드 번호를 추가로 출력한다.

  ```
  $ ls -ldi Videos
  149779 drwxr-xr-x. 2 francis francis 4096 Aug 11 17:52 Videos
  ```

② cp
- 지정한 파일이나 디렉터리를 복사하는 명령어이다. 일반 다른 명령어와 달리 파일 복사가 성공한 경우 아무런 출력이 없으며, 출력 결과를 확인하고 싶으면 '-v' 옵션을 사용해야 한다.

- 또한 파일 복사 시 이미 존재하는 경우 기본적으로 덮어쓰기가 된다. 이를 원치 않을 경우 '-i' 옵션을 사용한다.
- 형식

```
cp [option] source … destination
```

- 옵션

옵션	설명
-r, -R, --recursive	디렉터리 내의 파일이나 디렉터리도 복사한다.
-i, --interactive	존재하는 파일을 덮어쓰기 전에 사용자에게 확인을 받는다.
-f, --force	이미 존재하는 파일에 덮어쓸 수 없는 경우 해당 파일을 삭제 후 다시 복사를 시도한다.
-b	대상 파일이 이미 존재할 때 기존의 파일명 뒤에 '~'를 붙여 백업한다.
-s, --symbolic-link	파일을 복사하는 대신에 심볼릭 링크를 생성한다. 단 모든 소스 파일은 절대 경로여야 하고 대상 경로는 현재 디렉터리가 아니어야 한다.
-p	허가권, 사용자 소유권, 그룹 소유권, 마지막 파일 접근 시간과 수정 시간을 보존하여 복사한다. 이 옵션을 사용하지 않으면 현재 사용자의 정보가 사용된다.
-v, --verbose	항목의 정보를 상세히 출력한다.
-d	심볼릭 링크가 참조하는 파일이 아닌 심볼릭 링크 자체를 복사한다.
-a, --archive	복사할 때 원본 파일이 갖고 있는 모든 정보를 유지하여 복사한다. '-dR --preserve=ALL'과 동일하다.
-l, --link	파일을 복사하지 않고 하드 링크를 생성한다.
-u, --update	원본 파일이 대상 파일보다 최신이거나 대상 파일이 존재하지 않을 때 복사한다.

- 예제
  - 현재 작업 경로의 resume.doc를 같은 경로에 myresume.doc로 복사한다. 동일한 파일이 존재하면 사용자 확인 없이 덮어쓴다.

  ```
  $ cp resume.doc myresume.doc
  ```

  - 홈 디렉터리의 resume.doc를 /tmp 경로로 복사한다.

  ```
  $ cp ~/resume.doc /tmp
  ```

  - 홈 디렉터리의 Documents 디렉터리의 모든 docx 파일과 scores.xls과 readme.txt를 홈 디렉터리의 SendTo 경로로 복사한다.

  ```
  $ cp ~/Documents/*.docx ~/Documents/scores.xls ~/Documents/readme.txt ~/SendTo
  ```

- 홈 디렉터리의 Documents 의 모든 파일, 디렉터리뿐만 아니라 그 하위 디렉터리까지 모두 복사한다. '-r' 옵션을 사용하여도 동일하다.

```
$ cp -R ~/Documents ~/DocumentsBackup
```

- library-10.so 에 대한 심볼릭 링크를 library.so 파일명으로 생성한다.

```
$ cp -s library-10.so library.so
```

- /home/francis의 모든 파일과 디렉터리의 모든 속성을 유지하면서 /backup 디렉터리에 복사한다.

```
$ cp -a /home/francis/*  /backup/
```

③ rm

- 지정한 파일을 삭제하는 명령어이다. 옵션을 사용하지 않으면 디렉터리는 지우지 않는다. 디렉터리를 삭제하려면 '-r' 또는 '-R' 옵션을 사용해야 한다.
- rm 명령어는 파일 시스템상에서 파일 이름과 실제 데이터와의 링크를 제거할 뿐 데이터 자체를 지우지는 않는다.
- 윈도우의 휴지통과 같은 임시 저장소로 이동하는 것이 아니므로 파일을 삭제할 때 유의해야 한다.
- 형식

```
rm [option] file …
```

- 옵션

옵션	설명
-i	삭제하기 전에 사용자의 확인을 받는다.
-f, --force	파일이 존재하지 않더라도 무시한다.
-r, -R, --recursive	디렉터리와 그 이하의 파일 및 디렉터리를 모두 삭제한다.

- 예제
  - 만약 파일에 '-'를 포함한다면 파일 이름이 아닌 옵션으로 잘못 해석할 수 있기 때문에 삭제 시 '--'를 파일 이름 전에 기입해야 한다. 또는 '.'를 통해 경로를 지정하거나 절대 경로를 사용하는 것도 하나의 방법이다.

```
$ rm -- -dashfile.txt
또는
$ rm ./-dashfile.txt
```

- photo.jpg를 삭제한다. 만약 photo.jpg가 쓰기 보호(write protect)가 된 상태라면 사용자에게 삭제 여부를 확인한 후 삭제한다.

```
$ rm photo.jpg
```

- photo.jpg를 삭제한다. 만약 photo.jpg가 쓰기 보호가 된 상태라도 삭제할 수 있다면 사용자 알림 없이 삭제한다.

```
$ rm -f photo.jpg
```

- 현재 경로의 모든 파일을 삭제 시도한다. 삭제하기 전에 사용자에게 확인을 받는다.

```
$ rm -i *
```

- 홈 디렉터리의 photos 디렉터리의 모든 파일 및 디렉터리 그리고 각 디렉터리 이하의 모든 내용까지 삭제한다. 이때 쓰기 보호 파일이 있더라도 사용자에게 묻지 않고 모두 삭제하므로 주의하여 사용해야 한다.

```
$ rm -rf ~/photos
```

더 알기 TIP

shred 명령어

- rm 명령어는 파일 시스템상 실제 데이터를 지우지는 않는다. 다만 파일 이름과 데이터 간의 링크를 제거하고 해당 파일의 크기만큼 디스크의 가용 용량을 수정할 뿐이다. 만약 데이터까지 지우고 싶다면 shred 명령을 사용한다. shred 명령은 추후에 데이터를 재생할 수 없도록 다른 데이터로 덮어쓴다.
- file.txt를 삭제한다. 그리고 데이터를 복구할 수 없도록 일련의 방식으로 데이터를 여러 번 덮어쓴다.

```
$ shred -u file.txt
```

④ mv

- 지정한 파일이나 디렉터리를 지정한 경로로 이동하거나 이름을 변경할 수 있다.
- 형식

```
mv [option] source ... destination
```

- 옵션

옵션	설명
-i, --interactive	파일의 허가권과 관계 없이 존재하는 파일을 덮어쓰기 전에 사용자에게 확인을 받는다.
-f, --force	사용자 확인 없이 해당 파일이 이미 존재하더라도 덮어쓴다. 다수의 파일을 이동할 때 기존의 파일이 읽기 전용인 경우 해당 옵션을 사용하면 사용자에게 매번 확인을 받을 필요가 없기 때문에 유용하다.
-b	대상 파일이 이미 존재하는 경우 덮어쓰기 전에 백업 파일을 만든다. 백업 파일의 파일명은 원본 파일명 뒤에 '~'가 붙는다.

옵션	설명
-u, --update	대상 파일이 최신인 경우 덮어쓰지 않는다. 즉 대상 파일이 오래되거나 존재하지 않으면 덮어쓴다.
-t, --target-directory	모든 원본 파일을 지정한 경로로 이동한다.

- 예제
  - musicbox가 디렉터리라면 music.mp3를 musicbox 안에 복사한다. 그렇지 않고 파일이라면 music.mp3를 musicbox로 이름을 변경하여 덮어쓴다. 만약 존재하지 않는 파일이면 이름을 변경한다.

    ```
    $ mv music.mp3 musicbox
    ```

  - 지정한 3개의 파일은 musicbox 디렉터리로 이동한다.

    ```
    $ mv music.mp3 spring.mp3 fall.mp3 musicbox
    ```

  - -t 옵션을 지정하면 이동할 대상 디렉터리를 지정할 수 있다. 아래는 3개의 파일을 musicbox 디렉터리로 이동하고 있다.

    ```
    $ mv -t musicbox music.mp3 spring.mp3 fall.mp3
    ```

  - 현재 경로의 musicbox 디렉터리를 musics 디렉터리로 이름을 변경한다.

    ```
    $ mv musicbox/ musics/
    ```

⑤ touch

- 파일의 마지막 접근 시간(access time), 수정 시간(modification time), 변경 시간(change time)과 같은 파일스탬프 정보를 수정하는 명령어이다. 파일이 없는 경우 빈 파일을 생성한다.
- 형식

  ```
  touch [option] filename
  ```

- 옵션

옵션	설명
-a	atime만 변경한다.
-m	mtime만 변경한다.
-t	• 이 옵션을 사용하면 현재 시간 대신에 지정한 타임스탬프를 설정할 수 있다. • 타임스탬프의 형식은 [[CC]YY]MMDDhhmm[.ss]이다. • 타임스탬프를 미래나 과거로 임의로 변경하려면 쓰기 권한이 필요하고 파일의 소유자여야 한다.
-r, --reference	• 현재 시간이 아닌 지정한 파일의 타임스탬프로 변경한다. • 이 옵션을 사용하려면 옵션으로 지정한 파일에 대한 쓰기 권한 및 소유자여야 한다.
-c, --no-create	파일을 생성하지 않는다.

- 예제
  - 파일이 존재하면 atime, mtime, ctime을 현재 시스템 시간으로 변경한다. 파일이 존재하지 않으면 빈 파일을 생성한다.

    ```
    $ touch file.txt
    ```

  - 파일이 존재하는 경우에만 파일스탬프를 현재 시스템 시간으로 변경하고 존재하지 않으면 빈 파일을 생성하지 않는다.

    ```
    $ touch -c file.txt
    ```

  - file.txt의 atime만 변경한다. mtime은 변경되지 않고 ctime은 atime이 변경되었기 때문에 변경될 것이다. 파일이 존재하지 않으면 생성한다.

    ```
    $ touch -a file.txt
    ```

  - file1.txt의 atime 및 mtime으로 file2.txt의 타임스탬프 정보를 변경한다.

    ```
    $ touch -r file1.txt file2.txt
    ```

  - file.txt의 mtime을 2021년 10월 25일 오후 5시 00분으로 변경한다.

    ```
    $ touch -m -t 202110251700 file.txt
    ```

더 알기 TIP

리눅스에서는 다음 3가지의 타임스탬프를 관리한다.

유형	설명	축약어
접근 시간(access time)	파일을 읽은 마지막 시간	atime
수정 시간(modification time)	파일의 내용이 변경되었던 마지막 시간	mtime
변경 시간(change time)	• 파일의 허가권과 같은 상태가 변경되었던 시간 • atime과 mtime도 파일의 상태가 포함되므로 이들이 변경되면 ctime도 변경됨	ctime

⑥ file

- 파일의 유형을 확인하는 명령어이다.
- 형식

```
file [option] filename
```

- 옵션

옵션	설명
-b, --brief	파일명은 출력하지 않고 파일 유형만 출력한다.

- 예제
  - a.txt의 파일 유형은 ASCII 텍스트이다.

    ```
    $ file a.txt
    a.txt: ASCII text
    ```

  - -b 옵션을 사용하면 파일명이 나오지 않는다.

    ```
    $ file a.txt
    ASCII text
    ```

⑦ find

- 파일이나 디렉터리의 이름, 생성 날짜, 수정 날짜, 소유자, 허가권 등 사용자가 지정한 조건에 부합하는 파일 시스템에 존재하는 파일과 디렉터리를 찾는 명령어이다.
- 옵션

옵션	설명
-name	• 패턴과 파일 이름과 부합하는 파일을 찾는다. • 파일 이름은 파일 경로는 제외한다.
-user	지정한 사용자가 소유한 파일을 찾는다.
-group	지정한 그룹에 속한 파일을 찾는다.
-uid	파일의 UID가 지정한 UID와 같은 파일을 찾는다.
-gid	파일의 GID가 지정한 GID와 같은 파일을 찾는다.
-perm	• 지정한 허가권과 일치하는 파일을 찾는다. • 만약 지정한 특정 비트 모두 일치하는 파일을 찾고자 하는 경우 '-'를 사용하고 지정한 특정 비트 중 하나라도 일치하는 파일을 찾고자 하는 경우 '/' 를 사용한다. • 예전에는 '/'가 아닌 '+'를 사용하였지만 현재는 사용하지 않는다(deprecated). 예 -perm 666 → 허가권이 rw-rw-rw- 과 정확히 일치하는 파일 -perm -u=w,g=w → 사용자 허가권과 그룹 허가권에 모두 쓰기 권한이 있는 파일 -perm /u=w,g=w → 사용자 허가권이나 그룹 허가권 중 하나라도 쓰기 권한이 있는 파일
-type	지정한 파일 유형인 파일을 찾는다.

	b	블록 장치 파일
	c	캐릭터 장치 파일
	d	디렉터리
-type	p	파이프
	f	파일
	l	심볼릭 링크
	s	소켓

옵션	설명
-atime	파일의 마지막 접근 시간이 지정한 일(day) 이전의 파일을 찾는다.
-ctime	파일의 마지막 변경 시간이 지정한 일(day) 이전의 파일을 찾는다.
-mtime	파일의 마지막 수정 시간이 지정한 일(day) 이전의 파일을 찾는다.
-exec	패턴에 부합하는 파일을 찾을 때마다 실행할 명령어를 지정할 수 있다.
-ok	-exec 옵션과 동일한 기능을 수행하지만 사용자에게 명령을 수행할지 먼저 물어본다.
-print	• 표준 출력으로 개행 문자로 종료하는 전체 파일 경로를 출력한다. • find 명령어의 결과를 파이프로 다른 프로그램에게 보낼 때 해당 프로그램이 경로의 끝을 개행 문자로 인식하는 경우 유용하다. • 만약 널(null) 문자로 끝나기를 원한다면 -print0을 사용한다.
-fprint	• 지정한 파일에 찾은 파일의 전체 파일 경로를 출력한다. • 지정한 파일이 없다면 생성하고, 존재한다면 합친다.
-ls	ls -dils 형식으로 찾은 파일에 대한 정보를 출력한다.

-size	• 지정한 크기의 파일을 찾는다.
	• '+'와 '-'를 사용하여 파일 크기의 범위를 지정할 수 있다.
	• 예를 들어 -size +512c -size -1024c라고 하면 512바이트보다는 크고 1024보다는 작은 범위를 뜻한다. 여기서 'c'는 바이트(byte)를 뜻한다. 그 외 단위는 아래와 같다.
	
	   b 512 바이트 블록(기본값)
	   c 바이트(bytes)
	   w 워드(words)
	   k 킬로바이트(kilo bytes)
	   M 메가바이트(mega bytes)
	   G 기가바이트(gaga bytes)

-inum	지정한 아이노드 번호의 파일을 찾는다.
-iname	-name과 동일하지만 대소문자를 구분하지 않는다.
-maxdepth	• 지정한 깊이의 디렉터리까지만 찾는다. • 0으로 지정하면 하위 디렉터리까지 찾지는 않고 지정한 디렉터리 내의 파일과 디렉터리만 찾는다.
-prune	찾은 파일이 디렉터리인 경우 그 하위 내용까지 검색하지 않는다.
-empty	파일의 크기가 0이거나 비어있는 디렉터리를 찾는다
-newer	지정한 파일보다 최근에 수정된 파일을 찾는다.
-cnewer	지정한 파일보다 최근에 변경된 파일을 찾는다.

- 예제
  - 옵션을 사용하지 않거나 현재 경로 '.'를 지정하면 현재 경로의 파일 및 디렉터리 그리고 그 이하의 모든 파일과 디렉터리를 출력한다.

    ```
    find
    또는
    find .
    ```

  - 현재 경로와 /home/francis 그리고 /home/chris의 모든 파일과 디렉터리 그 이하의 모든 내용을 출력한다.

    ```
    find . /home/francis /home/chris
    ```

  - 현재 경로에서 확장자가 zip인 모든 파일을 찾는다. 여기서 '-iname'을 사용한다면 대소문자를 구문하지 않는다.

    ```
    find . -name '*.zip'
    ```

  - 파일 유형이 파일이고 파일 이름이 'apple'인 파일을 찾는다.

    ```
    find . -name 'apple' -type f
    ```

  - 그룹이 데몬인 파일과 디렉터리를 현재 경로에서 찾는다.

    ```
    find . -group daemon
    ```

  - 사용자 소유권이 francis인 파일을 찾는다.

    ```
    find . -user francis
    ```

  - 파일 접근 시간이 5일 이상된 파일과 디렉터리를 찾는다. '+5'가 아닌 '-5'로 설정한다면 5일 이내의 파일과 디렉터리를 찾는다.

    ```
    find . -atime +5
    ```

  - 현재 경로에서 허가권이 rwxr-xr--인 파일을 찾는다. 또는 허가권을 숫자로 설정할 수 있다.

    ```
    find . -perm u=rwx,g=rx,o=r
    또는
    find . -perm 754
    ```

- 파일 크기가 5GB 이내의 파일을 찾는다.

```
find . -size -5G
```

- 파일 크기가 1GB 이상인 파일을 찾으면 홈 디렉터리의 bigfiles 경로로 이동한다.

```
find . -size +1G -exec mv '{}' ~/bigfiles \;
```

- 파일 이름이 '.log'로 끝나는 파일을 찾아 파일을 삭제한다.

```
find . -name '*.log' -print0 | xargs -0 rm -f
```

- 정규식 표현으로 패턴을 지정할 수 있다. 파일 이름이 a와 b와 c로 시작하는 파일을 찾는다.

```
find . -name '[abc]*'
```

- 마지막 변경시간이 하루에서 이틀 사이인 파일을 찾는다.

```
find . -ctime +1 -ctime -2
```

(6) 텍스트 관련 명령어

① cat

- 텍스트 파일의 내용을 보거나 텍스트 파일을 다른 새로운 파일로 복사하거나 또는 기존의 텍스트 파일과 합치는 기능을 수행한다.
- 형식

```
cat [option] file
```

- 옵션

옵션	설명
-b, --number-nonblank	빈 줄을 제외하고 행 번호를 붙여준다.
-n, --number	모든 줄에 행 번호를 붙인다.
-E, --show-ends	각 줄의 끝에 '$'를 표시한다.
-T, --show-tabs	탭 문자를 '^I'로 표시한다.
-v, --show-nonprinting	인쇄 불가한 문자도 표시한다.
-A, --show-all	-vET 명령어와 동일하다.
-s, --squeeze-blank	반복되는 빈 줄은 무시한다.

- 예제
  - 파일을 읽어서 화면에 출력한다.

  ```
  $ cat readme.txt
  또는
  $ cat < readme.txt
  ```

  - 두 파일을 모두 화면에 출력한다.

  ```
  $ cat readme.txt readme2.txt
  ```

  - readme.txt를 읽어서 newreadme.txt를 생성한다. 이미 존재한다면 덮어쓴다.

  ```
  $ cat readme.txt > newreadme.txt
  ```

  - readme.txt를 읽어서 another-readme.txt의 뒷부분에 붙인다. 만약 존재하지 않으면 생성한다.

  ```
  $ cat readme.txt >> another-readme.txt
  ```

② **head**
- 지정한 파일의 앞 부분을 출력한다. 옵션을 지정하지 않는다면 첫 10줄을 출력한다.
- 형식

```
head [option] file
```

- 옵션

옵션	설명
-n, --lines	• 출력할 줄 수를 지정한다. • 만약 숫자 앞에 '-'를 붙이면 모두 출력하되 지정한 수만큼 마지막에 출력하지 않는다.
-c, --byte	• 출력한 바이트 수를 지정한다. • 만약 숫자 앞에 '-'를 붙이면 모두 출력하되 지정한 바이트 수만큼 마지막에 출력하지 않는다.

- 예제
  - readme.txt를 읽어 처음 10줄만 보여준다(기본값).

  ```
  $ head readme.txt
  ```

- readme.txt를 읽어 처음 5줄만 보여준다.

```
$ head -n 5 readme.txt
또는
$ head -5 readme.txt
```

- readme.txt를 읽어 마지막 5줄만 제외하고 모두 출력한다.

```
$ head -n -5 readme.txt
```

③ tail
- 지정한 파일의 끝 부분을 출력한다. 옵션을 지정하지 않는다면 10줄만 출력한다. 보통 로그 파일이나 실시간 이벤트 확인 시 최근의 정보를 확인할 때 유용하다.
- 형식

```
tail [option] file
```

- 옵션

옵션	설명
-n, --lines	파일의 마지막에서 지정한 줄만큼 출력한다.
-c, --bytes	파일의 마지막에서 지정한 바이트 수만큼 출력한다.
-f, --follow	새로운 데이터가 들어올 때까지 모니터링한다. 데이터가 추가되면 출력하기를 반복한다.

- 예제
    - readme.txt의 마지막 10줄을 출력한다(기본값).

    ```
    tail readme.txt
    ```

    - readme.txt의 마지막 5줄을 출력한다.

    ```
    tail -n 5 readme.txt
    ```

    - readme.txt의 마지막 10줄을 출력하고 새로운 줄이 추가되기를 모니터링한다.

    ```
    tail -f readme.txt
    ```

➕ 더 알기 TIP

tail 명령어를 사용하여 로그 모니터링하기
- 특정 IP에 대한 로그가 발생하는지 모니터링하기 위한 명령어 예시이다.
- access.log 파일의 갱신을 모니터링하다가 192.168.100.100 IP 주소에 대한 로그가 추가되면 해당 내용을 출력한다.

```
$ tail -f access.log | grep 192.168.100.100
```

④ more
- 텍스트 파일의 내용이 많을 때 한 페이지씩 보여주는 명령어이다.
- 형식

```
more [option] file
```

- 옵션

옵션	설명
-num	스크린에 한 번에 보여줄 줄 수를 설정한다.

- 예제
  - /etc/passwd 파일을 읽어서 화면에 출력한다.

  ```
  $ more /etc/passwd
  ```

  - /etc/passwd 파일을 읽어서 한 화면에 10줄씩 보여준다.

  ```
  $ more -10 /etc/passwd
  ```

  - /etc/passwd 파일을 읽어서 한 화면씩 보여준다.

  ```
  $ cat /etc/passwd | more
  ```

⑤ less
- more 명령어와 같이 텍스트의 파일 내용을 페이지 단위로 보여주는 명령어이다. more 명령어와 달리 다양한 옵션을 제공한다. 또한 vi 명령어와 같이 프로그램 시작 전 텍스트 파일을 모두 읽어 메모리에 올리지는 않기 때문에 프로그램 시작이 빠르다. 커서(cursor) 키를 사용하여 상하좌우 화면 이동이 가능하고 vi에서 사용하는 익숙한 명령어도 사용이 가능하다.
- 형식

```
less [option] file
```

- 옵션

옵션	설명
-c, --clear-screen	화면을 지우고 최상단부터 결과를 출력한다.
-s, --squeeze-blnak-lines	연속된 빈 줄을 합쳐 하나의 빈 줄로 만든다.
-e	파일 끝에서 한 번 더 파일 끝으로 이동하면 자동으로 프로그램이 종료된다. 기본 동작은 'q' 명령어를 입력해야 종료된다.
-N	각 줄마다 행 번호를 함께 출력한다.

- 예제
  - 지정한 파일을 한 페이지씩 출력한다.
    ```
    $ less /var/log/yum.log
    ```
  - 지정한 파일을 각 줄마다 행 번호를 붙여 한 페이지씩 출력한다.
    ```
    $ less -N /var/log/yum.log
    ```
  - 지정한 파일의 80줄부터 한 페이지씩 출력한다.
    ```
    $ less +80 /var/log/yum.og
    ```

⑥ grep
- 텍스트 파일을 한 줄씩 읽어서 지정한 패턴과 일치하는 문자열을 보여주는 명령어이다.
- 형식

```
grep [option] pattern file …
```

- 옵션

옵션	설명
-b, --byte-offset	• 지정한 패턴과 일치하는 줄의 offset을 줄 앞에 출력한다. • 만약 -o 옵션과 함께 사용하면 패턴과 일치하는 위치마다 offset을 출력한다.
-c, --count	패턴과 일치하는 줄이 몇 줄인지 표시한다.
-h, --no-filename	파일 이름을 출력하지 않는다.
-i, --ignore-case	패턴과 입력 파일 모두 대소문자를 구분하지 않는다.
-n, --line-number	출력 결과에 1부터 시작하는 행 번호를 붙인다.
-v, --invert-match	패턴과 매칭되지 않는 항목을 출력한다.
-w, --word-regexp	패턴과 한 단어가 일치하는 줄을 출력한다.
-x, --line-regexp	패턴과 전체 줄과 일치할 때 출력한다.
-l, --files-with-matches	정상적인 파일 출력 대신에 파일 이름을 출력한다.
-r, --recursive	지정한 디렉터리의 모든 파일에 대하여 패턴을 찾는다.
-o, --only-matching	패턴과 일치하는 부분만 출력한다.
-E, --extended-regexp	패턴을 확장 정규식으로 사용한다.
-F, --fixed-strings	패턴을 고정된 문자열의 리스트로 사용한다.

- 예제
    - /etc/passwd에서 francis 문자열을 찾는다. 또는 cat 명령어와 파이프를 통해 grep에게 파일의 내용을 보내 패턴을 찾을 수도 있다.

    ```
    $ grep francis /etc/passwd
    또는
    $ cat /etc/passwd | grep francis
    ```

    - 루트의 www 디렉터리 이하의 모든 파일에서 francis 문자열을 찾는다.

    ```
    $ grep -r francis /www/
    ```

    - 지정한 파일에서 francis와 정확히 일치하는 단어가 있는 경우 출력한다. 가령 "francisco"라는 단어가 포함되어 있는 줄이 있더라도 "francis"와는 일부는 매칭되지만 단어 전체가 매칭되지 않아 결과가 출력되지 않는다.

    ```
    $ grep -w francis /etc/passwd
    ```

    - /etc/passwd에 "francis"와 일치하는 줄이 몇 줄인지 출력한다.

    ```
    $ grep -c francis /etc/passwd
    ```

    - /etc/ 디렉터리에 지정한 패턴과 일치하는 파일의 이름을 모두 출력한다.

    ```
    $ sudo grep -lr francis /etc
    [sudo] password for francis:
    /etc/mtab
    /etc/gshadow-
    /etc/shadow
    /etc/passwd
    /etc/cups/subscriptions.conf.O
    /etc/passwd.OLD
    /etc/group
    /etc/gshadow
    /etc/group-
    /etc/fstab
    /etc/passwd-
    /etc/shadow-
    /etc/sudoers
    ```

    - 정규표현식으로 패턴을 지정하였다. 소문자 a~z를 포함하는 줄을 모두 출력한다.

    ```
    $ grep "[a-z]" readme
    ```

> **더 알기 TIP**

정규표현식(regular expression)
특정한 규칙을 가진 문자열의 집합을 표현하는 일종의 형식 언어이다. 주로 문자열 검색 및 치환할 때 사용한다.

정규표현식	설명
.	하나의 문자와 매칭한다.
a*	a라는 문자가 없거나 a, aa, aaa 등 여러 개일 수 있다. 가령 ca*r의 경우 cr, car, caar, caaar 등이 매칭된다.
[abc]	어떤 문자열이라도 a, b, c 중 하나라도 포함하면 매칭된다.
[^abc]	어떤 문자열이 a, b, c를 포함하고 있지 않으면 매칭된다.
[a-zA-Z]	a~z 또는 A~Z의 문자열만 매칭된다.
th(e|is|at)	the, this, that과 같은 문자열과 매칭된다.
'^pattern'	지정한 패턴으로 줄이 시작하는 경우 매칭된다.
'pattern$'	지정한 패턴으로 줄이 끝나는 경우 매칭된다.
'\\<pattern'	지정한 패턴으로 단어가 시작하는 경우 매칭된다.
'pattern\\>'	지정한 패턴으로 단어가 끝나는 경우 매칭된다.

⑦ **wc**
- 지정한 파일에 대해 단어, 개행문자, 문자의 개수 등을 셀 수 있는 명령어이다.
- 형식

```
wc [option] file …
```

- 옵션

옵션	설명
-l, --lines	줄 수를 센다.
-w, --words	단어의 개수를 센다.
-c, --bytes	바이트 수를 센다.
-L, --max-line-length	가장 긴 줄의 길이를 출력한다.

- 예제
  - /etc/passwd는 36줄이고 55개의 단어 1706개의 문자로 구성되어 있다.

```
$ wc /etc/passwd
  36   55 1706 /etc/passwd
```

- /etc/passwd의 줄수는 36이다.

```
$ wc -l /etc/passwd
36 /etc/passwd
```

- /etc/passwd의 가장 긴 줄은 79이다.

```
$ wc -L /etc/passwd
79 /etc/passwd
```

⑧ sort
- 텍스트 파일을 한 줄씩 읽어서 정렬하는 프로그램이다.
- 형식

```
sort [option] file
```

- 옵션

옵션	설명
-b, --ignore-leading-blanks	공백은 무시한다.
-d, --dictionay-order	오직 공백과 알파벳 문자만을 대상으로 정렬한다.
-f, --ignore-case	대소문자 구분을 하지 않는다.
-r, --reverse	정렬 결과를 반대로 출력한다.
-o, --output	출력 결과를 지정한 파일에 저장한다.
-c, --check	입력값이 정렬되어 있는지 체크한다. 실제 정렬하지는 않는다.
-n, --numeric-sort	숫자를 문자가 아닌 숫자 값으로 정렬한다.
-u, --unique	줄이 중복되면 처음 하나만 출력한다.
-M, --month-sort	월 표시 문자를 인식하여 정렬한다. 가령 'JAN' < 'FEB' < … < 'DEC'와 같은 순으로 정렬된다.
-t, --field-separator	이 옵션을 통해 필드 구분자를 변경할 수 있다. 기본값은 공백이다.
-k, --key	정렬할 필드를 정한다.

- 예제
  - person.txt를 정렬한다.

```
$ cat person.txt
02 Francis Sr.Developer
01 Chris Sr.Manager
03 John Sr.Developer
```

```
04 Evan Jr.Developer
bash-4.1$ sort person.txt
01 Chris Sr.Manager
02 Francis Sr.Developer
03 John Sr.Developer
04 Evan Jr.Developer
```

- person.txt를 정렬하고 결과는 반대로 출력한다.

```
$ sort -r person.txt
04 Evan Jr.Developer
03 John Sr.Developer
02 Francis Sr.Developer
01 Chris Sr.Manager
```

- person.txt를 정렬하고 person_sort.txt 파일에 저장한다.

```
$ sort -r person.txt -o person_sort.txt
04 Evan Jr.Developer
03 John Sr.Developer
02 Francis Sr.Developer
01 Chris Sr.Manager
```

- person.txt를 3번째 필드 기준으로 정렬한다.

```
$ sort -k 3 person.txt
04 Evan Jr.Developer
02 Francis Sr.Developer
03 John Sr.Developer
01 Chris Sr.Manager
```

- person.txt를 3번째 필드 3번째 글자 이후를 기준으로 정렬한다.

```
$ sort -k 3.3 person.txt
02 Francis Sr.Developer
03 John Sr.Developer
04 Evan Jr.Developer
01 Chris Sr.Manager
```

- 2번째 필드의 첫 번째, 두 번째 글자를 기준으로 정렬한다.

```
$ sort -k 2.1,2.2 person.txt
01 Chris Sr.Manager
04 Evan Jr.Developer
02 Francis Sr.Developer
03 John Sr.Developer
```

⑨ cut
- 텍스트 파일을 한 줄 또는 여러 줄을 잘라낼 수 있는 명령어이다.
- 형식

```
cut [option] file …
```

- 옵션

옵션	설명
-c, --characters	각 줄의 문자를 선택한다.
-f, --fields	각 줄의 필드를 선택한다.
-d, --delimiter	필드 구분자를 변경한다. 기본값은 TAB이다.

- 예제
  - scores.txt를 생성하여 3번째 필드를 출력한다.

```
$ cat > scores.txt
francis        evan        conner        kay
90             60          90            100
bash-4.1$ cut -f 3 scores.txt
conner
90
```

  - 1, 2번째 필드를 출력한다.

```
$ cut -f 1-2 scores.txt
francis        evan
90             60
```

  - 각 줄에서 3개 글자만 출력한다.

```
$ cut -c 1-3 scores.txt
fra
90
```

⑩ split
- 파일을 고정 크기의 여러 파일로 분할하는 명령어이다.
- 형식

```
split [option] file [file_name]
```

- 옵션

옵션	설명
-b, --bytes	각 파일당 저장할 크기를 지정한다.
-C, --line-bytes	각 파일당 행의 크기를 주어진 값에 맞춰서 쓴다.
-l, --lines	각 파일당 줄 수를 지정한다.

- 예제
  - /etc/passwd를 10줄씩 나눠서 파일을 분리한다. 분리된 파일의 이름을 지정하지 않아 x로 시작하는 xaa, xab, xac, xad 파일로 분리되었고 각각은 10줄, 10줄, 10줄, 6줄로 분리되었다.

```
$ split -l 10 /etc/passwd
$ ls x*
xaa  xab  xac  xad
$ wc -l /etc/passwd
36 /etc/passwd
$ wc -l xaa
10 xaa
bash-4.1$ wc -l xab
10 xab
bash-4.1$ wc -l xac
10 xac
bash-4.1$ wc -l xad
6 xad
```

- /etc/passwd를 1024바이트 단위로 분리하여 newpasswd로 시작하는 이름으로 저장하였다. 총 2개의 파일로 분리되었는데 첫 번째 파일은 1024바이트 크기이고 2번째 파일은 682바이트 크기이다.

```
$ split -b 1024 /etc/passwd newpasswd
bash-4.1$ ls -l newpasswd*
-rw-rw-r--. 1 francis francis 1024 Oct 27 15:14 newpasswdaa
-rw-rw-r--. 1 francis francis  682 Oct 27 15:14 newpasswdab
```

2 파일 시스템 관리 및 복구

(1) 파일 시스템 생성

① 파일 시스템 생성의 개요

- 하드디스크를 새롭게 추가하거나 기존의 하드디스크 중 아직 사용하지 않는 영역이 있다면 파일 시스템을 설정하여 정보를 저장하는 데 사용할 수 있다.
- fdisk -l을 통해 하드디스크가 시스템에 정상적으로 인식되었는지 확인하고 마찬가지로 fdisk를 통해 파티션을 생성할 수 있다. mkfs 명령어로 원하는 파일 시스템으로 포맷을 한 뒤 mount 명령어로 시스템상 마운트할 수 있다. 시스템 리부팅 후에도 계속 마운트가 유지될 수 있도록 /etc/fstab 파일에 파일 시스템을 등록한다.

② fdisk를 통한 파티션 관리
- 디스크상에서 파티션을 생성, 삭제, 수정할 수 있는 명령어이다.
- 형식

```
fdisk [option] device
```

- 옵션

옵션	설명
-l	• 지정한 디스크의 파티션 정보를 출력한다. • 만약 디스크를 설정하지 않으면 /proc/partitions의 장치의 파티션 정보를 출력할 것이다.
-b	섹터당 크기를 설정한다. 512, 1024, 2048, 4096 중 하나를 선택할 수 있다.
-s	파티션의 크기를 출력하며 단위는 block이다.

- 예제
  - /dev/sda/ 장치의 파티션 정보를 출력한다. /dev/sda1과 /dev/sda2, 2개의 파티션이 존재한다.

```
$ sudo fdisk -l /dev/sda

Disk /dev/sda: 16.1 GB, 16106127360 bytes
255 heads, 63 sectors/track, 1958 cylinders
Units = cylinders of 16065 * 512 = 8225280 bytes
Sector size (logical/physical): 512 bytes / 512 bytes
I/O size (minimum/optimal): 512 bytes / 512 bytes
Disk identifier: 0x00023bbc

   Device    Boot    Start      End    Blocks    Id    System
/dev/sda1      *         1       64    512000    83    Linux
Partition 1 does not end on cylinder boundary.
/dev/sda2               64     1959  15215616    8e    Linux LVM
```

  - /dev/sda1의 크기는 512000이다.

```
$ sudo fdisk -s /dev/sda1
512000
```

  - 파티션을 생성하고자 하는 장치를 지정하여 fdisk를 실행한다. 파티션 생성 시에는 'n' 명령어를 사용하고 삭제할 때는 'd' 명령어를 사용한다. 변경된 설정을 저장하기 위해서는 'w'를 사용한다. 파티션 정보를 확인하기 위해서는 'p' 명령어를 사용하고 파티션의 속성을 변경하기 위해서는 't' 명령어를 사용한다. 변경된 사항을 반영하지 않고 종료하려면 'q' 명령어를 사용한다.

```
$ sudo fdisk /dev/sda
WARNING: DOS-compatible mode is deprecated. It's strongly recommended to
         switch off the mode (command 'c') and change display units to
         sectors (command 'u').
Command (m for help): m
Command action
   a   toggle a bootable flag
   b   edit bsd disklabel
   c   toggle the dos compatibility flag
   d   delete a partition
   l   list known partition types
   m   print this menu
   n   add a new partition
   o   create a new empty DOS partition table
   p   print the partition table
   q   quit without saving changes
   s   create a new empty Sun disklabel
   t   change a partition's system id
   u   change display/entry units
   v   verify the partition table
   w   write table to disk and exit
   x   extra functionality (experts only)
```

③ mkfs를 통한 파일 시스템 생성

- mkfs는 일반적으로 하드디스크를 사용할 수 있도록 파일 시스템을 생성하는 명령어이다.
- 형식

```
mkfs [option] device
```

- 옵션

옵션	설명
-t, --type	파일 시스템의 유형을 지정한다. 지정하지 않으면 기본값인 ext2가 사용된다.
-c	파일 시스템을 생성하기 전에 배드블록을 체크한다.

- 예제
    - /dev/sda2를 ext4 파일 시스템으로 생성한다.

```
$ sudo mkfs -t ext4 /dev/sda2
```

④ **mke2fs를 통한 파일 시스템 생성**
- mke2fs 명령어는 파일 시스템을 실제로 생성하는 명령어이다. mkfs도 내부적으로는 mke2fs 명령어를 호출한다.
- 형식

```
mke2fs [option] device
```

- 옵션

옵션	설명
-j	• 저널링 파일 시스템인 ext3로 생성한다. • 이 옵션을 사용하기 위해서는 커널이 ext3를 지원해야 한다.
-t	• 생성할 파일 시스템 유형을 지정한다. • ext2, ext3, ext4와 같은 파일 시스템을 지정할 수 있고 이 옵션을 사용하지 않으면 /etc/mke2fs.conf에 지정된 기본값을 사용할 것이다.
-b	• 블록 사이즈를 지정할 수 있다. • 블록 사이즈는 블록당 1024, 2048, 4096 중 하나이다.
-E	• 파일 시스템에 대한 확장 옵션을 설정할 수 있다. • 이전 버전은 -R 옵션을 사용했었다. 호환성을 유지하기 위해 여전히 -R 옵션도 사용할 수 있다. • 확장 옵션의 예시로 RAID를 위한 "stride=stride-size", "stripe-width=strip-width" 등이 존재한다.
-T	• 블록 크기, 아이노드 크기, 파일 시스템 기능 등 파일 시스템의 파라미터를 지정할 수 있는 옵션이다. • /etc/mke2fs.conf를 통해 설정된 파일 시스템 파라미터를 옵션으로 입력할 수 있다. • 보통 small, floppy, news, largefile, largefile4 등이 미리 설정되어 있고 임의로 추가하거나 제거할 수도 있다.

- 예제
    - /dev/sda2 장치를 저널링 파일 시스템인 ext3로 생성한다.

    ```
    $ sudo mke2fs -j /dev/sda2
    ```

    - /dev/sda2 장치를 저널링 파일 시스템인 ext3로 생성하고 블록 사이즈는 2048로 한다. 스트라이프당 블록 사이즈를 32로 지정한다.

    ```
    $ sudo mke2fs -j -b 2048 -E stride=32 /dev/sda1
    ```

    - /dev/sda2 장치를 저널링 파일 시스템인 ext3로 생성하고 파일 시스템의 유형을 largefile로 설정한다.

    ```
    $ sudo mke2fs -j -T largefile /dev/sda2
    ```

➕ 더 알기 TIP

mkfs.xfs

- mkfs -t xfs 명령어를 사용하거나 mkfs.xfs 명령어를 사용하여 xfs 파일 시스템을 생성할 수 있다.
- 예제

　　　-/dev/sda2 장치를 xfs 파일 시스템으로 생성하기

```
# mkfs.xfs /dev/sda2
```

　　　-/dev/sda2 장치를 xfs 파일 시스템으로 생성하고 저널 관련 로그는 다른 장치(/dev/sdb)에 생성하기

```
# mkfs.xfs -l logdev=/dev/sdb, size=1000b /dev/sda2
```

⑤ mount를 통해 시스템에 장착

- mount 명령어는 하드디스크 전체나 특정 파티션을 현재 존재하는 파일 시스템의 디렉터리 구조에 붙여서 접근 가능하게 하는 명령어이다.
- 형식

```
mount [option] [device] [directory]
```

- 옵션

옵션	설명
-a, --all	/dev/fstab에 명시된 모든 파일 시스템을 마운트할 때 사용하는 명령어이다.
-t, --types	• 파일 시스템의 유형을 지정한다. • msdos, vfat, ntfs, ext2, ext3, ext4, xfs, iso9660, smbfs, cifs, nfs, udf와 같은 파일 시스템 유형을 지정할 수 있다. • -t 옵션을 사용하지 않거나 auto로 설정하면 커널이 /etc/filesystems 등을 참고하여 파일 시스템 유형을 추정한다. • 파일 시스템 유형에 "no"라고 붙이면 해당 파일 시스템은 제외할 수 있다.
-o, --options	• 파일 시스템 마운트 시 옵션을 추가할 수 있다. • 옵션은 여러 개 입력 가능하며 콤마(,)로 구분한다. • 예를 들어 ro는 읽기 전용으로 마운트하고 rw는 읽기쓰기용으로 마운트한다.

• 예제
 - 현재 시스템에 마운트된 모든 장치의 정보를 출력한다.

```
$ mount
/dev/mapper/VolGroup-lv_root on / type ext4 (rw)
proc on /proc type proc (rw)
sysfs on /sys type sysfs (rw)
devpts on /dev/pts type devpts (rw,gid=5,mode=620)
tmpfs on /dev/shm type tmpfs (rw,rootcontext="system_u:object_r:tmpfs_t:s0")
/dev/sda1 on /boot type ext4 (rw)
/dev/sdb5 on /home/francis/tmp type ext4 (rw)
none on /proc/sys/fs/binfmt_misc type binfmt_misc (rw)
```

 - 현재 시스템에 마운트 장치 중 xfs 파일 시스템의 정보를 출력한다.

```
$ mount -t xfs
/dev/mapper/rl-root on / type xfs (rw,relatime,seclabel,attr2,inode64,logbufs=8,logbsize=32k,noquota)
/dev/nvme0n1p1 on /boot type xfs (rw,relatime,seclabel,attr2,inode64,logbufs=8,logbsize=32k,noquota)
```

 - /etc/fstab에 정의된 모든 파일 시스템을 마운트한다.

```
$ sudo mount -a
```

 - msdos와 ext 파일 시스템을 제외한 모든 파일 시스템을 마운트한다.

```
$ mount -a -t nomsdos,ext
```

 - /dev/cdrom 장치를 /mnt 디렉터리에 마운트한다. 읽기 전용이며 파일 시스템의 유형은 iso9660로 지정한다.

```
$ mount -t iso9660 -o ro /dev/cdrom /mnt
```

 - ISO 이미지인 linux.iso를 /mnt/linux에 마운트한다. 이를 위해선 loop 옵션을 추가해야 한다.

```
$ mount -o loop linux.iso /mnt/linux
```

🟢 더 알기 TIP

mount 명령어의 추가 옵션 설정하기

mount 명령어의 -o 옵션을 통해 추가 옵션을 부여할 수 있다. 이 옵션은 파일 시스템과 관계없이 사용할 수 있는 옵션과 파일 시스템 전용 옵션으로 구분할 수 있다.

구분	옵션	설명
공통	ro	읽기 전용 마운트를 수행한다.
	rw	읽기, 쓰기용 마운트를 수행한다.
	atime과 noatime	• noatime은 파일 시스템상에 파일 접근 시 접근 시간 변경을 하지 않는다. • atime은 noatime 기능을 사용하지 않음을 뜻한다.
	auto과 noauto	• auto는 자동으로 파일 시스템을 마운트할 수 있음을 뜻한다. • noauto는 마운트할 파일 시스템을 명시적으로 지정해야 함을 의미한다.
	remount	마운트를 해제했다가 다시 마운트한다.
ext2, ext3	acl	파일 시스템에서 제공하는 접근 제어 리스트(access control list)를 사용하여 마운트할 때 사용한다.
fat	blocksize	• 블록 크기를 512, 1024, 2048 중 하나로 지정한다. • 기본값은 512이다.
	fat	• FAT12, FAT16, FAT32 인지 지정한다. • 숫자값만 12,16,32 중 하나를 지정할 수 있다.
iso9660	block	• 블록 크기를 지정한다. • 512,1024,2048 중 하나의 값을 지정할 수 있다. 기본값은 1024이다.
loop	loop	• iso 이미지 등 파일을 파일 시스템에 마운트할 때 /dev/loopX 의 루프 장치를 사용할 수 있다. • -o loop로 지정하면 현재 시스템에서 사용할 수 있는 루프 장치가 자동으로 선택된다. 또는 -o loop=/dev/loop3 과 같이 명시할 수도 있다.
cifs	username	파일 시스템 접근을 위한 사용자명을 입력한다.
	password	파일 시스템 접근을 위한 비밀번호를 입력한다.
	domain	파일 시스템 접근을 위한 도메인을 입력한다.

⑥ unmount를 통해 시스템 해제

- unmount 명령어는 mount 명령어로 마운트했던 파일 시스템을 해제할 때 사용하는 명령어이다.
- 형식

```
unmount [option] device
unmount [option] directory
```

- 옵션

옵션	설명
-a	/etc/mtab에 설정된 모든 파일 시스템을 언마운트한다.
-t	지정한 유형의 파일 시스템만 언마운트한다.

- 예제
    - /etc/mtab 파일을 통해 현재 마운트되어 있는 파일 시스템의 정보를 확인한다.

    ```
    $ cat /etc/mtab
    /dev/mapper/VolGroup-lv_root / ext4 rw 0 0
    proc /proc proc rw 0 0
    sysfs /sys sysfs rw 0 0
    devpts /dev/pts devpts rw,gid=5,mode=620 0 0
    tmpfs /dev/shm tmpfs rw,rootcontext="system_u:object_r:tmpfs_t:s0" 0 0
    /dev/sda1 /boot ext4 rw 0 0
    /dev/sdb5 /home/francis/tmp ext4 rw 0 0
    none /proc/sys/fs/binfmt_misc binfmt_misc rw 0 0
    ```

    - /etc/mtab에 지정된 모든 파일 시스템을 언마운트한다.

    ```
    $ sudo unmount -a
    ```

    - ext4 파일 시스템만 언마운트한다.

    ```
    $ sudo unmount -t ext4
    ```

    - /dev/sda1 장치를 언마운트한다.

    ```
    $ sudo unmount /dev/sda1
    ```

    - /dev/francis/tmp에 마운트된 장치를 언마운트한다.

    ```
    $ sudo unmount /dev/francis/tmp
    ```

⑦ eject를 통한 미디어 꺼내기

- 지정한 장치의 미디어를 꺼내는 명령어이다. 장치 파일의 이름이나 마운트된 위치 또는 장치의 전체 경로를 통해 지정할 수 있다. 이름을 지정하지 않고 사용하면 기본적으로 cdrom이 사용된다. eject 명령어를 사용하면 자동으로 언마운트하는 효과가 있다.
- 형식

```
eject [device]
eject [directory]
```

- 예제
  - 기본 장치의 미디어를 꺼낸다.

  ```
  eject
  ```

  - 아래와 같이 장치명을 입력하거나 마운트된 경로를 입력하여 미디어를 꺼낼 수 있다. 아래는 cdrom 장치에서 미디어를 꺼낸다.

  ```
  eject cdrom
  또는
  eject /dev/cdrom
  또는
  eject /mnt/cdrom
  ```

⑧ /etc/fstab를 통한 영구 마운트 설정

- /etc/fstab 파일은 리눅스 파일 시스템의 마운트 위치 및 마운트 옵션에 대한 정보를 담고 있는 중요한 파일이다. 리눅스가 부팅할 때 이 파일의 정보에 따라 파일 시스템을 자동으로 마운트한다. mount, umount, fsck 등의 명령어가 이 파일을 참조하며 총 6개의 필드로 구성되어 있다.

```
$ cat /etc/fstab

#
# /etc/fstab
# Created by anaconda on Sun Aug 11 19:13:59 2019
#
# Accessible filesystems, by reference, are maintained under '/dev/disk'
# See man pages fstab(5), findfs(8), mount(8) and/or blkid(8) for more info
#
/dev/mapper/VolGroup-lv_root /                            ext4    defaults        1 1
UUID=084c6feb-0a54-42c2-b386-1502a02474e1 /boot           ext4    defaults        1 2
/dev/mapper/VolGroup-lv_swap swap                         swap    defaults        0 0
tmpfs                        /dev/shm                     tmpfs   defaults        0 0
devpts                       /dev/pts                     devpts  gid=5,mode=620  0 0
sysfs                        /sys                         sysfs   defaults        0 0
proc                         /proc                        proc    defaults        0 0
```

- 첫 번째 필드 : 블록 디바이스
  - 마운트할 블록 디바이스 장치를 지정한다. 해당 장치는 보통 /dev 디렉터리 이하에 위치한다. 예를 들어 sda 장치의 첫 번째 파티션은 /dev/sda1이다. 다른 방법으로 LABEL 또는 UUID를 사용할 수 있다. 특히 UUID는 시스템 전역적으로 유일한 이름을 보장받을 수 있어 선호된다.
- 두 번째 필드 : 마운트 위치
  - 파일 시스템상 마운트 위치를 뜻한다. 이 디렉터리를 통해 블록 디바이스에 접근할 수 있다.
- 세 번째 필드 : 파일 시스템 유형
  - 블록 디바이스나 파일 시스템에 대한 유형을 뜻한다. 운영체제가 지원하는 유형을 사용할 수 있다. 보통 sdb 디바이스의 파일 시스템 유형은 ext2, ext3, ext4 등을 지정할 수 있다. 삼바와 같은 원격 블록 디바이스의 경우 cifs를 지정하고 네트워크 파일 시스템의 경우 nfs를 지정한다.
- 네 번째 필드 : 마운트 옵션
  - 마운트할 때 사용할 옵션을 뜻한다. 파일 시스템에 관계없이 사용할 수 있는 공통 옵션과 파일 시스템마다 다른 옵션을 사용할 수 있다. 기본값을 사용하기 위해서는 defaults를 사용한다. defaults 값은 rw, Set-UID, dev, exec, auto, nouser, async를 뜻한다.
- 다섯 번째 필드 : 덤프 여부
  - dump 프로그램에 의해 백업되어야 하는지 정한다. 0이면 백업되지 않고 1이면 백업된다.
- 여섯 번째 필드 : 파일 시스템 점검
  - 부팅 시 파일 시스템을 점검할 순서를 지정한다. 보통 루트 파일 시스템은 1로 지정하여 가장 빨리 점검하고, 나머지 파일 시스템은 2로 지정하여 그 다음에 수행할 수 있도록 한다. 0이면 해당 파일 시스템은 점검하지 않는다.

(2) 파일 시스템 점검

① fsck(file system consistency check)
- 파일 시스템을 점검하고 손상된 영역을 복구하는 명령어이다. 부팅할 때 특정 조건이 되면 fsck를 실행한다. 가령 파일 시스템이 데이터의 일관성이 깨졌음을 의미하는 더티(dirty) 상태이거나 파일 시스템 없이 여러 번 마운트되었다면 fsck를 실행한다.
- 형식

```
fsck [option] device
```

- 옵션

옵션	설명
-a	사용자 확인 없이 파일 시스템을 자동으로 복구한다.
-r	• 파일 시스템을 복구할 때 사용자의 확인을 받는다. • 다수의 fsck 명령어를 동시에 실행 중일 때 이 옵션을 사용하는 것은 불편하다.
-A	/etc/fstab 파일에 정의된 모든 파일 시스템에 대하여 점검을 수행한다.
-P	-A 옵션과 함께 사용할 때 루트 파일 시스템과 그 외 파일 시스템을 병렬로 점검한다.
-R	-A 옵션과 함께 사용할 때 루트 파일 시스템의 점검을 제외한다.
-N	실제 처리 없이 어떤 명령을 수행하는지 보여준다.
-s	• fsck의 동작을 직렬화한다. • 다수의 파일 시스템을 대화형으로 점검할 때 유용하다.
-t	• 점검할 파일 시스템의 유형을 지정한다. • 만약 -A 옵션을 설정하고 -t 옵션을 설정하면 모든 파일 시스템 중 지정한 유형의 파일 시스템만 점검한다.

- 예제
  - fsck는 언마운트된 상태에서 수행해야 한다. 단일 사용자 모드(실행 레벨 1)로 변경하고 언마운트한다.

  ```
  $ sudo init 1
  # umount /dev/sda1
  ```

  - sda2 파티션을 점검한다.

  ```
  $ sudo fsck /dev/sda2
  ```

  - /dev/fstab에 정의된 모든 파일 시스템을 점검한다.

  ```
  $ sudo fsck -A
  ```

② e2fsck

- fsck 명령어의 확장형으로 ext2, ext3, ext4 파일 시스템을 점검하는 명령어이다.
- 형식

```
e2fsck [option] device
```

• 옵션

옵션	설명
-n	사용자의 모든 확인을 'no'로 응답한다.
-y	사용자의 모든 확인을 'yes'로 응답한다.
-c	배드블록(bad block)을 찾아 해당 아이노드에 파일이나 디렉터리를 할당하지 않는다.
-f	파일 시스템 손상이 없더라도 일단 점검을 수행한다.

• 예제
- /dev/sdb1에 대하여 파일 시스템을 점검할 때 사용자 질의는 자동으로 yes로 답한다.

```
$ sudo e2fsck -y /dev/sdb1
```

③ df
• 파일 시스템 전체 크기, 가용 용량 등 파일 시스템에 대한 자세한 정보를 출력한다.
• 형식

```
df [option]
```

• 옵션

옵션	설명
-h, --human-readable	1K, 234M, 2G와 같이 용량의 단위를 표시한다.
-k, --block-size	킬로바이트(KB) 단위로 출력한다.
-m	메가바이트(MB) 단위로 출력한다.
-T	파일 시스템의 유형을 출력한다.
-i	블록 사용량 대신에 아이노드의 정보를 출력한다.

• 예제
- 모든 파일 시스템을 확인하려면 -a 옵션을 사용한다.

```
$ df -a
```

- 파일 시스템의 정보를 한눈에 들어오게 정리하여 출력한다.

```
$ df -h
```

- 블록 사용량 대신에 아이노드(i-node)의 개수를 표시한다.

```
$ df -i
```

④ du
- 디렉터리 또는 파일들이 차지하는 공간 정보를 출력한다.
- 형식

```
du [option] file
```

- 옵션

옵션	의미
-h	1K, 234M, 2G와 같이 사람이 읽을 수 있는 형식으로 프린트한다.
-b, -- bytes	실제 프린터에 추가가 필요하다.
-k	킬로바이트 단위로 출력한다.
-m	메가바이트 단위로 출력한다.
-a, --all	디렉터리에서 존재하는 모든 파일에 대한 각각의 크기를 보여준다.
-s	지정한 옵션의 출력 결과에 대한 합계를 보여준다.

- 예제
    - 현재 디렉터리의 각 파일의 크기를 출력한다.

    ```
    $ du -s *.txt
    ```

    - 현재 디렉터리 내의 모든 파일과 디렉터리에 대한 크기를 KB, MB 단위로 출력한다.

    ```
    $ du -h
    4.0K      ./Music
    4.0K      ./.gvfs
    8.0K      ./.local/share/gegl-0.1/plug-ins
    12K       ./.local/share/gegl-0.1
    12K       ./.local/share/gvfs-metadata
    48K       ./.local/share/applications
    84K       ./.local/share
    88K       ./.local
    4.0K      ./Templates
    4.0K      ./test1/aaa
    4.0K      ./test1/abc/abc/abc
    8.0K      ./test1/abc/abc
    24K       ./test1/abc
    32K       ./test1
    ```

```
8.0K    ./.sane/xsane
12K     ./.sane
4.0K    ./.gimp-2.6/fonts
4.0K    ./.gimp-2.6/gradients
4.0K    ./.gimp-2.6/interpreters
4.0K    ./.gimp-2.6/curves
4.0K    ./.gimp-2.6/tractalexplorer
4.0K    ./.gimp-2.6/scripts
4.0K    ./.gimp-2.6/plug-ins
(중간 생략)
```

- 현재 디렉터리의 총 사용량만 단위를 붙여서 출력한다.

```
$ du -sh
3.6G
```

- francis 사용자의 총 사용량을 메가바이트 단위로 출력한다.

```
$ du -shm ~francis
3650    /home/francis
```

3 스왑(Swap)

(1) 스왑의 개요

① 시스템이 물리 메모리를 모두 소모하였을 때 스왑을 활용하면 부족한 메모리 공간을 극복하는 데 도움이 된다.

② 시스템이 물리 메모리를 모두 소진하고 더 많은 메모리 공간이 필요할 때 메모리상의 비활성화된 메모리를 스왑 공간으로 이동하여 메모리 공간을 확보하는 기술을 '스왑'이라고 한다.

③ 보통 스왑은 물리 메모리보다 액세스 속도는 느리나 가격이 저렴하고 용량이 큰 하드디스크를 사용한다. 스왑 공간은 보통 스왑 파티션(swap partition)이나 스왑 파일(swap file) 형태로 만든다.

④ 과거에는 스왑의 크기가 RAM의 크기와 비례하여 증가하였다. 그러나 요즘 시스템은 RAM의 크기가 수십, 수백 기가에 이를 수 있어 무작정 스왑의 크기를 늘리는 것은 무의미하다. 결국 스왑 공간의 크기는 시스템이 실제 사용하는 메모리의 양에 근거하여 설정해야 효과적이다.

⑤ 보통 스왑 공간의 크기는 리눅스 설치 시에 결정하는데, 이 시점에는 실제 어느 정도 메모리를 소모할지 예측하기 어려워 보통 아래와 같은 기준으로 스왑 공간을 마련하기를 권장하고 있다.

시스템의 물리 메모리 크기	권장 스왑 공간
4GB RAM 이하	최소 2GB
4GB~16GB RAM	최소 4GB
16GB~64GB RAM	최소 8GB
64GB~256GB RAM	최소 16GB
256GB~512GB RAM	최소 32GB

(2) 스왑 파일 생성하기

① 스왑 목적으로 사용할 파일 생성하기

- dd 명령어를 사용하여 1048576 블록으로 구성된 /swapfile을 생성한다. 블록 한 개의 크기는 1024바이트이다.

```
$ sudo dd if=/dev/zero of=/swapfile bs=1024 count=1048576
1048576+0 records in
1048576+0 records out
1073741824 bytes (1.1 GB) copied, 8.46451 s, 127 MB/s
```

② 스왑 파일의 허가권 설정하기

- 스왑 파일은 루트 사용자만 읽고 쓰기가 가능하도록 허가권을 설정한다.

```
$ sudo chmod 600 /swapfile
```

③ 스왑 파일을 초기화한다.

- 스왑 역할을 수행할 수 있도록 지정한 파일을 초기화한다.

```
$ sudo mkswap /swapfile
```

④ 스왑 파일을 시스템에 인식한다.

- 시스템에 새로운 스왑 파일을 등록한다.

```
$ sudo swapon /swapfile
```

⑤ 스왑 상태 확인하기

- swapon -s 옵션을 사용하여 스왑 상태를 확인한다.

```
$ sudo swapon -s
Filename        Type       Size       Used    Priority
/dev/dm-1       partition  1572860    0       -1
/swapfile       file       1048572    0       -2
```

⑥ 스왑 파일 설정을 영구적으로 저장하기
- /etc/fstab 파일에 스왑 설정을 추가한다. 시스템을 리부팅해도 스왑 설정은 유지된다.

```
/swapfile swap swap defaults 0 0
```

(3) 스왑 파일 삭제하기

① 스왑 파일 해제
- 시스템에서 스왑 파일을 해제한다. swapon -s 명령어로 확인하여도 목록이 보이지 않는다.

```
$ sudo swapoff -v /swapfile
```

② /etc/fstab 항목 삭제
- 스왑 파일 설정을 영구적으로 저장하기 위해 사용하였던 항목을 삭제한다.

③ 스왑 파일 삭제
- 추후에 스왑 파일을 다시 활성활 계획이 없다면 스왑 파일을 삭제한다.

```
$ sudo rm /swapfile
```

(4) 스왑 파티션 생성하기

① 새 파티션 생성하기
- 디스크의 사용하지 않은 영역이나 새로운 디스크를 추가한 후 파티션을 생성한다. 아래 예제에서는 2GB 크기의 디스크인 /dev/sdc에 대해 새로운 파티션을 설정하고 있다. 설정 순서는 'n → p → 1 → enter → enter'이다.

```
$ sudo fdisk /dev/sdc
Command (m for help): n
Command action
   e   extended
   p   primary partition (1-4)
p
Partition number (1-4): 1
First cylinder (1-261, default 1):
Using default value 1
Last cylinder, +cylinders or +size{K,M,G} (1-261, default 261):
Using default value 261
Command (m for help):
```

② 파티션 타입 변경하기

- 파티션 타입을 스왑용으로 변경해야 한다. 스왑용 파티션의 코드는 '82'이고, 설정 순서는 't → 82 → w'이다.

```
Command (m for help): t
Selected partition 1
Hex code (type L to list codes): 82
Changed system type of partition 1 to 82 (Linux swap / Solaris)
Command (m for help): w
The partition table has been altered!
Calling ioctl() to re-read partition table.
Syncing disks.
$
```

③ 스왑 파티션 초기화하기

- '-L' 옵션을 사용하여 레이블이 MySwap이고 '-c' 옵션을 사용하여 배드블록을 검사한 후 스왑 파티션을 초기화한다.

```
$ sudo mkswap -L MySwap -c /dev/sdc
mkswap: /dev/sdc: warning: don't erase bootbits sectors
        on whole disk. Use -f to force.
Setting up swapspace version 1, size = 2097148 KiB
LABEL=MySwap, UUID=b4ecaee3-ff1b-465d-858d-7296e9cfba4c
```

④ 스왑 파티션 활성화하기

- 스왑 파일을 시스템에 인식할 때와 마찬가지로 스왑 파티션 /dev/sdc를 활성화한다. 정상 수행되었는지 확인하려면 swapon -s 명령어를 사용한다.

```
$ sudo swapon /dev/sdc
$ swapon -s
Filename         Type         Size       Used      Priority
/dev/dm-1        partition    1572860    0         -1
/dev/sdc         partition    2097148    0         -2
```

⑤ 스왑 파티션 설정 영구 적용하기

- 설정을 영구적으로 적용하려면 /etc/fstab에 다음의 항목을 추가한다.

```
/dev/sdc         swap              swap      defaults      0 0
```

(5) 스왑 명령어 세부 설명

① mkswap
- 지정한 디스크나 파티션에 스왑 영역을 설정하는 명령어이다.
- 형식

```
mkswap [option] swap_file 또는 swap_partition
```

- 옵션

옵션	설명
-c, --check	스왑 영역을 생성하기 전에 배드블록(bad blocks)을 체크한다.
-L, --label	라벨을 지정한다. 이 라벨을 통해 swapon할 수 있다.
-f, --force	지정한 파일이나 파티션보다 더 큰 스왑 영역을 설정하려 한다면 실패해야 하나 무시하고 수행한다.

- 예제
  - 10240킬로바이트의 스왑 파일을 생성한다. 스왑 크기는 사실 생략 가능하고 지정하지 않는 편이 낫다. 단지 이전 버전 호환성을 위해 남겨진 기능일 뿐이다.

  ```
  $ sudo /swap-file 10240
  ```

② swapon
- 지정한 스왑 파일이나 스왑 파티션에 대한 스왑 기능을 활성화한다.
- 형식

```
swapon [option] swap_file 또는 swap_partition
```

- 옵션

옵션	설명
-a, --all	• /etc/fstab에 설정된 모든 항목에 대하여 스왑 기능을 활성화한다. • 단 no auto 옵션을 사용한 항목은 제외한다.
-s, --summary	• 스왑 기능이 활성화된 스왑 파일이나 스왑 파티션의 목록을 출력한다. • "cat /proc/swaps"과 동일한 기능이다.

- 예제
  - /etc/fstab 파일의 모든 항목에 대해 스왑 기능을 활성화한다.

  ```
  $ sudo swapon -a
  ```

  - 스왑 기능이 활성화된 항목이 무엇이 있는지 확인한다. swapon이 제대로 잘 되었는지 확인할 때 사용한다.

  ```
  $ sudo swapon -s
  ```

③ swapoff
- 지정한 스왑 파일이나 스왑 파티션에 대한 스왑 기능을 비활성화한다.
- 형식

swapoff [option] swap_file 또는 swap_partition

- 옵션

옵션	설명
-a, --all	/etc/fstab상의 모든 항목에 대한 스왑 기능을 비활성화한다.

- 예제
  - 모든 스왑 기능을 비활성화한다.

```
$ sudo swapoff -a
```

④ free
- 물리 메모리의 사용량, 스왑 메모리의 사용량, 커널의 메모리 사용량, 사용 가능한 메모리 양 등 메모리의 사용 상태를 출력하는 명령어이다. buffer/cache나 swap의 미사용 중인 메모리 (free)가 부족하면 메모리 업그레이드를 고려해야 한다. 이 메모리가 부족하면 잦은 하드디스크 접근이 발생할 우려가 있고 이는 성능 저하로 이어지기 때문이다.
- 형식

free [option]

- 옵션

옵션	설명
-b, --bytes	메모리 정보를 바이트 단위로 출력한다.
-k, --kilo	메모리 정보를 킬로바이트 단위로 출력한다.
-m, --mega	메모리 정보를 메가바이트 단위로 출력한다.
-g, --giga	메모리 정보를 기가바이트 단위로 출력한다.
-h, --human	모든 필드의 단위를 값에 따라 자동으로 선택하여 출력한다.
-s, --seconds	지정한 시간(초 단위)마다 출력을 갱신한다.

• 출력 형식

항목	설명
total	시스템에 부착된 메모리 크기
used	사용 중인 메모리
free	미사용 중인 메모리
shared	tmpfs에 의해 사용 중인 메모리 크기
buffers	커널 버퍼로 사용 중인 메모리 크기
cached	캐시 메모리로 사용 중인 메모리 크기
-/+ buffers/cache	버퍼 및 캐시의 총 사용량(used는 사용 중, free는 미사용 중)
Swap	스왑 영역의 메모리 사용량(used는 사용 중, free는 미사용 중)

• 예제
- 메모리 사용량을 주어진 값에 맞춰 단위를 자동으로 선택하여 1초마다 출력한다. 아래의 예제에서 전체 메모리 크기(total)는 기가바이트 단위이고 나머지는 메가바이트 단위로 출력하고 있다. 또한 1초마다 출력을 반복함을 알 수 있다.

```
$ free -hs 1
                total       used       free     shared    buffers     cached
Mem:            3.8G        731M       3.1G     3.6M      151M        353M
-/+ buffers/cache:          225M       3.6G
Swap:           3.5G        0B         3.5G

                total       used       free     shared    buffers     cached
Mem:            3.8G        731M       3.1G     3.6M      151M        353M
-/+ buffers/cache:          225M       3.6G
Swap:           3.5G        0B         3.5G

                total       used       free     shared    buffers     cached
Mem:            3.8G        731M       3.1G     3.6M      151M        353M
-/+ buffers/cache:          225M       3.6G
Swap:           3.5G        0B         3.5G

(생략)
```

4 디스크 쿼터(Disk Quota)

(1) 디스크 쿼터 개요 및 설정 방법

① 디스크 쿼터 개요

- 리눅스는 다중 사용자(multi-user) 시스템이다. 디스크는 크기가 정해진 한정된 자원이기 때문에 사용자별 디스크 사용량을 할당할 수 있는 방법을 제공한다. 또한 사용자가 할당량을 모두 사용했을 때 관리자에게 알림을 통지할 수도 있다.
- 디스크 쿼터는 각 사용자마다 또는 각 그룹마다 설정할 수 있다.

② 디스크 쿼터 설정 방법

- /etc/fstab 파일을 편집하여 디스크 쿼터 기능을 활성화한다. 분할된 파티션에 설정을 해야 한다. 여기서는 별도의 디스크(/etc/sdb5)를 생성하고 4번째 필드에 usrquota와 grpquota를 지정하여 사용자 쿼터와 그룹 쿼터를 활성화한다.

```
$ sudo cat /etc/fstab
/dev/mapper/VolGroup-lv_root /                          ext4    defaults                    1 1
UUID=7d359f5d-23a3-42ce-b0d1-293edf346968 /boot         ext4    defaults                    1 2
/dev/mapper/VolGroup-lv_swap swap                       swap    defaults                    0 0
tmpfs                        /dev/shm                   tmpfs   defaults                    0 0
devpts                       /dev/pts                   devpts  gid=5,mode=620              0 0
sysfs                        /sys                       sysfs   defaults                    0 0
proc                         /proc                      proc    defaults                    0 0
/dev/sdb5                    /quota-test                ext4    defaults,usrquota,grpquota  1 1
```

- /etc/fstab의 수정사항을 반영하기 위해 해당 파일 시스템을 remount한다.

```
$ sudo mount -o remount /quota-test
```

- SELinux를 비활성화한다.

```
$ sudo setenforce 0
```

- 사용자를 위한 쿼터 파일을 생성하고 디스크 사용량을 설정한다.

```
$ sudo quotacheck -mf /quota-test
```

- 그룹을 위한 쿼터 파일을 생성하고 디스크 사용량을 설정한다.

```
$ sudo quotacheck -gm /quota-test
```

- francis 사용자에 대해 쿼터 정책을 설정한다.

```
$ sudo edquota francis
```

- mygroup 그룹에 대해 쿼터 정책을 설정한다.

```
$ sudo edquota -g mygroup
```

- 디스크 쿼터 기능을 시작한다.

```
$ sudo quotaon /quota-test
```

- 사용자 쿼터 기능과 그룹 쿼터 기능이 잘 설정되었는지 확인한다.

```
$ sudo repquota /quota-test
또는
$ sudo repquota -g /quota-test
```

(2) 디스크 쿼터 관련 명령어

① quotacheck

- 지정한 파일 시스템에 대한 사용량을 체크하여 쿼터 기록 파일을 생성하거나 기존의 파일을 갱신한다.
- 체크할 디렉터리를 지정할 때 독립적으로 분리된 파티션의 마운트 지점(mount point)이어야 한다. 분리된 파티션이 없다면 루트 디렉터리인 '/'를 지정한다.
- 쿼터 기록 파일의 파일 이름은 aquota.user, aquota.group이다. 이때 기존의 파일을 갱신하지 않고 새로 생성하려면 '-c' 옵션을 사용하면 된다.
- 사용량 체크할 때 다른 프로세스의 파일 시스템 접근을 막기 위해 파일 시스템을 읽기 전용으로 만들기 위해 remount 동작을 수행한다. 이 기능을 사용하지 않으려면 -m 옵션을 사용한다. 만약 읽기 전용 파일 시스템의 사용량 체크가 실패한다면 -M 옵션을 통해 읽기 쓰기용으로 다시 remount한 후 파일 시스템 사용량 체크를 강제할 수도 있다.
- 형식

```
quotacheck [option] filesystem-directry
```

- 옵션

옵션	설명
-a, --all	/etc/mtab 내의 NFS 파일 시스템을 제외한 모든 로컬 파일 시스템의 사용량을 모두 체크한다.
-M, --try-remount	파일 시스템을 읽기 전용으로 remount한 후 동작이 실패했을 때 읽기 쓰기용으로 다시 remount하고 동작을 재시도한다.
-m, --no-remount	파일 시스템을 읽기 전용으로 remount하는 동작을 수행하지 않는다.
-f, --force	이미 쿼터 기능이 활성화된 상태에서 사용량을 체크하여 새로 쿼터 파일을 생성하고자 할 때 사용한다.
-u, --user	사용자용 쿼터 파일을 체크할 때 사용하는 옵션으로, 기본 옵션이다.
-g, --group	그룹용 쿼터 파일을 체크할 때 사용하는 옵션이다.
-c, --create-files	존재하는 쿼터 파일을 읽지 않고 새롭게 사용량을 검색하고 쿼터 파일을 새로 생성한다.

- 예제
  - /quota-test 파일 시스템에 대하여 사용자 쿼터 체크를 한다.

  ```
  $ sudo quotacheck /quota-test
  ```

  - /etc/mtab에 정의된 모든 로컬 파일 시스템에 대하여 사용자 및 그룹 쿼터 체크를 한다.

  ```
  $ sudo quotacheck -aug
  ```

  - /quota-test 파일 시스템에 대하여 읽기 전용 remount 없이 사용자 쿼터 체크를 한다.

  ```
  $ sudo quotacheck -mf /quota-test
  ```

  - 기존의 쿼터 파일을 참조하지 않고 다시 검색하여 새로 생성한다.

  ```
  $ sudo quotacheck -cf /quota-test
  ```

② **edquota**
- 사용자 또는 그룹을 위한 쿼터를 편집하는 명령어이다. 기본값으로 지정한 사용자나 그룹에 대한 쿼터 파일이 VI 에디터를 통해 열린다. 설정을 변경 후 저장하면 설정값이 변경된다.

항목	설명
Filesystem	쿼터를 지정할 파일 시스템의 장치 파일
blocks	현재 사용 중인 블록의 개수(KB 단위)
soft	사용자가 할당받은 최대 용량(KB 단위)이며 단 유예기간 동안 hard 제한까지 좀 더 사용할 수 있다.
hard	사용자가 할당받은 최대 용량(KB 단위)이며 이 설정값을 넘어설 수 없다.
inodes	현재 사용 중인 아이노드의 개수
soft	사용자가 할당받은 최대 아이노드 개수이며 단 유예기간 동안 hard 제한까지 좀 더 사용할 수 있다.
hard	사용자가 할당받은 최대 아이노드 개수이며 이 설정값을 넘어설 수 없다.

- 형식

```
edquota [option] user or group
```

- 옵션

옵션	설명
-u	지정한 사용자의 사용자 쿼터를 설정하며, 기본값이다.
-g	지정한 그룹의 그룹 쿼터를 설정한다.
-t	각 파일 시스템에 대하여 soft time 제한에서 hard time 제한까지의 유예시간을 설정한다.
-p	특정 사용자의 쿼터 설정을 다른 사용자에게 복제할 때 사용하는 옵션이다.

- 예제
  - 지정한 francis 사용자의 쿼터 설정을 변경한다. -u 옵션은 기본 옵션이므로 특별히 옵션을 주지 않아도 된다.

```
$ sudo edquota francis
또는
$ sudo edquota -u francis
```

  - 지정한 mygroup의 쿼터 설정을 변경한다.

```
$ sudo edquota -g mygroup
```

  - francis의 쿼터 설정을 그대로 chris 사용자에게 복사한다.

```
$ sudo edquota -p francis chris
```

  - 각 파일 시스템의 유예기간을 설정한다.

```
$ sudo edquota -t
```

항목	설명
Filesystem	쿼터를 지정할 파일 시스템의 장치 파일이다.
Block grace period	블록의 soft 제한을 넘어서 hard 제한 전까지 용량을 추가로 사용할 수 있는 유예기간이다.
Inode grace period	아이노드의 soft 제한을 넘어서 hard 제한 전까지 용량을 추가로 사용할 수 있는 유예기간이다.

③ repquota

- 시스템상 사용자 및 그룹의 파일 시스템 사용량과 쿼터의 정보를 출력한다.
- 형식

```
repquota [option] filesystem-directory
```

- 옵션

옵션	설명
-a, --all	/etc/mtab상의 모든 파일 시스템의 정보를 출력한다.
-u, --user	사용자 쿼터 정보를 출력하며, 기본값이다.
-g	그룹 쿼터 정보를 출력한다.

- 예제
  - /quota-test 경로의 사용자 쿼터 정보를 출력한다.

    ```
    $ sudo repquota /quota-test
    ```

  - /quota-test 경로의 그룹 쿼터 정보를 출력한다.

    ```
    $ sudo repquota -g mygroup /quota-test
    ```

  - /etc/mtab에 설정된 모든 파일 시스템에 대한 모든 쿼터 정보를 출력한다.

    ```
    $ sudo repquota -a
    ```

④ quota

- 사용자의 디스크 사용량과 쿼터 정보를 출력하는 명령어이다.
- 형식

```
quota [option] user or group
```

- 옵션

옵션	설명
-u, --user	사용자 쿼터 정보를 출력하며, 기본값이다.
-g, --group	그룹 쿼터 정보를 출력한다.

- 예제
    - 현재 사용자에 대한 파일 시스템 사용량 및 쿼터 정보를 출력한다.

    ```
    $ sudo quota
    ```

    - 특정 사용자인 francis에 대한 쿼터 정보를 출력한다.

    ```
    $ sudo quota -u francis
    ```

⑤ **quotaon, quotaoff**
- quotaon은 지정한 파일 시스템의 쿼터 설정을 활성화하고 quotaoff는 쿼터 설정을 비활성화한다.
- 형식

```
quotaon [option] filesystem-directory
quotaoff [option] filesystem-directory
```

- 옵션

옵션	설명
-u, --user	지정한 사용자의 쿼터 기능을 활성화, 비활성화한다.
-g, --group	지정한 그룹의 쿼터 기능을 활성화, 비활성화한다.
-f, --off	quotaon에 이 옵션을 사용하면 quotaoff와 동일한 기능을 수행한다.

- 예제
    - francis 사용자의 쿼터 설정을 활성화한다.

    ```
    $ quotaon francis
    또는
    $ quotaon -u francis
    ```

    - mygroup 그룹의 쿼터 설정을 활성화한다.

    ```
    $ quotaon -g mygroup
    ```

    - francis 사용자의 쿼터 설정을 비활성화한다.

    ```
    $ quotaoff francis
    ```

⑥ setquota

- vi 편집기 대신 명령줄에서 사용자 및 그룹의 쿼터 설정을 수행한다.
- 형식

```
setquota [option] user or group block-soft block-hard inode-soft inode-hard
setquota -t block-grace inode-grace filesystem-directory
```

- 옵션

옵션	설명
-u, --user	사용자를 위한 쿼터 설정을 변경한다.
-g, --group	그룹을 위한 쿼터 설정을 변경한다.
-t, --edit-period	각 파일 시스템에 대하여 soft time limit에서 hard time limit에 도달할 때까지 유예기간을 초 단위로 변경한다.

- 예제
  - bob 사용자가 루트 파일 시스템인 '/'를 사용할 때 2GB의 사용량 제한과 1000000개의 아이노드 제한을 설정한다.

```
$ sudo setquota -u bob 2097152 2097152 1000000 1000000 /
```

  - 루트 파일 시스템인 '/'에 대하여 블록의 유예기간과 아이노드의 유예기간을 8시간으로 설정한다.

```
$ sudo setquota -t 28800 28800 /
$ sudo edquota -t
Grace period before enforcing soft limits for users:
Time units may be: days, hours, minutes, or seconds
  Filesystem                    Block grace period    Inode grace period
  /dev/mapper/VolGroup-lv_root  7days                 7days
  /dev/sdb5                     8hours                8hours
```

SECTION 03 프로세스 관리

1 프로세스 관련 명령어

(1) 프로세스 정보

① ps

- 시스템에서 실행 중인 프로세스에 관한 정보를 보여주는 도구이다. 프로세스의 정보는 PID를 중심으로 옵션에 따라 상세 정도를 정할 수 있다. ps 명령어는 /proc 디렉터리 이하에 프로세스와 연관된 가상 파일 시스템의 내용을 토대로 프로세스 정보를 출력한다.
- ps 옵션은 '-'를 사용하지 않는 Unix 스타일, '-'를 사용하는 BSD 스타일, '--'를 사용하는 GNU 스타일이 있다. '-'의 사용 유무에 따라 옵션의 역할도 달라지므로 주의해야 한다.
- 형식

```
ps [options]
```

- 옵션 : 기본 프로세스 출력[1]

옵션	설명
a	[UNIX 스타일] ps 명령어는 기본으로 현재 사용자 프로세스만을 출력한다. 해당 옵션을 사용하면 모든 사용자가 소유한 프로세스를 모두 출력한다.
x	[UNIX 스타일] ps 명령어는 기본으로 터미널과 연관된 프로세스만 출력한다. 해당 옵션을 사용하면 터미널에 연관되지 않은 프로세스도 출력할 수 있다.
-A	[BSD 스타일] 모든 프로세스를 출력한다(-e 옵션과 동일).
-e	[BSD 스타일] 모든 프로세스를 출력한다(-A 옵션과 동일).
-a	[BSD 스타일] 세션 리더[1]와 터미널과 연관되지 않은 프로세스를 제외하고 모든 프로세스를 출력한다.

- 옵션 : 지정한 프로세스 출력

옵션	설명
p	- [UNIX 스타일] 지정한 Process ID 목록의 정보만 출력한다. - -p와 --pid 옵션과 동일하다.
-C	- 지정한 프로세스의 실행 파일 이름의 정보만 출력한다. - 다수 입력이 가능하다.

---

1. 세션 리더(session leader) : 프로세스 정보 중 Process ID(PID)와 Session ID(SID)가 동일한 경우 해당 프로세스를 세션 리더라고 한다. 보통 터미널을 열어 셸을 실행하면 셸의 PID가 SID가 되고 세션 리더가 된다. 이후 셸에서 실행하는 자식 프로세스의 SID는 셸의 PID를 가리킨다.

옵션	
-u	- 특정 사용자의 프로세스 정보를 출력한다. - 다수 입력이 가능하다. - U 명령과 --user와 동일하다.

• 옵션 : 프로세스 표시 형식

옵션	설명
u	[UNIX 스타일] 프로세스의 소유자 정보를 함께 출력한다.
l	- [UNIX 스타일] BSD 형식의 긴 형식으로 출력한다. - F, UID, PID, PPID, PRI, NI, VSZ, RSS, WCHAN, STAT, TTY, TIME, CMD 순으로 출력한다.
e	[UNIX 스타일] 프로세스 정보와 함께 프로세스의 환경변수 정보도 출력한다.
-l	긴 포맷(long format)으로 출력한다.
-o	- [BSD 스타일] 사용자 정의 형식 지정이 가능하다. - o와 --format과 동일하다.

• 옵션 : 프로세스 장식

옵션	설명
f	[UNIX 스타일] 프로세스의 계층을 텍스트 형식의 트리 구조로 보여준다.
-f	[BSD 스타일] 전체 포맷(full format)으로 출력한다. 유닉스 스타일 옵션과 함께 사용하여 컬럼을 추가할 수 있다.

• 주요 예제

- 현재 셸과 관련된 프로세스를 출력한다.

```
$ ps
PID        TTY           TIME    CMD
25679      pts/1         00:00:00 bash
26196      pts/1         00:00:00 ps
```

- 현재 실행 중인 모든 프로세스를 출력한다.

```
$ ps -A
또는
$ ps -e
   PID TTY          TIME CMD
     1 ?        00:00:02 init
     2 ?        00:00:00 kthreadd
     3 ?        00:00:00 migration/0
     4 ?        00:00:00 ksoftirqd/0
     5 ?        00:00:00 stopper/0
     6 ?        00:00:02 watchdog/0
     7 ?        00:02:01 events/0
```

– 현재 실행 중인 모든 프로세스의 정보를 전체 포맷(full format)으로 출력한다.

```
$ ps -ef
UID       PID    PPID    C    STIME    TTY    TIME       CMD
root       1      0      0    Oct02    ?      00:00:02   /sbin/init
root       2      0      0    Oct02    ?      00:00:00   [kthreadd]
root       3      2      0    Oct02    ?      00:00:00   [migration/0]
root       4      2      0    Oct02    ?      00:00:00   [ksoftirqd/0]
root       5      2      0    Oct02    ?      00:00:00   [stopper/0]
root       6      2      0    Oct02    ?      00:00:02   [watchdog/0]
root       7      2      0    Oct02    ?      00:02:01   [events/0]
root       8      2      0    Oct02    ?      00:00:00   [events/0]
(중간 생략)
```

– 현재 실행 중인 모든 프로세스의 정보를 전체 포맷(full format)보다 더 많은 정보로 출력한다.

```
ps -elf
F  S  UID    PID  PPID  C   PRI  NI  ADDR  SZ   WCHAN  STIME  TTY  TIME      CMD
4  S  root    1    0    0   80   0    -    725   ?     Oct02   ?   00:00:02  /sbin
1  S  root    2    0    0   80   0    -     0    ?     Oct02   ?   00:00:00  [kth
1  S  root    3    2    0  -40   -    -     0    ?     Oct02   ?   00:00:00  [mig
1  S  root    4    2    0   80   0    -     0    ?     Oct02   ?   00:00:00  [kso
1  S  root    5    2    0  -40   -    -     0    ?     Oct02   ?   00:00:00  [sto
1  S  root    6    2    0  -40   -    -     0    ?     Oct02   ?   00:00:02  [wat
1  S  root    7    2    0   80   0    -     0    ?     Oct02   ?   00:02:01  [eve
1  S  root    8    2    0   80   0    -     0    ?     Oct02   ?   00:00:00  [eve
(중간 생략)
```

– 터미널에 연관되지 않은 프로세스를 포함한 모든 사용자의 프로세스를 소유자 정보와 함께 프로세스 정보를 출력한다.

```
$ ps aux
USER    PID   %CPU   %MEM   VSZ    RSS    TTY   STAT   START   TIME   COMMAND
root     1    0.0    0.0    2900   1432   ?     S      Oct02   0:02   /sbin/init
root     2    0.0    0.0    0      0      ?     S      Oct02   0:00   [kthreadd]
root     3    0.0    0.0    0      0      ?     S      Oct02   0:00   [migration/0]
root     4    0.0    0.0    0      0      ?     S      Oct02   0:00   [ksoftirqd/0]
root     5    0.0    0.0    0      0      ?     S      Oct02   0:00   [stopper/0]
root     6    0.0    0.0    0      0      ?     S      Oct02   0:02   [watchdog/0]
root     7    0.0    0.0    0      0      ?     S      Oct02   2:01   [events/0]
root     8    0.0    0.0    0      0      ?     S      Oct02   0:00   [events/0]
```

– PID가 2861인 프로세스의 소유자와 프로세스 이름을 출력한다. 단 프로세스 이름의 헤더는 출력하지 않는다.

```
$ ps -p 2861 -o user -o comm=
USER
francis  gvfsd-burn
```

- ps 명령어의 주요 항목

항목	설명
F	- 프로세스 플래그이다. - 1이면 fork되었지만 exec하지 않은 상태이고, 4이면 슈퍼유저 사용자 권한을 의미한다.
S	프로세스 상태 코드를 의미하며 STAT으로 표현되기도 한다.
UID	프로세스 소유자 이름이다.
PID	프로세스의 고유 식별자이다.
PPID	프로세스의 부모 프로세스의 PID이다.
C	프로세서 사용률이며, %로 표기된다.
PRI	프로세스의 우선순위이다. 높은 값이 낮은 우선순위이다.
NI	nice 값이며 19에서 -20의 값을 갖는다.
SZ	프로세스 이미지가 차지하는 물리적 페이지의 크기이다.
WCHAN	프로세스가 대기 중일 때 커널 함수의 이름이다.
STIME	프로세스가 시작한 시간이다.
TTY	터미널의 종류이다.
TIME	총 CPU 사용 시간이다.
CMD	프로세스의 실행 시 명령줄이다.

- 프로세스 상태 코드
  - ps 명령어의 출력 결과 중 "STAT" 또는 "S"는 아래의 값이 올 수 있다.

상태 코드	설명
D	인터럽트가 불가능한 대기 상태로 일반적으로 입출력 시를 의미한다.
I	커널 쓰레드가 유휴 상태를 의미한다.
R	프로세스가 실행 중이거나 실행 가능한 상태를 의미한다.
S	인터럽트가 가능한 대기 상태로 일반적으로 이벤트가 발생하기를 기다리는 상태이다.
T	작업(job) 제어 신호에 의해 멈춘 상태이다.
t	디버깅 중 디버거에 의해 멈춘 상태이다.
X	프로세스가 죽은 상태이다.
Z	좀비 프로세스를 의미하며 부모 프로세스의 신호를 기다리고 있는 상태이다.

<	높은 우선순위 상태이다.
N	낮은 우선순위 상태이다.
L	페이지가 락(lock)된 메모리를 갖고 있다.
s	세션 리더이다.
l	멀티 쓰레드이다.
+	포어그라운드 프로세스 그룹이다.

② **pstree**
- 프로세스를 트리 형태로 출력한다.
- 형식

```
pstree [options]
```

- 옵션

옵션	설명
-a	프로세스의 명령줄 인자(command line arguments)를 출력한다.
-h	현재 프로세스와 부모 프로세스를 강조 표시한다.
-n	프로세스 이름 대신에 PID순으로 정렬하여 출력한다.
-p	PID를 함께 출력한다.
-s	특정 프로세스의 부모 프로세스를 출력한다.

- 주요 예제
  - 모든 프로세스를 트리 형식으로 출력하고 현재 프로세스와 부모 프로세스는 강조 표시를 한다.

  ```
  $ pstree -h
  ```

③ **top**
- 시스템에서 현재 실행 중인 프로세스에 대한 정보를 실시간으로 제공한다. 정보는 시스템에 대한 간략한 요약 정보와 현재 실행 중인 프로세스나 쓰레드의 통계정보나 리소스 사용량 등 정보를 출력한다.
- 형식

```
top [options]
```

- 옵션

옵션	설명
-n	지정한 숫자만큼 화면 출력을 갱신한 후 명령을 자동 종료한다.
-u	지정한 사용자의 프로세스를 모니터링한다.
-b	출력 결과를 파일이나 다른 프로그램으로 전달한다.
-d	화면 갱신 주기를 초 단위로 설정한다.
-p	지정한 PID의 프로세스를 모니터링한다.

- 주요 예제
  - francis 사용자의 프로세스를 모니터링한다.

```
$ top -u francis

top - 08:54:39 up 5 days, 17:30,  3 users,  load average: 0.00, 0.00, 0.00
Tasks: 162 total,   2 running, 160 sleeping,   0 stopped,   0 zombie
Cpu(s):  3.3%us,  0.3%sy,  0.0%ni, 96.3%id,  0.0%wa,  0.0%hi,  0.0%si,  0.0%st
Mem:   4020304k total,   922724k used,  3097580k free,   160608k buffers
Swap:  1572860k total,        0k used,  1572860k free,   546700k cached

  PID USER      PR  NI  VIRT  RES  SHR S %CPU %MEM   TIME+  COMMAND
25528 francis   20   0 60420  12m 9892 S  1.7  0.3  0:08.33 gnome-terminal
26440 francis   20   0  2708 1168  900 R  0.3  0.0  0:00.49 top
 2340 francis   20   0  5260 1688 1400 S  0.0  0.0  0:00.03 bash
 2363 francis   20   0  5068 1204 1064 S  0.0  0.0  0:00.00 startx
 2379 francis   20   0  3456  884  736 S  0.0  0.0  0:00.01 xinit
 2387 francis   20   0  2444  744  648 S  0.0  0.0  0:00.02 ck-xinit-sessio
 2394 francis   20   0  3668  664  436 S  0.0  0.0  0:00.00 dbus-launch
 2395 francis   20   0 13800 1540  832 S  0.0  0.0  0:00.37 dbus-daemon
```

  - PID 2394의 정보를 1초 단위로 갱신하여 보여준다.

```
$ top -p 2394 -d 1

top - 08:55:55 up 5 days, 17:32,  3 users,  load average: 0.03, 0.01, 0.00
Tasks:   1 total,   0 running,   1 sleeping,   0 stopped,   0 zombie
Cpu(s):  0.0%us,  1.0%sy,  0.0%ni, 99.0%id,  0.0%wa,  0.0%hi,  0.0%si,  0.0%st
Mem:   4020304k total,   922616k used,  3097688k free,   160620k buffers
Swap:  1572860k total,        0k used,  1572860k free,   546700k cached

  PID USER      PR  NI  VIRT  RES  SHR S %CPU %MEM   TIME+  COMMAND
 2395 francis   20   0  3668  664  436 S  0.0  0.0  0:00.00 dbus-launch
```

- top의 주요 항목

항목	내용
PID	프로세스의 ID
PR	프로세스의 우선순위
SHR	프로세스가 점유하고 있는 공유 메모리의 양(KB 단위)
VIRT	프로세스의 전체 가상 메모리
USER	프로세스의 소유자 이름
%CPU	CPU 사용량
TIME+	%CPU와 동일하나 1/100초 단위로 세세하게 표시
NI	- 프로세스의 Nice 값 - 음수이면 높은 우선순위, 양수이면 낮은 우선순위를 의미
%MEM	프로세스의 메모리 사용량

- top 실행화면 단축 명령어

항목	내용
l, t, m	'l'은 요약 정보를 토글하고, 't'는 태스크와 CPU 통계를 토글하며, 'm'은 메모리 정보를 토글한다.
f, o	'f'는 표시할 필드를 추가하거나 삭제하며, 'o'는 필드의 표시 순서를 변경한다.
F 또는 O	F 또는 O는 정렬할 필드를 선택한다.
〈, 〉	- 정렬할 필드를 선택할 수 있다. - '〈'는 다음 필드이고, '〉'는 이전 필드이다.
R, H	'R'은 정렬 시 오름차순/내림차순을 토글하고, H는 쓰레드도 표시한다.
c, i	'c'는 명령어 이름 및 라인을 토글하고, 'i'는 유휴 태스크를 보여준다.
x, y	'x'는 정렬 기준 필드를 강조 표시하고, 'y'는 실행 중인 태스크를 강조 표시한다.
u	특정 사용자만 표시한다
k, r	'K'는 특정 프로세스를 종료하고, 'r'은 우선순위를 재조정한다.
W	현재 설정을 파일로 저장한다.
q	top을 종료한다.
Space 또는 Enter	화면을 갱신한다.
h 또는 ?	도움말을 표시한다.

(2) 프로세스 종료

① kill

- kill 명령어는 프로세스에게 특정 시그널(signal)을 보낸다. 시그널을 지정하지 않는 경우 기본 값으로 프로세스 종료를 위한 TERM 시그널을 보낸다.
- 형식

```
kill [options] [pid]
```

- 옵션

옵션	설명
-signal, -s signal	지정한 시그널을 보낸다.
-l	사용 가능한 시그널의 목록을 출력한다.

- 예제
  - PID가 1인 프로세스를 제외하고 모든 프로세스를 강제 종료한다.

```
$ kill -9 -1
```

  - 사용 가능한 시그널의 목록을 테이블로 표시한다.

```
$ kill -l
 1) SIGHUP        2) SIGINT        3) SIGQUIT       4) SIGILL        5) SIGTRAP
 6) SIGABRT       7) SIGBUS        8) SIGFPE        9) SIGKILL      10) SIGUSR1
11) SIGSEGV      12) SIGUSR2      13) SIGPIPE      14) SIGALRM      15) SIGTERM
16) SIGSTKFLT    17) SIGCHLD      18) SIGCONT      19) SIGSTOP      20) SIGTSTP
21) SIGTTIN      22) SIGTTOU      23) SIGURG       24) SIGXCPU      25) SIGXFSZ
26) SIGVTALRM    27) SIGPROF      28) SIGWINCH     29) SIGIO        30) SIGPWR
31) SIGSYS       34) SIGRTMIN     35) SIGRTMIN+1   36) SIGRTMIN+2   37) SIGRTMIN+3
38) SIGRTMIN+4   39) SIGRTMIN+5   40) SIGRTMIN+6   41) SIGRTMIN+7   42) SIGRTMIN+8
43) SIGRTMIN+9   44) SIGRTMIN+10  45) SIGRTMIN+11  46) SIGRTMIN+12  47) SIGRTMIN+13
48) SIGRTMIN+14  49) SIGRTMIN+15  50) SIGRTMAX-14  51) SIGRTMAX-13  52) SIGRTMAX-12
53) SIGRTMAX-11  54) SIGRTMAX-10  55) SIGRTMAX-9   56) SIGRTMAX-8   57) SIGRTMAX-7
58) SIGRTMAX-6   59) SIGRTMAX-5   60) SIGRTMAX-4   61) SIGRTMAX-3   62) SIGRTMAX-2
63) SIGRTMAX-1   64) SIGRTMAX
```

  - 프로세스 123과 2345에게 기본 시그널을 보낸다.

```
$ kill 123 2345
```

- 프로세스 5555에게 SIGKILL을 보낸다.

```
$ kill -9 5555
또는
$ kill -s 9 5555
또는
$ kill -s SIGKILL 5555
또는
$ kill -s KILL 5555
또는
$ kill -KILL 5555
또는
$ kill -SIGKILL 5555
```

② killall
- 지정한 이름에 부합하는 모든 프로세스에게 시그널을 보낸다. 시그널을 지정하지 않으면 SIGTERM이 전송된다.
- 지정한 프로세스 이름에 매칭되는 프로세스가 모두 종료되므로 여러 프로세스를 띄우고 있는 데몬을 종료할 때 유용한다.
- 형식

```
killall [options] processname
```

- 옵션

옵션	설명
-I, --ignore-case	대소문자 구분을 무시한다.
-g, --process-group	프로세스가 속한 그룹의 프로세스에게 모두 시그널을 보낸다.
-l, --list	사용할 수 있는 시그널의 목록을 표시한다.
-s, --signal	SIGTERM 대신 보낼 시그널을 지정한다.
-u, --user	지정한 사용자의 모든 프로세스에게 시그널을 보낸다.
-v, --verbose	시그널이 성공적으로 보내졌는지 표시한다.
-w, --wait	모든 프로세스가 종료할 때까지 기다린다.
-i	프로세스 종료 전 사용자에게 물어본다.

- 주요 예제
  - 지정한 이름의 모든 프로세스를 종료한다.

  ```
  $ killall Not_Response_Daemon
  ```

  - 지정한 이름의 모든 프로세스를 종료한다(대소문자 구분하지 않음).

  ```
  $ killall -I Not_Response_Daemon
  ```

  - 프로세스 이름이 bash인 프로세스에게 SIGKILL을 전송한다. 보내기 전에 사용자에게 확인을 한다.

  ```
  $ killall -9 -i bash
  Signal bash(2341) ? (y/N) n
  Signal bash(2972) ? (y/N) n
  ```

③ pkill

- 프로세스 이름과 지정한 패턴이 부합하는 프로세스만을 종료한다.
- 형식

```
pkill [options] pattern
```

- 옵션

옵션	설명
-signal, --signal signal	보낼 시그널을 지정한다.
-g, --pgroup pgrp,...	지정한 그룹의 프로세스 중 패턴이 매칭되는 프로세스에게 시그널을 보낸다.
-G, --group gid,...	지정한 리얼 그룹 ID(real group ID)의 프로세스 중 패턴이 매칭되는 프로세스에게 시그널을 보낸다.
-t, --terminal term,...	특정 터미널과 연관된 프로세스 중 패턴이 매칭되는 프로세스에게 시그널을 보낸다.
-u, --euid euid,...	특정 이펙티브 사용자 ID(effective user ID)의 프로세스 중 패턴이 매칭되는 프로세스에게 시그널을 보낸다.
-U, --uid uid,...	특정 리얼 사용자 ID(real user ID)의 프로세스 중 패턴이 매칭되는 프로세스에게 시그널을 보낸다.

- 예제
  - 패턴이 syslogd와 프로세스 이름이 매칭되는 프로세스에게 HUP 시그널을 전송한다.

  ```
  pkill -HUP syslogd
  ```

(3) 프로세스 전환

① jobs

- 현재 실행 중인 모든 잡(jobs)의 목록을 출력한다.
- 형식

```
jobs [options] [job name or number]
```

- 옵션

옵션	설명
-l	PID 정보를 추가로 표시한다.
-p	PID만 표시한다.

- 예제
  - 모든 잡(jobs)의 목록을 출력한다. top 잡이 멈춘 상태이며 Job Id는 1이다.

```
$ jobs
[1]+  Stopped          top
```

  - PID 정보를 추가하여 모든 잡의 목록을 출력한다.

```
$ jobs -l
[1]+  3554 Stopped (signal)     top
```

② fg

- 백그라운드에 멈춰있던 잡을 포어그라운드로 보내 셸 프롬프트상에서 다시 실행하는 명령어이다.
- 형식

```
fg [job]
```

- 예제
  - 가장 최근의 잡을 포어그라운드로 전환한다.

```
$ fg
```

  - 잡 번호가 3인 잡을 포어그라운드로 전환한다.

```
$ fg %3
또는
$ fg 3
```

③ bg
- 포어그라운드의 잡을 백그라운드로 전환한다.
- 형식

```
bg [job]
```

- 옵션

옵션	설명
job	– 백그라운드에서 실행하고 싶은 잡을 지정한다. – 잡 번호가 1이라면 %1로 기재하고 2라면 %2로 기재한다. – 현재 잡은 %, %+, %% 중 하나를 사용하고 이전 잡은 %-, - 중 하나를 사용한다.

- 예제
  - 잡 번호가 3인 잡을 백그라운드로 실행한다.

```
$ bg %3
```

(4) 프로세스 우선순위

① nice

- 프로세스의 우선순위를 의미하는 nice 값을 설정한다. 이 nice 값은 기본적으로 사용자 프로세스 사이에서 우선순위를 조정할 수 있고 프로세스의 스케줄링에 영향을 줄 수 있다. top 명령어 등으로 프로세스의 정보를 보면 NI 필드로 표현이 된다. nice 값은 높은 우선순위를 뜻하는 -20에서 낮은 우선순위를 뜻하는 19 범위 안에서 설정할 수 있으며 기본 값은 0이다. nice 값이 낮으면 많은 CPU 시간이 할당되고 nice 값이 높으면 적은 CPU 시간이 할당된다.
- 형식

```
nice [options] [command arg]
```

- 옵션

옵션	설명
-n, --adjustment	– nice 값을 기존의 값에 더한다. – 값을 지정하지 않으면 기본값 10을 더한다.

- 예제
  - 프로세스가 생성될 때 기본 nice 값을 출력한다. 일반적으로 0이다.

```
$ nice
0
```

- myfile.txt 인자를 넘기면서 nano 프로세스를 실행한다. 이때 기존의 nice 값에 13을 증가한다. nice 값을 변경하면 PRI 값도 변경된다. 기존의 PRI 값에 NI 값이 더해진 값이 새로운 PRI 값이 된다.

```
$ ps -efl |grep nano
F S UID      PID  PPID C PRI  NI ADDR SZ WCHAN STIME   TTY    TIME     CMD
0 S francis  4012 3538 0 80   0  -    1171 -   21:37   pts/0  00:00:00 nano myfile.txt

$ nice -n13 nano myfile.txt

또는

$ nice -13 nano myfile.txt

$ ps -efl |grep nano
F S UID      PID  PPID C PRI  NI ADDR SZ WCHAN STIME   TTY    TIME     CMD
0 S francis  4012 3538 0 93   13 -    1171 -   21:37   pts/0  00:00:00 nano myfile.txt
```

- bash의 nice 값을 10 감소한다.

```
$ nice --10 bash
```

② renice

- nice 명령어는 새롭게 실행하는 프로세스를 대상으로 nice 값을 지정하지만 renice는 현재 실행 중인 프로세스의 nice 값을 변경할 수 있다. nice는 현재 nice 값 기준으로 증가, 감소하는 식으로 설정하였지만 renice는 기존 값과 관계없이 설정한 값으로 반영한다.
- 형식

```
renice [-n] priority [option]
```

- 옵션

옵션	설명
-n, --priority	nice 값을 지정한다.
-g, --pgrp	지정한 프로세스 그룹에게 설정한다.
-u, --user	지정한 사용자에게 설정한다.
-p, --pid	지정한 PID에게 설정한다.

- 예제
    - PID 987과 32인 프로세스와 daemon 사용자와 root 사용자의 프로세스의 nice 값을 13으로 설정한다.

```
renice 13 987 -u daemon root -p 32
```

③ nohup

- nohup의 의미는 'no hangup'이다. 일반적으로 시스템에서 로그아웃하면 관련된 모든 프로세스는 자동으로 종료된다. 로그아웃한 세션과 연관된 모든 프로세스에게 HUP 시그널을 보내기 때문이다. 그러나 nohup을 사용하면 해당 시그널을 가로채 무시하기 때문에 로그아웃하더라도 프로세스를 계속 실행할 수 있다.
- 형식

```
nohup command
```

- 예제
  - google.com 호스트에 5번 ping을 보낸다. "&"를 쓰지 않았기 때문에 ping 명령이 끝나면 프롬프트로 복귀한다. 출력 결과는 현재 디렉터리나 홈 디렉터리에 nohup.out 파일이 생성된다.

```
$ nohup ping -c 5 google.com
nohup: ignoring input and appending output to 'nohup.out'
$ cat ./nohup.out
PING google.com (172.217.24.142) 56(84) bytes of data.
64 bytes from syd09s06-in-f14.1e100.net (172.217.24.142): icmp_seq=1 ttl=53 time=36.2 ms
64 bytes from syd09s06-in-f14.1e100.net (172.217.24.142): icmp_seq=2 ttl=53 time=34.2 ms
64 bytes from syd09s06-in-f14.1e100.net (172.217.24.142): icmp_seq=3 ttl=53 time=36.2 ms
64 bytes from syd09s06-in-f14.1e100.net (172.217.24.142): icmp_seq=4 ttl=53 time=34.8 ms
64 bytes from syd09s06-in-f14.1e100.net (172.217.24.142): icmp_seq=5 ttl=53 time=34.0 ms
---- google.com ping statistics ----
5 packets transmitted, 5 received, 0% packet loss, time 4041ms
rtt min/avg/max/mdev = 34.068/35.128/36.232/0.952 ms
```

  - "&"를 사용하여 google.com 호스트에 5번 ping을 보낸다. ping은 백그라운드에서 실행된다. 또한 터미널이 종료되더라도 실행을 유지한다. 잡 ID(4146)를 통해 fg 명령어를 사용하여 포어그라운드로 전환할 수도 있고 kill 명령어를 사용하여 강제 종료할 수도 있다.

```
$ nohup ping -c 5 google.com &
[1] 4146
[francis@localhost ~]$ nohup: ignoring input and appending output to 'nohup.out'
[1]+  Done                    nohup ping -c 5 google.com
```

(5) 프로세스 검색

① pgrep

- 프로세스 이름 전체 또는 일부가 매칭되거나 특정 프로세스 속성을 기반으로 현재 실행 중인 프로세스를 검색할 수 있는 명령어이다.
- 형식

```
pgrep [options] [pattern]
```

- 옵션

옵션	설명
-x	패턴과 정확히 일치하는 프로세스의 PID를 출력한다.
-g, --pgroup	지정한 프로세스 그룹 ID를 갖는 프로세스의 PID를 출력한다.
-G, --group	지정한 프로세스 리얼 그룹 ID(real group ID)를 갖는 프로세스의 PID를 출력한다.
-u, --euid	이펙티브 사용자 ID(effective user ID)와 매칭하는 프로세스의 PID를 출력한다.
-U, --uid	리얼 사용자 ID(real user ID)와 매칭하는 프로세스의 PID를 출력한다.
-t, --terminal	지정한 터미널과 관련된 프로세스의 PID를 출력한다.

- 예제
  - root 사용자 중에 프로세스명이 crond와 전체 혹은 일부 매칭하는 프로세스의 PID를 출력한다.

```
$ pgrep -u root crond
2261
```

  - 사용자가 root이고 cron과 정확히 일치하는 프로세스의 PID를 출력한다. cron 프로세스는 없기 때문에 아무런 출력이 없다.

```
$ pgrep -x -u root cron
$ pgrep -x -u root crond
2261
```

  - tty1 터미널과 관련된 프로세스의 PID를 출력한다.

```
$ pgrep -t tty1
2358
2381
2397
```

2 프로세스 관련 파일

(1) /proc 디렉터리

① 설명

- /proc 디렉터리는 커널 내의 다양한 정보를 포함하고 있다. 디스크상에 존재하는 실제 디렉터리는 아니며 procfs라는 가상의 파일 시스템(pseudo-filesystem)이다. procfs는 ls, cat과 같은 파일 접근 명령어를 통해 프로세스뿐만 아니라 CPU, 장치, 파일 시스템 등 시스템의 정보를 조회할 수 있게 해준다.
- 시스템이 부팅할 때 자동으로 procfs가 /proc에 마운트된다.

```
$ cat /proc/mounts | grep proc
proc /proc proc rw,relatime 0 0
```

- 다음과 같은 명령어로 터미널에서 직접 마운트할 수도 있다.

```
# mount -t proc proc /proc
```

② 프로세스 정보

- /proc/PID : 시스템에서 실행 중인 각 프로세스는 고유 식별자인 PID를 가지며 /proc/PID 디렉터리 이하에 프로세스의 정보를 갖는다.
- /proc/self : /proc 디렉터리를 접근하고 있는 현재 프로세스의 정보를 확인할 수 있다. 아래는 /proc/self가 PID가 3054인 프로세스 경로로 링크되었음을 확인할 수 있다.

```
$ ls -l /proc/self
lrwxrwxrwx. 1 root root 64 Oct 11 14:28 /proc/self -> 3054
```

- 프로세스의 상태, 명령줄, 작업 디렉터리, 환경변수, CPU 정보, 메모리 정보 등의 다양한 정보를 확인할 수 있다.

디렉터리	설명
/proc/PID/cmdline	명령줄 인자(Command line argument)
/proc/PID/cwd	현재 프로세스의 작업 디렉터리
/proc/PID/environ	프로세스의 환경변수
/proc/PID/exe	프로세스의 실행 프로그램
/proc/PID/fd	프로세스가 가지고 있는 파일 디스크립터(file descriptor)
/proc/PID/maps	실행 프로그램과 라이브러리 등 메모리 맵 정보
/proc/PID/mem	프로세스의 메모리
/proc/PID/root	프로세스의 루트 디렉터리

/proc/PID/stat	프로세스의 상태
/proc/PID/statm	프로세스의 메모리 상태
/proc/PID/status	프로세스의 상태(읽기 가능한)

> **더 알기 TIP**
>
> **프로세스의 메모리 맵 살펴보기**
> - 프로그램이 메모리에 적재되어 실행 중인 인스턴스를 프로세스라고 한다. 프로그램은 실행 프로그램과 실행 프로그램의 실행에 필요한 여러 라이브러리로 구성된다. 프로그램이 메모리에 적재된다는 의미는 이러한 실행 프로그램과 라이브러리들이 메모리상에 자리를 잡는다는 의미이며 이를 메모리 맵(memory map)이라고 한다.
> - 현재 프로세스의 메모리 맵을 확인하기 위해서는 /proc/self/maps를 열람하면 된다. /bin/cat이라는 실행 프로그램과 /lib/ld-2.12.so, /lib/libc-2.12.so 등의 라이브러리가 메모리에 적재됨을 확인할 수 있다.
>
> ```
> $ cat /proc/self/maps
> 00768000-00769000 r-xp 00000000 00:00 0           [vdso]
> 008eb000-0090a000 r-xp 00000000 fd:00 137986      /lib/ld-2.12.so
> 0090a000-0090b000 r--p 0001e000 fd:00 137986      /lib/ld-2.12.so
> 0090b000-0090c000 rw-p 0001f000 fd:00 137986      /lib/ld-2.12.so
> 00912000-00aa3000 r-xp 00000000 fd:00 137987      /lib/libc-2.12.so
> 00aa3000-00aa5000 r--p 00191000 fd:00 137987      /lib/libc-2.12.so
> 00aa5000-00aa6000 rw-p 00193000 fd:00 137987      /lib/libc-2.12.so
> 00aa6000-00aa9000 rw-p 00000000 00:00 0
> 08048000-08053000 r-xp 00000000 fd:00 269855      /bin/cat
> 08053000-08054000 rw-p 0000a000 fd:00 269855      /bin/cat
> 08ec5000-08ee6000 rw-p 00000000 00:00 0           [heap]
> b757f000-b777f000 r--p 00000000 fd:00 30334       /usr/lib/locale/locale-archive
> b777f000-b7780000 rw-p 00000000 00:00 0
> b7790000-b7791000 rw-p 00000000 00:00 0
> bf9ad000-bf9c2000 rw-p 00000000 00:00 0           [stack]
> ```

③ 시스템 정보

디렉터리	설명
/proc/cmdline	부팅 시 커널로드할 때 인자로 넘어온 옵션 정보
/proc/cpuinfo	CPU 제조사, 모델, 속도, 코어 개수 등 CPU 정보
/proc/devices	현재 시스템에 로드된 디바이스 드라이버 목록
/proc/fb	프레임 버퍼 정보

/proc/filesystems	커널이 지원하는 파일 시스템 목록
/proc/interrupts	시스템에서 사용 중인 인터럽트(IRQ) 정보
/proc/iomem	메모리맵 I/O 정보
/proc/ioports	포트 I/O 정보
/proc/kallsyms	커널 심볼 정보
/proc/loadavg	1분, 5분, 15분간 시스템의 평균 부하량
/proc/meminfo	전체 메모리 크기, 캐시, 활성화, 비활성화, 스왑 등 메모리 정보
/proc/misc	기타 장치의 정보
/proc/mounts	마운트된 장치의 정보
/proc/partitions	파티션 정보
/proc/stat	시스템의 상태 정보
/proc/swaps	스왑 파일 및 파티션의 크기와 사용량 및 우선순위
/proc/uptime	시스템 동작 시간
/proc/version	리눅스 커널 정보

3 작업 예약

(1) at

① at 명령어

- at 명령어는 지정한 시간에 원하는 명령을 실행할 수 있다. 간단한 알림 메시지부터 복잡한 스크립트 등을 실행할 수 있다.
- at 명령과 시간을 지정하여 실행하면 at 명령어 전용 프롬프트가 보여지고 지정한 시간에 실행할 명령어나 스크립트 등을 입력할 수 있다.
- 모든 입력이 완료되면 Ctrl + D 를 입력한다.
- 예약된 작업은 /var/spool/at 디렉터리에 개별 파일로 저장된다.
- 사용자의 at 명령어 실행 결과는 /usr/sbin/sendmail을 통해 메일로 전송된다.
- /etc/at.allow와 /etc/at.deny 환경설정 파일을 통해 at 명령어에 대한 접근제어가 가능하다.
- 형식

```
at [options] time
```

- 옵션

옵션	설명
-q	• 작업을 위한 큐를 지정한다. • 큐는 a~z, A~Z 중 한 가지를 지정할 수 있다. • 지정하지 않는 경우 기본값은 'a' 큐이고 배치 작업은 'b' 큐이다. • 더 높은 글자일수록 nice 값도 올라간다. '=' 큐는 잡(job)을 위한 특별한 큐이다.
-m	작업이 완료되면 사용자에게 메일을 발송한다.
-M	사용자에게 메일을 보내지 않는다.
-f	명령줄이 아닌 파일로부터 실행할 명령을 입력 받는다.
-l	atq -l과 동일하며 큐에 있는 모든 작업을 출력한다.
-d	예약한 작업을 삭제한다(atrm 명령과 동일).

- 시간 지정
  - 현지 시간이 2020년 10월 9일 금요일 오전 10시라고 했을 때 시간 지정을 위한 다양한 표현식과 실제 계산된 예약 시간을 표로 정리하였다.

시간 지정	계산된 예약 시간
noon	12:00 PM October 9 2020
midnight	12:00 AM October 9 2020
teatime	4:00 PM October 9 2020
tomorrow	10:00 AM October 10 2020
noon tomorrow	12:00 PM October 10 2020
next week	10:00 AM October 16 2020
next monday	10:00 AM October 12 2020
sun	10:00 AM October 11 2020
NOV	10:00 AM November 9 2020
9:00 AM	9:00 AM October 10 2020
6:30 PM	6:30 PM October 9 2020
1430	2:30 PM October 10 2020
2:30 PM tomorrow	2:30 PM October 10 2020
6:30 PM next month	6:30 PM November 9 2020

2:30 PM Sun	2:30 PM October 11 2020
2:30 PM 10/21	2:30 PM October 21 2020
2:30 PM Oct 21	2:30 PM October 21 2020
2:30 PM 10/21/2020	2:30 PM October 21 2020
2:30 PM 21.10.20	2:30 PM October 21 2020
now + 30 minutes	10:30 AM October 9 2020
now + 1 hour	11:00 AM October 9 2020
now + 2 days	10:00 AM October 11 2020
4 PM + 2 days	4:00 PM October 11 2020
now + 3 weeks	10:00 AM November 30 2020
now + 4 months	10:00 AM February 9 2020
now + 5 years	10:00 AM October 9 2025

- 예제
  - 5:22 PM에 my-jobs.txt의 명령어가 실행되고 그 출력 결과는 모두 메일로 전송된다.

  ```
  $ at -m 17:22 < my-jobs.txt
  job 1 at 2019-10-11 17:22
  ```

  - 큐의 모든 작업을 출력한다.

  ```
  $ at -l
  1       2019-10-12 16:56 a francis
  ```

  - 큐의 작업을 삭제한다.

  ```
  $ at -d 1
  또는
  $ atrm 1
  ```

② atq
- 현재 예약된 작업 목록을 확인하는 명령어이다. at -l 옵션과 동일한 기능을 수행한다.
- 예제
  - 현재 큐에 들어있는 작업 목록을 보기 위해 atq 명령어를 입력한다. 작업 번호(job number), 예약된 시간, 사용자명 순으로 출력된다.

  ```
  $ atq
  3       2019-10-12 10:45 a francis
  ```

  - atq 명령어는 현재 사용자의 정보만 출력한다. 시스템의 전체의 예약 작업을 확인하기 위해서는 루트 권한을 통해 실행한다.

  ```
  $ sudo atq
  3       2019-10-12 10:45 a francis
  4       2019-10-12 10:48 a test
  ```

③ atrm
- 예약된 작업을 삭제한다. at -d 옵션과 동일한 역할을 수행한다.
- 예제
  - 작업번호가 3인 예약 작업을 삭제한다.

  ```
  $ atrm 3
  ```

④ **사용자 접근제어**
- at 명령어는 기본적으로 root 사용자만 사용할 수 있으며 일반 사용자는 사용할 수 없다. /etc/at.allow과 /etc/at.deny 파일을 통해 일반 사용자도 at 명령어를 사용할 수 있도록 허용하거나 차단할 수 있다. 각 파일은 한 줄에 한 명의 사용자 이름을 입력하면 된다.

  ```
  $ cat /etc/at.allow
  francis
  test
  ```

- at.allow 파일에 사용자를 입력하면 해당 사용자만 at 명령어를 사용할 수 있고 at.deny에 사용자를 기재하면 해당 사용자만 사용할 수 없다. at.deny 파일보다 at.allow 파일이 우선한다. 즉 at.deny 파일이 존재하더라도 at.allow 파일이 존재한다면 at.allow에 기재된 사용자만 at 명령어를 사용할 수 있다.

파일	설명
/etc/at.allow	at 명령어 사용을 허가하는 사용자 목록
/etc/at.deny	at 명령어 사용을 제한하는 사용자 목록

> **더 알기 TIP**
>
> **at.deny 파일이 빈 파일이라면?**
>
> 리눅스를 설치하면 기본적으로 at.allow 파일은 존재하지 않고 at.deny 파일은 존재하나 내용이 없다. 즉, 빈 파일이다. 이런 경우 일반 사용자는 at 명령어를 사용할 수 있을까? 답은 사용할 수 있다. at.allow는 존재하지 않고 at.deny는 존재하므로 at.deny 파일이 명시된 사용자만 사용 불가이고 나머지는 모두 사용할 수 있다. 그런데 at.deny에는 어떤 사용자도 기재되어 있지 않으므로 모든 사용자가 at 명령어를 사용할 수 있게 된다.
>
> ```
> $ ls /etc/at.*
> /etc/at.deny
> $ cat /etc/at.deny
> ```

(2) 크론(cron)

① 설명

- 미리 정한 시간에 명령어, 프로그램, 작업 등을 실행할 수 있는 서비스이다. at 명령어는 단 1회만 예약 시간에 작업을 실행할 수 있지만 크론 서비스는 매일, 매주, 매달 등 반복적으로 실행할 수 있는 것이 특징이다.
- 크론 서비스는 현 시각 기준 작업을 실행해야 하는 작업이 있는지 체크하고, 작업이 있다면 이를 실행하는 크론 데몬(crond)과 예약 작업 정보가 담겨있는 설정 파일로 구성된다.

② 크론 동작 방식

- 크론 데몬은 시스템 전역 사용 목적을 위한 /etc/crontab과 시스템 유틸리티 등 개별 패키지에 의한 작업 예약을 위한 /etc/cron.d, 그리고 개발 사용자를 위한 /var/spool/cron 파일을 감시한다. 추가로 매시간, 매일, 매주, 매달마다 작업 예약을 위한 /etc/cron.hourly, /etc/cron.daily, /etc/cron.weekly, /etc/cron.monthly 파일도 존재한다.

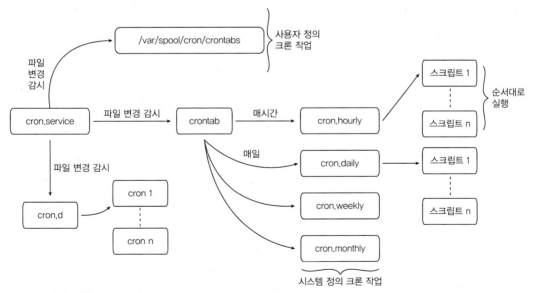

▲ 크론 실행주기(cron cycle)

③ **크론 설정 파일**

- 크론 설정 파일에 크론 작업을 정의할 수 있다. 총 7개의 필드로 구성되어 있으며 분(minute), 시간(hour), 일(day of month), 월(month), 요일(day of week), 사용자명(user-name), 실행할 명령어(command to be executed) 순으로 기재한다.

- minute : 분을 지정하며 0~59분을 지정할 수 있다.
- hour : 시간을 지정하며 0~23시를 지정할 수 있다.
- day of month : 일을 지정하며 1일~31일을 지정할 수 있다.
- month : 월을 지정하며 1~12로 지정하거나 jan, feb, mar, apr 등 문자열로 지정할 수 있다.
- day of week : 요일을 지정하며 0~6으로 지정할 수 있다. 0 또는 7은 일요일이고, 월요일은 1이며, 화요일은 2가 된다. 또는 month와 마찬가지로 sun, mon, tue, wed, thu, fri, sat와 같이 문자열로 지정할 수 있다.
- user-name : 사용자 이름을 명시한다.
- command to be executed : 실행할 명령어를 지정한다.

- 크론 설정 파일 예제
  - 매년 1월 월요일마다 23:01 PM에 backup.sh 스크립트를 실행한다.

    ```
    01 23 * 1 Monday /home/francis/backup.sh
    ```

  - 매일 오전 9시부터 오후 6시까지 hourly-archive.sh 스크립트를 실행한다.

    ```
    00 09-18 * * * /home/carl/hourly-archive.sh
    ```

  - 매 토요일 오전 9시와 오후 6시 2차례에 걸쳐 script.sh를 실행한다.

    ```
    0 9,18 * * Sat /home/francis/script.sh
    ```

  - 주간(월~금)마다 22:30PM에 backup 명령어를 실행한다.

    ```
    30 22 * * Mon,Tue,Wed,Thu,Fri /usr/local/bin/backup
    ```

④ **crontab 명령어**

- 사용자가 반복적으로 수행할 작업을 예약할 때 사용하는 명령어이다. 설정 파일을 직접 편집하는 것보다 crontab을 통해 실행한 vi를 통해서 편집하는 것을 권장한다. 설정 파일은 /var/spool/cron 밑에 사용자 이름으로 파일이 생성된다.

```
$ sudo ls /var/spool/cron
francis  root
```

- 형식

```
crontab [options] file
```

- 옵션

옵션	설명
file	특정 파일에 설정되어 있는 내용을 크론 설정 파일에 반영한다.
-u user	crontab을 열람하고 수정할 수 있는 사용자를 지정한다.
-l	현재 crontab 설정을 표시한다.
-r	현재 crontab 설정을 제거한다.
-e	- crontab 설정을 편집한다. - 환경변수 VISUAL 또는 EDITOR에 지정되어 있는 편집기가 실행된다.

- 예제
  - crontab 설정을 편집한다.

  ```
  $ crontab -e
  ```

  - crontab 설정을 표시한다.

  ```
  $ crontab -l
  ```

  - crontab 설정을 삭제한다.

  ```
  $ crontab -r
  ```

  - francis 사용자의 crontab 설정을 편집한다.

  ```
  $ crontab -e u francis
  ```

  - mycronjob.txt 파일에 있는 내용을 crontab에 반영한다.

  ```
  $ crontab mycronjob.txt
  ```

⑤ crontab 접근제어
- at 명령어의 접근제어와 동일하다.
- crontab 명령어는 기본적으로 root 사용자만 사용할 수 있으며 일반 사용자는 사용할 수 없다. /etc/cron.allow와 /etc/cron.deny 파일을 통해 일반 사용자도 cron 명령어를 사용할 수 있도록 허용하거나 차단할 수 있다. 각 파일은 한 줄에 한 명의 사용자 이름을 입력하면 된다.
- cron.allow 파일에 사용자를 입력하면 해당 사용자만 cron 명령어를 사용할 수 있고 cron.deny에 사용자를 기재하면 해당 사용자만 사용할 수 없다. cron.deny 파일보다 cron.allow 파일이 우선한다. 즉 cron.deny 파일이 존재하더라도 cron.allow 파일이 존재한다면 cron.allow에 기재된 사용자만 cron 명령어를 사용할 수 있다.

파일	설명
/etc/cron.allow	cron 명령어 사용을 허가하는 사용자 목록
/etc/cron.deny	cron 명령어 사용을 제한하는 사용자 목록

SECTION 04 설치 및 관리

1 패키지를 통한 소프트웨어 설치

(1) 패키지를 통한 소프트웨어 설치 개요

① 리눅스는 소프트웨어를 시스템상에 설치, 업그레이드, 제거하기 위한 패키지 도구(package tool)를 제공한다. 초기에는 오직 소스코드 형태로만 배포가 되었기 때문에 함께 배포되는 빌드 매뉴얼과 환경설정 파일을 통해 소스코드를 직접 컴파일해 실행 파일을 생성했다. 하지만 현재는 미리 컴파일된 프로그램을 패키지(package)라는 형태로 제작하고 배포하여 사용자가 손쉽게 설치할 수 있게 되었다.

② 하나의 패키지가 정상 동작하기 위해선 외부의 공유 라이브러리나 다른 패키지가 필요할 수 있다. 패키지 관리 시스템은 이러한 의존성이 있는 소프트웨어를 먼저 설치하는 것을 보장한다.

③ 리눅스의 배포판들은 각자의 패키지 도구를 사용한다. 레드햇 계열은 rpm, 데비안 계열은 dpkg, openSUSE도 rpm을 사용한다. 패키지 도구들은 서로 호환되지 않으나 사용법은 유사하다.

④ 패키지 도구는 저수준 패키지 도구와 고수준 패키지 도구로 분류할 수 있다. 저수준 패키지 도구는 패키지의 설치, 업그레이드, 제거 등의 개별 동작을 제공하고, 고수준 패키지 도구는 저수준 패키지 도구를 이용하여 패키지의 의존성까지 고려하여 설치한다.

배포판	저수준 패키지 도구	고수준 패키지 도구
레드햇 계열	rpm	yum
데비안 계열	dpkg	apt-get, apt, aptitude
openSUSE 계열	rpm	zipper/YaST

(2) 저수준 패키지 도구의 사용법

① 패키지 설치하기

- 레드햇 계열의 패키지 명령어는 rpm이고 패키지 확장자도 마찬가지로 rpm이다. 데비안 계열의 패키지 명령어는 dpkg이고 확장자는 deb이다. 패키지를 설치할 때 양쪽 모두 '-i' 옵션을 사용한다. 배포 레파지터리에 패키지가 존재한다면 apt 명령어나 yum 명령어 같은 고수준 패키지 도구를 통해 설치할 수 있지만 없다면 개별 패키지를 찾아서 다운로드 받아 직접 설치해야 한다. 또한 저수준 패키지 도구이기 때문에 먼저 설치가 필요한 라이브러리 등이 존재하지 않는다면 설치할 때 에러가 발생한다.

```
# rpm -i file.rpm
# dpkg -i file.deb
```

② 패키지 업그레이드하기

- rpm 명령어는 '-U' 옵션을 사용하고 dpkg는 '-i' 옵션을 사용해 기존에 설치되어 있던 패키지를 명령어의 인자로 지정한 패키지로 업그레이드할 수 있다.

```
# rpm -U file.rpm
# dpkg -i file.deb
```

③ 설치된 패키지 확인하기

- 이미 설치된 모든 패키지를 확인하기 위해서는 rpm 명령어는 '-qa' 옵션을 사용하고 dpkg는 '-l' 옵션을 사용한다.

```
# rpm -qa
# dpkg -l
```

- 특정 패키지가 설치되었는지 확인하기 위해서는 rpm은 '-q' 옵션을 사용하고 dpkg는 '--status' 옵션을 사용한다.

```
# rpm -q package_name
# dpkg --status package_name
```

- 특정 패키지가 설치되었는지 확인하기 위해 옵션 대신에 grep을 사용해서 확인할 수도 있다.

```
# rpm -qa | grep sysdig
# dpkg -l | grep mysql-common
```

④ 특정 파일을 설치한 패키지 찾기

- 시스템에 설치된 파일이 어떤 패키지를 통해 설치되었는지 확인하기 위해서는 rpm은 '-qf' 옵션을 사용하고 dpkg는 '--search' 옵션을 사용한다.

```
# rpm -qf file_name
# dpkg --search file_name
```

- 예를 들어 시스템에 설치된 '/usr/share/git-core/contrib/hooks/setgitperms.perl' 파일이 포함된 패키지는 git-1.7.1-9.el6_9.i686이다.

```
$ rpm -qf /usr/share/git-core/contrib/hooks/setgitperms.perl
git-1.7.1-9.el6_9.i686
```

(3) 고수준 패키지 도구의 사용법

① 패키지 검색하기

- 레드햇 계열은 yum 명령어를 사용하여 설치된 패키지를 검색할 수 있다. 'search' 옵션은 먼저 패키지명을 검색하고 발견되지 않으면 패키지 설명에서 검색을 한다. 'search all' 옵션은 패키지에 대한 모든 정보에서 검색을 시도한다.

```
# yum search package_name
# yum search all package_name
# yum whatprovides "*/package_name"
```

- 'whatprovides' 옵션은 특정 파일이 포함된 패키지를 찾는 명령이다.

```
$ yum whatprovides /usr/share/git-core/contrib/hooks/setgitperms.perl
Loaded plugins: fastestmirror, refresh-packagekit, security
Determining fastest mirrors
 * base: mirror.kakao.com
 * extras: mirror.kakao.com
 * updates: mirror.kakao.com
git-1.7.1-9.el6_9.i686 : Fast Version Control System
Repo        : base
Matched from:
Filename    : /usr/share/git-core/contrib/hooks/setgitperms.perl

git-1.7.1-9.el6_9.i686 : Fast Version Control System
Repo        : installed
Matched from:
Other       : Provides-match: /usr/share/git-core/contrib/hooks/setgitperms.perl
```

- 데비안 계열은 apt-cache, apt, aptitude 명령어 등을 사용하여 설치된 패키지를 검색할 수 있다. 모두 옵션은 '-search'를 사용하지만 그 동작은 조금 차이가 있다. apt-cache는 패키지명 및 패키지의 설명 등의 키워드를 찾아주고 apt와 aptitude는 패키지명만을 비교하여 찾는다.

```
$ apt-cache search git-1.7.1-9.el6_9.i686
$ apt search git-1.7.1-9.el6_9.i686
$ aptitude search git-1.7.1-9.el6_9.i686
```

② 패키지 설치하기
- yum과 apt-get 모두 'update' 옵션을 사용해 레파지터리의 패키지 정보를 갱신하고 'install' 옵션을 통해 패키지를 레파지터리에서 다운로드 받아 설치한다.

```
# yum update && yum install package_name
# apt-get update && apt-get install package_name
```

③ 패키지 제거하기
- 패키지를 제거하기 위해 yum 명령어는 'erase' 옵션을 사용하고 apt-get 명령어는 'remove' 옵션을 사용한다. 이때 패키지와 관련된 환경설정 파일은 지워지지 않는다. 이러한 환경설정 파일도 깨끗이 삭제하려면 'purge' 옵션을 사용한다.

```
# yum erase package_name
# apt-get remove package_name
```

④ 패키지 정보 출력하기
- 패키지의 정보를 확인하기 위하여 yum 명령어는 'info' 옵션을 사용하고 apt-cache, apt, aptitude 명령어는 'show'를 사용한다.

```
# yum info package_name
# apt-cache show package_name
# apt show package_name
# aptitude show package_name
```

- yum 명령어를 통해 git 패키지의 정보를 확인하면 다음과 같이 출력된다.

```
$ yum info git
Loaded plugins: fastestmirror, refresh-packagekit, security
Loading mirror speeds from cached hostfile
 * base: mirror.kakao.com
 * extras: mirror.kakao.com
 * updates: mirror.kakao.com
Installed Packages
Name       : git
Arch       : i686
Version    : 1.7.1
Release    : 9.el6_9
Size       : 14 M
```

2 레드햇 패키지 관리와 데비안 패키지 관리

(1) 레드햇 패키지 관리(RPM : Red Hat Package Manager)

① RPM의 개요

- RPM은 소스코드 또는 패키지를 시스템에 설치하기 위한 오픈소스 패키지 관리 시스템이다.
- 레드햇 사에서 처음 개발하였지만 현재는 Novell NetWare, IBM's AIX, CentOS, Fedora, Oracle Linux 등 다양한 배포판에서 널리 사용되고 있다.
- RPM은 패키지 파일(.rpm)을 의미하기도 하고 패키지 관리 프로그램 자체를 의미하기도 한다.
- RPM 패키지는 주로 사용하는 파일 형식이 있다. 아래의 파일명을 보면 git는 패키지 이름을 뜻하고, 1.7.1은 패키지 버전이며, 9.el6_9는 릴리즈를 의미하는데 동일 버전을 9번 빌드하였고 enterprise linux 6.9임을 뜻한다. 마지막으로 i686은 intel 호환 아키텍처를 뜻한다.

```
git-1.7.1-9.el6_9.i686.rpm
```

② RPM 사용법

- RPM 명령어의 옵션에 따라 패키지를 설치, 제거, 업그레이드, 질의, 검증을 할 수 있다.

```
rpm [options] package_name
```

③ 일반적인 옵션

옵션	설명
-v	상세한 정보를 출력한다.
--quiet	에러 메시지 외에는 아무런 정보를 출력하지 않는다.
--version	rpm의 버전을 출력한다.

④ RPM 설치 및 업데이트

- 옵션

옵션	설명
-i	동일한 패키지가 이미 설치되지 않는 경우 패키지를 새로 설치한다.
-h	설치하거나 업그레이드할 때 경과를 '#'로 표시한다.
-U	- 현재 설치된 패키지를 최신으로 업그레이드한다. - 만약 설치된 패키지가 없다 하더라도 패키지를 설치한다.
-F	이전 버전이 설치되어 있는 경우에만 업그레이드한다.
--force	- 기존에 패키지가 설치되어 있더라도 강제로 설치한다. - --replacepkgs, --replacefiles, --oldpackage 옵션을 동시에 사용한 것과 같다.
--nodeps	패키지를 설치하거나 업그레이드하기 전에 의존성 체크를 하지 않는다.
--test	실제 설치하지 않고 잠재적 충돌이 있는지 체크한다.

- 예제
  - '-i' 옵션을 사용하여 package.rpm을 설치한다. '-v'는 상세 출력 결과를 보여주는 역할을 하고 '-h'는 설치 경과를 '#'으로 표시한다.

    ```
    $ sudo rpm -ivh package.rpm
    ```

  - 패키지명 대신에 인터넷 URL을 사용하여 설치할 수도 있다.

    ```
    $ sudo rpm -ivh https://example.com/package.rpm
    ```

  - '-U' 옵션을 사용하여 패키지를 최신버전으로 업그레이드한다. 패키지가 설치된 상태가 아니라면 최신 버전으로 설치한다. 만약 패키지를 설치하기 전에 먼저 설치해야 할 패키지가 있다면 설치를 중단하고 그 목록을 표시한다. 사용자는 직접 해당 패키지를 찾아서 설치해야 한다.

    ```
    $ sudo rpm -Uvh package.rpm
    ```

  - '--nodeps' 옵션을 통해 의존성이 있는 패키지들이 아직 설치되지 않은 상태라도 강제로 패키지를 설치한다.

    ```
    $ sudo rpm -Uvh --nodeps package.rpm
    ```

  - '--test' 명령어를 사용하여 패키지를 설치하거나 업그레이드를 실제로 하지 않고 테스트로 수행해 본다. 이 테스트를 통해 실제 설치 가능한 상태인지 확인할 수 있다.

    ```
    $ sudo rpm -Uvh --test package.rpm
    ```

⑤ RPM 제거

- 옵션

옵션	설명
-e	패키지를 삭제한다.
--nodeps	패키지 삭제 시 의존성 체크를 하지 않는다.
--test	- 실제 삭제하지 않고 모의로 삭제한다. - -vv 옵션과 사용하면 디버깅하는 데 효과적이다.
--allmatches	- 패키지의 모든 버전을 제거한다. - 만약 패키지와 매칭되는 서로 다른 패키지가 존재한다면 에러가 발생한다.

- 예제
  - '-e' 옵션을 사용하여 패키지를 제거한다.

  ```
  $ sudo rpm -e package.rpm
  ```

  - '--nodeps' 옵션을 사용하여 의존성 체크를 하지 않고 패키지를 제거한다. 이런 경우 다른 패키지가 제대로 실행되지 않을 수 있다.

  ```
  $ sudo rpm -ev --nodeps package.rpm
  ```

  - '--test' 명령어를 사용하여 패키지를 실제로 삭제하지 않고 테스트로 수행해 본다. 이 테스트를 통해 실제 패키지 삭제가 가능한 상태인지 확인할 수 있다.

  ```
  $ sudo rpm -ev --test package.rpm
  ```

⑥ RPM 질의

- 옵션

옵션	설명
-q	- 질의를 위해 기본적으로 사용해야 하는 옵션이다. - 패키지 이름과 버전, 릴리즈 등 간단한 정보가 표시된다.
-i	패키지 정보, 이름, 버전, 설명 등 패키지에 대한 자세한 정보를 표시한다.
-l	패키지의 목록을 출력한다.
-f	지정한 파일을 설치한 패키지를 출력한다.
-a	설치된 모든 패키지에 대하여 질의한다.
-c	패키지의 설정 파일이나 스크립트 파일을 출력한다.
-s	- 패키지의 각 파일 상태를 표시한다. - 각 파일의 상태는 normal, not installed, replaced로 표시된다.

- 예제
  - '-q' 옵션을 사용해 JDK 1.7.0이 설치되어 있는지 확인한다. 설치되어 있다면 패키지 이름이 표시된다.

  ```
  $ sudo rpm -q java-1.7.0-openjdk
  java-1.7.0-openjdk-1.7.0.231-2.6.19.1.el6_10.i686
  ```

- '-i' 옵션을 사용해 패키지의 부가 정보를 출력할 수 있다.

```
$ sudo rpm -qi java-1.8.0-openjdk
Name        : java-1.8.0-openjdk
Epoch       : 1
Version     : 1.8.0.392.b08
Release     : 4.el8_8
Architecture: x86_64
Install Date: Thu 04 Jan 2024 05:26:32 PM KST
Group       : Development/Languages
Size        : 1377414
(이하 생략)
```

- '-l' 옵션을 사용해 패키지가 설치한 모든 파일 목록을 볼 수 있다.

```
$ sudo rpm -ql package
```

- '-f' 옵션을 사용해 특정 파일이 속한 패키지의 정보를 볼 수 있다.

```
$ sudo rpm -qf /path/to/file
```

- '-a' 옵션을 사용해 시스템에 설치된 모든 패키지의 정보를 볼 수 있다.

```
$ sudo rpm -qa
```

⑦ RPM 검증

- 옵션

옵션	설명
-V	검증 시 사용하는 기본 옵션이다.
-a	시스템에 설치되어 있는 모든 패키지에 대해 검증한다.

- 예제
    - 설치되어 있는 패키지를 검증하기 위해 '-V' 옵션을 사용한다. 만약 검증 실패 항목이 있다면 내용을 출력하고 없다면 아무런 출력을 하지 않는다.

    ```
    sudo rpm -V openldap-2.4.46-9.el8.x86_64
    ```

– '-a' 옵션을 추가해 시스템에 설치된 모든 패키지에 대하여 검증을 수행한다.

```
sudo rpm –Va
.......T.  c /etc/inittab
.M....G..    /var/log/gdm
.M.......    /var/run/gdm
missing      /var/run/gdm/greeter
....L....  c /etc/pam.d/fingerprint-auth
....L....  c /etc/pam.d/password-auth
....L....  c /etc/pam.d/smartcard-auth
....L....  c /etc/pam.d/system-auth
S.5....T.    /usr/lib/firefox/bundled/lib/gtk-3.0/3.0.0/immodules.cache
S.5....T.  c /etc/at.deny
S.5....T.  c /etc/ssh/sshd_config
.......T.  c /etc/dnsmasq.conf
.......T.  c /etc/profile
.M.......  c /etc/shadow
S.5....T.  c /etc/sudoers
```

더 알기 TIP

rpm 패키지의 검증 코드

총 9개의 검증을 수행한다. '.'은 검증을 통과하였음을 의미하고, '?'는 권한 등의 문제로 검증 시도를 못한 경우이다. 나머지 검증에 실패한 경우 아래의 검증 코드가 표시된다.

코드	설명
S	파일 크기가 다르다.
M	파일 모드가 다르다.
5	MD5가 다르다.
D	장치 파일의 메이저 및 마이너 번호가 다르다.
L	링크 경로가 다르다.
U	파일 소유자가 다르다.
G	파일 그룹 소유자가 다르다.
T	파일 시간이 다르다.
P	권한이 다르다.

⑧ 소스 RPM(SRPM : Source RPM) 빌드하기
- 소스파일(.src.rpm)을 통해 패키지(.rpm)를 생성하는 명령어이다.
- 빌드가 성공하면 ~/rpmbuild/RPMS/i386 디렉터리에 패키지가 생성된다. i386은 시스템의 아키텍처이다. x86_64 아키텍처라면 x86_64 디렉터리에 생성된다.

```
$ sudo rpmbuild -rebuild /tmp/mypackage-1.0.0-1.src.rpm
```

(2) YUM(Yellowdog Updater, Modified)
① 설명
- yum은 듀크 대학(Duke University)에서 RPM 설치 방식을 개선한 패키지 관리자이다. yum은 패키지와 패키지가 가지고 있는 의존성을 체크하여 방대한 레파지터리에서 검색하여 쉽게 패키지를 설치할 수 있게 한다.
- yum은 학교, 회사, 소그룹 등에서 개별 목적에 따라 편리하게 패키지를 설치할 수 있도록 로컬 레파지터리 기능을 제공한다. 이를 통해 외부 네트워크 트래픽을 절약할 수 있고 공개된 레파지터리에 제공되지 않는 패키지도 쉽게 로컬 레파지터리에 등록하여 설치할 수 있다.
- 데비안 패키지 관리 도구 중 하나인 apt-get, apt, aptitude와 유사하다.

② 로컬 레파지터리 만들기
- createrepo 패키지를 설치한다.

```
$ sudo yum install createrepo
```

- 특정 디렉터리를 선정하고 원하는 패키지를 모두 복사한다.

```
$ copy *.rpm /mnt/local_repo
```

- createrepo 명령어를 통해 레파지터리를 생성한다.

```
$ sudo createrepo /mnt/local_repo
```

③ yum 명령어 형식

```
yum [options] [command] [package_name]
```

④ yum 옵션

옵션	설명
-y	- 모든 선택에 'yes'로 답변한다. - 이 옵션을 사용하면 설치가 한 번에 이루어진다.
-v	자세한 정보를 출력한다.

⑤ yum 명령어
- yum 명령어를 통해 패키지를 설치, 업그레이드, 삭제할 수 있다.

옵션	설명
list	사용 가능한 패키지들의 목록과 관련 정보를 출력한다.
info	지정한 패키지의 정보를 출력한다.
install	- 패키지나 패키지의 그룹의 최신 버전을 설치한다. - 레파지토리에 패키지 이름과 동일한 패키지가 존재하지 않으면 일부만 매칭하는 패키지라도 설치한다.
update	- 특정 패키지를 최신 버전으로 업그레이드 한다. - 패키지명을 명시하지 않으면 설치되어 있는 모든 패키지를 업그레이드한다.
check-update	시스템에 설치된 패키지 중 업데이트가 필요한 패키지가 있는지 확인한다.
remove	- 패키지를 삭제한다. - 패키지와 의존성이 있는 패키지도 함께 제거한다.
provides	특정 파일이나 기능을 제공하는 패키지를 찾는다.
search	패키지의 설명, 패키지 이름, 패키지 제공자 등 RPM 패키지의 모든 필드에서 지정한 키워드와 매칭되는 패키지를 찾는다.
localinstall	시스템의 로컬 경로에서 패키지를 설치한다.
clean	- yum 캐시 디렉터리에 축적된 데이터를 삭제한다. - expire-cache, packages, headers, metadata, dbcache, rpmdb, plugins, all 등 다양한 옵션을 추가로 붙일 수 있다. - 특히 모든 캐시를 지우기 위해서는 clean all을 사용한다.
repolist	설정된 모든 레파지토리의 목록을 살펴볼 수 있다. - repolist enabled : 활성화된 모든 레파지토리 - repolist disabled : 비활성화된 모든 레파지토리 - repolist all : 모든 레파지토리
grouplist	패키지 그룹에 대한 정보를 출력한다.
groupinfo	지정한 패키지 그룹명에 대한 정보를 출력한다.
groupupdate	지정한 그룹 패키지를 업데이트한다.
groupinstall	지정한 그룹 패키지를 설치한다.
groupremove	지정한 그룹 패키지를 제거한다.
whatprovides	파일이 포함된 패키지를 찾거나 관련 기능을 제공하는 패키지를 찾을 때 사용한다.

⑥ yum 환경설정

- yum의 환경설정은 /etc/yum.conf 파일에 저장된다. 다음은 그 예시이며 [main] 옵션에 cachedir, keepcache, debuglevel, logfile 등 설정값이 지정되어 있다.

```
[main]
cachedir=/var/cache/yum/$basearch/$releasever
keepcache=0
debuglevel=2
logfile=/var/log/yum.log
exactarch=1
obsoletes=1
gpgcheck=1
plugins=1
installonly_limit=5
```

- /etc/yum.conf는 [repository] 옵션도 가질 수 있으나 편의상 /etc/yum.repos.d 디렉터리 밑에 확장자가 repo인 파일로 별도로 보관한다. 예를 들면 네트워크용 레파지터리는 Rocky-BaseOS.repo에 환경설정이 보관되고 CD-ROM, DVD-ROM과 같은 보조기억장치를 통한 레파지터리 설정은 Rocky-Media.repo에 보관된다.

```
$ ls /etc/yum.repos.d

Rocky-AppStream.repo      Rocky-HighAvailability.repo    Rocky-ResilientStorage.repo
Rocky-BaseOS.repo         Rocky-Media.repo               Rocky-RT.repo
Rocky-Debuginfo.repo      Rocky-NFV.repo                 Rocky-Sources.repo
Rocky-Devel.repo          Rocky-Plus.repo
Rocky-Extras.repo         Rocky-PowerTools.repo
```

- /etc/yum.repos.d 디렉터리에 .repo 파일을 추가하거나 삭제한 경우 yum 캐시를 비워줘야 갱신된 내용이 반영된다.

```
$ yum clean all
```

⑦ **yum-utils**

- yum 레파지터리를 관리하고 패키지 관리를 편리하게 할 수 있도록 도와주는 유틸리티이다. 'yum install yum-utils'를 사용하여 별도 설치를 해야 한다.

명령어	설명
debuginfo-install	패키지 설치 과정을 디버깅하기 위해 debuginfo 패키지를 설치한다.
package-cleanup	중복패키지, 고아 패키지(orphaned package), 의존성 불일치 등을 해결하기 위해 패키지를 정리한다.
repo-graph	패키지의 의존성을 출력한다.
repoclosure	각 패키지의 메타데이터를 조사해서 해결되지 않은 각 패키지의 의존성을 출력한다.
repodiff	여러 yum 레파지터리 목록 간의 차이점을 비교한다.
repomanage	지정한 패키지의 최신 버전이나 가장 오래된 버전을 출력한다.
repoquery	패키지의 설치 유무나 의존성 정보 및 패키지에 포함된 파일 등 패키지의 추가적 정보 획득을 위해 yum 레파지터리에 질의한다.
reposync	원격 레파지터리와 로컬 디렉터리를 동기화한다.
yumdownloader	지정한 패키지와 의존성이 존재하는 패키지를 포함하여 RPM 패키지를 다운로드한다. 단, 패키지를 설치하지 않는다.

⑧ **yum 예제**

- httpd 패키지를 설치한다.

```
$ sudo yum install httpd
```

- httpd 패키지를 설치할 때 '설치 진행하겠습니까?'와 같은 질의에 사용자의 응답을 기다리지 않고 기본적으로 'yes'로 응답한다.

```
$ sudo yum install httpd -y
```

- 현재 설치된 패키지 중 업데이트 가능한 패키지가 있는지 체크한다.

```
$ sudo yum check-update
$ sudo yum check-update
[sudo] password for francis:
Loaded plugins: fastestmirror, refresh-packagekit, security
Loading mirror speeds from cached hostfile
firefox.i686                                    60.9.0-1.el6.centos
updates
java-1.7.0-openjdk.i686                         1:1.7.0.231-2.6.19.2.el6_10
updates
kernel.i686                                     2.6.32-754.23.1.el6
updates
kernel-devel.i686                               2.6.32-754.23.1.el6
updates
kernel-firmware.noarch                          2.6.32-754.23.1.el6
updates
kernel-headers.i686                             2.6.32-754.23.1.el6
updates
libsmbclient.i686                               3.6.23-52.el6_10
updates
openssl.i686                                    1.0.1e-58.el6_10
updates
samba-client.i686                               3.6.23-52.el6_10
updates
samba-common.i686                               3.6.23-52.el6_10
updates
samba-winbind.i686                              3.6.23-52.el6_10
updates
samba-winbind-clients.i686                      3.6.23-52.el6_10
updates
samba-common.i686                               3.6.23-52.el6_10
updates
samba-winbind.i686                              3.6.23-52.el6_10
updates
samba-winbind-clients.i686                      3.6.23-52.el6_10
updates
```

- bash 패키지를 업데이트하며 기본 응답은 yes로 한다.

```
$ sudo yum update bash -y
```

- yum-utils 패키지를 다운로드 받으면 yumdownloader 명령어를 사용할 수 있다. 그리고 unbound 패키지를 설치하지 않고 rpm 파일만 다운로드 받는다.

```
$ sudo yum install yum-utils -y
$ sudo yumdownloader unbound
```

- yumdownloader로 다운로드 받은 패키지는 localinstall을 통해 설치할 수 있다.

```
$ sudo yum localinstall unbound-1.4.20-26.el7.x86_64.rpm
```

- httpd 패키지를 삭제한다.

```
$ sudo yum remove httpd
```

- 패키지를 재설치한다. yum remove 후 yum install 동작과 유사하지만 관련 환경설정 파일을 삭제하지는 않는다. 참고로 yum remove는 관련 환경설정 파일도 모두 제거한다.

```
$ sudo yum reinstall httpd -y
```

- /etc/yum.repos.d 디렉터리에 설정된 모든 레파지터리 목록을 출력한다.

```
$ sudo yum repolist
```

- repolist는 활성화된 레파지터리만 출력한다. 비활성화된 레파지터리도 모두 보려면 repolist all 명령어를 사용한다.

```
$ sudo yum repolist all
```

- git 패키지의 정보를 출력한다.

```
$ sudo yum info git
```

- /etc/yum.repos.d 디렉터리에 .repo 파일을 직접 추가하는 대신에 yum-config-manager 명령어의 도움을 받아 쉽게 레파지터리를 추가할 수 있다.

```
$ sudo yum-config-manager --add-repo="https://mirror.aarnet.edu.au/pub/centos/7"
```

- 특정 레파지터리를 활성화하고 패키지를 설치하거나 특정 레파지터리만 비활성화 후 패키지를 설치할 수 있다.

```
$ sudo yum --enablerepo=disabled-repo install package-example
```

- 패키지 이름이나 요약 설명에 php 키워드가 들어 있는 패키지를 모두 찾는다.

```
$ sudo yum search php
```

- 특정 명령어나 특정 파일을 제공하는 패키지를 찾는다.

```
$ sudo yum provides iscsiadm
```
또는
```
$ sudo yum provides /etc/httpd/conf/httpd.conf
```

- yum을 통해 설치, 삭제 등 수행한 동작의 이력을 확인한다.

```
$ sudo yum history
Loaded plugins: fastestmirror, refresh-packagekit, security
```

ID	Login user	Date and time	Action(s)	Altered
7	francis \<francis\>	2019-09-25 21:52	Install	2
6	francis \<francis\>	2019-08-26 17:03	Install	2
5	francis \<francis\>	2019-08-26 16:05	Install	11
4	francis \<francis\>	2019-08-11 18:16	I, U	194 EE
3	francis \<francis\>	2019-08-11 18:08	Update	1
2	francis \<francis\>	2019-08-11 18:05	I, U	55
1	System \<unset\>	2019-08-11 16:58	Install	1127

- 7번 히스토리에 대한 상세 정보를 확인한다.

```
$ sudo yum history info 7
```

- 7번 히스토리의 동작을 되돌린다.

```
$ sudo yum history undo 7 -y
```

- 7번 히스토리의 동작을 다시 수행한다.

```
$ sudo yum history redo 7 -y
```

- /var/cache/yum 디렉터리의 모든 종류의 캐시를 삭제한다.

```
$ sudo yum clean all
```

- 현재 설치된 패키지 목록을 출력한다.

```
$ sudo yum list installed
```

- 레파지터리에서 설치 가능한 모든 패키지를 출력한다.

```
$ sudo yum list available
```

- 서로 연관이 있는 패키지는 패키지 그룹으로 묶을 수 있다. 패키지 그룹의 목록을 출력한다.

```
yum grouplist
```

- 'Basic' Web Server' 패키지 그룹의 정보를 출력한다.

```
yum groupinfo "Basic Web Server"
```

- 'web server' 패키지 그룹을 설치한다.

```
yum groupinstall "web server" -y
```

(3) 데비안 패키지 관리(Debian Package Management)

① 데비안 패키지 관리의 개요

- 데비안 계열 운영체제에 패키지 설치를 위해 패키지 간의 의존성 관계, 소프트웨어 환경설정, 패키지 설치 자체를 편리하게 도와주는 소프트웨어 일체를 뜻한다.
- 데비안 패키지 관리는 몇 가지 계층으로 나눌 수 있다. 가장 저수준 패키지 관리 도구는 dpkg이며 상위 수준 패키지 관리 도구는 apt-get, apt가 있다. 그리고 apt-get, apt와 비교하였을 때 설치 목록상에서 패키지를 검색하는 기능, 패키지를 자동 또는 수동으로 설치할 것인지 설정하는 기능, 패키지를 업그레이드 불가 상태로 변경하는 기능을 추가로 수행할 수 있는 aptitude 도구도 존재한다.

② dpkg

- dpkg 명령어는 데비안 패키지 관리 명령어 중 하나로 의존성 관계를 고려하여 .deb 확장자의 패키지 설치, 제거, 질의의 역할을 수행한다. dpkg를 활용한 가장 친숙한 프론트 엔드 관리 도구는 aptitude이다. aptitude는 dpkg가 제공하는 명령어를 통하여 패키지 관리를 제어한다.
- 패키지 파일 형식은 'package_version_architecture.package-type'이다. 아래와 같이 dpkg-name 명령어를 사용해 bar-foo.deb 패키지 이름을 형식에 맞게 변경해 준다. 예를 들어 'bar-foo_1.0-2_i386.deb'와 같은 이름으로 변경된다.

```
$ dpkg-name bar-foo.deb
```

• 패키지 파일 형식 설명

구성	설명
package	패키지의 이름이다.
version	패키지의 버전을 의미하며 경우에 따라 한 버전을 몇 번 빌드했는지 알려주는 릴리즈 정보가 포함되기도 한다.
architecture	• 패키지가 사용 가능한 CPU 아키텍처를 의미한다. • ⓔⅺ amd, armel, i386, ia64 등
type	확장자로 .deb가 사용된다.

• 형식

dpkg [option…] action

• 옵션

옵션	의미
-i, --install	• 패키지를 설한다. • -R 옵션을 사용하면 패키지명 대신에 디렉터리를 지정해야 한다.
-R, --recursive	-i 또는 --unpack 옵션과 함께 사용하며 지정한 디렉터리 하위에 있는 모든 .deb 패키지를 설치할 때 사용한다.
-l, --list	설치되어 있는 패키지를 출력한다.
-I, --info	패키지에 대한 정보를 출력한다.
-c, --contents	패키지가 설치하는 파일 정보를 출력한다.
-L, --listfiles	시스템에 지정한 패키지가 설치한 파일을 출력한다.
-r, --remove	• 환경설정 파일을 제외하고 패키지를 제거한다(환경설정 파일을 남겨두면 다음에 다시 설치 시 그 환경 그대로 사용할 수 있음). • -P 옵션을 사용하면 환경설정 파일까지 모두 지울 수 있다.
-P, --purge	환경설정 파일을 포함하여 패키지를 삭제한다.
-S, --search	지정한 패턴과 일치하는 설치된 패키지 이름을 출력한다.
-C, --audit	설치가 모두 완료되지 않은, 즉 일부만 설치된 패키지를 찾는다.
--unpack	환경설정 없이 압축만 해제한다. -R 옵션을 함께 사용할 경우 디렉터리를 지정해야 한다.
--configure	• --unpack 옵션으로 압축 해제된 패키지를 환경설정할 때 사용한다. • 만약 -a 옵션이나 -pending 옵션을 패키지 이름 대신에 사용한다면 압축 해제된 패키지 중 환경설정이 되지 않은 패키지를 모두 찾아 환경설정을 한다.
-s, --status	지정한 패키지의 상태를 출력한다.

- 환경설정 파일

파일	설명
/etc/dpkg/dpkg.cfg	기본값을 가지고 있는 환경설정 파일이다.
/var/log/dpkg.log	기본 로그 파일이다.
/var/lib/dpkg/available	사용 가능한 패키지 목록이다.
/var/lib/dpkg/status	• 사용 가능한 패키지의 상태를 알려준다. • 패키지가 제거되었는지 설치되었는지의 정보를 담고 있다.

- 예제
  - 설치되어 있는 모든 패키지 목록을 출력한다.
  ```
  $ sudo dpkg -l
  ```

  - git와 관련된 모든 패키지의 목록을 출력한다.
  ```
  $ sudo dpkg -l '*git*'
  ```

  - 사용 가능한 패키지의 목록을 직접 살펴본다.
  ```
  $ sudo less /var/lib/dpkg/available
  ```

  - git 패키지를 삭제한다.
  ```
  $ sudo dpkg -r git
  ```

  - vim 패키지를 설치한다.
  ```
  $ sudo dpkg -i vim_4.5-3.deb
  ```

  - debpackages 디렉터리 이하에 존재하는 모든 .deb 패키지를 설치한다.
  ```
  $ sudo dpkg -R -i debpackages/
  ```

  - vim 패키지의 내용, 즉 포함하고 있는 파일 목록을 출력한다.
  ```
  $ sudo dpkg -c vim_4.5-3.deb
  ```

  - vim 키워드를 포함하고 있는 패키지가 설치되어 있는지 찾는다.
  ```
  $ sudo dpkg -s vim
  ```

  - vim 패키지가 설치한 파일과 파일 경로의 목록을 출력한다.
  ```
  $ sudo dpkg -L vim
  ```

- 패키지를 압축 해제만 하고 설치하거나 환경설정을 하지 않는다.

```
$ sudo dpkg --unpack flashplugin-nonfree_3.2_i386.deb
```

- 압축 해제된 패키지를 다시 환경설정한다.

```
$ sudo dpkg --configure flashplugin-nonfree_3.2_i386.deb
```

③ apt-get
- apt-get 명령어는 내부적으로 dpkg의 명령어를 사용하여 패키지 설치, 제거, 패키지 관련 명령을 수행하는 고수준 패키지 관리 도구이다. 데비안 계열이나 우분투 및 리눅스 민트의 기본 패키지 관리 도구이다.
- 최근에는 apt-get과 apt-cache를 통합한 apt 명령어나 GUI 기반 설치가 가능한 aptitude 등의 명령어를 좀 더 선호하는 추세이다.
- 형식

```
apt-get [option] [command] [package]
```

- 옵션

옵션	의미
-y, --yes, --assume-yes	- 사용자에게 묻는 모든 질의에 'yes'로 자동 응답한다. - 그럼으로써 설치를 중단 없이 수행할 수 있다. 만약 사용 중인 패키지를 변경하거나 필수 패키지를 제거하려 하는 바와 같이 더 이상 진행이 불가할 때는 해당 동작은 취소된다.
--purge	remove 명령을 수행할 때 환경설정까지 같이 제거할 때 사용한다.

- 명령어

명령	설명
update	- 레파지터리로부터 최신 패키지 설치 정보 목록을 가져올 때 사용한다. - /etc/apt/sources.list에 지정된 서버로부터 정보를 가져온다.
upgrade	/etc/apt/sources.list에 지정된 서버로부터 현재 설치된 패키지의 최신 버전을 다운로드 받아 업그레이드한다.
install	- 지정한 패키지를 설치할 때 사용한다. - deb 파일들이 /var/cache/apt/archive에 임시 생성된다.
remove	지정한 패키지를 삭제한다
clean	서버로부터 다운받아 생성된 /var/cache/apt/archive 내의 패키지를 모두 삭제한다.

- 예제
  - libc6 패키지를 설치한다.
  ```
  $ sudo apt-get install libc6
  ```
  - 크로미움(chromium) 패키지를 제거한다.
  ```
  sudo apt-get remove chromium
  ```
  - 패키지 설치를 위해 임시로 생성되었던 패키지 파일을 디스크 용량 확보 목적 등으로 삭제한다.
  ```
  sudo apt-get clean
  ```
  - 설치는 하지 않고 패키지만 다운로드한다. 다운로드한 .deb 패키지는 dpkg --install 명령어를 통해 설치할 수 있다.
  ```
  apt-get download ruby
  ```

3 소스 코드 컴파일을 통한 소프트웨어 설치

(1) 소스 코드 컴파일을 통한 소프트웨어 설치 개요

① 설명
- 리눅스는 배포판의 종류, 커널 버전, CPU 아키텍처 등 다양한 환경마다 실행 가능한 패키지를 하나하나 제공하는 것은 어려운 일이다. 그래서 실행 가능한 패키지 대신에 사용자에게 소스코드를 배포하고 시스템에서 소스코드를 직접 컴파일하여 각자의 시스템 환경에 맞는 패키지를 생성하는 방식으로 발전하였다.
- 소스코드는 보통 tar로 소스코드를 아카이브한 후 파일 크기를 줄이기 위해 gzip이나 bzip2로 압축한다. gzip을 통해 압축한 파일은 package-name.version.tar.gz라는 파일 이름을 갖고 bzip2을 통해 압축한 파일은 package-name.version.tar.bz2라는 이름을 갖는다.

② 소스 코드 컴파일 및 설치 절차
- tar로 .gz 또는 bz2를 압축 해제를 해제한다.
```
$ tar -xvzf package-name.version.tar.gz
또는
$ tar -xvjf package-name.version.tar.bz2
```

- 해당 디렉터리로 이동한다.
```
$ cd package-name.version
```

- 해당 디렉터리에서 아래의 3가지 명령을 입력하면 시스템에 맞는 환경설정 및 소스코드 컴파일 그리고 설치까지 간단하게 완료된다.

```
$ ./configure
$ make
$ sudo make install
```

- configure 스크립트와 config.h.in 파일을 automake에게 전달하여 Makefile.in을 생성한다. configure 명령어는 Makefile.in을 바탕으로 시스템의 환경변수와 관련 패키지 설치 유무 등을 고려하여 시스템을 위한 Makefile과 config.h 파일을 생성한다. make 명령어는 Makefile에 정의되어 있는 컴파일해야 할 소스코드 경로 및 패키지가 사용하는 라이브러리 정보를 바탕으로 컴파일을 수행한다. 마지막으로 make install 명령을 통해 컴파일된 패키지를 시스템에 설치하면 모든 것이 완료된다.

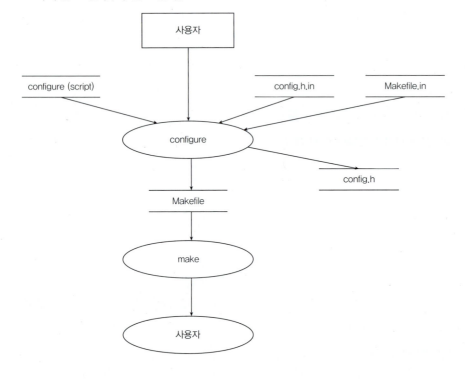

(2) 빌드 도구

① CMake(Cross Platform Make)

- 크로스플랫폼[1]에서 소스코드를 빌드할 수 있도록 해당 시스템에 적합한 Makefile의 생성만을 수행하는 기존 make의 발전된 빌드 도구이다. 직접 컴파일하지 않고 Makefile만 생성하므로 Meta Make라고도 한다.

---

1. 크로스플랫폼(cross-platform) : 하나의 시스템이 아닌 서로 다른 여러 시스템에서 동작 가능한 능력을 뜻한다. 크로스플랫폼 대신 멀티플랫폼(multi-platform)이라는 용어를 사용하기도 한다.

- make는 유닉스 및 리눅스 시스템에서만 이용 가능하지만 cmake는 윈도우 계열에서 컴파일 할 수 있는 Makefile 생성이 가능하다. 즉 소스코드만 있으면 유닉스, 리눅스, macOS 및 심지어 윈도우에서도 컴파일이 가능하다. 최근 마이크로소프트에서는 Visual Studio 개발 도구에 cmake 지원 기능도 추가하였다.
- cmake는 수많은 오픈 소스 프로젝트에서 채용하고 있다. 가령 KDE, MySQL, LMMS, OpenLieroX, OpenSceneGraph, OpenSourceComputerVision, SuperTux, VTK 등이 있다.
- cmake를 통해 Makefile이 생성되면 기존과 같이 make 명령어로 컴파일하면 된다.

(3) 컴파일러

① gcc(GNU Compiler Collection)

- cc는 GNU 프로젝트에서 개발하였고 C, C++, Objective-C, Fortran, Java, Ada, Go 등 다양한 프로그래밍 언어를 지원하는 컴파일러이다. gcc는 리눅스 커널뿐만 아니라 GNU 프로젝트, 리눅스 등 대부분의 프로젝트의 표준 컴파일러로 사용되고 있다.
- gcc는 소스코드를 컴파일하는 컴파일러와 다른 시스템 환경에서도 컴파일 가능하도록 하는 툴체인(toolchain) 등 크게 2가지로 구성된다. 비록 x86 시스템이라도 ARM의 툴체인을 설치하면 ARM 플랫폼에서 실행 가능하도록 소스코드를 컴파일할 수 있다.
- 형식

```
$ gcc [options] 파일명 …
```

- 옵션

옵션	의미
-o	컴파일할 때 기본 이름 대신에 실행 파일의 이름을 지정하는 옵션이다.
-c	- 지정한 소스코드를 컴파일하여 목적 파일(.o 파일)을 생성한다. - 이때 목적 파일을 하나로 합치는 링크는 수행하지 않는다.
-std	- 컴파일할 언어의 버전을 선택한다. - 예를 들어 -std=c11이라고 하면 C언어 11 버전으로 컴파일을 수행한다.

- 예제
  - hello.c를 컴파일하여 목적 파일(hello.o)을 생성하고 링크하여 실행 파일을 생성한다. 실행 파일의 이름은 hellogcc이다.

```
$ gcc hello.c -o hellogcc
```

  - hello.c와 world.c를 컴파일하여 helloworldgcc 실행 파일을 생성한다.

```
$ gcc hello.c world.c -o helloworldgcc
```

- hello.c를 컴파일하여 목적 파일(hello.o)만을 생성한다.

```
$ gcc -c hello.c
```

- C언어 11 버전으로 hello.cpp를 컴파일하고 hellogcc 실행 파일을 생성한다.

```
$ gcc -std=c11 hello.cpp -o hellogcc
```

(4) 아카이브하기

① tar(tape archive)

- 백업하거나 다른 사람에게 배포할 필요가 있을 때 수많은 파일을 하나의 아카이브 파일(archive file)로 만드는 유틸리티이다. 이렇게 생성된 아카이브 파일을 특별히 타르볼(tarball)이라고도 한다.
- 타르볼(tarball)은 각 파일 자체의 데이터뿐만 아니라 파일 이름, 타임스탬프, 소유권, 파일 접근 허가권, 디렉터리 구조 등 다양한 파일 시스템의 파라미터도 함께 묶인다.
- 타르볼의 파일 구조는 POSIX.1-1988으로 표준화되었고 후에 POSIX.1-2001로 개정되어 현재까지 널리 사용하고 있다.
- 유닉스의 tar는 순수하게 파일을 아카이브하는 역할만을 수행하지만 리눅스의 tar는 그뿐만 아니라 compress, gzip, bzip2, xz 등으로 압축하는 것도 지원한다.
- 형식

```
tar [options] [filename]
```

- 옵션

옵션	의미
-c, --create	- 새로운 tar 파일을 생성한다. - 인자로 여러 파일 이름을 지정해 tar 파일을 만들 수도 있고 디렉터리를 지정해 하위의 모든 파일과 디렉터리에 대한 tar 파일을 생성할 수 있다. - --no-recursion 옵션이 주어지면 바로 하위의 파일만 아카이브가 된다.
-x, --extract	- 묶인 tar 파일을 여러 파일로 다시 해체한다. - 만약 아카이브된 파일을 선택하면 해당 파일만 추출할 수도 있다.
-v, --verbose	- 각 명령마다 사용자에게 보여주는 정보량을 늘려주는 옵션이다. - 가령 -c 옵션과 함께 사용하면 tar 파일에 묶어지는 파일을 확인할 수 있다.
-f, --file	생성되는 tar 파일 이름을 지정한다.
-r, --append	이미 생성된 tar 파일에 또 다른 파일들을 추가할 수 있다.
-t, --list	- tar 파일 안에 묶여 있는 파일의 목록을 출력한다. - 인자로 tar 파일 내의 파일을 지정하면 해당 파일 존재 유무를 확인할 수 있다.
-h, --dereference	링크 파일이 가리키고 있는 원본 파일도 tar에 포함한다.

옵션	설명
-C, --directory	어떤 명령을 수행할 디렉터리를 지정한다.
-p, --preserve-permissions	tar 파일에서 파일을 추출할 때 사용자의 권한을 그대로 유지한다.
-Z, --compress, --uncompress	- compress를 사용하여 압축한다. - 예전 UNIX 계열 표준 압축 파일인 tar.Z를 생성한다.
-z, --gzip, --gunzip	- gzip을 사용하여 압축한다. - tar.gz 형식으로 생성한다.
-j, --bzip2	- bzip2를 사용하여 압축한다. - tar.bz2 형식으로 생성한다.
-J, --xz	- xz를 사용하여 압축한다. - tar.xz 형식으로 생성한다.
-g, --listed-incremental	- 새로운 버전의 GNU 형식 증분 백업을 지원한다. - 스냅샷 파일(snapshot file)을 지정할 수 있다. - 기존의 아카이브가 없는 경우 모든 파일과 디렉터리가 묶이며 이를 특별히 레벨 0 덤프라고 한다. 그리고 추가된 파일과 디렉터리 정보는 스냅샷 파일에 기록된다. 두 번째 아카이브 할 때에는 기존의 생성된 스냅샷 파일을 바탕으로 변경된 파일만 아카이브가 되며 스냅샷 파일은 변경된 파일에 대한 정보로 다시 갱신된다. 이를 레벨 1 덤프라고 하며 아카이브를 N번 반복하면 레벨 N 덤프가 된다.
-G, --incremental	구 버전의 GNU 형식 증분 백업을 지원한다.

- 예제
  - file1과 file2를 묶어 archive.tar 파일을 생성한다.

  ```
  $ tar -cf archive.tar file1 file2
  ```

  - archive.tar 파일에 속한 파일들을 자세한 정보와 함께 출력한다.

  ```
  $ tar -tvf archive.tar
  ```

  - archive.tar 파일의 모든 파일들을 추출한다.

  ```
  $ tar -xf archive.tar
  ```

  - archive.tar.gZ를 gzip으로 압축 해제하고 모든 파일을 추출한다. 이때 상세 정보도 표시한다.

  ```
  $ tar -xzvf archive.tar.gz
  ```

  - mydir의 모든 파일과 디렉터리를 대상으로 archive.tar를 생성한다.

  ```
  $ tar -cf archive.tar mydir/
  ```

  - mydir의 모든 파일과 디렉터리를 대상으로 gzip으로 압축 후 archive.tar.gZ를 생성한다.

  ```
  $ tar -czf archive.tar.gz mydir/
  ```

- myfile.tar.gZ를 gzip으로 압축 해제 후 모든 파일을 추출한다. 이때 상세 정보도 표시한다.

```
$ tar -zxvf myfile.tar.gz
```

- archive.tar의 특정 파일을 추출한다.

```
$ tar -xvf archive.tar documents/work/linuxmaster.xls
```

- archive.tar의 특정 디렉터리만을 추출한다.

```
$ tar -xvf archive.tar documents/work/
```

- archive.tar의 특정 패턴의 파일만 추출한다.

```
$ tar -xvf archive.tar --wildcards '*.xls'
```

- archive.tar에 특정 파일을 추가한다.

```
$ tar -rvf archive.tar documents/work/linux.xls
```

- archive.tar에 있는 파일보다 최신 파일인 경우 추가한다.

```
$ tar -uvf archive.tar documents/work/linux.xls
```

- 특정 디렉터리의 아카이브 크기를 구한다. 파일명 대신 '-'을 주면 tar 실행 결과를 표준 출력으로 보내서 wc와 같은 명령어로 그 개수를 셀 수 있다.

```
$ tar -cf - documents/work/ | wc -c
```

- MyPhotos에서 ship.jpg를 제외하고 모든 파일을 묶어 airplain.tar.gz를 생성한다.

```
$ tar -czf airplaine.tar.gz --exclude='ship.jpg' MyPhotos
```

(5) 압축하기

① compress, uncompress

- 파일의 크기를 줄이기 위해서 압축 알고리즘으로 렘펠지브(Lempel-Ziv)를 사용하고 파일 권한을 유지하며 압축하는 유틸리티이다. 확장자는 파일명 끝에 '.Z'를 붙이고 파일명 중 '.Z'를 이미 포함한다면 추가로 '.Z'를 붙이지 않는다. 또한 파일 사이즈가 줄어들 수 없다면 파일 압축 대상에서 제외한다.
- 설치

```
$ sudo yum install ncompress
```

- 형식

```
compress [options] filename
uncompress [options] filename
```

- 옵션

옵션	의미
-c	- 압축이나 압축 해제 시 파일의 수정 없이 출력을 표준 출력으로 보낸다. - 원본 파일보다 압축한 파일의 크기가 크더라도 압축은 진행된다.
-v	- 파일이 얼마나 압축되었는지 출력한다. - -c 옵션 사용 시 이 옵션은 무시된다.
-f	- 사용자 확인 없이 파일을 덮어 쓴다. - 파일의 크기가 줄어들지 않더라도 압축을 계속 수행한다.
-r	지정한 파일 이름이 디렉터리라면 그 내부의 모든 파일까지 압축한다.

- 예제
  - myfile 파일을 myfile.Z로 압축한다.

  ```
  $ compress -v myfile
  ```

  - mydir 이하의 모든 파일을 압축한다. 예를 들어 하위에 a, b, c 파일이 있다면 각각 a.Z, b.Z, c.Z로 압축된다.

  ```
  $ compress -rv mydir
  ```

  - 압축 결과를 표준 출력으로 보낸다. 아래에서는 표준 출력을 다시 new.Z 파일로 생성하고 있다.

  ```
  $ compress -c example.xls > new.Z
  ```

  - 현재 경로의 모든 파일을 tar로 묶고 그 결과를 표준 출력으로 보내며 compress는 표준 출력을 표준 입력으로 받아 myfiles.tar.Z를 생성한다.

  ```
  $ tar cvf - * | compress > myfiles.tar.Z
  ```

  - uncompress는 myfiles.tar.Z를 압축 해제하여 표준 출력으로 보내고 tar는 리다이렉션을 통해 표준입력으로 받아 tar 내의 모든 파일을 추출한다.

  ```
  $ uncompress -c myfiles.tar.Z | tar xvf -
  ```

② gzip, gunzip

- gzip은 파일의 크기를 줄이기 위해 렘펠지브(Lempel-Ziv, LZ77) 알고리즘을 사용하여 파일을 압축한다. 가능하면 원본 파일과 동일한 소유권, 접근 권한, 파일 수정 시간 등을 유지하면서 파일 이름의 뒤에 .gz로 교체된다. '-'을 사용하면 표준 입력을 받거나 표준 출력으로 실행 결과를 받거나 보낼 수 있어 다른 명령어와 파이프 조합을 통해 편리하게 사용 가능하다. 일반 모든 파일을 압축 시도하나 링크 파일(symbolic links)은 제외된다.
- 형식

```
gzip [options] filename
gunzip [options] filename
```

- 옵션

옵션	의미
-d, --decompress	- 압축 파일을 압축 해제할 때 사용한다. - gunzip과 zcat도 동일한 동작을 한다.
-#, (--fast), --best	- -1 또는 -fast를 사용하면 압축시간을 최소화하는 방식으로 압축한다. 다만 압축률은 떨어질 수 있다. - -9 또는 -best를 사용하면 압축률을 최대로 압축을 한다. 다만 압축 시간은 오래 걸릴 수 있다. - 기본 값은 압축 시간과 압축 효율을 모두 고려한 -6이다.
-c, --stdout, --to-stdout	실행 결과를 표준 출력으로 보내며 원본 파일의 변경 없이 유지된다.
-l, --list	- 압축된 파일의 정보를 출력한다. - 압축 크기, 원본 파일 크기, 압축률, 원본 파일 이름 등이 출력된다.

- 예제
    - myfiles.tar를 압축하여 myfiles.tar.gZ를 생성한다.

    ```
    $ gzip myfiles.tar
    ```

    - 여러 파일을 압축하여 하나의 파일로 생성할 수 있다.

    ```
    $ gzip -c file1 file2 > foo.gz
    ```

    - myfiles.tar.gZ의 압축을 푼다.

    ```
    $ gzip -d myfiles.tar.gz
    또는
    $ gunzip myfile.tar.gz
    ```

    - myfiles.tar.gZ의 압축을 풀고 tar로 모든 파일을 추출한다.

    ```
    $ gzip -cd myfiles.tar.gz | tar xvf -
    ```

> **더 알기 TIP**
>
> **zcat**
>
> zcat은 zunzip, gzip -d와 동작이 동일하며, 보통 압축된 파일의 내용을 확인하고 싶을 때 사용한다. 다음은 file.Z 압축 파일의 원본 파일의 크기를 확인하는 명령어이다.
>
> ```
> zcat file.Z | wc -c
> ```

③ **bzip2, bunzip2**

- 파일의 크기를 줄이기 위해서 버로우 휠러 알고리즘(Burrows-Wheeler block sorting text algorithm)과 허프만 코딩(Huffman Coding)을 사용하여 압축한다. 단, 압축 효율은 좋지만 압축 속도가 느리다는 단점이 있고, 압축하면 원본 파일의 파일명 끝에 bz2가 붙는다.
- 형식

```
bzip2 [options] filename
bunzip2 [options] filename
```

- 옵션

옵션	의미
-d, --decompress	- 압축 파일을 압축 해제할 때 사용한다. - bunzip2와 bzcat 또한 동일하게 압축을 해제한다.
-z, --compress	파일을 압축한다.
-#, (--fast), --best	- -1 또는 -fast를 사용하면 압축시간을 최소화하는 방식으로 압축한다. 다만 압축률은 떨어질 수 있다. - -9 또는 -best를 사용하면 압축률을 최대로 압축을 한다. 다만 압축 시간은 오래 걸릴 수 있다. - 기본 값은 압축 시간과 압축 효율을 모두 고려한 -6이다.
-c, --stdout, --to-stdout	실행 결과를 표준 출력으로 보내며 원본 파일의 변경 없이 유지된다.
-f, --force	이미 출력 파일이 존재하더라도 덮어쓴다.

- 예제
  - 주어진 파일을 압축한다.

  ```
  $ bzip2 -z myfiles.txt
  또는
  $ bzip2 myfile.txt
  ```

- 주어진 파일을 압축 해제한다.

```
$ bzip2 -d myfiles.txt.bz2
또는
$ bunzip2 myfile.txt.bz2
```

④ **xz, unxz**
- gzip이나 bzip2와 같이 파일을 압축할 수 있는 일반적인 유틸리티이다. 압축 알고리즘은 LZMA를 사용함에 따라 높은 압축률을 보인다. 확장자는 .xz를 사용하고 파일명을 지정하지 않고 '-'를 사용하면 수행 결과를 표준 출력으로 보내는 것도 기존의 명령어와 동일하다.
- 형식

```
xz [options] file_name
unxz [options[ file_name
```

- 옵션

옵션	의미
-z, --compress	- 압축하는 옵션이다. - 옵션이 지정되지 않았을 때 기본으로 압축을 수행한다.
-d, --decompress	- 압축을 해제할 때 사용하는 옵션이다. - unxz도 동일한 역할을 수행한다.
-l, --list	압축된 파일의 정보를 출력한다.

- 예제
    - backup.tar를 압축하여 backup.tar.xz 파일을 생성한다.

    ```
    $ xz backup.tar
    또는
    $ xz -z backup.tar
    ```

    - backup.tar.xz를 압축 해제하여 backup.tar를 생성한다.

    ```
    $ unxz backup.tar.xz
    또는
    $ xz -d backup.tar.xz
    ```

⑤ zip, unzip
- 다수의 파일을 압축할 수 있는 명령어이다. 특히 Unix, OS/2, Windows, Minix, macOS 등 다양한 OS에서 압축 기능을 제공하고 있다. 확장자는 .zip이다.
- 형식

```
zip [options] archive inpath inpath …
unzip [options[ archive
```

- 옵션

옵션	의미
-r	디렉터리를 압축할 경우 하위의 파일과 디렉터리를 모두 압축한다.

- 예제
    - backup.tar를 압축하여 backup.zip 파일을 생성한다.

    ```
    $ zip backup backup.tar
    ```

    - data 디렉터리 하위 모든 파일 및 디렉터리를 압축하여 backup.zip 파일을 생성한다.

    ```
    $ zip -r backup data.
    ```

    - backup.zip을 압축 해제한다.

    ```
    $ unzip backup.zip
    ```

합격을 다지는 예상문제

01 다음 ( ) 안에 들어갈 내용으로 알맞은 것은?

```
[ihduser@www ~]$ umask (    )
[ihduser@www ~]$ touch a.txt
[ihduser@www ~]$ mkdir aaa
[ihduser@www ~]$ ls -l
-rw-r--r--. 1 ihduser ihduser 0 09:11 a.txt
drwxr-xr-x. 2 ihduser ihduser 4096 09:22 aaa
```

① 011
② 022
③ 644
④ 755

일반 파일의 퍼미션은 '666-umask'의 값을 갖고, 디렉터리의 퍼미션은 '777-umask'의 값을 갖는다. 현재 일반 파일의 퍼미션은 644이고, 디렉터리의 퍼미션은 755이므로 이를 모두 만족하는 umask는 022이다.

02 다음과 같이 /etc/passwd 파일만으로 사용자 계정을 관리하였으나 보안상의 문제로 인해 다시 /etc/shadow 파일에 사용자 패스워드를 관리하려고 할 때 사용하는 명령으로 알맞은 것은?

```
[root@www ~]# grep ihduser /etc/passwd
ihduser:$6$uBH9Mnug$dCJ9i9DJx4NfQiTDeIghpmsGw3cPGJuXgq53v
otVLQ2sAuTPVW3WcOEtPuBaHNlbaUebIqX9mGHPQ.G4mthft/:502:502
::/home/ihduser:/bin/bash
[root@www ~]#
```

① pwck
② pwunconv
③ pwconv
④ vipw

pwconv는 /etc/passwd로부터 /etc/shadow를 생성한다.

03 다음 ( ) 안에 들어갈 내용으로 알맞은 것은?

```
# tar ( ㉠ )xvf mysql-boost-5.7.22.tar.gz
# tar ( ㉡ )xvf httpd-2.2.34.tar.bz2
# tar ( ㉢ )xvf php-5.36.tar.xz
```

① ㉠ z ㉡ j ㉢ J
② ㉠ z ㉡ J ㉢ j
③ ㉠ J ㉡ j ㉢ z
④ ㉠ j ㉡ J ㉢ z

tar의 z 옵션은 .tar.gz 형식을 다루고, j 옵션은 tar.bz2를 다루고, J 옵션은 tar.xz를 다룬다.

04 다음은 기존에 생성되어 있는 backup.tar 파일에 추가로 파일을 묶은 후에 확인하는 과정이다. ( ) 안에 들어갈 내용으로 알맞은 것은?

```
# tar ( ㉠ ) backup.tar lin.txt joon.txt
# tar ( ㉡ ) backup.tar
```

① ㉠ cvf ㉡ tvf
② ㉠ tvf ㉡ rvf
③ ㉠ cvf ㉡ rvf
④ ㉠ rvf ㉡ tvf

기존의 tar 파일에 파일을 추가하기 위해서는 r 옵션을 사용하고, tar 파일의 내용을 확인하기 위해서는 t 옵션을 사용한다.

정답 01 ② 02 ③ 03 ① 04 ④

05 다음 중 프로세스의 우선순위를 변경하거나 모니터할 때 사용하는 명령으로 틀린 것은?

① top
② jobs
③ nice
④ renice

jobs은 백그라운드로 실행 중인 프로세스나 현재 중지된 프로세스의 목록을 출력하는 명령어이다.

06 월, 수, 금요일 오전 9시 30분에 백업 스크립트가 동작하도록 cron을 설정하는 과정이다. 다음 ( ) 안에 들어갈 내용으로 알맞은 것은?

```
# vi /etc/crontab
(    ) /etc/backup.sh
```

① 21 30 * * 1,3,5
② 30 21 * * 1,3,5
③ 9 30 * * 1,3,5
④ 30 9 * * 1,3,5

cron을 설정할 때 분, 시, 일, 월, 요일, 명령어로 작성한다.

07 다음 중 사용자를 추가할 때 사용자의 홈 디렉터리에 기본으로 복사할 파일이 위치한 곳은?

① /etc/skel
② /etc/shadow
③ /etc/login.defs
④ /etc/default/useradd

사용자 계정이 생성될 때 /etc/skel 디렉터리의 내용들이 사용자의 홈 디렉터리로 복사된다. 대표적으로 .bash_logout, .bash_profile, .bashrc가 있다.

08 다음 설명과 같은 경우에 실행하는 명령으로 가장 알맞은 것은?

> ihduser의 패스워드를 오랜 시간 변경하지 않아 임의로 패스워드를 만료 설정한다.

① passwd -d ihduser
② passwd -e ihduser
③ passwd -l ihduser
④ passwd -r ihduser

-e 옵션은 패스워드를 만료하여 다음 로그인 시 패스워드를 무조건 변경하도록 강제한다.

정답 05 ② 06 ④ 07 ① 08 ②

09 다음 설명에 해당하는 명령으로 알맞은 것은?

> 애플리케이션은 /lib/libudev.so.0 라이브러리를 링크하고 있다. 실제로 이 라이브러리는 /lib/libudev.so.0.5.1를 링크하고 있다. 최근 몇 가지 버그가 수정된 /lib/libudev.so.0.5.2를 애플리케이션 수정 없이 적용하려 한다.

① ln -h /lib/libudev.so.0 /lib/libudev.so.0.5.2
② ln -s /lib/libudev.so.0 /lib/libudev.so.0.5.2
③ ln -h /lib/libudev.so.0.5.2 /lib/libudev.so.0
④ ln -s /lib/libudev.so.0.5.2 /lib/libudev.so.0

애플리케이션은 /lib/libudev.so.0 라이브러리를 링크하고 있으므로 해당 라이브러리에 대한 링크를 /lib/libudev.so.0.5.2로 지정하면 애플리케이션 수정 없이 라이브러리 업데이트가 가능하다.

10 다음 그림과 같을 때 ihduser라는 계정이 lin.txt 파일을 삭제할 수 있도록 권한을 설정하는 명령으로 알맞은 것은?

```
[root@www ~]# ls -ld /data
drwxr-xr-x. 2 root root 4096 Jul 4 16:46 /data
[root@www ~]# ls -l /data
total 4
-rw-r--r--. 1 root root 33 Jul 4 16:47 lin.txt
[root@www ~]#
```

① chmod u+w /data
② chmod u+w lin.txt
③ chown ihduser /data
④ chown ihduser.ihduser /data

디렉터리 내의 파일을 삭제하기 위해선 디렉터리에 쓰기 권한이 필요하다. /data 디렉터리에 다른 사용자(other)에게 쓰기 권한을 주거나 해당 디렉터리의 소유자를 ihduser로 변경해야 한다.

정답 09 ④ 10 ③

11 다음 중 시스템 전체에서 사용자, 그룹, 다른 사용자의 퍼미션이 모두 읽기, 쓰기만 부여된 파일을 전부 찾는 명령으로 알맞은 것은?

① find / -type f -perm 666
② find / -type f -perm 777
③ find / -type -f -perm 666
④ find / -type -f -perm 777

find 명령어의 -type 옵션으로 파일 유형을 지정할 수 있고 -perm 옵션으로 찾을 퍼미션을 지정할 수 있다. 사용자, 그룹 다른 사용자의 퍼미션이 모두 읽기, 쓰기라면 퍼미션은 666이다.

12 다음 설명에 해당하는 명령으로 알맞은 것은?

> hack.c 파일을 컴파일하여 hack.o라는 목적 파일을 생성한다.

① gcc -c hack.c
② gcc -e hack.c
③ gcc -p hack.c
④ gcc -o hack.c

gcc는 C언어의 소스코드를 컴파일하는 명령어로서 목적 파일을 생성하기 위해 -c 옵션을 사용한다.

13 다음 중 yum을 이용해서 telnet-sever 패키지를 설치하는 명령으로 알맞은 것은?

① yum install telnet-server
② yum setup telnet-server
③ yum add telnet-server
④ yum inst telnet-server

yum 명령어의 install 옵션을 사용하여 패키지를 설치할 수 있다.

14 다음 중 httpd와 같이 프로세스 이름을 인자 값으로 사용하는 명령으로 틀린 것은?

① killall   ② pkill
③ nice   ④ kill

kill 명령어는 PID(Process ID)를 인자로 사용한다.

15 다음은 rpm 명령을 이용해서 httpd 패키지를 제거하는 과정이다. ( ) 안에 들어갈 내용으로 알맞은 것은?

> \# rpm (㉠) httpd
> error: Failed dependencies:
> httpd >= 2.2.0 is needed by (installed)
> gnome-user-share-2.2.28.2-3.el6.i686
> \# rpm (㉠) httpd (㉡)

① ㉠ -e   ㉡ --force
② ㉠ -e   ㉡ --nodeps
③ ㉠ -r   ㉡ --nodeps
④ ㉠ -r   ㉡ --force

rpm 명령어를 통해 패키지를 제거하려면 -e 옵션을 사용한다. 의존성을 무시하고 삭제하려면 --nodeps 옵션을 추가한다.

정답 11 ① 12 ① 13 ① 14 ④ 15 ②

16 다음 중 백그라운드에서 실행 중인 작업을 포어그라운드로 전환하는 명령으로 알맞은 것은?

① bg　　② fg
③ jobs　④ pgrep

bg는 포어그라운드에서 실행 중인 작업을 백그라운드로 전환하는 명령이고 jobs는 백그라운드 프로세스나 중지된 프로세스의 목록을 확인할 때 사용하는 명령이며 pgrep은 ps 명령과 grep 명령을 하나로 통합한 명령이다.

17 다음 중 파일의 시간 정보를 현재 시간으로 변경하는 명령으로 알맞은 것은?

① ls　　② info
③ stat　④ touch

ls 명령어는 파일 목록을 확인하는 명령이고, info는 명령어에 대한 상세한 설명을 제공하는 명령이며, stat은 파일의 다양한 정보를 제공하는 명령이다.

18 vi 편집기를 이용하여 사용자 혹은 그룹의 디스크 쿼터를 설정하는 명령으로 알맞은 것은?

① quota
② edquota
③ repquota
④ quotacheck

edquota 명령어는 사용자 또는 그룹을 위한 쿼터를 편집하는 명령어이다.

19 시스템에 로그인한 사용자의 ID들을 출력하는 명령으로 알맞은 것은?

① w
② who
③ whoami
④ lslogins

lslogins 명령어는 wtmp 및 btmp 로그를 바탕으로 시스템에 로그인한 사용자의 ID를 출력한다.

20 다음 설명 중 올바른 root 사용자 관리 기법으로 틀린 것은?

① 무의미하게 장시간 로그인되어 있지 않도록 한다.
② root 이외에 UID가 0인 사용자를 생성하지 않는다.
③ ssh로 접근 시 root로 직접 로그인 허용하면 관리가 편리하다.
④ PAM(Pluggable Authentication Modules)을 이용해서 접근을 제어한다.

ssh로 접근 시 root의 로그인을 허용하면 외부로부터의 시스템 공격에 취약해진다.

정답 16 ② 17 ④ 18 ② 19 ④ 20 ③

CHAPTER

02

장치 관리

섹션 차례

SECTION 01 장치의 설치 및 관리
SECTION 02 주변장치 관리

SECTION 01 장치의 설치 및 관리

1 리눅스 커널

(1) 커널의 개요

① 설명
- 리눅스 커널은 유닉스 운영체제를 바탕으로 리누스 토발즈(Linux Torvalds)가 처음 개발하였고 GNU GPL(General Public License) v2 라이선스 하에 모두에게 무료로 공개되었다. 현재는 전세계의 개발자(contributors)가 커뮤니티를 통해 커널 개발에 참여하고 있고 현재도 계속 발전하고 있다.
- 리눅스 커널은 모노리딕 커널이며 선점형 멀티태스킹, 가상메모리, 공유 라이브러리, 메모리 관리, 네트워킹, 쓰레딩 등 현대 운영체제가 가져야 할 모든 특징을 가지고 있다.

② 버전 관리 및 배포
- uname -r을 통해 현재 커널 버전을 확인할 수 있다. 가장 앞의 4는 주(major) 버전을 의미하고 18은 부(minor) 버전을 의미한다. 0은 동일한 3.10 버전에 대해 첫 번째 빌드임을 뜻한다. 주 버전은 시스템의 중대한 변화가 생겼을 때 갱신되고, 부 버전은 기능에 변화가 생기거나 추가되었을 때 갱신된다.

```
$ uname -r
4.18.0-477.10.1.el8_8.x86_64
```

- kernel.org를 통해 최신 커널 소스코드를 다운로드 받을 수 있으며 버전별 이력을 확인할 수 있다.

(2) 커널 컴파일 순서

① 커널 소스코드 다운로드
- 커널 컴파일을 위해 가장 먼저 해야 할 일은 원하는 커널 버전의 소스코드를 다운로드 받는 것이다. kernel.org의 안내에 따라 커널 소스코드를 위한 타르볼(tarball)이나 깃허브(github)[1]를 통하여 다운로드가 가능하다. 다운로드는 원하는 경로에 어디든 상관없으며, 보통 /usr/src에 다운로드 받는다.

```
$ wget https://git.kernel.org/torvalds/t/linux-4.17-rc2.tar.gz
```

---

1. 깃허브(github) : 소스 관리 도구인 Git을 기반으로 한 소프트웨어 개발 커뮤니티이다. 전세계의 개발자가 프로젝트를 개설하고 소스코드를 공유함으로써 오픈소스 프로젝트에 기여할 수 있다.

- 다운로드 받은 패키지를 압축 해제한다.

```
$ tar xvzf linux-4.17-rc2.tar.gz
$ cd linux-4.17-rc2
```

② 커널 컴파일에 필요한 필수 도구 설치

- yum 명령어를 통해 커널 컴파일에 필요한 컴파일러 및 설치 도구를 설치한다.

```
$ sudo yum update
$ sudo yum install -y ncurses-devel make gcc bc bison flex elfutils-libelf-devel openssl-devel grub2
```

③ 커널 환경설정

- 커널 환경설정을 하기 전 기존의 오브젝트 파일, config 파일, 다양한 백업 파일을 모두 제거한다. 만약 처음 커널 컴파일을 하는 것이라면 이 과정은 생략 가능하다.

```
$ make mrproper
```

- 커널 컴파일이 정상적으로 수행되기 위해서는 환경설정이 필수적이다. 기존의 커널 설정파일을 복사해서 필요한 부분만 수정하면 편리하다.

```
cp /boot/config-$(uname -r) .config
```

- make menuconfig 명령어를 통해 원하는 커널의 기능을 활성화하거나 비활성화한다. 모든 설정을 마치고 저장(save)하면 .config 파일이 갱신된다.

④ 커널 컴파일

- 커널 이미지를 생성하기 위해 컴파일한다. 대표적인 방법으로 zImage와 bzImage가 있는데 zImage는 1MB 미만의 작은 커널 크기일 때 유용하고 그 이상의 커널을 컴파일해야 할 때는 bzImage를 사용한다.

- 만약 zImage로 컴파일했을 때 'System is too big' 오류가 발생했다면 더 많은 부분을 모듈로 만들어 커널 크기를 줄이거나 bzImage로 컴파일해야 한다. 특히 bzImage는 커널 생성 후 bzip2로 압축해야 한다.

```
$ make bzImage
```

- 커널에서 사용할 모듈을 컴파일한다.

```
$ make modules
```

- 컴파일 완료된 모듈을 /lib/modules/kernel-version 이하에 설치한다.

```
$ sudo make install
```

- 커널 이미지 복사 및 부트로더 환경설정(grub.conf) 등 커널을 시스템에 설치한다.

```
$ sudo make modules_install
```

- 시스템을 재부팅한다.

```
$ sudo reboot
$ uname -r
```

(3) 그 외 커널 컴파일 명령

① 클린 타겟(cleaning targets)

- 이전에 커널을 컴파일했다면 그로 인해 여러 오브젝트 파일과 환경설정 및 기타 부수적인 파일들이 존재할 것이다. 이렇게 남아있는 파일들로 인해 새로운 컴파일에 영향을 줄 수 있으므로 깨끗하게 지워줄 필요가 있다. 리눅스에서는 이를 위해 make 명령어의 clean, mrproper, distclean 옵션을 제공한다.

옵션	설명
make clean	커널 환경설정을 제외한 대부분의 파일을 모두 제거한다.
make mrproper	커널 환경설정을 포함하여 모든 파일을 모두 제거한다.
make distclean	mrproper의 동작을 모두 수행하고 추가로 백업 및 패치 파일도 모두 제거한다.

② 커널 환경설정

- 텍스트 기반 커널 환경설정부터 그래픽 기반 커널 환경설정까지 다양하다. 환경설정이 해당 항목을 포함하려면 'y(yes)', 미포함하려면 'n(no)', 모듈로 포함하려면 'm(module)'을 선택한다.

옵션	설명
make config	텍스트 기반 환경설정 도구이다.
make menuconfig	텍스트 기반 컬러 메뉴, 목록, 다이얼로그를 통한 환경설정 도구이다.
make nconfig	- 좀 더 향상된 텍스트 기반 컬러 메뉴를 통한 환경설정 도구이다. - 펑션키 F1~F9의 활용이 가능하고 커서로 쉽게 설정 가능하다.
make xconfig	- X 윈도우 환경의 Qt 기반의 환경설정 도구이다. - Qt 4.8 이상 설치가 필요하다.
make gconfig	- X 윈도우 환경의 GTK+ 기반의 환경설정 도구이다. - GTK+ 2.0 이상 설치가 필요하다.

2 모듈(Module)

(1) 모듈의 개요

① 모듈의 정의

- 커널의 기능을 확장하기 위해 메모리에 동적으로 로드 가능한 커널 오브젝트 파일이다. 확장자는 .ko이다.
- 시스템 중단 없이 메모리에 동적으로 로드하고 언로드할 수 있어 리눅스에서는 특별히 LKM(Loadable Kernel Module)이라고 한다.

② 모듈의 필요성

- 모듈 없이 운영체제가 제공하는 모든 기능이 커널에 포함되어 있다면 기능 각각의 사용 여부에 관계 없이 항상 시스템 메모리를 차지하고 낭비가 발생할 것이다. 또한 새로운 기능을 추가하기 위해서는 커널의 소스코드를 수정하여 기능을 추가하고 컴파일한 후 커널의 교체한 후에 시스템을 다시 시작해야 할 것이다.
- 모듈을 사용하면 커널은 그대로 두고 사용자가 필요할 때만 모듈을 메모리에 로드했다가 필요 없을 때는 메모리에서 제거할 수가 있다. 또한 필요한 기능이 있다면 모듈로 작성하여 시스템 중단 없이 운영체제가 동작 상태에서 모듈을 동적으로 메모리에 올려 사용할 수도 있다.

③ 모듈의 특징

- 시스템 재시작 없이 모듈을 로드하고, 필요가 없어지면 메모리에서 삭제할 수 있다.
- 모듈은 사용자 프로그램이 아닌 커널 일부분으로서 시스템의 제약 없이 기능을 수행할 수 있다. 그러나 모듈이 잘못된 동작을 하면 시스템이 패닉(panic)[1]에 빠질 수 있다.
- 시스템의 모듈은 일반적으로 /lib/modules/kernel-version/kernel 이하에 위치한다. uname -r 명령어를 사용해 현재 사용하고 있는 커널의 모듈을 확인할 수 있다.

---

1. 패닉(panic) : 운영체제 내부에서 치명적인 오류를 감지하였을 때, 즉 복구 불가능한 오류가 발생했을 때 운영체제를 중단하고 현재의 상태를 로그 파일로 저장 후 사용자에게 오류를 보여준다. 비슷한 예로 윈도우의 블루스크린(BSOD : Blue Screen Of Death)이 있다.

```
$ ls /lib/modules/$(uname -r)/kernel
arch  crypto  drivers  fs  kernel  lib  net  sound
$ ls -l /lib/modules/$(uname -r)/kernel/drivers/usb/storage
total 232
-rwxr--r--. 1 root root 14732 Jul  2 22:22 ums-alauda.ko
-rwxr--r--. 1 root root  6660 Jul  2 22:22 ums-cypress.ko
-rwxr--r--. 1 root root 11612 Jul  2 22:22 ums-datafab.ko
-rwxr--r--. 1 root root  6656 Jul  2 22:22 ums-freecom.ko
-rwxr--r--. 1 root root 11928 Jul  2 22:22 ums-isd200.ko
-rwxr--r--. 1 root root  9504 Jul  2 22:22 ums-jumpshot.ko
```

(2) 모듈 관련 명령어

① lsmod

- 현재 로드된 모듈의 리스트와 정보를 출력한다. /proc/modules 파일의 내용을 기반으로 좀 더 보기 좋게 출력된다.
- 형식

```
lsmod
```

- 예제
  - 현재 로드된 모듈을 출력한다. Module은 모듈명이고 Size는 모듈이 메모리에서 차지하고 있는 크기이다. Used by는 모듈을 사용하고 있는 인스턴스의 개수를 의미하는데 0인 경우 아무도 사용하지 않고 있다는 의미이다.

```
$ lsmod
Module                  Size    Used by
fuse                    67949   0
autofs4                 21140   3
8021q                   16681   0
garp                     5735   1 8021q
stp                      1626   1 garp
llc                      4226   2 garp,stp
vboxsf                  33543   0
```

② insmod

- 커널에 모듈을 로드한다. 경로를 지정하지 않고 모듈의 파일명만 입력하면 /lib/modules/$(uname -r)에서 모듈을 찾아 로드한다. 모듈의 전체 경로를 입력하여 모듈을 로드할 수도 있다. 일반적으로 이 명령어보다는 모듈의 의존성을 고려하는 modprobe를 주로 사용한다. 참고로 modprobe는 내부적으로 insmod를 사용하여 구현하였다.
- 형식

```
Insmod [filename] [module-options ⋯]
```

- 예제
  - 파일명으로 모듈을 로드한다.

  ```
  $ sudo insmod dummy
  ```

  - 모듈의 전체 경로를 통해 로드한다.

  ```
  $ sudo insmod /home/francis/Desktop/dummy.ko
  ```

  - 모듈을 로드할 때 모듈에게 옵션을 넘겨 줄 수 있다.

  ```
  $ sudo insmod /home/francis/Desktop/dummy.ko mode="standalone"
  ```

③ rmmod

- 커널에서 모듈을 언로드한다. 보통 의존성을 고려하는 modprobe -r 옵션을 통한 모듈 언로드를 선호한다.
- 형식

```
rmmod [filename]
```

- 예제
  - 파일명으로 모듈을 언로드한다.

  ```
  $ sudo rmmod dummy
  ```

④ modprobe

- modprobe는 모듈의 의존성을 고려해 모듈을 커널에 로드하거나 언로드한다. 모듈을 로드하기 전에 먼저 로드해야 할 모듈이 있다면, 즉 의존성이 있는 모듈이 있다면 해당 모듈을 먼저 로드하고 그 다음 대상이 되는 모듈을 로드한다. 모듈의 의존성은 depmod 명령어에 의해 생성된 modules.dep 파일을 참조한다. insmod나 rmmod를 통해 수동으로 이와 같은 동작을 할 수 있지만 modprobe를 사용하는 것이 간편하다. 실제로 modprobe 내부적으로는 insmod와 rmmod를 사용하여 모듈을 로드하거나 제거하고 있다.
- 형식

```
modprobe [option] filename
```

- 옵션

옵션	의미
-l, --list	로드 가능한 모듈의 리스트를 출력한다.
-r, --remove	- 모듈을 제거한다. - 의존성이 있는 모듈이 존재하고 참조가 없다면 이들도 함께 자동으로 언로드한다. - 여러 모듈을 지정할 수도 있다.
-c, --showconfig	모듈 관련 환경설정 파일의 내용을 모두 출력한다.

- 예제
  - 파일명으로 모듈을 로드한다.
  ```
  $ sudo modprobe dummy
  ```
  - 파일명으로 모듈을 제거한다.
  ```
  $ sudo modprobe -r dummy
  ```
  - 로드 가능한 모듈을 모두 보여준다.
  ```
  $ sudo modprobe -l
  ```
  - 모듈에게 옵션을 넘기면서 로드한다.
  ```
  $ sudo modprobe e1000e EEE=1
  ```

⑤ **modinfo**
- 지정한 모듈에 대한 정보를 출력한다. 경로가 주어지지 않는다면 /lib/modules/$(uname -r) 경로에서 모듈을 찾는다.
- 형식

```
modinfo [option] filename
```

- 예제
  - e1000 모듈의 정보를 출력한다.
  ```
  $ modinfo e1000
  filename:     /lib/modules/2.6.32-754.17.1.el6.i686/kernel/drivers/net/e1000/e1000.ko
  version:      7.3.21-k8-NAPI
  license:      GPL
  description:  Intel(R) PRO/1000 Network Driver
  author:       Intel Corporation, <linux.nics@intel.com>
  retpoline:    Y
  srcversion:   09230688616F1CFB42D204A
  ```

(3) 모듈 관련 설정 파일

① **/etc/modprobe.d**
- modprobe 명령을 위한 환경설정 디렉터리이다. 해당 디렉터리 이하에 *.conf인 파일을 생성하면 된다. 커널 2.6 버전 이전에는 /etc/modprobe.conf 파일 하나에 모든 설정을 담았지만 현재는 /etc/modprobe.d를 사용한다. 현재까지도 /etc/modprobe.conf 파일을 임의로 생성할 수도 있지만 언제 없어질지 모르기 때문에 권장하고 있지는 않다.

```
$ ls /etc/modprobe.d
anaconda.conf       dist-alsa.conf       dist-oss.conf       libcxgb4.conf       mlx4.conf
blacklist.conf      dist.conf            libcxgb3.conf       libmlx4.conf        openfwwf.conf
```

- /etc/modprobe.d/ 디렉터리 이하의 .conf 파일을 통해 모듈에 대한 별칭(alias), 옵션(options), 설치(install), 제거(remove), 블랙리스트(blacklist)를 지정할 수 있다.
- 예제
  - 부팅 시 e1000 모듈을 로드한다. 단순히 모듈명만 기재하면 된다.

    ```
    e1000
    ```

  - dummy라는 모듈에 대해 dummy0 별칭을 사용한다.

    ```
    #syntax: alias wildcard modulename
    alias dummy0 dummy
    ```

  - b43 모듈이 커널에 적재될 때마다 nohwcrypt=1 옵션과 qos=0 옵션을 입력한다.

    ```
    #syntax: options modulename option…
    options b43 nohwcrypt=1 qos=0
    ```

  - modprobe를 통해 ieee1394 모듈을 로드하려고 할 때, 실제로는 /bin/true 명령을 실행하게 하여 모듈이 로드되지 않도록 한다. 이때 /bin/true 대신에 다른 셸 명령을 입력할 수도 있다.

    ```
    #syntax: install modulename command…
    install ieee1394 /bin/true
    ```

  - modprobe를 통해 ieee1394 모듈을 제거하려할 때, 실제로는 /bin/true 명령을 실행하게 하여 모듈이 제거되지 않도록 한다. 이때 /bin/true 대신에 다른 셸 명령을 입력할 수도 있다.

    ```
    #syntax: remove modulename command…
    remove ieee1394 /bin/true
    ```

  - i8xx_tco 모듈이 로드하는 것을 막는다.

    ```
    #syntax: blacklist modulename
    blacklist i8xx_tco
    ```

② **modules.dep**
- depmod 명령을 사용하여 생성한 모듈 의존성 파일이다.
- /lib/module/${uname -r} 디렉터리 이하의 모듈을 검사하여 해당 디렉터리에 modules.dep 파일을 생성한다.

```
$ sudo depmod -a
$ $ cat /lib/modules/2.6.32-754.17.1.el6.i686/modules.dep |more
kernel/arch/x86/kernel/cpu/mcheck/mce-inject.ko:
kernel/arch/x86/kernel/cpu/cpufreq/powernow-k8.ko: kernel/arch/x86/kernel/cpu/cp
ufreq/mperf.ko
kernel/arch/x86/kernel/cpu/cpufreq/mperf.ko:
kernel/arch/x86/kernel/cpu/cpufreq/acpi-cpufreq.ko: kernel/arch/x86/kernel/cpu/c
pufreq/mperf.ko
kernel/arch/x86/kernel/cpu/cpufreq/pcc-cpufreq.ko:
kernel/arch/x86/kernel/cpu/c
```

- modprobe는 modules.dep 파일을 바탕으로 모듈 간 의존성을 파악하고 모듈을 로드한다.

주변장치 관리

1 디스크 확장

(1) 디스크 확장의 개요

① 리눅스 시스템을 운영할 때 하드디스크의 잔여 용량이 남지 않거나 저장소의 용량을 증설하기 위해서 새로운 하드디스크를 추가 장착할 수 있다.

② 보통 리눅스 시스템에서 하드디스크를 추가하는 과정은 다음과 같다.
- 하드디스크 시스템에 부착하기
- 확장 파티션 생성하기
- 논리 파티션 생성하기
- 파티션 포맷하기
- 마운트하기
- 확인하기
- /etc/fstab 등록하기

(2) 하드디스크 추가하기

① 하드디스크 시스템에 부착하기
- 시스템을 끄고 새로운 하드디스크를 시스템에 장착하고 시스템을 켠다.
- fdisk 명령어의 '-l' 옵션을 통해 하드디스크가 장착되었는지 확인한다.
- 기존에 없던 /dev/sdb 장치가 추가되었음을 확인할 수 있다.

```
$ sudo fdisk -l

[sudo] password for francis:


Disk /dev/sda: 16.1 GB, 16106127360 bytes

255 heads, 63 sectors/track, 1958 cylinders

Units = cylinders of 16065 * 512 = 8225280 bytes

Sector size (logical/physical): 512 bytes / 512 bytes

I/O size (minimum/optimal): 512 bytes / 512 bytes

Disk identifier: 0x00023bbc
```

```
Device Boot      Start      End      Blocks      Id    System
/dev/sda1    *     1         64       512000      83    Linux
Partition 1 does not end on cylinder boundary.
/dev/sda2          64       1959      15215616    8e    Linux LVM

Disk /dev/sdb: 8589 MB, 8589934592 bytes
255 heads, 63 sectors/track, 1044 cylinders
Units = cylinders of 16065 * 512 = 8225280 bytes
Sector size (logical/physical): 512 bytes / 512 bytes
I/O size (minimum/optimal): 512 bytes / 512 bytes
Disk identifier: 0x0000000
```

② 확장 파티션 생성하기

- 디스크가 시스템에 인식되었으므로 포맷을 하기 전에 파티션을 생성한다.
- 다음과 같이 명령을 입력하면 파티션 설정에 대한 기본 설명을 확인할 수 있다.

```
$ sudo fdisk /dev/sdb
Device contains neither a valid DOS partition table, nor Sun, SGI or OSF disklabel
Building a new DOS disklabel with disk identifier 0x1723e5ac.
Changes will remain in memory only, until you decide to write them.
After that, of course, the previous content won't be recoverable.
Warning: invalid flag 0x0000 of partition table 4 will be corrected by w(rite)
WARNING: DOS-compatible mode is deprecated. It's strongly recommended to
         switch off the mode (command 'c') and change display units to
         sectors (command 'u').
Command (m for help):
```

- 어떤 명령어를 사용해야 할지 잘 모를 경우에는 'm' 옵션을 사용한다.

```
Command (m for help): m
Command action
    a   toggle a bootable flag
    b   edit bsd disklabel
    c   toggle the dos compatibility flag
    d   delete a partition
    l   list known partition types
```

```
m   print this menu
n   add a new partition
o   create a new empty DOS partition table
p   print the partition table
q   quit without saving changes
s   create a new empty Sun disklabel
t   change a partition's system id
u   change display/entry units
v   verify the partition table
w   write table to disk and exit
x   extra functionality (experts only)
Command (m for help):
```

- 새로운 파티션을 만들기 위해서 'n' 명령어를 사용한다.

```
Command (m for help): n
Command action
   e   extended
   p   primary partition (1-4)
```

- 파티션은 부팅 가능 여부에 따라 주 파티션과 확장 파티션으로 구분된다. 부팅 가능할 필요가 없으므로 여기에서는 'e' 명령을 사용하여 확장 파티션을 생성한다.

```
Command action
   e   extended
   p   primary partition (1-4)
```

- 파티션 번호와 첫 번째 실린더 번호, 마지막 실린더 번호값을 입력해야 하는데 기본값으로 선택한다.

```
Partition number (1-4): 1
First cylinder (1-1044, default 1):
Using default value 1
Last cylinder, +cylinders or +size{K,M,G} (1-1044, default 1044):
Using default value 1044
Command (m for help):
```

- 아직까지는 실제 디스크에 반영되지 않은 상태이므로, 지금까지의 파티션 설정을 디스크에 직접 적용하기 위해 'w' 옵션을 사용한다.

```
Command (m for help): w
The partition table has been altered!
Calling ioctl() to re-read partition table.
Syncing disks.
$
```

- 다시 fdisk -l을 사용하면 이전에는 보이지 않던 확장 파티션이 생성되었음을 알 수 있다.

```
$ sudo fdisk -l
[sudo] password for francis:

(중간 생략)


Disk /dev/sdb: 8589 MB, 8589934592 bytes
255 heads, 63 sectors/track, 1044 cylinders
Units = cylinders of 16065 * 512 = 8225280 bytes
Sector size (logical/physical): 512 bytes / 512 bytes
I/O size (minimum/optimal): 512 bytes / 512 bytes
Disk identifier: 0x1723e5ac


Device Boot      Start         End      Blocks   Id  System
/dev/sdb1            1        1044     8385898+   5  Extended
```

③ 논리적 파티션 생성하기
- 파티션은 논리적으로 여러 개의 파티션으로 나눌 수 있다.
- 논리적 파티션 생성을 위해 다시 fdisk 명령을 사용한다.

```
$ sudo fdisk /dev/sdb
WARNING: DOS-compatible mode is deprecated. It's strongly recommended to
         switch off the mode (command 'c') and change display units to
         sectors (command 'u').
Command (m for help):
```

- 논리적 파티션을 만들려면 확장 파티션을 만들 때와 같이 일단 'n' 명령을 사용한다. 이때 논리적 파티션과 주 파티션 중 고를 수 있는데 여기에서는 논리적 파티션 생성을 위해 'l' 옵션을 사용한다.

```
Command (m for help): n
Command action
   l   logical (5 or over)
   p   primary partition (1-4)
l
```

- 여러 개의 논리적 파티션을 염두하고 있다면 첫 번째 실린더와 마지막 실린더의 값을 적절히 지정해야 하지만 여기에서는 하나의 논리적 파티션만을 생성할 것이기 때문에 기본값을 사용하고 엔터를 누른다. 그리고 마지막에는 'w' 옵션을 사용하여 디스크에 적용한다.

```
First cylinder (1-1044, default 1):
Using default value 1
Last cylinder, +cylinders or +size{K,M,G} (1-1044, default 1044):
Using default value 1044


Command (m for help): w
The partition table has been altered!


Calling ioctl() to re-read partition table.
Syncing disks.
```

- 다시 fdisk -l을 사용하여 논리적 파티션이 생성되었는지 확인한다.

```
$ sudo fdisk -l


(중간 생략)


Disk /dev/sdb: 8589 MB, 8589934592 bytes
255 heads, 63 sectors/track, 1044 cylinders
Units = cylinders of 16065 * 512 = 8225280 bytes
Sector size (logical/physical): 512 bytes / 512 bytes
I/O size (minimum/optimal): 512 bytes / 512 bytes
Disk identifier: 0x1723e5ac


Device Boot      Start         End      Blocks   Id  System
/dev/sdb1            1        1044     8385898+   5  Extended
/dev/sdb5            1        1044     8385867   83  Linux
```

➕ **더 알기 TIP**

파티션 확인하기

/proc/partitions 파일을 통해 시스템의 파티션 정보를 확인할 수 있다.

```
$ cat /proc/partitions
  major    minor    #blocks    name

    8        0     15728640    sda
    8        1       512000    sda1
    8        2     15215616    sda2
    8       16      8388608    sdb
    8       17            1    sdb1
    8       21      8385867    sdb5
  253        0     13639680    dm-0
  253        1      1572864    dm-1
```

④ 파티션 포맷하기

- ext4 파일 시스템으로 방금 생성한 논리적 파티션 /dev/sdb5를 포맷[1]한다.

```
$ sudo mkfs.ext4 /dev/sdb5
```

⑤ 마운트하기

- 포맷을 마친 /dev/sdb5를 /home/francis/tmp 경로로 마운트한다. 마운트 대상이 되는 디렉터리는 미리 생성되어 있어야 하고 마운트할 때 -t 옵션을 사용하여 마운트 대상의 파일 시스템이 무엇인지 지정해야 한다.

```
$ sudo mount -t ext4 /dev/sdb5 /home/francis/tmp
```

⑥ 확인하기

- df 명령어를 통해 하드디스크가 제대로 마운트되었는지 확인할 수 있고 하드디스크의 크기와 사용 가능한 용량도 확인할 수 있다.

```
$ df -h
Filesystem                      Size    Used    Avail   Use%    Mounted on
/dev/mapper/VolGroup-lv_root    13G     4.0G    8.1G    34%     /
tmpfs                           2.0G    300K    2.0G    1%      /dev/shm
/dev/sda1                       477M    73M     380M    16%     /boot
/dev/sdb5                       7.8G    18M     7.4G    1%      /home/francis/tmp
```

---

1. 포맷(format) : 파티션에 파일을 읽고 쓰기 가능한 형태로 만들기 위해 지정한 파일 시스템의 형태로 디스크를 초기화한다.

⑦ **/etc/fstab 파일 등록하기**
- 시스템 리부팅 후에도 자동 마운드될 수 있도록 /etc/fstab 파일의 끝에 다음의 정보를 입력한다.

```
$ sudo vi /etc/fstab
(중간 생략)
/dev/sdb5          /home/francis/tmp        ext4    defaults    1 1
```

2 프린터

(1) 리눅스 프린팅 시스템(Linux Printing Systems)의 개요

① 초기 프린터는 고정 크기, 단일 폰트를 갖는 텍스트 형식으로 한 줄씩 출력하는 라인 프린터(line printers)를 사용하였다. 라인 프린터는 속도가 느리기 때문에 시스템의 성능을 향상하기 위해 스풀링(spooling : Simultaneous Peripheral Operation On Line)[2] 방식이 처음 소개되었고 이 방식은 지금도 여전히 적용되고 있는 개념이다.

② 라인 프린터를 지원하기 위해 초기 리눅스 프린팅 시스템은 BSD(Berkely Software Distribution) 프린팅 시스템을 이용하였다. 그 구성은 서버에서 동작하는 라인 프린터 데몬(LPD : Line Printer Daemon)과 프린트 요청을 위한 lpr 명령어를 포함하는 클라이언트이다. 당시 프로토콜은 Line Printer Daemon Protocol이며 IETF의 RFC1179로 표준화되었다.

③ System V도 BSD 프린팅 시스템과 기능적으로는 동일하지만 명령어 사용법이 달랐던 별도의 프린팅 시스템을 가지고 있었다. 예를 들면 BSD 계열의 lpr 명령어가 System V에서는 lp 명령으로 구현되었다.

④ 그 후 다양한 폰트 지원, 이미지 출력, 가변폭 글자 지원뿐만 아니라 커닝(kerning), 리가처(ligature) 등 프린터 출력 기술이 개선되었다. 기존의 lpd, lpr의 BSD 프린팅 시스템을 호환하면서 LPRng(LPR next generation)과 CUPS(Common Unix Printing System)와 같은 새로운 프린팅 시스템이 개발되었다.

⑤ LPRng를 포함하여 기존의 프린팅 시스템이 가지고 있었던 프린터 제조사마다 형태가 달라 상호 호환을 맞추기가 어려웠던 문제점을 극복하기 위해 모듈 방식으로 개발한 CUPS는 현재 리눅스 및 유닉스 호환 시스템의 표준 프린팅 시스템이 되었다.

---

2. 스풀링 : CPU가 프린터가 출력을 직접 제어한다면 프린트가 끝날 때까지 CPU는 아무 작업도 하지 못한다. 때문에 CPU는 일련의 큐에 프린터 작업을 등록하고 우선순위를 정하며 프린터에게 출력을 요청한다. 즉, CPU는 다른 작업을 수행하다가 프린터가 출력할 데이터가 필요할 때마다 데이터를 전송함으로써 CPU 사용 효율을 높이는 방식이다.

(2) CUPS(Common Unix Printing System)

① CUPS의 개요
- CUPS는 다양한 프린터를 지원하기 위해 프린터 인쇄를 요청하는 클라이언트와 인쇄를 처리하기 위한 프린트 서버로 구성되어 있는, 리눅스를 포함한 유닉스 호환 운영체제를 위한 모듈러 프린팅 시스템(modular printing system)이다.
- 1997년 개발을 시작해 베타 버전이 1999년에 선보였으나 LPD의 빈약한 기능과 프린터 제조사 간 호환성 이슈로 IPP(Internet Printing Protocol)가 그 자리를 대체하였다. 2002년 애플(Apple Inc.)이 Mac OS X 10.2에 프린팅 시스템으로 CUPS를 채용한 이후로 급속히 발전하여 리눅스의 기본 프린팅 시스템이 되었다.

② CUPS의 특징
- 프린터마다 독자적으로 사용했던 장치 드라이버의 작성을 용이하게 하였다.
- 라인 프린터, 포스트스크립트 프린터뿐만 아니라 매킨토시, 윈도우에서 제공하던 프린터 형식을 유닉스 계열 운영체제에서도 사용할 수 있도록 지원한다.
- HTTP 기반 IPP 프로토콜을 사용하고 SMB 프로토콜도 지원한다.
- BSD와 System V 계열 명령어를 모두 지원한다.
- 웹 서버의 Common Log Format 형태의 로그 파일 제공하며 웹상에서도 lpadmin 명령을 통해 관리자 기능 수행이 가능하다.

③ CUPS의 구성도

구성요소	설명
스케줄러(Scheduler)	• IPP(Ineternet Printing Protocol) POST 요청을 통해 들어온 인쇄 요청을 처리하기 위한 HTTP/1.1 서버 데몬(cupsd)이다. • 인쇄 처리뿐 아니라 프린터 상태 모니터, 관리도구 등의 역할도 수행한다. • 네트워크상의 사용 가능한 프린터를 찾을 수 있고 인쇄를 위한 적절한 필터와 백엔드를 찾아 인쇄 요청을 전달할 수 있다. • LPD 프로토콜(RFC-1179) 지원을 위한 cupsd-lpd 데몬도 실행한다.

환경설정 파일(Config Files)	• 아파치의 http.conf와 유사한 형식으로 CUPS 프린터 데몬 환경설정 파일이 존재한다.
	• 사용 가능한 프린터와 대기열의 목록을 설정하고 출력을 위한 형식 변환 규칙을 정의한다.
	• 프린터의 기능을 설정하는 PPD(PostScript Printer Description) 파일을 정의한다.
	  – cupsd.conf : cupsd 데몬의 환경설정 파일
	  – printers.conf : 각 프린터의 정보를 설정
	  – classes.conf : 각 프린터의 클래스에 대한 정보 설정

CUPS API	• 인쇄 작업의 대기열 추가, 프린터 정보 획득, HTTP와 IPP를 통한 리소스 접근, PPD 파일 조작 등 CUPS 관련 API를 제공한다. • 라이선스는 GNU LGPL을 따른다.
BSD 및 System V 명령어	기존의 프린팅 시스템과 호환성을 확보하기 위해서 BSD 명령어인 lpr, lpq, lprm, lpc 등과 System V 명령어인 lp, lpstat, cancel 등을 모두 제공한다.
필터(Filters)	• 인쇄물을 프린터가 이해할 수 있는 형식으로 변환하는 프로그램이다. • 예를 들어, 리눅스에서는 일반적으로 인쇄를 위해 문서를 PostScript 형식으로 변환하여 프린터에 요청한다. 그러나 모든 프린터가 PostScript를 지원하지 않기 때문에 이를 변환해주는 PostScript Raster 필터가 필요하다. • 필터는 PostScript Raster 필터뿐만 아니라 다양한 파일과 이미지 형식을 지원하고 여러 개의 필터를 조합하여 출력 포맷을 만들 수도 있다.
CUPS 이미징(CUPS Imaging)	큰 이미지, 색 변환, 색 관리, 이미지 크기 변경 등 이미지와 관련된 라이브러리이다.
백엔드(Backends)	• 장치나 네트워크상의 컴퓨터로 프린트 데이터를 보내는 특별한 필터이다. • 병렬포트, 직렬포트, USB, LPD, IPP, AppSocket(JetDirect) 등 다양한 디바이스를 지원한다. • Samba 프로토콜도 지원하여 윈도우로 인쇄 출력이 가능하다.

(3) 프린터 추가하기

① 프린터 설정 방법

• 웹을 통하여 관리자 도구 실행할 수 있다(http://localhost:631 또는 http://127.0.0.1:631).

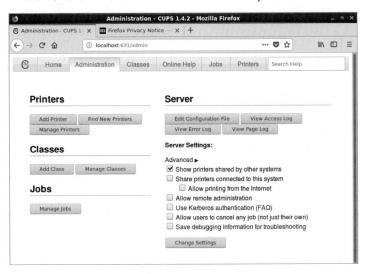

- 배포판마다 프린터 관리용 프로그램을 제공한다. 레드햇 계열 초기 버전에서는 printtool, printconf를 제공하다가 redhat-config-printer를 거쳐 현재는 system-config-printer를 통해 프린터를 추가할 수 있다.

② 로컬 프린터 추가하기
- 프린터를 시스템에 직접 연결하면 하드웨어 추상화 계층(HAL : Hardware Abstraction Layer)과 hal-cups-utils 유틸리티에 의해 핫 플러그 이벤트를 인식하여 자동으로 설정이 된다.
- 프린터를 병렬 포트에 연결하면 /dev/lp0 장치 파일을 통해 접근이 가능하고 USB 포트에 연결하면 /dev/usb/lp0 장치 파일로 접근 가능하다.

③ 네트워크 프린터 추가하기
- system-config-printer 설정 화면에서 메뉴의 Server → New → Printer로 이동하거나 Ctrl + N 단축키를 통해 아래와 같은 다양한 네트워크 프린터를 추가할 수 있다.

(4) 프린트 출력하기

① lpr(BSD)

- 프린터에게 작업을 요청한 후에 프린트할 파일을 읽어서 출력 가능한 데이터를 LPD(Linux Printing Daemon)에게 전달한다. 파일을 지정하면 해당 파일을 작업 요청하고 지정되어 있지 않으면 표준 입력으로부터 데이터를 받아 LPD에게 전달한다.
- 형식

```
lpr [option] [filename]
```

- 옵션

옵션	설명
-#	인쇄 매수를 지정한다(1~100장).
-m	작업이 완료되면 이메일로 알림을 준다.
-P	지정한 프린터로 출력한다.
-C, -T, -J	작업 이름과 제목을 설정한다.
-r	- 출력할 파일을 지정한다. - 출력 완료 후 파일은 삭제된다.
-l	- 이미 프린터에 맞게 형식이 맞춰진 출력할 파일을 지정한다. 즉, 필터를 거치지 않고 출력한다. - 이 옵션은 -o raw 옵션과 동일하다.

- 주요 예제
  - myfile.txt를 출력한다.

```
$ lpr myfile.txt
```

  - 리다이렉션을 통해 myfile.txt를 출력한다.

```
# cat myfile.txt | lpr
또는
# cat text.txt > /dev/lp0
```

  - HL-2280DW프린터에 작업명을 francis's text file이라고 지정하고 printexample.txt를 2장 출력한다. 출력이 완료되면 파일은 삭제되고 이메일로 완료 메일이 발송된다.

```
lpr -P HL-2280DW -J "francis's text file" -#2 -m -r printexample.txt
```

② lp(System V)
- lpr과 유사하게 문서를 프린터로 출력한다.
- 형식

```
lp [option] [filename]
```

- 옵션

옵션	설명
-d	- 출력할 프린터를 지정한다. - 개별 프린터를 지정할 수도 있고 프린터의 클래스를 지정할 수도 있다. - 클래스로 지정하는 경우 사용할 수 있는 프린터 중 첫 번째부터 프린트를 시도한다.
-n	인쇄 매수를 지정한다(1~100매).

- 주요 예제
  - myfile.txt를 출력한다.

    ```
    # lp myfile.txt
    ```

  - myfile.txt를 3장 출력한다.

    ```
    # lp -n 3 myfile.txt
    ```

(5) 프린트 취소하기

① lprm(BSD)
- 프린터의 대기열에 있는 작업 번호를 통해 인쇄 작업을 취소한다. 작업 번호를 지정하지 않으면 현재 작업이 취소된다. 여러 개의 작업 번호를 지정할 수도 있고 '-'를 사용하여 모든 작업을 취소할 수도 있다.
- 형식

```
# lprm [option] [filename]
```

- 옵션

옵션	설명
-	프린터 대기열에 있는 모든 작업을 취소한다.
-U	특정 사용자의 작업을 취소한다.
-P	작업을 취소할 프린터를 지정한다.
-h server[:port]	작업을 취소한 프린터 서버를 지정한다.

- 주요 예제
  - 작업 번호 5를 취소한다.

  ```
  # lprm 5
  ```

  - 모든 인쇄 작업을 취소한다.

  ```
  # lprm -
  ```

  - mydest 프린터의 10번 작업을 취소한다.

  ```
  # lprm -P mydest 10
  ```

② **cancel(System V)**

- 인쇄 작업을 취소한다. 취소할 작업 id를 지정하지 않으면 기본 프린터에 출력 중인 작업을 취소한다.
- 형식

```
cancel [option] [job-id]
```

- 옵션

옵션	설명
-a	모든 인쇄의 작업을 취소한다.
-U	서버에 연결할 때 사용할 사용자를 지정한다.
-h hostname[:port]	인쇄를 취소할 서버를 지정한다.
-u	특정 사용자가 소유한 인쇄 작업을 취소한다.

- 주요 예제
  - 모든 프린터의 모든 작업을 취소한다.

  ```
  # cancel -a
  ```

  - 작업 id가 printer-7인 작업을 취소한다.

  ```
  # cancel printer-7
  ```

(6) 프린트 작업 및 큐 관리하기

① lpc(BSD)

- 프린터와 CUPS 프린팅 시스템에서 제공하는 프린터 클래스 대기열을 제어한다. 프린트 대기열의 상태를 얻어 올 수도 있다.
- 옵션

명령	설명
status	모든 프린터 또는 클래스 대기열의 상태를 출력한다.
help, ?	도움말을 출력한다.
quit, exit	lpc 대화모드에서 빠져 나오는 명령어이다.

- 주요 예제
  - 특정 프린터의 상태를 출력한다.

```
$ /usr/sbin/lpc status HL-2280DW
HL-2280DW:
    printer is on device 'dnssd' speed -1
    queuing is disabled
    printing is enabled
    no entries
    daemon present
```

② lpq(BSD)

- 프린터 대기열의 상태를 출력한다. 명령줄에서 프린터나 클래스를 지정하지 않는다면 기본 프린터의 정보를 출력한다.
- 형식

```
# lpq [option]
```

- 옵션

옵션	설명
-a	모든 프린터의 인쇄 작업 정보를 출력한다.
-l	프린터 대기열의 상태를 자세하게 출력한다.
-P	상태를 출력한 프린터를 지정한다.
+interval	+10이라고 지정하면 10초마다 대기열이 비워질 때까지 상태를 출력한다.

- 주요 예제
  - 프린터 대기열의 정보를 출력한다.

  ```
  $ lpq
  ```

  - xp-610 프린터 대기열의 정보를 출력한다.

  ```
  $ lpq -P xp-610
  ```

③ lpstat(System V)
- 현재 설정된 프린터와 클래스, 인쇄 작업에 대한 상태 정보를 출력한다. 아무것도 설정하지 않은 경우 현재 사용자가 대기열에 추가한 활성화된 작업에 대한 정보를 출력한다.
- 형식

  ```
  # lpstat [option]
  ```

- 옵션

옵션	설명
-d	기본 프린터가 무엇인지 보여준다.
-p	- 설정된 모든 프린터를 출력한다. - 출력 가능한 프린터가 무엇인지도 알려준다.
-t	-r, -d, -c, -v, -a, -p, -o 옵션을 모두 사용한 것과 동일하며 모든 상태 정보를 출력한다.
-a	프린터 대기열이 요청을 받을 수 있는 상태인지 출력한다.
-c	모든 클래스와 클래스에 속한 멤버 프린터가 무엇인지 출력한다.
-s	자세한 정보가 아닌 요약 정보를 출력한다.

- 주요 예제
  - 기본 프린터의 정보를 출력한다.

  ```
  $ lpstat -d
  system default destination: HL-2280DW
  ```

  - 프린터의 요약 정보를 출력한다.

  ```
  $ lpstat -s
  system default destination: HL-2280DW
  members of class anyprint:
      HL-2280DW
      XP-610
  device for anyprint: ///dev/null
  device for HL-2280DW: dnssd://Brother%20HL-2280DW._pdl-datastream._tcp.local/
  device for XP-610: dnssd://EPSON%20XP-610%20Series._ipp._tcp.local/?uuid=cfe92100-67c4-11d4-
  ```

- 지정한 프린터가 요청을 받을 수 있는 상태인지 출력한다.

```
$ lpstat -a XP-610
XP-610 accepting requests since Thu 27 Apr 2017 05:53:59 PM EDT
```

3 사운드 카드

(1) 리눅스 사운드의 개요

① 리눅스 커널은 역사적으로 리눅스 사운드를 구현하기 위해 대표적으로 2가지 오픈소스가 있다.
  - 하나는 오픈 사운드 시스템(OSS : Open Sound System)이고, 다른 하나는 고급 리눅스 사운드 아키텍처(ALSA : Advanced Linux Sound Architecture)이다.

② OSS는 유닉스 및 유닉스 호환 시스템에서 지원하나 ALSA는 리눅스에서만 지원한다.
  - 리눅스 커널 2.4까지는 OSS의 오디오 API를 포함하고 있었으나 리눅스 커널 2.5 이후부터 기능을 제거(deprecate)하고 ALSA가 추가되었다.
  - OSS 개발 회사였던 4Front는 리눅스 커널 외의 운영체제를 위해 계속해서 OSS를 개발하였다.

(2) 오픈 사운드 시스템(OSS : Open Sound System)

① 정의
- 유닉스와 유닉스 호환 운영체제를 위한 사운드 생성 및 캡처 인터페이스이자 인터페이스를 구현하기 위한 디바이스 드라이버와 사운드 컨트롤러 자체를 말한다.

② 목표
- OSS의 목표는 사운드 하드웨어에 대해 잘 알지 못하더라도 사운드 응용 프로그램을 구현할 수 있는 기반 또는 시스템을 제공하는 것이다.

③ OSS의 API(Application Programming Interface)
- POSIX의 read, write, ioctl과 같은 표준 시스템 호출을 기반으로 API가 구성되어 있다.
- 사운드 입출력의 기본 장치는 /dev/dsp 이다. 다음은 /dev/dsp 사운드 장치로 랜덤 값(소음)을 쓰는 명령어이다.

```
$ cat /dev/random > /dev/dsp
```

④ 라이선스
- 본 프로젝트 초기에는 자유 소프트웨어(free software)였으나 프로젝트의 성공으로 개발 리더였던 Savolainen은 4Front Technologies과 계약하고 그 후 신기능과 개선된 내용은 4Front Technologies의 소유가 되었다. 리눅스 커뮤니티에서는 그런 이후로 OSS 대신 ALSA로 교체하기 이르렀다.

- 2007년 7월, 4Front Technologies는 오픈솔라리스를 위한 CDDL 라이선스와 리눅스를 위한 GPL 라이선스를 갖는 소스코드를 공개하였다.
- 2008년 1월, 4Front Technologies는 FreeBSD를 위한 BSD 라이선스로 잇따라 소스코드를 공개하였다.

(3) 고급 리눅스 사운드 아키텍처(ALSA : Advanced Linux Sound Architecture)

① 정의
- 사운드 카드 디바이스 드라이버를 위한 API를 제공하는 리눅스에 포함된 소프트웨어 프레임워크이다.

② 목표
- ALSA 프로젝트는 사운드 카드 하드웨어에 대한 자동 설정 기능과 시스템상 복수 개의 사운드 장치 지원을 목표로 시작되었다.

③ 특징
- 하드웨어 기반 MIDI 합성 기능을 제공한다.
- 다중 채널 하드웨어 믹싱 기능를 지원한다.
- 전이중(Full-duplex) 입출력을 제공한다.
- 멀티 프로세서 및 쓰레드 안전(safe) 디바이스 드라이버를 제공한다.

④ 라이선스
- ALSA는 GPL(General Public License)과 LGPL(Lesser General Public License) 라이선스를 바탕으로 개발되고 있다.

(4) 사운드 명령어

① alsactl
- ALSA 기반 사운드 카드 드라이버에 대한 고급 설정을 할 수 있는 명령어이며 다수의 사운드 카드를 제어할 수 있다.
- 형식

```
alsactl [options] [store|restore|init]
```

- 옵션(options)

옵션	내용
-d	디버그 모드이며 좀 더 로그가 풍부하다.
-f	- 환경설정 파일을 지정할 수 있다. - 지정하지 않으면 기본 파일은 /etc/asound.state이다.

- 명령(command)

명령	내용
store	사운드 카드에 대한 현재 정보를 환경설정 파일에 저장한다.
restore	환경설정 파일의 설정에 따라 선택된 사운드 카드에 반영한다.
init	- 사운드 장치를 기본값으로 초기화한다. - 디바이스가 알려진 장치가 아니라면 에러코드 99를 반환한다.

- 주요 예제
  - 사운드 카드를 초기화한다.

  ```
  $ sudo alsactl init
  ```

  - 사운드 카드 설정을 지정한 환경설정 파일의 설정으로 되돌린다.

  ```
  $ sudo alsactl restore -f asound.state
  ```

② **alsamixer**
- 사운드 설정을 변경하고 볼륨을 조절하기 위한 ALSA 프로젝트의 그래픽 믹서 프로그램이다.
  - 사용자 인터페이스는 커서(curses) 형태이고 X 윈도우 시스템을 필요로 하지 않는다.
  - 다수의 사운드 카드를 지원한다.
- 아래 그림과 같이 텍스트 기반 그래픽 화면을 통해 사운드 카드를 제어할 수 있다.
  - ←과 → 키를 통해 채널을 선택할 수 있고, 선택한 채널의 볼륨을 조절하기 위해 ↑와 ↓ 키를 사용할 수 있다.

- 그래픽 프로그램이지만 터미널에서 다음의 옵션을 사용하여 조절할 수도 있다.

옵션	설명
-c, --card	사운드 카드가 여러 개라면 제어할 사운드 카드를 선택한다.
-D -device	제어할 믹서 장치를 선택한다.
-V, --view	- 재생 모드(playback), 녹음 모드(capture)를 선택하여 시작할 수 있다. - 둘 다 사용할 경우 모두(all) 옵션을 사용한다.

③ cdparanoia

- 오디오 CD를 읽어서 CD의 재생정보와 음악 파일을 추출하는 유틸리티이다.
- 형식

```
cdparanoia [option]
```

- 옵션

옵션	내용
-w, --output-wav	마이크로소프트 RIFF WAV 형식으로 추출한다.
-a, --output-aiff	압축되지 않은 Apple AIFF-C 형식으로 추출한다.
-B, --batch	- 모든 트랙의 음악을 Cdda2wav 스타일로 추출한다. - 추출된 파일은 "track#." 파일 형식을 갖는다.

- 주요 예제
    - 오디오 CD를 읽어서 트랙당 WAV 형식의 파일로 추출한다.

    ```
    $ cdparanoia -B
    ```

    - 5번 트랙부터 추출한다.

    ```
    $ cdparanoia -B -- -5
    ```

    - 1, 2번 트랙을 추출한다.

    ```
    $ cdparanoia -B -- -1-2
    ```

    - 1번 트랙의 0:13.13부터 1:13.00 사이를 추출한다.

    ```
    $ cdparanoia -B "1[:13.13]-1[1:13]"
    ```

4 스캐너

(1) SANE(SANE : Scanner Access Now Easy)

① 설명
- 이미지 스캐너 및 카메라 하드웨어에 대한 표준화된 액세스를 제공하기 위한 누구나 자유롭게 사용할 수 있는 API이다.

② 아키텍처
- 시스템 A의 libsane.so 동적 라이브러리는 pnm 파일과 mustek 스캐너, 네트워크 스캐너를 사용할 수 있도록 환경설정이 되어 있다. libsane.so 동적 라이브러리는 각 장치를 구동할 수 있는 libsane-dll.do라 불리는 드라이버를 링크하고 있다.
- 시스템 A의 네트워크를 경유하여 시스템 B의 장치를 이용할 때는 시스템 B의 saned 데몬이 시스템 A의 처리를 대리하여 마찬가지로 libsane.so의 도움을 받아 스캐너를 제어하게 된다.
- sane 패키지는 다양한 스캐너 및 카메라 장치에 대한 드라이버가 포함되어 있는 SANE 백엔드(sane-backends)와 사용자가 사용할 수 있는 응용 프로그램인 SANE 프론트엔드(sane-frontends)로 구성되어 있다.

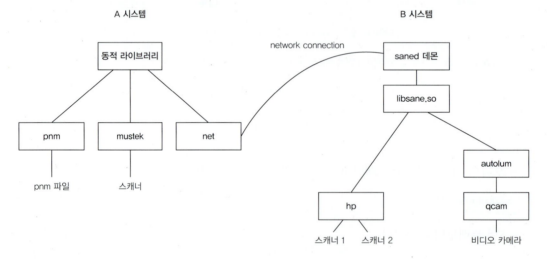

③ 지원 OS
- 리눅스 및 유닉스뿐만 아니라 OS/2, 윈도우, macOS도 지원한다.

④ 오픈소스 라이선스
- GPL 라이선스이다.

(2) XSANE(X based interface for the SANE)

① 설명
- Oliver Rauch가 개발한 SANE의 프론트엔드(frontends) 기능을 수행하는 GTK+로 개발된 그래픽 기반 응용 프로그램이다.
- 윈도우, 리눅스, 유닉스, OS2, macOS 운영체제를 지원한다. 하지만 윈도우의 경우 네트워크의 다른 운영체제의 스캐너를 사용하는 것만 가능하고 로컬의 스캐너를 지원하지 않는다.

② 기능
- xsane은 독립적으로 실행하거나 GIMP 이미지 조작 프로그램으로서 실행할 수 있다.
- xsane은 스캐너나 카메라의 다양한 형식의 이미지를 파일로 저장 가능하다.
- Fax나 프린터로 이미지를 보낼 수 있다.

③ 설치
- yum 명령을 사용하여 xsane를 설치할 수 있다.

```
$ sudo yum install xsane
xsane
Loaded plugins: fastestmirror, refresh-packagekit, security
Setting up Install Process
Loading mirror speeds from cached hostfile
 * base: mirror.kakao.com
 * extras: mirror.kakao.com
 * updates: mirror.kakao.com
base                                                              | 3.7 kB
00:00
extras                                                            | 3.3 kB
00:00
updates                                                           | 3.4 kB
00:00
Resolving Dependencies
--> Running transaction check
---> Package xsane.i686 0:0.997-8.el6 will be installed
--> Processing Dependency: xsane-common for package: xsane-0.997-8.el6.i686
--> Running transaction check
---> Package xsane-common.i686 0:0.997-8.el6 will be installed
--> Finished Dependency Resolution
```

④ 실행
- xsane 명령을 입력하면 스캐너를 찾고 프로그램이 실행된다.

```
$ xsane
```

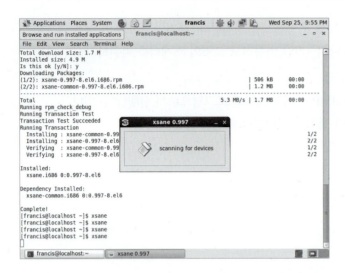

(3) 스캐너 관련 명령어

① sane-find-scanner
- SANE 백엔드를 지원하는 SANE USB 및 SCSI 스캐너를 검색하기 위한 명령이다.
- SCSI 스캐너를 찾기 위해 /dev/sg0, /dev/scanner와 같은 기본 SCSI 장치 파일을 검사한다.
- USB 스캐너를 찾기 위해 /dev/usb/scanner, /dev/usbscanner와 같은 USB 커널 스캐너 장치 파일을 스캔한다.
- 병렬 포트로 연결된 대부분의 스캐너는 찾지 못한다. -p 옵션을 통하여 일부 스캐너가 검색될 가능성이 있다.
- 옵션

옵션	내용
-q	별도의 설명 없이 스캐너 장치만 출력한다.
-v	- 옵션을 한 번 주면 장치 이름과 테스트 결과를 포함한 자세한 정보를 출력한다. - 옵션을 두 번 주면 SCSI INQUIERY[1] 정보와 USB 디바이스 디스크립터[2] 정보도 보여준다.
-p	병렬 포트에 스캐너가 연결되어 있는지 체크한다.

---

1. SCSI INQUIERY : SCSI 통신에서 사용하는 READ, WRITE, SEEK과 같은 명령 중에 하나로 장치에 대한 조회 기능을 수행한다.
2. USB 디바이스 디스크립터(USB device descriptor) : USB 장치의 하드웨어 ID, 벤더 ID, USB 지원 버전, 포함된 기능의 개수 등 USB 장치의 기본 정보가 담긴 디스크립터이다.

- 주요 예제
  - 사용 가능한 스캐너가 있는지 체크하고 검색된 각각의 장치 파일을 줄 단위로 자세히 출력한다.

  ```
  $ sane-find-scanner -v
  ```

  - 오직 /dev/scanner 장치 파일에 연결된 SCSI 스캐너만을 검색한다.

  ```
  $ sane-find-scanner /dev/scanner
  ```

  - 병렬 포트에 연결된 스캐너가 지원 가능한지 체크한다.

  ```
  $ sane-find-scanner -p
  ```

② **scanimage**

- 평면 스캐너나 카메라와 같은 장치의 이미지 스캔을 제어하는 명령어이다. 스캔된 이미지 데이터는 PNM이나 TIFF 형식을 갖는다. 이 명령어는 SANE 인터페이스를 통해 스캔을 수행하기 때문에 sane 백엔드가 지원하는 디바이스라면 해당 명령어를 사용할 수 있다.
- 형식

```
Scanimage [option]
```

- 옵션

옵션	의미
-d, --device-name	- 장치 이름을 설정한다. - 장치 이름은 epson:/dev/sg0 이나 hp:/dev/usbscanner0과 같은 형식이어야 한다.
--format	- 이미지 형식을 지정한다. - pnm이나 tiff를 지정할 수 있고 지정하지 않으면 pnm이 기본값이다.
-L, --list-devices	사용 가능한 스캐너 장치 목록을 출력한다.

- 주요 예제
  - 스캐너 장치 목록을 출력한다.

  ```
  scanimage -L
  ```

  - 기본 설정으로 스캔을 수행하여 image.pnm을 생성한다.

  ```
  scanimage >image.pnm
  ```

  - 100×100mm 크기로 스캔하고 tiff 형식으로 image.iff를 생성한다.

  ```
  scanimage -x 100 -y 100 --format=tiff >image.tiff
  ```

③ scanadf
- 자동용지급지장치(ADF : Automatic Document Feeder) 기능이 있는 스캐너에서 여러 장의 이미지를 스캔한다. 스캔을 장치에 요청하고 장치가 SANE_STATUS_NO_DOCS 상태 코드를 반환할 때까지 스캔을 수행한다.
- 형식

```
scanadf [option]
```

- 옵션

옵션	의미
-d, --device-name	SANE의 장치 파일명을 적는 옵션이다.
-L, --list-devices	사용 가능한 스캐너 장치 목록을 출력한다.
-o, --output-file	- 스캔 결과물 파일명을 지정한다. - 파일명에 %를 사용하면 페이지 번호로 대체된다.

- 주요 예제
    - epson 스캐너를 사용하여 300dpi 해상도로 캡쳐한 후 image_0000, image_0001, … 형식으로 이미지 파일을 생성한다.

```
$ scanadf -d epson:/dev/sg0 --resolution 300 -o image_%04d
```

합격을 다지는 예상문제

01 다음 중 리눅스 커널에 대한 설명으로 틀린 것은?

① 리눅스는 시스템 자원의 관리 역할을 프로그램에게 위임한다.
② 리눅스 커널 버전 확인은 'uname -r' 명령으로 할 수 있다.
③ 리눅스 커널은 HAL(Hardware Abstract Layer)를 이용하여 하드웨어 자원을 간접적으로 접근할 수 있도록 한다
④ 커널 컴파일은 커널 소스를 이용하여 시스템에 최적화된 커널을 만드는 과정이다.

리눅스는 시스템 자원의 소유 및 관리 역할을 커널이 수행한다.

02 다음 중 셸에서 example.txt 파일을 프린터로 출력하는 명령으로 알맞은 것은?

① cat example.txt < /dev/lp0
② lpstat -p example.txt
③ pr example.txt < printer
④ lp -d /dev/lp0 example.txt

lp 명령의 -d 옵션을 사용하여 출력할 프린터 장치명을 지정하여 파일을 출력할 수 있다.

03 다음 중 프린트 관련 명령어에 대한 설명으로 틀린 것은?

① 리눅스에서 프린트 관련 명령어는 BSD 계열과 System V 계열로 나눌 수 있다.
② BSD 계열 명령어는 lpr, lprm, lpq 등이 있다.
③ System V 계열 명령어에는 lp, lpstat, cancel 등이 있다.
④ 대부분의 배포판에서는 BSD 계열보다는 System V 계열 명령어를 지원한다.

대부분의 배포판은 호환성을 위해 BSD 계열과 System V 계열 모두 제공한다.

04 다음에서 설명하는 명령으로 알맞은 것은?

> 커널 컴파일할 때 설정된 작업을 초기화하기 위해 사용하는 명령으로 오브젝트 파일뿐만 아니라 설정된 환경 파일인 .config 파일까지 지우는 명령이다. 또한 추가로 백업 및 배치 파일까지 모두 제거한다.

① make clean
② make depmod
③ make mrproper
④ make distclean

커널 환경설정 파일 .config까지 지우는 명령어는 make mrproper이며, make distclean은 여기에 추가로 백업 및 배치 파일까지 모두 제거한다.

정답 01 ① 02 ④ 03 ④ 04 ④

05 모듈의 의존성을 고려하여 모듈을 커널에 로드하는 명령은?

① modinfo
② insmod
③ rmmod
④ modprobe

- modprobe는 moules.dep 환경설정 파일을 참고해 의존성이 있는 모듈까지 자동으로 커널에 로드한다.
- insmod는 의존성 고려 없이 지정한 모듈만을 로드한다.

06 다음 중 리눅스에서 사운드 지원을 위한 대표적 오픈소스로 알맞은 것은?

① CUPS, LPRng
② LPRng, ALSA
③ OSS, ALSA
④ SANE, CUPS

리눅스 커널은 대표적으로 2가지 오픈소스가 있다. 하나는 오픈 사운드 시스템(OSS : Open Sound System)이고 또다른 하나는 고급 리눅스 사운드 아키텍처(ALSA : Advanced Linux Sound Architecture)이다.

07 다음 중 모듈에 대한 설명으로 틀린 것은?

① 리눅스에서 커널 모듈은 필요에 따라 커널 이미지에 합류시키거나 해제할 수 있다.
② 모듈 방식은 새로운 장치가 추가될 때마다 커널을 새롭게 컴파일 할 필요가 없다.
③ insmod 명령은 커널에 모듈을 적재하는 명령으로 의존성을 고려하여 자동으로 검색하고 삽입한다.
④ rmmod 명령은 커널에서 모듈을 제거하는 명령으로 사용 중인 모듈은 제거할 수 없다.

의존성을 고려하여 모듈을 로드하는 명령어는 modprobe이다.

08 다음 중 리눅스 시스템에 하드디스크를 추가하여 이용하는 과정에서 사용되는 명령으로 틀린 것은?

① mount
② backup
③ mkfs
④ fdisk

시스템에 하드디스크를 추가하기 위해서 fdisk를 통해 파티션을 생성하고 mkfs를 통해 포맷을 수행하고 mount를 통해 시스템에 연결한다. backup은 데이터 백업을 위한 명령이다.

09 다음 중 리눅스에서 사운드 카드용 장치에 대한 설명으로 틀린 것은?

① alsamixer는 여러 개의 사운드를 믹싱(mixing)하는 GUI 프로그램이다.
② ALSA는 사운드 카드를 자동으로 구성하게 하고 다수의 사운드 장치 관리를 목적으로 한다.
③ OSS는 POSIX시스템 콜과 호환되지 않은 독립적인 시스템 콜을 사용한다.
④ alsactl 명령은 ALSA 사운드 카드를 초기화 하거나 정보를 환경설정 파일에 저장할 수 있다.

OSS는 표준 유닉스 장치 시스템콜(POSIX read, write, ioctl 등)에 기반을 두고 있다.

정답 05 ④ 06 ③ 07 ③ 08 ② 09 ③

10 다음 중 SANE(Scanner Access Now Easy)에 대한 설명으로 틀린 것은?

① 이미지 스캐너 및 카메라 하드웨어에 대한 표준화된 액세스를 제공한다.
② 리눅스 및 유닉스 뿐만 아니라 OS/2, 윈도우, macOS 도 지원한다
③ LGPL 라이선스이다.
④ sane 패키지는 SANE 백엔드(sane-backends)와 SANE 프론트엔드(sane-fronends)로 구성되어 있다.

SANE은 GPL 라이선스이다.

11 프린터를 USB 포트에 연결했을 때 생성되는 장치 파일명으로 알맞은 것은?

① /dev/usb/lp0
② /dev/sg0
③ /dev/lp0
④ /dev/sr0

프린터를 USB 포트에 연결하면 /dev/usb/lp0 장치가 생성된다.

12 다음 중 /etc/passwd 파일을 2매 출력하려고 할 때 (   ) 안에 들어갈 명령으로 알맞은 것은?

(   ) -# 2 /etc/passwd

① lp   ② lpr
③ lpq   ④ lpc

lpr 명령은 -# 옵션을 사용해 출력할 매수를 지정할 수 있다.

13 다음 중 커널 컴파일 단계에서 메뉴 방식으로 커널 컴파일 옵션을 설정하는 명령으로 알맞은 것은?

① make install
② make bzImage
③ make mrproper
④ make menuconfig

make menuconfig 명령을 사용하여 메뉴 방식으로 키보드의 위, 아래 화살표를 사용하여 손쉽게 커널 컴파일 옵션을 설정할 수 있다.

14 다음 결과에 해당하는 명령으로 알맞은 것은?

```
[root@www ~]#
00:00.0 Host bridge: Intel Corporation 440FX - 82441FX PMC [Natoma] (rev 02)
00:01.0 ISA bridge: Intel Corporation 82371SB PIIX3 ISA [Natoma/Triton II]
00:01.1 IDE interface: Intel Corporation 82371AB/EB/MB PIIX4 IDE (rev 01)
00:02.0 VGA compatible controller: InnoTek Systemberatung GmbH VirtualBox Graphics Adapter
00:03.0 Ethernet controller: Intel Corporation 82540EM Gigabit Ethernet Controller (rev 02)
00:04.0 System peripheral: InnoTek Systemberatung GmbH VirtualBox Guest Service
00:05.0 Multimedia audio controller: Intel Corporation 82801AA AC'97 Audio Controller (rev 01)
00:06.0 USB controller: Apple Inc. KeyLargo/Intrepid USB
00:07.0 Bridge: Intel Corporation 82371AB/EB/MB PIIX4 ACPI (rev 08)
00:0d.0 SATA controller: Intel Corporation 82801HM/HEM (ICH8M/ICH8M-E) SATA Controller [AHCI mode] (rev 02)
[root@www ~]#
```

① lspci   ② lsmod
③ lsblk   ④ lscgroup

lspci는 시스템에 있는 PCI 장치 정보를 출력하는 명령어이다.

15 특정 모듈을 제거하면서 의존성있는 모듈을 같이 제거하려고 할 때 (   ) 안에 들어갈 옵션으로 알맞은 것은?

modprobe (   ) ip6table_filter

① -a   ② -r
③ -d   ④ -e

-r 옵션은 모듈을 제거할 때 의존성 있는 모듈을 검색한 후 사용하지 않을 시 함께 제거한다.

정답 10 ③ 11 ① 12 ② 13 ④ 14 ① 15 ②

16 로컬 시스템에 직접 연결된 CUPS 프린터를 웹 브라우저를 이용해서 접속하려고 할 때 알맞은 주소는 무엇인가?

① http://localhost:631
② http://localhost:2654
③ http://localhost:5900
④ http://localhost:8080

시스템의 로컬에 연결된 프린터에 접근할 때 localhost 주소와 포트 631을 사용한다.

17 다음 ( ) 안에 들어갈 내용으로 알맞은 것은?

> 리눅스 커뮤니티에서는 사운드 카드용 장치 드라이버를 제공하기 위해 초기에는 (㉠)(을)를 사용했으나 라이선스 문제 등으로 인해 현재는 (㉡)(을)를 사용한다. (㉡)은는 사운드 카드 하드웨어에 대한 자동 설정 기능과 시스템상 복수개의 사운드 장치 지원을 목표로 시작되었다.

① ㉠ ALSA   ㉡ OSS/Free
② ㉠ sane   ㉡ xsane
③ ㉠ xsane   ㉡ sane
④ ㉠ OSS/Free ㉡ ALSA

리눅스 커널은 사운드를 구현하기 위해 대표적으로 오픈 사운드 시스템(OSS)와 고급 리눅스 사운드 아키텍쳐(ALSA)가 있다.

18 다음 중 커널 이미지 생성하는 명령으로 알맞은 것은?

① make bzImage
② make modules
③ make install
④ make help

커널 이미지 생성 방법으로 zImage와 bzImage가 있는데 zImage는 1MB 미만의 작은 커널 크기일 때 유용하고 그 이상의 커널을 컴파일해야 할 때는 bzImage를 사용한다.

19 'uname -r' 명령의 결과가 2.6.32-696.el6.i686이다. 다음 중 모듈 간의 의존성을 기록한 파일의 경로로 알맞은 것은?

① /etc/modprobe.d/2.6.32-696.el6.i686/modules.dep
② /usr/src/kernels/2.6.32-696.el6.i686/modules.dep
③ /usr/local/src/2.6.32-696.el6.i686/modules.dep
④ /lib/modules/2.6.32-696.el6.i686/modules.dep

uname -r 명령을 통해 커널 버전을 획득할 수 있고 모듈 간 의존성 기록 파일은 /lib/modules/$(uname -r)/modules.dep이다.

20 다음 설명에 해당하는 명령으로 알맞은 것은?

> System V 계열 프린터 명령어로 현재 설정된 프린터와 클래스, 인쇄 작업에 대한 상태 정보를 출력한다. 아무것도 설정하지 않은 경우 현재 사용자가 대기열에 추가한 활성화된 작업에 대한 정보를 출력한다.

① lpc
② lpinfo
③ lpstat
④ lpadmin

lpstat 명령은 현재 설정된 프린터의 정보를 보여주며 -d 옵션을 사용하면 기본 정보만을 출력한다.

정답 16 ① 17 ④ 18 ① 19 ④ 20 ③

CHAPTER 03

시스템 보안 및 관리

섹션 차례

SECTION 01   시스템 분석
SECTION 02   시스템 보안 및 관리
SECTION 03   시스템 백업

SECTION 01 시스템 분석

반복학습 1 2 3

1 시스템 로그 개요 및 분석

(1) 시스템 로그의 개요

① 설명
- 모든 리눅스 시스템은 부팅을 하고 시스템이 동작하는 동안에 실행하는 애플리케이션과 각종 이벤트를 위한 로그 정보가 시간 순으로 파일에 저장된다. 이러한 로그 파일은 리눅스 시스템 관리할 때 직면할 수 있는 성능, 보안, 서버 오류 등 다양한 이슈를 해결하는 데 큰 도움이 된다.
- 대부분의 리눅스 로그는 /var/log 디렉터리 아래에 텍스트 형식 파일로 저장이 된다.
- syslogd나 rsyslogd와 같은 시스템 데몬에 의해 로그 파일이 생성된다.
- 레드햇 7 계열 이후에서는 systemd-journald와 rsyslogd 데몬에 의해 로그가 관리된다. systemd-journald는 부팅 시점부터 각 유닛에서 발생하는 모든 로그를 바이너리 타입으로 저널에 저장한다. 이 데이터는 시스템이 리부팅하면 사라진다. rsyslogd는 수집된 로그를 설정된 규칙에 따라 각 로그 파일에 저장하는 역할을 수행한다.

② 로그 확인하기
- /var/log 디렉터리로 이동하여 ls 명령어를 사용하여 어떤 로그 파일이 있는지 확인할 수 있다.

```
$ ls /var/log
$ ls /var/log
anaconda.ifcfg.log      httpd               secure-20190922
anaconda.log            lastlog             spice-vdagent.log
anaconda.program.log    maillog             spooler
anaconda.storage.log    maillog-20190902    spooler-20190902
anaconda.syslog         maillog-20190909    spooler-20190909
anaconda.xlog           maillog-20190916    spooler-20190916
anaconda.yum.log        maillog-20190922    spooler-20190922
audit                   messages            sssd
boot.log                messages-20190902   tallylog
btmp                    messages-20190909   vboxadd-install.log
btmp-20190902           messages-20190916   vboxadd-setup.log
ConsoleKit              messages-20190922   vboxadd-setup.log.1
cron                    ntpstats            vboxadd-setup.log.2
```

cron-20190902	pm-powersave.log	vboxadd-setup.log.3
cron-20190909	ppp	vboxadd-setup.log.4
cron-20190916	prelink	vboxadd-uninstall.log
cron-20190922	sa	wpa_supplicant.log
cups	samba	wtmp
dmesg	secure	Xorg.0.log
dmesg.old	secure-20190902	Xorg.0.log.old
dracut.log	secure-20190909	Xorg.9.log
gdm	secure-20190916	yum.log

- 레드햇 계열의 대표적 시스템 로그 파일은 /var/log/messages이고, 데비안 계열은 /var/log/syslog이다.
- less 명령어로 로그 파일을 확인 하려면 루트 권한이 필요하다. 로그는 날짜 및 시간, 호스트명, 프로세스명, PID, 메시지 순으로 기록된다.

```
$ sudo less /var/log/messages
Sep 22 14:31:01 localhost rsyslogd: [origin software="rsyslogd" swVersion="5.8.10" x-pid="1502" x-info="http://www.rsyslog.com"] rsyslogd was HUPed
Sep 22 15:33:36 localhost seahorse-daemon[2970]: DNS-SD initialization failed: Daemon not running
Sep 22 15:33:36 localhost seahorse-daemon[2970]: init gpgme version 1.1.8
```

- 시스템 로그의 마지막 5줄만 확인한다.

```
$ sudo tail -f -n 5 /var/log/messages
```

(2) 주요 시스템 로그 파일

① 리눅스 시스템이 생성하는 로그 파일의 유형은 애플리케이션 로그, 이벤트 로그, 서비스 로그, 시스템 로그이다.

② 다음은 리눅스 시스템이 생성하는 로그 목록이다(레드햇 계열 기준).

로그 파일	설명
/var/log/messages	• 전체 시스템의 모든 동작 사항과 정보 메시지와 이벤트가 로그로 남겨진다. • 데비안 계열은 /var/log/syslog이다.
/var/log/secure	• 시스템의 로그인 행위에 대하여 성공, 실패, 인증 과정에 대한 로그가 기록된다. • 데비안 계열은 /var/log/auth.log이다.
/var/log/boot.log	부팅 시 발생하는 메시지와 부팅 정보가 로그로 기록된다.

/var/log/maillog	• 메일 서버에서 발생하는 로그를 기록한다. • sendmail, dovecot 등의 메일 서비스와 smtpd와 같은 데몬이 로그를 기록한다.
/var/log/kern	• 커널에서 발생하는 각종 에러 및 경고 로그와 정보 로그가 기록된다. • 사용자 커널(custom kernel)[1] 개발 시 문제점을 해결할 때 도움이 된다.
/var/log/dmesg	• 디바이스 드라이버가 남기는 로그가 저장되는 파일이다. • 보통 dmesg 명령어를 통해 로그를 확인할 수 있다.
/var/log/faillog	• 로그인 실패 시 로그가 기록된다. • 무차별 대입 공격(brute force attack)[2]과 같은 로그인 해킹에 대하여 간단히 점검할 수 있는 로그 파일이다.
/var/log/cron	cron 데몬이 예약 작업 수행 시 발생하는 로그가 기록된다.
/var/log/yum.log	yum 명령어를 통해 패키지 설치, 삭제 등 명령 수행 시 로그가 기록되다.
/var/log/httpd/	웹 서버 아파치의 httpd 데몬이 기록하는 로그 파일이다.
/var/log/mysql.log	데이터베이스 mysql 데몬이 기록하는 로그 파일이다.
/var/log/xferlog	FTP 접속과 연관된 로그 파일이다.
/var/log/lastlog	• 각 사용자의 마지막 로그인 기록을 보관하고 있다. • 바이너리 형식이며 lastlog 명령어로 로그를 확인할 수 있다.
/var/log/wtmp	• 각 사용자의 매 로그인과 로그아웃 기록을 보관한다. • 바이너리 형식으로 last 명령어로 확인할 수 있다.
/var/log/btmp	• 모든 로그인 실패 기록을 보관하고 있다. • 바이너리 형식이며 lastb 명령어로 확인할 수 있다.
/var/log/utmp	사용자의 현재 로그인 상태를 보관하고 있다.

(3) 시스템 로그 파일 명령어

① dmesg

- dmesg는 커널 링 버퍼(kernel ring buffer)를 제어하거나 출력하는 명령이다. 옵션 없이 사용하면 기본으로 커널 링 버퍼의 모든 메시지를 출력한다.
- 형식

```
dmesg [options]
```

---

1. 커널(custom kernel) : 기본의 커널을 대상으로 성능 향상 및 개선을 위하여 수정, 자작, 편집된 커널을 뜻한다. 예를 들면 리지니 OS(Linage OS)는 안드로이드 OS에 대한 유명한 커스텀 커널이다.
2. 무차별 대입 공격(brute force attack) : 암호를 풀기 위해 경우의 수만큼 무작위로 입력하는 해킹 기법이다.

• 옵션

옵션	설명
-c, --read-clear	커널 링 버퍼의 내용을 출력 후 지운다.
-l, --level	- 주어진 레벨만 출력한다. - alert, crit, err, warn, sgfault 레벨이 존재한다.
-T, --ctime	사람이 읽을 수 있는 형식, 즉 시간 및 날짜 형식으로 타임스탬프를 출력한다.

• 주요 예제
  - 커널 링 버퍼의 모든 메시지를 출력한다.

```
$ dmesg
```

  - 에러 레벨이 에러(error)와 경고(warn)인 메시지만 출력한다.

```
$ dmesg –level=err, warn
```

  - 로그 메시지 중 타임스탬프 정보를 시간, 날짜 형식으로 변환하여 보여준다.

```
$ dmesg –T
```

  - 커널 링 버퍼를 모두 출력하고 비운다.

```
$ dmesg –c
```

② lastlog
• /var/log/lastlog 파일의 마지막 로그 정보인 로그인 이름, 포트, 로그인 시간이 출력된다.
• 형식

```
lastlog [options]
```

• 옵션

옵션	설명
-b, --before	지정한 날짜보다 오래된 로그만을 출력한다.
-t, --time	지정한 날짜보다 최근 로그만을 출력한다.
-u, --user	지정한 사용자의 로그만 출력한다.

- 주요 예제
  - 옵션 없이 명령어만 입력하면 로그를 확인할 수 있다.

  ```
  $ lastlog
  ```

  - 지정한 francis라는 사용자의 로그만을 출력한다.

  ```
  $ lastlog -u francis
  ```

  - 최근 1일 이내의 로그만을 출력한다.

  ```
  $ lastlog -t 1
  ```

  - 하루가 지난 로그만을 출력한다.

  ```
  $ lastlog -b 1
  ```

③ last

- /var/log/wtmp 파일이 생성된 이후로 모든 사용자의 로그인, 로그아웃 기록을 출력한다. 옵션을 설정하여 특정 사용자의 기록만을 열람할 수도 있다.
- 형식

```
last [optins] [username …]
```

- 옵션

옵션	설명
-n num	- 몇 줄을 출력할지 지정한다. - -num 옵션을 사용하여도 동일한 기능을 수행한다.
-R	호스트명은 출력하지 않는다.
-a	- 출력 결과의 마지막 컬럼에 호스트명 필드를 추가하여 출력한다. - --d 옵션과 함께 사용하면 유용하다.
-d	- 외부 로그인에 한하여 원격 컴퓨터의 IP 주소뿐 아니라 호스트명도 저장한다. - 가능하다면 IP 주소를 호스트명으로 바꿔 출력한다.
-x	시스템의 shutdown 로그와 실행 레벨 변화를 출력한다.
-f file	/var/log/wtmp 대신에 지정한 파일을 보여준다.
-t YYYYMMDDHHMMSS	- 지정한 시간의 로그인 기록을 출력한다. - 특정 시간의 로그인 기록을 확인하는 데 유용하다.
-F	로그인과 로그아웃의 시간, 날짜 등 모든 정보를 출력한다.
-i	-d 옵션과 같이 원격 컴퓨터의 호스트명 대신 IP 주소를 출력한다.
-w	사용자의 전체 이름과 전체 도메인 이름을 출력한다.

- 예제
  - /var/log/wtmp가 생성된 이후 로그를 출력한다.
  ```
  $ last
  ```
  - 시스템이 reboot한 시간을 출력한다.
  ```
  $ last reboot | less
  ```
  - 시스템이 shutdown한 시간을 출력한다.
  ```
  $ last -x | less
  ```
  - 특정 사용자의 마지막 로그인 로그를 출력한다.
  ```
  $ last francis
  ```
  - 최근 기준 5줄만 출력한다.
  ```
  $ last -5
  ```
  - 지정한 파일인 /var/log/wtmp.1을 출력한다.
  ```
  $ last -f /var/log/wtmp.1
  ```

④ lastb
- lastb 명령어의 사용법은 last 명령어와 유사하다. 다만 /var/log/btmp 로그 파일의 내용을 바탕으로 시스템의 모든 로그인 실패 기록을 출력한다는 점만 다르다.
- 명령어의 형식, 옵션, 예제는 last와 동일하다.

2 시스템 로그 관리

(1) 시스템 로그 관리 개요

① 시스템 로그의 생성 및 관리
- 리눅스 초기에는 syslog 패키지를 통하여 로그를 수집하였으나 최근에는 원격 로깅 기능이 있는 rsyslog 패키지가 인기가 더 많다. 레드햇 계열 6.5부터는 syslog가 아닌 syslogd가 기본 탑재되었다.

② syslog
- 1980년대 sendmail 프로젝트의 일부로 에릭 알만(Eric Allman)이 개발하였다.
- 로그 파일에 로그를 출력하는 기능을 수행하는 syslogd 데몬이 필요하다.
- /etc/syslog.conf 설정 파일 기반 /var/log 디렉터리에 로그를 생성한다.

③ rsyslog
- 2004년 레이너 게르하드(Rainer Gerhards)를 주축으로 오픈소스 프로젝트로 시작되었다. IP 통신을 통한 로그 기능 구현을 목적으로 하였다.
- rsyslog는 "the rocket-fast system for log processing"의 줄임말이다.
- /sbin/rsyslogd 데몬을 통해 로그 기능을 수행하며 로컬에서는 초당 1만 개의 메시지를 전달할 수 있다. /etc/rc.d/init.d/syslogd 스크립트를 통해 부팅 시 데몬이 시작된다.
- /etc/rsyslog.conf 설정 파일 기반 /var/log 디렉터리에 로그를 생성한다.
- 멀티 쓰레드를 지원하고, TCP, SSL, TLS, RELP 프로토콜을 지원한다. MySQL, PostgreSQL, Oracle과 같은 데이터베이스도 지원한다. 로그 목록 제한, 로그 필터링, 다양한 출력 포맷 기능을 제공한다.

(2) rsyslog를 통한 로그 관리

① rsyslog(the rocket-fast system for log processing) 설정 및 시작
- rsyslog가 설치되어 있는지 확인하고 없다면 설치해야 한다.

```
$ sudo rpm -qv rsyslog
$ sudo yum install rsyslog
```

- /etc/rsyslog.conf 파일을 통해서 로그 생성 규칙을 설정한다. 아래 설정을 찾아서 주석('#')을 해제한다.

```
$ vi /etc/rsyslog.conf
# Provides UDP syslog reception
$ModLoad imudp
$UDPServerRun 514
```

- 그리고 바로 아래 로그 생성 템플릿을 지정한다. /var/log/rsyslog 디렉터리 이하에 IP 주소, 로그 메시지, 년, 월, 일 형식으로 로그 파일을 생성한다.

```
$template FILENAME,"/var/log/rsyslog/%fromhost-ip%_messages_%$YEAR%-%$MONTH%-%$DAY%.log" *.* ?FILENAME
```

- rsyslogd를 재시작하기 위해서 'systemctl restart rsyslog'라고 입력한다.

```
$ sudo /etc/init.d/rsyslog restart
[sudo] password for francis:
Shutting down system logger:        [ OK ]
Starting system logger:             [ OK ]
```

② rsyslog 관련 파일

파일명	설명
/etc/rc.d/init.d/rsyslog	• 시스템이 시작될 때 rsyslogd 데몬을 실행하는 스크립트이다. • start, stop, restart 옵션을 사용하여 스크립트를 시작, 중지, 재시작할 수 있다.
/etc/rsyslog.conf	rsyslogd 데몬의 환경설정 파일이다.
/etc/sysconfig/rsyslog	• rsyslogd 데몬을 실행할 때 옵션을 설정한다. • rsyslog v3부터는 옵션을 사용하지 않고 rsyslog.conf 설정 파일을 사용한다. • 이전 버전 호환성을 위해 rsyslogd 의 -c 옵션을 통해 버전을 v3보다 낮게 지정하면 옵션을 사용할 수 있다.
/sbin/rsyslogd	rsyslogd 데몬의 파일 경로이다.

③ /etc/rsyslog.conf 파일

• 기본 구조

섹션	설명
Global directives	- rsyslog 데몬의 전역 설정을 할 수 있다. - 예를 들어, 메시지 큐 크기($MainMessageQueueSize)를 설정하거나 외부 모듈($ModLoad)을 로드할 수 있다.
Templates	- 로그 메시지의 형식을 템플릿으로 보관할 수 있다. - Rules 섹션에서 이 템플릿을 사용할 수 있다.
Output channels	- 템플릿처럼 출력 채널에 대한 세부 설정을 저장해 놓고 Rule 섹션에서 규칙마다 다른 출력 채널을 지정할 수 있다. - 형식은 '$출력채널이름, 파일이름, 최대크기, 최대크기 시 실행할 명령어'이다.
Rules(selector + action)	- 로그 출력 규칙을 설정한다. - 한 줄에 하나의 규칙을 지정할 수 있고 형식은 selector와 action 필드로 구성된다.

• Rules 섹션의 각 Rule은 selector와 action으로 구성되고, selector는 다시 facility와 priority로 구성된다.

| facility.priority | action |

- 하나의 priority에 대해 facility는 ','를 통해 여러 개 설정이 가능하다. 또한 selector는 ';'를 통해 여러 개 지정이 가능하다.

Rules 섹션 구성요소	설명
facility	- 로그 메시지를 발생하는 프로그램을 지칭한다. ','를 통해 여러 개의 facility를 지정할 수도 있다. - facility의 종류는 auth, authpriv, cron, daemon, kern, lpr, mail, mark, news, security(auth와 동일), syslog, user, uucp, local0 ~ local7 중 하나이다.
priority	- 로그 메시지의 수준을 뜻한다. - 지정한 수준보다 높은 수준의 메시지만을 출력한다. - 수준이 높을수록 priority 값은 작다. - priority 값 앞에 '='을 지정하면 해당 수준만 출력하고 '!'을 지정하면 지정한 수준 외의 로그만 출력한다.
action	- selector에 선택된 로그에 대한 액션을 지정한다. - 보통은 로그 파일을 지정한다.

- priority가 가질 수 있는 수준은 아래와 같다. 값이 작을수록 우선순위가 높다.

level	priority	설명
8	none	- 지정한 우선순위가 없음을 뜻한다. - facility에 .none을 설정하면 해당 facility는 로그 메시지를 출력하지 않는다.
7	debug	디버깅 메시지이다.
6	info	정보 메시지이다.
5	notice	알림 메시지이다.
4	warning, warn	경고 메시지이다.
3	error, err	에러 메시지이다.
2	crit	중요 메시지이다.
1	alert	시스템을 사용할 수는 있지만 위험이 발생했다는 메시지이다.
0	emerg, panic	시스템을 더 이상 운용할 수 없는 상태를 알리는 메시지이다.

- action은 보통 로그 파일을 지정하지만 네트워크로 메시지를 전달하는 등 그 외의 설정이 가능하다.

action	설명
file	지정한 파일에 로그를 기록한다.
@host	UDP 프로토콜을 사용하여 지정한 호스트로 메시지를 전달한다.
@@host	TCP 프로토콜을 사용하여 지정한 호스트로 메시지를 전달한다.
omusrmsg:user	지정한 사용자가 로그인한 터미널로 전달한다.
omusrmsg:*	현재 로그인되어 있는 모든 사용자의 터미널로 전달한다.
콘솔 또는 터미널	지정한 터미널로 메시지를 전달한다.

- 주요 예제
  - ';'를 통해 2개의 셀렉터가 설정되어 있다. 하나는 모든 facility의 crit 수준의 메시지만 /var/log/critical 파일에 로그를 기록한다. 또 다른 하나는 user 서비스의 경우 로그 메시지를 출력하지 않는다.

  ```
  *.=crit;user.none        /var/log/critical
  ```

  - 모든 facility에 대해 alert 이상 메시지가 발생하면 모든 사용자에게 로그를 전달한다.

  ```
  *.alert                  omusrmsg:*
  ```

  - facility가 cron이 발생하는 모든 로그를 root 및 francis 사용자의 터미널로 전송한다.

  ```
  cron.*                   omusrmsg:root,francis
  ```

  - authpriv가 발생하는 모든 로그를 /dev/tty1 터미널로 전송한다.

  ```
  authpriv.*               /dev/tty1
  ```

  - mail이 발생하는 로그 중 debug를 제외한 모든 로그 메시지를 /var/log/mail-messages에 기록한다.

  ```
  mail.*;mail.!=debug      /var/log/mail-messages
  ```

  - auth와 authpriv가 발생하는 로그 메시지 중 alert 이상 메시지만 192.168.0.1 호스트에게 UDP 프로토콜을 사용하여 전달한다. 이때 기본 포트는 514이다.

  ```
  auth,authpriv.alert      @192.168.0.1
  ```

(3) 로테이션을 통한 로그 용량 관리

① logrotate 명령어 설명

- 로그 파일로 인해 시스템의 저장소가 꽉 차는 것을 막고 디스크 공간을 효율적으로 사용할 수 있도록 설계한 시스템 관리자를 위한 유틸리티이다. 로그를 위한 하드 디스크를 추가하거나 파티션을 마련하여 /var 지점으로 마운트하여 사용하는 방법도 있지만 logrotate는 좀 더 간편하게 로그의 범람을 관리할 수 있다.
- 기본적으로 cron에 의해 하루에 한 번 등록된 스크립트를 실행한다. /etc/logrotate.conf 환경설정을 읽어서 /usr/sbin/logrotate 명령을 실행하고 있으며, 실행이 실패하면 /usr/sbin/logrotate를 통해 오류 메시지를 로그로 남긴다.

```
$ sudo cat /etc/cron.daily/logrotate
#!/bin/sh
/usr/sbin/logrotate /etc/logrotate.conf
EXITVALUE=$?
if [ $EXITVALUE != 0 ]; then
    /usr/bin/logger -t logrotate "ALERT exited abnormally with [$EXITVALUE]"
fi
exit 0
```

② logrotate 환경설정하기

- /etc/logrotate.conf를 통해 시스템 전체에 대한 환경설정을 하거나 개별 서비스를 위해 /etc/logrotate.d에 환경설정을 할 수 있다.
- logrotate.conf의 기본 구성은 다음과 같다.

```
# 매주 로그 파일을 로테이트한다.
# daily, weekly, monthly, yearly를 사용할 수 있다.
weekly


# 최대 4번의 로테이트를 수행한다.
# logfile, logfile.1, logfile.2, logfile.3, logfile.4와 같이 로그 파일이 생성된다.
rotate 4


# 각 로테이션을 마치고 빈 로그 파일을 생성한다.
create
```

```
# 각 로그 파일의 마지막에 날짜를 붙인다.
dateext

# 로그 파일을 압축한다.
compress

# 지정한 경로의 환경설정 파일도 읽어서 로테이트를 적용한다.
include /etc/logrotate.d

# 특정 로그에 대해서만 설정 가능하다. 아래는 /var/log/wtmp 로그 파일에 대한 설정이다.
# 매달 로테이트를 최대 1회 실시하고 로그 파일은 0664 퍼미션, root 사용자, utmp 그룹 속성을 갖는다. 단 1달이 경과되지 않았더라도 용량이 1M가 넘으면 로테이트한다.

/var/log/wtmp {
    monthly
    create 0664 root utmp
    maxsize 1M
    rotate 1
}

# /var/log/btmp는 매월 로테이트를 1회 수행하고 생성된 로그 파일은 0600 퍼미션, root 사용자, utmp 그룹의 속성을 갖는다. 로그 파일이 없으면 에러를 출력하지 않고 다음 파일로 넘어간다.
/var/log/btmp {
    missingok
    monthly
    create 0600 root utmp
    rotate 1
}

# system-specific logs may be also be configured here.
```

③ 로테이션 이력 확인하기

- /var/lib/logrotate.status 파일에 각 로그 파일별 로테이션이 이루어진 날짜를 확인할 수 있다.

```
$ cat /var/lib/logrotate/logrotate.status
logrotate state -- version 2
"/var/log/ConsoleKit/history" 2019-9-2
"/var/log/yum.log" 2019-8-11
"/var/log/sssd/*.log" 2019-8-11
"/var/log/dracut.log" 2019-8-11
"/var/log/httpd/*log" 2019-8-11
"/var/log/wtmp" 2019-8-11
"/var/log/spooler" 2019-9-22
"/var/log/btmp" 2019-9-2
"/var/log/maillog" 2019-9-22
"/var/log/cups/*_log" 2019-8-11
"/var/log/wpa_supplicant.log" 2019-8-11
"/var/log/secure" 2019-9-22
"/var/log/ppp/connect-errors" 2019-8-11
"/var/log/messages" 2019-9-22
"/var/account/pacct" 2019-8-11
"/var/log/cron" 2019-9-22

(중간 생략)
```

(4) journalctl을 통한 로그 관리

① 설명

- systemd에서 제공하는 커널 및 저널 로그를 관리하기 위한 명령어이다.

② 형식

```
journalctl [OPTIONS]
```

③ 예제

- 모든 로그를 출력한다.

```
# journalctl
—— Logs begin at Sat 2021-01-02 12:15:47 KST, end at Sun 2021-01-03 23:19:51
Jan 02 12:15:47 localhost.localdomain systemd-journal[89]: Runtime journal is
Jan 02 12:15:47 localhost.localdomain kernel: Initializing cgroup subsys cpus
Jan 02 12:15:47 localhost.localdomain kernel: Initializing cgroup subsys cpu
Jan 02 12:15:47 localhost.localdomain kernel: Initializing cgroup subsys cpua
Jan 02 12:15:47 localhost.localdomain kernel: Linux version 3.10.0-1160.el7.x
```

- 모든 로그를 역순으로 출력한다.

```
# journalctl -r
```

- 지정한 수만큼 로그를 출력한다.

```
# journalctl -n 3
Jan 03 23:20:01 francis systemd[1]: Removed slice User Slice of root.
Jan 03 23:21:25 francis sudo[17727]:  francis : TTY=pts/0 ; PWD=/home/francis
Jan 03 23:21:26 francis sudo[17727]: pam_unix(sudo:session): session opened f
```

- 지정한 우선순위 이상의 모든 로그를 출력한다.

```
# journalctl -p warning
```

- 시스템 부팅 시의 모든 로그를 출력한다.

```
# journalctl --list-boots
```

- 시스템 부팅 이후의 로그를 출력한다.

```
# journalctl -b
```

- 특정 날짜 이후 로그를 출력한다. today, yesterday, tomorrow와 같은 단어 및 "YYYY-MM-DD HH:MM:SS" 형식의 날짜 및 시간을 직접 입력할 수도 있다.

```
# journalctl -since=today
```

- 특정 기간의 로그를 출력한다.

```
# journalctl --since=2021-01-01 --until=2021-01-31
```

SECTION 02 시스템 보안 및 관리

반복학습 1 2 3

1 시스템 보안 관리

(1) 리눅스 보안의 소개

① 리눅스 및 유닉스를 탑재한 웹 서버의 전체 중 약 70.7%를 차지하고 있고 유닉스 중 리눅스가 차지하는 비율은 50.4%로 상당수 웹 서버들이 리눅스를 채용하고 있다(W3Techs.com, 2019년 11월 1일 기준).

② 리눅스는 아직 사용자를 위한 데스크톱으로서의 운영체제로는 인색한 편이지만, 다른 Windows와 같은 범용 운영체제와 달리 리눅스는 오픈소스 소프트웨어라는 점에서 차이점이 있다.

③ 오픈소스 소프트웨어이기 때문에 '보안에 취약하다'라는 지적은 리눅스 초기부터 꾸준히 지적되어 왔다. 또한 웹 서버, 데이터베이스, 네트워크 등의 영역에서 인기 있는 플랫폼이 되면서 해커들의 공격 대상이 되어 왔다.

④ 하지만 오픈소스 소프트웨어이기에 전세계의 개발자들이 보안을 강화하기 위하여 재빠르게 보안 위협에 대응하여 패치를 만들고 업데이트하는 점은 강점이기도 하다.

⑤ 리눅스의 강점을 최대한 활용하기 위해 지속적인 패치 적용과 보안 정책 마련 및 설정, 물리적 보안의 강화로 강력한 보안성을 달성할 수 있다.

(2) 물리적 보안

① 물리적 보안의 설명
- 가장 기본이 되는 보안 통제 방안은 보안에 민감한 서버에 대하여 허가 받지 않은 사용자가 물리적으로 접근하지 못하게 하는 것이다.
- 리눅스의 시스템 및 네트워크 보안을 아무리 철저히 하더라도 서버실에 걸어 들어가 서버의 케이스를 열고 하드디스크를 가지고 나올 수 있다면 아무런 의미가 없기 때문이다.

② 물리적 보안 방안
- 폐쇄회로텔레비전(CCTV)를 설치하여 서버를 감시한다.
- 동작 감지 또는 열화상 보안 카메라를 설치한다.
- 경비 시스템을 강화한다.
- 보안 ID를 발급하고 인가된 사용자만 출입할 수 있도록 한다.
- 자동 잠김 기능이 있는 강화도어를 설치한다. 보통 출입문을 해제하기 위해서는 비밀번호, 지문인식, 얼굴/홍채인식 등을 통해 사용자 인증을 받아야 한다.

(3) 시스템 보안

① BIOS 보안
- BIOS 설정을 변경하여 CD-ROM이나 DVD-ROM 또는 USB 등으로 부팅하여 리눅스의 복구모드로 진입 가능하므로 BIOS에 비밀번호를 설정한다.

② 패스워드 보안
- root 사용자는 허가되고 제한된 사용자에게만 부여해야 한다. UID가 0이면 root 사용자의 권한을 갖기 때문에 /etc/password 파일 중 UID가 0인 사용자가 있는지 점검한다.

```
$ cat /etc/passwd |grep x:0:
root:x:0:0:root:/root:/bin/bash
```

- 누구나 읽을 수 있는 /etc/password를 사용하지 않고 root 사용자만 읽을 수 있는 SHA512로 해시를 만들어내는 /etc/shadow를 사용하는 것이 안전하다. 하지만 아무 패스워드나 넣어보는 무작위 대입 공격(brute force attack)을 막아내지는 못한다.
- 무작위 대입 공격을 방어하려면 강력한 패스워드를 설정해야 한다.
  - John The Ripper와 같은 크래킹 도구[1]는 이러한 패턴의 패스워드를 찾아내는 데 최적화되어 있으므로 영문대소문자, 숫자를 포함하는 8글자의 패스워드도 안전하지 않다.
  - 따라서 사전에 존재하지 않는 랜덤 문자열 단어의 연속된 패스워드가 강력한 것으로 알려져 있다.

---

1. 크래킹 도구(cracking tools) : 특정 목표에 피해를 주기 위한 해킹에 도움을 주는 프로그램을 말한다. 패스워드 크래킹 도구 중 John The Ripper, Crack, Slurpie가 유명하다.

- 강력한 패스워드 입력을 강제하기 위해 PAM(Pluggable Authentication Modules) 중 pam_cracklib.so를 사용할 수 있다.
- 사용자가 패스워드를 정기적으로 변경하도록 유도하기 위해 chage 명령어나 User Manager (system-config-users) 애플리케이션을 사용할 수 있다. 예를 들어 특정 사용자의 패스워드 만료일을 다음과 같이 90일로 설정할 수 있다.

```
$ chage -M 90 <username>
```

③ 관리자 계정 보안
- root 사용자의 로그인은 제한하고 su 또는 sudo 명령어를 통해 필요할 때 일시적으로 관리자 권한을 부여하는 것이 안전하다. root 사용자의 로그인 제한을 위해서는 /etc/passwd 파일의 root 사용자의 셸 설정을 /sbin/nologin으로 변경한다.
- SSH 프로토콜을 통한 root 사용자 로그인을 막기 위해서는 /etc/ssh/sshd_config 파일에서 PermitRootLogin no를 기입한다(만약 '#'로 주석 처리되어 있다면 주석을 제거한다).

(4) 서비스 및 운영 보안

① 필수 서비스만 사용
- 대부분의 리눅스 배포판은 사용자의 편의를 위하여 비록 사용하지 않는 서비스나 응용 프로그램이라 하더라도 기본으로 설치가 된다. 이는 보안의 취약점이 될 수 있으므로 사용하는 서비스만 남기고 나머지는 삭제하는 것이 좋다. 또는 최소 설치로 리눅스를 설치하고 필요한 내용만 추가로 설치하는 것도 방법이다.

② 시스템 정보 숨김
- 로그인할 때 /etc/issue 또는 /etc/issue.net의 내용이 사용자의 터미널에 출력된다. 기본적으로 배포판 버전과 커널 버전이 출력되는 경우가 많으므로 보안상 해당 파일을 수정하는 것을 권장한다.

③ 부트로더 패스워드 설정
- root의 패스워드 분실 시 복구 모드로 진입하거나 단일 사용자 모드로 부팅하여 root의 패스워드를 변경할 수 있다. 이를 방지하기 위하여 부트로더에 패스워드를 설정한다. 다음은 grub에 패스워드를 설정하기 위해 grub-crypt 명령어를 사용하고 있다.

```
$ grub-crypt
Password:
Retype password:
$6$pakBC9luh7BIZDa3$pJ5vs/cgMsMDJ0ZCuZukH.FLayALEJnxjGdmAsbQ6L1zadMP4wpYz3cxRxibbfhg8ajwrLqw1fx91oZQUhMii/
```

- grub-crypt를 통해 생성된 암호화된 비밀번호를 grub 환경설정에 적용하기 위해 파일을 연다.

```
$ sudo vi /boot/grub/grub.conf
```

- 다음과 같은 줄을 grub.conf에 추가한다.

```
password ––encrypted $6$pakBC9luh7BlZDa3$pJ5vs/cgMsMDJ0ZCuZukH.FLayALEJnxjGdmAsbQ6L1zadMP4wpYz3cxRxibbfhg8ajwrLqw1fx91oZQUhMii/
```

④ 보안 서비스 사용
- 원격 터미널 접속을 위해 telnet보다는 ssh(secure shell)를 사용한다. telnet은 암호화되어 있지 않은 평문으로 패킷을 주고 받기 때문에 tcpdump, wireshark와 같은 패킷 캡쳐 도구를 통해 사용자의 정보가 노출될 수 있다.

(5) 파일 시스템 보안

① 소유권과 허가권
- 파일 및 디렉터리의 소유권 및 허가권을 필요한 만큼만 설정한다. 특히 다른 사용자(others)의 허가권을 rwx로 부여하는 것은 위험하다.
- 사용자에게 임시로 root 권한을 줄 수 있는 Set-UID, Set-GID, Sticky-Bit와 같은 특수 권한의 사용은 관리되어야 한다.

② lsattr
- lsattr은 파일의 속성을 출력한다. 파일의 속성은 파일 허가권과 동일한 의미는 아니다.
- 형식

```
lsattr [option] file
```

- 옵션

옵션	설명
-R	디렉터리 하위의 모든 파일과 디렉터리의 속성을 재귀적으로 출력한다.
-a	'.'으로 시작하는 파일을 포함한 모든 파일을 출력한다.

- 주요 예제
    - 현재 디렉터리의 모든 파일과 디렉터리의 속성을 출력한다.

```
$ lsattr
–––––––––––––e– ./subdir
–––––––––––––e– ./file2
–––––––––––––e– ./file3
–––––––––––––e– ./file1
```

- lsattr 명령어 실행과 동일하지만 숨긴 파일인 "."로 시작하는 파일도 출력한다.

```
$ lsattr –a
——————┼—e— ./..
——————————e— ./.
——————————e— ./subdir
——————————e— ./file2
——————————e— ./file3
——————————e— ./file1
```

- 특정 파일의 속성을 출력한다.

```
$ lsattr file1
——————————e— file1
```

- 특정 다수 파일의 속성을 출력한다.

```
$ lsattr file1 file2
——————————e— file1
——————————e— file2
```

- 현재 디렉터리의 모든 파일과 디렉터리와 해당 디렉터리 하위의 모든 내용을 출력한다.

```
$ lsattr –R
——————————e— ./subdir
```

```
./subdir:
——————————e— ./subdir/subfile2
——————————e— ./subdir/subfile1
——————————e— ./subdir/subfile3
——————————e— ./file2
——————————e— ./file3
——————————e— ./file1
```

③ chattr

- chattr은 파일의 속성을 수정하는 명령어이다.
- 형식

```
chattr [option] mode file
```

- 옵션

옵션	설명
-R	디렉터리 하부의 모든 파일과 디렉터리의 속성을 재귀적으로 수정한다.

- 모드

모드	설명
A	파일에 접근할 때 atime을 수정하지 않는다.
a	- 해당 파일은 오직 추가만 할 수 있다. - 덮어쓰거나 삭제하거나 이름을 변경할 수 없다.
d	dump 명령어로 백업할 때 이 속성을 갖는 파일은 통과한다.
i	해당 파일은 삭제되거나 이름을 변경할 수 없다.
S	파일의 속성이 변경되었을 때 그 즉시 디스크에 저장된다.
e	해당 파일은 블록 익스텐트(block extents)를 사용하여 저장된다.

- 주요 예제
  - file1 파일을 데이터 추가만 할 수 있는 속성인 'a'를 설정한다.

  ```
  $ sudo chattr +a file1
  [sudo] password for francis:
  bash-4.1$ lsattr file1
  -----a-------e- file1
  ```

  - file2를 삭제나 변경이 불가능한 속성을 설정한다.

  ```
  $ sudo chattr +i file2 && lsattr file2
  ----i------e- file2
  ```

  - file2에 대해 'i' 옵션을 제거하고 'a' 옵션을 추가한다.

  ```
  $ sudo chattr -i +a file2 && lsattr file2
  -----a-------e- file2
  ```

④ getfacl
- 파일의 ACL(access control list)을 확인하는 명령어이다. getfacl은 파일의 이름, 소유자, 그룹과 ACL 정보를 함께 출력한다. 만약 ACL을 지원하지 않는 파일 시스템에서 getfacl 명령어를 사용하면 ACL 대신 허가권을 출력한다.
- 형식

```
getfacl [option] file or directory
```

- 옵션

옵션	설명
-a, --access	파일의 ACL을 출력한다.
-d, --default	기본 ACL을 출력한다.
-R, --recursive	모든 파일과 디렉터리를 재귀적으로 탐색하여 ACL 정보를 출력한다.
-p, --absolute-names	절대 경로를 입력한다.

- 주요 예제
    - file1의 ACL 정보를 출력한다.

    ```
    $ getfacl file1
    # file: file1
    # owner: francis
    # group: francis
    user::rw-
    group::rw-
    other::r--
    ```

    - 절대 경로를 사용하여 /etc/passwd의 ACL 정보를 출력한다.

    ```
    $ getfacl -p /etc/passwd
    # file: /etc/passwd
    # owner: root
    # group: root
    user::rw-
    group::r--
    other::r--
    ```

⑤ setfacl
- 파일이나 디렉터리에 ACL을 설정하는 명령어이다.
- 리눅스의 기본 허가권은 파일에 대한 소유자, 그룹, 다른 사용자의 허가권만 지정할 수 있을 뿐 특정 사용자마다 허가권을 세밀하게 권한을 부여할 수 없다. ACL은 이러한 제약을 극복하고 각 파일이나 디렉터리의 접근에 대한 세밀한 권한을 부여하는 보안 통제 방식이다.
- ACL은 access ACL과 기본 ACL 두 가지가 있다.
  - access ACL은 지정한 파일이나 디렉터리에 설정한 임의의 ACL을 뜻한다.
  - 기본 ACL은 필수는 아니지만 디렉터리에 설정할 수 있다.
  - 즉, 기본 ACL이 설정된 디렉터리에 access ACL이 지정되지 않은 파일이 생성된다면 해당 파일은 디렉터리의 기본 ACL을 사용하게 될 것이다.
- 형식

```
setfacl [option] file or directory
```

- 옵션

옵션	설명
-m, --modify	파일이나 디렉터리의 ACL을 추가하거나 변경한다.
-x, --remove	파일이나 디렉터리의 ACL을 제거한다.
-R, --recursive	디렉터리 하위의 모든 파일이나 디렉터리에 대해 재귀적으로 ACL을 설정한다.
-b, --remove-all	모든 확장 ACL 엔트리를 제거한다.

- ACL 엔트리

종류	설명
d[efault:] [u[ser]:]uid [:perms]	- 사용자를 이름으로 권한을 지정하거나 UID에 대한 권한을 설정한다. - d는 기본 권한을 뜻한다.
[d[efault:]] g[roup]:gid [:perms]	그룹명이나 GID를 통해 권한을 설정할 수 있다.
[d[efault:]] m[ask][:] [:perms]	유효 권한 마스크를 설정한다.
[d[efault:]] o[ther][:] [:perms]	다른 사용자에 대한 권한을 설정한다.

- 주요 예제
  - evan 사용자에게 file1 파일의 읽기 권한을 부여한다.

```
$ setfacl -m u:evan:r file1
```

  - 모든 사용자 및 그룹에게 file2 파일에 대한 읽기, 쓰기 권한을 부여한다.

```
$ setfacl -m m::rw file2
```

- file1 파일에서 staff 그룹의 권한을 삭제한다.

  ```
  $ setfacl -x g:staff file1
  ```

- file1의 ACl 정보를 file2에 그대로 적용한다.

  ```
  $ getfacl file1 | setfacl --set-file=- file2
  ```

- /mydata 디렉터리에 기본 권한으로 francis가 rw 권한을 갖는다. 즉 /mydata 안에 새로운 파일이 생성될 때 이 기본 권한을 따른다.

  ```
  $ setfacl -m d:u:francis:rw /mydata
  ```

(6) 네트워크 보안

① sysctl을 통한 보안 강화

- sysctl은 /proc/sys 디렉터리 이하의 커널 매개변수를 확인하거나 설정하는 명령어로서 세부 커널 설정을 통해 리눅스 보안 강화에 도움을 줄 수 있다. 특히 /proc/sys/net 이하에는 네트워크 관련 커널 설정을 할 수 있는 경로이다.
- 형식

```
sysctl [option] variable[=value]
```

- 옵션

옵션	설명
-a, -A	모드 커널 매개변수를 출력한다.
-p	- sysctl 설정 파일을 로드한다. - 파일을 설정하지 않으면 /etc/sysctl.conf 파일을 로드한다.
-n	지정한 변수의 값을 출력한다.
-w	지정한 변수에 값을 저장한다.

- 주요 예제
  - 모든 커널 파라미터를 출력한다. 여기서는 그 중 icmp 관련 내용만 출력하고 있다.

  ```
  $ sudo sysctl -a | grep net.ipv4.icmp
  net.ipv4.icmp_echo_ignore_all = 1
  net.ipv4.icmp_echo_ignore_broadcasts = 1
  net.ipv4.icmp_ignore_bogus_error_responses = 1
  net.ipv4.icmp_errors_use_inbound_ifaddr = 0
  net.ipv4.icmp_ratelimit = 1000
  net.ipv4.icmp_ratemask = 6168
  ```

- ping 요청에 대하여 응답을 주는지 확인하기 위해 커널 파라미터를 확인하고 있다.

```
$ sysctl -n net.ipv4.icmp_echo_ignore_all
0
```

- ping 요청에 거부하기 위해 1로 설정한다.

```
$ do sysctl -w net.ipv4.icmp_echo_ignore_all=1
net.ipv4.icmp_echo_ignore_all = 1
```

- 현재 sysctl 설정 내용을 출력하고 있다. 특별히 파일을 지정하지 않았기 때문에 /etc/sysctl.conf의 내용을 출력한다.

```
$ sudo sysctl -p
net.ipv4.ip_forward = 0
net.ipv4.conf.default.rp_filter = 1
net.ipv4.conf.default.accept_source_route = 0
kernel.sysrq = 0
kernel.core_uses_pid = 1
net.ipv4.tcp_syncookies = 1
kernel.msgmnb = 65536
kernel.msgmax = 65536
kernel.shmmax = 4294967295
kernel.shmall = 268435456
```

- sysctl을 통한 보안 강화 예시

보안 위협	조치 방법
서버 날짜 정보 유출	/proc/sys/net/ipv4/tcp_timestamps를 0으로 설정하여 외부에서 서버의 날짜 정보를 확인할 수 없도록 한다.
SYN_FLOODNG 공격	- 이 공격은 TCP 연결 설정(3-way handshake)의 특성을 이용한 공격이다. 클라이언트는 서버에 연결하기 위해 SYN 패킷을 전송하고 서버는 SYN, ACK 패킷을 응답하고 클라이언트의 ACK 응답을 최종적으로 기다린다. 이때 백로그 큐에 연결 정보를 저장하는데, 이러한 ACK 응답 없는 연결이 누적되면 백로그 큐가 가득 차서 더 이상 서버가 연결을 받을 수 없는 상태가 된다. - /proc/sys/net/ipv4/tcp_syncookies를 1로 설정하여 TCP 세션 연결 시 ACK 패킷이 오지 않을 때 백로그 큐(backlog queue)를 낭비하지 않도록 한다. - 또는 /proc/sys/net/ipv4/tcp_max_syn_backlog의 크기를 늘려줘서 백로그 큐가 가득 차지 않도록 한다.
ping 차단	- ping은 서버가 동작 중인지 확인하여 해킹을 위한 기본 단서가 되는 정보가 될 수도 있다. - /proc/sys/net/ipv4/icmp_echo_ignore_all의 값을 1로 바꿔서 ping에 대한 응답을 주지 않을 수 있다.

스머프 공격(smurf attack)	– IP 브로드캐스트 주소를 통해 컴퓨터 네트워크로 ICMP 패킷을 전송하는 분산 서비스 거부 공격이다. – 이를 차단하기 위해 /proc/sys/net/ipv4/icmp_echo_ignore_broadcasts를 1로 설정하여 예방할 수 있다.
과다 세션 공격	– 세션을 수십 만 개를 만들어 서버가 더 이상 동작하기 어려운 상황을 만들 수 있는데, 이를 예방하기 위해 세션 종료시간을 짧게 설정할 수 있다. – /proc/sys/net/ipv4/tcp_fin_timeout에 원하는 만료시간(초 단위)를 설정한다.
tcp keepalive time 설정	/proc/sys/net/ipv4/tcp_keepalive_time의 값을 초 단위로 변경하여 시스템 자원 낭비 예방에 도움을 줄 수 있다.
로컬 포트 사용범위 설정	/proc/sys/net/ipv4/ip_local_port_range를 변경하여 서버가 실제 사용하는 포트의 범위를 설정하여 실제 악성코드가 포트를 점유할 가능성을 줄일 수 있다.
IP 포워딩 기능 제한	– 라우터가 아닌 서버가 IP 포워딩 기능을 갖는 것은 보안의 취약점이 될 수 있다. – 이를 방지하기 위해 /proc/sys/net/ipv4/ip_forward를 0으로 변경한다.

더 알기 TIP

커널 설정을 영구적으로 반영하는 방법

- sysctl로 커널 설정을 변경하여도 시스템을 리부팅하면 원래의 값으로 복구가 된다. 영구적으로 저장하기 위해서는 /etc/sysctl.conf에 원하는 커널 파라미터의 설정값을 지정한다.

```
$ sudo vi /etc/sysctl.conf
net.ipv4.icmp_echo_ignore_all = 1
```

- 또 다른 방법으로 /etc/rc.d/rc.local 파일을 수정하여 아래와 같은 명령어를 입력하면 된다.

```
echo 1 > /proc/sys/net/ipv4/icmp_echo_ignore_all
또는
sysctl -w net.ipv4.icmp_echo_ignore_all=1
```

2 SELinux(Security-Enhanced Linux)

(1) SELinux의 개요

① SELinux의 필요성

- 리눅스는 root 권한을 획득하면 시스템의 모든 제어가 가능하다는 점이 때로는 심각한 보안 위협으로 다가오기도 한다.
  - 이를 막기 위해 root 권한 취약점에 대한 리포트를 모니터링하고 패치를 적용하려는 노력을 기울여야 한다.

- root 권한으로 실행하는 데몬을 최소로 유지해야 하지만 포트 번호 1024 이하의 잘 알려진 포트(well-known port)의 경우 root만 사용할 수 있어 필연적으로 root 권한을 사용할 수밖에 없다.
  - 이를 해결하기 위해 root 권한이라 하더라도 미리 지정한 권한으로 리소스를 접근 가능하게 하는 강제 접근 제어가 가능하다면 root 권한이 탈취되더라도 시스템의 피해를 최소화 할 수 있을 것이다.
- 이러한 배경으로 연구 개발을 진행한 리눅스가 SELinux이다.

② SELinux의 정의
- 미국의 NSA(National Security Agency)에 의해 연구된 프로젝트로 강제 접근 제어(MAC : Mandatory Access Control)와 같은 접근 제어 정책을 제공하는 리눅스 커널 보안 모듈이다.
- MAC은 모든 주체(사용자, 프로그램, 프로세스)와 객체(파일, 디바이스)에 대해 국부적으로 허가하는 접근 제어 정책이다. 즉 모든 접근은 불가이며 정책에 따라 필요한 기능에 대해서만 사용 권한을 안전하게 부여하는 것이다.

③ SELinux의 특징
- 리눅스 커널의 기본 기능으로 일반적인 리눅스 배포판을 사용하면 기본으로 포함되어 있다.
- 리눅스 레드햇 등 리눅스 배포판에는 이미 사전에 잘 정의된 정책이 탑재되어 있다.
- 제로데이 공격(zero-day attack)[1]으로 시스템이 공격을 받더라도 피해를 최소화 할 수 있다.

(2) SELinux의 설정 및 해제

① SELinux의 동작 모드
- SELinux의 동작 모드는 enforce, permissive, disable 세 가지가 있다. 레드햇 계열에서는 기본으로 enforce mode로 동작하고 정책에 어긋나는 동작은 거부된다.

모드	설명
enforce	- SELinux의 정책을 적용한 상태이다. - 정책을 위반하는 동작은 차단된다.
permissive	- 정책 위반 행위가 차단되지는 않지만 로그로 남겨진다. - 처음 SELinux를 도입할 때 permissive 모드에서 위반 동작을 해결하고 단계적으로 enforce 모드로 넘어가는 것도 좋은 방안이다.
disable	SELinux의 정책 적용을 비활성화한다.

1. 제로데이 공격(zero-day attack) : 특정 소프트웨어 및 운영체제의 취약점이 발견되지 않았거나 발견되었지만 아직 패치되지 않은 패킹을 말한다. 제로데이 공격은 취약점에 대한 대책이 아직 없기 때문에 취약점을 가지고 있는 컴퓨터는 무방비로 노출될 수밖에 없다.

② **SELinux의 모드 확인하기**

- sestatus 명령어로 모드를 확인할 수 있다. 현재는 permissive 모드임을 알 수 있다.

```
$ sestatus
SELinux status:            enabled
SELinuxfs mount:           /selinux
Current mode:              permissive
Mode from config file:     enforcing
Policy version:            24
Policy from config file:   targeted
bash-4.1$
```

- setenforce 명령어로 enforce 모드로 변경할 수 있다.

```
$ sudo setenforce enforcing
$ sestatus
SELinux status:            enabled
SELinuxfs mount:           /selinux
Current mode:              enforcing
Mode from config file:     enforcing
Policy version:            24
Policy from config file:   targeted
```

- 또는 /etc/sysconfig/selinux 파일에 SELINUX 변수의 값을 수정하여 영구 반영할 수 있다.

```
# This file controls the state of SELinux on the system.
# SELINUX= can take one of these three values:
#     enforcing - SELinux security policy is enforced.
#     permissive - SELinux prints warnings instead of enforcing.
#     disabled - No SELinux policy is loaded.
SELINUX=enforcing
# SELINUXTYPE= can take one of these two values:
#     targeted - Targeted processes are protected.
#     mls - Multi Level Security protection.
SELINUXTYPE=targeted
```

3 시스템 보안 유틸리티

(1) ssh(Secure Shell)

① ssh의 정의
- 원격의 서버나 시스템에 안전하게 연결하기 위한 프로토콜이다.
- 호스트와 클라이언트 간의 패킷을 암호화하여 주고 받음으로써 보안에 강하다.
- 포트 번호는 22번을 사용한다.

② ssh 연결 준비사항
- ssh 접속을 위한 클라이언트 설치가 필요하다. 레드햇 계열에서는 openssh-clients 패키지를 통하여 ssh 클라이언트를 설치할 수 있다.

```
$ sudo yum install -y openssh-clients
```

- 원격 컴퓨터에는 ssh 서버를 설치하고 실행 중이어야 한다.
- 원격 컴퓨터는 IP 주소 또는 도메인명을 제공해야 한다.

③ ssh 서버의 설치
- openssh-server 패키지를 설치한다.

```
$ sudo yum install -y openssh-server
```

- sshd 서비스를 시작한다.

```
$ systemctl start sshd
```

- 부팅할 때 자동으로 sshd 데몬을 시작하려면 다음과 같이 환경설정을 추가한다.

```
$ systemctl enable sshd
```

④ 비밀번호 인증을 통한 ssh 서버 접속
- openssh-clients 패키지를 설치하면 ssh 명령어를 사용할 수 있다. -l 옵션을 사용하여 로그인 시 사용할 계정을 입력하고 원격지의 IP 주소를 입력하면 ssh 연결을 간단히 할 수 있다. 또는 ssh francis@192.168.100.100과 같은 방식으로도 접속할 수 있다.

```
$ ssh -l francis 192.168.100.100
The authenticity of host '192.168.100.100 (192.168.100.100)' can't be established.
RSA key fingerprint is c3:de:69:09:0c:19:a6:c5:e1:ef:80:69:14:ad:2b:84.
Are you sure you want to continue connecting (yes/no)? yes
Warning: Permanently added '192.168.100.100' (RSA) to the list of known hosts.
francis@192.168.100.100's password:
Last login: Wed Oct 30 08:44:28 2019
-bash-4.1$
```

- 현재 로그인한 계정과 동일한 계정으로 ssh에 접속하려면 간단히 IP 주소만 입력해도 된다.

```
$ ssh 127.0.0.1
francis@127.0.0.1's password:
Last login: Sat Nov  2 20:51:21 2019 from localhost
```

- 만약 ssh 포트 번호가 22번이 아니고 1800이라면 -p 옵션을 사용하여 포트 번호를 변경하여 접속할 수 있다.

```
$ ssh -p 1800 francis@192.168.100.100
```

⑤ 인증키를 통한 ssh 자동 접속

- ssh-keygen 명령어로 개인키와 공개키를 생성하고 공개키를 원격 서버에 복사해두면 비밀번호 입력 없이 ssh 접속이 가능하다. 다음부터는 그 과정을 자세히 설명하였다.
- ssh-keygen 명령어로 개인키와 공개키를 생성한다. -t 옵션을 통해 알고리즘을 결정할 수 있는 dsa 또는 rsa 등을 지정할 수 있다.

```
$ ssh-keygen -t dsa
Generating public/private dsa key pair.
Enter file in which to save the key (/home/francis/.ssh/id_dsa):
Enter passphrase (empty for no passphrase):
Enter same passphrase again:
Your identification has been saved in /home/francis/.ssh/id_dsa.
Your public key has been saved in /home/francis/.ssh/id_dsa.pub.
The key fingerprint is:
09:01:8c:4d:03:62:71:81:45:cd:3d:4d:e8:90:dc:54 francis@localhost.localdomain
The key's randomart image is:
+---[ DSA 1024]----+
|.o*@O.*.=E       |
|.oo oB * .       |
|    +.           |
|    o .          |
|     S           |
|    |            |
|    |            |
|    |            |
|    |            |
+-----------------+
```

- 홈디렉터리의 .ssh 디렉터리에 개인키인 id_dsa와 공개키인 id_dsa.pub가 생성되었다.

```
$ ls
id_dsa   id_dsa.pub   known_hosts
```

- ssh 서버에 .ssh 디렉터리를 생성한다.

```
$ ssh 192.168.100.100 mkdir .ssh
```

- scp 명령어를 사용하여 .ssh 디렉터리의 id_dsa.pub을 authorized_keys 이름으로 복사한다.

```
$ scp id_dsa.pub 192.168.100.100:.ssh/authorized_keys
```

- ssh 접속을 위한 준비는 모두 끝났으며, 비밀번호 없이 자동으로 접속할 수 있다.

```
$ ssh 192.168.100.100
Last login: Sat Nov  2 20:57:14 2019 from localhost
-bash-4.1$
```

⑥ sshd 환경설정

- sshd 데몬의 환경설정은 /etc/ssh/sshd_config에서 수행할 수 있다. ssh 클라이언트의 환경설정 파일은 /etc/ssh/ssh_config이다. 참고로 데몬 스크립트의 위치는 /usr/lib/systemd/system/sshd.service이다.
- sshd 데몬의 주요 환경설정 항목은 다음과 같다.

환경설정	설명
Port	• ssh가 사용하는 포토로서 기본값은 22이다. • 외부의 접근을 막기 위해서 다른 포트로 변경 가능하다.
PermitRootLogin	• yes로 설정하면 ssh root@localhost와 같이 root 로 로그인하는 것이 가능하다. • 다만 보안 위협이 될 수 있기 때문에 no로 설정하는 것이 안전하다.

AllowUsers	• 허용된 사용자만 ssh 접속이 가능하도록 할 수 있다.
	• 모두 사용 가능하게 하려면 공백으로 두고 특정 사용자로 지정하려면 다음과 같은 형식으로 설정한다.
	  - AllowUsers francis chris
	  - francis와 chris 사용자만 ssh 접속이 가능하다.

LoginGraceTime	• 사용자의 로그인을 기다리기 위한 대기 시간이다. • 보통 2m로 설정하는데 무차별 대입 공격을 막기 위해 더 짧게 설정하면 더욱 안전하다.
PasswordAuthentication	• 비밀번호 인증을 통한 접속 활성화 여부를 설정한다. • 공개키 인증을 사용하지 않는다면 반드시 yes로 설정해야 할 것이다.
PubkeyAuthentication	• 보안 강화를 위해 공개키 기반 인증을 사용할 수 있다. • yes는 사용, no는 미사용이다.
TCPKeepAlive	• yes로 설정하면 지속적으로 keepalive 메시지를 전송하여 연결상태를 체크한다. • 네트워크 문제가 발생하면 리소스를 계속적으로 점유하지 않도록 반환하고 연결도 끊는다.

(2) PAM(Pluggable Authentication Module)

① PAM의 설명
- 리눅스 시스템에서 사용자가 애플리케이션이나 서비스를 이용하고자 할 때 동적으로 인증할 수 있는 공유 라이브러리 스윗이다.
- PAM은 저수준의 인증 모듈을 고수준의 API로 통합하여 애플리케이션에 대한 동적 인증 지원을 제공할 수 있다. 이를 통해 개발자는 인증 시스템의 세세한 사항을 알 필요 없이 동적 인증 기능을 수행하는 애플리케이션을 개발할 수 있다.

② PAM 환경설정하기
- PAM 환경설정을 위한 주요 항목은 /etc/pam.conf 파일과 /etc/pam.d 디렉터리이다. 만약 /etc/pam.d 디렉터리가 존재한다면 /etc/pam.conf의 설정은 무시된다. 아래는 /etc/pam.d 디렉터리의 파일 중 sshd의 환경설정 내용을 출력하였다.

```
$ cat /etc/pam.d/sshd
#%PAM-1.0
auth       required    pam_sepermit.so
auth       include     password-auth
account    required    pam_nologin.so
account    include     password-auth
password   include     password-auth
# pam_selinux.so close should be the first session rule
session    required    pam_selinux.so close
session    required    pam_loginuid.so
# pam_selinux.so open should only be followed by sessions to be executed in the user context
session    required    pam_selinux.so open env_params
session    required    pam_namespace.so
session    optional    pam_keyinit.so force revoke
session    include     password-auth
```

- 환경설정 파일은 module-type, control-flag, module-name, module-arguments로 구성된다. 각각에 대한 설명은 다음과 같다.

항목	설명
module-type	모듈의 유형을 뜻한다. - account : 사용자의 패스워드가 만료되었는지 서비스에 대한 접근이 허가되었는지 등 계정에 대한 검증 작업을 수행한다. - auth : 사용자를 실제로 인증한다. - password : 사용자의 패스워드를 갱신하고 auth 모듈과 연동된다. - session : 세션의 시작과 종료와 관련된 작업을 수행한다.

control-flag	PAM 관련 모듈은 시스템의 아키텍처에 따라 /lib/security 또는 /lib64/security에 위치한다. 각 PAM 모듈의 수행 결과에 따라 인증 성공, 실패에 따른 처리 방안을 control-flags를 통해 정할 수 있다. - requisite : 이 플래그가 설정된 모듈의 체크는 반드시 성공되어야 한다. 체크가 실패할 경우 그 즉시 실패를 반환한다. - required : 이 플래그가 설정된 모듈의 체크는 반드시 성공되어야 한다. 그러나 requisite와 달리 즉시 실패하지 않고 동일한 module-type의 모듈 체크를 모두 수행하고 나서 실패를 반환한다. - sufficient : 이 플래그가 설정된 모듈의 체크가 성공하면 더 이상 나머지 모듈들의 체크를 수행하지 않는다. 단, 이전에 requisite나 required의 실패는 없어야 한다. - optional : 해당 모듈의 체크가 성공하든 실패하든 중요하지 않다. 그러나 다른 모듈의 체크가 모두 성공했다면 이 모듈의 결과를 응용 프로그램에게 반환한다. - include : 지정한 환경설정 파일을 로드하여 적용한다.
module-name	환경설정의 대상이 되는 모듈의 이름을 입력한다. 즉, /lib/security 또는 /lib64/security에 위치한 모듈명을 입력한다.
module-arguments	module-name 항목에서 지정한 모듈에게 전달하려는 파라미터를 설정한다.

(3) PAM 환경설정 샘플

① PAM 환경설정 샘플

```
#%PAM-1.0
auth        required    pam_securetty.so
auth        required    pam_unix.so nullok
auth        required    pam_nologin.so
account     required    pam_unix.so
password required    pam_cracklib.so retry=3
password required    pam_unix.so shadow nullok use_authtok
session     required    pam_unix.so
```

② PAM 환경설정 샘플 설명

- #으로 시작하는 줄은 주석을 뜻한다.
- auth   required   pam_securetty.so : 사용자가 root 권한으로 로그인하려고 할 때 /etc/security 파일에 해당 사용자가 존재하는지 체크한다. 존재한다면 로그인을 허가하고 존재하지 않는다면 로그인이 실패했음을 사용자에게 알린다.
- auth   required   pam_unix.so nullok : 사용자에게 패스워드를 입력 받아 /etc/shadow 파일이 존재한다면 해당 파일의 정보와 체크하고 그렇지 않으면 /etc/passwd 파일의 정보를 사용하여 패스워드 체크를 수행한다. nullok의 역할은 공백 패스워드를 허용하겠다는 의미이다.
- auth   required   pam_nologin.so : 마지막 인증 단계로서 /etc/nologin 파일이 존재하고 사용자가 root가 아니라면 인증을 실패한다.

- account   required   pam_unix.so : 패스워드 인증에 앞서 계정에 대한 검증 작업을 수행한다. 예를 들면 계정이 만료되었는지 패스워드 변경 기간 내에 패스워드를 바꿨는지 등을 체크한다.
- password   required   pam_cracklib.so retry=3 : 패스워드가 만료되면 pam_cracklib.so는 새로운 패스워드를 입력하라는 메시지를 사용자에게 출력한다. 또한 사용자가 새로운 패스워드를 입력하면 사전 기반 패스워드 크래킹 프로그램 등에 의해 쉽게 해킹될 수 있는지 점검도 수행한다. retry=3의 의미는 사용자가 해킹에 취약한 패스워드를 입력하였을 때 강한 패스워드를 입력할 기회를 2번 준다는 의미이다.
- password   required   pam_unix.so shadow nullok use_authtok : pam_unix.so가 제공하는 passwd 인터페이스를 통해 사용자의 패스워드를 변경한다. shadow는 사용자가 패스워드를 변경할 때 섀도우 패스워드 파일을 생성함을 뜻한다. nullok는 사용자가 공백 패스워드를 입력할 수 있다는 의미이고 use_authtok는 사용자에게 새 패스워드를 묻지 않고 앞서 실행했던 password 모듈에서 받은 패스워드를 사용할 수 있도록 한다.
- session   required   pam_unix.so : pam_unix.so가 세션 관리 역할을 수행한다. 이 모듈은 /var/log/secure에 세션 시작부터 끝까지 사용자명와 세션 유형을 로그로 남길 것이다.

(4) sudo(Super User DO)

① sudo 설명
- 사용자가 잠시 root 권한을 요구하는 프로그램을 실행해야 할 때 sudo 명령어를 사용할 수 있다. Windows의 '관리자 권한으로 실행' 기능과 유사하다.
- sudo 명령어는 아무나 사용할 수 있는 것은 아니고 /etc/sudoers 파일에 등록된 사용자만 사용할 수 있다. 이 파일은 직접 수정할 수도 있지만 안전한 편집을 위해 'visudo' 명령어를 사용하기를 권장한다.

② /etc/sudoers 파일 편집하기
- /etc/sudoers 파일에 사용자를 등록하는 형식은 다음과 같다.
    - 'user'는 사용자명이나 그룹명을 뜻하고 'hostname'은 로그인한 컴퓨터를 의미한다.
    - 'runas-user'는 해당 사용자가 실행하는 계정을 의미하고 'runas-group'은 해당 사용자가 실행하는 그룹을 의미한다.
    - 'commands'는 root 권한으로 실행을 허가하는 명령어를 뜻하며 여러 개 입력할 수 있다. 가령 ALL=ALL의 의미는 로그인 위치에 관계없이 모든 명령어에 대해 sudo 명령어를 사용할 수 있다는 의미이다.

```
user hostname=(runas-user:runas-group) commands
```

- visudo 명령어를 사용하여 /etc/sudoers 파일을 편집한다. francis 사용자는 로그인한 위치에 관계없이 모든 명령어에 대하여 sudo 명령어를 사용할 수 있다.

```
$ sudo visudo
## Next comes the main part: which users can run what software on
## which machines (the sudoers file can be shared between multiple
## systems).
## Syntax:
##
##      user    MACHINE=COMMANDS
##
## The COMMANDS section may have other options added to it.
##
## Allow root to run any commands anywhere
root    ALL=(ALL)       ALL
francis ALL=(ALL)       ALL
```

- 주요 예제
  - francis 사용자는 로그인 위치에 관계없이 어떤 사용자나 어떤 그룹으로서 어떤 명령어이든 sudo 명령어를 실행할 수 있다.

  ```
  francis ALL=(ALL:ALL) ALL
  ```

  - mygroup 그룹에 속한 사용자는 로그인 위치에 관계없이 어떤 사용자나 어떤 그룹으로서 어떤 명령어이든 sudo 명령어를 실행할 수 있다.

  ```
  %mygroup ALL=(ALL:ALL) ALL
  ```

  - chris 사용자는 myhost에서 로그인하였을 때 webuser 사용자와 webusers 그룹으로서 어떤 명령어이든 sudo 명령어를 실행할 수 있다.

  ```
  chris myhost=(webuser:webusers) ALL
  ```

③ sudo 명령어 사용하기
- sudo 명령어는 /etc/sudoers 설정된 사용자에 한하여 프로그램 실행 시 root 권한을 임시로 부여하는 명령어이다.
- 형식

```
sudo [option] username command
```

• 옵션

옵션	설명
-u	root 사용자가 아닌 지정한 사용자의 권한으로 실행한다.
-g	명령어를 실행할 때 지정한 그룹의 권한으로 실행한다.

• 주요 예제
- root 권한으로 shutdown 명령어에 -r now 인자를 입력하여 실행한다.

```
$ sudo shutdown -r now
```

- chris 사용자의 권한으로 /home/chris 디렉터리를 ls한다.

```
$ sudo -u chris ls /home/chris
```

- chris 사용자 및 mygroup의 권한으로 /home/chris/newfile 디렉터리를 생성한다.

```
$ sudo -u chris -g mygroup mkdir /home/chris/newfiles
```

4 주요 보안 도구

(1) nmap(Network Mapper)

① 설명
- nmap는 네트워크 탐지 및 보안 감사를 위한 오픈 소스 도구이다. 단일 호스트에 대한 스캔뿐 아니라 거대한 네트워크도 스캔할 수 있도록 설계되었다.
- nmap는 주로 호스트가 네트워크상에서 검색 가능한지 혹은 사용하고 있는 포트가 무엇이 있는지 스캔 용도로 주로 사용된다.

② 동작 원리
- nmap는 TCP 포트가 열려 있는지 닫혀 있는지 확인하기 위해 SYN 패킷을 113번 포트로 보내 보고 상대방 호스트가 SYN/ACK 패킷을 보내오면 열려 있고 RST 패킷을 보내오면 닫힌 포트로 판단한다. 이 방식은 TCP 연결 방식인 3-way handshake의 방식을 역이용한 것이다.

③ nmap의 설치
- yum 패키지 관리 도구를 통하여 간단히 설치할 수 있다.

```
$ sudo yum install -y nmap
```

④ 사용 예시

- 호스트 이름으로 스캔하면 호스트의 IP 주소, DNS 레코드, 포트 정보 등을 확인할 수 있다.

```
$ nmap google.com
Starting Nmap 5.51 ( http://nmap.org ) at 2019-11-05 14:12 KST
Nmap scan report for google.com (172.217.26.14)
Host is up (0.061s latency).
rDNS record for 172.217.26.14: nrt20s02-in-f14.1e100.net
Not shown: 998 filtered ports
PORT    STATE SERVICE
80/tcp  open  http
443/tcp open  https
Nmap done: 1 IP address (1 host up) scanned in 6.20 seconds
```

- localhost에 대하여 1~10000 포트 사이를 스캔한다.

```
$ nmap -p 1-10000 localhost
Starting Nmap 5.51 ( http://nmap.org ) at 2019-11-05 14:18 KST
Nmap scan report for localhost (127.0.0.1)
Host is up (0.0000080s latency).
Other addresses for localhost (not scanned): 127.0.0.1
Not shown: 9995 closed ports
PORT     STATE SERVICE
22/tcp   open  ssh
25/tcp   open  smtp
111/tcp  open  rpcbind
631/tcp  open  ipp
6000/tcp open  X11
Nmap done: 1 IP address (1 host up) scanned in 0.33 seconds
```

- google.com에 대한 운영체제 정보를 취득한다. 이때 root 권한이 필요하다.

```
$ sudo nmap -O google.com
Starting Nmap 5.51 ( http://nmap.org ) at 2019-11-05 14:19 KST
Nmap scan report for google.com (172.217.26.46)
Host is up (0.024s latency).
rDNS record for 172.217.26.46: nrt12s17-in-f14.1e100.net
Not shown: 998 filtered ports
PORT    STATE SERVICE
```

```
80/tcp  open  http
443/tcp open  https
Warning: OSScan results may be unreliable because we could not find at least 1 open and 1 closed port
Device type: general purpose|switch
Running (JUST GUESSING): QEMU (90%), Bay Networks embedded (85%)
Aggressive OS guesses: QEMU user mode network gateway (90%), Bay Networks BayStack 450 switch (software
version 3.1.0.22) (85%), Bay Networks BayStack 450 switch (software version 4.2.0.16) (85%)
No exact OS matches for host (test conditions non-ideal).
OS detection performed. Please report any incorrect results at http://nmap.org/submit/.
Nmap done: 1 IP address (1 host up) scanned in 9.50 seconds
```

(2) tcpdump

① 설명
- tcpdump 명령어는 네트워크 인터페이스의 송수신 패킷 캡쳐를 수행하는 명령행에서 실행할 수 있는 네트워크 트래픽 모니터링 도구이다.
- 그래픽 기반 프로그램으로는 wireshark가 유명하다.
- tcpdump를 통하여 네트워크 응용 프로그램이나 데몬의 오류나 네트워크의 상태를 분석하고 원인을 찾는 데 도움을 준다.

② 주요 예제
- eth0 인터페이스를 통해 송수신되는 패킷을 모두 캡쳐한다. -n 옵션을 사용하면 IP 주소를 호스트명으로 변환하지 않는다. 아래는 ping을 수행하여 ICMP 패킷이 수집되었음을 확인할 수 있다.

```
$ sudo tcpdump -i eth0 -n
tcpdump: verbose output suppressed, use -v or -vv for full protocol decode
listening on eth0, link-type EN10MB (Ethernet), capture size 65535 bytes
14:29:18.192545 IP 10.0.2.15.46804 > 192.168.100.151.domain: 2634+ A? google.com. (28)
14:29:18.229198 IP 192.168.100.151.domain > 10.0.2.15.46804: 2634 1/0/0 A 172.217.161.78 (44)
14:29:18.229652 IP 10.0.2.15 > 172.217.161.78: ICMP echo request, id 10845, seq 1, length 64
14:29:18.264131 IP 172.217.161.78 > 10.0.2.15: ICMP echo reply, id 10845, seq 1, length 64
14:29:18.264286 IP 10.0.2.15.39567 > 192.168.100.151.domain: 51152+ PTR? 78.161.217.172.in-addr.arpa. (45)
```

- eth0 인터페이스에 대하여 192.168.1.3 호스트의 5060 포트로 송수신되는 모든 패킷을 캡쳐하여 /usr/src/dump 파일에 생성한다. -vvv 옵션을 사용하면 상세히 정보를 남긴다.

```
$ sudo tcpdump -i eth0 host 192.168.1.3 and port 5060 -n -vvv -w /usr/src/dump
```

(3) tripwire

① 설명

- tripwire는 호스트 기반 침입 탐지 시스템으로서 네트워크 침입 탐지보다는 외부 침입으로 인한 파일 시스템상의 주요 시스템 파일의 변경을 탐지하는 무결성 도구이다.
- 우수한 보안 장비를 사용하고 보안 패치를 꾸준히 한다고 하여도 항상 시스템의 결함은 있기 마련이다. 이러한 결함을 통해 시스템에 침입하여 백도어를 설치하고 백도어를 통하여 디도스 공격과 같은 해킹이 이루어지는 경우가 많다. 이러한 침투를 방어하기 위해서 시스템이 정상 운영 상태일 때 전체 파일들의 스냅샷을 보관하고 파일의 변경이 발생했을 때마다 스냅샷과 비교하여 침입이 이루어졌는지 판단할 수 있다. 만약 관리자가 변경하였거나 정상적인 방법으로 변경된 것이라면 스냅샷을 최신화할 것이다. 이러한 동작 원리로 침입 탐지를 하는 도구가 tripwire이다.
- 2000년도 트립와이어 사(Tipwire, Inc)가 소스코드를 컨트리뷰션(contribution)하였다. 라이선스는 GNU GPL 2.0 라이선스를 따른다. 트립와이어 사는 오픈소스용뿐만 아니라 상업용 버전도 별도로 제공하고 있다. 소스코드는 다음의 깃허브(github)에서 찾아볼 수 있다.

https://github.com/Tripwire/tripwire-open-source

② tripwire의 설치

- 아쉽게도 레드햇 계열에서는 기본적으로 tripwire가 포함되어 있지 않다. 그러나 epel-release 레파지터리를 설치하면 tripwire 패키지를 다운로드받을 수 있다.

```
$ sudo yum install epel-release
```

- tripwire 패키지를 설치한다.

```
$ sudo yum install tripwire
```

③ tripwire의 실행

- tripwire를 동작하기 위해서는 사이트 키(site key)와 로컬 키(local key)를 준비해야 한다.

```
$ sudo tripwire-setup-keyfiles
```

- 시스템의 최초 스냅샷을 생성한다.

```
$ sudo tripwire --init
```

- 새로운 파일이 생성되었음을 제대로 체크하는지 확인하기 위해 임의의 파일을 생성한다.

```
$ touch tripwire-check-files
```

- 스냅샷과 현재 파일 시스템의 상태를 비교해 본다.

```
$ sudo tripwire —check
```

- 결과 파일을 report.txt로 생성한다.

```
$ sudo twprint —print-report —twrfile /var/lib/tripwire/report/localhost.localdomain-20191105-151441.twr > report.txt
```

- report.txt의 결과의 중간을 보면 Tripwire Data Files 항목에 1개의 파일이 추가되었음을 확인할 수 있다.

```
$ less report.txt
(중간 생략)
```

	Rule Name	Severity Level	Added	Removed	Modified
	Invariant Directories	66	0	0	0
	Temporary directories	33	0	0	0
*	Tripwire Data Files	100	1	0	0
	Critical devices	100	0	0	0
	User binaries	66	0	0	0

(4) Nessus

① 설명

- Nessus는 상용 취약점 스캐너이다. 세계에서 가장 많이 사용하는 취약점 스캐너로 알려져 있다.
- Nessus Essentials는 교육용 목적으로 무료로 제공되고 있고, 좀 더 기능이 많은 Nessus Professional은 유료로 제공된다.
- 개발사인 Tenable, Inc는 전세계적으로 27,000개 이상의 조직에서 Nessus를 신뢰하고 사용하고 있다고 밝히고 있다.

② 특징

- 해커가 원격으로 접속해 민감한 데이터에 접근하는 취약점을 탐지한다.
- 오픈 메일 릴레이나 중요 패치 미적용 등과 같은 잘못된 시스템 설정을 탐지한다.
- 시스템 계정의 빈 패스워드나 기본 패스워드 등을 탐지한다.
- TCP/IP 스택의 패킷을 악의적으로 조작하여 서비스 거부 공격의 수행을 탐지한다.

③ Nessus 설치

- https://tenable.com/products/nessus에서 nessus Essentials를 리눅스 배포판에 맞게 다운로드 받는다.

Nessus-8.7.2-es7.x86_64.rpm	Red Hat ES 7 (64-bit) / CentOS 7 / Oracle Linux 7 (including Unbreakable Enterprise Kernel)	76.7 MB	Oct 10, 2019	Checksum
Nessus-8.7.2-es6.i386.rpm	Red Hat ES 6 i386(32-bit) / CentOS 6 / Oracle Linux 6 (including Unbreakable Enterprise Kernel)	79.5 MB	Oct 10, 2019	Checksum
Nessus-8.7.2-es6.x86_64.rpm	Red Hat ES 6 (64-bit) / CentOS 6 / Oracle Linux 6 (including Unbreakable Enterprise Kernel)	81.8 MB	Oct 10, 2019	Checksum
Nessus-8.7.2-es5.i386.rpm	Red Hat ES 5 i386(32-bit) / CentOS 5 / Oracle Linux 5 (including Unbreakable Enterprise Kernel)	79.5 MB	Oct 10, 2019	Checksum
Nessus-8.7.2-es5.x86_64.rpm	Red Hat ES 5 (64-bit) / CentOS 5 / Oracle Linux 5 (including Unbreakable Enterprise Kernel)	81.8 MB	Oct 10, 2019	Checksum

- 레드햇 계열 6 버전의 32bit CPU를 사용한다면 아래의 패키지를 다운로드 받아 rpm 패키지 관리자를 통해 설치한다.

```
$ sudo rpm -ivh Nessus-8.7.2-es6.i386.rpm
```

- nessus 데몬을 시작한다.

```
$ sudo /sbin/service nessusd start
```

- 브라우저에서 https://localhost.localdomain:8834/에 방문하여 nessus 설치를 완료한다.

(5) GnuPG(GNU Privacy Guard)

① 설명

- GnuPG는 PGP를 대체하기 위한 자유 소프트웨어이다. 본래 PGP(Pretty Good Privacy)는 1990년대 초반 Philip R. immermann이 메일 보안을 위해 개발하였고 현재는 전 세계적으로 이메일 보안의 표준으로 자리잡았다. GnuPG는 이러한 PGP를 완벽히 대체한다.
- GnuPG는 공개키 기반 암호화와 디지털 서명 관련 기능을 제공한다.

② 공개키 기반 암호화(public-key based encryption, decription)

- 기존의 고전적인 암호화 방식은 발신자와 수신자가 키를 공유하고 해당 키를 통해 평문을 암호화한 암호문을 주고 받았다. 그러나 이러한 방식은 키를 교환하는 과정에서 키가 유출될 가능성이 있기 때문에 보안에 위험성이 있다.
- 반면 공개키 기반 암호화를 사용하면 키 교환에 따른 키 유출을 막을 수 있다. 송신자는 공개키로 평문을 암호화하여 수신자에게 전송한다. 수신자는 개인키를 사용해 암호문을 복호화하여 평문을 얻을 수 있다. 이때 개인키 교환이 일어나지 않기 때문에 키 유출이 발생하지 않는다.

③ **디지털 서명(digital signature)**

- 개인키는 다른 사람과 교환하지 않고 본인만 소유한다. 이러한 개인키로 원문을 암호화하고 (서명하고) 서명된 문서를 수신 측에게 보낸다. 수신자는 공개키를 통해 서명된 문서를 복호화하여 문서가 발신자로부터 온 문서인지 검증할 수 있다. 개인키와 공개키는 쌍이기 때문에 다른 개인키로 암호화되어 있다면 해당 공개키로 서명된 문서를 복호화할 수 없다.

(6) John The Ripper

① **설명**

- John The Ripper는 무료 패스워드 크래킹 도구이다. 유닉스 시스템에서 처음 개발되었고 현재는 리눅스, Windows, macOS, 안드로이드를 비롯하여 다양한 운영체제에 포팅되었다.
- 기본 동작 원리는 미리 준비한 단어 사전을 기반으로 무작위 대입 공격(Brute forcing attack)을 수행하여 패스워드를 알아내는 방식을 취한다.
- John Ther Ripper는 악의적인 목적으로 크래킹 용도로 사용될 수도 있지만 서버의 패스워드 보안성을 파악하기 위한 진단 목적으로 활용할 수도 있다.

SECTION 03 시스템 백업

1 백업의 개요

(1) 백업의 필요성

① 비즈니스 연속성
- 업무 시스템이나 금융권 서비스, 다양한 IT 서비스의 장애가 발생하더라도 복구하여 업무를 연속적으로 수행하는 것이 가능하려면 체계적 백업 전략 및 시스템 구축이 필수적이다.

② 데이터의 중요성
- 중요 실험의 결과물, 프로젝트의 산출물, 회계 데이터, 고객 정보 등을 유실하였을 경우 복구하는 과정까지 많은 노력과 시간이 필요하다.
- 때로는 가격으로는 측정하기 어려운 데이터의 유실 사고도 존재한다.

③ 시스템의 장애 발생 위험
- 사용자 실수, 관리자의 실수, 하드웨어의 오류, 프로그램 오류, 해커의 공격, 도난, 자연재해 등 시스템의 장애를 초래할 수 있는 요인은 다양하다.

(2) 백업 전략의 요건

① 하드 디스크 오류, 바이러스 감염, 사고로 인한 데이터 유실, 재난 재해 등 다양한 데이터 손실 요인으로부터 복구가 가능해야 한다.
② 장애가 발생하기 이전에 정상적으로 동작하던 상태로 복구가 가능해야 한다.
③ 최소한의 노력, 비용, 데이터 손실만을 허용하는 백업 전략이어야 한다.
④ 초기 백업 구축 이후에는 사람의 관리를 최소로 하는 자동화 또는 반 자동화된 백업 전략 및 시스템이어야 한다.

(3) 백업 전략 수립 시 고려사항

① 무엇을 백업할 것인가?
- 백업의 대상에 따라 백업 전략의 방향이 달라진다.
- 백업할 데이터가 일반 문서인지 데이터베이스인지, 개인의 귀중한 사진, 동영상, 음악 파일인지, 일반적인 프로그램이나 유틸리티인지 식별해야 한다.
- 경우에 따라서는 데이터 하나하나가 아닌 전체 시스템을 대상으로 백업이 필요할 수도 있다.

② 어디에 백업할 것인가?
- 백업에는 로컬 백업과 오프사이트 백업이 있다.
  - 로컬 백업(local backup) : 플로피 디스크, 테이프, 하드 디스크(IDE, SCSI, S-ATA), 광자기 드라이브(CD, DVD, BLu-ray), USB 메모리, SSD 등의 보조 저장 장치에 데이터를 저장하여 보관한다.
  - 오프사이트 백업(offsite backup) : 클라우드, 원격 시스템 등 지리적으로 떨어진 곳에 데이터를 보관한다.
- 예상치 못한 재난이나 재해의 발생을 고려하여 로컬 백업뿐만 아니라 오프사이트 백업도 병행해야 한다.

③ 언제 백업할 것인가?
- 백업 주기를 결정해야 한다.
  - 운영체제의 경우 운영체제의 업그레이드 전까지는 파일 변경이 일어나지 않는다.
  - 애플리케이션의 경우 실행 빈도에 따라 데이터 변경이 잦아질 수 있다.
  - 사용자의 데이터는 사용자의 라이프 사이클에 따라 달라질 것이다.
- 백업 시작 시간을 결정해야 한다.
  - 백업은 시스템의 자원을 소모하는 작업이므로 백업으로 인해 업무의 방해나 사용자의 시스템 사용에 영향을 주지 않아야 한다.
  - 사용자 혹은 조직의 시스템 사용 시간을 최대한 피하는 것이 좋으므로 대부분 자정 전후의 시간이 좋은 백업 시간이다.

④ 적용할 백업 유형은 무엇인가?
- 백업은 전체 백업(full backup), 증분 백업(incremental backup), 차등 백업(differential backup)이 있다.
  - 전체 백업 : 전체 시스템이나 전체 하드 디스크, 또는 파티션 등 백업 대상을 모두 백업하는 것이다. 간단하고 확실하지만 변경되지 않은 데이터도 백업하므로 데이터 공간 효율성이 떨어진다.
  - 증분 백업 : 전체 백업 이후 변경된 데이터만 백업하는 것이다. 따라서 복구를 위해서는 전체 백업과 변경된 데이터 모두가 있어야 복원할 수가 있다.

▲ 증분 백업(incremental backup)

- 차등 백업 : 전체 백업 이후 변경된 데이터만 백업하는 것은 증분 백업과 동일하다. 차이점은 증분 백업은 백업할 때마다 별도의 백업 데이터가 생성되는 반면, 차등 백업은 지난번 백업에 이번 변경 데이터를 누적하여 백업 데이터를 생성한다. 따라서 전체 백업 데이터와 가장 최근 백업 데이터만 있으면 전체를 복원할 수 있다.

▲ 차등 백업(differential backup)

⑤ **백업의 압축과 암호화를 할 것인가?**
- 백업 데이터를 네트워크로 전송할 때 대역폭을 절약하거나 제한된 백업 매체의 용량을 최대한으로 이용하기 위해 압축을 고려할 수 있다.
- 백업 데이터에 개인 사용자 정보나 민감 정보가 포함되어 있을 때 암호화를 고려할 수 있다. 암호화에 사용하였던 키는 보관, 유실, 교환 등 유의해야 한다.

⑥ **백업을 어떻게 검증할 것인가?**
- 주기적으로 백업 데이터를 모의로 복원해 보고 백업 유틸리티 등 도움을 받아 백업 파일이 올바른지 확인하는 전략이 필요하다.

⑦ **백업 유틸리티 및 서비스**
- 사용자의 개입은 실수를 유발할 가능성을 항상 내재한다. 오픈소스 백업 유틸리티 등을 이용하여 자동화된 백업 서비스를 직접 구축하거나 신뢰할만한 백업 솔루션을 도입하는 전략을 고려해 볼 수 있다.

2 파일 백업

(1) tar

① **설명**
- tar 명령어는 여러 파일을 모아 아카이브 파일(archive file)[1]을 생성하거나 반대로 아카이브 파일로부터 원래 파일들을 추출할(extract) 때 사용하는 명령어이다.
- 또한 압축 기능을 지원하여 디스크의 공간을 적게 차지한다.

---

1. 아카이브(archive) : 메타 데이터를 포함하고 있는 여러 파일에 대한 묶음이다. 여러 데이터를 하나의 파일로 만들 수 있어 파일의 관리가 편리하고 압축을 하면 디스크상 용량을 절약할 수 있다.

② 전체 백업(full backup)

- -c는 아카이브의 생성, -v는 상세 정보 출력, -f는 아카이브 파일명 지정, -p는 접근 권한 유지를 의미하며 /path/to/dir의 모든 파일과 디렉터리를 묶어 archive.tar.gz를 생성한다. -v 옵션과 -p는 백업을 위한 필수 옵션은 아니다.

```
$ tar -cvfp archive.tar /path/to/dir
```

- -x는 아카이브의 파일 추출, -v는 상세 정보 출력, -f는 아카이브 파일명으로 archive.tar.gz 을 현재 디렉터리에 복원한다.

```
$ tar -xvf archive.tar
```

- tar로 백업 시 -z 이나 -j 옵션 등을 사용하여 .gz이나 .bz2 형식으로 tar를 압축할 수도 있다.

```
$ tar -cvzfp archive.tar.gz /path/to/dir
또는
$ tar -cvjfp archive.tar.gz /path/to/dir
```

- .gz이나 .bz2 형식의 tar파일을 복원할 때에도 마찬가지로 -z이나 -j 옵션을 사용하면 된다.

```
$ tar -xvzf archive.tar.gz
또는
$ tar -xvjf archive.tar.bz2
```

③ 증분 백업(incremental backup)

- -g 옵션을 사용하여 변경된 파일 및 디렉터리 정보를 스냅샷으로 보관할 수 있다. 스냅샷 파일을 통해 tar를 만들 때마다 변경된 사항만 tar로 묶어 증분 백업을 수행할 수 있다. 이전 백업 파일이 없는 최초 백업 파일을 특별히 레벨 0(Level 0) 백업이라고 한다.

```
$ tar -g snapshot -cvfp archive-level0.tar /path/to/dir
```

- 레벨1 백업 시에는 기존에 생성된 레벨 0 백업의 스냅샷 파일을 통해 변경된 사항만 archive-level1.tar 백업 파일을 생성한다.

```
$ tar -g snapshot -cvfp archive-level1.tar /path/to/dir
```

- 레벨2 백업 시도 마찬가지로 기존에 생성된 레벨 1 백업의 스냅샷 파일을 통해 변경된 사항만 archive-level2.tar 백업 파일을 생성한다.

```
$ tar -g snapshot -cvfp archive-level2.tar /path/to/dir
```

- 복원 시에는 백업한 순서대로 복원하면 된다.

```
$ tar -xvf archive-level0.tar -C /
$ tar -xvf archive-level1.tar -C /
$ tar -xvf archive-level2.tar -C /
```

(2) cpio

- 아카이브로 파일을 복사하거나 아카이브에서 파일을 추출할 때 사용한다.
- cpio 파일 포맷뿐만 아니라 tar 파일 형식도 지원한다. 지원하는 아카이브 형식은 바이너리, ASCII, HP-UX 바이너리, tar 형식이다.
- 아카이브에서 파일을 추출할 때 자동으로 파일 형식과 시스템의 바이트 오더(byte-order)[1]를 인지한다.
- tar와 cpio는 유사한 기능이지만 태생적으로 tar는 많은 파일을 하나의 파일로 아카이브하기 위한 목적으로 개발되었고 cpio는 하나의 디렉터리에서 다른 디렉터리로 파일을 복사하기 위한 목적으로 개발되었다.
- 파일 시스템을 직접 접근하지 못하고 표준입력(STDIN)으로 입력을 받으며, 증분 백업이 불가하다.
- 또한 파일을 복사할 때 Copy-out 모드, Copy-in 모드, Copy-pass 모드 3가지가 있다. 백업 시에는 Copy-out 모드와 Copy-in 모드가 사용되고 파일 복사 시에는 Copy-pass 모드가 사용된다.
- 형식
  - Copy-out 모드 : name-list의 파일을 대상으로 아카이브를 생성한다.
  - Copy-in 모드 : 아카이브에서 파일들을 추출한다.
  - Copy-pass 모드 : name-list의 파일 지정한 디렉터리로 복사한다.

```
〈Copy-out 모드〉
cpio -o 〈 name-list 〉 archive
〈Copy-in 모드〉
cpio -i 〈 archive
〈Copy-pass 모드〉
cpio -p destination-directory 〈 name-list
```

- 옵션

옵션	설명
-o, --create	Copy-out 모드로 실행한다.
-i, --extract	Copy-in 모드로 실행한다.
-v, --verbose	처리 중인 파일들의 목록을 출력한다.
-c	- -H newc 명령어와 동일하며 SVR4 형식을 사용한다. - 기존 ASCII 형식으로 지정하기 위해서는 -H odc 옵션을 사용한다.

---

1. 바이트 오더(byte-order) : 컴퓨터 메모리상에 연속된 데이터를 배열하는 방법을 의미하며 엔디언(Endianess)이라고도 한다. 대표적으로 큰 자리가 먼저 나오는 빅 엔디언(Big-endian)과 작은 자리가 먼저 나오는 리틀 엔디언(Little-endian)으로 나눌 수 있다.

-d, --make-directories	디렉터리를 생성한다.
-t, --list	입력으로 들어오는 목록을 출력한다.
-F, --file	표준 입력이나 표준 출력을 사용하지 않고 아카이브할 파일을 지정할 때 사용한다.
-B	- -B 옵션을 사용하지 않으면 기본값인 512바이트 단위로 파일 복사가 이루어진다. - -B 옵션을 사용하면 그의 10배인 5120바이트 단위로 복사가 이루어진다.
-H, --format	- 아카이브할 포맷 형식을 지정한다. - bin, odc, newc, crc, tar, ustar, hpbin, hpodc와 같은 포맷을 지정할 수 있다.
-p, --pass-through	Copy-pass 모드로 실행한다.
-0, --null	- 개행문자(newline)가 아닌 null 문자로 종료되는 파일목록을 읽는다. - find 명령어는 null 문자로 종료되는 파일 목록을 출력한다. 이때 이 옵션으로 파일을 받을 수 있다.

- Copy-out 모드 주요 예제
  - 현재 경로의 모든 파일을 지정한 경로에 backup.tar를 생성한다. 파일 형식은 tar이다. 리다이렉션 대신 -F 옵션을 사용하여 파일을 지정할 수도 있다.

  ```
  $ ls | cpio -ov -H tar > home/test-account/backup.tar
  ```

- Copy-in 모드 주요 예제
  - backup.cpio 에서 파일들을 추출한다.

  ```
  $ cpio -iv < home/test-account/backup.cpio
  ```

  - backup.cpio 내의 파일 목록만을 출력한다.

  ```
  $ cpio -ivt < home/test-account/backup.cpio
  ```

- Copy-pass 모드 주요 예제
  - find로 찾은 파일 목록을 new-dir에 복사한다. find 명령어의 -depth 옵션은 디렉터리 내의 파일을 먼저 열거함을 의미하고 -print0 옵션은 파일 목록을 null 종료 스트링으로 생성함을 의미한다. cpio 명령어의 --null 옵션은 null 종료 스트링의 목록을 받는다는 의미이고 -p는 Pass-through임을 의미하고 -d는 지정한 디렉터리로 복사함을 의미한다.

  ```
  % find . -depth -print0 | cpio --null -pvd new-dir
  ```

3 파일 시스템 및 디스크 백업

(1) dump

- 주로 파티션 단위로 백업할 때 사용하는 명령어이다.
- 형식

```
dump [options] [backup_device] [backup_file_or_device]
```

- 옵션

옵션	의미
-0~9	- 레벨을 지정한다. - 0 단계는 전체 백업이며 1 단계부터는 부분 백업을 의미한다.
-f	백업할 장치나 파일을 지정한다.
-u	dump 완료 후 /etc/dumpdates라는 파일에 백업 정보를 기록한다.

- 주요 예제
  - /dev/hda7 전체를 백업하여 backup.dump를 생성한다. 백업 정보는 /etc/dumpdates에 기록한다.

  ```
  $ dump -0u -f backup.dump /dev/hda7
  ```

  - /home 디렉터리 전체를 /dev/nst0이라는 장치에 백업한다.

  ```
  $ dump -0f /dev/nst0 /home
  ```

(2) dd

- dd 명령어는 지정한 장치를 지정한 형식으로 변환하는 명령어이다. 보통 파티션이나 디스크 단위로 백업하는 용도로도 사용된다. 또는 CD 장치에서 ISO 이미지를 추출할 때도 사용된다.
- 형식

```
dd [option] …
```

- 옵션

옵션	설명
if	표준 입력 대신에 지정한 파일이나 장치에서 읽는다.
of	표준 출력 대신에 파일이나 장치로 쓴다
bs	- 블록을 읽거나 쓸 때 크기를 지정한다. - 바이트 단위이다.

- 주요 예제
  - /dev/sda1 장치를 /dev/sdb1 장치로 백업한다. 블록 크기는 1KB로 설정한다.

    ```
    $ dd if=/dev/sda1 of=/dev/sdb1 bs=1k
    ```

  - /dev/sda 장치를 홈디렉터리의 disk.img 파일로 백업한다.

    ```
    $ dd if=/dev/sda of=~/disk.img
    ```

(3) restore

- dump 명령으로 생성한 백업 파일을 복원할 때 사용한다.
- 형식

  ```
  restore [option] backup_name
  ```

- 옵션

옵션	의미
-i	대화 모드를 통하여 복원할 파일을 지정한다.
-f	- 복원할 파일을 지정한다. - 테이프(/dev/st0)나 디스크(/dev/sda1)같은 장치일 수도 있다.
-r	- 파일 시스템을 복원한다. - 파일 시스템은 미리 마운트가 되어 있어야 한다. - 보통 0번 레벨의 전체 백업 이미지를 먼저 복원하고 다음 차례대로 1, 2, … 레벨의 증분 백업 이미지를 복원한다.

- 주요 예제
  - backup.dump 파일을 복원한다.

    ```
    $ restore -rf backup.dump
    ```

  - 대화 모드에서 backup.dump 파일을 복원한다. ls 명령은 백업 파일의 내용을 살펴볼 수 있고 extract는 복원하는 명령어이다.

    ```
    $ restore -if backup.dump
    restore > help
    Available commands are:
            ls [arg] - list directory
            cd arg - change directory
            pwd - print current directory
            add [arg] - add 'arg' to list of files to be extracted
            delete [arg] - delete 'arg' from list of files to be extracted
    ```

```
extract – extract requested files
setmodes – set modes of requested directories
quit – immediately exit program
what – list dump header information
verbose – toggle verbose flag (useful with "ls")
prompt – toggle the prompt display
help or '?' – print this list
```

4 네트워크 백업

(1) rsync

- 네트워크로 연결된 리모트 컴퓨터의 파일들을 동기화하는 도구이며 속도가 빠르다.
- 로컬 컴퓨터와 다른 원격의 호스트, 원격 셸, rsync 데몬 간 파일 복사가 가능하다. 다양한 옵션을 제공하고 복사할 파일 목록을 지정하기 위한 유연한 방식을 제공한다. 전송할 파일과 원격지의 파일 간 차이점을 계산하여 전송하는 델타 전송(delta-transfer) 알고리즘을 적용해 네트워크 전송 속도를 비약적으로 향상시키고 있다. 우수한 성능으로 반복되는 백업이나 미러링 등의 작업에 사용된다.

기능	설명
다양한 속성 복사	파일 링크, 장치, 소유자, 그룹, 접근 권한 복사 지원
제외 기능	GNU tar와 유사하게 제외 기능 제공
예외 기능	CVS의 무시 기능과 동일한 CVS 파일 예외 기능 제공
원격 셸	ssh, rsh와 같은 원격 셸 지원
사용자 권한	파일 복사를 할 때 루트 권한 불필요
파이프라인 전송	지연 시간 최소화를 위한 파이프 라인을 통한 파일 전송
익명 및 사용자 인증	미러링에 최적화된 익명(anonymous)이나 사용자 인증 로그인이 가능한 rsync 데몬 제공

- 형식

```
$ rsync [option] source destination
```

• 옵션

옵션	설명
-r, --recursive	지정한 디렉터리의 모든 파일 및 하위 디렉터리까지 복사한다.
-l, --links	파일에 대한 링크를 그대로 보존하여 복사한다.
-p, --perms	사용자 접근 권한을 그대로 보존하여 복사한다.
-t, --times	파일 수정 시간을 원격지에 전송해 파일 복사 시 보존되도록 한다.
-g, --group	그룹 소유권을 그대로 보존하여 복사한다.
-o, --owner	루트 사용자만이 가능하며 소유자를 그대로 보존하여 복사한다.
-D, --devices, --specials	원격지의 캐릭터와 블록 디바이스, 소켓, FIFO 등 장치, 특수 파일로 복사 가능하게 하며, 루트 권한이 필요하다.
-H, --hard-links	하드 링크를 보존한다.
-a, --archive	-rlptgoD와 동일한 옵션이며 여러 파일을 하나로 묶는 아카이브 모드로 동작한다.
-v, --verbose	파일 복사 과정에 대한 상세한 정보를 출력한다.
-u, --update	파일 수정 시간을 기준으로 판단하여 전송할 파일보다 최신 파일이 존재하는 경우 파일 전송을 건너뛴다.
-z, --compress	파일을 전송할 때 데이터를 압축해서 보내며, 네트워크 트래픽을 줄일 수 있기 때문에 대역폭이 작은 네트워크에서 사용하면 유리하다.
-b, --backup	백업할 때 동일한 파일이 존재하는 경우에 이름을 변경하거나 특정 디렉터리로 옮기거나 삭제할 수 있으며, 기본은 ~를 붙여서 이름을 변경한다.
-e, --rsh	원격지와 연결할 프로그램을 지정하고, 기본값은 ssh이며 이를 대체할 수 있는 프로그램을 지정할 수 있다.

• 주요 예제
 - /home의 모든 파일을 속성까지 동일하게 원격지 francis 호스트의 public_html에 복사한다. 파일을 전송하는 사이 압축해서 보낸다.

```
$rsync -avz /home francis:public_html/
```

합격을 다지는 예상문제

01 다음은 GRUB 패스워드를 설정하는 과정의 일부이다. ( ) 안에 들어갈 내용으로 알맞은 것은?

```
$ grub2-mkpasswd-pbkdf2
Enter password:
Reenter password:
PBKDF2 hash of your password is grub.
pbkdf2.sha512.10000.10479EF9336E9F9B
0BE733C24FE4B3A1363D26D1218ED1A8
EFFFD30E488B56EEC3CB0CA73A144E5
3D6176007BB8E3BB0BAF819583ECB6B
B7907036B42A0281FB.8E239876F5ABCA
54A1837FF7B63289A86BA6496B29D3
ABD45DE17805A069768FCD2268E248
BA50F4FFA515F6D442DF303FCC7BBA
96F9D85C22E543635C8AC5D
# vi /etc/grub.d/40_custom

#!/bin/sh
exec tail -n +3 $0
# This file provides an easy way to add
custom menu entries. Simply type the
# menu entries you want to add after this
comment. Be careful not to change
# the 'exec tail' line above.
set superusers="root"
(            ) root grub.pbkdf2.sha512.10
000.10479EF9336E9F9B0BE733C24FE4
B3A1363D26D1218ED1A8EFFFD30E488B
56EEC3CB0CA73A144E53D6176007BB8
E3BB0BAF819583ECB6BB7907036B42A02
81FB.8E239876F5ABCA54A1837FF7B63289
A86BA6496B29D3ABD45DE17805A069768
FCD2268E248BA50F4FFA515F6D442DF30
3FCC7BBA96F9D85C22E543635C8AC5D
```

① password_pbkdf2
② password
③ password_sha512
④ password_pbkdf2_sha512

암호화되지 않은 패스워드를 사용한 경우 password_pbkdf2 대신 password를 사용한다.

02 커널 메시지 중 에러 이상의 메시지만을 ihduser 사용자의 터미널에 나타나도록 rsyslog.conf 파일에 설정하는 내용으로 알맞은 것은?

① kern.err   ihduser
② kern.crit   @ihduser
③ @ihduser   kern.err
④ ihduser   kern.crit

설정 파일의 각 rule은 selector와 action으로 구분된다. selector는 다시 facility와 priority로 구성되고 action은 selector에 의해 선택된 로그에 대한 액션을 지정한다. 보통은 로그 파일을 지정한다.

03 다음 ( ) 안에 사용 가능한 명령어로 알맞은 것은?

```
# ls . | (      ) > home.backup
```

① tar 명령과 옵션
② cpio 명령과 옵션
③ dump 명령과 옵션
④ rsync 명령과 옵션

ls . 명령의 결과를 표준 입력으로 받을 수 있는 명령은 cpio뿐이다.

정답 01 ① 02 ① 03 ②

04 다음은 tar 명령을 이용해서 증분 백업(incremental backup)하는 과정이다. 복원 순서를 고르시오.

```
# tar list -cvfp home.tar /home
# tar list -cvfp home2.tar /home
# tar list -cvfp home3.tar /home
# tar list -cvfp home4.tar /home
```

① home.tar → home2.tar → home3.tar → home4.tar
② home4.tar → home3.tar → home2.tar → home.tar
③ home.tar → home3.tar → home2.tar → home4.tar
④ home.tar → home2.tar → home4.tar → home3.tar

증분 백업은 백업한 순서대로 복원하면 된다.

05 다음 설명에 사용할 수 있는 명령어로 알맞은 것은?

project 그룹에 속해있지 않은 ihduser에서 project 그룹 소유의 document 파일에 쓰기 권한(w)이 가능하도록 설정한다.

① setfacl -m u:ihduser:w document
② setfacl -x u:ihduser:w document
③ setfacl -m g:ihduser:w document
④ setfacl -x g:ihduser:w document

리눅스의 기본 허가권은 파일에 대한 소유자, 그룹, 다른 사용자에 대해서만 허가권을 지정할 수 있다. 해당 그룹에 속하지 않은 사용자가 그룹 소유의 파일에 접근 가능하게 하려면 setfacl 명령의 -m 옵션을 통해 ACL을 설정해야 한다.

06 다음 설명에 해당하는 백업 도구로 가장 알맞은 것은?

로컬 컴퓨터와 다른 원격의 호스트, 원격 셸 간 파일 복사가 가능하다. 전송할 파일과 원격지의 파일간 차이점을 계산하여 전송하는 델타 전송(delta-transfer) 알고리즘을 적용해 네트워크 전송 속도를 비약적으로 향상시키고 있다. 우수한 성능으로 반복되는 백업이나 미러링 등의 작업에 사용된다.

① dd
② cpio
③ rsync
④ dump

rsync는 두 대의 호스트에 저장된 파일을 서로 동기화하는 서버로 백업을 위해서도 유용하게 사용되는 명령이다.

07 다음 설명에 해당하는 보안 기능으로 알맞은 것은?

리눅스는 root 권한을 획득하면 시스템의 모든 제어가 가능하다는 점이 때로는 심각한 보안 위협으로 다가오기도 한다. 보통은 root 권한으로 실행하는 데몬을 최소로 유지하지만 잘 알려진 포트(well-known port)의 경우 root만 사용할 수 있어 어쩔 수 없이 root 권한을 사용할 수밖에 없다. 이를 해결하기 위해 root 권한이라 하더라도 미리 지정한 권한으로 리소스를 접근 가능하게 하는 강력한 강제 접근 제어가 필요하다.

① Nessus
② GnuPG
③ John the Ripper
④ SELinux

SELinux는 강제 접근 제어(MAC)를 포함한 접근 제어 보안 정책을 지원하는 리눅스 커널 보안 모듈이다.

정답 04 ① 05 ① 06 ③ 07 ④

08 다음 중 각 계정에 대한 마지막 로그인 정보를 확인할 수 있는 명령으로 알맞은 것은?

① last　　② lastb
③ lastlog　④ dmesg

lastlog는 각 계정에 대한 마지막 로그인 정보를 출력하는 명령이다.

09 다음 중 cat 명령으로 텍스트 모드로 열람이 가능한 로그 파일로 알맞은 것은?

① wtmp　　② lastlog
③ btmp　　④ secure

wtmp, lastlog, btmp를 열람하기 위해서는 전용 명령이 필요하다. wtmp는 last 명령이 필요하고, lastlog는 lastlog 명령이 필요하며, btmp는 lastb 명령이 필요하다.

10 다음 중 백업 대상이 되는 디렉터리의 조합으로 알맞은 것은?

| ㉠ /etc | ㉡ /tmp | ㉢ /usr | ㉣ /var |

① ㉠, ㉢, ㉣　　② ㉠, ㉡, ㉢
③ ㉡, ㉢, ㉣　　④ ㉠, ㉡, ㉢, ㉣

/tmp는 임시 파일을 저장하는 디렉터리로 백업이 불필요하다.

11 다음 중 rsync 명령에 관한 설명으로 틀린 것은?

① 네트워크로 연결된 원격지의 파일들을 동기화하는 유틸리티이다.
② ssh나 rsh를 이용하여 전송 가능하고 root 권한이 필요하다.
③ rcp에 비해 처리속도가 우수하고 다양한 기능을 제공한다.
④ 로컬 시스템 백업 시에는 별다른 서버 설정 없이 사용이 가능하다.

rsync 명령은 root 권한이 불필요하다.

12 다음 중 dd 명령어에 대한 설명으로 틀린 것은?

① 파티션이나 디스크 단위로 백업할 때 사용한다.
② 백업할 때 복사할 블록 단위를 지정 가능하다.
③ CD 장치에서 ISO 이미지를 추출하는 경우 사용 가능하다.
④ 파일 단위로 백업 가능하다.

dd(data dumper) 명령어는 데이터를 블록 단위로 변환 혹은 복사하는 명령어이다. 파일 단위로 백업은 불가하다.

13 SSH(Secure Shell)의 설명으로 틀린 것은?

① 원격 복사(scp)를 지원한다.
② 안전한 파일 전송(sftp)를 지원한다.
③ 기본 사용 포트는 22이다.
④ rsh와 같은 원격 셸을 지원하지는 않는다.

SSH는 rsh와 같은 원격 셸을 지원한다.

14 다음 설명하는 내용에 알맞은 것은?

2004년 레이너 게르하르드(Rainer Gerhards)를 주축으로 오픈소스 프로젝트로 시작되었다. IP 통신을 통한 로그 기능 구현을 목적으로 하였다. 멀티 쓰레드를 지원하고, TCP, SSL, TLS, RELP 프로토콜을 지원하며, MySQL, PostgreSQL, Oracle과 같은 데이터베이스도 지원한다. 로그 목록 제한, 로그 필터링, 다양한 출력 포맷 기능을 제공한다.

① logrotate　　② rsyslog
③ lastlog　　　④ vsyslog

rsyslog는 로그 기록과 관련된 리눅스 초기의 syslog를 대체하여 성능을 대폭 강화한 패키지로 멀티 쓰레드 지원, TCP 프로토콜 지원, SSL 및 TLS 지원, 데이터베이스 로그 관리 지원 등과 같은 다양한 기능을 지원한다.

정답 08 ③　09 ④　10 ①　11 ②　12 ④　13 ④　14 ②

15 다음 중 PAM(Pluggable Authentication Modules)의 control-flag 설명 중 틀린 것은?

① requisite : 이 플래그가 설정된 모듈의 체크는 반드시 성공 되어야 한다. 실패의 경우 즉시 실패를 반환한다
② required : 이 플래그가 설정된 모듈의 체크는 반드시 성공 되어야 한다. 그러나 실패하더라도 즉시 반환 하지 않고 동일한 module-type의 모듈 체크를 일부 수행 후 실패를 반환한다.
③ sufficient : 이 플래그가 설정된 모듈의 체크가 성공하면 더 이상 나머지 모듈을 체크하지 않는다.
④ optional : 해당 모듈의 체크가 성공하든 실패하든 중요하지 않다.

required 항목은 반드시 성공되어야 하나 실패하더라도 동일한 module-type의 모듈 체크를 일부가 아닌 모두 수행한다.

16 다음 중 가장 최근에 시스템이 재부팅된 정보를 두 개의 항목으로 출력하려 할 때 알맞은 명령은?

① lastb -2 reboot
② lastb -L 2 reboot
③ last -2 reboot
④ last -L 2 reboot

last : /var/log/wtmp 정보를 참조하여 로그인, 로그아웃, 리부팅 이력을 확인하는 명령이다. -num 옵션을 사용하여 출력할 항목의 개수를 정할 수 있다.

17 다음 중 sudo에 관련된 설명이 아닌 것은?

① 특정 사용자 또는 특정 그룹에 root 사용자 권한을 가질 수 있게 하는 도구이다.
② 환경설정 파일을 편집할 때 전문 편집 도구인 vi 명령어를 사용하는 것이 안전하다.
③ 적용된 사용자는 'sudo 명령어' 형태로 실행하며 root 권한을 대행한다.
④ 환경설정 파일은 /usr/bin/sudo이다.

환경설정 파일을 안전하게 편집하기 위해서는 전용 편집 도구인 visudo를 사용하는 것이 안전하다.

18 다음 설명에 알맞은 것은?

> 시스템이 부팅할 때 커널 링 버퍼에 출력되었던 로그가 기록되는 파일로, 보통 커널 부트 메시지 로그라고 한다.

① /var/log/secure
② /var/log/lastlog
③ /var/log/wtmp
④ /var/log/dmesg

부팅 시 시스템에 의해 기록되는 로그는 커널 링 버퍼에 축적되고 최종적으로는 /var/log/dmesg 파일에 보관된다. 이 내용은 dmesg 명령어로 내용을 확인할 수 있다.

19 다음 각 명령어와 관계있는 파일 연결이 틀린 것은?

① lastlog : /var/log/lastlog
② dmesg : /var/log/dmesg
③ last : /var/log/tmp
④ lastb : /var/log/btmp

last 명령어는 /var/log/wtmp 정보를 참조하여 로그인, 로그아웃, 재부팅 이력을 확인한다.

정답 15 ② 16 ③ 17 ② 18 ④ 19 ③

PART

03

네트워크 및 서비스의 활용

CHAPTER 01

네트워크 서비스

섹션 차례

SECTION 01 웹 관련 서비스
SECTION 02 인증 관련 서비스
SECTION 03 파일 관련 서비스
SECTION 04 메일 관련 서비스
SECTION 05 DNS 관리 서비스
SECTION 06 가상화 관리 서비스
SECTION 07 기타 서비스

SECTION 01 웹 관련 서비스

1 웹의 개념과 구성요소

(1) 웹의 개요

① 웹(Web, World Wide Web의 약자)이란 컴퓨터, 프로그램 등 다양한 시스템이 인터넷으로 상호 연결되어 문서와 정보를 공유하는 서비스를 의미한다.

② 웹은 웹 브라우저(Web Browser)를 사용하여 하이퍼텍스트(Hypertext) 형식으로 구성된 웹 문서를 탐색하며, 이때 하이퍼링크(Hyperlink)를 참조한다.

- 하이퍼텍스트 : 링크(link)를 이용하여 상호 연결된 문서로, 즉시 접근하여 자유롭게 참조할 수 있는 형식으로 구성된다. 웹은 HTML(HyperText Markup Language)과 HTTP(HyperText Transfer Protocol)를 이용하여 구현된다.
- 하이퍼링크 : 하이퍼텍스트 문서에서 문서, 이미지 등 모든 자료를 연결하고 가리킬 수 있는 참조 정보로 보통 URL(Uniform Resource Locator) 형식으로 구성되며, 인터넷상에서 유일한 위치를 가리킨다.

(2) 웹의 구성요소

① 웹 문서(HTML)
- HTML은 W3C(http://www.w3c.org)에서 주관하여 관리한다.
- .html 확장자를 가진 정적 HTML 문서와 .php, .jsp, .asp 등의 확장자를 가진 동적 문서로 구성된다.
- 동적 웹 문서는 PHP(PHP-Hypertext Preprocessor), 자바 서블릿(Java Servlet), 파이썬(Python) 등 웹과 함께 설치된 외부 모듈에 의하여 동적으로 생성된다.
- HTML 문서에 자바 스크립트(JavaScript)와 같은 웹 브라우저(웹 클라이언트)에서 실행되는 프로그램 루틴을 추가하여, 정적 문서의 제한된 기능을 보완할 수 있다.

② 웹 서버
- 웹 브라우저(웹 클라이언트)의 요청에 따라 웹 문서를 전달하는 서비스 프로그램으로 Apache, IIS, Nginx, GWS와 같은 다양한 종류의 웹 서버가 존재한다.

- 주요 웹 서버의 특징

웹 서버	특징
Apache	- 아파치 재단이 주도하는 대표적인 오픈소스 웹 서버이다. - 사용자의 요청에 따라 별도의 프로세스 혹은 쓰레드를 생성하여 처리한다. - Loadable Module 기능을 제공하여 서버의 동작을 확장할 수 있다.
IIS	- 마이크로소프트(Microsoft)가 개발 및 제공하는 웹 서버이다. - 마이크로소프트 ASP(Active Server Page)를 지원하며, GUI(Graphic User Interface) 기반의 관리 콘솔을 이용한 설정 및 관리가 편리하다.
Nginx	- NGINX사가 개발 및 제공하는 웹 서버로 비동기 이벤트 방식으로 동작한다. - 로드밸런스(Load Balance), HTTP 캐시(Cache), 리버스 프록시(Reverse Proxy) 등의 기능을 기본으로 제공한다.
GWS	구글이 제공하는 웹 서버(Google Web Server)이다.

- 초기의 웹 서버는 웹 문서를 전달하는 단순한 기능만을 제공하였으나, 최근의 웹 서버는 동적 페이지, 로그인 및 세션 관리, 다중 웹 호스팅, QoS(Quality of Service) 제한 등 다양한 기능을 자체 기능 혹은 확장 모듈을 이용하여 제공한다.

> 더 알기 TIP
>
> **마이크로 서비스 아키텍처(MSA, Micro Service Architecture)**
> - 최근 많은 서비스들이 웹을 기반으로 동작하고 있으며, 이를 효과적으로 개발하고 운영하는 것이 중요하다. 이를 위해 여러 가지 개발 방법론과 설계 기법이 등장하였는데, 그 중 마이크로 서비스 아키텍처가 주목받고 있다.
> - 마이크로 서비스 아키텍처는 전체 서비스를 작은 단위의 독립적인 서비스로 설계 및 구현한 후, 상호 연동하는 방식으로 서비스를 개발한다.

③ 웹 브라우저

- 웹 브라우저는 사용자의 요청을 웹 서버에 전달하고 필요한 HTML 문서 및 관련 컨텐츠를 전송 받아 사용자에게 표시한다.
- 대표적인 웹 브라우저 프로그램 및 주요 특징은 다음의 표와 같다.

웹 브라우저	특징
파이어폭스(Firefox)	- 모질라(Mozilla) 재단에서 개발한 오픈소스 웹 브라우저로 리눅스, 윈도우, macOS 등 다양한 운영체제에서 동작한다. - 게코(Gecko) 엔진을 기반으로 HTML을 해석하여 화면에 표시한다.
크롬(Chrome)	- 구글(Google)에서 개발한 웹 브라우저로 구글이 제공하는 다양한 서비스와 잘 연동된다. - 웹킷(Webkit) 엔진을 기반으로 HTML을 해석하여 화면에 표시한다.
오페라(Opera)	노르웨이의 오페라 소프트웨어 ASA(Opera Software ASA)에서 개발한 웹 브라우저로 탭브라우징 등을 최초로 선보였다.
Microsoft Edge 브라우저	- 마이크로소프트 윈도우에 기본 탑재된 웹 브라우저이다. - ActiveX 컨트롤을 사용하지 않고 HTML5를 기반으로 동작한다.
사파리(Safari)	애플 macOS에 기본 탑재된 웹 브라우저이다.

- 최근 웹 브라우저는 북마크, 다운로드 목록 관리, 검색엔진 설정 등의 기능을 기본 제공하며, 제3자(3rd party)가 개발한 부가기능 모듈을 추가하여 사용할 수 있다.
- 웹 브라우저가 제공하는 개발자 도구(Developer Tools)를 사용하여 웹의 동작 방식과 내부 구조를 분석할 수 있다.

▲ 파이어폭스의 개발자 도구

④ HTTP 프로토콜(HTTP Protocol)

- 웹 브라우저와 웹 서버가 상호 통신하기 위해 사용하는 프로토콜로, 데이터를 요청 및 전송하기 위해 사용하는 표준 규약이다.
- HTTP 프로토콜의 세부 설명은 '2 웹의 동작 원리와 HTTP 프로토콜'을 참고한다.

> 더 알기 TIP

REST(Representational State Transfer)
- 자원(resource)을 URI(Uniform Resource Identifier)로 명시하고 HTTP의 주요 메소드(method)인 GET, POST, PUT, DELETE 등을 이용하여 처리하는 방식이다.
- 특히 웹을 기반으로 한 서비스들의 주요 기능을 호출하고 상호 연동하기 위한 표준 프로토콜로 많이 사용된다.

(3) 웹의 발전 동향

① 정적 HTML 중심의 단순한 웹, 웹을 중심으로 한 서비스 플랫폼, 지능형 웹까지 시대별 웹의 발전 동향을 정리하면 다음의 표와 같다.

구분	특징
웹 1.0	• 1990년대의 정적 HTML 중심의 웹이다. • 웹 사이트를 체계적으로 분류한 디렉터리를 이용하여 자료를 검색한다.
웹 2.0	• 2004년 오라일리(O'Reilly)가 주창한 참여, 공유, 개방 중심의 웹이다. • 위키피디아(Wikipedia)와 같은 집단지성을 활용한 서비스가 등장한다. • 웹이 서비스 플랫폼으로 확장되는 계기가 되었다.
웹 3.0	• 시멘틱 웹(Semantic Web) 기술을 기반으로 컴퓨터에 의해 정보를 처리하여 제공하는 지능형 웹이다. • 자원을 관계와 의미 정보로 처리할 수 있는 온톨로지(Ontology)로 표현하고, 사용자에게 맞춤형 콘텐츠 및 서비스를 제공한다.

➕ 더 알기 TIP

웹과 관련된 주요 용어

- 크로스 브라우징(Cross Browsing) : 웹 표준 기술을 이용하여 인터넷 익스플로러, 크롬, 사파리 등 웹 브라우저의 기술적 특징과 관계 없이 동일한 정보를 보여줄 수 있는 특징을 말한다. 국내의 경우 최소 3종 이상의 브라우저 지원을 권장한다.
- 반응형 웹(Responsive Web) : 데스크톱(PC), 모바일 장치와 같이 화면 해상도 등이 다른 환경에 적절히 반응하여 웹 콘텐츠를 표시하는 방법으로, HTML5와 CSS3를 주요 기술로 사용한다.
- HTML5 : W3C의 차세대 HTML 표준으로 웹 페이지의 구조적인 개발, 멀티미디어 콘텐츠 재생, 비동기 기능 구현 등을 위한 태그(Tag)와 API(Application Programming Interface)를 포함한다.

2 웹의 동작 원리와 HTTP 프로토콜

(1) 웹의 동작 원리

① 웹의 기본 구조

▲ 웹의 기본 구조

- 웹 서비스를 위한 서버 측의 구성은 기본적으로 방화벽, 웹 서버, WAS(Web Application Server), DB(Database) 서버로 구성된다.
- 웹 서비스의 구성 항목

항목	설명
방화벽(Firewall)	- 네트워크를 이용한 악의적인 공격으로부터 내부망(Internal Network)과 내부 시스템을 보호하기 위한 보안 장비이다. - 주로 IP 주소와 포트(Port) 번호를 기반으로 서비스 접속의 허가 여부를 결정한다.
웹 서버(Web Server)	- HTTP 프로토콜을 이용하여 웹 클라이언트의 요청을 처리하고 응답한다. - 사용자의 요청에 빠르게 응답하며, 최적의 UI(화면구성)를 제공하는 것을 목적으로 한다.
웹 응용 서버(WAS)	- 웹 기반 서비스의 응용(Application) 역할을 담당한다. - 웹 서버와 응용 서버를 분리하여 구성하므로, '사용자 요청에 대한 응답에 최적화된 웹 서버'의 장점과 '복잡한 로직을 처리하고 기능의 확장에 유리한 응용 서버'의 장점을 모두 제공하게 된다.
DB(DataBase) 서버	서비스를 위한 주요 데이터(data), 사용자 데이터 등을 저장하고 관리한다.

② 웹 브라우저에 웹 페이지가 표시되는 과정

- 사용자가 'http://www.youngin.com/show.php?name=master'와 같은 URL을 웹 브라우저의 주소창에 직접 입력하거나, 링크(link)를 클릭한다.
- DNS(Domain Name System) 조회(Query)를 통하여 www.younggin.com을 IP 주소로 변환한다.
- TCP의 3way-handshaking 연결 방식으로 웹 서버에 연결하며, 일반적으로 80 포트를 이용한다. 만일 HTTPS일 경우 443 포트를 이용하여 접속한다.
- HTTP 프로토콜을 이용하여 웹 서버에 '/show.php?name=master'를 요청(Request)한다.
- show.php는 서버에서 실행되는 기능으로, 관련 기능에 따라 WAS와 상호 연동한다. 이때, 필요할 경우 데이터베이스의 정보를 이용한다.
- 웹 서버는 최종 정보를 웹 브라우저에 응답(Response)하고, 웹 브라우저는 전송 받은 내용을 표시한다.
- TCP의 4way-handshaking 연결 종료 방식으로 웹 서버와의 연결을 종료(Close)한다.

▲ 웹 브라우저의 웹 서버의 통신 방식(index.html과 index.jpg 요청 및 응답)

> 🟢 **더 알기 TIP**
>
> **HTTP v1.1의 Keep-Alive 기능 확인**
> - HTTP v1.0은 연결을 유지하지 않는 비연결성(stateless) 방식으로 동작하며, HTTP 프로토콜을 이용하여 정보를 주고받은 후 연결을 종료한다. 따라서, 이미지 등 다양한 콘텐츠로 구성된 HTML을 표시하기 위해 여러 번 연결 및 연결 종료 과정을 거치게 된다.
> - HTTP v1.1은 Keep-Alive라는 방식을 기본으로 지원한다. Keep-Alive는 특정 시간 동안 연결을 유지하며, 여러 개의 요청 및 응답을 처리하는 효율적인 방식이다.

(2) HTTP 프로토콜

① HTTP(HyperText Transfer Protocol) 프로토콜

- 웹 클라이언트(HTTP Client, 웹 브라우저)와 웹 서버(HTTP Server) 사이에 데이터를 요청 및 전송하기 위한 표준 규약이다.

② HTTP 요청 메소드(Request Method)

- 클라이언트가 서버에게 데이터 및 관련 정보를 요청하기 위해 전달하는 명령어이다.
- HTTP의 주요 요청 메소드

메소드	설명
GET	URL 형식으로 리소스(resource) 데이터를 요청한다.
HEAD	리소스의 헤더(header) 정보를 요청하며, 서버는 응답 메시지로 본문(body)을 제외한 헤더 정보만 사용한다.
POST	- HTTP 요청을 헤더와 바디로 구분하여 사용하고, 요청할 내용을 바디에 담아 서버에 전송한다. - 주로, 폼(form)문을 이용한 데이터 전송에 사용된다.

PUT	새로운 문서를 만들거나 기존 정보를 갱신하기 위해 사용한다.
DELETE	웹의 리소스(파일)를 삭제하기 위해 사용한다.
CONNECT	프록시(proxy)와 같은 중간 서버에 접속하기 위해 사용한다.
TRACE	요청한 리소스가 수신되는 경로를 확인하기 위해 사용한다.
OPTIONS	웹 서버가 제공하는 메소드를 확인하기 위해 사용한다.

③ HTTP 응답과 응답코드(HTTP Response Code)
- 웹 클라이언트의 요청에 대한 응답 시, 웹 서버는 HTTP 프로토콜의 버전, 웹 서버 정보, 상태코드, 데이터 정보(Header 정보) 등을 함께 전송한다.
- 상태코드(Status Code)는 HTTP 규약(RFC 2616)에 정의된 값으로, 응답 정보 및 서버의 상태를 확인하는 데 사용할 수 있다.
- 상태코드의 세부 내용은 2024년 기준 'https://datatracker.ietf.org/doc/html/rfc2616#section-10'에서 확인할 수 있다.
- HTTP 상태코드는 1xx(조건부응답, 정보교환), 2xx(성공), 3xx(리다이렉션), 4xx(요청오류), 5xx(서버오류)로 구분된다.
- HTTP 1xx 상태코드

상태코드	설명
100	Continue
101	Switching Protocols

- HTTP 2xx 상태코드

상태코드	설명
200	- OK - 오류없이 전송 성공
201	Created
202	Accepted
203	Non-Authoritative Information
204	No Content
205	Reset Content
206	Partial Content

• HTTP 3xx 상태코드

상태코드	설명
300	Multiple Choices
301	Moved Permanently
302	Moved Temporary
303	See Other
304	Not Modified
305	Use Proxy

• HTTP 4xx 상태코드

상태코드	설명
400	- Bad Request - 클라이언트의 요청이 잘못되었다(문법오류).
401	- Unauthorized - 요청에 대한 권한이 부족하다(인증실패).
402	- Payment Required - 결재가 필요한 요청이다.
403	- Forbidden - 리소스에 대한 권한이 없다(인가실패).
404	- Not Found - 존재하지 않은 리소스를 요청하였다.
405	- Method Not Allowed - 지정된 방식으로 요청할 수 없다.
406	Not Acceptable
407	Proxy Authentication Required
408	- Request Timeout - 요청시간이 오래되어 연결을 끊는다.
409	Conflict
410	Gone
411	Length Required
412	Precondition Failed

413	Request Entity Too Large
414	Request URI Too Large
415	Unsupported Media Type

- HTTP 5xx 상태코드

상태코드	설명
500	- Internal Server Error - 서버 내부 오류
501	Not Implemented
502	Bad Gateway
503	Service Unavailable
504	Gateway Timeout
505	HTTP Version Not Supported

④ **HTTP 헤더(Header) 구조**

- HTTP 프로토콜의 요청과 응답은 헤더(부가 정보)와 바디(Body, 실제 데이터)로 구성된다.
- HTTP의 헤더와 바디는 개행 문자인 '\r\n'으로 구분된다. 즉, 헤더와 바디 사이에 한 개의 빈 줄(line)이 존재한다.
- HTTP 헤더는 요청과 응답에 공통으로 사용되는 공통 헤더, HTTP 요청 헤더, HTTP 응답 헤더로 구분할 수 있다.
- HTTP 공통 헤더의 주요 항목

공통 헤더 주요 항목	설명
Date	- HTTP 메시지를 생성한 일시로 RFC 1123을 따른다. - 예 Date : Tue, 19 Nov 2019 04:13:24 GMT
Connection	- Keep-Alive를 설정할 수 있다 - 예 Connection : keep-alive
Cache-Control	- Cache 속성을 설정한다. - no-store(캐시 저장하지 않음), no-cache(서버에 확인 후 캐시 사용), must-revalidate(만료된 캐시를 서버에 확인), public(공유 캐시에 저장), private(특정 사용자 환경에서만 저장), max-age(캐시 유효기간 명시) 등을 설정할 수 있다.

Content-Type	– 이미지, 오디오, 텍스트 등 콘텐츠 종류를 지정한다. – 텍스트일 경우 문자 인코딩 방식을 지정할 수 있다. – 예) Content-Type : text/html; charset=utf-8
Content-Encoding	– 데이터의 압축 방식을 지정한다. – 예) Content-Encoding : gzip, deflate
Content-Length	– 전송할 데이터(body)의 크기를 지정한다. – 예) Content-Length : 34

• HTTP 요청 헤더의 주요 항목

요청 헤더 주요 항목	설명
Method, URL, HTTP 버전	– GET, POST 등 HTTP 요청 메소드 – 요청하는 URL – HTTP 버전 정보 – 예) Get /example/test.html HTTP/1.1
Accept	– 서버로부터 전송 받고자 하는 콘텐츠의 마임(MIME) 타입을 지정한다. 이를 통해 웹 브라우저에 최적화된 타입의 데이터를 사용할 수 있다. – Accept-Charset(문자 인코딩 타입), Accept-Language(지원 언어), Accpet-Encoding(gzip과 같은 압축 형식) 등을 지정할 수 있다. – 예) Accept : image/gif, image/png – 예) Accept-Languge : ko, en-US
If-Modified-Since	– 지정한 날짜 이후로 변경된 경우에만 수신하도록 지정한다. – 예) If-Modified-Since : Mon, 18 Jul 2016 12:15:00 GMT
User-Agent	– 웹 브라우저(웹 클라이언트)의 정보를 지정한다. – 예) User-Agent : Mozilla/5.0 (Windows NT 10.0; Win64; x64) AppleWebKit/537.36(KHTML, like Gecko) Chrome/78.0.3904.97 Safari/537.36
Cookie	웹 서버의 요청에 의해 클라이언트에 저장해 놓은 쿠키를 키와 값의 쌍으로 전송한다. 대표적으로 Session ID가 있다.
Host	– 대상 서버의 도메인 이름으로 포트 정보를 포함할 수도 있다. – 예) Host : www.youngjin.com
Origin	해당 요청이 어느 주소에서 시작되었는지 명시한다.
Referer	– 이번 요청 이전의 페이지 주소를 지정한다. – 참고로 영문 철자는 Referrer가 맞으나 헤더 항목은 'Referer'이다. – 예) Referer : https://www.google.com

• HTTP 응답 헤더의 주요 항목

응답 헤더 주요 항목	설명
HTTP 버전, 응답코드	- HTTP 버전 정보 - HTTP 프로토콜에 정의된 응답코드 - 예) HTTP/1.1 200 OK
Server	- 웹 서버의 정보를 명시한다. - 예) Server : Apache/2.2.24
Location	응답코드 301, 302 리다이렉션 상태에서 위치 정보를 지정한다.
Set-Cookie	- 클라이언트에 저장할 쿠키 정보를 지정한다. - Expires(만료일), Secure(HTTPS에서만 사용), HttpOnly(스크립트에서 접근 불가), Domain(같은 도메인에서만 사용) 등을 함께 설정할 수 있다.
Expires	해당 리소스의 유효 일시를 지정한다.
Allow	응답코드 405 Method Not Allowed 상태에서 서버가 제공할 수 있는 HTTP 메서드를 지정한다.

더 알기 TIP

웹의 동작 방식에 익숙하지 않다면, 웹 브라우저의 개발자 도구를 이용하여 웹 브라우저와 웹 서버의 동작을 확인할 수 있다. 리눅스 OS에 설치된 파이어폭스 브라우저의 '메뉴-개발자-네트워크' 항목에서 HTTP 요청과 응답 정보를 확인해 보자.

▲ 크롬의 개발자 도구

3 웹 관련 서비스의 설치와 설정

(1) 웹 서비스 구성을 위한 설치 목록과 고려사항

① 아파치(Apache) 웹 서버

- 아파치 웹 서버는 오픈소스로 제공되는 대표적인 웹 서버로 리눅스, 윈도우, macOS 등 다양한 운영체제에 설치하여 사용할 수 있다.
- 아파치 1.x는 프로세스 기반으로 동작하여, 하나의 사용자 요청을 하나의 프로세스가 담당하였다. 따라서 동시 접속자가 증가하면 프로세스의 수가 증가하여 시스템 성능에 영향을 준다.
- 아파치 2.x는 MPM(Apache Multi-Processing Module)을 지원하며, 프로세스(Process)와 쓰레드(Thread)를 이용하여 사용자 요청을 효과적으로 처리한다. MPM은 prefork와 worker의 두 가지 방식으로 클라이언트의 요청을 자식 프로세스들에게 할당한다.
- prefork 방식과 worker 방식의 특징

구분	특징
prefork	- 아파치 1.x와 같은 방식으로 하나의 프로세스가 하나의 쓰레드를 갖는다. - 실행 중인 프로세스를 복제(fork)하여 미리 동작시킨 후 클라이언트의 요청을 처리한다. - 쓰레드 간 메모리 공유를 하지 않으므로 상대적으로 안정적으로 동작하나 시스템 메모리를 많이 사용하는 구조이다. - 최대 1,024개의 자식 프로세스를 사용한다. - 리눅스의 기본 설정 방식이다.
worker	- 프로세스당 여러 개의 쓰레드를 갖는 구조로, 각 쓰레드가 클라이언트의 요청을 처리한다. - 보통 초기에 구동할 프로세스의 수를 지정하며, 프로세스당 최대 쓰레드의 개수는 64개이다. 이를 초과할 경우 새로운 프로세스를 생성하게 된다. - 동시 접속자가 많은 사이트에 적합한 구조이다.

- 아파치 웹 서버는 다양한 모듈(Module)을 적재(Loading)하여 사용할 수 있으며, 적재하는 방법은 정적인 방법과 동적인 방법으로 나뉜다. 아파치 2.x 버전은 동적 적재 방식만 지원하며, 시스템 자원을 효율적으로 사용하고 필요한 모듈을 편리하게 관리할 수 있다.
- 아파치 웹 서버의 모듈 적재 방법

구분	동작 방식	특징
정적 적재	- Static Object 방식이다. - 필요한 모듈을 아파치 웹 서버와 함께 컴파일한 후, 아파치 웹 서버의 시작 시 동시에 적재한다.	- 필요한 모듈이 빠르게 동작한다. - 자주 사용하지 않는 모듈도 항상 적재되므로 시스템 효율이 떨어진다. - 새로운 모듈을 추가할 경우 컴파일 등 복잡한 과정이 필요하다.
동적 적재	- DSO(Dynamic Shared Object) 방식이다. - 아파치 웹 서버를 실행한 후, 사용자의 요청이 있을 경우 필요한 모듈을 적재한다.	- 필요한 모듈을 원하시는 시점에 바로 적재할 수 있으며, 모듈의 추가 및 삭제가 편리하다. - 모듈을 적재하는 시간이 필요하여, 사용자 요청에 대한 응답 시간이 다소 느려질 수 있다.

> **더 알기 TIP**
> Apache 2.4부터 지원하는 Event MPM 방식은 클라이언트의 요청을 동작 중인 프로세스 혹은 쓰레드와 바로 연결하지 않고 '요청을 처리하는 별도의 쓰레드'를 이용하여 효율적으로 분산 처리하는 구조이다.

- 사용자별 맞춤 페이지, 게시판 등 다양한 서비스를 동적으로 제공하기 위하여, 일반적으로 PHP, MySQL 등을 함께 설치하여 사용한다. 이를 LAMP라고도 하며, Linux+Apache+MySQL+PHP를 함께 사용하는 환경을 의미한다. 최근에는 MySQL 대신 MariaDB를 이용하기도 한다.

② **PHP(PHP-Hypertext Preprocessor)**
- 웹 서비스의 로직을 구현하고 동적으로 웹 페이지를 생성할 수 있도록 고안된 스크립트 언어(Scripting Language)로 PHP Group에서 관리한다.
- PHP는 서버에서 실행되는 언어(Server-Side Script)이다.
- PHP는 DSO(Dynamic Shared Objects) 방식으로 동작한다.

③ **MySQL**
- MySQL은 관계형 데이터베이스(Relational Database) 관리 시스템이며, 유료 버전인 'MySQL Standard/Enterprise Edition'과 오픈소스 기반의 'MySQL Community Edition'이 있다.
- 오픈소스로 개발된 MySQL은 2008년 Sun Microsystems에 인수되었고, 2010년 Oracle Corporation이 Sun Microsystems을 인수하게 되어, 현재는 Oracle Corporation이 관리하고 있다. 이에 대한 오픈소스 진영의 활동에 의하여 MySQL에 기반한 MariaDB가 등장하였고 MySQL을 대체하는 추세이다.
- MySQL은 C, C++, JAVA, PHP 등 다양한 프로그래밍 언어를 위한 인터페이스를 제공하며, php-mysql 패키지를 이용하여 PHP와 연동할 수 있다.
- MySQL은 기본적으로 TCP 3306 포트를 이용하여 통신하며, PHP는 /tmp/mysql.sock 파일을 소켓(Socket)으로 이용하여 MySQL에 접속한다.

④ **웹 관련 서비스 컴파일 및 설치 시 고려사항**
- 프로그램을 컴파일, 설치, 설정 및 운영하기 위하여 '관리자 권한'이 필요하다. 따라서, 'sudo 명령어' 혹은 'su 명령어'를 이용하여 관리자 권한으로 작업을 진행한다.

```
$ su -
Password:
[root@localhost ~]#
```

- 리눅스 배포판에 따라 아파치 웹 서버를 기본 포함하는 경우가 있다. 따라서 원활한 실습을 위하여 아파치 웹 서버의 설치 여부를 확인한 후 이를 제거한다.
- 아파치 웹 서버의 설치는 'httpd -v', 'rpm -qa | grep httpd'로 확인할 수 있다.

```
$ httpd -v
Server version: Apache/2.4.37
Server built:   Aug 17 2023 23:57:25


$ rpm -qa | grep httpd
...
httpd-2.4.37-62.module+el8.9.0+1436+2b7d5021.x86_64
...
```

- 아파치 웹 서버는 'systemctl status httpd 혹은 systemctl status httpd.service'로 서비스 실행 여부를 확인할 수 있고, 'systemctl stop httpd 혹은 systemctl stop httpd.service'로 서비스를 멈출 수 있다. 또한 'pkill -9 httpd'로 아파치 웹 서버의 데몬(daemon)을 강제종료할 수도 있다.
- 아파치 웹 서버 패키지는 'yum remove httpd'로 제거할 수 있다.

```
$ yum remove httpd
...
Removing:
  httpd    x86_64   2.4.37-62.module+el8.9.0+1436+2b7d5021   @appstream   4.3 M
...
Removed:
  httpd-2.4.37-62.module+el8.9.0+1436+2b7d5021.x86_64
...
Complete!
```

- Apache, PHP, MySQL을 컴파일하기 위하여 컴파일러, 라이브러리, 헤더 파일 등 필요한 패키지를 설치해야 한다. 필요한 설치 패키지는 다음 내용을 참고한다.

더 알기 TIP

sudo와 dnf

- yum 명령어 실행 시 권한 관련 오류가 발생할 경우 sudo 명령어를 함께 이용한다. sudo 명령어는 다른 계정의 권한으로 명령을 실행할 수 있으며 특별한 옵션을 지정하지 않을 경우 기본으로 root 계정의 권한을 이용한다.
  - 오류 발생의 예 :
    $ yum remove httpd
    Error: This command has to be run with superuser privileges (under the root user on most systems).
  - sudo 명령을 함께 사용한 예 :
    $ sudo yum remove httpd
- 최근 리눅스는 yum과 함께 dnf를 함께 지원한다.
  - dnf(Dandified Yum)은 RHEL, CentOS, Rocky Linux와 같은 RPM 기반 리눅스 배포판을 위한 패키지 관리 도구로, yum의 낮은 성능과 종속성 문제 등을 개선한 도구이다.
  - dnf 명령을 사용한 Apache 설치 : $ sudo dnf install httpd
  - dnf 명령을 사용한 Apache 삭제 : $ sudo dnf remove httpd

※ 파트03의 경우, 패키지(서비스)의 설치 및 관리에 yum을 주로 사용하고 있으나, 리눅스마스터 시험 문제 혹은 사지선다 항목 중에 yum과 dnf를 함께 이용할 수도 있으니 학습에 참고하기를 바란다.

```
$ yum -y install gcc pcre pcre-devel --enablerepo=devel pcre-tools
...

Complete!
```

```
$ yum -y install perl-Data-Dumper openssl-devel cmake ncurses-devel gcc-c++
...

Complete!
```

```
$ yum -y install libxml2-devel libpng-devel
...

Complete!
```

- Apache와 PHP는 'configure → make → make install' 방식으로 소스코드를 컴파일 및 설치하여 사용할 수 있다. 특히 configure 시 다양한 속성을 설정할 수 있는데, './configure --help'로 세부 내용을 확인할 수 있다.
- MySQL은 'cmake → make install' 방식으로 소스코드를 컴파일 및 설치하여 사용할 수 있다.
- 일반적으로 'Apache → MySQL → PHP' 순으로 설치하며 동작을 확인한다.

➕ 더 알기 TIP

Apache, PHP, MySQL(MariaDB)에 대하여 '소스코드를 컴파일하여 설치하는 방식'과 'yum과 같은 패키지 관리 프로그램을 이용하여 설치하는 방식' 확인

- 소스코드를 이용한 방식 : 소스코드 컴파일 및 설치 단계에서 필요한 기능을 세부적으로 설정할 수 있으며, 최신 변경 사항을 빠르게 반영할 수 있다.
- 패키지 관리 프로그램 방식 : 필요한 소프트웨어를 빠르고 편리하게 설치 및 운영할 수 있다. 일반적으로 패키지 관리 프로그램 방식을 많이 사용하고 있으나, 실무 혹은 시험 대비를 위하여 프로그램을 컴파일 및 설치하는 데 사용하는 'configure, make 등'의 주요 옵션도 기억해 두는 것이 좋다. 단, 세부 옵션의 종류가 매우 많으므로 기출문제를 먼저 살펴본 후 학습 및 암기 대상을 적절히 선정해야 한다.

※ 본 도서에서는 시험의 범위와 학습 효율성을 고려하여 '적절한 버전의 소스코드, 패키지 및 구성옵션'을 선택하여 진행한다. 먼저, '소스코드를 이용하여 필요한 프로그램을 설치'하는 방법을 학습한 후, '패키지 관리 소프트웨어를 이용하여 필요한 프로그램을 다시 설치'하여 이후 과정을 진행하겠다.

- Apache, PHP, MySQL의 공식 사이트 및 소스코드 다운로드

구분	사이트 URL	대상 소스코드
Apache	http://httpd.apache.org	httpd-2.4.37.tar.bz2
PHP	http://www.php.net	php-5.6.31.tar.bz2
MySQL	http://www.mysql.com	mysql-boost-5.7.28.tar.gz

➕ 더 알기 TIP

- 필요한 소스코드는 해당 홈페이지에서 다운로드하거나 wget 명령으로 직접 다운로드할 수 있다.
- wget은 'yum -y install wget'으로 설치할 수 있다.
- Apache : wget http://archive.apache.org/dist/httpd/httpd-2.4.37.tar.bz2
- PHP : wget https://www.php.net/distributions/php-5.6.31.tar.bz2
- MySQL : wget https://dev.mysql.com/get/Downloads/MySQL-5.7/mysql-boost-5.7.28.tar.gz

- 일반적으로 소스코드는 '/usr/local/src'에 다운로드하여 저장하며, 프로그램은 '/usr/local' 아래에 설치한다.
- 인터넷에서 소스코드 등을 다운로드할 경우, 임의의 변조 여부를 점검하기 위하여 MD5 해시값을 이용한다. 해시함수는 동일한 입력 데이터에 대하여 같은 해시값을 생성하므로, 이를 사용하여 데이터 변조 여부를 확인할 수 있다. 검증하는 방법은 'md5sum 함수를 이용하여 생성한 값을 사이트에서 제공하는 MD5값과 비교'하는 것이다.

▲ 웹 브라우저에서 MD5 확인

```
$ ls
httpd-2.4.37.tar.bz2  httpd-2.4.37.tar.bz2.md5

$ cat httpd-2.4.37.tar.bz2.md5
6a36e742180ee74bff97b28eee90c3f7 *httpd-2.4.37.tar.bz2

$ md5sum httpd-2.4.37.tar.bz2
6a36e742180ee74bff97b28eee90c3f7  httpd-2.4.37.tar.bz2
```

(2) 아파치 웹 서버 소스코드 컴파일과 설치

① APR(Apache Portability Runtime) 설치

- 설치하고자 하는 아파치 버전은 APR(Apache Portability Runtime)이 필요하므로, 이를 수동으로 설치한다.

```
$ wget http://mirror.apache-kr.org/apr/apr-1.7.4.tar.gz
...

$ tar xvfz apr-1.7.4.tar.gz
...

$ cd apr-1.7.4
...

$ ./configure --prefix=/usr/local/apr
...

$ make && make install
...
```

- 함께 설치할 apr-util은 expat-devel 라이브러리가 필요하므로, 'yum -y install expat-devel'로 먼저 설치 후 apr-util을 수동 설치한다.

```
$ yum -y install expat-devel
...

$ wget http://apache.mirror.cdnetworks.com/apr/apr-util-1.6.3.tar.gz
...

$ tar xvfz apr-util-1.6.3.tar.gz
...

$ cd apr-util-1.6.3
...

$ ./configure --with-apr=/usr/local/apr
...

$ make && make install
...
```

② 아파치 웹 서버 소스코드 준비

- wget 명령을 이용하여 아파치 웹 서버의 소스코드를 다운로드하고, tar 명령으로 압축을 해제한다. 만일 tar 명령을 이용한 압축 해제 시 bzip2 명령을 찾지 못할 경우, 'yum -y install bzip2' 명령으로 bzip2를 설치한 후 다시 시도한다.

```
$ wget http://archive.apache.org/dist/httpd/httpd-2.4.37.tar.bz2
...

$ tar xvfj httpd-2.4.37.tar.bz2
...
```

③ 소스코드 빌드 설정(Configure) 실행
- 압축을 해제한 소스 디렉터리로 이동한 후에 설정(configure) 작업을 수행한다. configure는 소스코드를 컴파일하기 위하여 운영체제(OS)의 특징, 컴파일러, 라이브러리, 종속성(Dependency) 등을 설정한 후 Makefile을 생성한다.

```
$ cd httpd-2.4.37
...
$ ./configure --prefix=/usr/local/apache --enable-mods-shared=all
...
$ ls Makefile
Makefile
```

- configure의 옵션으로 다양한 속성을 지정할 수 있다. 사용할 수 있는 전체 옵션은 './configure --help' 명령으로 확인할 수 있다.

```
$ ./configure --help
'configure' configures this package to adapt to many kinds of systems.

Usage: ./configure [OPTION]... [VAR=VALUE]...

To assign environment variables (e.g., CC, CFLAGS...), specify them as
VAR=VALUE. See below for descriptions of some of the useful variables.
...
```

- Apache 소스코드의 configure 주요 옵션

주요 옵션	설명
--prefix=/usr/local/apache	- 아파치 웹 서버의 관련 파일들이 설치될 경로를 지정한다. - 예제의 경우 /usr/local/apache에 설치된다.
--enable-mods-shared=all	모든 모듈을 DSO 방식으로 설치하도록 구성한다.
--enable-so	- mod_so가 제공하는 DSO(Dynamic Shared Object) 기능을 사용한다. - enable-mods-shared 옵션을 이용할 경우 자동으로 포함된다.
--enable-ssl	mod_ssl이 제공하는 SSL/TLS 기능을 사용한다.

--with-mpm=MPM	MPM에 'prefork, worker' 등을 지정하여 MPM(Apache Multi-Processing Module) 동작 방식을 설정할 수 있다.
--with-port=PORT	아파치 웹 서버가 이용할 포트 번호를 지정하며, 기본 80 포트를 이용한다.
--disable-status	아파치 프로세스와 쓰레드에 대한 모니터링을 하지 않도록 설정한다.
--enable-disk-cache	디스크 캐싱 기능을 활성화한다.
--enable-mem-cache	메모리 캐싱 기능을 활성화한다.

더 알기 TIP

Apache 소스코드의 configure는 매우 많은 옵션을 제공하므로 참고자료를 활용하여 학습한다.
- './configure --help' 명령으로 세부 옵션을 확인한다.
- 아파치 공식 사이트의 한글 설명을 참고한다.
  (https://httpd.apache.org/docs/2.4/ko/programs/configure.html)

④ **아파치 웹 서버의 소스코드 컴파일 및 설치**

- make 명령으로 컴파일한 후, make install 명령어로 설치한다.

```
$ make
...
$ make install
...
```

⑤ **아파치 웹 서버 설치 및 확인**

- 설정(configure) 과정에서 설치 경로로 지정한 '/usr/local/apache'의 내용을 확인한다.

```
$ ls /usr/local/apache -l
...
drwxr-xr-x. 2 root root 4096 Dec 17 22:27 bin
...
```

- 'httpd -version' 명령으로 2.4.37 버전이 잘 설치되었는지 확인한다.

```
$ /usr/local/apache/bin/httpd -version
Server version: Apache/2.4.37 (Unix)
...
```

- 아파치 데몬(daemon)을 실행한 후 telnet으로 접속을 확인한다. 이를 위해 먼저 telnet을 설치한다.

```
$ yum -y install telnet
...

$ /usr/local/apache/bin/httpd
AH00558: httpd: Could not reliably determine the server's fully qualified domain name, using localhost.localdomain. Set the 'ServerName' directive globally to suppress this message




$ telnet localhost 80
Trying ::1...
Connected to localhost.
Escape character is '^]'.
```

- 리눅스 부팅 시 아파치 데몬을 자동으로 실행하기 위하여 /etc/rc.d/rc.local에 필요한 명령을 등록한다.

```
$ cat >> /etc/rc.d/rc.local
/usr/local/apache/bin/apachectl start
Ctrl + D
```

💡 더 알기 TIP

최근 리눅스는 많은 서비스들을 systemd를 기반으로 관리하며, systemctl 명령을 이용하여 서비스를 시작, 멈춤, 등록(부팅 시 자동 실행) 혹은 등록 해제한다. 이전 버전의 리눅스에서 사용한 방식과 같이 '/etc/rc.d/rc.local'에 필요한 명령을 등록할 수도 있으나, 이때 등록한 파일에 실행 권한을 부여해야 한다.

💡 더 알기 TIP

- httpd.conf 파일을 수정하여 domain name관련 문제를 해결할 수 있다.
- 아파치 서버를 설치한 후 httpd 데몬을 구동하면 앞선 예제와 같이 domain name 관련 문제가 발생할 수 있는데, httpd.conf의 ServerName을 설정하여 원하는 도메인 이름을 지정하거나 IP 주소를 사용할 수 있다. 일단, vi 편집기를 사용하여 해당 내용의 주석을 해제해야 한다. 참고로 소스코드를 컴파일하여 설치할 경우 httpd.conf의 기본 경로는 'usr/local/apache/conf/httpd.conf'이다.

```
$ vi /usr/local/apache/conf/httpd.conf
...
ServerName www.example.com:80
...
```

- 아파치 서버를 재시작하여 관련 문제가 해결된 것을 확인한다.

```
$ /usr/local/apache/bin/apachectl restart
```

(3) MySQL 소스코드 컴파일과 설치

① cmake가 설치되어 있지 않은 경우, 'yum -y install cmake' 명령으로 설치한다.
- cmake를 이용하면 이후 make 과정에서 컴파일 등의 진행사항을 진행률(%)과 함께 색상 (color)으로 표시한다.

② MySQL 컴파일에 필요한 boost 라이브러리를 다운로드한 후, 압축을 해제한다.

```
$ wget http://downloads.sourceforge.net/project/boost/boost/1.59.0/boost_1_59_0.tar.gz
...

$ tar xvfz boost_1_59_0.tar.gz
...
```

- 만일 certificate 관련 문제가 보고되면 --no-check-certificate 옵션을 명령에 추가한다.

③ MySQL 소스코드 준비
- wget 명령 이용하여 소스코드를 다운로드하고, tar 명령으로 압축을 해제한다.

```
$ wget https://dev.mysql.com/get/Downloads/MySQL-5.7/mysql-boost-5.7.28.tar.gz
...

$ tar xvfz mysql-boost-5.7.28.tar.gz
...
```

④ 소스코드 빌드 설정(cmake) 실행
- 소스코드를 빌드하기 위해 필요한 라이브러리와 도구를 설치한다.

```
$ yum -y install libtirpc
...

$ yum -y install libtirpc-devel
...

$ dnf -y install epel-release
...

$ dnf config-manager --set-enabled powertools
...

$ dnf install rpcgen libtirpc-devel
...
```

- 압축을 해제한 소스 디렉터리로 이동한 후, cmake를 이용하여 환경설정 작업을 수행한다.

```
$ cd mysql-5.7.28/

$ cmake -DCMAKE_INSTALL_PREFIX=/usr/local/mysql \
-DDEFAULT_CHARSET=utf8 \
-DDEFAULT_COLLATION=utf8_general_ci \
-DENABLED_LOCAL_INFILE=1 \
-DMYSQL_DATADIR=/usr/local/mysql/data \
-DDOWNLOAD_BOOST=1 -DWITH_BOOST=../boost_1_59_0
...
-- Configuring done
-- Generating done
-- Build files have been written to: /usr/local/src/mysql-5.7.28
```

- MySQL 소스코드의 cmake 주요 옵션

주요 옵션	설명
-DCMAKE_INSTALL_PREFIX=/usr/local/mysql	- MySQL 파일들이 설치될 경로를 지정한다. - 예제의 경우 /usr/local/mysql에 설치된다.
-DDEFAULT_CHARSET=utf8	문자 데이터의 인코딩 타입을 UTF8로 한다.
-DMYSQL_DATADIR=/usr/local/mysql/data	MySQL의 데이터가 저장되는 경로를 지정한다.
-DDOWNLOAD_BOOST=1 -DWITH_BOOST=경로명	MySQL 컴파일 시 필요한 Boost 라이브러리의 위치를 지정한다.

> **더 알기 TIP**
>
> MySQL 소스코드의 cmake는 매우 많은 옵션을 제공한다(자세한 내용은 MySQL의 공식 문서를 참고).
> - MySQL 소스코드 설정 옵션 : https://dev.mysql.com/doc/refman/5.7/en/source-configuration-options.html
> - 설정된 옵션들은 'cmake -L' 명령으로 확인할 수 있다.
>
> ```
> $ cmake -L
> ...
> -- Running cmake version 2.8.12.2
> -- Could NOT find Git (missing:  GIT_EXECUTABLE)
> -- Configuring with MAX_INDEXES = 64U
> -- CMAKE_GENERATOR: Unix Makefiles
> -- SIZEOF_VOIDP 8
> -- MySQL 5.7.28
> -- Packaging as: mysql-5.7.28-Linux-x86_64
> -- Local boost dir /usr/local/src/boost_1_59_0
> -- Found /usr/local/src/boost_1_59_0/boost/version.hpp
> -- BOOST_VERSION_NUMBER is #define BOOST_VERSION 105900
> -- BOOST_INCLUDE_DIR /usr/local/src/boost_1_59_0
> -- NUMA library missing or required version not available
> -- OPENSSL_INCLUDE_DIR = /usr/include
> ...
> ```
>
> ※ 비록 최신 MySQL 소스코드는 cmake를 이용하여 Makefile을 생성하나, 기존 기출문제 중 일부에서 'configure를 사용하는 것으로 지문이 제시'된 것이 있다. 따라서 소프트웨어 버전 등에 따라 다소 다른(변형된) 문제가 출제되더라도 주어진 예문의 참/거짓을 잘 분석하여 접근하는 것이 필요하다.

⑤ MySQL의 소스코드 컴파일 및 설치

- make 명령으로 컴파일한 후, make install 명령어로 설치한다.

```
$ make
...
$ make install
...
```

⑥ MySQL 서버 설치 확인
- 설정(cmake) 과정에서 설치 경로로 지정한 '/usr/local/mysql'의 내용을 확인한다.

```
$ ls /usr/local/mysql -l
...
drwxr-xr-x. 2 root root   4096 Dec 19 00:25 bin
...
```

- 'mysql --version' 명령으로 5.7.28 버전이 잘 설치되었는지 확인한다.

```
$ /usr/local/mysql/bin/mysql --version
/usr/local/mysql/bin/mysql  Ver 14.14 Distrib 5.7.28, for Linux (x86_64) using  EditLine wrapper
```

⑦ MySQL 계정 생성과 소유권 변경
- MySQL의 사용자로 mysql 계정을 생성하여 사용한다.

```
$ useradd -d /usr/local/mysql mysql
```

⑧ MySQL의 기본 DB, 테스트 DB 및 테이블 생성
- 'mysqld --initialize' 명령을 이용하여 필요한 DB를 생성한다. 참고로 이전에 사용하던 '/usr/local/mysql/bin/mysql_install_db'는 더 이상 사용하지 않도록 지원중단(deprecated)된 상태이며, 최신 버전에서 'mysqld --initialize' 명령으로 대체되었다.
- 명령의 실행 결과로 root@localhost로 접속하기 위한 임시 패스워드가 생성된다.

```
$ /usr/local/mysql/bin/mysqld --initialize
...
2023-12-19T13:22:57.443997Z 1 [Note] A temporary password is generated for root@localhost: eZGNplpbr8.W
```

> **더 알기 TIP**
>
> mysql_install_db를 대신하여 'mysqld --initialize' 명령을 사용하도록 변경되었으나 기출문제의 지문에서는 여전히 'mysql_install_db'를 사용하는 경우가 있으니 주의해야 한다.

(4) PHP 소스코드 컴파일과 설치

① PHP 소스코드 준비

- wget 명령을 이용하여 소스코드를 다운로드하고, tar 명령으로 압축을 해제한다.

```
$ wget https://www.php.net/distributions/php-5.6.31.tar.bz2
...
$ tar xvfj php-5.6.31.tar.bz2
...
```

② 소스코드 빌드 환경 설정(configure) 실행

- 압축을 해제한 소스 디렉터리로 이동한 후, configure를 이용하여 환경설정 작업을 수행한다.

```
$ cd php-5.6.31/
...
$ ./configure --prefix=/usr/local/php \
--with-apxs2=/usr/local/apache/bin/apxs \
--with-mysql=/usr/local/mysql \
--with-config-file-path=/usr/local/apache/conf
...
Generating files
configure: creating ./config.status
...
Thank you for using PHP.
```

- PHP 소스코드의 configure 주요 옵션

주요 옵션	설명
--prefix=/usr/local/php	- PHP 파일들이 설치될 경로를 지정한다. - 예제의 경우 /usr/local/php에 설치된다.
--with-apxs2	아파치에 DSO(Dynamic Shared Object)로 로딩하기 위해 사용하는 apxs의 위치를 지정한다.
--with-mysql	MySQL와 연동하기 위한 MySQL의 설치 경로를 지정한다.
--with-config-file-path	PHP 설정 파일인 php.ini가 위치할 경로를 지정한다.

> **더 알기 TIP**
>
> **configure 과정 중, mysql library 관련 오류가 발생할 수 있다.**
> - configure: error: Cannot find libmysqlclient_r under /usr/local/mysql
>   Note that the mysql client library is not bundled anymore!
> - 이는 mysql 혹은 php의 컴파일 옵션에 따라 필요한 라이브러리를 찾을 수 없기 때문이며, 최신 버전의 소스코드의 경우 관련 내용을 지원하지 않는 추세이다. 이러한 문제가 발생할 경우 다음과 같은 옵션을 이용하여 configure 과정을 진행할 수 있다.
> - – –with–mysql= mysqlnd – –with–pdo–mysql=mysqlnd – –with–mysqli=mysqlnd

③ PHP의 소스코드 컴파일 및 설치

- make 명령으로 컴파일한 후, make install 명령어로 설치한다.

```
$ make
...
$ make install
...
```

④ PHP 설치 확인

- 설정(configure) 과정에서 설치 경로로 지정한 '/usr/local/php'의 내용을 확인한다.

```
$ ls /usr/local/php –l
...
drwxr–xr–x. 3 root root  17 Dec 19 22:32 php
...
```

- 'php --version' 명령으로 2.6.0 버전이 잘 설치되었는지 확인한다.

```
$ /usr/local/php/bin/php --version
PHP 5.6.31 (cli) (built: Dec 19 2023 22:32:30)
Copyright (c) 1997–2016 The PHP Group
Zend Engine v2.6.0, Copyright (c) 1998–2016 Zend Technologies
```

⑤ **php.ini 파일 복사 및 웹 브라우저 연동 확인**

- configure 과정에서 설정한 /usr/local/apache/conf 경로에 php.ini를 복사한다.

```
$ cp ./php.ini-production /usr/local/apache/conf/php.ini
```

- 아파치 웹 서버가 .php 파일을 인식할 수 있도록 httpd.conf 파일에 MIME 타입을 설정한다. 편집기로 vi 에디터를 이용한다.

```
$ vi /usr/local/apache/conf/httpd.conf
...
    AddType application/x-httpd-php .php .php5
    AddType application/x-httpd-source .phps
...
```

- 아파치 웹 서버를 재시작한다.

```
$ /usr/local/apache/bin/apachectl restart
```

- 아파치 웹 서버의 웹 페이지를 저장하는 /usr/local/apache/htdocs에 샘플 php 파일을 생성한 후 웹 브라우저를 이용하여 접속한다. phpinfo( )는 시스템에 설치된 PHP의 정보를 HTML 형식으로 출력하는 함수이다.

```
$ echo "<?php phpinfo( ); ?>" > /usr/local/apache/htdocs/sampe.php
$ cat /usr/local/apache/htdocs/sample.php
<?php phpinfo( ); ?>
```

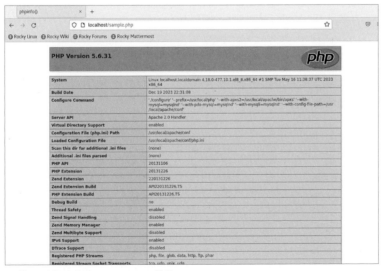

▲ 웹 브라우저에서 sample.php 확인

> **더 알기 TIP**

php.ini의 short_open_tag 지시자
- PHP 5.3 버전부터 〈?php ~ ?〉 형식으로 소스코드를 작성하도록 변경되었으며, 이전에 사용하던 〈? ~ ?〉 방식은 더이상 지원하지 않는다.
- 이전 방식을 지원하려면 php.ini 파일의 Language Options 항목 중 short_open_tag = On으로 설정한다. (기본 설정은 short_open_tag = Off)
- php.ini의 주요 설정 항목

설정 항목	설명
short_open_tag	– 〈? ~ 〉 형식의 이전 소스코드 방식에 대한 지원 여부를 설정한다. – 예 short_open_tag = On
max_execution_time	– 요청을 처리할 최대 시간으로, 설정한 시간을 초과할 경우 타임아웃이 발생한다. – 예 max_execution_time = 30
display_errors	– PHP 프로그램 실행 중 오류 발생 시 해당 내용을 출력할 것인지 지정한다. – 보통 개발 시에만 On으로 설정하고 운영 시에는 Off로 설정한다. – 예 display_errors = Off
post_max_size	– PHP를 통하여 POST 방식으로 업로드 할 수 있는 최대 크기를 지정한다. – 예 post_max_size = 10M
max_file_uploads	– 한 번의 요청으로 업로드할 수 있는 파일의 최대 개수를 지정한다. – 예 max_file_uploads = 10
allow_url_open	– HTTP, FTP 등 URL을 이용하여 파일을 오픈할 수 있도록 구성할 수 있다. – 보통의 경우 보안을 위하여 Off로 설정한다. – 예 allow_url_open = Off
allow_url_include	– HTTP, FTP 등 URL을 이용하여 파일을 포함(include)할 수 있도록 구성할 수 있다. – 보통의 경우 보안을 위하여 Off로 설정한다. – 예 allow_url_include= Off

(5) 패키지 관리자를 이용한 APM 설치와 연동

① 사전 확인 및 준비 사항

- 소스코드 컴파일 방식으로 설치한 기존 내용과 별개로 진행하는 것으로, 리눅스 초기 설치 상태에서 APM이 설치되지 않은 상황을 가정하여 진행한다.
- APM 설치 여부를 rpm 명령으로 확인할 수 있다. 이때 표시되는 내용은 리눅스 버전 등에 따라 다를 수 있다.

```
$ rpm –qa | egrep "^(httpd|php|mysql)"
```

② 아파치 웹 서버 설치와 기본 동작 확인

- 'yum -y install httpd' 명령으로 아파치 웹 서버를 설치한다.

```
$ yum -y install httpd
...
Installed:
httpd-2.4.37-62.module+el8.9.0+1436+2b7d5021.x86_64
...
Complete!
```

- 아파치 웹 서버를 실행한 후 데몬(daemon)의 동작을 확인한다. 만일 netstat 명령어가 존재하지 않을 경우, 'yum -y install net-tools'로 네트워크 관련 명령어들을 설치한다. net-tools를 설치하면 ifconfig, netstat와 같은 네트워크 관련 명령어를 사용할 수 있다.

```
$systemctl start httpd.service

$ netstat -nlp | grep httpd
tcp     0    0 :::80            :::*         LISTEN     10173/httpd

$ ps -ef | grep httpd
root      1709     1   0  11:30  ?   00:00:00  /usr/sbin/httpd -DFOREGROUND
apache    1710  1709   0  11:30  ?   00:00:00  /usr/sbin/httpd -DFOREGROUND
...
```

더 알기 TIP

- 최신 리눅스는 대부분의 서비스 관리 스크립트들이 '.service'로 끝나는 파일인 서비스 유닛(Unit)으로 변경되었으며 systemctl 명령어로 제어된다. 따라서 이전 버전의 리눅스에서 사용하던 방식과 같이 service 명령을 이용하여 서비스를 제어할 경우 systemctl 명령을 사용하는 방식으로 재요청(Redirecting)된다.

```
$ service httpd start
Redirecting to /bin/systemctl start httpd.service
```

• httpd.service의 구성 예시

```
$ ls /lib/systemd/system | grep http
httpd.service
$ cat /lib/systemd/system/httpd.service
[Unit]
Description=The Apache HTTP Server
After=network.target remote-fs.target nss-lookup.target
Documentation=man:httpd(8)
Documentation=man:apachectl(8)

[Service]
Type=notify
EnvironmentFile=/etc/sysconfig/httpd
ExecStart=/usr/sbin/httpd $OPTIONS -DFOREGROUND
ExecReload=/usr/sbin/httpd $OPTIONS -k graceful
ExecStop=/bin/kill -WINCH ${MAINPID}
# We want systemd to give httpd some time to finish gracefully, but still want
# it to kill httpd after TimeoutStopSec if something went wrong during the
# graceful stop. Normally, Systemd sends SIGTERM signal right after the
# ExecStop, which would kill httpd. We are sending useless SIGCONT here to give
# httpd time to finish.
KillSignal=SIGCONT
PrivateTmp=true


[Install]
WantedBy=multi-user.target
```

- Type : notify는 유닛 구동 후 systemd에 시그널을 보낸다.
- EnvironmentFile : 유닛에서 사용할 환경 변수 파일을 지정한다.
- ExecStart : 시작 명령을 정의한다.
- ExecReload : 재구성을 수행할 명령을 정의한다.
- ExecStop : 중지 명령을 정의한다.
- WantedBy : 'systemctl enable' 명령어로 등록할 때 필요한 항목을 지정한다.

🟥 더 알기 TIP

systemctl 명령을 이용하여 서비스를 제어할 경우 명령어 형식에서 '.service'를 생략할 수도 있다. 예를 들어 'systemctl start httpd. service'과 'systemctl start httpd'는 동일하게 httpd 서비스를 시작한다. 시험 문제의 지문에서 가장 적절한 답을 선택해야 할 경우 이러한 내용도 함께 참고하기를 바란다.

- 웹 브라우저를 이용하여 localhost(127.0.0.1)에 접속하면 기본 HTML 문서를 확인할 수 있다.

▲ 웹 브라우저 접속 확인

③ MySQL 설치와 기본 동작 확인

- yum 명령을 이용하여 MySQL 설치에 필요한 파일을 설치한다.

```
$ yum -y install https://dev.mysql.com/get/mysql80-community-release-el8-4.noarch.rpm
...
Installed:
  mysql80-community-release-el8-4.noarch

Complete!
```

- MySQL Repository 설치 상태를 확인한다.

$ yum repolist enabled | grep "mysql.*-community.*"	
mysql-connectors-community	MySQL Connectors Community
mysql-tools-community	MySQL Tools Community
mysql80-community	MySQL 8.0 Community Server

- Rocky Linux 기본 패키지에 포함된 mysql 패키지를 비활성화 한다.

```
$ yum module disable mysql
...
Disabling modules:
 mysql
...
Complete!
```

> **➕ 더 알기 TIP**
>
> MySQL의 설치 및 활용 관련 실습 내용은 최신 Rocky Linux 및 MySQL 8을 기준으로 진행한다. 그러나 기출문제 동향 등을 고려하여 시험 대비 학습은 MySQL의 버전과 관계 없이 전반적으로 학습하기를 권장한다.

- 'yum -y install mysql-community-server' 명령으로 mysql을 설치한다.

```
$ yum -y install mysql-community-server
...
Installed:
...
mysql-community-server-8.0.35-1.el8.x86_64
...
Complete!
```

- 'systemctl start mysqld.service' 명령어로 MySQL 서버를 실행한다. 이때 '패스워드 설정' 등 보안 관련 메시지를 확인하며, 이후 설정에 참고할 수 있다. MySQL 서비스 실행 여부는 'systemctl status mysqld.service' 명령으로 확인할 수 있다.

```
$ systemctl start mysqld.service

$ systemctl status mysqld.service
...
   Active: active (running) since Wed 2023-12-20 00:54:59 KST; 1min 38s ago
...
Process: 38574 ExecStartPre=/usr/bin/mysqld_pre_systemd (code=exited, status=0/SUCCESS)
 Main PID: 38601 (mysqld)
    Status: "Server is operational"
...
```

```
Dec 20 00:54:56 localhost.localdomain systemd[1]: Starting MySQL Server...
Dec 20 00:54:59 localhost.localdomain systemd[1]: Started MySQL Server.
```

> **➕ 더 알기 TIP**
>
> 최근 리눅스는 'systemctl' 명령을 이용하여 mysql의 시작, 종료 등을 관리하도록 권장한다. 그러나 리눅스마스터 1급 기출문제 등을 고려할 때 'mysqld_safe --user=root &'가 mysql 시작을 위한 명령어로 제시될 수 있다. 관련 명령어의 지원 여부는 mysql의 버전에 따라 다를 수 있다.

- mysqladmin 명령을 이용하여 root의 패스워드를 변경한다. 여기서는 새로운 패스워드로 'Ab@1234567'을 이용하기로 한다. 설치 과정 중 생성된 임시 패스워드는 '/var/log/mysqld.log'에서 확인할 수 있다.

```
$ cat /var/log/mysqld.log | grep "A temporary password"
2023-12-19T15:32:54.859577Z 6 [Note] [MY-010454] [Server] A temporary password is generated for root@localhost: ,Z4pu_vm1o/d

$ mysqladmin -uroot -p',Z4pu_vm1o/d' password Ab@1234567
```

- MySQL에 접속하여 기본 정보를 확인한다.

```
$ mysql -uroot -p'Ab@1234567'
...

Type 'help;' or '\h' for help. Type '\c' to clear the current input statement.

mysql> show databases;
+--------------------+
| Database           |
+--------------------+
| information_schema |
| mysql              |
| performance_schema |
| sys                |
+--------------------+
4 rows in set (0.04 sec)

mysql> quit
Bye
```

더 알기 TIP

mysql 패스워드는 설정된 정책에 따라 변경해야 한다. 패스워드를 위한 기본 정책은 user id를 포함하지 않을 것, 8자 이상, 대소문자를 최소 1개 이상, 숫자를 최소 1개 이상, 특수문자를 최소 1개 이상 사용해야 한다는 것이다.

```
$ mysql -uroot -p'Ab@1234567'
...


Type 'help;' or '\h' for help. Type '\c' to clear the current input statement.


mysql> SHOW VARIABLES LIKE 'validate_password%';
+--------------------------------------------------+--------+
| Variable_name                                    | Value  |
+--------------------------------------------------+--------+
| validate_password.changed_characters_percentage  | 0      |
| validate_password.check_user_name                | ON     |
| validate_password.dictionary_file                |        |
| validate_password.length                         | 8      |
| validate_password.mixed_case_count               | 1      |
| validate_password.number_count                   | 1      |
| validate_password.policy                         | MEDIUM |
| validate_password.special_char_count             | 1      |
+--------------------------------------------------+--------+
8 rows in set (0.02 sec)
```

> **더 알기 TIP**
> - MariaDB는 MySQL과 동일한 소스코드를 기반으로 개발된 GPL v2 라이선스 기반의 오픈소스 관계형 데이터베이스 관리 시스템(RDBMS)이다.
> - ORACLE이 MySQL의 라이선스를 변경한 것에 반발하여 오픈소스 진영에 의해 개발된 것으로 MySQL과 높은 호환성을 유지할 뿐 아니라 더 높은 성능을 제공한다고 알려져 있다.
> - MongoDB는 비정형 데이터 혹은 문서지향(Document-Oriented) 데이터베이스 관리 시스템으로 빅데이터와 함께 언급되는 대표적인 NoSQL DBMS이다.
> - MongoDB를 위한 저장소를 등록한 후 설치하여 사용할 수 있다.
>
> ```
> $ vi /etc/yum.repos.d/mongodb.repo
>
> [MongoDB]
> name=MongoDB Repository
> baseurl=http://repo.mongodb.org/yum/redhat/$releasever/mongodb-org/4.2/$basearch/
> gpgcheck=1
> enabled=1
> gpgkey=https://www.mongodb.org/static/pgp/server-4.2.asc
>
> $ yum -y install mongodb-org
> ...
> Installed:
> mongodb-org-4.2.25-1.el8.x86_64
> ...
> $ mongo --version
> MongoDB shell version v4.2.25
> ...
> ```

④ **PHP 설치와 기본 동작 확인**

- yum 명령으로 PHP 및 관련 모듈을 설치한다.

```
$ yum -y install php php-mysqlnd
...
Installed:
...
php-7.2.24-1.module+el8.4.0+413+c9202dda.x86_64
...
Complete!
```

- PHP 동작을 php 명령을 이용하여 확인한다.

```
$ php -r 'echo "Hello Linux Master\n";'
Hello Linux Master
```

- 아파치 웹 서버가 .php 파일을 인식할 수 있도록 '/etc/httpd/conf/httpd.conf' 파일에 PHP 관련 정보를 설정한다. AddType을 사용하여 특정한 확장자를 해석하는 방식을 지정하며, DirectoryIndex는 웹 서버에서 기본 페이지로 인식할 파일명을 지정한다.

```
$ vi /etc/httpd/conf/httpd.conf
...
AddType application/x-httpd-php .php .php3 .php4 .php5
...
DirectoryIndex index.html index.php
...
```

- 아파치 웹 서버를 재시작한다. 이때 apache 웹 서버와 함께 제공되는 apachectl 명령을 이용할 수 있다.

```
$ apachectl restart
```

⑤ **Apache, PHP, MySQL 연동 테스트**

- vi 편집기를 이용하여 'PHP - MySQL' 연동 소스코드를 '/var/www/html/testdb.php'로 작성한다. 참고로, '/etc/httpd/conf/httpd.conf'의 내용 중 DocumentRoot에 '/var/www/html'이 지정되어 있으므로 '/var/www/html' 디렉터리를 홈페이지를 저장하는 디렉터리로 이용한다.

```
$ vi /var/www/html/testdb.php

<?php

$sqldb = new mysqli("localhost", "root", "Ab@1234567", "mysql");

if ($sqldb->connect_errno) {
    printf("Connect failed: %s\n", $sqldb->connect_error);
    exit();
}


$result = $sqldb->query("SHOW TABLES");

while ($row=$result->fetch_object()){
 print_r($row);
}
```

```
$result->close();

$sqldb->close();

?>
```

- 웹 서버에 요청을 전달하고 결과를 확인할 수 있는 curl 명령으로 testdb.php에 접속하여 "SHOW TABLES;" 실행 결과를 확인한다.
- curl 명령을 이용한 TABLE 정보 확인

```
$ curl localhost/testdb.php
stdClass Object
(
    [Tables_in_mysql] => columns_priv
)
stdClass Object
(
    [Tables_in_mysql] => db
)
...
stdClass Object
(
    [Tables_in_mysql] => user
)
```

⑥ 서비스 자동 실행 등록 및 방화벽 설정

- systemctl 명령을 이용하여 리눅스 부팅 시 자동으로 실행되도록 구성한 후, 구성 내용을 확인한다.

```
$ systemctl enable mysqld.service
$ systemctl enable httpd.service
...
$ systemctl list-unit-files --type service | egrep "mysqld|httpd"
httpd.service                enabled
mysqld.service               enabled
```

- 필요할 경우, 아파치 웹 서버를 외부에서 접속할 수 있도록 기본 포트인 80 포트를 방화벽에서 연다. 이때, 리눅스의 방화벽 관리 명령어인 firewall-cmd를 이용한다.

```
$ firewall-cmd --get-active-zones
...
public
interfaces: ens32

$ firewall-cmd --permanent --zone=public --add-service=mysql
success

$ firewall-cmd --permanent --zone=public --add-service=http
success

$ firewall-cmd --reload
success
```

(6) 아파치 웹 서버의 구조와 세부 설정

① 아파치 웹 서버의 주요 디렉터리(Directory)

- 아파치 웹 서버를 소스코드 컴파일 방식으로 설치하면 configure 설정에 따라 '/usr/local/apache'에 관련 파일이 설치된다.

```
$ ls /usr/local/apache -l
...
drwxr-xr-x. 2 root root 4096 Dec 17 22:27 bin
...
drwxr-xr-x. 2 root root 4096 Dec 17 22:27 modules
```

- /user/local/apache의 주요 디렉터리

디렉터리명	설명
bin	아파치 웹 서버의 실행 및 관리를 위한 프로그램들이 저장된 경로이다.
build	컴파일 등에 사용한 스크립트 파일들이 저장된 경로이다.
cgi-bin	CGI(Common Gateway Interface) 스크립트 파일들이 저장된 경로이다.
conf	- 아파치 웹 서버의 환경설정 파일(httpd.conf)이 저장된 경로이다. - conf/extra 디렉터리에는 추가 설정 파일들이 저장된다.
error	HTTP 에러가 발생할 경우 표시될 메시지 문서가 저장된 경로이다.

htdocs	HTML 등 웹 페이지가 저장되는 기본 경로이다.
icons	아파치 웹 서버가 사용하는 이미지들이 저장된 경로이다.
include	헤더 파일들이 위치한다.
logs	아파치 웹 서버의 동작 시 발생하는 로그 파일이 저장된다.
man	Manual 파일이 저장되어 있는 경로이다.
manual	HTML 파일 형식으로 아파치 관련 매뉴얼을 저장한다.
modules	아파치 웹 서버가 사용하는 모듈 파일이 저장된 경로이다.

- 아파치 웹 서버를 패키지 관리자를 이용하여 설치하면 리눅스 시스템의 디렉터리 특징에 따라 아파치 관련 파일들이 저장된다. 관련 내용은 'rpm -ql httpd' 명령으로 확인할 수 있다.
- 아파치 웹 서버의 주요 디렉터리(설정 파일의 내용에 따라 변경될 수 있다.)

디렉터리명	설명
/var/www/html	HTML 등 웹 페이지가 저장되는 기본 경로이다.
/var/www/cgi-bin	CGI(Common Gateway Interface) 스크립트 파일들이 저장된 경로이다.
/var/www/error	– HTTP 에러가 발생할 경우 표시될 메시지 문서가 저장된 경로이다. 필요에 따라 생성하여 사용한다. – 예 HTTP_NOT_FOUND.html.var
/var/www/icons	아파치 웹 서버가 사용하는 이미지들이 저장된 경로이다. 필요에 따라 생성하여 사용한다.
/var/logs/httpd	access_log, error_log 등, 아파치 웹 서버의 웹 로그가 저장되는 경로이다. – access_log : 홈페이지 방문자들의 방문 정보를 기록한다. – error_log : 에러 발생 시 관련 내용을 기록한다.
/etc/httpd/conf	아파치 웹 서버의 환경설정 파일(httpd.conf)이 저장된 경로이다.
/etc/httpd/conf.d	– 아파치 웹 서버의 추가 설정 파일이 저장된 경로이다. – autoindex.conf : 디렉터리 내용의 로딩 방식을 결정한다. – userdir.conf : 사용자 홈페이지 디렉터리를 설정한다. – welcome.conf : 초기 기본 페이지를 설정한다.
/usr/lib64/httpd/modules	– 아파치 웹 서버가 사용하는 모듈 파일이 저장된 경로이다. – mod_alias.so와 같은 파일명을 따르며, DSO(Dynamic Shared Object) 방식으로 적재된다. 이를 위해 httpd.conf 설정 파일에서 LoadModule 구문을 이용한다.

② **아파치 웹 서버의 실행 파일 목록**
- 패키지 관리자를 이용하여 설치한 경우, /usr/bin 혹은 /usr/sbin에 아파치 웹 서버 관련 실행 파일이 저장된다.
- 아파치 웹 서버의 주요 실행 파일

실행 파일명	설명
ab	아파치 벤치마킹(benchmarking) 도구이다.
apachectl	- 아파치 웹 서버의 실행, 종료, 재시작을 위한 도구이다. - 아파치 웹 서버 설정 파일인 httpd.conf를 검사하는 기능도 제공한다.
htpasswd	암호 인증이 필요한 웹 페이지를 대상으로 아이디와 암호를 생성한다.
htdigest	사용자 인증 파일을 생성하고 업데이트하는 도구이다.
httpd	아파치 웹 서버의 데몬(daemon) 프로그램이다.
logresolve	아파치 웹 서버의 로그 파일에서 IP 주소를 호스트 네임으로 변환(resolving)하는 도구이다.
rotatelogs	아파치 웹 서버의 로그 로테이트(Log Rotate)를 위한 도구이다.

- httpd 명령은 'httpd [옵션] [파일이름]'의 형식을 따르며, 주요 실행 옵션은 다음과 같다.

옵션	설명
-t	환경설정 파일인 httpd.conf의 문법적 오류를 점검한다.
-f	특정 환경설정 파일을 지정하여 아파치 데몬(daemon)을 실행한다.
-S	현재 설정된 가상 호스트 목록을 출력한다.

-l	- 아파치 웹 서버와 함께 컴파일 된 모듈의 목록을 출력한다.
	- 예
	  $ httpd -l
	  Compiled in modules:
	    core.c
	    prefork.c
	    http_core.c
	    mod_so.c

-M	- 로딩된 모든 모듈의 목록을 출력한다(static, shared).
	- 예
	  $httpd -M
	  Loaded Modules:
	    core_module (static)
	    actions_module (shared)

- apachectl 명령(스크립트)은 'apachectl [명령]'의 형식을 따르며, 세부 실행 옵션은 다음과 같다.

옵션	설명
start	아파치 데몬을 시작한다.
stop	아파치 데몬을 중지한다.
restart	아파치 데몬을 재시작하고, 실행 중이 아닌 상태일 경우에는 데몬을 시작한다.
configtest	환경설정 파일인 httpd.conf의 문법적 오류를 점검한다.
graceful	현재 연결된 클라이언트의 접속을 유지하면서 설정 파일인 httpd.conf를 다시 읽어서 구성한다.
status 혹은 fullstatus	- 웹 서버의 상태를 출력한다. - fullstatus는 mod_status의 모든 상태를 출력하며 mod_status 모듈이 설치되고, httpd.conf의 〈Location / server-status〉 영역이 설정되어 있어야 동작한다.

③ **아파치 웹 서버의 환경설정 파일**

- 아파치 웹 서버의 환경설정은 '/etc/httpd/conf/httpd.conf' 파일을 기본으로 이용하나, 아파치 2.2 이후의 버전부터 관리의 편의성을 위해 별도의 설정 파일로 구성할 수도 있다. 별도의 설정 파일은 '/etc/httpd/conf.d' 디렉터리에 저장된다.
- 별도의 설정 파일은 '/etc/httpd/conf/httpd.conf' 설정 파일에서 Include 지시자로 포함할 수 있다. 기본값으로, 'Include conf.d/*.conf'로 설정되어 모든 설정 파일들이 포함된다.
- 아파치 웹 서버의 주요 설정 파일

주요 설정 파일	설명
httpd.conf	아파치 웹 서버의 기본 설정 파일
httpd-mpm.conf	MPM(Apache Multi-Processing Module) 관련 설정 파일
httpd-multilang-errordoc.conf	HTTP 에러 처리에 대한 다국어 문서를 설정하는 파일
httpd-autoindex.conf	디렉터리 목록의 표시 방법을 설정하는 파일
httpd-userdir.conf	개인 사용자의 홈 디렉터리를 설정하는 파일
httpd-info.conf	아파치 웹 서버의 실행 상태 모니터링을 위한 설정 파일
httpd-vhosts.conf	버추얼 호스트를 설정하는 파일
httpd-dav.conf	- WebDAV(Web-based Distributed Authoring and Version)를 설정하는 파일 - WebDAV : 웹 서버에서 파일 목록의 조회, 수정, 삭제 등을 할 수 있는 프로토콜
httpd-default.conf	웹 서버의 기본 설정값을 설정하는 파일
httpd-languages.conf	웹 문서의 언어를 설정하는 파일
httpd-manual.conf	아파치 매뉴얼 문서를 지원하기 위한 설정 파일
httpd-ssl.conf	SSL(Secure Socket Layer) 지원을 위한 설정 파일

- 설정 파일을 변경한 후, 'apachectl restart' 등으로 아파치 웹 서버를 재시작하여야 설정 내용이 적용된다.

④ **httpd.conf를 이용한 아파치 웹 서버의 기본 설정**
- /etc/httpd/conf/httpd.conf의 주요 설정 항목은 다음과 같다.

주요 설정 항목	설명
ServerRoot	• 아파치 웹 서버의 주요 파일들이 저장된 최상위 디렉터리를 절대경로로 지정한다. • 기본값 : ServerRoot = "/etc/httpd"
Listen	• 아파치 웹 서버가 사용할 TCP 포트 번호를 지정한다. • 기본값 : Listen 80
LoadModule	• DSO(Dynamic Shared Object) 방식으로 로딩할 모듈을 지정한다. • Include conf.d/*.conf와 같이 지정하여, 모듈을 로딩하기 위한 별도의 설정 파일을 포함하여 사용할 수도 있다. • 예) LoadModule php5_module modules/libphp5.so
User	• 아파치 실행 데몬(daemon)의 사용자 권한을 지정한다. • 시스템 보안을 위하여 root로 설정하지 않도록 한다. • 기본값 : User apache
Group	• 아파치 실행 데몬의 그룹 권한을 지정한다. • 시스템 보안을 위하여 root로 설정하지 않도록 한다. • 기본값 : Group apache
ServerAdmin	• 아파치 웹 서버 관리자의 이메일 주소를 지정하여, 서버에 문제가 발생할 경우 에러메시지에 함께 표시한다. • 기본값 : ServerAdmin root@localhost
ServerName	• 서버의 호스트 이름을 지정한다. • 기본값 : ServerName www.example.com:80 • 기본 설정값이 주석(#)으로 처리되어 있으므로, 적절한 값으로 변경하여 적용한다.
DocumentRoot	• 웹 문서가 저장되는 기본 디렉터리 경로를 지정한다. • 기본값 : DocumentRoot "/var/www/html"
DirectoryIndex	• 웹 디렉터리를 방문할 경우 처음으로 열릴(Open) 파일 목록을 정의한다. • 예) DirectoryIndex index.html index.htm index.php index.jsp
AccessFilename	• 각 디렉터리별 추가 설정을 위해 각각 저장하는 설정 파일을 지정한다. 보통 접근 제어(Access Control) 방식 등을 지정할 때 사용한다. • 기본값 : AccessFileName .htaccess
ErrorLog	• 아파치 웹 서버의 에러로그 파일의 위치를 지정한다. • 기본값 : ErrorLog logs/error_log
LogLevel	• 에러로그를 기록하는 수준을 결정한다. • 기본값 : LogLevel warn • 로그레벨의 종류는 이후에 설명할 별도의 단락을 참고한다.
DefaultType	• 기본 MIME 타입을 지정하며, 별도의 타입을 등록하지 않는 문서(콘텐츠)에 대한 기본값으로 동작한다. • 기본값 : DefaultType text/plain

지시자	설명
AddType	• 파일 확장자에 대한 MIME(Multipurpose Internet Mail Extension)을 등록하여, 해당 파일에 대한 처리 방식을 지정한다. • 예 AddType application/x-httpd-php .php .php5
AddDefaultCharset	• 웹 문서들의 기본 문자셋을 지정한다. • AddDefaultCharset UTF-8
TypesConfig	• 서버가 처리할 수 있는 MIME 타입을 기술한 mime.types 파일의 위치를 지정한다. • 예 TypesConfig /etc/mime.types
MIMEMagicFile	• 대상 파일 자체(내용)을 참고하여 MIME 타입을 결정할 수 있으며, 이에 대한 힌트(hint)를 담은 파일을 지정한다. • 예 MIMEMagicFile conf/magic
ErrorDocument	• 다음 3가지의 오류 처리 방식을 등록한다. – plain text : 에러 발생 시 일반 오류 메시지 출력 – local redirect : 정의된 오류 발생 시 특정 페이지로 리다이렉트 – external redirect : 정의된 오류 발생 시 외부 사이트로 리다이렉트 • 예 ErrorDoucment 500 "The server made a boo boo." ErrorDocument 404 /missing.html ErrorDocument 402 http://www.example.com/subscription_info.html
Alias	• 특정 경로에 대한 별칭(Alias)을 설정한다. • 예 Alias /icons/ "/var/www/icons/"
Redirect	• 특정 URL로 접근 시 다른 URL 경로로 이동하도록 설정한다. • 예 Redirect permanent /foo http://www.example.com/bar
include	• 별도의 설정 파일을 포함하며, 기본값은 'Include conf.d/*.conf'이다. • 예 Include conf.d/http-mpm.conf
AddEncoding	• 특정 웹 브라우저를 대상으로 압축된 형식으로 데이터를 전송할 수 있도록 설정한다. 단, 모든 웹 브라우저가 지원하는 것은 아니다. • 예 AddEncoding x-gzip .gz .tgz
AddLanguage	• 웹 페이지에서 지원하는 언어를 설정한다. • 예 AddLanguage ca .ca
LanguagePriority	• 웹 페이지 언어를 표시할 때 우선순위를 지정한다. • 예 LanguagePriority en ca ca
AddCharset	• 웹 페이지 해석 시 사용하는 문자집합(Character Set)을 설정한다. • 예 AddCharset UTF-8 .utf8
AddHandler	• .cgi와 같은 확장자를 가진 파일을 cgi-script와 같은 처리 기능과 연결한다. • 이후에 설명할 'Options 지시자에 ExecCGI가 설정'되어 있어야 동작한다. • 예 AddHandler cgi-script .cgi
ScriptAlias	• CGI 스크립트를 특정한 위치(디렉터리)에서만 제공하도록 설정하여, 임의 실행을 방지하는 보안 관련 설정이다. • 예 ScriptAlias /cgi-bin/ "/var/www/cgi-bin"

⟨Directory 디렉터리명⟩ ~ ⟨/Directory⟩	• 지정한 디렉터리에 대한 권한, 제어 방식, 옵션 등을 지정한다. • 아파치 웹 서버의 가장 중요한 설정 중의 하나로, 'Options, AllowOverride, Order, Allow, Deny' 등의 세부 설정 항목이 존재한다. 　- Options : 지정한 디렉터리 및 하위 디렉터리의 모든 파일들에 대한 접근 및 제어 방식을 지정한다. 예를 들어 '디렉터리 목록 표시 여부' 등이 있다. 　- AllowOverride : 아파치 웹 서버의 접근 통제 파일인 '.htaccess' 파일의 사용 방식 등을 관리한다. 　- Order : 웹 서버로의 접근을 필터링하는 순서를 지정한다. 　- Allow from : 지정한 호스트 혹은 IP 주소로부터 접속을 허용한다. 　- Deny from : 지정한 호스트 혹은 IP 주소로부터 접속을 금지한다. • 예 　⟨Directory /var/www/html⟩ 　　Options Indexes FollowLinks 　　Options FileInfo AuthConfig Limit 　　AllowOverride None 　　Order allow,deny 　　Allow from all 　⟨/Directory⟩ • 참고로 'Require all denied'는 모든 접근을 거부한다는 의미이고, 'Require all granted'는 모든 접근을 허용한다는 의미이다. • Options, AllowOverride의 세부 설정은 이후에 설명할 별도의 단락을 참고한다.
⟨FileMatch 파일명형식⟩ ~ ⟨/FileMatch⟩	• 지정한 파일명 형식을 갖는 파일에 대하여, 접근 통제 등 관리 방식을 설정한다. • 예 '.htaccess'와 같이 '.ht'로 시작하는 파일들을 접근할 수 없도록 설정한다. 　⟨FileMatch "^\.ht"⟩ 　　Require all denided 　⟨/FileMatch⟩
⟨IfModule 모듈명⟩ ... ⟨/IfModule⟩	• 지정한 모듈에 대한 세부 동작 옵션을 설정한다. • 주요한 모듈에 대한 설정은 이후에 설명할 별도의 단락을 참고한다.

• 'httpd -M' 명령을 이용하여 현재 로딩된 모듈 항목을 확인할 수 있고, 'httpd -L' 옵션으로 설정 가능한 지시자를 확인할 수 있다.

```
$ httpd -M
Loaded Modules:
 core_module (static)
 so_module (static)
 http_module (static)
 ...

$ httpd -L
```

```
〈Directory (core.c)〉
    Container for directives affecting resources located in the specified directories
    Allowed in *.conf only outside 〈Directory〉, 〈Files〉, 〈Location〉, or 〈If〉
〈Location (core.c)〉
    Container for directives affecting resources accessed through the specified URL paths
    Allowed in *.conf only outside 〈Directory〉, 〈Files〉, 〈Location〉, or 〈If〉
...
```

- 〈Directory〉 ~ 〈/Directory〉의 세부 설정 항목
  - Options의 주요 설정 항목

설정 항목	설명
None	None을 설정하면 이외의 다른 모든 설정들이 무시되며, 결과적으로 접근이 거부된다.
All	• Multiviews를 제외한 모든 설정값이 적용된다. • 기본 설정값이다.
Indexes	• default.html, index.php 등 기본 파일이 존재하지 않을 경우, 해당 디렉터리의 모든 파일 목록을 보여준다. • 서버의 파일 목록이 표시되고 웹 브라우저를 이용하여 접근할 수 있으므로 보안 취약점이 발생한다. 따라서 설정하지 않는 것을 권장한다.
FollowSymLinks	• 디렉터리 내에서 심볼릭 링크 사용을 허가한다. • 웹 브라우저에서 링크 파일의 경로까지 확인할 수 있으므로, 보안 취약점이 발생한다. 따라서 설정하지 않는 것을 권장한다.
ExecCGI	CGI(Common Gateway Interface)의 실행을 허락한다.
Includes	• SSI(Server Side Includes)를 허용한다. • mod_include.c 모듈이 아파치 웹 서버에 로딩되어 있어야 한다.
IncludesNOEXEC	SSI는 허락하나 #exec는 허용하지 않는다.
MultiViews	웹 브라우저의 요청과 웹 문서의 종류를 참고하여 가장 적합한 페이지를 보여주는 설정이다.

  - AllowOverride의 주요 설정 항목

설정 항목	설명
None	• '.htaccess'와 같이 AccessFileName에 지정한 파일을 엑세스(Access) 인증 파일로 사용하지 않고 무시하며, Override도 허용하지 않는다. • 일반적으로 제한적인 접근만 허용하고자 할 때 사용한다.
All	• httpd.conf의 AccessFileName 항목으로 설정한 파일을 이용하며, Override를 허용한다. • AccessFileName은 보통 '.htaccess'로 지정되어 있다.
AuthConfig	• AccessFileName에 지정된 파일에 대하여 클라이언트(사용자) 인증 지시자 사용을 허락한다. • AuthDBMGroupFile, AuthDBMUserFile, AuthGroupFile, AuthName, AuthType, AuthUserFile, Require 등과 같은 지시자가 있다.

FileInfo	• AccessFileName에 지정된 파일에 대하여 문서 유형을 제어하는 지시자 사용을 허락한다. • AddEncoding, AddLanguage, AddType, DefaultType, ErrorDocument, LanguagePriority 등과 같은 지시자가 있다.
Indexes	• AccessFileName에 지정된 파일에 대하여 디렉터리 인덱싱을 제어하는 지시자 사용을 허락한다. • AddDescription, AddIcon, AddInconByEncoding, AddIconByType, DefaultIcon, DirectoryIndex, FancyIndexing, HeaderName, IndexIgnore, IndexOptions, ReadmeName 등과 같은 지시자가 있다.
Limit	• AccessFileName에 지정된 파일에 대하여 호스트 접근을 제어하는 지시자 사용을 허락한다. • Allow, Deny, Order 등과 같은 지시자가 있다.
Options	• AccessFileName에 지정된 파일에 대하여 특정 디렉터리 옵션을 제어하는 지시자 사용을 허락한다. • Options, XBitHack 등과 같은 지시자가 있다.

더 알기 TIP

〈Directory 디렉터리명〉 ~ 〈/Directory〉 항목 중 'Order, Allow, Deny'를 이용하여 접근 통제를 설정할 수 있다.

구성 예제	설명
Order Deny,Allow Deny from all Allow from 192.11.11.0/255.255.255.0	• 접근 제어는 Deny를 먼저 적용한 후 Allow를 적용한다. Order 뒤에 오는 Allow와 Deny는 대소문자를 구별하지 않으나, 콤마(,)로만 분리되고 중간에 공백이 있으면 안 된다. − Deny from all : 모든 접근을 거부한다. − Allow from 192.11.11.0/24 : 192.11.11.0/24의 IP 대역에서 접근할 수 있다. • IP 대역 지정은 '192.11.11', '192.11.11.(끝에 점이 있음)', '192.11.11.0/255.255.255.0' 등 다양한 방법으로 설정할 수 있다. • Deny나 Allow에 해당하지 않는 클라이언트의 접근을 허락한다.
Order Allow,Deny Allow from 192.11.11.10 Deny from testHacking.com	• 접근 제어는 Allow를 먼저 적용 후 Deny를 적용한다. − Allow form 192.11.11.10 : 지정한 IP에서 접근 가능하다. − Deny from testHacking.com : 지정한 도메인(호스트)에서 접근할 수 없다. • Deny나 Allow에 해당하지 않는 클라이언트의 접근을 거부한다.
Order Mutual-failure Allow from [허락주소] Deny from {금지주소}	Allow from에는 포함되어 있고, Deny from에는 없는 호스트만 접근할 수 있다.

- LogLevel의 세부 설정 항목
  - LogLevel의 세부 항목은 /etc/rsyslog.conf 설정 내의 우선순위와 동일하다.

세부 항목	설명
emerg	• 최상위 레벨로, 매우 위험한 상태에 대한 메시지이다. • 시스템을 사용할 수 없는 수준의 긴박한 상황을 의미한다.
alert	즉각적인 조치가 필요한 상황에서 발생하는 메시지이다.
crit	시스템에 치명적인 문제가 발생한 상황에 대한 메시지이다.
error	에러(error)가 발생한 상황에 대한 메시지이다.
warn	주의를 요하는 경고 메시지이다.
notice	일반적인 알림이나 중요한 수준의 메시지이다.
info	프로그램 동작 상황 등 일반적인 정보이다.
debug	최하위 레벨로, 프로그램 개발을 위한 디버깅(debugging) 관련 메시지이다.

⑤ **log_config_module을 이용한 로그 방식 설정**

- log_config_module의 설정 형식

```
<IfModule log_config_Module>
LogFormat "%h %l %u %t \"%r\" %s %b \"%{Referer}i\" \"%{User-Agent}i\"" combined
LogFormat "%h %l %u %i \"%r\" %s %b" common


<IfModule_logio_module>
 LogFormat "%h %l %u %t \"%r\" %s %b \"%{Referer}i\" \"%{User-Agent}i\" %l %O" combinedio
</IfModule>


CustomLog logs/access_log common
#CustomLog logs/access_log combined

</IfModule>
```

- LogFormat 항목은 기록하는 로그의 형식을 지정한다.
- LogFormat에서 사용하는 주요 지시자

주요 지시자	설명
%h	요청을 보낸 클라이언트(원격) 호스트명
%A	아파치 웹 서버의 로컬 IP 주소
%p	요청이 처리되는 포트 번호
%H	요청 프로토콜
%l	- 클라이언트가 전송한 원격 로그인 아이디(ID) - htpasswd를 이용하여 특정 디렉터리에 대한 인증을 설정할 경우, 사용자가 입력한 로그인 아이디
%u	- 사용자 인증을 위한 유저명(User name) - 요청한 URL이 기본 HTTP 인증을 요구할 경우 사용하는 유저명
%U	클라이언트가 요청한 URL 경로
%t	아파치 데몬(daemon)이 요청을 받은 시간
%T	아파치 데몬이 요청을 처리하는 데 소요한 시간
%r	클라이언트 요청한 내용 중 첫 번째 라인
%s	- 클라이언트의 요청에 따른 서버의 처리 상태 - %)s를 이용하면 가장 마지막 상태코드만 기록
%b	HTTP 헤더를 제외한 전용량(bytes)으로, CLF 형식과 같이 전송내역이 없는 경우 '-'을 사용
%B	HTTP 헤더를 제외한 전체 전송량(bytes)
%[헤더이름]	- 지정한 헤더 이름에 해당하는 정보 - 예 %{User-Agent} : 클라이언트(웹 브라우저)의 정보
%I	요청(Request)의 헤더를 포함하여 수신한 전송량(bytes)
%O	헤더를 포함하여 전송한 전송량(bytes)

- CustomLog는 웹 서버에 대한 접근 정보를 기록하는 로그 파일(access_log)의 위치를 지정한다. 이때 'combined 옵션'을 지정하면 'access, agent, referer' 정보를 하나의 파일에 모두 저장한다.

⑥ httpd-userdir.conf를 이용한 사용자별 홈 페이지 구성

- 사용자별 홈페이지를 지원하기 위하여 mod_userdir 모듈을 이용하며, 관련 항목을 설정한다.

```
<IfModule mod_userdir.c>
    #UserDir disabled
    UserDir public_html

</IfModule>

<Directory /home/*/public_html>
    AllowOverride FileInfo AuthConfig Limit
    Options MultiViews Indexes SymLinksIfOwnerMatch IncludesNoExec
    <Limit GET POST OPTIONS>
        Order allow,deny
        Allow from all
    </Limit>
    <LimitExcept GET POST OPTIONS>
        Order deny,allow
        Deny from all
    </LimitExcept>
</Directory>
```

- UserDir 지시자의 세부 내용

항목	설명
UserDir	가장 중요한 지시자로, 사용자별 홈 페이지의 사용 여부를 결정한다. - UserDir disabled : 사용하지 않는다. 'UserDir disabled 계정명'과 같은 방식으로 특정 사용자만 제외할 수도 있다. - UserDir [폴더명] : 웹 페이지를 저장할 기본 경로를 지정한다. 기본값은 public_html 이며, '/home/사용자명/public_html' 디렉터리에 HTML 등 문서를 저장한다. 이때 'chmod 755'와 같은 명령을 이용하여 해당 디렉터리에 대한 접근 권한을 허가해 놓아야 한다.

- 사용자별 홈 페이지는 '~(틸다)계정명'으로 접근한다. 만일, master가 계정명이라면 'http://www.example.com/~master'가 URL이 된다.

⑦ httpd-vhosts.conf를 이용한 가상 호스트(Virtual Host) 구성
- VirtualHost를 이용하여 하나의 IP 주소로 여러 개의 도메인(호스트)을 설정할 수 있으며, 사용을 원하는 호스트별로 〈VirtualHost〉 ~ 〈/VirtualHost〉 항목을 각각 추가한다.

```
〈VirtualHost *:80〉
    ServerAdmin webmaster@dummy-host.example.com
    DocumentRoot /www/docs/dummy-host.example.com
    ServerName dummy-host.example.com
    ErrorLog logs/dummy-host.example.com-error_log
    CustomLog logs/dummy-host.example.com-access_log common
〈/VirtualHost〉
```

- VirtualHost의 주요 설정 항목

항목	설명
〈VirtualHost *:80〉	- IP 주소, 포트 번호와 함께 가상 호스트를 추가한다. - 기본 설정은 〈VirtualHost *:80〉 이며, * 대신 원하는 주소(IP Address)를 지정할 수 있다.
ServerName	도메인(호스트)의 이름을 지정한다.
ServerAlias	- 기본 도메인 이름 외 다른 호스트 이름(별칭)을 추가할 때 사용한다. - 예 ServerName example.com ServerAlias www.example.com

- 'httpd -S' 명령으로 VirtualHost의 설정 상태를 점검할 수 있다.

```
$ httpd -S
VirtualHost configuration:
ServerRoot: "/etc/httpd"
Main DocumentRoot: "/var/www/html"
...
```

⑧ httpd-autoindex.conf를 이용한 디렉터리 목록 표시 방법 설정
- 디렉터리 목록을 표시하는 것이므로 앞서 설명한 'Options 항목에 Indexes'를 추가하여, 디렉터리 리스팅(Directory Listing)이 활성화되어 있어야 한다.

```
Alias /icons/ "/var/www/icons/"

<Directory "/var/www/icons">
    Options Indexes MultiViews FollowSymLinks
    AllowOverride None
    Order allow,deny
    Allow from all
</Directory>
...
IndexOptions FancyIndexing VersionSort NameWidth=* HTMLTable Charset=UTF-8
AddIconByEncoding (CMP,/icons/compressed.gif) x-compress x-gzip

AddIconByType (TXT,/icons/text.gif) text/*
AddIconByType (IMG,/icons/image2.gif) image/*
...
DefaultIcon /icons/unknown.gif
...
AddDescription "GZIP compressed document" .gz
...
ReadmeName README.html
HeaderName HEADER.html
IndexIgnore .?? *~ *# HEADER README RCS CVS *,v *,t
```

- autoindex의 주요 설정 항목

항목	설명
IndexOptions	디렉터리를 표시(Listing)하는 방법을 지정한다. - Standard : 표준 디렉터리 형식으로 표시한다. - FancyIndexing : 이후의 설정값에 따라 보다 보기 좋은 모습으로 표시한다.
AddIconByType	파일 및 확장자에 따라 표시될 이미지를 지정한다.
DefaultIcon	별도로 정의되지 않은 파일에 대한 기본 표시 이미지를 지정한다.
AddDescription	파일 뒤에 표시될 간단한 설명을 지정한다.
ReadmeName	디렉터리 내용 표시 후, 가장 아랫부분에 표시할 README 파일을 지정한다.
HeaderName	디렉터리 내용 표시 전, 가장 윗부분에 표시할 HEADER 파일을 지정한다.
IndexIgnore	디렉터리 표시에서 제외할 파일을 지정한다.

⑨ **default.conf를 이용한 웹 서버의 기본 설정 지정**

- default.conf 혹은 http-default.conf를 이용하여 아파치 웹 서버의 기본 설정값을 지정할 수 있다.
- 아파치 웹 서버의 주요 기본 설정 항목

설정 항목	설명
Timeout	• 클라이언트의 요청에 대한 응답 제한 시간을 초 단위로 지정한다. • 기본값 : Timeout 60
KeepAlive	• 하나의 TCP 세션을 이용하여 여러 요청을 처리하기 위한 KeepAlive 기능을 설정한다. • TCP 세션은 하나의 프로세스 혹은 쓰레드와 연결되므로 결과적으로 프로세스 혹은 쓰레드를 종료하지 않고 계속 사용하게 된다. • 기본값 : KeepAlive On
MaxKeepAliveRequests	• KeepAlive가 On으로 설정된 경우, 처리할 수 있는 최대 요청 수를 지정한다. 즉, TCP 연결을 유지하고 있는 프로세스 혹은 쓰레드가 MaxKeepAliveRequests에 설정된 만큼을 처리하게 되면 종료된다. • 기본값 : MaxKeepAliveRequests 100 (0으로 지정하면 무제한)
KeepAliveTimeout	• KeepAlive가 On인 상태에서 설정한 시간 동안 클라이언트의 요청이 없을 경우 연결을 종료한다. • 기본값 : KeepAliveTimeout 5 (초 단위 지정)
UseCanonicalName	• Off : 클라이언트가 제공하는 호스트 이름과 포트를 사용하여 URL과 서버 이름을 설정한다. • On : ServerName 지시자를 이용하여 URL과 서버 이름을 설정한다. • 기본값 : UseCanonicalName Off
AccessFileName	• 디렉터리별 접근제어를 설정하는 파일명을 지정한다. • 기본값 : AccessFileName .htaccess
ServerToken	• 클라이언트(웹 브라우저)에 전송할 서버의 정보 수준을 지정한다. 　- Full : 웹 서버의 종류, 버전, 운영체제의 종류, 설치된 모듈 정보 등 　- OS : 웹 서버의 종류, 버전, 운영체제의 종류 　- Min : 웹 서버의 종류와 버전 　- Prod : 웹 서버의 종류 • 기본값 : ServerToken Full
ServerSignature	• 아파치 웹 서버가 생성하는 오류 메시지 등에서 '아파치 버전, 가상호스트 정보, 관리자 이메일 주소 등' 추가 정보를 포함할지 결정한다. 　- On : 아파치 버전, 가상 호스트 정보 　- Email : 아파치 버전, 가상 호스트 정보, 관리자 이메일 주소 　- Off : 표시하지 않음 • 기본값 : ServerSignature On
HostnameLookups	• 로그 기록 시 클라이언트의 IP 정보를 표시하는 방법을 설정한다. 　- On : 도메인명으로 기록함(단, DNS 조회가 필요하여 웹 서버의 성능이 저하될 수 있음) 　- Off : IP 주소로 기록함 • 기본값 : HostnameLookups Off

⑩ **httpd-info.conf를 이용한 웹 서버 상태 정보 구성**
- 웹 브라우저를 이용하여 웹 서버의 상태 정보를 확인할 수 있도록 관련 정보를 설정한다.
- 〈Location /server-status〉 ~ 〈/Location〉을 이용하면, 'http://www.exapmle.com/server-status'와 같은 URL을 이용하여 서버의 상태를 확인할 수 있다.

```
〈Location /server-status〉
    SetHandler server-status
    Order deny,allow
    Deny from all
    Allow from .example.com
〈/Location〉
```

- 'ExtendedStatus On'으로 설정하면 최대한의 정보를, 'ExtendedStatus Off'로 설정하면 최소한의 정보를 제공한다. 기본은 'ExtendedStatus Off'이다.
- 〈Location /server-info〉 ~ 〈/Location〉을 이용하면, 'http://www.exapmle.com/server-info'와 같은 URL을 이용하여 서버의 정보를 확인할 수 있다. 이때 'mod_info.c 모듈'이 로딩된 상태여야 한다.

```
〈Location /server-info〉
    SetHandler server-info
    Order deny,allow
    Deny from all
    Allow from .example.com
〈/Location〉
```

⑪ **httpd-mpm.conf를 이용한 MPM(Apache Multi-Processing Module) 설정**
- mpm_prefork_module을 이용하여 prefork 동작 방식을 설정한다.

```
〈IfModule mpm_prefork_module〉
    StartServers            5
    MinSpareServers         5
    MaxSpareServers         10
    MaxRequestWorkers       150
    MaxConnectionPerChild   0
〈/IfModule〉
```

- mpm_prefork_module의 주요 설정 항목

항목	설명
StartServers	아파치 웹 서버 구동 시, 초기 실행할 자식 프로세스의 개수를 지정한다.
MinSpareServers	- 유휴 프로세스의 최소 유지 개수를 지정한다. - 클라이언트의 요청 수가 증가하여 유휴 프로세스의 개수가 설정한 값보다 작은 상태가 되면 새로운 자식 프로세스를 생성한다.
MaxSpareServers	- 유휴 프로세스의 최대 유지 개수를 지정한다. - 클라이언트의 요청 수가 감소하여 유휴 프로세스의 개수가 설정한 값보다 큰 상태가 되면 동작 중인 자식 프로세스를 종료한다.
MaxRequestWorkers	- 동시에 접속할 수 있는 클라이언트의 최대값을 설정한다. - 이전 버전에서는 MaxClients로 지원하였다.
MaxConnectionPerChild	- 아파치 자식 프로세스 하나가 처리할 최대 요청 수를 설정한다. - 설정한 요청 수를 처리하면 프로세스는 종료된다. - 0으로 설정하면 무한대가 된다. - 이전 버전에서는 MaxRequestsPerChild로 지원하였다.

- mpm_worker_module을 이용하여 prefork 동작 방식을 설정한다.

```
<IfModule mpm_worker_module>
    StartServers           2
    MinSpareThread        25
    MaxSpareThread        75
    ThreadsPerChild       25
    MaxRequestWorkers    150
    MaxConnectionPerChild  0
</IfModule>
```

- mpm_prefork_module의 주요 설정 항목

항목	설명
StartServers	아파치 웹 서버 구동 시, 초기 실행할 자식 프로세스의 개수를 지정한다.
MinSpareThread	새로운 요청을 처리하기 위해 대기하고 있는 쓰레드의 최소 개수를 지정한다.
MaxSpareThread	새로운 요청을 처리하기 위해 대기하고 있는 쓰레드의 최대 개수를 지정한다.
ThreadPerChild	하나의 아파치 프로세스가 생성할 쓰레드의 개수를 지정한다.
MaxRequestWorkers	- 동시에 접속할 수 있는 클라이언트의 최대값을 설정한다. - 이전 버전에서는 MaxClients로 지원하였다.
MaxConnectionPerChild	- 아파치 쓰레드 하나가 처리할 최대 요청 수를 설정한다. - 0으로 설정하면 무한대가 된다. - 이전 버전에서는 MaxRequestsPerChild로 지원하였다.

⑫ **htpasswd 명령을 이용한 아파치 웹 서버 사용자 인증**
- 아파치 웹 서버의 특정 페이지에 사용자 인증을 설정할 수 있다.
- 웹 페이지에 사용자 인증 설정 방법

설정 순서	설명
웹 사용자 생성	- htpasswd 명령으로 사용자를 생성한다. - 예 htpasswd -c /etc/password master : master 사용자를 생성하고, 계정 파일로 /etc/password 파일을 이용한다.
httpd.conf 설정	- 대상 디렉터리의 AllowOverride 항목에 'AuthConfig'를 지정한다. - 예 〈Directory "/var/www/html/admin"〉 AllowOverride AuthConfig 〈/Directory〉
.htaccess 생성	- 인증 대상 디렉터리에 '.htaccess' 파일을 생성한다. - 예 파일명 : /var/www/html/admin/.htaccess AuthType Basic AuthName "Master Login" AuthUserFile /etc/password Require valid-user

- .htaccess의 주요 설정 항목

항목	설명
AuthType	Basic, Digest 방식의 인증 방식을 지정한다.
AuthName	웹 브라우저의 인증 창에 표시될 이름(메시지)을 설정한다.
AuthUserFile	사용자 계정 파일을 지정한다.
Require	접속을 허가할 사용자를 지정한다. - Require valid-user : 사용자 계정 파일에 등록된 사용자 모두를 허가한다. - Require [사용자명, 사용자명 …] : 특정 사용자 계정만 허가한다.

- htpasswd 명령어는 'htpasswd [옵션] [계정파일] [사용자명]'을 실행 옵션으로 하여 사용자 계정 파일을 관리한다.

```
$ htpasswd
Usage:
                htpasswd [-cimB25dpsDv] [-C cost] [-r rounds] passwordfile username
                htpasswd -b[cmB25dpsDv] [-C cost] [-r rounds] passwordfile username
password

                htpasswd -n[imB25dps] [-C cost] [-r rounds] username
                htpasswd -nb[mB25dps] [-C cost] [-r rounds] username password
-c      Create a new file.
-n      Don't update file; display results on stdout.
-b      Use the password from the command line rather than prompting for it.
-i      Read password from stdin without verification (for script usage).
-m      Force MD5 encryption of the password (default).
-2      Force SHA-256 crypt() hash of the password (secure).
-5      Force SHA-512 crypt() hash of the password (secure).
-B      Force bcrypt aencryption of the password (very secure).
-C      Set the computing time used for the bcrypt algorithm
        (higher is more secure but slower, default: 5, valid: 4 to 31).
-r      Set the number of rounds used for the SHA-256, SHA-512 algorithms
        (higher is more secure but slower, default: 5000).
-d      Force CRYPT encryption of the password (8 chars max, insecure).
-s      Force SHA-1 encryption of the password (insecure).
-p      Do not encrypt the password (plaintext, insecure).
-D      Delete the specified user.
-v      Verify password for the specified user.
On other systems than Windows and NetWare the '-p' flag will probably not work.
The SHA-1 algorithm does not use a salt and is less secure than the MD5 algorithm.
```

- .htpasswd의 주요 옵션

옵션	설명
-c	- 사용자 계정 파일을 생성한다. - 최초 한 번은 -c 옵션으로 계정 파일을 만들어야 한다. 이후에는 생략할 수 있다.
-D	지정한 사용자를 사용자 계정 파일에서 제거한다.
-s	SHA 암호화 방식으로 사용자 계정 파일을 암호화 한다.

⑬ **mod_ssl을 이용한 HTTPS 사용**

- 웹 클라이언트와 웹 서버 간 HTTP(Hyper Text Transfer Protocol) 기반 통신 시, 데이터는 일반 평문(Plain Text)으로 전송되어 프록시(Proxy) 혹은 패킷 캡쳐 도구를 이용하여 내용을 알아낼 수 있다. 따라서 중요한 데이터를 보호하기 위하여 별도의 암호화 방법이 필요하다.
- 아파치 웹 서버는 mod_ssl 모듈을 이용하여 HTTPS(HTTP over Secure Socket Layer) 방식으로 암호화 통신을 할 수 있으며, 이때 443포트를 기본 포트로 이용한다.
- SSL(Secure Socket Layer) : 암호화 기법을 이용하여 인터넷에서 안전하게 데이터를 전송하는 프로토콜로, 비대칭키를 사용하여 신원 확인과 대칭키 교환을 수행하고 이 대칭키를 이용하여 빠르게 데이터를 암호화한다.

➕ **더 알기 TIP**

아파치 웹 서버의 여러 가지 설정 방법

- /etc/httpd/conf/http.conf의 단일 설정 항목을 이용한다.
- /etc/httpd/conf/http.conf 내에서 〈IfMdoule 모듈명〉 ~ 〈/IfModule〉의 관련 모듈 설정을 이용한다. 이때 해당 모듈이 로딩되어야 한다.
- /etc/http/conf.d 디렉터리에 모듈별 설정 파일(.conf)을 작성한 후 /etc/httpd/conf/http.conf에 포함한다. DSO 방식으로 모듈 적재가 필요할 경우 'LoadModule 지시자'를 포함하게 된다.

※ 단, 이러한 설정 방식은 아파치 웹 서버의 버전에 따라 조금씩 다를 수도 있다. 따라서 시험 문제에 따라 여러가지 방식으로 물어볼 수 있으므로 각 항목에 대한 설정 키워드를 기억하기를 바란다. 예를 들면 "MIME 타입을 등록할 때는 AddType을 이용한다." 라고 기억하면 된다.

SECTION 02 인증 관련 서비스

1 인증 관련 서비스의 개요

(1) 리눅스 인증의 개요

① 인증과 인가의 개념
- 리눅스 시스템의 인증(Authentication)이란, '시스템을 사용하는 클라이언트(사용자)가 등록된 사용자인지 확인'하는 것이다.
- 인가(Authorization)란, '인가된 클라이언트(사용자)에게 권한을 부여'하는 것으로 어떤 권한인지에 따라 사용할 수 있는 서비스 혹은 자원이 달라지게 된다.

② 리눅스의 기본 인증 방법
- 사용자 계정을 /etc/passwd, /etc/shadow 등에 등록한 후, 사용자가 로그인 시 입력한 아이디와 패스워드를 등록된 정보와 비교하여 인증을 수행한다.

③ 네트워크 기반 인증 서비스의 필요성
- 리눅스의 기본 인증 방법은 하나의 시스템과 적은 인원을 대상으로 사용할 경우에는 큰 불편이 없겠으나, 다수의 시스템을 운영할 경우 '사용자 등록, 패스워드 관리 등'에 어려움이 따른다.
- 이러한 불편을 해결하기 위하여 네트워크 기반 인증 서비스가 필요하다. 네트워크 기반 인증 서비스는 인증에 필요한 정보를 인증 서버에 등록한 후, 필요한 시스템(클라이언트 시스템)에 인증 관련 정보를 제공한다.
- 대표적으로 NIS(Network Information Service)와 LDAP(Lightweight Directory Access Protocol)가 있다.

(2) NIS와 LDAP 서비스의 주요 특징

① NIS 서비스의 주요 특징
- 호스트명, 사용자명, 사용자 암호 등과 같은 시스템 정보를 검색하고 관리하기 위하여 썬(Sun)사가 개발한 서비스로, RPC(Remote Procedure Call)를 이용한다.
- NIS 서버에 등록된 사용자 계정, 암호, 그룹 정보 등을 네트워크를 이용하여 다른 시스템(클라이언트)에게 제공한다. 따라서 여러 호스트들이 동일한 계정 정보를 사용할 수 있다.
- NIS를 이용하여 telnet, samba, ssh 등의 서비스에서 사용자 인증을 할 수 있다.

> 🔎 **더 알기 TIP**
>
> **NIS 서비스의 역사(history)**
> - Sun Microsystems사가 YP(Yellow Pages)라는 이름으로 네트워크 기반 인증 서비스를 개발하였는데, YP라는 이름이 다른 회사(British Telecom)의 등록 상표이기에 NIS로 출시하였다. 이러한 이유로 NIS 서비스의 주요 명령어가 yp로 시작하게 된 것이다.
> - 이후 기존 NIS의 보안과 확장성을 향상시킨 NIS+가 등장하였으며, RPC에서 데이터 암호화와 인증을 지원하고 권한 설정, 복제(Replication) 등을 지원한다.

② **LDAP 서비스의 주요 특징**

- 디렉터리 서비스(Directory Service)를 조회하고 수정하는 TCP 기반 응용 프로토콜이다.
- X.500 DAP(Directory Access Protocol)를 기반으로 하고, 컴퓨팅 자원을 많이 소비하는 단점을 개선하기 위해 보다 경량화된 모델로 개발되었다.
- RDBMS(Relational DataBase Management System)에 비하여 빠른 검색 속도를 제공하지만 자주 변경되는 정보의 관리에는 다소 불리하다.
- LDAP 서버에는 여러 엔트리(entry)가 트리 구조로 구성되어 있다. 각 엔트리는 다수의 속성으로 구성되어 있으며 각 속성은 '이름, 값'의 형식을 가진다.
- LDAP의 주요 속성

속성	설명	속성	설명
c	국가 이름	ou	부서 이름
st	주 이름(우리나라는 도)	cn	전체 이름(이름+성)
l	도시 혹은 지역	sn	성
street	도로명 주소	givenName	이름
dn	조직 내 고유한 식별자	dc	도메인 네임 요소
rdn	상대(relative) DN	mail	이메일 주소
o	조직(회사) 이름	telephoneNumber	전화번호

- 각 엔트리는 DIT(Directory Information Tree)라는 트리 구조로 조직화되며, DN(Distinguished Name)라는 고유한 식별자로 지칭된다. DN은 RDN(Relative Distinguished Name)으로 구성된다. 예를 들어 디렉터리 파일의 경우 '/home/master/whoami.md'와 같은 전체 경로를 DN이라 할 수 있다. 여기에서 'whoami.md'가 RDN이며 '/home/master'는 상위 엔트리의 DN이 된다.
- 국가, 조직과 같이 동일한 설정을 갖는 그룹의 개념으로 objectClass가 있으며, LDAP에 새로운 엔트리를 생성할 때 특정한 objectClass에 속하도록 설정하면 해당 objectClass의 속성을 상속받게 된다.
- 마이크로소프트(Microsoft)의 Active Directory는 LDAP을 기반으로 인증 서비스를 제공한다.

2 NIS 서비스 사용하기

(1) NIS 서버 설치와 구성

① NIS 서비스 구성을 위한 사전 작업

- NIS는 RPC를 이용하므로 'systemctl start rpcbind' 명령으로 RPC 데몬(daemon)을 구동시킨다. 이때 서버와 클라이언트 호스트 모두에서 RPC를 구동해야 한다. 부팅 시 항상 rpcbind가 실행되도록 하려면 'systemctl enable rpcbind' 명령을 추가로 실행한다.

```
$ systemctl start rpcbind

$ systemctl enable rpcbind
...

$ ps -ef | grep rpc
rpc       801      1   0  21:08   ?      00:00:00 /usr/bin/rpcbind -w -f
root      810      2   0  21:08   ?      00:00:00 [rpciod]
root    10984   2253   0  23:14  pts/0   00:00:00 grep --color=auto rpc
```

- 실습을 위하여 /etc/hosts 파일에 IP와 도메인을 등록한다. IP 주소는 'ip addr' 명령으로 확인할 수 있다. /etc/hosts 파일을 이용하면 외부 DNS 질의(query) 없이 도메인과 IP 매핑(mapping)을 사용할 수 있다. /etc/hosts 파일을 수정한 후 network 서비스를 다시 시작한다. 역시 서버와 클라이언트 모두에 적용한다.

```
$ vi /etc/hosts

192.168.8.133 server.youngjin-nistest.com
192.168.8.134 client.youngjin-nistest.com

$ systemctl restart NetworkManager
```

② NIS 서버 설치

- NIS 서버의 패키지 이름은 ypserv이므로 'yum -y install ypserv' 명령으로 설치한다. 패키지 설치가 완료되면 '/usr/lib/systemd/system'에 NIS 관련 서비스 파일들이 설치된다.

```
$ yum -y install ypserv
...
Installed:
...
 ypserv-4.1-1.el8.x86_64

Complete!

$ ls /usr/lib/systemd/system/ | grep ^yp
yppasswdd.service
ypserv.service
ypxfrd.service
```

- NIS 관련 서비스 파일의 역할

서비스 파일	설명
ypserv.service	NIS 서버의 메인 데몬을 구동한다.
yppasswdd.service	NIS 사용자 패스워드를 관리한다.
ypxfrd.service	NIS 서버와 NIS 클라이언트 간의 맵핑 속도를 높여준다.

③ NIS 도메인명 설정

- nisdomainname 명령을 이용하거나 /etc/sysconfig/network 파일에 수동 등록하여 NIS 도메인명을 설정한다. /etc/sysconfig/network 파일에 등록하면 재부팅 시에도 자동으로 적용할 수 있다.

```
$ nisdomainname youngjin-nistest.com

$ vi /etc/sysconfig/network
...
NISDOMAIN=youngjin-nistest.com
```

- nisdomainname 명령으로 설정한 도메인명을 확인할 수 있다.

```
$ nisdomainname
youngjin-nistest.com
```

④ NIS 사용자 계정 생성

- NIS 클라이언트에서 사용할 계정을 생성한다.

```
$ useradd nisuser

$ passwd nisuser
Changing password for user nisuser.
New password:
Retype new password:
passwd: all authentication tokens updated successfully.
```

⑤ NIS 관련 데몬 실행

- ypserv, yppasswdd, ypxfrd를 시작한 후, 동작 상태를 확인한다.

```
$ systemctl start ypserv.service yppasswdd.service ypxfrd.service

$ ps aux | grep yp

...

root   2947  0.0  0.0  42484  1316  ?  Ss  21:55  0:00 /usr/sbin/ypserv -f
root   2950  0.0  0.0  42540  1320  ?  Ss  21:55  0:00 /usr/sbin/rpc.ypxfrd -f
root   3564  0.0  0.0  46816  1168  ?  Ss  22:30  0:00 /usr/sbin/rpc.yppasswdd -f
```

⑥ NIS 정보 갱신 및 적용

- 사용자 추가 등 NIS관련 설정 후 NIS 정보를 갱신하여야 한다.
- '/var/yp' 디렉터리로 이동한 후 make를 실행하거나, 'make -c /var/yp' 명령을 이용할 수 있다.

```
$ cd /var/yp

$ make
gmake[1]: Entering directory '/var/yp/youngjin-nistest.com'
Updating passwd.byname...
...
gmake[1]: Leaving directory '/var/yp/youngjin-nistest.com'.
```

- make를 완료하면 /var/yp 디렉터리에 NIS 서버 이름의 디렉터리가 만들어지고 NIS 관련 정보를 갖고 있는 맵(Map) 파일들이 생성된다. 만일 새로운 사용자를 추가하면 해당 맵 파일도 다시 갱신하여야 한다.

```
$ ls
Makefile  youngjin-nistest.com

$ ls youngjin-nistest.com/
group.bygid    mail.aliases    protocols.byname    services.byname
group.byname   netid.byname    protocols.bynumber  services.byservicename
hosts.byaddr   passwd.byname   rpc.byname
hosts.byname   passwd.byuid    rpc.bynumber
```

- NIS 관련 서비스를 재시작하여 설정한 것을 반영하고, 부팅 시 자동으로 시작되도록 한다.

```
$ systemctl restart ypserv.service yppasswdd.service ypxfrd.service

$ systemctl enable ypserv.service yppasswdd.service ypxfrd.service
Created symlink /etc/systemd/system/multi-user.target.wants/ypserv.service → /usr/lib/systemd/system/ypserv.service.
Created symlink /etc/systemd/system/multi-user.target.wants/yppasswdd.service → /usr/lib/systemd/system/yppasswdd.service.
Created symlink /etc/systemd/system/multi-user.target.wants/ypxfrd.service → /usr/lib/systemd/system/ypxfrd.service.
```

> **더 알기 TIP**
> - 리눅스에서 다양한 서비스를 설치하고 운영할 때 방화벽 설정을 확인하는 것이 좋다.
> - 앞서 진행한 내용에 따라 NIS 서버를 설치하였으나 이후 NIS 클라이언트와 통신하지 못하는 문제가 발생한다면, 다른 설정에 문제가 없을 경우 방화벽 기능을 해제한 후 다시 확인한다. 단, 테스트를 위한 조치이며 실제 운영 환경의 경우 방화벽을 활성화 하는 것을 권장한다.
>
> ```
> $ systemctl stop firewalld
> ```

(2) NIS 클라이언트 설치와 구성

① NIS 클라이언트 구성을 위한 사전 작업

- NIS 서비스 설치의 준비과정과 동일하게, RPC 데몬을 구동하고 hosts 파일에 테스트를 위한 도메인과 IP 매핑을 등록한다.

② NIS 클라이언트 설치

- NIS 클라이언트의 패키지인 'ypbind와 yp-tools'를 yum 명령을 이용하여 설치한다.

- ypbind는 바인드 정보를 관리하며, NIS 서버와 클라이언트를 연결한다.

```
$ yum -y install ypbind yp-tools
```

③ NIS 도메인명 설정

- nisdomainname 명령을 이용하거나 /etc/sysconfig/network 파일에 수동 등록하여 NIS 도메인명을 설정한다. /etc/sysconfig/network 파일에 등록하면 재부팅 시에도 자동으로 적용할 수 있다.

```
$ nisdomainname youngjin-nistest.com

$ vi /etc/sysconfig/network
...
NISDOMAIN=youngjin-nistest.com
```

- nisdomainname 명령으로 설정한 도메인명을 확인할 수 있다.

```
$ nisdomainname
youngjin-nistest.com
```

④ NIS 서비스(서버)와 도메인 정보 설정

- /etc/yp.conf 파일에 NIS 서비스(서버)와 도메인 정보를 설정한다.

```
$ vi /etc/yp.conf
...
server server.youngjin-nistest.com
ypserver server.youngjin-nistest.com
domain youngjin-nistest.com
```

⑤ NIS 클라이언트 데몬인 ypbind 시작하기

```
$ systemctl start ypbind.service

$ ps aux | grep ypbind

root      38338  0.0  0.7 366104 5972 ?        Ssl  01:05   0:00 /usr/sbin/ypbind -n

$ systemctl enable ypbind.service
Created symlink /etc/systemd/system/multi-user.target.wants/ypbind.service → /usr/lib/systemd/system/ypbind.service.
```

⑥ authconfig 명령을 이용한 클라이언트 설정

```
$ authconfig --enablenis --nisdomain=youngjin-nistest.com \
--nisserver=server.youngjin-nistest.com --enablemkhomedir --update
```

⑦ **NIS의 계정 정보를 이용한 로그온**
- SSH를 이용하여 client 호스트에 로그온하며, 이때 계정 아이디와 패스워드는 NIS 서버에 등록한 것(nisuser)을 이용한다.

```
$ ssh -l nisuser 192.168.45.216
The authenticity of host '192.168.45.216 (192.168.45.216)' can't be established.
ECDSA key fingerprint is SHA256:KY8o51j8YiyMk3kya6xlevcoqxqdNQsqXZPTvCl+ZZw.
Are you sure you want to continue connecting (yes/no/[fingerprint])? yes
Warning: Permanently added '192.168.45.216' (ECDSA) to the list of known hosts.
nisuser@192.168.45.216's password:
Activate the web console with: systemctl enable --now cockpit.socket


Creating home directory for nisuser.
[nisuser@localhost ~]$
```

- 위에서 NIS 서버로부터 전송받은 사용자 정보를 이용하여 로그온한 것을 확인할 수 있다. 참고로 'Creating home directory for niuser'와 같이 사용자 디렉터리가 자동으로 생성된 이유는 authconfig에서 옵션을 설정했기 때문이다. 일반적으로 NIS 서버만 동작시킨 상태에서는 사용자 디렉터리가 생성되지 않는다.

(3) NIS 관련 주요 명령어

주요 명령어	설명
nisdomainname	• NIS 도메인 이름을 설정하거나 설정된 이름을 표시한다. • 예) nisdomainname youngjin-nistest.com
ypwhich	• NIS를 이용하여 로그인한 후, 인증에 사용한 NIS 서버를 조회한다. • 예) [nisuser@client ~]$ ypwhich server.youngjin-nistest.com • -m 옵션 : NIS 서버의 맵(map) 정보를 출력한다. • 예) [nisuser@client ~]$ ypwhich -m passwd.byname server.youngjin-nistest.com hosts.byaddr server.youngjin-nistest.com ...

ypcat	• NIS 서버의 구성파일(맵 파일)의 내용을 확인한다. • 예 [nisuser@server ~]$ ypcat hosts.byname 172.30.1.29 client.youngjin-nistest.com 172.30.1.12 server.youngjin-nistest.com [nisuser@server ~]$ ypcat passwd.byname master:6GWbe1J8JqIyJvMgc$ec7ISisHp6bxKoPZBGxojPzWYgUOMuJuzUr1jQAfGmga6IS1NrlykdXl0h8VUr25SepYWvNPEXbENJo4dolAB1:500:500::/home/master:/bin/bash nisuser:6RE7gkrPg$YJaDgfd6OCauLQOULc9wqmeRyzUmMKkhGwdahBU8.e1CHKbWy70TuF1UXfpertSv6C1W93Z0pPUx/TKO2JsJu/:501:501::/home/nisuser:/bin/bash • ypcat의 대상이 되는 파일명에서 '.byname'은 생략할 수 있다.
yptest	• NIS 클라이언트에서 NIS의 동작 및 설정 등을 확인하고 도메인명, 맵 파일 목록, 사용자 계정 정보 등을 출력한다. • 예 $ yptest Test 1: domainname Configured domainname is "youngjin-nistest.com" Test 2: ypbind Used NIS server: server.youngjin-nistest.com …
yppasswd	• NIS 서버에 등록된 사용자의 비밀 번호를 변경한다. • 예 yppasswd nisuser
ypchsh	• NIS 서버에 등록된 사용자의 셸(shell)을 변경한다. • 예 ypchsh nisuser
ypchfn	• NIS 서버에 등록된 사용자의 정보를 변경한다. • 예 ypchfn nisuser

SECTION 03 파일 관련 서비스

1 삼바(SAMBA) 서비스 사용하기

(1) 삼바 서비스의 개요

① 삼바 서비스의 특징

- 삼바는 GPL 기반의 자유 소프트웨어로 리눅스와 윈도우 간 디렉터리, 파일, 프린터, USB 등을 공유하는 데 사용할 수 있다.
- 삼바는 TCP/IP를 기반으로 NetBIOS상에서 동작하는 SMB(Server Message Block) 프로토콜을 이용한다.
- 삼바에서 설정한 그룹과 호스트명이 윈도우의 Network Neighborhood에 컴퓨터 이름으로 표시된다. 또한 삼바를 사용하면 상대 호스트의 IP 주소 대신 컴퓨터 이름을 이용하여 접속할 수 있다. 이를 WINS(Windows Internet Name Service)라 한다.
- CIFS(Common Internet File System)는 SMB를 인터넷까지 확장한 표준 프로토콜로, 유닉스와 윈도우 환경을 동시에 지원한다.

② 삼바 서버의 구성 요소

- 삼바 서버는 크게 smbd와 nmbd로 구성되어 있다.

▲ 삼바 서버의 동작

- 삼바 서버의 구성 요소

구성 요소	설명
nmbd	– UDP 137, 138번 포트를 이용하여 컴퓨터(호스트)를 브로드 캐스팅 방식으로 검색한 후, TCP 139번 포트를 이용하여 컴퓨터 이름으로 접속한다. – nmbd를 이용하지 않고도 삼바 서비스를 구성할 수 있으나 Network Neighborhood에 표시되지 않고 컴퓨터 이름으로 접속할 수 없게 된다. 즉, WINS 서비스를 위한 데몬이다.
smbd	– 삼바 프로토콜의 주요 기능을 담당하며, TCP 445번 포트를 이용한다. – 삼바 서버의 IP 주소만 알고 있어도 IP 주소를 이용한 직접 접속 방법으로 삼바 서비스를 사용할 수 있다.

- 삼바 서버의 구성 내용에 따라 TCP 139, 445번 포트와 UDP 137, 138번 포트를 방화벽에서 열어 주어야 한다.

(2) 삼바 서비스 설치와 구성

① 삼바 관련 패키지 설치

- 패키지 관리 프로그램(yum)을 이용하여 삼바 관련 패키지를 설치한다.

```
$ yum -y install samba samba-common samba-client
...
Installed:
...
samba-4.18.6-2.el8_9.x86_64
samba-client-4.18.6-2.el8_9.x86_64
...
Complete!
```

- 삼바 관련 주요 패키지

패키지 이름	설명
samba	삼바 데몬(daemon), 관련 라이브러리 및 스크립트 등을 포함하는 핵심 패키지이다.
samba-common	– 삼바 서버 및 클라이언트에서 공통으로 사용하는 설정 및 명령어를 포함한다. – 대표적으로 smb.conf 설정 파일과 설정 파일을 검사하는 testparm 등이 있다.
samba-client	smbclient, smbtree 등 삼바 클라이언트 관련 명령어를 포함한다.

🟢 **더 알기 TIP**

삼바 관련 패키지
- samba-swat(Samba Web Administration Tool) : 삼바의 설정 파일인 smb.conf를 웹을 이용하여 관리할 수 있도록 지원하는 패키지이다.
- TCP 901번 포트를 이용하여 'http://youngjin-smbtest.com:901'과 같은 형식으로 접근할 수 있다.

② 삼바 서비스 실행
- 주요 서비스 데몬인 smb와 nmb를 시작하고 동작을 확인한다. 이때, 'systemctl -l status ⟨service⟩' 명령어 형식을 이용할 수 있다.

```
$ systemctl start smb.service nmb.service

$ systemctl -l status smb.service nmb.service
● smb.service - Samba SMB Daemon
   Loaded: loaded (/usr/lib/systemd/system/smb.service; disabled; vendor preset: disabled)
   Active: active (running) since Thu 2023-12-21 01:28:15 KST; 27s ago
   ...

● nmb.service - Samba NMB Daemon
   Loaded: loaded (/usr/lib/systemd/system/nmb.service; disabled; vendor preset: disabled)
   Active: active (running) since Thu 2023-12-21 01:28:15 KST; 27s ago
   ...
```

- 'systemctl enable ⟨service⟩' 명령어 형식을 이용하여 부팅 시 자동으로 실행하도록 설정할 수 있다. 'systemctl disable ⟨service⟩' 명령어 형식을 이용하면 자동실행을 해제할 수 있다.
- 서비스의 설정을 변경한 경우, 'systemctl restart ⟨service⟩' 명령어 형식을 이용하여 서비스를 재실행해야 한다.

```
$ systemctl enable smb.service nmb.service
Created symlink /etc/systemd/system/multi-user.target.wants/smb.service → /usr/lib/systemd/system/smb.service.
Created symlink /etc/systemd/system/multi-user.target.wants/nmb.service → /usr/lib/systemd/system/nmb.service.
```

③ smb.conf를 이용한 삼바 서비스 설정
- 삼바 서버는 /etc/samba/smb.conf를 환경설정 파일로 이용한다.
- smb.conf 설정 파일은 Global Section과 Share Definition 영역으로 구분되며, '[ ]' 기호를 이용하여 세부 섹션(section)을 구성한다.
- smb.conf의 주요 구성 항목

구성 항목	설정
주석	# 혹은 ; 로 시작하는 행은 주석(comment)이다.
섹션	'[ ]'를 이용하여 섹션(section)을 정의한다. 이후 정의한 값들은 해당 섹션 내에서 유효하다. - [global] : 삼바 서비스의 전체 설정을 담당한다. - [디렉터리명] : 해당 디렉터리에 대한 공유 설정 등을 지정한다. 예를 들어 [homes]는 사용자별 홈 디렉터리 접근 방식을 설정한다. - [printers] : 프린터 공유 방식을 설정한다.
값 설정	'name = value' 형식으로 옵션에 대한 값을 설정한다.

- Global Section의 주요 설정 항목

설정 항목	설정
workgroup	- 공유 그룹명을 지정하며, 윈도우의 작업 그룹과 같이 동작한다. - 기본값 : workgroup = MYGROUP
server string	- 서버에 대한 설명이다. - 기본값 : server string = Samba Server Version %v
netbios name	- 이름을 이용하여 접속할 때 사용하는 명칭이다. - 예 netbios name = MYSERVER
interfaces	- 여러 개의 네트워크 인터페이스를 갖고 있을 경우 어떠한 것을 이용할지 설정한다. 이때 lo(localhost)는 생략할 수 없다. - 예 interfaces = lo eth0 192.168.12.2/24 192.168.13.2/24
hosts allow	- 삼바 서버에 접근할 수 있는 호스트를 지정하며, 접근 통제의 역할을 수행한다. - 예 hosts allow = 127. 192.168.12. 192.168.13. EXCEPT 192.168.1.11 - 위 예제의 경우 127.0.0.0 대역, 192.168.12.0 대역, 192.168.13.0 대역의 호스트만 접속할 수 있다. EXCEPT 192.168.1.11은 해당 호스트는 제외한다는 의미이다. 네트워크 대역은 192.168.12.0/255.255.255.0와 같은 형식을 사용할 수도 있다. - 'hosts allow = smbHost'와 같은 형식을 이용하여 접속 가능한 호스트 이름을 지정할 수도 있다.
log file	- 삼바 서버의 로그 파일을 지정한다. - 기본값 : log file = /var/log/samba/log.%m
max log size	- 로그 파일의 최대 크기를 KB 단위로 설정한다. 설정한 값을 초과하면 .old 확장자를 갖는 파일로 변환된 후 새로운 로그 파일을 이용하게 된다. - 0으로 설정하면 크기 제약 없이 사용하게 된다. - 기본값 : max log size = 50
security	- 클라이언트가 삼바 서버에 접근할 때 인증 레벨을 부여하는 보안 옵션을 설정한다. - 세부 내용은 별도의 표를 참고한다. - 기본값 : security = user

passdb backend	– security가 user일 경우 사용하는 패스워드 저장 방식을 지정한다. – 기본값 : passdb backend = tdbsam
hide dot files = no	리눅스의 숨길 파일이 윈도우 운영체제의 파일 목록에 표시된다.

• smb.conf의 security 옵션

옵션	설명
user	– 삼바 서버에 접속할 시, OS에 로그온한 사용자명으로 패스워드를 확인한다. – 기본 설정값이다.
share	– 인증 없이 삼바 서버에 접근할 수 있다. – deprecated (이후 사용하지 않도록 권장) 되었다.
server	– 윈도우 서버와 같은 다른 삼바 서버에 사용자명과 패스워드를 전달하여 확인한다. – deprecated (이후 사용하지 않도록 권장)되었다.
domain	– 윈도우 서버의 도메인 컨트롤러(Domain Controller)에 사용자명과 패스워드를 전달하여 확인한다. – samba 3.0부터 ads를 지정하여 Active Directory Service를 이용할 수 있다.

• Share Definition : 공유 폴더의 주요 설정 옵션

설정 옵션	설명
[디렉터리 이름]	– '[ ]' 사이에 공유 폴더 이름을 지정한다. – 예 [homes]
comment	– 공유 폴더에 대한 설명을 기술한다. – 예 comment = Home Directories
path	– 공유 디렉터리의 절대 경로를 지정한다. – 예 path = /var/www/html
read only = yes	읽기만 가능하도록 설정한다.
writable = yes	쓰기 가능하도록 설정한다.
write list = [사용자명]	– 쓰기 가능한 사용자를 지정한다. – @를 앞에 붙여서 그룹을 지정할 수 있다. – 예 write list = smbuser @manager
valid users = [사용자명]	접근 가능한 사용자를 지정하며, 만일 별도로 지정하지 않을 경우 전체 사용자가 접근 가능하게 된다.
public = no	개인 사용자만 사용할 수 있도록 설정한다.
browseable = no	이용 가능한 공유 리스트에 표시되지 않도록 설정한다.
create mask = 값	파일을 생성할 때 사용되는 기본 접근 모드를 지정한다(예 0644).
follow symlinks = no	심볼릭 링크를 따르지 않도록 설정하여 잠재적인 보안 위협을 제거한다.
printable = yes	삼바 프린터를 네트워크 프린터로 공유한다.

> **더 알기 TIP**
>
> **/etc/samba/smb.conf 설정 사례**
>
> ```
> [www]
> comment = Web Directory
> path = /usr/local/apache/htdcos
> valid users = ihduser kaituser (구분자로 , 사용 가능)
> writable = yes 또는 write list = ihduser kaituser
> ```
>
> - 윈도우에서 접근할 때 표시되는 폴더 이름은 www으로 설정한다.
> - 간단한 설명은 'Web Directory'이다.
> - 공유 디렉터리 경로는 /user/local/apache/htdocs이다.
> - 접근 가능한 사용자는 ihduser 및 kaituser만 가능하며, 두 사용자 모두 파일 생성 및 삭제 권한을 부여한다.

④ **삼바를 이용할 사용자 등록과 패스워드 설정**

- 삼바를 이용할 리눅스 계정을 등록한다.

```
$ adduser smbuser


$ passwd smbuser
Changing password for user smbuser.
New password:
Retype new password:
passwd: all authentication tokens updated successfully.
```

- 필요할 경우 /etc/samba/smbusers 설정 파일을 이용하여 리눅스 계정과 삼바 이용자명을 매핑한다. /etc/samba/smbusers 파일은 시스템의 계정과 관계 없는 삼바의 고유한 설정 파일이다. 다음 내용은 'root는 administrator 및 admin으로 매칭'되고, 'nobody는 guest, pcguest, smbguest로 매칭'된 것을 보여준다.

```
$ vi /etc/samba/smbusers
# Unix_name = SMB_name1 SMB_name2 ...
root = administrator admin
nobody = guest pcguest smbguest
```

- smbpasswd 명령을 이용하여 삼바 계정과 패스워드를 설정한다. 이때 삼바 계정은 리눅스 시스템에 등록된 계정이어야 한다. smbpasswd는 삼바 사용자의 생성과 삭제, 패스워드 변경, 사용자 활성(enable) 및 비활성화(disable) 등을 수행하는 명령어로 'smbpasswd [옵션] [사용자 계정]'을 실행 형식으로 한다. 아무런 옵션을 지정하지 않으면 패스워드를 변경하며, 사용자 계정을 지정하지 않으면 현재 로그인한 사용자를 대상으로 한다.

- smbpasswd의 주요 옵션(root 권한 필요)

옵션	설명
-a	- 삼바 사용자 계정을 추가하고 패스워드를 설정한다. - 추가하는 삼바 계정은 리눅스 시스템에 등록된 계정이어야 한다.
-x	삼바 사용자 계정을 제거한다.
-d	삼바 사용자 계정을 비활성화 한다.
-e	삼바 사용자 계정을 활성화 한다.
-n	- 패스워드를 제거하여, 패스워드 없이 로그인이 가능하도록 설정한다. - smb.conf 설정 항목으로 'null passwords = yes'를 추가해야 한다.

```
$ smbpasswd -a smbuser
New SMB password:
Retype new SMB password:
Added user smbuser.
```

- pdbedit 명령을 이용하여 삼바 사용자 목록 및 세부 내용을 확인할 수 있다. pdbedit 명령은 'pdbedit [옵션] [사용자계정]'을 실행 형식으로 하며, 삼바 사용자 계정과 패스워드가 기록된 passdb.tdb의 내용을 보거나 정보를 설정할 수 있다.
- pdbedit 명령의 주요 옵션

옵션	설명
-L	등록된 삼바 사용자의 목록을 출력한다.
-v	사용자 목록 출력 시 상세한 정보를 표시한다.
-u	사용자 이름을 지정한다.
-a	- 삼바 사용자 계정을 추가하고 패스워드를 설정한다. - 추가하는 삼바 계정은 리눅스 시스템에 등록된 계정이어야 한다.
-r	삼바 사용자 계정을 변경한다.
-x	삼바 사용자 계정을 제거한다.

```
$ pdbedit -L
smbuser:1002:

$ pdbedit -v -u smbuser
Unix username:        smbuser
...
Home Directory:       \\LOCALHOST\smbuser
...
Password last set:    Thu, 21 Dec 2023 01:34:57 KST
...
Last bad password   : 0
Bad password count  : 0
...
```

(3) 삼바 서비스 이용하기

① 삼바 클라이언트 패키지 설치

- 삼바 서버에 접속하여 삼바 서비스를 이용할 클라이언트 호스트에 samba-common samba-client 패키지를 설치한다.

```
$ yum -y install samba-common samba-client
...
Installed:
  samba-client-4.18.6-2.el8_9.x86_64

Complete!
```

② 삼바 서버에 접속

- smbclient 명령어를 이용하여 삼바의 공유 디렉터리 정보를 확인하고, 서버에 접속한다.
- smbclient는 'smbclient [옵션] [호스트명]'의 명령 형식을 따르며, 접속 후 "?" 명령을 입력하면 사용 가능한 명령어 리스트를 확인할 수 있다.
- 호스트의 공유 폴더 이름은 '//172.30.1.12/[공유폴더]/' 혹은 '\\172.30.1.12\[공유폴더]\'와 같이 지정할 수 있다. 단, '\'을 이용할 경우 실제 입력 시 '\\\\172.30.1.12\\[공유폴더]\\'와 같이 '\'를 2개씩 이용해야 한다.

- smbclient의 주요 옵션

옵션	설명
-L, --list	삼바 서버의 공유 디렉터리 정보를 표시한다.
-M, --message	`Ctrl`+`d` 와 함께 사용하여 메시지를 전송한다.
-U [사용자 이름], --user	사용자 이름을 지정한다.
-p [TCP 포트], --port	서버의 TCP 포트 번호를 지정한다.

```
$ smbclient -L 192.168.45.223 -U smbuser
Password for [SAMBA\smbuser]:

        Sharename       Type        Comment
        print$          Disk        Printer Drivers
        IPC$            IPC         IPC Service (Samba 4.18.6)
        smbuser         Disk        Home Directories
SMB1 disabled -- no workgroup available


$ smbclient //192.168.45.223/smbuser/ -U smbuser
Password for [SAMBA\smbuser]:
Try "help" to get a list of possible commands.
smb: \> q
```

💡 더 알기 TIP

smbclient를 이용하여 서버에 접속할 경우 '%'를 추가하여 계정과 패스워드를 함께 지정할 수 있다.

```
$ smbclient //192.168.45.223/smbuser/ -U smbuser%패스워드
Try "help" to get a list of possible commands.
smb: \>
```

③ SMB 파일 시스템 마운트(mount)
- mount 명령을 이용하여 삼바 공유 디렉터리를 로컬 시스템에 마운트하여 마치 로컬 디렉터리인 것과 같이 사용할 수 있다.
- 먼저 마운트할 디렉터리를 만든 후 mount 명령을 사용하여 마운트를 진행한다. 이후 df 명령과 ls 명령으로 파일 시스템을 확인할 수 있다.
- 다음 예제의 명령 중 'mount -t cifs' 대신 'mount.cifs'를 사용할 수도 있다.

```
$ mkdir /smbuser

$ mount -t cifs //192.168.45.223/smbuser /smbuser -o user=smbuser,password=userpassword

$ df
Filesystem              1K-blocks       Used       Available      Use%     Mounted on
devtmpfs                  921668          0          921668        0%        /dev
...
//192.168.45.223/smbuser  78596612     40652       78555960        1%      /smbuser
```

더 알기 TIP

- mount 명령을 이용하여 삼바 공유 폴더를 로컬 시스템에 마운트하여 사용할 때, permission deny가 발생할 수 있다. 이는 서버 시스템의 SELinux(보안커널) 설정에 따른 것으로 보안상 권장하지 않는 방법이나 서버 시스템에서 'setenforce 0' 명령을 실행하면 문제를 해결할 수 있다.
- 문제 사례

```
$ ls -l /smbuser/
ls: reading directory /smbuser/: Permission denied
```

(4) 삼바 관련 기타 명령어

명령어	설명
smbstatus	삼바의 현재 접속 정보를 확인하는 명령어이다.
testparm	삼바의 설정 정보를 확인하는 명령어이다.
nmblookup	삼바 서버의 NetBIOS 이름으로 IP 주소를 조회할 수 있는 명령어이다.
smbcontrol	삼바 데몬(daemon)에 메시지를 보내어 제어할 수 있다.

2 NFS(Network File System) 서비스 사용하기

(1) NFS 서비스의 개요

① NFS 서비스의 특징
- NFS는 TCP/IP를 이용하여 원격 호스트(컴퓨터)의 파일 시스템을 마치 로컬 호스트(PC)에 있는 것처럼 마운트(Mount)하여 사용할 수 있는 서비스이다.
- RPC(Remote Procedure Call)을 이용하여 NFS 관련 명령어를 전달하므로 rpcbind 데몬이 필요하다.

② NFS 서비스를 위한 주요 패키지
- rpcbind : rpcbind, rpcinfo 등의 명령어를 포함하며 RPC 서비스를 위해 사용한다.
- nfs-utils : NFS 관련 데몬(daemon) 및 명령어를 포함한다.

(2) NFS 서비스 설치와 구성

① NFS 관련 패키지 설치
- 패키지 관리 프로그램(yum)을 이용하여 NFS 관련 패키지를 설치한다. 이미 설치된 상황이면 업데이트(Update) 혹은 관련 정보가 출력된다.

```
$ yum -y install rpcbind nfs-utils
...

Installed:
   ...
nfs-utils-1:2.3.3-59.el8.x86_64    rpcbind-1.2.5-10.el8.x86_64
...

Complete!
```

② NFS 서버 설정
- /etc/exports 파일을 이용하여 NFS 서비스를 설정한다.
- '[공유 디렉터리] [접속 허가 호스트](옵션) ...'의 형식을 이용하여 공유할 목록을 하나씩 지정한다.
- 접속 허가 호스트는 IP 주소, 도메인 이름 등을 사용할 수 있으며, 와일드카드(*)를 이용하여 모든 호스트를 허가할 수도 있다.

- 설정 예시

```
/home/youngjin-nfs 172.30.1.0/24(rw,no_root_squash)
```

- 위 예시의 /home/youngjin-nfs와 같이 rw(읽기 및 쓰기)로 옵션을 지정한 경우, 해당 디렉터리의 퍼미션(Permission)에 rw 권한이 있어야 한다. 실습 예제의 경우 모든 권한을 부여하였으나 보안을 고려하여 최소한의 권한으로 설정하는 것을 권장한다.

```
$ echo "/var/youngjin-nfs 192.168.45.0/24(rw,no_root_squash)" >> /etc/exports

$ cat /etc/exports
/var/youngjin-nfs 192.168.45.0/24(rw,no_root_squash)

$ mkdir /var/youngjin-nfs

$ chmod 777 /var/youngjin-nfs
```

- /etc/exports 파일의 주요 옵션

옵션	설명
ro	읽기 전용으로 지정한다(기본값).
rw	읽기 및 쓰기로 지정한다.
no_subtree_check	하위 디렉터리 검사를 금지한다.
async	데이터 변경을 기록할 때 비동기적으로 처리한다.
sync	기본 설정값이며, 데이터 변경을 기록할 때 동기적으로 처리한다. 변경된 사항이 기록된 후 응답한다.
secure	기본 설정값이며, 포트 번호가 1024 이하의 요청만 허가한다.
no_root_squash	root 권한 접근을 허용한다.
root_squash	root 권한 접근을 거부하기 위하여 클라이언트의 root 요청을 nobody(또는 nfsnobody)로 매핑시킨다(기본값).
all_squash	NFS 클라이언트에서 접근하는 모든 사용자(root 포함)의 권한을 nobody(또는 nfsnobody)로 매핑시킨다.
anonuid	특정 계정의 권한(uid)을 할당한다.

더 알기 TIP

- NFS 서버의 환경설정 옵션 중 'root, 사용자의 접근 권한 설정' 항목을 꼭 확인한다.
- 'no_root_squash, root_squash, anonuid'는 시험에 자주 나오는 설정 항목이다.

③ NFS 관련 데몬 실행

- rpcbind와 nfs 데몬을 실행하고 확인한다. nfs-server 대신 nfs-server.service를 사용해도 된다.

```
$ systemctl start rpcbind nfs-server

$ systemctl enable rpcbind nfs-server
Created symlink /etc/systemd/system/multi-user.target.wants/nfs-server.service → /usr/lib/systemd/system/nfs-server.service.

$ systemctl -l status nfs-server
● nfs-server.service - NFS server and services
   Loaded: loaded (/usr/lib/systemd/system/nfs-server.service; enabled; vendor preset: disabled)
   Drop-In: /run/systemd/generator/nfs-server.service.d
            └─order-with-mounts.conf
   Active: active (exited) since Thu 2023-12-21 02:16:07 KST; 50s ago
...
```

(3) NFS 서비스 이용하기

① NFS 서버에 연결

- mount 명령을 이용하여 NFS 서버에 연결한다.
- NFS를 위한 mount 명령은 'mount -t nfs [NFS 서버] : [대상 디렉터리] [마운트 디렉터리]'의 형식을 따르며 'mount -t nfs' 대신 'mount.nfs'를 이용할 수도 있다.

```
$ mkdir /var/youngjin-local

$ mount -t nfs 192.168.45.223:/var/youngjin-nfs /var/youngjin-local

$ df /var/youngjin-local/
Filesystem                        1K-blocks      Used  Available  Use%  Mounted on
192.168.45.223:/var/youngjin-nfs   22914176   6634624   16279552   29%  /var/youngjin-local
```

- unmount 명령을 이용하여 마운트한 디렉터리를 제거할 수 있으며 'unmount [마운트 디렉터리]'의 형식을 따른다.

② /etc/fstab을 이용한 마운트

- /etc/fstab 파일은 장치를 마운트할 때 참조하는 파일로 /etc/fstab에 관련 정보를 설정하여 부팅 시 자동으로 마운트되도록 구성할 수 있다.

• 설정 예시

192.168.45.223:/var/youngjin-nfs /var/youngjin-local nfs timeo=15,soft,retrans=3 0 0
　　　　ⓐ　　　　　　　　　　　ⓑ　　　　　　　ⓒ　　　　ⓓ　　　　　　ⓔⓕ

• /etc/fstab의 주요 설정 옵션

옵션	설명
ⓐ 파일 시스템 장치명	파티션 혹은 장치의 위치를 지정한다.
ⓑ 마운트 포인트	어떠한 디렉터리로 연결할 것인지 지정한다.
ⓒ 파일 시스템 종류	nfs, NTFS, ext3, iso9660 (DVD) 등을 지정한다.
ⓓ 마운트 옵션	- timeo : 타임아웃 후 첫 번째 재전송 요구 시간을 지정한다. - retrans : 타임아웃 후 재전송 요청 회수를 지정한다. - soft : retrans에 설정한 값만큼 요청한다. - hard : 무한 반복하여 요청한다. - auto : 부팅 시 자동 마운트로 지정한다. - rw(읽기/쓰기), nouser(root만 마운트 가능), exec(실행 허용), Set-UID(SetUID, SetGID 허용), quota(Quota 설정 가능) 등을 추가 지정할 수 있다.
ⓔ 덤프	백업 여부를 지정한다(0 : 불가능, 1 : 가능).
ⓕ 무결성 검사	fsck에 의한 무결성 검사 우선순위를 지정한다(0 : 하지 않음).

(4) NFS 관련 기타 명령어

명령어	설명
rpcinfo	RPC 관련 정보를 표시하는 명령어이다.
exportfs	• NFS 서버의 익스포트(export)된 디렉터리 정보, 즉 공유 목록을 관리하는 명령어이다. • 'exports [옵션] [호스트명]'의 형식을 따른다. • -v : 상세한 내용을 출력한다. • -r : /etc/exports 설정 파일을 다시 읽어 들인다. • -a : 모든 디렉터리를 대상으로 한다. • -u : export된 디렉터리를 해제한다.
showmount	• 마운트 관련 정보를 표시하는 명령어로 NFS 서버의 익스포트된 정보를 확인하기 위해 사용할 수도 있다. • 'showmont [옵션] [호스트명]'의 형식을 따른다. • -a : '호스트명:디렉터리' 형식으로 모든 내용을 출력한다. • -e : 지정한 호스트에서 익스포트된 정보를 출력한다. • -d : NFS 클라이언트 호스트(PC)에서 마운트한 목록을 출력한다.
nfsstat	NFS 관련 상태정보를 표시하는 명령어이다.

3 FTP(File Transport Protocol) 서비스 사용하기

(1) FTP 서비스의 개요

① FTP 서비스의 특징

- FTP는 TCP/IP를 이용하여 FTP 서버(Server)와 FTP 클라이언트(Client) 간 파일을 전송(Transport)하기 위한 프로토콜(Protocol)이다.
- FTP는 기본적으로 등록된 사용자(계정)만 접속하여 사용할 수 있으나, 익명의 사용자(Anonymous User)를 지원하는 경우도 있다. 단, 익명 사용자는 보안에 취약할 수 있으므로 권장하지 않는다.
- CentOS 등 리눅스에서 기본 제공하는 vsftpd(Very Secure FTP Daemon)는 가장 대표적인 FTP 프로그램으로, 보안을 중요시하여 익명 사용자 디렉터리의 권한(Permission)이 777이면 로그인을 제한한다.

더 알기 TIP

- FTP는 명령 전달을 위한 제어 포트와 데이터 전달을 위한 전송 포트를 각각 사용하며, 동작 방식으로 능동 모드(Active mode)와 수동 모드(Passive mode)가 있다.
- 제어 포트 : 21번 포트를 이용하여 사용자 인증, 명령 등을 전달한다.
- FTP의 능동 모드와 수동 모드의 동작 방식 비교

- 클라이언트가 데이터 포트로 사용할 포트 번호를 서버에게 알려주며, 이를 이용하여 서버가 클라이언트로 접속하는 방식이다.
- 서버는 자신의 데이터 포트로 20번을 사용한다. 따라서 클라이언트 호스트가 방화벽 뒤(내부)에 있을 경우 접속에 문제가 발생할 수 있다. 이를 해결하기 위하여 수동 모드를 사용한다.

- 서버가 데이터 포트로 사용할 포트 번호를 클라이언트에 알려주며, 이를 이용하여 클라이언트가 서버로 접속하는 방식이다.
- 포트 번호는 보통 1024 이후의 번호를 사용한다.

(2) FTP 서비스 설치와 구성

① FTP 관련 패키지 설치

- 'yum -y install vsftpd' 명령을 이용하여 vsftpd 패키지를 설치한다.

```
$ yum -y install vsftpd
...
Installed:
  vsftpd-3.0.3-36.el8.x86_64

Complete!
```

- vsftpd 관련 파일 목록

파일 목록	설명
/etc/vsftpd/vsftpd.conf	vsftpd의 주 설정 파일이다.
/etc/pam.d/vsftpd	vspftd의 PAM(Pluggable Authentication Module) 설정 파일이다.
/etc/vsftpd/ftpusers	PAM과 연관된 설정 파일로 FTP 서비스에 접근할 수 없는 사용자(계정)를 지정한다.
/etc/vsftpd/user_list	- 주 설정 파일인 vsftpd.conf의 설정 내용에 따라 다르게 동작한다. - 'userlist_enable=YES'로 설정되어야 user_list를 사용하게 된다. 기본값은 설정된 상태이다. - 'userlist_deny=YES'로 설정하면 user_list 등록된 사용자(계정)은 FTP 서버에 접근할 수 없다. 기본 설정값은 YES이며, 따라서 user_list는 거부 목록으로 적용된다. - 'userlist_deny=NO'로 설정되면, user_list에 등록된 사용자는 FTP 서비스를 사용할 수 있다.

② FTP 서버 설정

- /etc/vsftpd/vsftpd.conf 파일을 이용하여 vsftpd의 동작 환경을 설정한다.
- vsftpd.conf의 주요 설정 항목

항목	설명
anonymous_enable=YES	익명(anonymous) 사용자의 접속을 허가한다.
anon_upload_enable=YES	익명 사용자의 업로드를 허가한다.
anon_mkdir_write_enable=YES	익명 사용자가 새로운 디렉터리를 만드는 것을 허가한다.
local_enable=YES	로컬 계정 사용자의 접속을 허가한다.
write_enable=YES	FTP 쓰기(write) 명령을 허가한다.

설정	설명
local_umask=022	기본 umask 값인 077을 지정한 값(022)으로 변경한다.
chroot_local_user=YES	접속한 사용자의 홈 디렉터리를 최상위 디렉터리가 되도록 지정한다.
chroot_list_enable=YES	홈 디렉터리의 상위 디렉터리로 이동할 수 있는 사용자 목록을 사용한다.
ls_recurse_enable=YES	ls -R 명령으로 하위 디렉터리까지 검색할 수 있도록 한다.
chroot_list_file=[파일명]	/etc/vsftpd/chroot_list와 같이 상위 디렉터리로 이동할 수 있는 사용자 목록을 담은 파일을 지정한다.
chown_uploads=YES	익명 사용자가 업로드한 파일의 소유권을 변경한다.
chown_username=[계정명]	익명 사용자가 업로드한 파일의 소유권을 갖게 될 사용자를 설정한다.
pam_service_name=[이름]	vsftpd와 같이 PAM 인증에 사용할 설정 파일의 이름을 지정한다.
userlist_enable=YES	/etc/vsftpd/user_list를 사용한다.
tcp_wrapper=YES	tcp_wrapper를 이용하여 접근 제어를 수행한다.
session_support=YES	wtmp에 로그를 남겨 last 명령으로 접속 여부를 확인할 수 있다.
dirmessage_enable=YES	디렉터리 이동 시 해당 디렉터리의 메시지(.message 파일의 내용)가 표시된다.
ftpd_banner=[메시지]	FTP 접속 시 표시될 환영 메시지를 설정한다.
xferlog_enable=YES	FTP 관련 로그를 기록한다.
xferlog_file=[경로명]	/var/log/xferlog와 같이 로그 파일 경로를 지정한다.
xferlog_std_format=YES	로그 파일이 표준 포맷을 사용하도록 설정한다.
listen_port=[포트 번호]	21과 같이 vsftpd의 접속 포트를 지정한다.
ftp_data_port=[포트 번호]	20과 같이 데이터 전송에 사용할 포트를 지정한다.
connect_from_port_20=YES	20번 포트를 데이터 포트로 사용하도록 한다.
listen=YES	스탠드어론(standalone) 모드로 동작 시 설정하는 항목이다.
listen_ipv6=YES	IPv6를 이용하여 listen하도록 한다.
idle_session_timeout=[초]	Idle 상태에서 접속을 유지할 최대 시간을 설정한다(기본 300초).
data_connection_timeout=[초]	Data connection을 끊기 전까지의 대기시간을 설정한다(기본 60초).
max_clients=[최대값]	접속할 수 있는 클라이언트(client)의 최대 허용 건수를 지정한다.
max_per_ip=[최대값]	한 IP 주소당 접속할 수 있는 최대 허용 건수를 지정한다.

③ vsftpd 데몬 실행
- 'systemctl start vsftpd.service' 명령으로 데몬을 실행한다.

```
$ systemctl start vsftpd.service

$ ps aux | grep vsftpd
root      41215  0.0  0.0  27120   420 ?        Ss   02:25   0:00 /usr/sbin/vsftpd /etc/vsftpd/vsftpd.conf

$ systemctl enable vsftpd.service
Created symlink /etc/systemd/system/multi-user.target.wants/vsftpd.service → /usr/lib/systemd/system/vsftpd.service.
```

(3) FTP 서비스 이용하기

① FTP 클라이언트 설치
- 'yum -y install ftp' 명령으로 ftp 클라이언트를 설치한다.

```
$ yum -y install ftp
...
Installed:
  ftp-0.17-78.el8.x86_64

Complete!
```

② vsftpd 서버에 접속 및 명령 확인
- 접속 후 'help' 명령을 입력하면 사용할 수 있는 ftp 관련 명령어들을 확인할 수 있다.

```
$ ftp 192.168.45.223
Connected to 192.168.45.223 (192.168.45.223).
220 (vsFTPd 3.0.3)
Name (192.168.45.223:root): master
331 Please specify the password.
Password:
230 Login successful.
Remote system type is UNIX.
Using binary mode to transfer files.

ftp> help
Commands may be abbreviated.  Commands are:

!           debug        mdir       sendport    site
$           dir          mget       put         size
account     disconnect   mkdir      pwd         status
append      exit         mls        quit        struct
ascii       form         mode       quote       system
bell        get          modtime    recv        sunique
binary      glob         mput       reget       tenex
bye         hash         newer      rstatus     tick
case        help         nmap       rhelp       trace
cd          idle         nlist      rename      type
cdup        image        ntrans     reset       user
chmod       lcd          open       restart     umask
close       ls           prompt     rmdir       verbose
cr          macdef       passive    runique     ?
delete      mdelete      proxy      send
```

더 알기 TIP

- FTP 서버 접속 과정 중 '500 OOPS: cannot change directory:/home/master'와 같은 메시지와 함께 접속에 실패할 경우 'SELinux(Security-Enhanced Linux)'의 FTP 관련 보안 설정을 확인'한다.
- 'setsebool allow_ftpd_full_access on' 명령 및 vsftpd 재실행으로 관련 문제를 해결할 수 있다.

```
$ setsebool allow_ftpd_full_access on
$ systemctl restart vsftpd.service
```

SECTION 04 메일 관련 서비스

1 메일(Mail) 관련 서비스의 개요

(1) 메일 서비스의 개념과 구성 요소

① 메일 서비스의 개념
- 메일 서비스는 'mailuser@youngjin-mail.com'과 같이 '아이디@메일서버명' 형식의 메일 주소를 이용하여 인터넷을 통해 전자메일(e-mail)을 주고 받을 수 있는 서비스이다.

② 메일 서비스 관련 프로토콜(Protocol)

프로토콜	설명
SMTP	• Simple Mail Transfer Protocol • 인터넷에서 이메일을 전송하기 위해 사용하는 프로토콜로, 메일 서버 간의 송수신뿐만 아니라 메일 클라이언트에서 메일 서버로 메일로 보낼 때 사용한다. • TCP 25번 포트를 이용한다.
POP 혹은 POP3	• Post Office Protocol 혹은 Post Office Protocol Version 3 • 메일 서버에 도착한 메일을 수신하는 프로토콜로, 클라이언트 프로그램으로 메일을 가져온 후 서버에서 해당 메일을 삭제한다. • TCP 110번 포트를 이용한다.
IMAP	• Internet Messaging Access Protocol • 메일 서버에 도착한 메일을 수신하는 프로토콜이며, POP과 다르게 이메일 메시지를 서버에 남겨 두었다 나중에 삭제할 수 있다. • TCP 143번 포트를 이용한다.

③ 메일 서비스의 관련 프로그램

구분	설명
MTA	• Mail Transfer Agent • SMTP 프로토콜을 이용하여 메일을 전송하는 프로그램이다. • 예 sendmail, qmail, postfix 등
MDA	• Mail Delivery Agent • 일종의 대리인 역할을 수행하는 프로그램으로 메일 박스(Mail Box)에 도착한 메일을 대행해서 가져오거나 전달하는 역할을 수행하는 프로그램이다. • 대표적인 프로그램으로 procmail이 있으며, procmail은 스팸 메일 필터링이나 메일 정렬 등의 역할도 수행한다.
MUA	• Mail User Agent • 사용자가 메일을 수신 혹은 발신할 때 사용하는 프로그램이다. • 예 kmail(KDE 기반), evolution(X 윈도우 기반), mutt(텍스트 기반)

➕ 더 알기 TIP

▲ 메일 서비스 관련 프로토콜과 프로그램

2 메일 관련 서비스 사용하기

(1) 메일 서비스 설치와 구성

① 메일 관련 패키지 설치

- 'yum -y install sendmail' 명령을 이용하여 메일 서비스 관련 패키지를 설치한다.

```
$ yum -y install sendmail

...

Installed:

  ...

  sendmail-8.15.2-34.el8.x86_64

  ...

Complete!
```

② **sendmail의 주요 설정 파일**
- sendmail은 메일 서비스를 설정하기 위하여 다양한 설정 파일을 이용한다. 이때 설정 파일의 생성 및 관리를 위하여 여러 유틸리티(utility)를 함께 사용한다.
- sendmail의 주요 설정 파일

설정 파일	설명
/etc/mail/sendmail.cf	sendmail의 기본(main) 설정 파일이다.
/etc/mail/sendmail.mc	- sendmail의 설정을 편리하게 관리할 수 있는 보조 파일이며, m4 유틸리티를 'm4 sendmail.mc > sendmail.cf'와 같이 사용하여 sendmail.cf를 생성한다. - sendmail-cf 패키지가 필요하다.
/etc/aliases	- 메일의 별칭 혹은 특정 계정으로 수신한 이메일을 다른 계정으로 전달하도록 설정하며, 보통 여러 사람에게 전달할 때 사용한다. - '[수신 계정]: [전달 계정]'의 형식을 따르며, ':include:[파일 이름]'으로 사용자 이름이 저장된 파일을 설정할 수 있다. - sendmail이 참조하는 파일은 /etc/aliases.db이므로 /etc/aliases를 수정한 후 newaliases나 sendmail -bi 명령으로 적용한다. - 예 webmaster: ihduser, kaituser admin: :include:/etc/mail_admin
/etc/mail/access	- 메일 서버에 접속하는 호스트의 접근을 제어하는 설정 파일로 스팸 메일 방지 등에 사용할 수 있다. - 설정 방법은 '[정책 대상] [정책]'의 형식을 사용한다. 정책 대상은 '도메인명, IP, 메일주소'를 사용하며, 정책은 '릴레이 허용(RELAY), 거부(DISCARD), 거부 후 메시지 전송(REJECT), DNS 조회 실패 시에도 허용(OK)'을 지정할 수 있다. - 'makemap hash /etc/mail/access < /etc/mail/access'와 같은 명령으로 '/etc/mail/access.db'에 적용한다. - 예 Connect:127.0.0.1 OK From:abnormal@youngjin-mail.com REJECT To:youngjin-mail.com RELAY
/etc/mail/virtusertable	- 가상의 메일 계정으로 들어오는 메일을 특정 계정으로 전달하는 정보를 설정한다. - 'makemap hash /etc/mail/virtusertable < /etc/mail/virtusertable'와 같은 명령으로 '/etc/mail/virtusertable.db'에 적용한다. - 예 info@foo.com foo-info info@bar.com bar-info
/etc/mail/local-host-names	- sendmail에서 수신할 메일의 도메인과 호스트, 즉 메일 수신지를 설정하며 sendmail을 다시 시작하여 적용한다. - 예 youngjin-mail.com
~/.forward	사용자 개인이 수신한 메일을 다른 메일로 포워딩(Forwarding)할 때 설정하는 파일로, 원하는 메일 주소를 한 줄씩 추가한다.

③ '/etc/mail/sendmail.cf' 파일 설정
- '/etc/mail/sendmail.cf' 파일은 sendmail의 주 설정 파일로 sendmail의 기본 동작 방식을 지정한다.
- '#'으로 시작하는 행은 주석(comment)이다.
- sendmail.cf의 주요 설정 항목

설정 항목	설명
Cw	- 메일 수신 호스트의 이름을 설정하며, 보통 도메인명을 이용한다. - 만일, 여러 개의 도메인을 이용할 경우 'Fw' 항목으로 관련 설정 파일을 별도로 지정할 수 있다. - 기본값 : Cwlocalhost
Fw	- 여러 개의 도메인명을 수신 호스트의 이름으로 이용할 경우 관련 설정 파일을 지정한다. - 기본값 : Fw/etc/mail/local-host-names
Ft	- Trusted user를 설정한다. Trusted user는 메일 발신 시 발송자의 주소를 변경할 수 있다. - 기본값 : Ft/etc/mail/trusted-users Troot Tdaemon Tuucp
Dj	- 메일 발송 시 발신 도메인 이름을 강제로 지정한다. - 발신 도메인의 이름은 일반적으로 sendmail이 자동으로 결정하므로 특별한 경우에만 사용한다. - 예 Djyoungjin-mail.com
Dn	- sendmail이 회신(return) 메일을 보낼 때 사용하는 사용자 이름을 지정한다. - 기본값 : DnMAILER-DAEMON
FR-o	- Relay를 허용할 도메인을 설정한다. - 기본값 : FR-o /etc/mail/relay-domains
Kvirtuser	- 한 대의 메일 서버에서 동시에 운영하는 여러 개의 가상 호스트에서 동일한 계정을 공유하여 사용할 수 있도록, 관련 설정 파일을 지정한다. - 기본값 : Kvirtuser hash -o /etc/mail/virtusertable.db
Kaccess	- sendmail의 접근 제어를 담당하며 특정 호스트 혹은 도메인에 대한 접근 허가 여부를 설정한 파일을 지정한다. - 기본값 : Kaccess hash -T〈TMPF〉 -o /etc/mail/access.db
O AliasFile	- 특정 계정으로 전송된 메일을 다른 계정으로 전달할 수 있도록 설정한 파일을 지정한다. - 기본값 : O AliasFile=/etc/aliases
O MaxMessageSize	- 메일 메시지의 최대 크기를 바이트 단위로 지정한다. 주석 혹은 0으로 설정하면 제한 없이 사용할 수 있다. - 예 O MaxMessageSize=0

O ForwardPath	- 사용자 개인이 수신한 메일을 다른 메일로 포워딩(Forwarding)할 때 사용하는 설정 파일을 지정한다. - 기본값 : O ForwardPath=$z/.forward,$w:$z/.forward
O DaemonPortOptions	- SMTP 데몬(Daemon)의 옵션을 설정한다. - 기본값 : O DaemonPortOptions=Port=smtp,Addr=127.0.0.1, Name=MTA - Addr을 '127.0.0.1'로 설정하면 localhost에서만 사용할 수 있고, '0.0.0.0'으로 설정하면 모든 주소에서 사용할 수 있다. 참고로 SMTP의 기본 포트 번호는 25번이다.
O DeliveryMode	- sendmail의 동작 방식을 지정한다. - 기본값 : O DeliveryMode=background
O Timeout.queuereturn	- 설정한 기간 동안 메일이 발송되지 않을 경우 보낸 사람에게 반송된다. - 기본값 : O Timeout.queuereturn=5d
O QueueDirectory	- 메일 전송 시 사용하는 큐(Queue) 디렉터리를 지정한다. - 기본값 : O QueueDirectory=/var/spool/mqueue

④ sendmail 관련 주요 명령어

명령어	설명
sendmail	- sendmail을 관리하는 명령어로 'sendmail [옵션]'의 명령 형식을 따른다. - 주요 옵션 : -bp(메일 큐의 상태 표시), -bi(aliases 정보 갱신), -oQ(특정 큐의 상태 표시) - 예 sendmail -bp -oQ/var/spool/clientmqueue
mailq	- 메일 큐의 내용을 표시하는 명령어로 'mailq [옵션]'의 명령 형식을 따른다. - 'mailq -Ac' 명령으로 /etc/mail/submit.cf 파일에 지정된 큐의 상태를 표시한다. 즉, submission program이 보내는 메일을 위한 '/var/spool/clientmqueue' 큐의 상태를 표시한다.

⑤ sendmail 서비스 실행과 확인

```
$ systemctl start sendmail.service

$ netstat -anp | grep LISTEN -w | grep :25
tcp        0      0 127.0.0.1:25         0.0.0.0:*         LISTEN      163478/sendmail: ac

$ systemctl enable sendmail.service
...
```

🟢 더 알기 TIP

리눅스 버전에 따라 SMTP 서버로 postfix를 기본으로 탑재하는 경우가 있다. 만일 sendmail을 이용한 실습 등에 어려움이 있을 경우 'systemctl stop postfix.service' 명령으로 postfix 서비스를 종료한다.

```
$ systemctl stop postfix.service
```

(2) 메일 서비스 이용하기

① telnet을 이용한 메일 발송

- SMTP의 세부 동작을 이해하기 위하여, telnet을 이용한 메일 발송을 살펴본다.
- 만일, telnet 프로그램이 설치되지 않은 경우 'yum -y install telnet' 명령으로 설치한다.

```
$ telnet localhost 25
Trying 127.0.0.1...
Connected to localhost.
Escape character is '^]'.
220 localhost.localdomain ESMTP Sendmail 8.15.2/8.15.2; Thu, 21 Dec 2023 02:53:49 +0900
mail from:<chris@youngjin-mail.com>
250 2.1.0 <chris@youngjin-mail.com>... Sender ok
rcpt to:<aMailUser@youngjin-mail.com>
250 2.1.5 < aMailUser@youngjin-mail.com>... Recipient ok
data
354 Enter mail, end with "." on a line by itself
From : chris@youngjin-mail.com
To : aMailUser@youngjin-mail.com
subject : Hello

Hello
.
250 2.0.0 xAUKo9ic006649 Message accepted for delivery
quit
221 2.0.0 localhost.localdomain closing connection
Connection closed by foreign host.
```

SECTION 05 DNS 관리 서비스

1 DNS(Domain Name System)의 개요

(1) DNS의 개념과 구성 요소

① DNS 서비스의 개념
- 도메인 이름(Domain Name)과 IP 주소를 상호 변환하는 서비스이다.
- 예를 들면, 'youngjin-domain.com'과 '172.30.1.3'을 매핑한 후 상호 변환하여 사용할 수 있다.

② DNS 서버의 동작과 종류
- DNS 서버는 도메인을 관리하고, 클라이언트의 요청에 따라 '도메인명 ↔ IP 주소'를 변환하여 응답한다.
- DNS는 TCP/53, UDP/53 포트를 이용한다.
- DNS의 동작 순서

- ⓐ : 클라이언트에서 'www.youngjin.com'을 입력하면, Local DNS에 관련 IP 주소를 질의(Query)한다.
- ⓑ : Local DNS에 호스트 네임에 대한 정보가 없을 경우 Root DNS에 질의를 시작한다.
- ⓒ : Root DNS에도 관련 정보가 없을 경우 다른 DNS 서버(com DNS)에 질의하도록 한다.
- ⓓ~ⓔ : Local DNS는 .com을 관리하는 DNS에게 질의하고 관련 정보가 없을 경우 다시 질의할 다른 DNS 서버의 주소를 응답 받는다.
- ⓕ~ⓖ : Local DNS는 'www.youngjin.com'을 관리하는 DNS에게 질의하고 관련 정보가 있을 경우 IP 주소를 응답 받는다.
- ⓗ : Local DNS는 'www.youngjin.com'에 대한 IP 주소를 캐싱(Caching)하고 클라이언트에게 전달한다.

- DNS 서버의 종류

종류	설명
Primary Name Server	Master Server라고도 하며, 필수 항목이다.
Secondary Name Server	- Slave DNS라고도 하며, Primary Server의 zone 파일을 백업한다. - Master DNS에 문제가 있을 경우 보조 DNS로 사용할 수 있다.
Caching Name Server	도메인 관리 없이 리졸빙(resolving) 역할만 수행하는 서버로 도메인에 대한 리졸빙 결과를 저장하고 해당 요청이 있을 시 바로 응답하여 속도를 향상시키는 역할을 담당한다.

더 알기 TIP

/etc/hosts 파일을 이용하여 로컬 호스트에서만 사용할 수 있는 DNS 정보를 설정할 수 있다. 외부 DNS 서버에 질의하기 전에 /etc/hosts 파일의 내용을 먼저 참조한다.

```
$ vi /etc/hosts
127.0.0.1    localhost localhost.localdomain localhost4 localhost4.localdomain4
::1          localhost localhost.localdomain localhost6 localhost6.localdomain6

192.168.45.223 server.youngjin-nistest.com
192.168.45.216 client.youngjin-nistest.com
```

2 DNS 서비스 사용하기

(1) DNS 서비스 설치

① DNS 관련 패키지 설치

- 리눅스의 DNS 서버 프로그램 이름은 bind이며, named라는 데몬 이름을 갖는다.
- 'yum -y install bind' 명령으로 DNS 관련 패키지인 'bind, bind-libs, bind-utils'를 설치한다.

```
$ yum -y install bind
...
Upgraded:
  ...
  bind-libs-32:9.11.36-11.el8_9.x86_64
  bind-libs-lite-32:9.11.36-11.el8_9.x86_64
  bind-license-32:9.11.36-11.el8_9.noarch
  bind-utils-32:9.11.36-11.el8_9.x86_64
  python3-bind-32:9.11.36-11.el8_9.noarch
Installed:
  bind-32:9.11.36-11.el8_9.x86_64

Complete!
```

- 패키지를 설치하면 bind 관련 파일과 디렉터리 및 주요 설정 파일을 확인할 수 있다.
- bind 관련 파일과 디렉터리

이름	설명
/etc/named.conf	• 존(zone) 파일, 리버스 존(Reverse zone) 파일을 비롯한 DNS 서버의 주요한 환경을 설정하는 설정 파일이다. • zone 파일은 도메인 이름과 IP 주소 혹은 관련 리소스 간 매핑(mapping)을 포함하고, 리소스 레코드(Resource Record)로 구성된다. • 리버스 존(Reverse zone) 파일을 이용하여 IP 주소에 대한 도메인 정보 조회를 제공할 수 있다.
/var/named	• 루트(root) 도메인 서버의 정보를 담은 named.ca, 사용자가 설정한 zone 파일 등을 저장하는 디렉터리이다.

더 알기 TIP

- 'bind-chroot' 패키지를 이용하여 bind의 보안을 향상시킬 수 있다.
- bind-chroot를 사용하면 데몬(daemon)과 설치한 사용자(root)만 설치 경로를 알 수 있도록 시스템의 루트(/) 디렉터리를 가상의 디렉터리로 변환한다.
- bind-chroot 이용에 따른 디렉터로 변경

기본 디렉터리	bind-chroot에 따른 디렉터리
/etc/named.conf	/var/named/chroot/etc/named.conf
/var/named	/var/named/chroot/var/named

(2) /etc/named.conf 파일 설정

① /etc/named.conf의 형식

- 크게 주석문과 구문으로 구성된다.
- 주석은 /* ~ */, //, # 등을 모두 사용할 수 있다.
- options, acl, logging, zone 등의 주요 구문이 있으며, 각 구문은 중괄호 "{ }"로 둘러싸고 끝날 때는 세미콜론 ";"을 붙인다.
- 별도의 파일에 정의 후 include 지시자를 이용하여 포함할 수 있다.

② options 구문의 설정 항목

- options 구문의 설정 예

```
options {
        listen-on port 53 { 127.0.0.1; };
        listen-on-v6 port 53 { ::1; };
        directory                       "/var/named";
        dump-file                       "/var/named/data/cache_dump.db";
        statistics-file                 "/var/named/data/named_stats.txt";
        memstatistics-file              "/var/named/data/named_mem_stats.txt";
        recursing-file                  "/var/named/data/named.recursing";
        secroots-file                   "/var/named/data/named.secroots";
        allow-query                     { localhost; };
        recursion yes;

        dnssec- enable yes;
        dnssec- validation yes;

        /* Path to ISC DLV key */
        bindkeys-file                   "/etc/named.iscdlv.key";

        managed-keys-directory          "/var/named/dynamic";
        pid-file                        "/run/named/named.pid";
        session-keyfile                 "/run/named/session.key";
};
```

- options 구문의 주요 설정 항목

설정 항목	설명
directory	• zone 파일의 저장 디렉터리를 설정하며, 반드시 필요한 항목이다. • 예) directory "/var/named";
dump-file	• 정보 갱신 시 저장 파일로 사용할 dump-file의 파일명을 지정한다. • 예) dump-file "/var/named/data/cache_dump.db";

항목	설명
statistics-file	• 통계 정보를 저장할 파일명을 지정한다. • 예 statistics-file "/var/named/data/named_stats.txt";
memstatistics-file	• 메모리 통계 정보를 저장할 파일명을 지정한다. • 예 memstatistics-file "/var/named/data/named_mem_stats.txt";
recursing-file	recursing query 정보를 저장하는 파일명을 지정한다.

forward	• forwarders 옵션과 함께 사용하며 only 혹은 first 값을 가진다.
	  - forward only : 도메인 주소에 대한 질의를 다른 서버에게 넘긴다.
	  - forward first : 다른 서버에서 응답이 없을 경우 자신이 응답하도록 설정한다.

forwarders	• forward를 처리할 서버를 지정한다. • 여러 개의 서버를 세미콜론으로 구분하여 설정한다.
allow-query	• 네임 서버에 질의할 수 있는 호스트를 지정한다. • 예 allow-query { localhost; };
allow-transfer	• 존(zone) 파일 내용을 복사(transfer)할 대상을 제한한다. • 예 allow-transfer { 172.3.1.0/24; };
datasize	• DNS 정보 캐싱에 사용할 메모리 크기를 제한한다. • 예 datasize 128M;
recursion	• 하위 도메인 검색 허용 여부를 지정한다. • yes로 설정하면 네임 서버에 설정하지 않은 도메인을 질의할 경우 캐싱 네임 서버의 역할로 동작하여 DNS 질의를 수행한다. • 예 recursion yes;

③ logging 구문의 설정 항목

- bind 네임 서버의 로깅 방식을 설정한다.
- logging 구문의 설정 예제

```
logging {
        channel default_debug {
                file "data/named.run";
                severity dynamic;
        };
};
```

④ acl 구문의 설정 항목

- acl(Access Control List) 구문은 여러 호스트들을 하나의 이름으로 지정하여 options 구문의 allow-query, allow-transfer 등에 사용할 수 있도록 한다. 따라서, options 구문 이전에 설정해야 한다.

- acl 구문의 설정 예 : ihd란 이름을 별칭으로 사용한다.

```
acl "ihd" { 192.168.2.24; 192.168.4/24; };
```

⑤ **zone 구문의 설정 항목**
- zone 구문은 도메인을 관리하기 위한 데이터 파일인 zone 파일을 지정한다.
- zone 구문의 기본 형식과 예제

기본 형식	설정 예제

zone [도메인명] IN {
  type [master | slave | hint];
  file [존 파일명];
};
	zone "." IN {
	type hint;
	file "named.ca";
	};
	zone "linux.or.kr" IN {
	type master;
	file "linux.zone";
	};

- hint : 루트 도메인을 지정한다. - master : 1차 네임 서버를 지정한다. - slave : 2차 네임 서버를 지정한다.	- "."은 루트 도메인을 의미한다. - 리버스 존의 설정은 IP 주소(예 210.109.3.5) 중 마지막을 제외하고 "3.109.210.in-addr.arpa"와 같은 형식을 따른다.

더 알기 TIP

/etc/named.conf 파일을 복잡하지 않게 관리하기 위하여, root zone을 제외한 zone 정보를 /etc/named.rfc1912.zones에 설정한 후 include 구문으로 포함하는 것을 권장한다.

```
// named.rfc1912.zones:
//
// Provided by Red Hat caching-nameserver package
//
// ISC BIND named zone configuration for zones recommended by
// RFC 1912 section 4.1 : localhost TLDs and address zones
// and http://www.ietf.org/internet-drafts/draft-ietf-dnsop-default-local-zones-02.txt
// (c)2007 R W Franks
//
// See /usr/share/doc/bind*/sample/ for example named configuration files.
//

zone "localhost.localdomain" IN {
        type master;
        file "named.localhost";
```

```
            allow-update { none; };
};

zone "localhost" IN {
        type master;
        file "named.localhost";
        allow-update { none; };
};

...
```

(3) zone 파일 설정

① zone 파일의 특징

- zone 파일은 도메인 이름과 IP 주소 혹은 관련 리소스 간 매핑(mapping)을 포함하고, 리소스 레코드(Resource Record)로 구성된다.
- 리버스 존(Reverse zone) 파일을 이용하여 IP 주소에 대한 도메인 정보 조회를 제공할 수 있다.
- 일반적으로 zone 파일명은 "도메인명.zone"을 따르고, reverse zone 파일명은 "도메인명.rev"를 따른다.
- ';' 을 이용하여 주석(Comment)을 추가할 수 있다.

② zone 파일의 구조

- zone 파일의 예제

```
$TTL 1D
@       IN SOA ns.ihd.or.kr. kait.ihd.or.kr. (
        2020080302      ;Serial
        7200            ;Refresh
        3600            ;Retry
        1209600         ;Expire
        3600            ;Minimum
)
IN NS ns.ihd.or.kr.
IN A 192.168.12.22
IN MX 10 ihd.or.kr.
www IN A 192.168.12.22
www1 IN CNAME www
```

• zone 파일의 구성 항목

구성 항목	설명
$TTL	– Time To Live의 약자로 설정한 정보를 다른 DNS 서버에서 조회하였을 경우 캐시에 보관할 시간을 지정한다. – zone 파일의 첫 번째 라인에 위치해야 한다. – 기본 시간 단위는 초(Second)이며 W(Week), D(Day), M(Minute) 단위로 설정할 수 있다.
SOA 레코드	– Start Of Authority의 약자로 도메인 관리자 메일, 일련번호 등 DNS 핵심 정보를 지정한다. – '@' 기호는 오리진(origin) 도메인을 의미하며 /etc/named.conf 파일에서 설정한 도메인명이다. 만일 도메인 이름을 직접 지정할 경우 마지막에 '.'을 반드시 추가해야 한다. – SOA 레코드의 세부 속성은 별도의 표를 참조한다.
개별 도메인 (리소스 레코드)	– '[도메인명] [IN] [Class] [Record Type] [우선순위] [도메인 혹은 IP]'의 형식으로 구성한다. – 세부 속성은 별도의 표를 참조한다.

• SOA 레코드의 주요 속성

속성	설명
Nameserver	– 네임 서버(Name Server)의 호스트명과 도메인명을 지정한다. – 예 youngjin-dns.com. ('.'으로 끝난다.)
Contact_email_address	– '계정.도메인.' 형식으로 관리자의 이메일 주소를 지정한다. – 예 admin.youngjin-dns.com. ('.'으로 끝난다.)
Serial_number	– Zone 파일이 갱신되면 증가하게 되는 일종의 일련번호이다. – 보통 'YYYYMMDDNN' 형식을 사용하며, NN은 수정 횟수를 기입한다.
Refresh_number	– 보조 네임 서버가 정보 업데이트를 위해 주 네임 서버에 얼마나 자주 접근·점검할 것인지 지정한다. – 예 1D 등
Retry_number	– 보조 네임 서버가 주 네임 서버로 접근 실패한 경우 재시도할 주기를 지정한다. – 예 1H 등
Expire_number	– Retry_numbr에 설정한 주기로 재시도할 때의 만기 시간을 지정한다. – 예 1W 등
Minimum_number	– 일종의 TTL과 같은 개념으로 정보의 최소 보관 시간을 지정한다. – 예 3H 등

• 개별 도메인의 주요 속성

항목	설명
도메인명	– 도메인(호스트)명에는 '도메인 이름, 호스트 이름, 공백, @ 등'이 올 수 있다. – '*'은 호스트명, '@'은 현재 도메인을 가리키며, 공백은 바로 위 자원을 이용하게 된다. – 도메인 이름을 사용할 경우 마지막에 '.'을 추가해야 한다.
IN Class	일반적으로 인터넷 클래스인 IN을 사용하며, 레코드에 대한 클래스를 지정한다.
Record Type	– 레코드의 타입을 지정한다. – 세부 항목은 '주요 레코드 타입' 표를 참고한다.

• zone 파일의 주요 레코드 타입

타입	설명
A(Address Mapping Records)	도메인 이름에 해당하는 IPv4 주소
AAAA(IPv6 Address Records)	도메인 이름에 해당하는 IPv6 주소
CNAME(Canonical Name)	도메인 이름의 별칭
HINFO(Host Information)	CPU, OS 유형 등 호스트에 대한 정보
MX(Mail exchanger)	도메인 이름에 대한 메일 교환 서버
NS(Name Server)	호스트에 대한 공식 네임 서버
PTR(Reverse-lookup Pointer records)	IP 주소를 기반으로 도메인 이름 반환
SOA(Start of Authority)	도메인 관리자 메일, 일련번호 등 DNS 핵심 정보 지정
TXT(Text)	임의의 텍스트 문자열 저장

(4) DNS 관련 주요 명령어

① DNS 서비스 시작과 상태 점검

- systemctl 명령어를 이용하여 named 서비스를 실행하고 자세한 동작 상태를 확인할 수 있다.

```
$ systemctl start named.service


$ systemctl -l status named.service
● named.service - Berkeley Internet Name Domain (DNS)
    Loaded:   loaded (/usr/lib/systemd/system/named.service; disabled; vendor preset: disabled)
    Active:   active (running) since ...
```

② DNS 관련 주요 명령어

명령어	설명
named-checkzone	• zone 파일의 문법적 오류를 점검한다. • 'named-checkzone [도메인명] [zone파일경로]'의 명령 옵션을 이용한다.
named-checkconf	• /etc/named.conf 환경설정 파일의 문법적 오류를 점검한다. • 'named-checkconf [파일경로]'의 명령 옵션을 이용한다.
rndc status	DNS 서버의 자세한 상태를 확인할 수 있다.
host	• 도메인을 조회하는 명령어이다. • dig 명령을 이용하면 좀더 자세한 정보를 확인할 수 있다.

SECTION 06 가상화 관리 서비스

반복학습 1 2 3

1 가상화(Virtualization) 서비스의 개요

(1) 가상화의 특징

① 가상화의 개념
- 가상화 서비스란 CPU, 메모리, 디스크와 같은 하나의 물리적인 자원을 여러 개의 논리적인 자원으로 나누거나 다수의 물리적인 자원을 하나의 논리적인 자원으로 통합하여 서비스하는 기술을 의미한다.

② 가상화의 특징
- 가상화는 논리적인 자원 풀(Resource Pool)에 기반한 효율적인 자원 활용, 물리적인 공간 절약, 데이터 및 서비스에 대한 가용성 증가, 중앙 집중 관리에 따른 보안성 향상 등의 장점을 제공한다.
- 가상화 서비스의 대표적인 특징은 다음 표와 같다.

특징	설명
공유(Sharing)	다수의 많은 가상 자원들이 하나의 동일한 물리적 자원과 연결되어 있거나 가리키는 것을 의미한다.
프로비저닝(Provisioning)	- 사용자의 요구사항에 맞게 할당, 배치, 배포할 수 있도록 만들어 놓는 것을 의미한다. - 가상화 기반의 자원 할당은 물리적 단위보다 더 세밀한 조각 단위로 가능하다.
단일화(Aggregation)	- 여러 개의 물리적 자원을 논리적으로 통합하여 하나의 자원으로 사용할 수 있도록 제공한다. - 자원 전체 용량의 증가 혹은 관리를 단순화할 수 있다.
에뮬레이션(Emulation)	- 물리적인 특징이 다른 장치를 범용적인 모델로 인식하여 사용할 수 있도록 지원하는 것을 의미한다. - 물리적 자원 자체에는 원래부터 존재하지 않았지만 가상 자원은 어떤 기능들이나 특성들을 마치 처음부터 존재했던 것처럼 가질 수 있다.
절연(Insulation)	- 하나의 가상화 서비스에 문제가 발생하여도 다른 서비스로 장애가 전이되지 않도록 관리하는 것을 의미한다. - 가상화 자원들 또는 가상화 자원을 사용하는 사용자에게 아무런 영향을 미치지 않으면서 물리적인 자원들을 교체할 수 있다.

(2) 가상화 서비스 방식과 기술

① 하드웨어 레벨의 가상화 방식

- 하드웨어 레벨의 가상화 방식(종류)은 크게 전가상화(Full Virtualization)과 반가상화(Para Virtualization)로 구분할 수 있다.
- VMM(Virtual Machine Monitor)이 물리적인 하드웨어를 가상머신의 하드웨어와 매핑하고, 게스트(Guest) 운영체제의 자원 사용을 관리한다.
- 전가상화 방식과 반가상화 방식의 특징

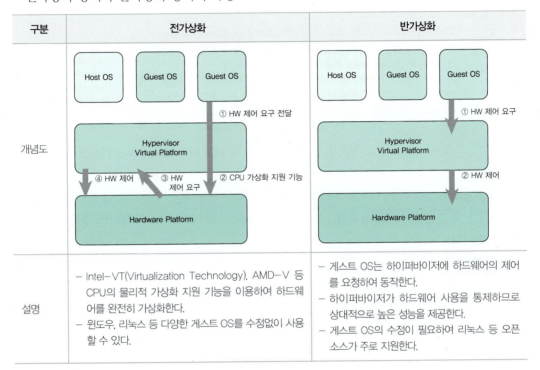

구분	전가상화	반가상화
개념도	(Host OS, Guest OS, Guest OS / Hypervisor Virtual Platform / Hardware Platform) ① HW 제어 요구 전달, ② CPU 가상화 지원 기능, ③ HW 제어 요구, ④ HW 제어	(Host OS, Guest OS, Guest OS / Hypervisor Virtual Platform / Hardware Platform) ① HW 제어 요구, ② HW 제어
설명	- Intel-VT(Virtualization Technology), AMD-V 등 CPU의 물리적 가상화 지원 기능을 이용하여 하드웨어를 완전히 가상화한다. - 윈도우, 리눅스 등 다양한 게스트 OS를 수정없이 사용할 수 있다.	- 게스트 OS는 하이퍼바이저에 하드웨어의 제어를 요청하여 동작한다. - 하이퍼바이저가 하드웨어 사용을 통제하므로 상대적으로 높은 성능을 제공한다. - 게스트 OS의 수정이 필요하여 리눅스 등 오픈소스가 주로 지원한다.

② 호스트 기반 가상화(Host Based Virtualization) 방식

- 호스트 기반 가상화는 호스트 운영체제에 VMM을 설치하고 가상머신(Virtual Machine)을 생성한다. 대표적으로 VirtualBox, VMware Player 등이 있다.

➕ 더 알기 TIP

운영체제 가상화 방식

하드웨어에 설치된 하나의 운영체제 위에 가상화 계층을 두어 가상화 서비스를 제공하며, 컨테이너(Container) 방식과 하드웨어 에뮬레이션(Hardware emulation) 방식으로 구분된다.
- 컨테이너 방식 : 호스트 운영체제의 커널을 공유하며, 각각의 애플리케이션별로 격리된 컨테이너를 생성한다. 대표적으로 Docker가 있으며, 경량화된 가상화 방식이다.
- 하드웨어 에뮬레이션 방식 : 하드웨어를 소프트웨어 방식으로 에뮬레이션한다.

③ 리눅스의 대표적인 가상화 기술

- KVM과 XEN의 특징

구분	특징
KVM	- KVM은 인텔 CPU가 지원하는 VT-x 및 AMD-V를 기반으로 CPU 전가상화를 지원하는 기술로 리눅스 커널 2.6.20부터 포함되었다. - KVM은 CPU 에뮬레이터인 QEMU를 이용하여 리눅스/윈도우 등 다중 가상머신을 운영한다. - 비록 CPU 반가상 기술을 지원하지 않으나 이더넷, Disk I/O, 그래픽 등은 반가상화를 지원한다. - 호스트 서버에서 보면 게스트 서버는 하나의 프로세스로 간주되기 때문에 오버헤더가 거의 없다.
XEN	- 1990년대 케임브리지 대학교에서 시작되어 만들어진 오픈소스이다. - XEN은 CPU 전가상화, 반가상화를 모두 지원하는 하이퍼바이저(Hypervisor) 기반의 가상화 기술로 리눅스 뿐만 아니라 윈도우, Solaris 등을 지원한다. - CPU 반가상화 지원으로 다른 기술과 비교해서 물리적 서버 대비 효율성이 가장 좋다. - 반가상화 구성 시에 호스트와 다른 아키텍처의 게스트는 실행할 수 없다. - 전가상화 구성 시에는 QEMU 기반으로 동작한다.

- 버추얼박스(VirtualBox) : 오라클이 주도하여 개발 및 배포하고 있는 x86 기반 가상화 소프트웨어이다.
- 도커(Docker) : 하이퍼바이저를 사용하거나 게스트 운영체제를 설치하지 않고, 서버 운영에 필요한 프로그램과 라이브러리만 이미지로 만들어 프로세스처럼 동작시키는 경량화된 가상화 기술이다.

더 알기 TIP

- /proc/cpuinfo 파일의 flag 값을 확인하여 CPU 가상화 지원 여부를 점검할 수 있다.
  - Intel VT-x를 지원할 경우 vmx가 포함된다.
  - AMD-V를 지원할 경우에는 svm이 포함된다.
- VirtualBox 프로그램을 이용하여 리눅스를 설치할 경우 게스트 OS에서 CPU 가상화 기능을 사용할 수 없다(기본 설정). 이때, 게스트 OS의 환경설정에서 중첩 가상화(Nested virtualization) 기능을 활성화하면 게스트 OS에서도 CPU 가상화 기능을 사용할 수 있다.
- VirtualBox : [설정] - [시스템] - [프로세스] - [확장된 기능]에서 설정할 수 있다.

```
$ egrep 'svm|vmx' /proc/cpuinfo
flags           : fpu vme de pse tsc msr pae mce cx8 apic sep mtrr pge mca cmov pat pse36 clflush mmx fxsr sse sse2 ss ht syscall nx rdtscp lm constant_tsc nopl xtopology nonstop_tsc eagerfpu pni pclmulqdq vmx ssse3 fma cx16 ...
```

④ 가상화 지원 소프트웨어 플랫폼
- 가상화 서비스를 구성하고 관리할 수 있는 다양한 소프트웨어 플랫폼이 존재한다.
- 가상화 지원 소프트웨어 주요 플랫폼

소프트웨어	특징
Cloudstack	- 시트릭스(Citirix)에서 오픈소스로 공개한 클라우드 컴퓨팅 프로젝트로, 쉬운 사용성과 다양한 도입 사례가 장점이다. - KVM, XEN, XEN Server, VMWare 등의 하이퍼바이저를 지원한다.
OpenStack	- IaaS(Infrastructure as a Service) 형태의 클라우드 컴퓨팅을 구축할 수 있는 오픈소스 프로젝트로 다양한 커뮤니티 활동이 장점이다. - KVM, XEN, QEMU, LXC, VMware ESX/ESXi, PowerVM, Hyper-V 등의 하이퍼바이저를 지원한다.
OpenNebula	- 이기종 분산 데이터 센터 인프라(Infrastructure)를 관리하기 위한 클라우드 컴퓨팅 플랫폼이다. - KVM, XEN, VMWare ESXi, Hyper-V 등의 하이퍼바이저를 지원한다.
OpenShift	Docker와 Kubernetes를 제공하는 컨테이너 애플리케이션 플랫폼이다.

⑤ 가상화 지원 소프트웨어의 디스크 이미지 형식
- 특히 버추얼박스는 전용의 디스크 이미지 형식을 사용할 뿐만 아니라 다른 가상화 소프트웨어가 지원하는 디스크 형식도 함께 지원한다.
- 가상화 디스크 이미지의 주요 형식

형식	설명
VDI(Virtual Disk Image)	버추얼박스에서만 사용할 수 있는 전용 디스크 이미지 형식
VHD (Virtual Hard Disk)	버추얼박스, Hyper-V, Xen에서 사용할 수 있는 디스크 이미지 형식
VMDK (Virtual Machine Disk)	버추얼박스, VMware Player에서 사용할 수 있는 디스크 이미지 형식

2 가상화 관련 주요 명령어

명령어	설명
virt-top	가상화 현황을 top과 유사한 형식으로 출력한다.
virsh	텍스트 기반의 콘솔 환경에서 가상 머신을 관리해주는 도구로 생성, 시작, 재시작, 종료, 강제 종료 등의 기능을 수행한다.
virt-manager	가상 머신을 손쉽게 시작 및 종료할 수 있고, 가상 머신의 CPU 사용량, 호스트 CPU 사용량 등을 모니터링할 수 있는 GUI 기반의 도구이다.
libvirt	Linux에서 가상화 지원을 위한 API, 데몬(daemon), 라이브러리, 관리 툴들의 모음이다.
libvirtd	libvirt 관리 시스템의 서버 데몬으로 관리도구와 통신하여 원격 도메인의 명령을 전달한다.
xm	Xen을 관리하는 명령어이다.

SECTION 07 기타 서비스

1 슈퍼 데몬

(1) 슈퍼 데몬(Super Daemon)의 개요

① 슈퍼 데몬의 개념
- 리눅스의 inetd 방식은 사용자의 요구에 따라 필요한 서비스를 실행하고, 요청을 완료하면 서비스를 종료하여 시스템 자원을 효율적으로 사용한다. inetd와 같이 다른 서비스를 실행 및 관리하는 데몬을 슈퍼 데몬(Super Server Daemon)이라 한다.
- inetd 방식은 standalone 방식과 비교하여 사용자 요청에 대한 처리 시간이 느리지만, 다양한 서비스를 제한된 시스템 자원으로 운영하기에 효율적이다.
- inetd 방식은 '/etc/inetd.conf' 설정 파일을 이용하여 서비스 사용 여부를 지정하며, 접근제어(Access Control)을 위하여 TCP Wrapper를 사용한다.

② 최근 리눅스의 서비스 관리 방식
- xinetd 방식으로 이용하던 많은 서비스들이 단독 데몬으로 전환되거나 systemd에 의한 관리 방식으로 통합되었다.
- systemd 방식은 socket 기능(ondemand activation)을 통해 효율적으로 메모리를 관리할 수 있으며, 이에 따라 기존 xinetd를 통해 제공하던 rsync, telnet 등의 서비스가 systemd 방식으로 통합되었다.
- TCP Wrapper를 사용하려면 xinetd 방식으로 서비스되거나 libwrap 라이브러리를 사용해야 한다. 대표적으로 sshd의 경우 TCP Wrapper를 사용할 수 있다.
- xinetd, TCP Wrapper를 지원하는 서비스가 제한적이므로 접근 제한이 필요할 경우 이후 설명할 iptables, firewalld 사용을 권장한다.

> **더 알기 TIP**
> 리눅스마스터 1급 자격검정은 최근 리눅스를 기준으로 하므로 xinetd 방식과 TCP Wrapper의 중요성이 상대적으로 축소되었다. 그러나 출제 가능성이 있으므로 주요 특징 및 설정 방식에 대하여 확인할 필요가 있다. 관련 이해를 돕기 위하여 이후 설명 중 일부는 기출문제의 내용에 따라 이전 버전 리눅스(CentOS 6)의 내용을 포함한다.

③ xinetd의 특징
- 리눅스 커널 2.4 버전 이후 최신 리눅스 배포판은 inetd를 확장한 xinetd를 사용한다.
- 'yum -y install xinetd' 명령으로 xinetd를 설치할 수 있다.
- xinetd의 기본 설정 파일은 '/etc/xinetd.conf'이다.

```
# This is the master xinetd configuration file. Settings in the
# default section will be inherited by all service configurations
# unless explicitly overridden in the service configuration. See
# xinetd.conf in the man pages for a more detailed explanation of
# these attributes.

defaults
{
# The next two items are intended to be a quick access place to
# temporarily enable or disable services.
#
#       enabled         =
#       disabled        =


# Define general logging characteristics.
        log_type        = SYSLOG daemon info
        log_on_failure  = HOST
        log_on_success  = PID HOST DURATION EXIT


# Define access restriction defaults
#
#       no_access       =
#       only_from       =
#       max_load        = 0
        cps             = 50 10
        instances       = 50
        per_source      = 10


# Address and networking defaults
#
#       bind            =
#       mdns            = yes
        v6only          = no


# setup environmental attributes
#
```

```
#       passenv         =
        groups          = yes
        umask           = 002

# Generally, banners are not used. This sets up their global defaults
#
#       banner          =
#       banner_fail     =
#       banner_success  =
}

includedir /etc/xinetd.d
```

- /etc/xinetd.conf의 주요 설정

주요 기본 설정	내용
instances	– 동시에 서비스할 수 있는 서버의 최대 수를 지정한다. – UNLIMITED로 지정하면 제약없이 동작한다.
log_type	– 로그 기록 방식을 지정하며 SYSLOG와 FILE 두 가지 형식을 지원한다. – SYSLOG : 'SYSLOG syslog_facility [syslog_level]' 형식을 따른다. – FILE : 'FILE 파일명 [limit 옵션]'의 형식을 따르며, limit 옵션은 로그 파일의 크기를 결정한다.
log_on_success	– 서버 시작, 종료 및 접속 시 기록할 내용을 지정한다. – PID, HOST(원격 호스트 IP), USERID(원격 사용자 ID), EXIT(종료 시의 상태), DURATION(세션 지속 상태) 등의 값을 조합해서 사용할 수 있다.
log_on_failure	– 서버가 시작될 수 없거나 접근이 거부되었을 때 기록할 내용을 지정한다. – HOST, USERID, ATTEMPT(실패한 시도) 등의 값을 조합해서 사용할 수 있다.
cps	– 초당 최대 요청과 이를 초과할 경우 접속 제한 시간을 설정한다. – 'cps = 25 30'일 경우 초당 요구 사항이 25개 이상일 경우 30초 동안 연결을 제한한다.
only_from	이용 가능한 원격 호스트를 지정한다.
no_access	– 서비스를 이용할 수 없는 호스트를 지정한다. – only_from과 no_access에 함께 지정된 경우에는 서비스를 이용할 수 없다.
per_source	– 동일한 IP 주소로부터 접속할 수 있는 최대 접속 수를 지정한다. – UNLIMITED로 지정하면 제약없이 접속할 수 있다.
enabled	– 사용할 수 있는 서비스 목록을 서비스명으로 지정한다. – 각 서비스 설정에 'disable = yes'로 설정된 경우에도 서비스를 허가하게 된다. – 예 enabled = telnet

disabled	- 접근을 금지할 서비스 목록을 서비스명으로 지정한다. - 만일 enabled와 disabled 모두 설정된 경우 해당 서비스는 접근할 수 없다.
includedir /etc/xinetd.d	- 각각의 서비스(daemon) 설정을 개별 파일에서 지정한다. - 이 속성을 이용하면 xinetd.conf에서 해당 서비스를 설정할 수 없다.

- '/etc/xinetd.d/' 디렉터리에 각 서비스들의 설정이 저장된다. CentOS 6를 기준으로 예를 들면 '/etc/xinet.d/rsync'는 rsync 서비스의 동작 설정을 담는다.

```
default: off
# description: The rsync server is a good addition to an ftp server, as it \
#              allows crc checksumming etc.
service rsync
{
        disable         = yes
        flags           = IPv6
        socket_type     = stream
        wait            = no
        user            = root
        server          = /usr/bin/rsync
        server_args     = --daemon
        log_on_failure  += USERID
}
```

- xinetd 방식 서비스의 주요 설정 항목

설정 항목	설명
service	서비스 이름으로 /etc/services 파일에 등록한 서비스 이름을 따른다.
type	RPC, INTERNAL, UNLISTED와 같은 서비스 타입을 지정한다. - RPC : RPC 서비스이다. - INTERNAL : /etc/services에 서비스 이름이 등록되었으며 well-known 포트를 이용한다. - UNLISTED : 표준 서비스가 아닌 경우로 서비스 포트번호를 함께 지정해야 한다.
disable	설정한 서비스 사용 여부를 결정하며 'no'로 설정해야 사용할 수 있다.
socket_type	- TCP일 경우 stream, UDP일 경우 dgram으로 설정한다. - IP로 직접 접근해야 하는 서비스는 raw를 설정한다.
port	서비스의 포트 번호를 지정한다.
wait	- xinetd가 서비스 요청을 받을 경우 이후 요청을 즉시 처리할 것인지 기다릴 것인지 결정한다. - 'no'로 설정하면 즉시 다음 요청을 처리한다.
user	서비스의 실행 권한을 지정한다.

항목	설명
server	서비스 요청을 담당할 데몬 파일의 위치를 절대 경로로 지정한다.
log_on_failure	+ 혹은 -를 이용하여 /etc/xinet.conf에서 지정한 log_on_failure 항목을 변경한다.
access_times	access_times = 06:00-17:00와 같은 형식으로 서비스 이용 가능 시간을 지정한다.
redirect	- 서비스를 다른 서버로 포워딩(Forwarding)하도록 지정한다. - 예 redirect = 192.169.10.12
nice	서비스의 우선 순위를 -20~19까지의 값으로 지정한다.

- xinetd는 자체적으로 접근 제어 기능과 확장된 로깅 기능 등을 제공하며, TCP Wrapper를 이용한 접근 제어도 가능하다.

(2) TCP Wrapper

① TCP Wrapper의 개념

- inetd 데몬에 의해 관리되는 서비스는 TCP Wrapper에 의해 접근 제어를 할 수 있다.
- TCP Wrapper의 데몬 이름은 tcpd이다.
- TCP Wrapper는 '/etc/hosts.allow' 파일과 '/etc/hosts.deny' 설정 파일을 이용하여 접근 제어를 제공한다.
- 접근을 허가하는 호스트는 '/etc/hosts.allow'에 등록하고 접근을 거부하는 호스트는 '/etc/hosts.deny'에 등록한다.
- 설정 파일은 hosts.allow → hosts.deny 순으로 적용된다. 따라서 hosts.allow와 hosts.deny의 규칙이 중복되면 hosts.deny 규칙은 무시된다. 일반적으로 hosts.deny에 접근을 금지할 목록을 지정한 후 hosts.allow에 허가 목록을 지정한다.

➕ 더 알기 TIP

Rocky Linux 8의 경우 TCP Wrapper가 기본적으로 지원되지 않는다. 따라서 /etc/hosts.deny, /etc/hosts.allow 파일이 존재하지 않을 수 있다. 관련 패키지 설치와 설정을 통해 TCP Wrapper를 사용할 수 있으나, firewalld 모듈(서비스) 등을 이용하여 보안을 설정하는 것을 권장하기 때문이다.
다만, 리눅스마스터 1급의 기존 기출문제 동향을 고려하여 TCP Wrapper 관련 사항을 키워드 암기 중심으로 학습하기를 권장한다.

② TCP Wrapper 설정 파일

- /etc/hosts.allow와 /etc/hosts.deny의 설정 방법은 동일하며 하나의 줄(line)에 하나의 규칙을 사용한다. 만일 2줄 이상으로 기술해야 할 경우 역슬래쉬(\)를 이전 줄의 마지막에 입력한다.
- 설정 형식은 '[데몬 목록] : [클라이언트 목록] : [셸 명령어]'를 따른다.
- TCP Wrapper 설정 파일의 주요 항목

항목	설명
데몬 목록	- 서비스의 실행 데몬 이름을 지정한다. - 콤마(,)를 이용하여 여러 개의 데몬 이름을 지정할 수 있다. - 함께 사용할 수 있는 예약어는 별도의 표로 설명한다.

클라이언트 목록	– 접근 제어의 대상이 되는 호스트 이름 혹은 IP 주소를 지정한다. – [사용자이름@호스트]의 형식으로 사용자를 함께 지정할 수 있다. – 콤마(,)를 이용하여 여러 개의 클라이언트를 지정할 수 있다. – 함께 사용할 수 있는 예약어는 별도의 표로 설명한다.
셸 명령어	설정한 항목과 일치할 경우 실행할 셸 명령어로 twist 방식과 spawn 방식을 사용할 수 있다. – twist 방식 : 현재 실행 중인 프로세스의 실행 이미지를 교체하여 실행하는 방식으로 명령의 결과를 클라이언트에게 전송한다. – spawn 방식 : 새로운 자식 프로세스를 생성하는 방식으로 명령의 결과를 클라이언트에게 전송하지 않는다.

• TCP Wrapper의 목록 지정을 위한 주요 예약어

예약어	설명
ALL	– 데몬 목록, 클라이언트 목록 모두에 사용할 수 있다. – 모든 서비스 데몬 혹은 모든 클라이언트를 의미한다.
LOCAL	localhost와 같이 '.'을 포함하지 않는 모든 호스트를 의미한다.
KNOWN	클라이언트의 IP와 호스트 이름을 알 수 있는 경우이다.
UNKNOWN	클라이언트의 IP와 호스트 이름을 알 수 없는 경우이다.
PARANOID	DNS lookup을 이용하여 호스트 이름으로 IP 주소를 확인할 수 있는 경우이다.
EXCEPT	예외 항목을 지정한다.

• 셸 명령어의 주요 특수 문자

특수 문자	설명
%a	클라이언트의 IP 주소
%A	서버의 IP 주소
%c	사용자 이름, 호스트 이름, IP 주소 등의 클라이언트 정보
%d	서비스의 이름
%h	클라이언트의 호스트 이름 혹은 IP 주소
%H	서버의 호스트 이름 혹은 IP 주소
%n	클라이언트의 호스트 이름
%N	서버의 호스트 이름
%u	클라이언트의 사용자 이름
%p	서비스 데몬 프로세스 아이디
%s	데몬 프로세스, 호스트 이름, IP 주소 등의 서버 정보
%%	% 문자

- TCP Wrapper 설정 사례

설정 예시	설명
[hosts.allow] ALL : 192.168.9.0/255.255.255.0	192.168.9.0 네트워크 대역에 속한 모든 클라이언트의 접속을 허가한다.
[hosts.allow] ALL EXEPT in.telnetd : ALL	telnetd를 제외한 모든 서비스에 대하여 모든 클라이언트의 접속을 허가한다.
[hosts.allow] in.telnetd : .youngin.com EXCEPT \\ www.youngjin.com	www.youngjin.com을 제외한 youngjin.com 도메인의 모든 호스트에 대하여 telnetd 서비스의 접근을 허가한다.
[hosts.allow] sshd : 192.168.9.7 : severity local0.alert	192.168.9.7에서 sshd 서비스를 사용할 수 있도록 설정하되 syslog을 기록한다.
[hosts.allow] sshd : 192.168.9.2 : deny	비록 hosts.allow에 설정되어 있으나 deny를 기술하여 접근을 금지한다.
[hosts.deny] in.telnetd : 192.168.9.10 : twist /bin/echo \\ "%a is denied"	192.168.9.10 호스트가 telnetd 서비스를 사용하지 못하도록 하며, 접속 시도 시 메시지를 전달한다.

➕ 더 알기 TIP

TCP Wrapper의 설정에서 서비스명이 아니라 실행 데몬 이름을 지정하는 것을 확인한다. 텔넷을 예로 들면 'telnet'이 아니라 'in.telnetd'가 된다.

2 프록시 서비스

(1) 프록시(Proxy)의 개요

① 프록시의 개념

- 프록시는 클라이언트와 서버 사이에 위치하여, 요청과 응답 과정에서 데이터를 중계하는 역할을 담당한다.

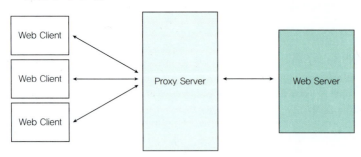

▲ 프록시의 개념도

② 프록시 사용의 목적
- 일반적으로 서버의 데이터를 캐시(cache)하여 인터넷 전송 속도를 빠르게 하기 위해 사용하며, 서버의 가용성(availability) 향상을 위한 부하분산(load balancing)에 사용할 수도 있다.
- 프록시 서버의 사용 분야

사용 분야	설명
응답 속도 향상	클라이언트의 네트워크 위치와 가까운 곳에 프록시 서버를 두고, 자주 사용하는 서버의 컨텐츠를 저장하여 빠른 응답 속도를 제공한다.
서버 부하 분산	다수의 서버를 서버팜(Server Farm)으로 구성한 후 클라이언트의 요청이 있을 시 정해준 규칙에 따라 특정 서버에 서비스 요청을 전달한다.
접근 통제	프록시 서버에 설정한 접근 통제 정책에 따라 클라이언트의 요청을 전달 혹은 제거한다.
악성코드 유입 방지	클라이언트가 요청한 컨텐츠를 전달하기 전에 프록시 서버에 설치된 백신(Vaccine) 프로그램으로 악성코드 여부를 점검한다.

(2) 리눅스 프록시 서버(squid)

① squid 서버의 특징
- squid는 리눅스에서 사용할 수 있는 대표적인 프록시 서버로 홈페이지는 'http://www.squid-cache.org'이다.
- squid는 GPL(General Public License)를 따르는 오픈소스 소프트웨어이며 캐싱(Caching)을 통하여 HTTP, FTP, gopher 등 서비스의 데이터 응답속도를 향상시킨다.
- squid 서버는 기본 포트로 TCP/3128을 이용한다.

② squid 서버의 설치
- 'yum -y install squid' 명령으로 패키지를 설치한다.

```
$ yum -y install squid
...
Installed:
  ...
  squid-7:4.15-7.module+el8.9.0+1599+7025d9cc.3.x86_64

Complete!
```

- squid 서버를 실행하고 서비스 실행을 확인한다.

```
$ systemctl start squid.service

$ systemctl -l status squid.service
● squid.service - Squid caching proxy
...
   Active: active (running) since Thu 2023-12-21 03:16:31 KST; 27s ago
...
   CGroup: /system.slice/squid.service
           ├─185241 /usr/sbin/squid --foreground -f /etc/squid/squid.conf
           ├─185247 (squid-1) --kid squid-1 --foreground -f /etc/squid/squid.conf
           └─185249 (logfile-daemon) /var/log/squid/access.log
...
Dec 21 03:16:31 localhost.localdomain systemd[1]: Started Squid caching proxy.
```

③ **squid 서버의 설정**

- squid는 '/etc/squid/squid.conf' 파일을 환경설정 파일로 이용한다.
- '/etc/squid/squid.conf'의 주요 옵션 항목

옵션	설명
cache_dir [옵션]	• 캐시 데이터가 저장될 경로명을 지정한다. • 옵션 : cache_dir ufs [경로] [캐시 데이터 크기, MB] [첫번째 디렉터리 수] [두 번째 디렉터리 수] • ufs : squid의 저장 포맷 • 예 cache_dir ufs /var/spool/squid 100 16 256
http_port [포트 번호]	• 사용할 포트 번호를 지정한다. • 예 http_port 3128

acl [별칭] src [IP 주소 대역]
acl [별칭] dst [IP 주소 대역]
acl [별칭] port [포트 번호]
acl [별칭] srcdomain [도메인명]
acl [별칭] dstdomain [도메인명]
	• acl 구문으로 별칭을 지정한 후, 별칭에 대한 접근 권한을 설정한다.
	  - http_access allow [별칭] : 접근 허가
	  - http_access deny [별칭] : 접근 거부
	• 예
	acl local src 192.168.10.0/255.255.255.0
	http_access allow local
	http_access deny all
	
	acl Safe_ports port 80
	acl Safe_ports port 21
	http_access deny !Safe_ports

cache_mem [크기]	• 캐시의 크기를 설정한다. • 예 cache_mem 2048 MB
cache_log [로그 파일경로]	로그 파일을 지정한다.

3 DHCP 서비스

(1) DHCP(Dynamic Host Configuration Protocol) 서비스의 개요

① DHCP 서비스의 특징

- DHCP 서비스는 클라이언트 호스트가 사용할 IP 주소, 게이트웨이(Gateway) 주소, 네임 서버(Name Server) 주소 등을 자동으로 할당하는 서비스이다.
- 제한된 IP 주소 풀(Pool)을 다수의 클라이언트에게 동적(dynamic)으로 할당하여 IP 주소 사용의 효율을 향상시킬 수 있다. 이때 DHCP 프로토콜을 이용하여 IP 주소의 임대기간을 설정할 수 있다.
- 저장 장치가 없는 호스트에게 IP를 자동으로 부여하고 네트워크 부팅을 지원하기 위해 사용할 수 있다. 이때 사용하는 프로토콜이 BOOTP(Bootstrap Protocol)이다.
- DHCP는 UDP 프로토콜과 브로드캐스트(Broadcast) 통신 방식을 이용한다.

② DHCP 서비스의 설치

- 'yum -y install dhcp-server' 명령으로 DHCP 서비스를 설치한다.

```
$ yum -y install dhcp-server
...

Installed:
  ...
  dhcp-server-12:4.3.6-49.el8.x86_64

Complete!
```

(2) DHCP 서비스의 설정

① DHCP 서비스 설정 파일

- DHCP 데몬(daemon)인 dhcpd는 /etc/dhcp/dhcpd.conf를 설정 파일로 사용한다. 이때, 설정 문장 뒤에는 반드시 세미콜론(;)이 있어야 한다.

➕ 더 알기 TIP

dhcp를 설치한 후 /etc/dhcp/dhcp.conf의 내용을 확인하면, 특별한 구성내용 없이 예제를 확인하라고 안내한다.

```
# DHCP Server Configuration file.
#   see /usr/share/doc/dhcp*/dhcpd.conf.example
#   see dhcpd.conf(5) man page
```

따라서 안내한 내용에 따라 example을 복사하여 사용한다. 참고로, '*'은 버전을 의미하며 2021년 기준 4.2.5이다.

- DHCP의 로그 메시지를 다른 곳으로 전달하려면 log-facility 항목을 이용한다.

```
log-facility local7;
```

- 특정 호스트에 고정(fixed) IP를 할당할 경우 fixed-address 항목을 이용한다. 사용하는 형식은 'host [호스트이름] { 설정내용 }'이다.

```
host ihd_pc {
hardware ethernet 08:00:07:12:c0:a5;
fixed-address 192.168.12.22;
}
```

- 클라이언트에 할당할 IP 주소의 대역을 서브넷(subnet)과 넷마스크(network) 정보와 함께 지정한다.

```
suebnet 192.168.10.0 netmask 255.255.255.0 {
range 192.168.10.10 192.168.10.200;
option domain-name "youngjin-dchp.com";
option domain-name-servers name.youngjin.com;
option routers 192.168.10.1;
option broadcast-address 192.168.10.255;
default-lease-time 600;
max-lease-time 7200;
}
```

- dhcpd.conf의 주요 설정 항목

설정 항목	설명
range	클라이언트에 할당할 IP 범위를 지정한다.
range dynamic-bootp	DHCP 클라이언트와 BOOTP 클라이언트를 함께 지원한다.
option domain-name	도메인 이름을 지정한다.
option domain-name-servers	네임 서버를 지정한다.
option routers	게이트웨이 주소를 지정한다.
option broadcast-address	브로드캐스팅 주소를 지정한다.
default-lease-time	초(second) 단위로 임대요청 만료시간을 지정한다.
max-lease-time	초 단위로 클라이언트가 사용할 IP의 최대 시간을 지정한다.
option subnet-mask	서브넷 마스크를 지정한다.
fixed-address	특정 MAC 주소를 갖는 시스템에 고정적인 IP 주소를 할당한다.

4 VNC 서비스

(1) VNC(Virtual Network Computing) 서비스의 개요

① VNC 서비스의 특징

- VNC 서비스는 비트맵 이미지 기반의 RFB(Remote Frame Buffer) 프로토콜을 이용하고 GUI(Graphic User Interface) 방식으로 원격 컴퓨터에 접속 및 사용하는 기능을 제공한다.
- VNC 클라이언트는 VNC 서버의 화면을 전송받아 표시하고 마우스, 키보드 등 컨트롤 정보를 서버에 전달한다.
- VNC 서버는 서버 컴퓨터의 화면을 공유하기 위해 사용하며 VNC 클라이언트로부터 전달받은 마우스, 키보드 신호를 통해 통제된다.
- VNC는 'TCP/5900+[디스플레이 번호]'를 기본 포트로 사용하며 동시에 여러 클라이언트가 접속하여 화면을 공유할 수 있다.

② VNC 서비스의 설치

- 'yum -y install tigervnc-server' 명령으로 VNC 서비스를 설치한다.

```
$ yum -y install tigervnc-server
...
Installed:
  ...
  tigervnc-server-1.13.1-2.el8.x86_64

Complete!
```

(2) VNC 서비스의 설정과 실행

① VNC 서버의 접속 방법

- 세션 공유 방법과 독립 세션 방법으로 VNC 서버에 접속할 수 있다.
- 세션 공유 접속과 독립 세션 접속 방법

구분	특징	참고사항
세션 공유 접속	로컬과 원격 호스트가 화면, 키보드, 마우스를 공유하는 방식이다.	암호, 알림 등의 정보도 함께 설정할 수 있다.
독립 세션 접속	별도의 세션을 이용하여 접속하는 방식이다.	환경설정 파일인 /usr/lib/systemd/system/vncserver@.service에 관련 항목을 설정한다.

② VNC 서비스 설정

- VNC 서비스의 환경설정 파일은 /usr/lib/systemd/system/vncserver@.service이다.

```
# The vncserver service unit file
#
# Quick HowTo:
# 1. Copy this file to /etc/systemd/system/vncserver@.service
# 2. Replace <USER> with the actual user name and edit vncserver
#    parameters in the wrapper script located in /usr/bin/vncserver_wrapper
# 3. Run 'systemctl daemon-reload'
# 4. Run 'systemctl enable vncserver@:<display>.service'

...


[Unit]
Description=Remote desktop service (VNC)
After=syslog.target network.target

[Service]
Type=simple

# Clean any existing files in /tmp/.X11-unix environment
ExecStartPre=/bin/sh -c '/usr/bin/vncserver -kill %i > /dev/null 2>&1 || :'
ExecStart=/usr/bin/vncserver_wrapper <USER> %i
ExecStop=/bin/sh -c '/usr/bin/vncserver -kill %i > /dev/null 2>&1 || :'

[Install]
WantedBy=multi-user.target
```

- 설정 파일의 안내에 따라 /etc/systemd/system/vncserver@.service로 복사할 경우, 복사한 파일을 참조하게 된다.
- 설정 파일 내용 중 '<USER>'를 원하는 사용자 계정명으로 변경한다. 만일 master 계정명을 이용한다면 'ExecStart=/usr/bin/vncserver_wrapper master %i'가 된다.

- vncpasswd 명령으로 VNC 서버에 접속할 때 사용할 비밀번호를 설정한다. 패스워드는 사용자 홈디렉토리 ~/.vnc/passwd에 저장된다.

```
$ su master

$ vncpasswd
Password:
Verify:

...

$ ls ~/.vnc/passwd
/home/master/.vnc/passwd
```

③ VNC 서비스 관련 주요 명령어

명령어	설명
vncpasswd	VNC 서버에 접근할 때 사용할 패스워드를 설정하는 명령어이다.
Xvnc	vncserver에 의해 실행되는 VNC 서버이다.
vncconfig	VNC 서비스의 설정을 관리하고 제어하는 명령어이다.

④ VNC 서비스 실행

- 'systemctl daemon-reload' 명령으로 변경한 설정을 적용한다.
- 'systemctl start vncserver@:1.service' 명령으로 VNC 서비스를 실행하고, 실행을 확인한다. 여기에서 '1'은 디스플레이 번호이다.

```
$ systemctl daemon-reload

$ systemctl start vncserver@:1.service

$ systemctl enable vncserver@:1.service
```

(3) VNC 서비스 사용하기

① VNC 클라이언트 설치

- 'yum -y install vnc' 혹은 'yum -y install tigervnc' 명령으로 VNC 클라이언트(뷰어)를 설치한다.

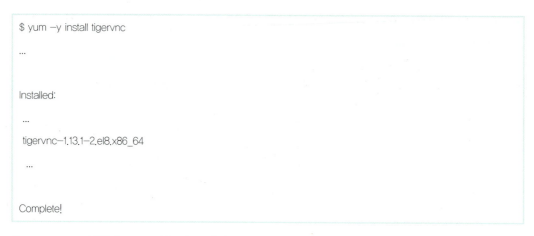

② vncviewer 실행과 VNC 접속 정보 입력
- VNC 접속 정보는 '[VNC 서버 주소] : [디스플레이 번호]'의 형식을 이용한다.

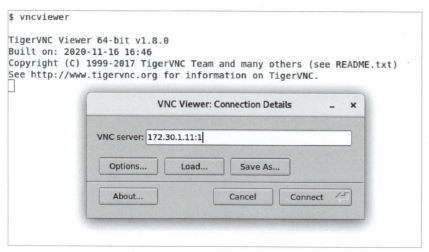

▲ vncviewer를 이용한 서비스 접속

- 설정한 비밀번호를 입력 후, VNC 서버(호스트)를 원격으로 이용한다.

5 NTP 서비스

(1) NTP(Network Time Protocol) 서비스의 개요

① NTP 서비스의 특징
- NTP 서비스는 컴퓨터 간 시간을 동기화하는 NTP 프로토콜을 이용하여 NTP 서버와 시간을 동기화 한다.
- NTP는 협정세계시(UTC : Coordinated Universal Time)를 기준으로 1/1000초까지 시간을 동기화 할 수 있다.
- NTP는 UDP/123을 기본 포트로 이용한다.

② NTP의 계급(Stratum) 구조
- NTP는 클럭소스 수준의 계층적, 반 계층화(Semi-layered)된 시스템을 사용하고 이 계층 구조의 각 수준을 계급(Stratum)이라 한다.
- 계급 수준은 레퍼런스 시계에서 거리를 정의한다.
- 원자시계 또는 GPS와 같은 장치인 0단계부터 가장 낮은 15단계의 계층으로 구성된다. Stratum 16은 비동기 장치를 의미한다.
- 숫자가 낮은 계급(단계)가 높은 계급(단계)보다 더 품질이 우수하다.

(2) NTP 서비스의 설치와 설정

① NTP 서비스의 설치와 실행
- 'yum -y install ntp' 명령으로 NTP 서비스를 설치한다.

```
$ yum -y install ntp
...
Installed:
  ntp.x86_64 0:4.2.6p5-29.el7.centos.2

Complete!
```

- NTP 서비스를 시작한다.

```
systemctl start ntpd.service
```

② NTP 서비스의 설정
- NTP 서비스는 '/etc/ntp.conf'를 설정 파일로 이용한다.
- /etc/ntp.conf의 주요 설정 항목

설정 항목	설명
driftfile	- NTP 데몬에 의해 자동으로 생성되는 driftfile의 위치를 지정한다. - driftfile은 시간 오차의 평균값을 저장하여 시간을 정확하게 유지하는 역할을 한다. - 예 driftfile /var/lib/ntp/drift
restrict	- NTP 서버에 접근할 수 있는 클라이언트를 제한한다. - 예 restrict 192.168.1.0 mask 255.255.255.0 nomodify notrap
server	- NTP 서버를 지정한다. - 예 server 0.centos.pool.ntp.org iburst
keys	- 대칭키 암호화를 위한 키 파일을 지정한다. - 예 keys /etc/ntp/keys

(3) NTP 서비스의 명령어

① NTP 서비스 관련 주요 명령어

명령어	설명
ntpdate	• 'ntpdate [서버주소]' 명령 옵션으로 원격 서버와 시간을 동기화한다. • -d 옵션을 이용하면 원격 서버와 시간 차이를 확인할 수 있다. Debugging 모드로 동작하며 로컬 시간을 업데이트하지 않는다. • 예 ntpdate ntp.youngjin.com
ntpq	• NTP 질의(query) 명령어이다. • -p 옵션으로 연결된 서버의 상태를 출력한다. <pre> remote refid st t when poll reach delay offset jitter == 203.248.240.140 204.123.2.5 2 u 4 64 1 5.504 17.083 0.000</pre>

• ntpq의 질의 명령어 목록은 'help' 명령으로 확인할 수 있다.

```
$ ntpq
ntpq> help
ntpq commands:

:config          delay           mreadvar        readlist
addvars          exit            mrl             readvar
associations     help            mrv             rl
authenticate     host            ntpversion      rmvars
cl               hostnames       opeers          rv
clearvars        keyid           passociations   saveconfig
clocklist        keytype         passwd          showvars
clockvar         lassociations   peers           timeout
config-from-file lopeers         poll            version
cooked           lpassociations  pstatus         writelist
cv               lpeers          quit            writevar
debug            mreadlist       raw
ntpq> quit
```

> **더 알기 TIP**
>
> 최근 리눅스에서 앞서 설명한 ntp 서비스의 설치에 문제가 있을 경우 chrony를 이용할 수 있다. chrony는 NTP(Network Time Protocol)을 구현한 프로그램으로 최근 리눅스의 경우 기본 NTP 프로그램으로 사용된다.

[4] chrony의 설치와 활용

① chrony의 설치와 실행

- 'yum -y install chrony' 명령으로 chrony를 설치한다. 최근 리눅스의 경우 chrony가 이미 설치, 설정 및 실행되어 있을 수 있다.

```
$ yum -y install chrony
...
```

- chrony 서비스를 시작한다.

```
$ systemctl start chronyd

$ sudo systemctl enable chronyd

$ sudo systemctl status chronyd
● chronyd.service - NTP client/server
    Loaded: loaded (/usr/lib/systemd/system/chronyd.service; enabled; vendor preset: enabled)
    Active: active (running) ...
```

② chrony 서비스의 설정

- chrony 서비스는 '/etc/chrony.conf'를 설정 파일로 이용한다.
- /etc/chrony.conf의 주요 설정 항목

설정 항목	설명
pool	- 공개된 서버들의 목록을 포함한 풀(pool)을 지정한다. - 예 pool 2.rocky.pool.ntp.org iburst - server 설정 항목을 이용하여 개별 서버를 지정할 수도 있다.
stratumweight	- 계급(Stratum) 당 보정해야 할 거리의 값을 지정한다. - 예 stratumweight 0
driftfile	- 시스템의 클럭 보정 정보를 저장하는 파일을 지정한다. - driftfile /var/lib/chrony/drift
makestep	- 시스템의 시간이 크게 빠르거나 느릴 때 조정하는 방식을 지정한다. - 예 makestep 1.0 3 : 시스템 시작 후 처음 3회 시간 동기화 에서 시스템의 시간과 NTP 서버의 시간의 차이가 1초 이상일 경우 즉시 조정
allow	- NTP 서버에 접근 가능한 클라이언트 주소 범위를 지정한다. - 예 allow 192.168.0.0/16
keyfile	- 인증 시 사용할 키 파일을 지정한다. - 예 keyfile /etc/chrony.keys
logdir	- 로그 파일의 경로를 지정한다. - 예 logdir /var/log/chrony

- /etc/chrony.conf를 변경한 경우 'systemctl restart chronyd' 명령으로 chrony 서비스를 재실행한다.

③ chronyc 명령어의 활용

- chronyc 명령어를 이용하여 chrony 서비스를 제어할 수 있다.

```
$ chronyc
chrony version 4.2
Copyright (C) 1997-2003, 2007, 2009-2021 Richard P. Curnow and others
chrony comes with ABSOLUTELY NO WARRANTY.  This is free software, and
you are welcome to redistribute it under certain conditions.  See the
GNU General Public License version 2 for details.

chronyc> help
System clock:
tracking                      Display system time information
...

Time sources:
sources [-a] [-v]             Display information about current sources
...

NTP sources:
activity                      Check how many NTP sources are online/offline
...
```

- chronyc 명령어를 이용하여 NTP 소스 정보를 확인할 수 있다.

```
$ sudo chronyc sources -v

  .-- Source mode  '^' = server, '=' = peer, '#' = local clock.
 / .- Source state '*' = current best, '+' = combined, '-' = not combined,
| /              'x' = may be in error, '~' = too variable, '?' = unusable.
||                                          .- xxxx [ yyyy ] +/- zzzz
||       Reachability register (octal) -.   |  xxxx = adjusted offset,
||       Log2(Polling interval) --.     |   |  yyyy = measured offset,
||                                \     |   |  zzzz = estimated error.
||                                 |    |    \
MS Name/IP address          Stratum Poll Reach LastRx Last sample
===============================================================================
^* send.mx.cdnetworks.com        2   10   377    126   +426us[ +340us]   59ms
^+ 121.174.142.82                3   10   377    821   +869us[ +782us]   46ms
^+ mail.innotab.com              3    9   377    274  -2097us[-2184us]   65ms
^- 132.226.17.96                 2   10   277     62  -5336us[-5336us]   84ms
```

- chronyc 명령어를 이용하여 시간 동기화를 즉시 실행할 수 있다.

```
$ sudo chronyc -a makestep
200 OK
```

- chronyc 명령어를 이용하여 NTP시간 동기화를 확인할 수 있다.

```
$ sudo chronyc tracking
Reference ID    : D3E9284E (send.mx.cdnetworks.com)
Stratum         : 3
...
```

합격을 다지는 예상문제

01 HTTP 요청 메소드(Request Method) 중 다음 설명에 해당하는 것은?

> HTTP 요청을 헤더와 바디로 구분하여 사용하고, 요청할 내용을 바디에 담아 서버에 전송한다. 주로 폼(form)문을 이용한 데이터 전송에 사용한다.

① POST
② PUT
③ GET
④ OPTIONS

HTTP 요청 중 GET 메소드는 URL 형식으로 리소스(resource) 데이터를 요청하고, POST 방식은 HTTP 요청을 헤더와 바디로 구분하여 사용하며 요청할 내용을 바디에 담아 서버에 전송한다.

02 다음 내용 중 HTTP 상태(응답)코드와 설명이 잘 연결된 것은?

① 100 : 요청 성공
② 200 : 리다이렉션
③ 404 : 존재하지 않는 리소스 요청(Not Found)
④ 500 : 리소스에 대한 권한이 없다.(Forbidden)

HTTP 상태코드는 1xx (조건부응답, 정보교환), 2xx (성공), 3xx (리다이렉션), 4xx (요청오류), 5xx (서버오류)로 구분된다.

03 아파치 웹 서버의 모듈 적재 방법 중 하나인 DSO(Dynamic Shared Object) 방식의 설명 중 잘못된 것은?

① 아파치 웹 서버 실행 후, 사용자 요청이 있을 경우 필요한 모듈을 적재한다.
② 새로운 모듈을 추가할 경우 아파치 소스코드를 다시 컴파일하여 적용한다.
③ 요청 후 모듈 적재 시간이 필요하여, 응답시간이 다소 느린 단점이 있다.
④ 모듈의 추가 및 삭제가 편리하다.

필요한 모듈을 아파치 웹 서버와 함께 컴파일한 후, 아파치 웹 서버의 시작 시 동시에 적재하는 방법은 Static Object 방식이다.

04 아파치 웹 서버의 주 설정 파일인 httpd.conf의 세부 항목에 대한 설명으로 적절한 것은?

① ServerRoot : HTML 파일 등 웹 컨텐츠가 저장된 디렉터리를 지정한다.
② ServerTokens : 아파치 웹 서버와 웹 브라우저가 암호화 통신을 할 때 사용하는 키를 저장한다.
③ KeepAlive : On으로 설정하면 한 번의 연결당 요청과 응답을 한 번만 처리한다.
④ UserDir : 일반 사용자의 웹 디렉터리를 지정한다.

ServerRoot는 웹 서버의 설치 디렉터리를 지정하며 ServerTokens는 HTTP 응답헤더에 포함하여 전송할 서버의 정보 수준을 결정한다. KeepAlive가 On으로 설정되면 아파치의 한 프로세스로 특정 사용자의 지속적인 요청작업을 계속 처리한다.

정답 01 ① 02 ③ 03 ② 04 ④

05 다음은 mysql을 소스코드 컴파일 방식으로 설치하는 과정 중 하나이다. 다음 중 ( ) 안에 들어갈 내용으로 알맞은 것은?

```
$ cd mysql-5.7.28/

$ (        ) -DCMAKE_INSTALL_PRE-
FIX=/usr/local/mysql \
-DDEFAULT_CHARSET=utf8 \
-DDEFAULT_COLLATION=utf8_general_ci
\
-DENABLED_LOCAL_INFILE=1 \
-DMYSQL_DATADIR=/usr/local/mysql/data
\
-DDOWNLOAD_BOOST=1 -DWITH_
BOOST=../boost_1_59_0
…
-- Configuring done
-- Generating done
```

① cmake   ② make
③ config   ④ build

mysql 소스코드를 압축 해제한 소스 디렉터리로 이동한 후 cmake를 이용하여 환경설정 작업을 수행한다. cmake를 이용하면 이후 make 과정에서 컴파일 등 진행사항을 진행률(%)과 함께 색상(color)으로 표시한다.

06 NIS 서버 및 클라이언트 관련 명령어에 대한 설명 중 잘못된 것은?

① ypwhich : NIS를 이용하여 로그인 한 후, 인증에 사용한 NIS 서버를 조회한다.
② ypcat : NIS 서버의 구성파일(맵 파일)의 내용을 확인한다.
③ yppasswd : NIS 서버에 등록된 사용자의 비밀 번호를 변경한다
④ yptest : NIS 서비스의 품질을 확인하기 위하여 네트워크 응답 속도를 측정한다.

yptest는 NIS 클라이언트에서 NIS의 동작 및 설정 등을 확인하고 도메인명, 맵 파일 목록, 사용자 계정 정보 등을 출력한다.

07 다음 어떤 서비스에 대한 설명인가?

- 디렉터리 서비스(Directory Service)를 조회하고 수정하는 TCP 기반 응용 프로토콜이다.
- RDBMS(Relational DataBase Management System)에 비하여 빠른 검색 속도를 제공하지만 자주 변경되는 정보의 관리에는 다소 불리하다.
- 서버에는 여러 엔트리(entry)가 트리 구조로 구성되어 있으며 각 엔트리는 다수의 속성으로 구성되어 있다. 각 속성은 '이름, 값'의 형식으로 구성된다.

① NIS 서비스
② LDAP 서비스
③ SELinux
④ MongoDB

오답 피하기
① NIS는 NIS 서버에 등록된 사용자 계정, 암호, 그룹 정보 등을 네트워크를 이용하여 다른 시스템(클라이언트)에게 제공한다. 따라서 여러 호스트들이 동일한 계정 정보를 사용할 수 있다.
③ SELinux는 강제 접근 제어(MAC)를 포함한 접근 제어 보안 정책을 지원하는 리눅스 커널 보안 모듈이다.
④ MongoDB는 도큐먼트(Document) 기반으로 비정형 데이터를 저장하고 관리한다.

08 다음 중 NIS에 대한 설명으로 알맞은 것은?

① nisdomainame 명령을 이용하면 설정한 NIS 도메인명이 리부팅 후에도 유지된다.
② ypxfrd는 NIS 서버와 NIS 클라이언트의 시간을 동기화한다.
③ /etc/sysconfig/network에 NIS 도메인명을 설정하여 부팅 시 항상 적용되도록 할 수 있다.
④ NIS 패키지를 설치하면 '/etc/rc.d/init.d'에 관련 데몬 스크립트가 설치된다.

오답 피하기
① nisdomainame에 설정한 NIS 도메인명은 리부팅 시 사라진다.
② ypxfr는 NIS 서버와 NIS 클라이언트 간의 맵핑 속도를 높여준다.
④ CentOS 7에서는 /usr/lib/systemd/system에 NIS 관련 서비스 파일들이 설치된다.

정답 05 ① 06 ④ 07 ② 08 ③

09 다음 중 삼바(samba)에 대한 설명으로 틀린 것은?

① 삼바는 리눅스와 윈도우 간 디렉터리 및 파일 공유 시 사용된다.
② nmblookup 명령은 삼바 서버의 NetBIOS 이름으로 IP 주소를 조회할 수 있다.
③ smbstatus 명령은 현재 삼바 서버에 접속 중인 클라이언트의 목록을 확인할 수 있다.
④ smb.conf의 세부 항옥 중 valid-users 는 삼바 서버에 접근 가능한 사용자를 지정한다.

삼바 서버에 접근 가능한 사용자를 지정하는 항목은 'valid users'이다.

10 NFS 서버에서 /data 디렉터리에 대한 접근 권한을 조건과 같이 설정하였다. 다음 중 관련 설명으로 알맞은 것은?

> /data 192.168.5.0/24(rw, root_squash)

① IP 주소가 192.168.5.24인 호스트만 읽기 및 쓰기 권한이 가능하고 root 권한이 인정된다.
② IP 주소가 192.168.5.24인 호스트만 읽기 및 쓰기 권한이 가능하지만 root 권한은 인정되지 않는다.
③ 192.168.5.0 주소 대역 호스트들은 모두 읽기 및 쓰기가 가능하고 root 권한이 인정되지 않는다.
④ 192.168.5.0 주소 대역 호스트들은 모두 읽기 및 쓰기가 가능하고 root 권한이 인정된다.

rw는 읽기 및 쓰기 권한을 허가하고, root_squash는 root 권한 접근을 거부하기 위하여 클라이언트의 root 요청을 nobody(또는 nfsnobody)로 매핑시킨다.

11 다음 중 FTP 서비스에 관련 설명으로 틀린 것은?

① Active 모드는 방화벽에 의해 데이터 전송을 위한 연결이 거부될 수도 있다.
② Passive 모드는 서버가 데이터 포트로 사용할 포트 번호를 클라이언트에게 알려준다.
③ Active 모드일 경우 FTP 서버는 TCP/20 포트를 데이터 포트로 사용한다.
④ /etc/vsftpd/ftpusers에 FTP 서비스에 접근할 수 있는 사용자를 지정한다.

/etc/vsftpd/ftpusers는 PAM과 연관된 설정 파일로 FTP 서비스에 접근할 수 없는 사용자(계정)을 지정한다.

12 다음 중 이메일 서비스 관련 프로토콜에 대한 설명으로 틀린 것은?

① SMTP는 인터넷에서 이메일을 전송하기 위해 사용하는 프로토콜로 TCP 21번 포트를 이용한다.
② POP3는 메일 서버에 도착한 메일을 수신하는 프로토콜로 TCP 110번 포트를 이용한다.
③ IMAP은 메일 서버에 도착한 메일 수신하는 프로토콜로 TCP 143 포트를 이용한다.
④ POP3는 메일 수신 후 서버에서 해당 메일을 삭제하나 IMAP은 남겨 놓을 수 있다.

SMTP는 TCP 25번 포트를 이용하며, TCP 21번 포트는 FTP가 컨트롤 명령을 전달할 때 사용하는 포트이다.

정답 09 ④ 10 ③ 11 ④ 12 ①

13 다음 중 /etc/mail/access의 정보를 읽어들여 관련 DB 정보를 업데이트하는 명령으로 알맞은 것은?

① mailq -Ac
② makemap hash /etc/mail/access 〈 \ /etc/mail/access
③ sendmail -bi
④ m4 sendmail.mc 〉 sendmail.cf

> 오답 피하기
> ③ sendmail -bi 명령은 /etc/aliases의 정보를 읽어들여 관련 DB 정보인 /etc/aliases.db를 업데이트한다.

14 다음 설명에 해당하는 서버로 알맞은 것은?

> Slave DNS라고도 하며 Primary Server의 zone 파일을 백업한다. Master DNS에 문제가 있을 경우 보조 DNS로 사용할 수 있다.

① Primary Name Server
② Secondary Name Server
③ Caching Name Server
④ Proxy Server

> 오답 피하기
> ③ Caching Name Server는 도메인 관리 없이 리졸빙(resolving) 역할만 수행하는 서버로 도메인에 대한 리졸빙 결과를 저장하고, 해당 요청이 있을 시 바로 응답하여 속도를 향상시키는 역할을 담당한다.

15 다음 중 DNS 서버에서의 zone 파일에서 MX 타입을 선언하는 이유로 가장 알맞은 것은?

① 도메인에 대한 질의 시 IP 주소가 조회되도록 설정한다.
② IP 주소에 대한 질의 시 도메인 주소가 조회되도록 설정한다.
③ 도메인에 대한 일종의 별칭을 지정할 때 사용한다.
④ 도메인 이름에 대한 메일 교환 서버 정보를 지정하기 위해 사용한다.

> 오답 피하기
> PTR(Reverse-lookup Pointer records)를 이용하여 IP 주소를 기반으로 도메인 이름을 반환한다. 도메인의 별칭은 CNAME을 이용한다.

16 텍스트 기반의 콘솔 환경에서 가상머신을 관리해 주는 도구로 생성, 시작, 재시작, 종료, 강제 종료 등의 기능을 수행하는 것은?

① virt-top
② virt-manager
③ virsh
④ libvirtd

> 오답 피하기
> ① virt-top : 가상화 현황을 top과 유사한 형식으로 출력한다.
> ② virt-manager : 가상머신을 손쉽게 시작 및 종료할 수 있고, 가상머신의 CPU 사용량, 호스트 CPU 사용량 등을 모니터링할 수 있는 GUI 기반의 도구이다.
> ④ libvirtd : libvirt 관리 시스템의 서버 데몬으로 관리도구와 통신하여 원격 도메인의 명령을 전달한다.

정답 13 ② 14 ② 15 ④ 16 ③

17 다음 중 리눅스 슈퍼데몬에 대한 설명으로 가장 알맞은 것은?

① inetd 방식은 리눅스커널 2.4 버전 이후 사용되는 방식이다.
② 서비스 요청이 빈번하고 빠른 응답속도가 필요한 경우에 적합하다.
③ telnet, rlogin, ftp 등이 일반적으로 inetd 방식으로 실행된다.
④ tcp_wrapper의 /etc/hosts.allow, /etc/hosts.deny를 이용하여 접근제어를 수행한다.

오답 피하기
① 리눅스 커널 2.4 버전 이후의 배포판은 inetd를 확장한 xinetd를 사용한다.
② inetd 방식은 비교적 서비스 요청이 많지 않은 서비스에 적합하며, 관리 편의성이 좋다.
③ CentOS 7의 경우 CentOS 6까지 xinetd 방식으로 이용하던 많은 서비스들이 단독 데몬으로 전환되거나 systemd에 의한 관리 방식으로 통합되었다.

18 다음은 squid.conf에서 특정 네트워크 대역만 사용할 수 있도록 허가하는 과정이다. ( ) 안에 들어갈 내용으로 가장 알맞은 것은?

```
( ) localnet src 192.168.12.0/255.255.255.0
( ) localnet
```

① access, http allow
② range, http_allow
③ acl, http access allow
④ acl, http_access allow

acl 구문으로 별칭을 지정한 후 http_access를 이용하여 별칭에 대한 접근 권한을 설정한다.
• http_access allow [별칭] : 접근 허가
• http_access deny [별칭] : 접근 거부

19 다음 중 dhcpd.conf 파일에서 특정 MAC 주소를 갖는 시스템에 고정적인 IP 주소를 할당하기 위해 사용하는 것은?

① fixed-address
② default-address
③ range
④ dynamic-address

특정 호스트에 고정(fixed) IP를 할당할 경우 fixed-address 항목을 이용한다. 사용하는 형식은 'host [호스트이름] { 설정내용 }'이다.

```
host ihd_pc {
hardware ethernet 08:00:07:12:c0:a5;
fixed-address 192.168.12.22;
}
```

20 다음 중 VNC 관련 명령어에 대한 설명으로 잘못된 것은?

① systemctl start vncserver@:1.service : 디스플레이 번호를 1로 하여 VNC 서비스를 실행한다.
② vncpasswd : VNC 서버에 접근할 때 사용할 패스워드를 설정하는 명령어이다.
③ Xvnc : vncserver에 의해 실행되는 VNC Client(Viewer)이다.
④ vncconfig : VNC 서비스의 설정을 관리하고 제어하는 명령어이다.

Xvnc는 vncserver에 의해 실행되는 VNC 서버이다.

CHAPTER 02

네트워크 보안

섹션 차례

SECTION 01 네트워크 침해 유형 및 특징
SECTION 02 대비 및 대처 방안

SECTION 01 네트워크 침해 유형 및 특징

1 네트워크 침해 유형 및 특징

(1) 스니핑(Sniffing) 공격

① 스니핑 공격의 개념
- 한 서브 네트워크 내에서 전송되는 패킷의 내용을 임의로 확인하는 공격 기법이다.

② 네트워크 무작위 모드(Promiscuous Mode)와 TCP Dump
- 네트워크 설정을 무작위 모드로 변경한 후 TCP Dump를 이용하면, 네트워크 내의 모든 패킷을 확인할 수 있다.
- 'ifconfig [네트워크 인터페이스 이름] promisc' 명령으로 무작위 모드로 변경하며, 'ifconfig [네트워크 인터페이스 이름] -promisc'로 일반 모드(Normal Mode)로 다시 전환할 수 있다.
- tcpdump는 네트워크 패킷을 확인하는 명령어이며 자세한 내용은 홈페이지(http://www.tcp-dump.org)의 설명을 참고한다.

```
$ ifconfig eth0 promisc

$ ifconfig
eth0: flags=4419〈UP,BROADCAST,RUNNING,PROMISC,MULTICAST〉 mtu 1500
        inet 192.168.45.223  netmask 255.255.255.0  broadcast 172.30.1.255
        inet6 fe80::2c4:1308:f36b:2416  prefixlen 64  scopeid 0x20〈link〉
        ether 00:1c:42:5c:3e:57  txqueuelen 1000  (Ethernet)
        RX packets 109666  bytes 163427744 (155.8 MiB)
        RX errors 0  dropped 0  overruns 0  frame 0
        TX packets 47011  bytes 3225075 (3.0 MiB)
        TX errors 0  dropped 0 overruns 0  carrier 0  collisions 0
```

...

$ tcpdump -ni eth0

tcpdump: verbose output suppressed, use -v or -vv for full protocol decode

listening on eth0, link-type EN10MB (Ethernet), capture size 262144 bytes

02:55:00.958680 IP 192.168.45.223.ssh > 192.168.45.107.56814: Flags [P.], seq 3965367017:3965367225, ack 1494840206, win 256, options [nop,nop,TS val 649458 ecr 1071932512], length 208

...

$ ifconfig eth0 -promisc

③ 스니핑 공격의 대응 방안
- 중요한 데이터는 SSL(Secure Socket Layer)와 같은 암호화 통신 방식을 이용한다.

(2) 스푸핑(Spoofing) 공격

① 스푸핑 공격의 개념
- 네트워크 서비스 혹은 패킷 정보를 임의로 변경하여 공격에 사용하는 기법이다.
- IP 주소, DNS 주소, MAC 주소 등의 정보를 변조하여 공격의 탐지 및 역추적을 어렵게 한다.

② 스푸핑 공격의 세부 기법 및 대응 방안

세부 기법	설명
IP Spoofing	- TCP/IP의 구조적 취약점을 악용하여, 공격자가 자신의 IP를 변조하므로 IP 기반 인증 등의 서비스를 무력화시키는 공격기법이다. - 대응 방안 : IP 기반 인증을 최소화하고 TCP sequence 번호를 예측하지 못하도록 랜덤(Random)하게 구성한다.
ARP Spoofing	- IP 주소를 MAC 주소로 변환하는 ARP 프로토콜의 취약점을 악용한 공격이다. - IP 주소와 MAC 주소의 매핑 정보를 네트워크에 브로드캐스트하여 대상 호스트들의 ARP 테이블이 악의적인 정보로 변조되도록 한다. - 대응 방안 : 'arp -s [IP] [MAC]' 명령을 이용하여 정적 ARP 매핑 정보를 등록한다.
DNS Spoofing	- DNS 요청에 위조된 정보를 응답 패킷으로 보내는 공격 기법이다. - DNS Spoofing에 의하여 www.youngjin-test.com에 대한 IP 주소가 공격자의 IP 주소로 응답될 경우 사용자는 공격자의 IP에 위치한 악의적인 서비스로 접속하게 된다.

(3) DoS(Denial of Service)와 DDoS(Distributed DoS) 공격

① DoS 공격의 개념
- DoS 공격은 공격 대상(Victim)의 시스템 및 네트워크 취약점 등을 공격하여 과도한 부하를 발생시키고 정상적인 서비스를 불가능하게 하는 가용성 침해 공격이다.

② DoS 공격의 유형

유형	설명
파괴 공격	시스템의 한계 용량을 초과하는 부하를 발생시켜 연산장치, 저장장치, 데이터 등을 파괴하는 공격이다.
시스템 자원 고갈 공격	반복적인 프로세스 생성, 메모리 할당, 데이터 중복 저장 등을 통해 CPU, 메모리, 디스크 등 주요 자원을 고갈시키는 공격이다.
네트워크 자원 고갈 공격	대용량의 과도한 패킷을 유발하여 네트워크 대역폭을 고갈시키는 공격이다.

- 아래는 시스템 자원 중 프로세스 자원을 고갈시키기 위한 공격 코드의 예이다.

코드	설명
``#include <unistd.h>
main ( ) {
while(1)
fork( );
return(0);
}```	주어진 소스코드는 프로세스 생성을 무한 반복하여 실행하여 프로세스 자원을 고갈시킨다.

③ DoS 공격의 세부 기법

세부 기법	설명
Ping of Death	• ICMP Echo 패킷을 정상적인 크기(64k)보다 매우 크게 전송하여 시스템에 문제를 일으키는 공격 기법이다. • 전송된 데이터는 라우팅(Routing)되는 동안 작은 조각(Fragment)로 분할되어 전송 및 처리되므로 과도한 부하가 발생하게 된다.
Teardrop Attack	• IP fragmentation에 따라 패킷을 재조립할 때 오프셋(offset)을 임의로 변조하여 문제를 일으키는 공격 기법이다. • 잘못된 오프셋 정보는 재조립 과정에서 과부하 및 시스템 크래쉬(Crash)를 유발할 수 있다.

TCP SYN Flooding	• TCP의 3-way 핸드쉐이킹(handshaking) 연결 방식을 악용한 공격 기법이다. • 공격자는 TCP 연결 시 사용하는 SYN flag를 대량으로 공격 대상(Victim)에게 발송하며, SYN-ACK에 대한 최종 응답(ACK)을 전송하지 않는다. • 피해 시스템은 TCP 연결을 처리하기 위해 자원을 계속 할당하게 되므로 정상적인 서비스 수행이 어렵게 된다. 공격자 ─Syn→ 공격 대상(Victim) 공격자 ←Syn/Ack─ 공격 대상(Victim) Ack를 전송하지 않음
UDP Flooding	• 대량의 UDP 패킷을 전송하여 공격 대상의 자원을 소모시키는 공격 기법이다. • 공격받은 시스템은 UDP 패킷을 처리하기 위해 서비스 및 포트를 반복해서 점검하게 되므로 정상적인 서비스 처리에 방해를 받게 된다. • 공격 시 발신자(Source)의 IP 주소가 임의로 변조(Spoofing)되므로 응답 메시지는 공격자에게 전달되지 않는다.
Land Attack	• 공격 대상에 IP 패킷을 보낼 때 '발신자 IP, 수신자 IP를 모두 공격 대상의 IP'로 하여 문제를 일으키게 하는 공격 기법이다.
Smurf Attack	• 공격자는 IP 주소를 공격 대상의 IP 주소로 위장하고 ICMP Request 패킷을 브로드캐스트(Broadcast)를 통해 다수의 시스템에 전송한다. • 브로드캐스트를 수신한 다수의 시스템은 ICMP Echo Reply 패킷을 공격자가 아닌 공격 대상으로 전송하게 되면서 부하를 발생시킨다.
Mail Bomb	• 동일한 이메일 주소를 대상으로 대량의 메일을 동시에 발송하는 공격 기법이다. • Mail Bomb 공격은 네트워크 자원뿐 아니라 메일 데이터 저장을 위한 디스크 자원도 고갈시킨다.
NTP 증폭 공격	• NTP 서비스의 monlist 요청 방식을 악용한 DDoS 공격 기법이다. • 공격자(Attacker)의 적은 공격 패킷이 증폭되어 공격 대상(Victim)에 전송되므로 피해가 증가하는 공격 기법이다.

④ DDoS(Distributed Denial of Service)
- DDoS 공격은 공격을 위한 에이전트(Agent)를 분산된 시스템에 배치한 후, DoS 공격을 동시에 실행하는 공격 기법이다.

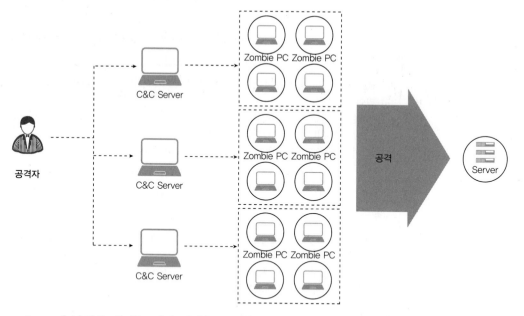

- Agent에 명령을 내리는 명령 서버(호스트)를 C&C(Command & Control) 서버라 한다.
- Agent가 설치되어 DDoS 공격에 사용되는 호스트를 좀비 PC라 하며, 좀비 PC들의 네트워킹을 봇넷(Botnet)이라 한다.
- DDoS 공격을 위해 다양한 도구가 사용될 수 있다.

공격 도구	설명
Stacheldraht	- Linux 시스템용 분산 서비스 거부 공격(DDoS)의 에이전트 역할을 하는 악성코드(malware)로 Smurf 공격에 사용될 수 있다. - 통신 시 암호화 기능을 지원하며 공격자 확인을 위하여 패스워드를 지정할 수 있다.
TFN	공격자 시스템과 마스터 시스템 간 연결이 평문으로 되어 있으며 UDP Flooding, TCP SYN Flooding, ICMP 브로드캐스트 공격이 가능하다.
TFN 2K	- TFN의 발전된 형태로 UDP, TCP, ICMP를 복합적으로 사용하고 포트도 임의로 결정되며 암호화를 사용한다. - 지정된 TCP 포트에 백도어를 실행할 수 있다.
Trinoo	UDP Flooding 분산 서비스 거부 공격을 할 수 있는 통합 도구이다.

⑤ DoS 및 DDoS 공격의 대응 방안
- 침입 차단 시스템(Intrusion Prevention System)을 이용하여 패킷 및 포트 필터링을 수행한다.
- 침입 탐지 시스템(Intrusion Detection System)을 이용하여 공격을 탐지한다.
- 로드 밸런싱(Load Balancing)을 통한 대용량 트래픽 분산 처리를 구성한다.
- 시스템 최신 패치 적용으로 취약점을 제거한다.
- 불필요한 서비스를 제거하고 포트를 닫는다.

2 해킹 프로그램을 이용한 공격

(1) 무작위 공격(Brute Force Attack) 도구

① 무작위 공격의 개념과 특징
- 무작위 공격은 사전 파일(Dictionary File)을 기반으로 임의의 정보를 무작위로 대입하여 인증을 우회할 수 있는 공격 기법이다.
- root, Administrator와 같이 고정된 아이디를 사용할 경우 패스워드 입력에 무작위 공격을 사용할 수 있으므로 보안에 취약하게 된다.

② 무작위 공격 도구 및 대응 방안
- 리눅스 시스템의 대표적인 무작위 공격 도구로 'John the Ripper'가 있다.
- 입력 회수 제한 등을 통하여 무작위 공격에 대응할 수 있다.

(2) 기타 해킹 프로그램 및 악성 코드

프로그램 이름	설명
Prorat	해킹 대상 시스템에 원격 접속 및 제어하여 해킹을 수행할 수 있는 전용 프로그램이다.
Netbus	네트워크를 통해 Microsoft Windows 컴퓨터 시스템을 원격으로 제어하기 위한 소프트웨어이다.
Back orifice	• 윈도우의 TCP/IP 기능을 이용하여 시스템끼리 원격 제어한다. • 안철수 연구소의 V3 백신에서는 Win-Trojan/BO.57856 트로이목마(해킹툴)로 감지하여 삭제를 권장한다.
랜섬웨어	• 시스템을 잠그거나 데이터를 암호화하여 사용할 수 없도록 만든 후 금전을 요구하는 악성 프로그램이다. • 최근 국내 웹 호스팅 업체가 이 공격으로 인해 큰 비용을 지불하였다.
트로이목마	정상적인 프로그램으로 가장하였으나 내부에 악성 코드를 담고 있는 프로그램을 의미한다.
웜바이러스	스스로 실행되는 악성 소프트웨어로 자기 복제와 다른 시스템으로 전파되는 특징을 갖는다.

SECTION 02 대비 및 대처 방안

1 보안 솔루션을 이용한 대비 및 대처

(1) 방화벽(Firewall)

① 방화벽의 개념과 주요 기능
- 방화벽은 외부로부터 들어오는 악의적인 트래픽을 막고, 허가된 트래픽만 내부 네트워크로 유입될 수 있도록 통제하는 하드웨어 혹은 소프트웨어를 의미한다.
- 방화벽은 내부에서 외부로 나가는 패킷도 룰(Rule)에 따라 통제할 수 있다.
- 방화벽은 '접근제어(Access Control), 로깅(Logging) 및 감사 추적(Auditing), 사용자 및 호스트 인증(Authentication)' 기능 등을 제공한다.

② 방화벽의 종류

방화벽 종류	설명
스크리닝 라우터	• Screening Router • 내부 네트워크와 외부 네트워크를 방화벽 기능을 탑재한 라우터로 연결한다. • 장점 : 필터링 속도가 빠르고, 네트워크 전체를 방어할 수 있다. • 단점 : 패킷 필터링 규칙 구성, 검증 및 로그 관리가 어렵다.
베스천 호스트	• Bastion Host • 방화벽 기능을 탑재한 호스트를 이용하여 내부 네트워크와 외부 네트워크를 연결한다. • 장점 : 호스트 기반의 소프트웨어로 지능적인 정보 분석을 지원한다. • 단점 : Bastion Host 자체에 보안 취약점이 있을 수 있다.

듀얼홈 게이트웨이	• Dual-Homed Gateway • 2개의 네트워크 카드를 내장한 Bastion을 이용하여 외부 네트워크와 내부 네트워크를 각각 연결한다. • 장점 : 네트워크가 분리되어 내부 IP 주소가 노출 안되므로 높은 보안성을 제공한다. • 단점 : Bastion Host 자체에 보안 취약점이 있을 수 있다.
스크린드 호스트 게이트웨이	• Screened Host Gateway • Dual-Homed Gateway와 Screening Router를 혼합한 형태이다. • 장점 : 네트워크와 응용 계층에서 함께 방어하므로 높은 보안성을 제공한다. • 단점 : 시스템 구축 비용이 높으며 스크리닝 라우터의 라우팅 테이블 변조 공격에 취약하다.
스크린드 서브넷 게이트웨이	• Screened Subnet Gateway • Screening Router를 Bastion Host를 중심으로 양쪽에 연결하는 형태이다. • Bastion Host는 Proxy 서버를 이용하여 명확하게 허용되지 않은 모든 트래픽을 거부한다. • 장점 : 다단계로 방어하므로 높은 보안성을 제공한다. • 단점 : 구축 비용이 높으며 서비스 응답성이 낮아질 수 있다.

(2) 침입 탐지 시스템(IDS : Intrusion Detection System)

① IDS 개념
- IDS는 네트워크 및 서비스에 대한 공격을 실시간으로 탐지하는 보안 시스템이다.

② IDS의 주요 기능
- IDS는 데이터를 수집 및 분석하여 침입 탐지와 추적 및 보고 기능을 제공한다.
- IDS의 주요 기능

IDS 기능	설명
데이터 수집	호스트 혹은 네트워크로부터 분석을 위한 데이터를 수집한다.
정보 분석	시스템에 설정한 패턴 DB 및 분석 룰(Rule)을 이용하여 정보를 분석한다.
침입 탐지	분석한 정보를 기반으로 침입 여부를 실시간으로 탐지한다.
추적 및 보고	통계적 분석과 보고 기능으로 공격의 근원과 패턴을 리포팅(Reporting)한다.

③ IDS의 시스템 유형
- 데이터 소스를 기준으로 호스트 기반(HIDS)와 네트워크 기반(NIDS)으로 구분할 수 있다.
- HIDS와 NIDS의 운영 방식

유형	설명
호스트 기반(HIDS)	서버에 직접 설치되어 다양한 정보를 이용한 침입 탐지를 수행한다.
네트워크 기반(NIDS)	네트워크 세그먼트별로 탐지 장비를 설치하여 운영한다.

- 침입 탐지 방식을 기준으로 오용 탐지(Misuse) 방식과 이상 탐지(Anormaly) 방식으로 구분할 수 있다.
- 오용 탐지 방식과 이상 탐지 방식의 특징

유형	설명
오용 탐지(Misuse)	- 알려진 공격 패턴을 등록한 후 비교하여 탐지하는 방식이다. - 오탐율은 낮으나 알려지지 않은 공격에 취약한 단점이 있다.
이상 탐지(Anormaly)	- 정상적인 패턴 대비 이상한 패턴일 경우 공격으로 판단하는 방식이다. - 인공지능 알고리즘 등을 활용하여 새로운 공격 패턴에 대응할 수 있으나, 정상적인 행동을 침입으로 오탐할 가능성이 있다.

(3) 침입 방지 시스템(IPS : Intrusion Prevention System)

① IPS의 개념
- IPS는 침입 탐지의 수동적인 방어 시스템에서 더 발전하여 능동적인 방어와 차단 등 사전 공격대응을 중심으로 한 보안 시스템이다.
- IPS는 침입 경고 이전에 공격을 차단하는 것을 주요 목적으로 한다.

2 Snort를 이용한 대비 및 대처

(1) Snort의 개요

① Snort의 특징
- Snort는 리눅스 시스템에서 사용할 수 있는 공개형 IDS 프로그램으로 관련 홈페이지는 http://www.snort.org이다.
- Snort는 크게 '스니퍼(Sniffer), 프리 프로세서(Pre-processor), 탐지 엔진, 로깅(출력)'으로 구성되어 있다.

② Snort의 주요 기능
- Snort는 탐지 룰(Rule)을 이용하여 네트워크 트래픽을 분석하고 침입을 탐지할 수 있다.
- snort의 주요 기능

기능	설명
패킷 스니퍼	네트워크의 패킷을 읽고 표시한다.
패킷 로거(Logger)	모니터링한 패킷을 저장 및 로그에 기록한다.
네트워크 IDS	- 네트워크 패킷을 분석하여 공격을 탐지한다. - Buffer Overflow 공격, Port Scan 등 다양한 공격을 탐지할 수 있다.

(2) Snort의 Rule 설정

① Snort Rule의 구조
- Snort Rule은 크게 헤더(Header)와 룰 옵션(Rule Options)으로 구분된다.

구분	구성 항목
헤더(Header)	- action : 동작 방식 - protocol : 점검 대상 프로토콜 - source IP/Port : 소스 IP 및 포트 - direction : 패킷의 흐름 방향 - destination IP/Port : 목표 IP 및 포트
룰 옵션(Rule Options)	- General, Payload, non-payload, post-detection의 4가지로 분류할 수 있다. - 이중 Payload 탐지 룰 옵션을 주로 사용한다.

• Snort Rule 헤더의 예제

항목	action	protocol	source IP	source Port	direction	destination IP	destination Port
예시	alert	tcp	10.0.2.2	80	->	10.0.2.7	80
의미	경고 발생	TCP 프로토콜	소스 IP	소스 포트	데이터 방향	목표 IP	목표 포트

• Snort Rule 옵션의 주요 항목

항목	설명
msg	출력할 메시지를 지정한다.
sid	설정한 룰의 식별자를 지정하며 사용자가 작성한 룰은 1000000 이상으로 한다.
content	페이로드(Payload) 내부에서 검색할 문자열을 지정한다.
depth	검사할 바이트 수를 지정한다.
offset	검사를 시작할 위치를 지정한다.
distance	• 앞에 설정한 룰의 결과에서 지정한 숫자(바이트 수)만큼 떨어진 지점부터 검사한다. • 예 content:"Hi";content:"Hello";distance:1;이면, "Hi" 문자를 찾은 뒤 1바이트 이후부터 "Hello" 문자열을 검사한다.
within	시작점부터 검사하되 지정한 바이트 수 내에서만 검사한다.
nocase	문자열 검색 시 대소문자를 구별하지 않는다.
sameip	소스와 목표 IP 주소가 동일한 것을 검사한다.

② Snort Rule의 설정 예제

• 외부에서 내부(192.168.10.0/24) 대역의 80포트로 이동하는 패킷 중 "passwd" 문자열이 포함된 패킷이 발견되면 "passwd detected"라는 alert 메시지를 발생시킨다.

```
alert tcp any any -> 192.168.10.0/24 80 (msg:"passwd detected"; content:"passwd"; nocase; sid:1000001;)
```

• Land Attack을 탐지한다.

```
alert ip any any -> any any (msg:"Land Attack"; sameip; sid:1000001;)
```

➕ 더 알기 TIP

Suricata 도구
• Suricata : Snort를 베이스로 개발되었고 Snort Rule과 호환된다.
• Suricata 홈페이지 : http://suricata-ids.org
• Suricata의 장점 : 멀티 코어, GPU(Graphic Process Unit) 기반 가속화 등을 지원하여 처리 속도가 빠르다.

3 iptables를 이용한 대비 및 대처

(1) iptables의 개요

① iptables의 특징

- iptables는 리눅스의 방화벽이라고도 하며 패킷 필터링 정책을 사용하여 특정 패킷을 분석하고 허용 혹은 차단할 수 있다. 또한 NAT(Network Translation Address)에도 사용할 수 있다.
- iptables는 커널의 넷필터(Netfilter) 모듈을 이용하여 네트워크 패킷을 필터링한다.
- iptables의 정책은 '모든 것을 허용한 후, 일부 패킷 제한 방식', 또는 '모든 것을 거부한 후, 일부 패킷 허용 방식'을 이용할 수 있다.

> **더 알기 TIP**
>
> - 최근 리눅스는 firewalld를 기본 방화벽으로 사용하고 iptables 대비 편리한 사용성을 제공한다. 그러나 iptables를 사용하면 보다 상세하고 명확한 규칙 설정이 가능하므로 iptables는 여전히 중요하다. firewalld도 내부적으로 iptables를 기반으로 동작한다.
> - firewalld 대신 iptables를 기본으로 사용하는 방법은 다음과 같다.
>
> ```
> $ systemctl stop firewalld
>
> $ systemctl disable firewalld
> Removed symlink /etc/systemd/system/multi-user.target.wants/firewalld.service.
> Removed symlink /etc/systemd/system/dbus-org.fedoraproject.FirewallD1.service.
>
> $ yum -y install iptables-services
>
> ...
>
> Installed:
>    iptables-services-1.8.5-9.el8.x86_64
>
> Complete!
>
> $ systemctl start iptables
>
> $ systemctl enable iptables
> Created symlink /etc/systemd/system/multi-user.target.wants/iptables.service → /usr/lib/systemd/system/iptables.service.
>
> $ systemctl -l status iptables
>   ● iptables.service - IPv4 firewall with iptables
>     Loaded: loaded (/usr/lib/systemd/system/iptables.service; enabled; vendor preset: disabled)
>     Active: active (exited) since ...
> ```

② iptables의 패킷 흐름

- 다음 그림은 iptables의 테이블과 체인 설정에 따른 패킷 흐름 개념도이다.
- iptables의 주요 테이블과 체인 및 관련 명령 옵션은 이후 설명을 참고한다.

(2) iptables의 테이블 구조

① iptables의 테이블 종류

- iptables는 filter, nat, mangle, raw, security의 5가지 테이블을 지원하며 각 테이블별로 고유한 사슬(Chain)을 지정하고 정책을 설정한다. 필요할 경우 사용자 정의 사슬을 정의할 수도 있다.
- iptables의 테이블

테이블 이름	설명
filter	iptables의 기본 테이블로 패킷 필터링 기능을 담당한다.
nat	- Network Address Translation. 즉, IP 주소 및 포트를 변환하고 관리한다. - 하나의 공인 IP를 여러 호스트가 사용하고자 할 때 주로 사용한다.
mangle	성능 향상을 위한 TOS(Type of Service) 설정과 같이 패킷 데이터를 변경하는 특수 규칙을 적용한다.
raw	연결추적(Connection tracking)을 위한 세부 기능을 제공한다.
security	SELinux(보안커널)에서 사용하는 접근제어 규칙을 적용한다.

② iptables의 filter 테이블

- iptables의 filter 테이블에는 미리 정의된 3가지 체인이 있으며, 이를 이용하여 네트워크 패킷을 대상으로 정해진 규칙을 수행하고 패킷 필터링 및 방화벽 기능을 수행한다.
- filter 테이블의 체인

체인	설명
INPUT	호스트를 목적지로 유입되는 패킷을 필터링하는 데 사용한다.
OUTPUT	호스트를 출발지로 하여 나가는 패킷을 필터링하는 데 사용한다.
FOWARD	라우터로 사용되는 호스트를 통과하는 패킷이다. 즉, 호스트 컴퓨터가 목적지가 아닌 패킷을 관리한다.

④ iptables의 nat 테이블

- iptables의 nat 테이블에는 미리 정의된 4가지 체인이 있다.
- nat 테이블의 체인

체인	설명
PREROUTING	패킷의 도착지 주소를 변경한다.
POSTROUTING	패킷의 출발지 주소를 변경하며 masquerade라고도 한다.
OUTPUT	호스트에서 밖으로 흐르는 패킷의 도착지 주소를 변경한다
INPUT	호스트 밖에서 안으로 흐르는 패킷의 주소를 변경한다.

(3) iptables 사용하기

① iptables의 사용법

- 'iptables [-t 테이블이름] [action] [체인이름] [match 규칙] [-j 타깃]'의 형식을 이용한다.
- iptables의 명령 형식 구성 항목

구성 항목	설명
-t 테이블이름	- iptables의 테이블인 filter, nat, mangle, raw 중 하나를 테이블 이름으로 지정한다. - 테이블의 기본 설정은 filter 테이블이다. 즉, filter 테이블을 대상으로 작업할 경우 '-t 항목'을 생략할 수 있다.
action	- 체인을 대상으로 수행할 명령을 지정한다. - 관련 내용은 별도의 표를 이용하여 설명한다.
체인이름	- '-t 테이블이름'으로 지정한 테이블의 체인을 지정한다. - 체인 이름은 대소문자를 구분하므로 주의해야 한다.
match 규칙	- 패킷을 처리하기 위해 점검할 조건을 지정한다. - 관련 내용은 별도의 표를 이용하여 설명한다.
-j 타깃	- 규칙을 만족할 경우 처리하는 방식을 지정한다. - 관련 내용은 별도의 표를 이용하여 설명한다.

- 체인을 대상으로 한 주요 action 항목

항목	설명
-N	- --new-chain - 새로운 정책 체인을 만든다.
-X	- --delete-chain - INPUT, OUTPUT, FORWARD를 제외한 비어 있는 정책 체인을 제거한다.

-L		- --list - 현재 정책 체인 목록을 표시한다.
-F		- --flush - 지정한 체인에 설정된 모든 정책을 삭제한다.
-C		패킷을 테스트한다.
-P		- --policy - 체인의 기본 정책을 설정한다.
-Z		- --zero - 체인 내의 모든 규칙들의 패킷과 바이트 카운트를 0으로 설정한다.

• 체인 내부를 대상으로 한 주요 action 항목

항목	설명
-A	- --append - 새로운 정책을 가장 마지막에 추가/등록한다.
-I [체인] [라인번호]	- --insert - 지정한 라인번호에 추가한다.
-D [체인] [라인번호]	- --delete - 정책을 제거한다.
-R [체인] [라인번호]	- --replace - 정책을 수정한다.

• 주요 match 규칙 항목

match 규칙	설명
-s, --source	출발지 IP, 도메인을 설정한다.
-d, --destination	목적지 IP, 도메인을 설정한다.
!	뒤에 따라오는 규칙은 제외한다.
-p, --protocol	tcp, udp, icmp 등 프로토콜을 설정한다.
-i, --in-interface	입력 네트워크 인터페이스를 선택한다.
-o, --out-interface	출력 네트워크 인터페이스를 선택한다.
--sport	- 소스 포트를 설정한다. - ':'를 이용하여 포트의 범위를 설정할 수 있다.
--dport	- 타깃 포트를 설정한다. - ':'를 이용하여 포트의 범위를 설정할 수 있다.

항목	설명
--tcp-flags	SYN, ACK, FIN, RST, URG, PSH, ALL, NONE 등 TCP flag를 지정한다.
--syn	TCP flag로 SYN만 가진 것을 지정한다.
--icmp-type	- ICMP 타입을 지정한다. - echo-request(8), echo-reply(0), destination-unreachable(3) 등이 있다.
-m, --match	특정 모듈, 규칙과 매치한다.
--state	연결 상태와 매치한다.
--string	응용 계층의 데이터 바이트 순서와 매치한다.

- 기타 부가 옵션 항목

항목	설명
-n, --numeric	출력 정보를 숫자로 표시한다.
-v, --verbose	패킷, 바이트 수 등 부가 정보를 함께 표시한다.
--line-numbers	정책 앞에 번호를 붙여 출력한다.

- '-j 타깃'에 사용할 수 있는 옵션 항목

항목	설명
ACCEPT	패킷을 허가한다.
REJECT	- 패킷을 거부하며 상대에게 응답 메시지를 전송한다. - TCP일 경우 리셋(reset) 메시지를 전송한다. - UDP일 경우 Port Unreachable 메시지를 전송한다.
DROP	패킷을 거부하고 버린다.
LOG	- 패킷을 syslog에 전달하여 기록한다. - 로그 파일의 경로는 /var/log/message이다.
RETURN	호출 체인 내에서 패킷 처리를 계속 진행한다.

② iptables를 이용한 패킷 필터링 예제

- INPUT 체인에서 소스 주소가 192.168.10.7이고 목적지 주소가 localhost인 패킷을 거부한다.

```
$ iptables -A INPUT -s 192.168.10.7 -d localhost -j DROP
```

- INPUT 체인에서 소스 주소가 192.168.10.7인 ICMP 패킷을 거부하며 대상 호스트에 메시지를 전달한다.

```
$ iptables -A INPUT -s 192.168.10.7 -p icmp -j REJECT
```

- INPUT 체인에서 소스 주소가 192.168.10.0 대역이고 ICMP 패킷이 아닌 경우 모든 패킷을 허용한다.

```
$ iptables -A INPUT -s 192.168.10.0/24 ! -p icmp -j ACCEPT
```

- www.youngin-test.com에 접속하는 것을 차단하기 위하여 OUTPUT 체인에 관련 정책을 등록한다.

```
$ iptables -A OUTPUT -p tcp -d www.youngjin-test.com --dport 80 -o eth0 -j DROP
```

- INPUT 체인에 설정된 정책을 번호와 함께 출력한다.

```
$ iptables -L INPUT --line-numbers
```

- INPUT 체인의 3번째 정책을 제거한다.

```
$ iptables -D INPUT 3
```

- 기본 설정으로 들어오는 모든 패킷을 거부하게 하고 192.168.10.7에서 오는 패킷만 허용한다.

```
$ iptables -P INPUT DROP
$ iptables -A INPUT -s 192.168.10.7 -j ACCEPT
```

- 기본 설정으로 들어오는 모든 패킷을 허가하고 소스 주소가 192.168.10.7일 경우에 거부한다.

```
$ iptables -P INPUT ACCEPT
$ iptables -A INPUT -s 192.168.10.7 -j DROP
```

- 들어오는 패킷 중 TCP 포트 번호가 10번~100번인 것을 거부하나 HTTP 서비스를 위한 80포트는 허용한다. 만일 중복된 정책이 있을 경우 먼저 등록된 정책이 적용된다.

```
$ iptables -A INPUT -p tcp --dport 80 -j ACCEPT
$ iptables -A INPUT -p tcp --dport 10:100 -j DROP
```

- 초당 허용 접속 개수를 제한하여 TCP flooding 공격에 대응한다.

```
$ iptables -A INPUT -p tcp --dport 80 --syn -m limit --limit 100/s -j ACCEPT
```

③ iptables 설정 정책 저장과 자동 적용

- iptables 설정 정책은 시스템이 리부팅되면 사라지게 되므로 파일로 저장하고 부팅과 함께 재설정해야 한다.
- iptables-save는 iptables 정책을 파일로 저장하는 명령어로 'iptables-save > 파일명'의 형식을 따른다.

```
$ iptables-save
# Generated by iptables-save v1.8.5 on Thu Dec 21 04:21:53 2023
*filter
:INPUT ACCEPT [0:0]
:FORWARD ACCEPT [0:0]
:OUTPUT ACCEPT [4508:650420]
-A INPUT -m state --state RELATED,ESTABLISHED -j ACCEPT
-A INPUT -p icmp -j ACCEPT
-A INPUT -i lo -j ACCEPT
-A INPUT -p tcp -m state --state NEW -m tcp --dport 22 -j ACCEPT
-A INPUT -j REJECT --reject-with icmp-host-prohibited
-A FORWARD -j REJECT --reject-with icmp-host-prohibited
COMMIT
# Completed on Thu Dec 21 04:21:53 2023

$ iptables-save > firewall.sh
```

- iptables-restore는 저장된 iptables 정책파일을 읽어들여 적용하는 명령어로 'iptables-restore < 파일명'의 형식을 따른다.

```
$ iptables-restore < firewall.sh
```

- 'service iptables save' 명령으로 iptables 정책을 /etc/sysconfig/iptables에 저장할 수 있다. 이렇게 저장한 정책값은 iptables 서비스 시작 시 자동으로 읽어들여 적용된다.

```
$ service iptables save
iptables: Saving firewall rules to /etc/sysconfig/iptables:[  OK  ]

$ systemctl stop iptables

$ systemctl start iptables
```

(4) iptables를 이용한 NAT 구성

① NAT의 개념
- NAT(Network Address Translation)은 네트워크 주소를 변환하는 기능을 수행한다.
- NAT를 이용하면 하나의 공인 IP를 다수의 호스트가 공유해서 사용할 수 있다.

- NAT는 운영 방식에 따라 여러가지 종류로 구분할 수 있다.

기준	세부 항목
Network 구분	- Normal NAT : 사설 IP를 공인 IP로 변환한다. - Reverse NAT : 공인 IP를 사설 IP로 변환한다. - Exclude NAT : NAT를 적용하지 않는 host/network를 지정한다. - Redirect NAT : 특정 시스템으로 지정한 곳으로 포워딩한다.
IP 개수, 고정 여부	- Dynamic NAT : 다수의 사설 IP와 다수의 공인 IP를 동적으로 매핑한다. - Static NAT : 사설 IP와 공인 IP를 1:1로 고정하여 매핑한다.
주소 변경 여부	- SNAT(Source NAT) : 소스 IP 주소를 변경한다. - DNAT(Destination NAT) : 목적지 IP 주소를 변경한다.

② **iptables의 NAT 지원 방식**
- iptables는 SNAT과 DNAT을 지원한다.
- iptables의 SNAT을 이용하면 공인 IP 주소 하나를 다수의 호스트가 공유하여 인터넷을 사용할 수 있게 된다.
- iptables의 DNAT을 이용하면 하나의 공인 IP로 여러 개의 서버에 접속하도록 구성할 수 있다.

③ **iptables를 이용한 SNAT 구성**
- SNAT은 소스 IP 주소를 변경하는 것으로 외부 서비스에 연결하여 통신할 때 사설 IP를 공인 IP로 변경하게 된다.
- SNAT은 NAT 테이블의 POSTROUTING 체인에 정책을 설정한다.
- SNAT 설정 예제

iptables SNAT 설정 예제	설명
$ iptables -t nat -A POSTROUTING -o eth0 -j SNAT --to 222.235.10.7	- -t nat : nat 테이블을 선택한다. - -A POSTROUTING : POSTROUTING 체인에 정책을 설정한다. - -o eth0 : eth0 네트워크 인터페이스를 통해 나가는 패킷을 대상으로 한다. - -j SNAT : SNAT으로 설정한다. - --to 222.235.10.4 : SNAT이므로 소스 주소를 222.234.10.4로 변경한다.
$ iptables -t nat -A POSTROUTING -o eth0 -j SNAT --to 222.235.10.7-222.234.10.25	IP 대역(범위)를 지정하여 소스 주소를 변경할 수 있다.
$ iptables -t nat -A POSTROUTING -o eth0 -j SNAT --to MASQUERADE	MASQUERADE는 유동 IP 주소로 소스 주소를 변경할 수 있다.

④ iptables를 이용한 DNAT 구성
- DNAT은 목적지 IP 주소를 변경하는 것으로 NAT 테이블의 PREROUTING 체인에 정책을 설정한다.
- DNAT 설정 예제

iptables DNAT 설정 예제	설명
$ iptables -t nat -A PREROUTING -p tcp -d 222.235.10.7 --dport 80 -j DNAT --to 192.168.10.7:80	- -t nat : nat 테이블을 선택한다. - -A PREROUTING : PREROUTING 체인에 정책을 설정한다. - -p tcp : TCP 프로토콜을 대상으로 한다. - -d 222.235.10.7 : 목적지 주소가 222.235.10.7인 경우를 점검한다. - --dport 80 : 목적지 포트가 80인 경우를 점검한다. - -j DNAT : DNAT으로 설정한다. - --to 192.168.10.7:80 : 목적지 주소를 192.168.10.7로, 포트를 80으로 변경하여 연결한다.
$ iptables -t nat -A PREROUTING -i eth1 -p tcp --dport 80 -j REDIRECT --to-port 8080	- 웹 브라우저의 프록시 옵션을 설정하지 않고, 네트워크 상에서 투명하게 동작하는 '투명 프록시'를 설정한다. - -i eth1 : eth1 네트워크 인터페이스로 수신되는 모든 패킷을 대상으로 한다.

🔖 더 알기 TIP

리눅스에서 NAT을 사용하려면 /proc/sys/net/ipv4/ip_forward의 값이 1로 설정되어 있어야 한다.

```
$ cat /proc/sys/net/ipv4/ip_forward
0

$ echo 1 > /proc/sys/net/ipv4/ip_forward

$ cat /proc/sys/net/ipv4/ip_forward
1
```

4 firewalld 사용하기

(1) firewalld의 개요

① firewalld의 개념 및 특징
- 최근 리눅스에서 방화벽 규칙(rule)을 관리하는 데몬으로, CentOS 6에서 기본 사용되던 iptables를 대신한다.

- 동적 관리 방식을 지원하여 firewalld 데몬을 다시 실행하지 않고 방화벽 규칙을 변경할 수 있다.
- D-Bus(Desktop Bus) 인터페이스를 제공하여 다른 서비스 및 응용 프로그램에서 방화벽 설정을 관리할 수 있도록 한다. D-Bus는 같은 시스템에서 실행 중인 프로그램 간 통신이 가능하도록 IPC(Inter-Process Communication), RPC(Remote Procedure Call) 메커니즘을 제공한다.
- GUI(Graphic User Interface) 환경에서는 firewall-config를 이용하여 편리하고 직관적으로 방화벽을 설정할 수 있고, CUI(Character/Console User Interface) 환경에서는 firewall-cmd 명령을 이용하여 빠르게 방화벽을 설정할 수 있다.

```
$ firewall-cmd --version
0.9.3
```

- 런타임(Runtime) 방식은 firewalld를 재실행하거나 시스템을 리부팅하면 설정한 규칙이 사라진다.
- 영구적(Permanent) 방식은 firewalld를 재실행하거나 시스템을 리부팅하여도 설정한 규칙이 유지되며, '--permanent' 옵션을 사용한다.
- 타임아웃(timeout) 방식은 특정 시간 동안만 설정한 규칙이 유지되며, '--timeout' 옵션을 사용한다.

② **firewalld의 영역(zone)과 서비스(service)**

- firewalld는 네트워크 연결의 신뢰도에 따라 영역(zone)을 구분하여 사용하므로 방화벽 규칙(rule)을 효율적으로 관리할 수 있다.

```
$ ls -l /usr/lib/firewalld/zones/
...
-rw-r--r--. 1 root root 299  Apr 13  2022 block.xml
-rw-r--r--. 1 root root 293  Apr 13  2022 dmz.xml
-rw-r--r--. 1 root root 291  Apr 13  2022 drop.xml
-rw-r--r--. 1 root root 304  Apr 13  2022 external.xml
-rw-r--r--. 1 root root 397  Apr 13  2022 home.xml
-rw-r--r--. 1 root root 412  Apr 13  2022 internal.xml
-rw-r--r--. 1 root root 729  Oct 10  2022 nm-shared.xml
-rw-r--r--. 1 root root 343  Apr 13  2022 public.xml
-rw-r--r--. 1 root root 162  Apr 13  2022 trusted.xml
-rw-r--r--. 1 root root 339  Apr 13  2022 work.xml

$ cat /usr/lib/firewalld/zones/public.xml
<?xml version="1.0" encoding="utf-8"?>
<zone>
  <short>Public</short>
```

```
<description>For use in public areas. You do not trust the other computers on networks to not harm your com
puter. Only selected incoming connections are accepted.</description>
   <service name="ssh"/>
   <service name="dhcpv6-client"/>
   <service name="cockpit"/>
</zone>
```

- firewalld의 주요 영역(zone) : 기본적으로 나가는 패킷은 허용(accept)한다.

영역(zone)	설명
public	– ssh, dhcpv6-client를 제외한 들어오는 패킷을 거부(reject)한다. – 거부(reject) 방식은 상대방에게 ICMP 응답을 보낸다.
dmz	ssh를 제외한 들어오는 패킷을 거부(reject)한다.
drop	– 들어오는 패킷을 폐기(drop)한다. – 폐기(drop) 방식은 별도의 응답을 보내지 않는다.
trusted	들어오는 패킷을 허용(accept)한다.

- firewalld는 '프로토콜, 포트, 필요한 모듈' 등에 대한 정보를 서비스(service)로 정의하여 사용한다. 특정 서비스에 대한 설정을 변경하고 싶을 경우 관련 서비스 파일(.xml)을 편집한 후 'firewall-cmd --reload' 명령을 실행한다.

```
$ ls -l /usr/lib/firewalld/services/
...
-rw-r--r--. 1 root root 399   Apr 13   2022 amanda-client.xml
-rw-r--r--. 1 root root 427   Apr 13   2022 amanda-k5-client.xml
-rw-r--r--. 1 root root 283   Apr 13   2022 amqps.xml
-rw-r--r--. 1 root root 273   Apr 13   2022 amqp.xml
-rw-r--r--. 1 root root 285   Apr 13   2022 apcupsd.xml
...
$ cat /usr/lib/firewalld/services/http.xml
<?xml version="1.0" encoding="utf-8"?>
<service>
  <short>WWW (HTTP)</short>
  <description>HTTP is the protocol used to serve Web pages. If you plan to make your Web server publicly available, enable this option. This option is not required for viewing pages locally or developing Web pages.</description>
  <port protocol="tcp" port="80"/>
</service>
```

> **더 알기 TIP**
>
> **firewall-cmd의 명령 옵션**
>
> 'firewall-cmd [옵션]'을 주요 명령어 형식으로 하며, 전체 옵션은 2024년 1월 기준 'https://firewalld.org/documentation/man-pages/firewall-cmd.html'에서 확인할 수 있다.

(2) firewall-cmd의 주요 예제

- firewall-cmd --state : 방화벽 실행 상태를 확인한다.

```
$ firewall-cmd --state
running
```

- firewall-cmd --reload : 방화벽 설정을 다시 로드한다. 이때 '--permanent' 옵션을 지정하지 않고 설정한 규칙은 모두 사라지게 된다.

```
$ firewall-cmd --reload
success
```

- firewall-cmd --get-zones : 존(zone) 목록을 출력한다.

```
$ firewall-cmd --get-zones
block dmz drop external home internal nm-shared public trusted work
```

- firewall-cmd --get-default-zone : 기본 존을 출력한다.

```
$ firewall-cmd --get-default-zone
public
```

- firewall-cmd --get-active-zones : 활성화된 존을 출력한다.

```
$ firewall-cmd --get-active-zones
public
  interfaces: ens32
```

- firewall-cmd --add-service=http --add-service=https : HTTP, HTTPS 서비스를 추가한다.
- firewall-cmd --add-port=21/tcp : TCP/21 포트를 추가한다.
- firewall-cmd --zone=public --list-all : public zone의 사용 가능한 서비스, 포트 목록을 출력한다.

```
$ firewall-cmd --add-service=http --add-service=https
success

$ firewall-cmd --add-port=21/tcp
success

$ firewall-cmd --zone=public --list-all
public (active)
  target: default
  icmp-block-inversion: no
  interfaces: ens32
  sources:
  services: dhcpv6-client http https ssh
  ports: 21/tcp
  ...
```

- firewall-cmd --remove-port=21/tcp : --zone 옵션을 지정하지 않으면 기본(default) 존을 대상으로 하며, TCP/21 포트를 제거한다.

```
$ firewall-cmd --remove-port=21/tcp
success
```

- firewall-cmd --add-port=8080-8090/tcp : TCP/8080~TCP/8090 포트를 추가한다.

```
$ firewall-cmd --add-port=8080-8090/tcp
success
```

- firewall-cmd --permanent --add-service=ftp : FTP 서비스를 영구적으로 추가한다.

```
$ firewall-cmd --permanent --add-service=ftp
success
```

- firewall-cmd --set-default-zone=block : 기본 존을 block으로 변경한다.

```
$ firewall-cmd --set-default-zone=block
success


$ firewall-cmd --get-default-zone
block
```

- firewall-cmd --add-forward-port=port=80:proto=tcp:toport=8080 : TCP/80 포트로 들어온 패킷을 8080포트로 포워딩한다.

```
$ firewall-cmd --add-forward-port=port=80:proto=tcp:toport=8080
success



$ firewall-cmd --list-all
...
  forward-ports:
        port=80:proto=tcp:toport=8080:toaddr=
...
```

- firewall-cmd --permanent --add-icmp-block=echo-request : --permanent 옵션을 이용하였으므로 'firewall-cmd --reload' 명령을 실행해도 내용이 유지된다. 또한 ICMP Echo-Request에 응답하지 않도록 한다.

```
$ firewall-cmd --permanent --add-icmp-block=echo-request
Success


$ firewall-cmd --reload
success


$ firewall-cmd --list-all
...
  icmp-blocks: echo-request
...
```

합격을 다지는 예상문제

01 네트워크 침해 공격 기법에 대한 설명 중 틀린 것은?

① sniffing 공격을 위하여 네트워크 모드를 Normal 모드로 변경해야 한다.
② spoofing 공격은 IP 주소, MAC 주소 등의 정보를 변조하여 역추적을 어렵게 한다.
③ TCP SYN Flooding는 TCP의 3-way 핸드쉐이킹 연결 방식을 악용한다.
④ Mail Bomb은 동일한 이메일 주소를 대상으로 대량의 메일을 동시에 발송하는 공격 기법이다.

sniffing 공격은 네트워크 인터페이스를 무작위(Promiscuous) 모드로 변경한 후 패킷을 확인한다.

02 다음은 DoS 공격 중 하나를 설명한다. 어떤 공격인가?

공격 대상에 IP 패킷을 보낼 때 '발신자 IP, 수신자 IP'를 모두 공격 대상의 IP'로 하여 문제를 일으키게 하는 공격 기법이다.

① Land Attack
② Teardrop Attack
③ Ping of Death
④ NTP 증폭 공격

오답 피하기
② Teardrop Attack : IP fragmentation에 따라 패킷을 재조립할 때 오프셋(offset)을 임의로 변조하여 문제를 일으키게 하는 공격 기법이다.
③ Ping of Death : ICMP Echo 패킷을 정상적인 크기(64k)보다 매우 크게 전송하여 시스템에 문제를 일으키게 하는 공격 기법이다.
④ NTP 증폭 공격 : NTP 서비스의 monlist 요청 방식을 악용한 DDoS 공격 기법이다.

03 다음에서 설명하는 방화벽으로 알맞은 것은?

2개의 네트워크 카드를 내장한 Bastion을 이용하여 외부 네트워크와 내부 네트워크를 각각 연결한다. 네트워크가 분리되어 내부 IP 주소가 노출되지 않으므로 높은 보안성을 제공한다.

① 배스천 호스트
② 듀얼(이중) 홈 게이트웨이
③ 스크린 호스트 게이트웨이
④ 스크린 서브넷 게이트웨이

오답 피하기
• 배스천 호스트 : 방화벽 기능을 탑재한 호스트를 이용하여 내부 네트워크와 외부 네트워크를 연결한다.
• 스크린 호스트 게이트웨이 : Dual-Homed Gateway와 Screening Router를 혼합한 형태이다.
• 스크린 서브넷 게이트웨이 : Screening Router를 Bastion Host를 중심으로 양쪽에 연결하는 형태이다.
• 스크리닝 라우터 : 내부 네트워크와 외부 네트워크를 방화벽 기능을 탑재한 라우터로 연결한다.

정답 01 ① 02 ① 03 ②

04 IDS(Instrusion Detection System)에 대한 설명 중 틀린 것은?

① IDS는 네트워크 및 서비스에 대한 공격을 실시간으로 탐지하는 보안 시스템이다.
② IDS의 HIDS방식은 서버에 직접 설치되어 다양한 정보를 이용한 침입 탐지를 수행한다.
③ IDS 탐지 방식 중 오용 탐지는 정상적인 패턴 대비 이상한 패턴일 경우 공격으로 판단한다.
④ IDS는 데이터를 수집 및 분석하여, 침입 탐지와 추적 및 보고 기능을 제공한다.

오용 탐지는 알려진 공격 패턴을 등록한 후 비교하여 탐지하는 방식이다.

05 다음 설명에 대한 보안 관련 소프트웨어로 가장 알맞은 것은?

리눅스 시스템에서 사용할 수 있는 공개형 IDS 프로그램으로, 크게 '스니퍼(Sniffer), 프리 프로세서(Pre-processor), 탐지 엔진, 로깅(출력)'으로 구성되어 있다.

① snort
② iptables
③ ifconfig
④ John the Ripper

오답 피하기
② iptables : 리눅스의 방화벽이라고도 하며 패킷 필터링 정책을 사용하여 특정 패킷을 분석하고 허용 혹은 차단할 수 있다.
④ John the Ripper : 리눅스 시스템의 대표적인 무작위 공격 도구이다.

06 다음 snort 룰에 대한 설명으로 잘못된 것은?

alert tcp any any -> 192.168.10.0/24 80 (msg:"passwd detected"; content:"passwd"; nocase; sid:1000001;)

① 점검하는 프로토콜은 TCP이다.
② 192.168.10.0 대역의 네트워크 IP와 80 포트를 대상으로 유입 패킷을 점검한다.
③ "PASSWD" 문자열은 점검하지 않는다.
④ 설정한 룰의 식별자는 1000001이다.

nocase가 지정되어 대소문자를 구별하지 않고 문자열을 비교한다.

07 iptables의 체인 중 다음 설명에 가장 적합한 것은 무엇인가?

라우터로 사용되는 호스트를 통과하는 패킷이다. 즉, 호스트 컴퓨터가 목적지가 아닌 패킷을 대상으로 한다.

① INPUT
② FOWARD
③ OUTPUT
④ PREROUTING

오답 피하기
① INPUT : 호스트를 목적지로 유입되는 패킷을 대상으로 한다.
③ OUTPUT : 호스트를 출발지로 하여 나가는 패킷을 대상으로 한다.
④ PREROUTING : SNAT 구성을 위해 사용하는 체인이다.

08 다음 중 iptables 정책 파일을 읽어들여 적용하는 명령으로 알맞은 것은?

① iptables-restore firewall.sh
② iptables-save -s firewall.sh
③ iptables-save 〉 firewall.sh
④ iptables-restore 〈 firewall.sh

- iptables-restore는 저장된 iptables 정책 파일을 읽어들여 적용하는 명령어로 'iptables-restore 〈 파일명'의 형식을 따른다.
- iptables-save는 iptables 정책을 파일로 저장하는 명령어로 'iptables-save 〉 파일명'의 형식을 따른다.

09 다음 iptables의 설정에 대한 설명으로 잘못된 것은?

```
$ iptables -t nat -A POSTROUTING -o eth0 -j SNAT --to 222.235.10.7
```

① '-t nat'으로 nat 테이블을 선택한다.
② Destination IP를 변경하는 설정이다.
③ '-o eth0' 지정으로 eth0 네트워크 인터페이스를 통해 나가는 패킷을 대상으로 한다
④ '-A POSTROUTING'으로 POSTROUTING 체인을 대상으로 정책 설정한다.

SNAT(Source NAT)은 소스 IP 주소를 변경한다.

10 iptables의 설정에서 '-j' 옵션과 함께 사용할 수 있는 항목에 대한 설명으로 잘못된 것은?

① ACCEPT : 패킷을 허가한다.
② REJECT : 패킷을 거부하며, TCP 패킷일 경우 리셋(reset) 메시지를 전송한다.
③ DROP : 패킷을 거부하며, UDP 패킷일 경우 Port Unreachable 메시지를 전송한다.
④ LOG : 패킷을 syslog에 전달하여 기록한다.

DROP은 아무 메시지 없이 패킷을 거부하고 버린다.

11 다음 중 리눅스 방화벽에 대한 설명으로 잘못된 것은?

① 최근 리눅스는 firewalld를 방화벽 규칙을 관리하는 데몬으로 이용한다.
② firewalld는 규칙을 적용하기 위하여 반드시 서비스를 재시작해야 한다.
③ firewalld는 영역(zone)과 서비스(service)를 이용하여 방화벽 규칙을 관리할 수 있다.
④ firewall-cmd 명령어를 이용하여 방화벽 규칙을 설정할 수 있다.

firewalld는 동적 관리 방식을 지원하여 firewalld 데몬을 다시 실행하지 않고 방화벽 규칙을 변경할 수 있다. 또한 'firewall-cmd --reload' 명령을 이용하면 규칙을 다시 로딩하여 적용할 수 있다.

정답 08 ④ 09 ② 10 ③ 11 ②

12 firewall-cmd 명령 옵션에 대한 설명으로 잘못된 것은?

① --permanent : 영구적인 방식으로 규칙을 설정하나 'firewall-cmd --reload' 명령을 실행하면 설정한 내용이 제거된다.
② --timeout : 특정 시간 동안만 설정한 규칙이 유지된다.
③ --zone : 규칙을 적용할 영역(zone)을 지정한다.
④ --list-all : 사용 가능한 서비스, 포트 목록을 출력한다.

--permanent 옵션을 이용하면, 'firewall-cmd --reload' 명령을 실행하거나 시스템을 리부팅하여도 설정한 규칙이 유지된다.

13 다음 firewall-cmd 명령에 대한 설명으로 잘못된 것은?

명령어 : firewall-cmd --add-forward-port=port=80:proto=tcp:toport=8080

① firewall-cmd를 이용하여 포트 포워딩을 설정한다.
② TCP/80 포트를 대상으로 한다.
③ 포워딩 타깃 포트는 8080이다.
④ --zone 옵션을 지정하지 않았으므로 자동으로 trusted 영역(zone)을 대상으로 설정된다.

--zone 옵션을 지정하지 않으면 기본(default) 존을 대상으로 설정된다.

14 다음 firewall-cmd 명령 옵션에 대한 설명으로 잘못된 것은?

① --add-service=http : HTTP 서비스를 추가한다.
② --add-port=21/tcp : TCP/21 포트를 추가한다.
③ --remove-service=https : HTTPS 서비스를 제외한다.
④ --add-port=8080-8090/tcp : 지원하지 않는 형식으로 오류가 발생한다.

--add-port=8080-8090/tcp는 TCP/8080~TCP/8090 포트를 추가한다.

정답 12 ① 13 ④ 14 ④